*Kohlhammer
Kunst- und
Reiseführer*

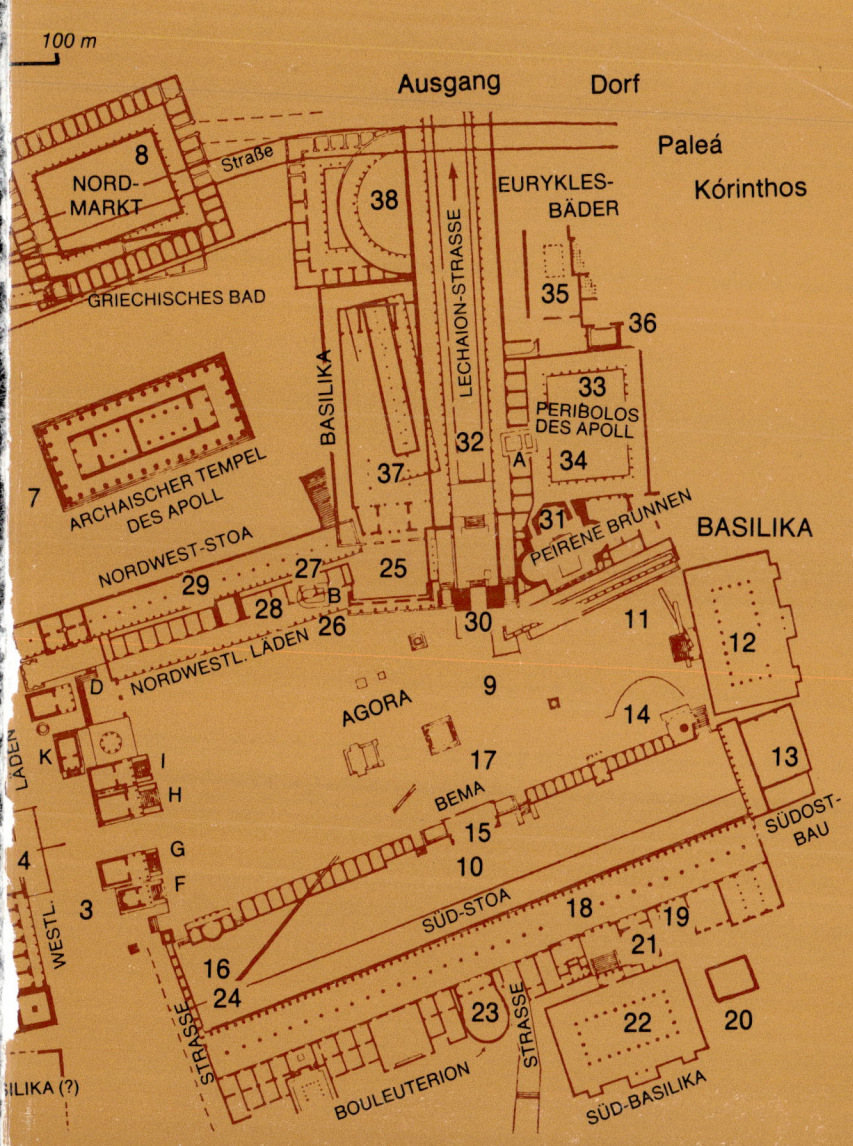

Alt-Korinth

100 m

Ausgang   Dorf

Paleá

Kórinthos

Straße

EURYKLES-
BÄDER

8
NORD-
MARKT

38

GRIECHISCHES BAD

35

36

BASILIKA

LECHAION-STRASSE

33
PERIBOLOS
DES APOLL

7

ARCHAISCHER TEMPEL
DES APOLL

32

34

37

A

31

PEIRENE BRUNNEN

BASILIKA

NORDWEST-STOA

NORDWESTL. LÄDEN

27

25

29

28

B

11

12

26

30

D

9

14

AGORA

17

13

LADEN

K

I

H

BEMA

15

SÜDOST-
BAU

G

10

4

F

SÜD-STOA

18

19

3

WESTL.

16

24

21

STRASSE

STRASSE

23

22

20

SILIKA (?)

BOULEUTERION

SÜD-BASILIKA

Richard Speich

Peloponnes

unter Mitarbeit von Hilde Speich

Kunst- und Reiseführer mit Landeskunde

Zweite, überarbeitete und erweiterte Auflage

Mit 24 Fotos und 116 Karten, Plänen und Abbildungen

Verlag W. Kohlhammer
Stuttgart Berlin Köln

CIP-Titelaufnahme der Deutschen Bibliothek

Speich, Richard:

*Peloponnes : Kunst- und Reiseführer mit Landeskunde /
Richard Speich. Unter Mitarb. von Hilde Speich. – 2., überarb.
u. erw. Aufl. – Stuttgart ; Berlin ; Köln : Kohlhammer, 1989
(Kohlhammer Kunst- und Reiseführer)
ISBN 3–17–010031–9*

Bildnachweis

Farbdia-Archiv Gunda Amberg, Gröbenzell: S. 100, 181, 486, 503

Gerhard Klammet, Ohlstadt: S. 82, 418, 436, 485, 504

Richard Speich, Bad Homburg: S. 182, 199, 200, 334, 351, 352, 417, 435

Bildarchiv Steffens, Mainz: S. 99 (Ladislav Janicek), 249 (Frithjof Föhl)

Werner Stuhler, Hergensweiler: S. 81, 250, 267, 268, 333

*Die erste Auflage dieses Kunst- und Reiseführers hatte den Titel: »Südgriechenland II:
Peloponnes«*

Zweite, überarbeitete und erweiterte Auflage 1989

Verlagsort: Stuttgart
*Umschlagmotiv: Alt-Korinth, Blick zum Apollon-Tempel/
Farbdia-Archiv Gunda Amberg, Gröbenzell*
Umschlag: hace
Gesamtherstellung:
W. Kohlhammer Druckerei GmbH + Co. Stuttgart
Printed in Germany

Inhalt

Einführung

Wohl kein Teil Griechenlands bietet eine solche Fülle von Landschaften und Zeugnissen der Geschichte wie die Peloponnes, und nirgends kann man Griechenland in allen seinen Facetten besser kennenlernen als hier.

Wer zum erstenmal nach Griechenland reist, wird ganz bestimmt auch Teile der Peloponnes besuchen, nämlich Olympia, Korinth und die Argolis. Aber auch wer oft im Lande gewesen ist, wird immer wieder auf die Peloponnes zurückkehren und immer noch Neues entdecken können.

Ähnlich Kreta ist die Peloponnes ein Kontinent für sich, dessen Mythos in die Urzeit des Landes, zu den Anfängen des Griechentums zurückweist. Es gibt nichts Älteres über die Menschen Griechenlands zu erfahren als in der Höhle von Franchthi, und Lerna zeigt Siedlungsspuren aus der Frühzeit der Menschen. Die Wiege der mykenischen Kultur, die der minoischen kaum nachsteht, liegt auf der Peloponnes. Wichtige Kunstformen der historischen Frühzeit einschließlich der Entwicklung des griechischen Tempels haben ihre Quelle hier, und Sparta, der große Gegenspieler Athens, hat zwar seiner Eigenart entsprechend geringe Kunstdenkmäler hinterlassen, aber über lange Zeiträume die Entwicklung Griechenlands und der Peloponnes geprägt. Rom hat seine Spuren in den imposanten Ruinen von Korinth und Argos hinterlassen, und Paulus, der Apostel Griechenlands, hat auf der Agorá von Korinth für den neuen Glauben gekämpft. Die zahllosen Kirchen der byzantinischen Zeit gehören zum kostbarsten Erbe der griechischen Geschichte, und die Mauern, Burgen und Festungen fränkischer Barone und venezianischer Statthalter künden von Jahrhunderten, als Europa nach Griechenland griff.

Die Landschaften der Peloponnes gehören zu den vielfältigsten Griechenlands. Es gibt unendlich lange, stark gegliederte Küsten, fruchtbare Tal- und Hügellandschaften, aber auch verkarstete, kaum zugängliche Berge und Gipfel, die bis in den Sommer hinein Schnee tragen, schließlich viele Bergwälder von großer Schönheit, die man in diesem Landesteil nicht vermutet.

Man kann wenige Tage durch die Peloponnes reisen, aber auch Wochen und Monate. Für jeden Fall soll dieses Buch der passende Begleiter sein. Es erscheint in 2. Auflage (die 1. Auflage erschien unter dem Titel »Südgriechenland, Band II, Peloponnes«), wurde auf den neuesten Stand gebracht und um zahlreiche Orte, Beschreibungen und Pläne ergänzt.

Zum Gebrauch des Buches

Die Beschreibung der Peloponnes erfolgt im Uhrzeigersinn beginnend am Kanal von Korinth. Die einzelnen Verwaltungsbezirke werden – ausgehend von ihren Hauptstädten – in gleicher Weise beschrieben. Die einzelnen Kapitel sind numeriert. Die Zahlen finden sich auch auf den beigegebenen Karten der einzelnen Bezirke, so daß man sich sowohl im Text wie auf der Karte orientieren kann. Im Text verweisen **halbfette Zahlen** in Klammern ebenfalls auf die jeweiligen Kapitel. *Magere Zahlen* beziehen sich auf die jeweiligen Pläne.

Für die lateinische Schreibweise griechischer Worte gibt es keine verbindlichen Regeln. Die hier verwandte phonetische Schreibweise der Ortsnamen folgt weitgehend Regeln, die von Instituten der Universität Hamburg aufgestellt wurden, basierend auf der bei der UNO und bei griechischen Behörden verwendeten Transkription. Bei antiken Namen wurde in der Regel die aus Wissenschaft und Literatur bekannte Schreibweise benutzt. – Auf eine Besonderheit sei hingewiesen: Das griechische Gamma (γ) wird immer als g geschrieben, obwohl es vor e, i und ei wie j (z. B. Agios = Ajios) ausgesprochen wird. – Die verwendeten Akzente dienen der Betonung, die im Griechischen sehr wichtig ist. Sie entsprechen nicht der griechischen Orthographie, da dort zwischen Akut, Gravis, Zirkumflex und Spiritus unterschieden wird.

Um die Benutzbarkeit des Buches über längere Zeit zu erhalten und Verärgerung zu vermeiden, wurde bewußt auf Angaben verzichtet, die sich häufig ändern und schnell veralten. Dazu gehören Preise, Hotels, Fahrpläne, aber auch Öffnungszeiten. Der Leser sollte hier auf die aktuellen Angaben bei Reisebüros und bei der Griechischen Fremdenverkehrszentrale zurückgreifen und sich rechtzeitig am Ort erkundigen.

Das Land und seine Geschichte

Landschaften und Provinzen

Die Peloponnes umfaßt das südliche Drittel des griechischen Festlandes. Sie ist von diesem aber deutlich getrennt durch die Quersenke des Saronischen Golfs und der Golfe von Korinth und Patras. Die einzige Landverbindung ist der schmale Isthmós von Korinth. Damit ist die Peloponnes eine »Fastinsel«, wie Alfred Philippson sie nennt. Der Kanal von Korinth hat darüber hinaus die Peloponnes eigentlich sogar zur Insel gemacht. Auch die alten Griechen nannten die Peloponnes eine Insel (= nésos), und zwar Pelopónnesos, die Insel des sagenhaften Helden Pelops. Da nésos weiblich ist, genau wie unser Wort »Insel«, ist es auch richtig, »die« Peloponnes zu sagen und nicht »der«, wie es an sich im Deutschen bisher gebräuchlich ist. Wir benutzen in diesem Buch also den weiblichen Artikel, nicht nur, weil er korrekt ist, sondern auch, weil er sich in den letzten Jahren stärker in der Literatur und im allgemeinen Sprachgebrauch durchsetzt.
Der frühere Name der Peloponnes, im Volksmund seit dem 13. Jh. gebräuchlich, war Morea. Dieser Name ist durch Metathesis (Buchstabenversetzung) entstanden aus Rhomäa (= Römerland). So hieß Griechenland in byzantinischer Zeit, und die Griechen nannten sich Rhomäi, Römer.
Die größte ostwestliche Ausdehnung hat die Peloponnes im Norden mit 255 km, die geringste im Süden in der Höhe von Kiparissía mit 95 km. Die größte nordsüdliche Ausdehnung beträgt 245 km. Trotz dieser verhältnismäßig großen Entfernungen ist die Peloponnes mit rund 21 500 km² zwar fast dreimal so groß wie Kreta, aber immerhin um einige tausend km² kleiner als Sizilien. Anders als bei Kreta und Sizilien fällt bei der Peloponnes die starke Gliederung der Küste, besonders an der Ost- und Südseite ins Auge. Dort greifen die großen Golfe von Argolis, Lakonien und Messenien tief ins Land hinein und bilden so die nach Südosten gerichtete argolische Halbinsel mit einer Reihe vorgelagerter Inseln und die drei mehr oder weniger nach Süden gerichteten »Finger« der Párnon-Halbinsel, der Halbinsel Mani und der messenischen Halbinsel, wobei die Párnon-Halbinsel sich über die Inseln Kíthira, Antikíthira bis nach Kreta und Rhodos im südägäischen Inselbogen fortsetzt. Vor der messenischen Halbinsel gibt es, wie vor der argolischen, ebenfalls eine Anzahl Inseln. Im Westen und Norden der Peloponnes ist der

Küstenverlauf verhältnismäßig geradlinig. Vor der Nordwestküste bildet die
Insel Zákinthos (Zante) zusammen mit Kefallonía, Íthaka und Leúkas den
südlichen Ionischen Inselbogen, der den Golf von Patras gegen die Ionische
See abschließt.

Der Norden der Peloponnes ist bestimmt durch eine Kette von bis etwa
2370 m aufsteigenden Gebirgsstöcken, von denen besonders der im Westen
gelegene Erímanthos zu erwähnen ist. Südlich dieser Hochgebirgszone
schließt sich das arkadische Hochland an, das von ca. 2000 m im Norden bis
auf 1200 m im Süden abfällt und von einer Anzahl meist hochgelegener
Beckenlandschaften, vor allem denen von Trípolis und Megalópolis durchsetzt
ist. Diese Becken, die nur durch leicht überwindbare Höhenrücken voneinander getrennt sind, stellen die diagonalen Verkehrsverbindungen in der Peloponnes her. Vom Becken von Trípolis zieht sich als Fortsetzung des arkadischen Gebirges nach Südosten der bis zu 2000 m hohe Párnon. Weiter westlich
steigt, am Becken von Megalópolis beginnend, als selbständiges Gebirge der
Taýgetos auf, der längste und mit bis zu 2400 m auch höchste Gebirgszug der
Peloponnes, dessen südlicher Ausläufer bis in die Halbinsel Mani reicht.
Zwischen Párnon und Taýgetos liegt die langgestreckte, fruchtbare Eurótas-
mulde. Westlich des Taýgetos erstrecken sich die fruchtbaren Niederungen
Messeniens, die gegen Westen durch das nur bis 950 m hohe Bergland der
messenischen Halbinsel begrenzt sind. Im Westen ist dem arkadischen Hochland ein Hügel- und Flachland vorgelagert, das im Süden bei Pílos beginnt,
nach Norden bis in die Höhe des Piniós-Stausees an Breite zunimmt und sich
bis Patras wieder verengt. Im Osten bildet die argolische Halbinsel ein
selbständiges bis knapp 1200 m aufsteigendes Mittelgebirge mit kleineren
Becken- und Tafellandschaften. Zwischen diesem Gebirge und den arkadischen Bergen liegt die Ebene von Árgos. Über den niedrigen Paß von Dervenákia schließt sich nach Norden das stufenförmig abfallende Land von Korinth
und Sikión an.

Zusammenfassend läßt sich sagen, daß die Landschaft der Peloponnes vielfältig
gegliedert ist, kein Zentrum besitzt und die meisten Regionen den ihnen
naheliegenden Küsten zugewandt sind. »Dezentralisation, aber doch Möglichkeit und Antrieb zur Zusammenfassung ist die typisch-griechische Gegeben-
heit der peloponnesischen Landesgestaltung« (Philippson).

Die verwaltungsmäßige Einteilung der Peloponnes folgt weitgehend den
historischen Landschaften, die sich an den geographischen Gegebenheiten
entwickelt haben. – Im Norden, am Isthmós von Korinth, liegt der Nomós
(Regierungsbezirk) Korinthía, der das Küstenland bis Sikión umfaßt und über
den Isthmós hinübergreift bis nach Loutráki und zum Heiligtum von Perachóra, das auch im Altertum zu Korinth gehörte. So sind der innere saronische
wie auch der innere korinthische Golf vom Nomós Korinthía umgeben. Im

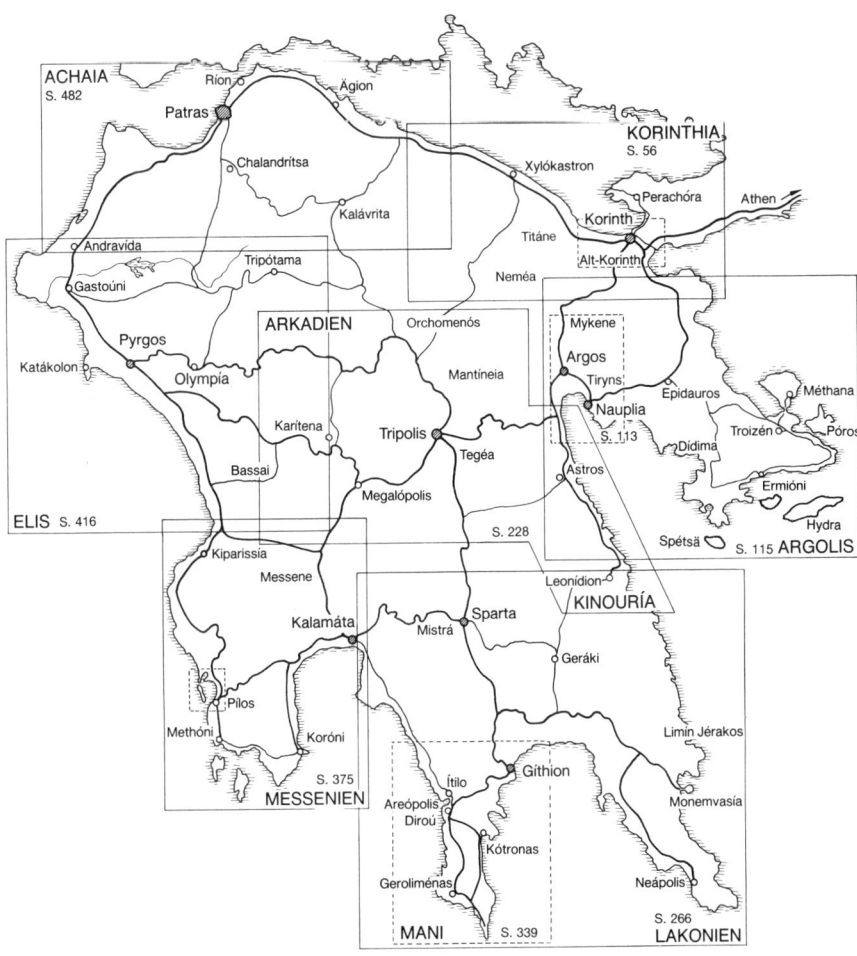

Süden schließt sich der Nomós Argolis an, der die gleichnamige Halbinsel umfaßt. Nicht zur Argolis gehört allerdings der Küstenstreifen um Troizén, die Halbinsel Méthana und die argosaronischen Inseln Póros, Hydra und Spétsä. Diese gehören zum Nomós Áttika, was historische Gründe hat, da diese Landschaften stets über den Saronischen Golf hinweg nach Athen tendiert haben. Zur Argolis gehört ferner die Ebene von Árgos und ein Küstenstreifen am Südwestufer des Golfes. Die Fortsetzung dieses Küstenlandes nach Süden, östlich des Párnon, heißt heute wie in der Antike Kinouría, eine zwischen Árgos und Sparta oft umkämpfte Gegend, heute eine Eparchíe (Kreis) des Nomós Arkadien. Im Altertum rechnete die Kinouría freilich nicht zu Arkadien. Der heutige Nomós Arkadien umfaßt den ganzen Mittelteil der Peloponnes vom arkadischen Hochland bis zu den Beckenlandschaften von Trípolis und Megalópolis. Der Nomós Lakonien besteht im wesentlichen aus der breiten Mulde des Eurótas mit dem Taýgetos auf der einen und dem Párnon auf der anderen Seite. Auch zu Lakonien gehört der südliche Ausläufer des Taýgetos, die Halbinsel Mani. Da diese geographisch, aber auch historisch und kulturell vom übrigen Lakonien recht verschieden ist, haben wir dieser Landschaft einen eigenen Abschnitt gewidmet. Messenien ist die Landschaft westlich des Taýgetos. Der Nomós besteht aus der oberen und der unteren messenischen Ebene. Letztere grenzt an den gleichnamigen Golf. Im Westen schließt sich die verhältnismäßig breite messenische Halbinsel an. Die Fortsetzung der Halbinsel nach Norden – die Grenze ist die von Ost nach West verlaufende Nédaschlucht – ist Elis. Der südliche Teil von Elis, von der Nédaschlucht bis zum Alfiós (Alpheiós), hieß im Altertum Triphylien, das oft im Gegensatz zu Elis stand. (Heute nennt sich die nördliche Eparchíe von Messenien, das heißt die Landschaft um Epáno Englianós bis Kiparissía, Triphylien. Diese Eparchie hat demnach nichts mit der historischen Landschaft gleichen Namens zu tun.) Im Norden reicht Elis bis nördlich des Piniós, wo kleinere, isolierte Vorgebirge des Erímanthos sich in das westliche Küstenland schieben. Nördlich davon liegt schließlich der Nomós Achaia, der den Erímanthos und die umliegenden Gebirgsstöcke sowie das Küstenland am Golf von Korinth über Ägion bis zur Korinthía umfaßt.

Klima und Reisezeiten

»Die den Nordländer so stark beeindruckende Fremdartigkeit des griechischen Lebensschauplatzes ist zum großen Teil klimatisch bedingt« (Philippson). Warmes bis heißes Klima, Dürre, Wolkenlosigkeit und Lichtfülle sind die Begriffe, die man meist mit Griechenland verbindet. Doch hat das Land keineswegs immer den ewigblauen Himmel, den man sich so gerne vorstellt. Kälte, Regenwolken und rauhe Winde gehören ebenso zu den charakteristischen Klimamerkmalen des Landes.

Griechenland hat zwar das typische Mittelmeerklima mit Sommerdürre und regenreichen, frostarmen Wintern. Das Klima ist aber stärker kontinental bestimmt als bei Italien. Dies gilt bezüglich der Peloponnes vor allem für die östlichen Provinzen Korinthía, Argolis, das östliche Arkadien und Lakonien. Der Westen mit Achaia, Elis und Messenien hat dagegen ein maritim-mediterranes Klima. Hocharkadien nimmt zwischen beiden Klimabezirken eine Mittelstellung ein, freilich modifiziert durch das Bergklima, das dem mitteleuropäischer und in höheren Lagen nordeuropäischer Gebirge nahekommt. Dies zeigt sich vor allem im Bewuchs mit zum Teil dichten Bergwäldern und oberhalb der Baumgrenze mit Bergmatten und Hochgebirgspflanzen.

Betrachtet man die einzelnen Provinzen der Peloponnes, so ergibt sich folgendes Bild: Im Westen, also in Achaia, Elis und Messenien, weht im Sommer der trockene Nordwestwind aus Italien und der Adria. Die Winter sind hier mild, frost- und schneearm. In dieser Zeit wehen südliche und westliche, regenbringende Winde. Überhaupt sind die Regenmengen, ebenso wie die Zahl der Regentage, in der westlichen Peloponnes recht hoch, vor allem im Herbst. Trotzdem hat auch die westliche Peloponnes eine fast genauso lange Trockenzeit wie der Osten. Kalamáta gehört zum Beispiel mit Lamía und Chalkís zu den sommerwärmsten Orten Griechenlands und wird in dieser Hinsicht nur noch von Iráklion (Kreta) übertroffen. Reichliche Bewässerung und Besonnung, verbunden mit erdreichen Böden, machen die Landschaft der westlichen Peloponnes besonders fruchtbar.

Im gebirgigen Landesinneren sind die Temperaturen gegenüber der Küste niedriger. Im westlichen Hocharkadien (Dimitsána) nehmen die Regen- und Schneetage stark zu. Dort ist die Niederschlagsmenge mit 1150 mm mehr als doppelt so hoch wie in Nauplia und die Zahl der Schneetage mit 36‰ dreimal so hoch wie in Joánnina (Nordwestgriechenland). – Ganz anders sieht es in der östlichen Peloponnes aus. Korinthía und Argolis gehören, mit Ausnahme des Südostens von Kreta, zu den regenärmsten Gebieten Griechenlands. Fast das ganze Jahr herrschen hier nördliche Winde vor, nur von April bis Juni südliche Winde. Regen bringen vor allem Winde aus südlichen Richtungen, die die Wolken an den Gebirgen, die die Ebenen umgeben, aufsteigen lassen. Windstille herrscht besonders im Frühjahr bis zum Beginn der Etesien (Meltémia) im Juni. Der Golf von Korinth und der Golf von Patras sind ebenfalls verhältnismäßig trocken, wobei aber nach Westen hin die Niederschläge zunehmen. Bedeutend regenreicher als die Argolis ist die südliche Ostküste der Peloponnes, wo die Zahl der Regentage gering, die einzelnen Regen aber heftig sind. Regenarm ist auch die südliche Párnon-Halbinsel.

Im ostarkadischen Becken von Trípolis sind die Niederschläge im Gegensatz zu Westarkadien geringer, die Trockenzeit ist kurz, aber die Sommertemperaturen verhältnismäßig hoch. Der Winter ist dort hart und die Zahl der Frosttage die höchste in Griechenland gemessene. Die lakonische Ebene ist wieder regenreicher. Im Sommer herrschen hier häufig Gewitter. Die Luft ist drückend, da die Winde fehlen. Nur abends kommt kühle Luft von den Taýgetos-Hängen herab. Die Winter sind in Lakonien mild.

Den Reisenden interessiert besonders das Klima in den verschiedenen Jahreszeiten. Diese weichen mindestens zeitlich von Mitteleuropa ab. Aber auch über ihre Einteilung gibt es unterschiedliche Meinungen. In der Antike unterschied man nicht weniger als sieben Jahreszeiten: Frühling, Vorsommer (mit Getreideernte), Hochsommer (mit Weinernte), Vorherbst, Spätherbst (mit Saatzeit), Winter und Spätwinter. Nach Mariolopoúlos weist Griechenland drei Jahreszeiten auf: Die Zeit der Blüte und Reife (März bis Juni), die Zeit der Dürre und Weinernte (Juli bis Oktober) und die Regenzeit mit Aussaat und Aufwuchs (Oktober bis März). Diese Einteilung ist als oberflächliche Orientierung auch für eine Reiseplanung nützlich. Im einzelnen seien folgende Hinweise zur Witterung im Jahreslauf gegeben:

Der *Januar* ist ein regenreicher Monat mit häufigen, allmählich trockener werdenden Nordwinden. Der Schnee zieht sich weit die Berghänge herab. Charakteristisch für den Januar sind die »halkyonischen Tage«, stille, warme Sonnentage, die den Winter durchbrechen und den Frühling ankündigen. Im Gebirge, aber auch in den arkadischen Becken, kann es um diese Zeit empfindlich kalt sein. – Im *Februar* nehmen die Niederschläge ab, bei kalter Witterung die Schneefälle aber zu. Nach kalten Morgen wird es mittags oft angenehm warm. Für die Argolis berichtet H. P. Lehmann: »Es ist der Monat der rasch wechselnden Winde, des rasch wechselnden Wetters, der instabilste des ganzen Jahres«. – Wechselhaft mit »April-Wetter« und dem Übergang zum Frühling ist auch der *März* mit heftigen Südstürmen und winterlichen Kälteeinfällen bei Nordwinden. Die Regenmenge läßt weiter nach. Es gibt weniger Landregen, meist kürzere Güsse, in der westlichen Peloponnes wesentlich mehr als im Osten. In den Bergen kommt es noch gelegentlich zu Schneefällen. Dazwischen gibt es zauberhafte Frühlingstage bei kräftig einsetzender Blüte. – Der *April* ist der eigentliche Frühlingsmonat. Das Wetter wird klarer und ruhiger, nur in Messenien und Arkadien regnet es noch stärker. Die Temperaturen nehmen schnell zu bei gelegentlichen Kälterückfällen. Die Vegetation erreicht rasch ihren Höhepunkt. Die grüne Landschaft gleicht jetzt am wenigsten dem landläufigen Griechenlandbild. Der April ist ein angenehmer Reise- und Wandermonat. Ein Regenschutz ist aber auf jeden Fall noch notwendig. Baden ist in der Regel noch nicht möglich. – Der *Mai* ist dagegen häufig schon sommerlich warm und erreicht mitteleuropäische Julitemperaturen. Die Bewölkung nimmt stark ab. Im Osten und Süden der Peloponnes beginnt die Dürre, im Westen, auch in Arkadien und Lakonien, gibt es noch stundenweise

Wetterbeobachtungen an einzelnen Orten der Peloponnes

	Regenhöhe	Jährliche Regentage	Regenarme Monate (unter 5 Tagen)	Trockenmonate (unter 20 mm Regenhöhe)	Mittlere Windstärke (Beaufort)
Patras	707	103	3	3	2,4
Pírgos	833	76	5	3	–
Kiparissía	827	83	4	3	2,0
Kalamáta	839	91	4	3	1,7
Dimitsána	1143	106	3	1	–
Trípolis	808	107	3	2	1,8
Megalópolis	952	73	4	0	–
Nauplia	495	67	5	3	1,6
Ägion	564	84	4	4	2,2
Leonídion	718	61	6	3	–
Sparta	816	85	4	2	1,4
Gíthion	534	71	4	4	–
Korinth	405	40	10	3	–
Kíthira	616	43	8	6	3,2

Durchschnittliche Klimawerte der Peloponnes nach Monaten

	Regentage	Luftfeuchtigkeit in %	Wassertemperatur C°	Sonnenstunden pro Tag	Tiefste Nachttemperaturen	Höchste Tagestemperaturen
Januar	7–11	72–73	12–14	4– 5	4– 8	13–14
Februar	6–10	71–73	11–14	4– 5	5– 8	14–15
März	5– 8	69–70	12–14	6	7–10	16–17
April	3– 5	66–68	14–16	7	10–12	20–22
Mai	3	61–63	18	8– 9	14–16	24–27
Juni	2	59–61	22	10–11	19	28–31
Juli	1	55–60	24	12	22	31–33
August	1	57–60	25	11–12	21–22	31–32
September	2	62–64	23–24	9	19–21	28–30
Oktober	4– 7	67–70	19–21	7	14–17	24–25
November	6–12	73	17–18	5	11–13	19
Dezember	7–13	73–75	14–16	4– 5	7–10	15–16

Niederschläge. Der Mai ist der ideale Reisemonat in der Peloponnes. – Der *Juni* ist ein ausgesprochener Sommermonat mit hohen Temperaturen. Die Klimaunterschiede zwischen Ost- und Westpeloponnes verschwinden, wenn auch im Westen durch die vorangegangenen Niederschläge die Vegetation üppiger bleibt. Die Getreideernte wird abgeschlossen, die Vegetationszeit endet. Allein die üppige Oleanderblüte bringt Farbe in Flußtäler und Schluchten. Nur in den Gebirgen, die man in dieser Zeit am angenehmsten bereist, gibt es noch vereinzelte Niederschläge. Auf den argolischen Inseln ist es sehr heiß. Hier sind um diese Zeit die Ausläufer der jetzt in der Ägäis einsetzenden Etesienwinde zu spüren. – *Juli* und *August* ist die Zeit des Hochsommers mit hohen Temperaturen und Lufttrockenheit, einer sehr stetigen Wetterlage, blauem, wolkenlosen Himmel und großer Dürre, die bis auf die ständig grün bleibende Phrýgana und die künstlich bewässerten Anbaugebiete die Landschaft in charakteristische wüstenhafte Farben taucht. Nur in den Bergregionen gibt es in schattigen Lagen weiterhin üppige Vegetation. Es ist abseits der Orte und Verkehrswege die Zeit der großen Stille, die Stunde des Pan. In der Nähe des Meeres und auf den Inseln erleichtern See- und Landwinde, die am Vormittag aufkommen und gegen Abend einschlafen, die Hitze. Unangenehm heiß ist es in geschützten Lagen des Binnenlandes. Die niedrigsten Temperaturen liegen in dieser Zeit kurz vor Sonnenaufgang. – Im *September* beginnen die Vorboten der Regenzeit mit einzelnen Gewitterregen und zunehmender Bewölkung. Trotz leicht abnehmender Temperaturen sind diese durch die zunehmende Luftfeuchtigkeit weniger angenehm. Insgesamt aber ist auch dieser Monat zum Reisen schön, zumal jetzt, wie auch im Oktober, noch mit angenehmen Badetemperaturen zu rechnen ist. – Der *Oktober* ist bei weiter verhältnismäßig hohen Temperaturen regenreicher, wenn auch häufig von Gruppen schöner Tage unterbrochen. Die Natur beginnt sich zu beleben. In den Bergen regnet es häufig. Vereinzelt fällt in hohen Lagen der erste Schnee. – Der *November* zeichnet sich ebenfalls durch milde Temperaturen aus, die sich auch noch in den *Dezember* hineinziehen. In beiden Monaten ist der Höhepunkt der Regenzeit, doch sind die Regenfalle meist kurz. Nord- wie auch Südwinde nehmen an Heftigkeit zu, ebenso die Bewölkung. Letztere ist aber nicht mit den trüben Tagen mitteleuropäischer Zonen vergleichbar. Es ist ein Wetter, das dem individuellen Reisenden ein unbekanntes und von Touristen noch nahezu unberührtes Land bewahrt.

Flora und Fauna

Die Vegetation des südlichen Griechenlands, insbesondere der unteren und mittleren Höhenlagen, ist stark geprägt von den langen Trockenperioden, die die Pflanzen zwingen, entweder durch geringe oder durch ledrige und behaarte Blattoberflächen ihren Wasserhaushalt zu steuern und die Verdunstung herabzusetzen. In zahllosen Arten treten so die niedrigen, polsterartigen, häufig stacheligen Stauden der Phrýgana und die bis zu 4 m hohen undurchdringlichen Büsche der Macchia, auch Lóngos genannt, auf. Zur Macchia gehören Myrte, Terebinthe, Mastixstrauch, Lorbeer, Erdbeerbaum, Christusdorn und die manchmal zu starken Bäumen heranwachsende Steineiche, außerdem Ginster und Wacholder. Zur Phrýgana rechnen Erika, Thymian, viele Distel- und Cistusarten und ebenfalls Wacholder und Zwergeichenarten. Diese Pflanzengruppen überziehen große Flächen der Mittelgebirge. Während der Argolis, Lakonien und vor allem der Mani vielfach die nötigen Erdschichten fehlen, um einer üppigen Vegetation Raum zu bieten, findet man in den übrigen Landesteilen oft dichte Macchia- und Phrýgana-Vegetation, die von weitem bewaldete Flächen vortäuscht.
Wald ist aber auch im südlichen Griechenland nicht selten. Auf zum Teil üppigen Baumbewuchs und romantische Landschaften trifft man vor allem an Nordhängen in den höheren Lagen Hocharkadiens, des Taýgetos und des Párnon. Charakteristisch sind die kugelförmige Aleppokiefer, die Stein- und Kermeseiche und an Quellen und feuchten Orten die Silberpappel und vor allem die Platane. Hier findet sich oft auch üppiger Oleander.
In den Küstenniederungen stehen Riedgräser, Affodille, Pistaziensträucher und viele Distelarten. Im eigentlichen Flachland breiten sich landwirtschaftliche Kulturen aus. Sie haben den ursprünglichen Bewuchs weitgehend verdrängt. Auch der Olivenbaum prägt in Ebenen, Talböden und niedrigeren Hanglagen weithin das Landschaftsbild. Andere wichtige Bäume sind der Johannisbrotbaum, der im Flachland häufig anzutreffen ist. An den Straßenrändern stehen der Eukalyptusbaum, die Zypresse und in Bergwäldern Edelkastanie, Eiche, Buche, Ulme, Ahorn und die Kefallónia- oder Griechische Tanne. Schließlich sind Agave, Feigenkaktus und Dattelpalme zu nennen, die genau wie der Eukalyptus »Einwanderer aus Übersee« sind.
Groß ist der Reichtum an Blumen, die oft gerade in karger Landschaft ihre größte Pracht entfalten. Typisch sind dabei die Knollenpflanzen, wie Narzissen, Affodille, Safran und Hyazinthen. Man findet den roten Mohn, zarte Irisblüten, Lilien und echte Orchideen. Es gibt wilde Alpenveilchen, Tulpen, viele Arten von Primeln, zarte Anemonen und die ganze Farbskala in Weiß, Gelb und Blau, die die Macchia und Phrýgana im Frühling und Sommer entfalten.

Groß ist der Wechsel in den Farben des Landschaftsbildes. Während von November bis Februar die immergrüne Vegetation das Bild bestimmt und von März bis Mai dazu üppiges neues Grün kommt, bietet sich die Landschaft vom beginnenden Sommer bis weit in den Herbst hinein mit einer großen Skala von Gelb- und Brauntönen dar, die eigentlich erst das Bild bestimmen, das man sich vom sommerlichen Griechenland macht.

Die Tierwelt Griechenlands ist vergleichsweise arm an Arten. Größeres Wild wie Reh, Wildschwein, Fuchs und Hase bekommt man sehr selten zu Gesicht. Häufiger sind Kaninchen sowie Rebhühner und Fasanen, aber auch anderes Flugwild wie Enten, Reiher, Störche und Möven, Wachteln und viele weitere Zugvögel aus Nordeuropa. Daneben gibt es zahlreiche Arten von Käfern und Kriechtieren. Häufig begegnet man auch Schildkröten. Schlangen sieht man im Gelände selten, aber oft überfahren auf der Straße. Ihre abgestreiften Häute findet man im Sommer auf heißen Felsplätzen. Vorsehen sollte man sich vor Skorpionen, die tagsüber an dunklen, kühlen Stellen die Hitze des Tages abwarten. In den Lagunen der Westküste, wie überhaupt an den Binnengewässern, gibt es häufig Frösche. Fische sind in den Gewässern um die Peloponnes bei weitem nicht so reichlich vorhanden, wie man annehmen sollte. Eine Ausnahme bildet das wegen seines Fischreichtums bekannte Meer um Kap Maléas. Zu den wichtigsten Fischen gehören Barben, Meerbrassen, Seezungen, Meeräschen und Schalentiere wie Hummer, Langusten und Garnelen, schließlich Tintenfische.

Bevölkerung

Auf der Peloponnes lebten 1981 rd. 1 012 000 Menschen, das sind 47 Einwohner pro km². Damit liegt die Besiedlung der Peloponnes etwa im griechischen Durchschnitt, wenn man von dem hochverdichteten Raum Athen und den verhältnismäßig dicht besiedelten Ionischen Inseln absieht. – Innerhalb der Peloponnes gibt es freilich erhebliche Unterschiede. Die höchste Bevölkerungsdichte findet man in den Nomí Achaia (273 000 Einwohner = 83 Einwohner pro km²) und Elis (165 000 Einwohner = 62 Einwohner pro km²). Es folgen die Nomí Messenien, Korinthía und Argolis. Die niedrigste Bevölkerungsdichte liegt in Arkadien, dem flächenmäßig größten Nomós (108 000 Einwohner = 24 Einwohner pro km²) und in Lakonien (93 000 Einwohner = 26 Einwohner pro km²).

Wie auch in anderen Teilen Griechenlands haben sich in den letzten Jahrzehnten beachtliche Bevölkerungsveränderungen auf der Peloponnes ergeben. So nahm die Einwohnerzahl von 1961 bis 1971 um mehr als 110 000 (= 10%) ab. In den darauffolgenden 10 Jahren bis 1981 kam es wieder zu einer leichten Zunahme um 25 000 Einwohner (= 2,6%). Davon profitierten nur die nördlichen Nomí Korinthía, Achaia und Argolis und dort vor allem die Städte. Patras nahm zwischen 1971 und 1981 allein um 34 000 Einwohner (= 28%) zu. Die südliche Peloponnes nahm dagegen weiter an Bevölkerung ab, wenn auch nicht mehr so dramatisch wie zwischen 1961 und 1971, als z. B. Messenien und Lakonien fast 20% ihrer Einwohner verloren.

Charakteristischer Zug der Bevölkerungsbewegungen ist die Zunahme der Urbanisierung und die Entvölkerung der ländlichen Räume. Von der Entvölkerung betroffen sind auch zahlreiche Klein- und Mittelstädte, wie z. B. Megalópolis und Pírgos. Auch Kalamáta konnte sich trotz relativ guter wirtschaftlicher Bedingungen bevölkerungsmäßig nur knapp behaupten.

Zu erwähnen ist noch eine siedlungsmäßige Besonderheit in der Peloponnes. Es sind die sog. Kalívien-Dörfer. Kalívia heißt »Hütten«, und Kalívien-Dörfer waren aus Hütten bestehende Dörfer, die einst nur im Sommer bewohnt waren und dazu dienten, von dort aus den Grundbesitz eines im Gebirge liegenden Stammdorfes zu bewirtschaften. Dorthin hatten die Einwohner sich zum Schutz vor kriegerischen Ereignissen und Überfällen aus dem Flachland zurückgezogen. In der Neuzeit kam es zur ständigen Besiedlung der Kalívien-Dörfer und die Verbindung mit dem Bergdorf, vielfach auch das Dorf selbst, wurde aufgegeben. Falls die Kalívien-Dörfer nicht einfach Kalívia hießen, trugen sie den Namen des Stammdorfes im Gebirge, an den die Endung -eïka oder -itika angehängt wurde. Wenn man aufmerksam durchs Land fährt, begegnet man noch häufig diesen Namensendungen.

Die Bevölkerung der Peloponnes besteht stammesmäßig fast ausschließlich aus Griechen, die freilich im Laufe der Jahrtausende starken Einflüssen und Vermischungen mit anderen Rassen und Völkern ausgesetzt waren. Im Mittelalter sind vor allem slawische Einwanderungen zu verzeichnen. Auf sie gehen die Dörfer der Tsakonen im Párnon (**50**) zurück. Im 18. Jh. wanderten im größeren Maße Albaner in die Peloponnes ein. Sie brachten die heute noch gebräuchliche Hausform mit ziegelgedeckten Walmdächern mit. Seit der Antike am reinsten erhalten haben sich nach allgemeiner Ansicht die Bewohner der schwer zugänglichen Mani, die als Nachkommen der dorischen Spartaner angesehen werden. Auch dort gab es jedoch zu verschiedenen Zeiten slawische Einwanderungen, in den letzten Jahrhunderten jedoch kamen zusätzlich griechische Flüchtlinge, etwa aus Kreta. Als ethnische Minderheit begegnet der Reisende oft Zigeunern, deren Zelte und Hütten häufig an Flußufern und an den Rändern größerer Orte und Städte anzutreffen sind.

Wirtschaft

Das wirtschaftliche Rückgrat der Peloponnes ist auch heute trotz rückläufiger Tendenz noch in großem Maße die Landwirtschaft. Fruchtbare Tal- und Beckenlandschaften sowie einige breite Küstenebenen bieten auf ihren Schwemmlandböden zum Teil beste Voraussetzungen für landwirtschaftliche Nutzung, besonders in den westlichen Landesteilen Achaia, Elis und Messenien, wo auch das notwendige regenreiche Klima herrscht. Etwa ein Drittel der Fläche der Peloponnes wird landwirtschaftlich genutzt. Das ist relativ viel, gemessen an anderen Landesteilen. Etwa 38% der landwirtschaftlichen Nutzfläche dient als Acker vorwiegend für den Anbau von Getreide (Weizen, Gerste, Hafer und etwas Mais). Rund 25% sind mit Fruchtbäumen (Oliven, Obst und Zitrusfrüchten) besetzt, wobei häufig der Boden darunter noch anderweitig genutzt wird. 10% der Fläche entfallen auf Weinbau, 3,5% auf intensiv genutztes Gartenland und rund 23,5% sind Brachland, das teils durch Fruchtwechsel, teils durch Abwanderung der Bevölkerung entsteht.
Getreide wird in fast allen Teilen der Peloponnes angebaut. In den küstennahen Sumpfgebieten Messeniens und Lakoniens wird Reis gezogen, in der Argolis und Messenien in gewissem Umfang Tabak. An der Ostküste Arkadiens und in Messenien erzeugt man Baumwolle, und in Elis gibt es Erdnußkulturen. Maulbeerbäume und Seidenraupenzucht – ein Erwerbszweig, der im Mittelalter hohe Bedeutung für die Peloponnes hatte – wird heute nur noch bei Kalamáta und in Achaia ausgeübt. Bedeutend ist der Weinbau, vor allem in der Korinthía, in Achaia, Elis und Messenien, in geringerem Maße auch in der Argolis und Lakonien. Insgesamt gibt es auf der Peloponnes 25 000 ha Rebfläche. Im Raum Patras werden auf mehr als 4000 ha die Sorten Rodítis, Moskáto, Áspro und Mavrodáphne angebaut. Ebenfalls bedeutend sind die Anbaugebiete um Neméa und Mantíneia mit zusammen 3000 ha. In den Küstenebenen Korinths werden vor allem Sultaninen erzeugt. Die sog. Korinthen kommen dagegen hauptsächlich aus Messenien. Arkadien, wo die Olive wegen der Höhenlage weniger heimisch ist, liefert Äpfel, Kirschen, Nüsse und Eßkastanien. Zitrusfruchtkulturen gibt es vor allem in der Argolis (Apfelsinen und Mandarinen), in Lakonien und Achaia (Zitronen) sowie in Teilen von Elis und Messenien. Berühmt sind die Zitronenkulturen von Troizén und Galatás am Nordufer der argolischen Halbinsel. Nutzwald gibt es vor allem in den Gebirgen Hocharkadiens und im Taýgetos und Párnon.
Die Viehzucht beschränkt sich hauptsächlich auf Schafe und Ziegen, denen man häufig in meist jedoch nur kleinen Herden begegnet. Großvieh ist selten. Esel und Maultiere, auch Pferde, sind jedoch als Trag- und Zugtiere häufiger als in anderen Teilen Griechenlands anzutreffen.

Die Industrie spielt in der Peloponnes wirtschaftlich keine allzu große Rolle. Einziges Industriezentrum von einiger Bedeutung ist Patras mit Betrieben der Nahrungsmittel-, Textil-, Leder-, Papier- und Gummiindustrie. Ferner hat Korinth ein gewisses Gewicht mit Betrieben der Metallverarbeitung, des Maschinenbaues und der Elektroindustrie sowie mit einer Raffinerie. In Ägion gibt es Möbel- und Papierindustrie und in Kalamáta Textil- und Nahrungsmittelindustrie sowie eine große Zigarettenfabrik. Am wenigsten industrialisiert ist Arkadien. Dort steht allerdings im Becken von Megalópolis die auffallendste Industrieanlage der Peloponnes, ein Wärmekraftwerk mit weithin sichtbaren Kühltürmen, das auf Lignit-(Braunkohle-)Basis arbeitet.

Die verkehrsmäßige Erschließung der Peloponnes geschieht hauptsächlich durch die Straße mit der einzigen Festlandsverbindung über den Kanal von Korinth. Das Straßennetz ist gut ausgebaut. Wichtigste Ost-West-Verbindung ist an der Nordküste die Nationalstraße Korinth-Patras und die ebenfalls als Nationalstraße im Ausbau begriffene Diagonalverbindung Korinth-Árgos-Trípolis-Kalamáta. Die Peloponnes hat ein etwa 900 km langes Schmalspurbahnnetz, das ebenfalls über den Isthmós mit dem Festland in Verbindung steht. Die Eisenbahn ist wenig leistungsfähig und vor allem recht langsam. Eine wichtige Fährverbindung mit dem Festland ist im Westen die Strecke Ríon-Antírrion. Im übrigen spielt der Schiffsverkehr mit dem griechischen Festland nur eine untergeordnete Rolle, sieht man von den Fährschiffen und Tragflügelbooten ab, die die Inseln und einige kleine Häfen der Ostküste mit Piraeus verbinden. Von besonderer Bedeutung ist der Hafen von Patras, nicht zuletzt für die Fährverbindungen mit Italien, als Eingangstor für die Peloponnes und für ganz Griechenland. Auch sonst ist der Hafen von Patras, der an fünfter Stelle unter den griechischen Häfen steht, von Wichtigkeit. Als weitere Häfen spielen nur noch Korinth, Kalamáta und in geringerem Maße Nauplia eine gewisse Rolle. Alle anderen Hafenstädte, z. B. Killíni als Fährhafen nach Zákinthos, Katákolon als Hafen von Pírgos und Élis, Gíthion als Hafen Lakoniens mit Verbindungen nach Kíthira und Kreta, haben nur örtliche Bedeutung. Meist fehlt das Hinterland mit dem entsprechenden Wirtschaftspotential. Dies gilt beispielsweise auch für den Hafen von Koróni oder den ausgezeichneten Naturhafen von Pílos. – Einziger Verkehrsflughafen, der lediglich ein- bis zweimal täglich Verbindung mit Athen hat, ist Kalamáta. Chartermaschinen aus dem Ausland benutzen auch den Militärflughafen Andrávida südlich von Patras.

Der Fremdenverkehr ist ein nicht unbedeutender Wirtschaftsfaktor für die Peloponnes. Immer noch herrscht der Bildungstourismus vor, der besonders die Sehenswürdigkeiten in der Argolis, daneben in größerem Umfange Korinth, Olympia und in geringerem Umfange Sparta, Mistrá und Pílos berührt. Hotels und Ferienanlagen für Badeaufenthalte liegen vor allem in der östlichen

Argolis, wo es allein in Portochéli weit über 3000 Hotelbetten gibt, ferner in Xilókastron an der Nordküste sowie an der Westküste in Achaia und Messenien. Die südlichen Küsten sind, abgesehen von einzelnen Hotelanlagen bei Gíthion und Kalamáta, wenig erschlossen.

Daten zur Geschichte

Bis 3000 v. Chr.   Steinzeit
Die Spuren menschlicher Besiedlung der Peloponnes gehen bis in die Steinzeit zurück, obwohl bisher nur vereinzelte Siedlungsplätze auszumachen sind, so daß man annimmt, daß das Land um diese Zeit noch wenig besiedelt war. Zu den bekanntesten Fundorten gehört die Fránchthi-Höhle bei Kilás in der Argolis, wo man Siedlungsspuren seit dem 30. Jt. v. Chr. (Jungpaleolithikum), ferner aus der Übergangsphase des Mesolithikums (8000 bis 6000 v. Chr.) und schließlich aus dem Neolithikum, der Jungsteinzeit bis etwa 3000 v. Chr. gefunden hat. Aus der Jungsteinzeit stammen auch Höhlenfunde und Siedlungsplätze in Pírgos Diroú auf der Mani und vor allem aus Lérna, ebenfalls in der Argolis, wo die Besiedlung im 6. Jt. v. Chr. beginnt und wo man noch eines der ältesten Häuser aus dem mittleren Neolithikum (5. bis 4. Jt. v. Chr.) sehen kann. Die Mehrzahl der Fundorte aus neolithischer Zeit liegt in der östlichen Peloponnes, so in Korinth, auf dem Hügel Tsoungíza bei Neméa, in Prosímna, Tiryns, Lérna. In Arkadien ist ein wichtiger Fundort Asséa, in Messenien wahrscheinlich Málthi.

2600–1580 v. Chr.   Früh- und mittelhelladische Zeit
Die Kulturperiode der Bronzezeit wird auf dem griechischen Festland helladisch genannt und in entsprechender Weise – wie die zeitgleiche minoische Kultur auf Kreta und auf den Kykladen – als früh-, mittel- und späthelladisch bezeichnet (abgekürzt FH, MH, SH). Die einzelnen Perioden werden nach dem System der

Dreiteilung weiter mit römischen Ziffern und Buchstaben untergliedert. – In frühhelladischer Zeit (2600 bis 2000 v. Chr.) wandern neue Völkerstämme wahrscheinlich aus Anatolien in die Peloponnes ein. Sie brachten Kenntnisse der Seefahrt mit und gehörten vermutlich einer uralten vorindogermanischen Bevölkerungsschicht an. Sie brachten bereits eine Kultur mit und ein soziales System, das auf patriarchalischen Großsippen, vielleicht schon auf dem Königtum, beruhte. Betrieben wurde ein verbesserter Ackerbau, Viehzucht und Fischerei, vor allem aber die Bronzebearbeitung. Wichtigster bekannter Siedlungsplatz in der Peloponnes ist wiederum Lérna, wo in der Periode FH II das berühmte Haus der Ziegel errichtet wurde. – In der letzten frühhelladischen Phase (FH III) kommen im Zuge der großen indogermanischen Wanderung neue Eroberer aus dem Norden in die Peloponnes. Es sind indogermanische Griechen wohl ionischen Stammes, die sich zunächst noch im Zustand des Barbarentums befinden und eine starke Zäsur der kulturellen Entwicklung verursachen. In der mittelhelladischen Zeit (2000 bis 1580 v. Chr.) entwickelte sich bald jedoch eine neue Kultur, deren Schwerpunkt außer in Mittelgriechenland in der Argolis lag. Die Einwanderer brachten die griechische Sprache mit und entwickelten die Grundlagen der späteren mykenischen Kultur. Charakteristische Bauten dieser Zeit sind Apsiden-Häuser, wie sie Dörpfeld in Olympia ausgegraben hat und wie man sie in Lérna sieht. Andere bekannte Siedlungsorte dieser Zeit sind Korinth, Neméa, Mykene, Árgos, Prosímna, Midéa, Tiryns, Epidauros, ferner Amýklai, Asséa und Málthi.

1580–1100 v. Chr.   Späthelladische (mykenische) Zeit
Ohne spürbaren Einschnitt entwickelt sich um die Wende vom 17. zum 16. Jh. v. Chr. die mykenische Kultur mit selbständigen Königreichen, deren Mittelpunkt meist stark befestigte Paläste sind. Schwerpunkt dieser Kultur ist die Argolis mit Mykene und Tiryns, aber auch den kleineren Burgen von Árgos, Prosímna, Midéa, Nauplia und Asíne. In Lakonien war der wichtigste Sitz Amýklai, in Messenien Káto Englianós, Peri-

stería und Kakóvatos. Andere Zentren der mykenischen
Kultur lagen auf dem Festland in Athen, Theben, Orchomenós und Iólkos. Die Entstehung der mykenischen
Kultur umfaßt die ersten beiden Jahrhunderte (SH I bis
SH II, 1600 bis 1400 v. Chr.). Über die Entwicklungen
in diesem Zeitraum gibt es noch manche Unklarheiten,
so die Frage, welchen Ursprung die reichen Funde aus
den Gräberrunden A und B in Mykene haben, die
unzweifelhaft minoische und ägyptische Einflüsse erkennen lassen. Sind dies Ergebnisse mykenischer Han-
dels- und Kriegsunternehmungen und damit Zeugnisse
großer politischer und militärischer Macht schon in
dieser Zeit, wie es heute die herrschende Meinung annimmt, oder wurde Mykene damals von Minoern und
ägyptischen und phönikischen Invasoren beherrscht?
Dafür könnten die Sagen von der Herkunft des Dánaos
aus Ägypten und des Kádmos, der aus Phönikien nach
Theben kam, sprechen. – Um 1450 v. Chr. ist ein Erstarken der mykenischen Macht zu beobachten. Einzelne
Burgen wie Mykene und Tiryns werden Sitz mächtiger
Könige. Zwischen 1450 und 1400 v. Chr. herrschen die
Mykener auch in Kreta. Vielleicht haben sie dazu die
Zerstörung der Nordküste und der Paläste der Insel
durch den Vulkanausbruch von Thera und die Schwä-
chung des minoischen Reiches ausgenutzt. Vielleicht hat
auch der Mythos von Theseus und dem Minotauros hier
seinen Ursprung. – Die Blüte der mykenischen Zeit lag
zwischen 1400 und 1200 v. Chr. Es entwickelte sich eine
einheitliche und selbständige Kultur. Eine politische
Einheit gab es zwar nicht. Dagegen sprechen die Sagen,
die von Kämpfen zwischen den einzelnen Herrschaften
berichten. Auch der homerische Schiffskatalog zählt die
einzelnen Staaten auf. Wohl aber scheint Mykene aufgrund wirtschaftlicher und militärischer Bedeutung eine
führende Rolle gespielt zu haben. Davon zeugt nicht nur
die auf Agamemnon von Mykene zurückgehende Über-
see-Expedition der mykenischen Staaten nach Troja, die
um 1230 v. Chr. anzusetzen ist, sondern auch die Er-
wähnung der Mykener in den Archiven der Hethiter als
Ahhijawa. Es sind die Achäer Homers.
Die wirtschaftlichen Grundlagen der mykenischen Staa-

ten waren Ackerbau, Viehzucht und ein ausgedehnter Handel mit allen Küsten des östlichen Mittelmeeres. Auf einer breiten Schicht von Bauern, Handwerkern und Freien sowie vielen Sklaven baute sich ein hierarchisch geordnetes Beamtensystem mit einem feudalistischen Rittertum und dem König (Wanax) an der Spitze auf. Aufgefundene Tafeln in Linear B-Schrift, die von Chadwick und Ventris entziffert werden konnten und sich aus der noch unentzifferten kretischen Linear A-Schrift entwickelt haben, machen uns mit dem System der Bodenzuteilung bekannt. Der gesamte Boden war Volksgut und unter die Familienhäupter verteilt. Nur größere Domänen waren in Besitz von Privilegierten. – Das religiöse Leben war weitgehend mit dem kretischen verwandt. Man verehrte vor allem die kretische Naturgottheit, die große Mutter, die auf vielen Siegeln und Ringen segnend dargestellt ist. Einige andere mykenische Gottheiten sind auf den aufgefundenen Schrifttafeln verzeichnet, so Atana (Athene), Era (Hera), Posedao (Poseidon) und Diuro (Zeus). Die Götterwelt der Mykener entsprach also bereits im wesentlichen der des klassischen Griechenlands. Aus den in den Gräbern gefundenen zahlreichen Beigaben kann geschlossen werden, daß der Totenkult von Bedeutung gewesen sein muß. Besondere Verehrung galt den Toten aus königlichem Geschlecht, die man wie Heroen feierte.

In der 2. Hälfte des 13. Jh. v. Chr. setzt ein verstärkter Ausbau der Festungen ein. Diese Festungen gehen zwar zum Teil weit über fortifikatorische Bedürfnisse jener Zeit hinaus und können als Ausdruck der Macht der mykenischen Könige angesehen werden. Sie können aber auch schon Anzeichen einer verstärkten Bedrohung der mykenischen Welt sein. Um 1200 v. Chr. sind in zahlreichen mykenischen Burgen und Palästen, aber auch in Siedlungen Zerstörungen und Brände nachzuweisen. Offensichtlich waren diese aber noch nicht auf fremde Eroberer zurückzuführen. Die Dorier kamen erst etwa 100 Jahre später in das Land. Ebenso waren es wahrscheinlich nicht die sog. »Seevölker«, über deren Herkunft man nichts weiß und die um diese Zeit das Hethiterreich zerstörten und Ägypten bedrohten. Herr-

schende Meinung war bisher vielmehr, daß die mykenischen Siedlungen durch innere Unruhen zerstört wurden, die als Folge starker wirtschaftlicher und politischer Veränderungen nach dem Trojanischen Krieg auf-
traten. Neuere Forschungen machen dagegen Erdbeben
für die Zerstörungen verantwortlich. So dürfte die mykenische Kultur ohne fremde Einflüsse im wesentlichen
schon in dieser Zeit untergegangen sein.

1100–750 v. Chr.   Geometrische Zeit
Die sog. Dorische Wanderung setzte vermutlich schon
um die Mitte des 12. Jh. v. Chr. ein. Es waren Völker-
schaften aus dem nordwestlichen Griechenland, die
über einen längeren Zeitraum in Mittel- und Südgriechenland eindrangen. Daß man ihnen wahrscheinlich
nicht die Zerstörung der mykenischen Kultur anlasten
kann, wurde dargelegt. Sicher aber waren die Einwanderungen, die sich offenbar über Jahrzehnte erstreckten,
mit kriegerischen Ereignissen verbunden. Die Einwanderung der Dorier wird auch als die »Rückkehr der
Herakliden« bezeichnet, womit vermutlich die Einwanderer ihr legitimes Recht auf das neue Land dokumentie-
ren wollten.
Die mykenischen Achäer wanderten aus der Argolis und
Lakonien nach Arkadien und Achaia sowie nach Attika
und auf die ägäischen Inseln aus. Immerhin existierten
aber beispielsweise in Lakonien das achäische Amýklai
und die dorischen Dörfer, die sich um 950 v. Chr. zur
Stadt Sparta zusammenschlossen, längere Zeit nebeneinander, und auch später, als Amýklai mit Sparta vereinigt
wurde, scheint mit dem spartanischen Doppelkönigtum
der achäischen Urbevölkerung Rechnung getragen worden zu sein.
Im übrigen ist es die Zeit der »dunklen Jahrhunderte«,
so genannt, weil man aus dieser Periode weder zuverläs-
sige historische Berichte noch ausreichende archäologische Funde besitzt. Trotzdem müssen damals wesentliche Grundlagen für die spätere Geschichte gelegt worden sein. Nach Abschluß der dorischen Einwanderung
entwickelten sich die Polis, der griechische Stadtstaat,
die griechische Götterwelt teilweise unter neuen Ein-

flüssen aus Kleinasien, ferner das aus dem Phönikischen entstandene griechische Alphabet. Geometrisch wird die Zeit nach den Mustern genannt, mit denen die Keramik vor allem in Athen, aber auch in Korinth und Árgos mit hoher Kunstfertigkeit verziert wird.

776 v. Chr.	Beginn der Aufzeichnungen über die Olympischen Spiele, die aber schon Jahrhunderte vorher entstanden waren.
740–720 v. Chr.	Erster Messenischer Krieg, in dem Sparta Messenien unterwirft.
Um 700 v. Chr.	Der sagenhafte Gesetzgeber Lykurg soll dem spartanischen Staat seine Gesetze und seine Gesellschaftsordnung gegeben haben.
700–650 v. Chr.	Aufgrund eines starken Bevölkerungsüberschusses werden zahlreiche Kolonien in Unteritalien durch Auswanderer u. a. aus der Peloponnes gegründet: Auswanderer aus Sparta gründen Tarent, Dorier aus Achaia Sybaris, Kroton, Metapontion, Kaulonia und Poseidonia (Paestum), Korinther erobern das phönikische Syrakus.
669 v. Chr.	Die Kleinstaaten der Argolis werden von dem Tyrannen Pheidon von Árgos geeinigt und das gemeinsame Hera-Heiligtum wird gegründet. Die Argiver besiegen die Spartaner bei Hysiai.
645 bis 628 v. Chr.	Zweiter Messenischer Krieg. Die Messenier versuchen, sich gegen die Spartaner zu erheben. Der Aufstand endet mit der Eroberung des Ithóme und der Kynouría durch die Spartaner.
Um 550 v. Chr.	Unter der Hegemonie Spartas wird der Peloponnesische Bund gegründet, ein Kampfbund (Symmachie) wechselnden Umfanges, dem aber niemals Achaia und Árgos angehörten. – Sparta setzt in den meisten Staaten (z. B. in Sikyón) den Sturz der Tyrannen durch, fördert die Oligarchie und gewinnt so die Voraussetzung für seine Führerrolle in den Perserkriegen.
510 v. Chr.	Sparta unterstützt auch den Sturz der Tyrannis in Athen und versucht 506 v. Chr. vergeblich, dort die Einführung der Demokratie zu verhindern.

492 v. Chr.	Leoménes von Sparta besiegt die Argiver bei Tiryns.
490 v. Chr.	Erster Perserkrieg. Die spartanischen Truppen kommen, durch das Karneien-Fest zurückgehalten, zu spät, um noch in die Schlacht von Marathon einzugreifen.
480 v. Chr.	Zweiter Perserkrieg, in dem der Spartanerkönig Leonidas heldenhaft die Thermopylen verteidigt.
479 v. Chr.	Endgültiger Sieg über die Perser bei Platää unter maßgeblicher Beteiligung Spartas unter König Pausanias.
472–468 v. Chr.	Im Krieg zwischen den Pisanern und Eleern erlangen letztere die Vorherrschaft über Olympia.
459–445 v. Chr.	Sparta, Korinth und Ägina kämpfen in mehreren Kriegen gegen Athen, das u. a. bei Tanágra unterliegt.
445 v. Chr.	Die Spartaner schließen mit Perikles einen auf 30 Jahre berechneten Frieden.
431–404 v. Chr.	Peloponnesischer Krieg zwischen Athen und Sparta, der 421 nach der Niederlage der Spartaner auf Sphaktería kurz durch den Frieden des Nikias unterbrochen wird. Der athenische Feldherr Alkibiades kämpft vorübergehend für die Spartaner, dann wieder für Athen. Der Krieg wird 405 v. Chr. entschieden durch den Sieg des spartanischen Admirals Lysander über die athenische Flotte in der Seeschlacht bei Aigospotamoí.
399–394 v. Chr.	Krieg der Spartaner gegen Persien endet mit der Niederlage in der Seeschlacht von Kaidos.
395–387 v. Chr.	Korinthischer Krieg, in dem sich Korinth, Athen und Árgos gegen Sparta erheben und von diesem besiegt werden.
387 v. Chr.	Königs- oder Antalkidas-Friede zwischen den Persern und Griechen, der die ionischen Städte Persien ausliefert und den griechischen Staaten die Autonomie unter der Aufsicht Spartas garantiert.
379–362 v. Chr.	Epameinondas von Theben erringt in mehreren Feldzügen gegen Sparta die Vorherrschaft in Griechenland. Er schlägt die Spartaner 371 v. Chr. bei Leuktra, stößt in die Peloponnes vor, befreit Arkadien und Messenien und gründet Megalópolis und Messéne.

371 v. Chr.	Friede von Sparta zwischen Athen und Sparta zur Herbeiführung des allgemeinen Landfriedens.
362 v. Chr.	Nach mehreren Zügen in die Peloponnes schlägt Epameinondas die Spartaner bei Mantíneia, fällt jedoch selbst, womit die kurze thebanische Hegemonie endet. Sparta geht aus diesen Kriegen entscheidend geschwächt hervor.
337 v. Chr.	Nachdem Philipp II. von Makedonien sich seit 357 v. Chr. in die innergriechischen Streitigkeiten u. a. um Delphi eingemischt und mit der Schlacht von Chairóneia die Vorherrschaft in Griechenland errungen hatte, fällt er in Lakonien ein, erläßt die Landfriedensordnung von Korinth und gibt die Kynouría an Árgos.
330 v. Chr.	Erhebung Spartas unter Agis II. gegen die Makedonier. Niederlage bei Megalópolis gegen Antipater, den Reichsverweser Alexanders des Großen.
281 v. Chr.	Gründung des Achäischen Städtebundes, der um 250 v. Chr. unter Führung des Staatsmannes Áratos von Sikyón sich auf große Teile der Peloponnes und den Isthmós ausdehnt. Der Bund steht zuerst im Kampf, später im Bündnis mit Makedonien.
222 v. Chr.	Niederlage Spartas gegen Makedonien bei Sellasía, Abschaffung des Königtums in Sparta, Einsetzung des Tyrannen Nabis, Neubegründung der Vorherrschaft Makedoniens in der Peloponnes.
207 v. Chr.	Nabis wird bei Mantíneia vom Achäischen Bund geschlagen.
198 v. Chr.	Der Achäische Bund tritt auf die Seite der Römer und kämpft gegen die Makedonier. Fast die ganze Peloponnes und Teile Mittelgriechenlands gehören dem Achäischen Bund an.
196 v. Chr.	Freiheitserklärung für die griechischen Städte durch Quinctius Flaminius in Korinth.
192 v. Chr.	Auch Sparta schließt sich dem Achäischen Bund an.
146 v. Chr.	Spartas Versuch, sich von dem Bund zu lösen, führt zum Krieg mit Rom und zur Niederlage und Auflösung des

Achäischen Bundes. Korinth wird zerstört, Achaia, Elis und Arkadien werden dem Statthalter der Provinz Makedonien unterstellt. Sparta, Messenien und Sikyón bleiben frei. Der Bund der Eleuthero-Lakonen wird gegründet.

86 v. Chr.	Einfall Sullas in Griechenland, Zerstörung Olympias.
44 v. Chr.	Cäsar baut Korinth wieder auf.
31 v.–14 n. Chr.	Unter der Herrschaft des Augustus wird Griechenland römische Provinz mit dem Namen Achaia.
50	Apostel Paulus predigt in Athen und lebt längere Zeit in Korinth, wo die ersten christlichen Gemeinden entstehen. Um 117 gibt es eine christliche Gemeinde in Sparta. Viele Städte der Peloponnes sind geprägt von der klassizistischen Wiederbelebung vornehmlich durch Augustus und Hadrian. Patras und vor allem Korinth werden bedeutende Handels- und Hafenstädte.
170–180	Der römische Schriftsteller Pausanias bereist Griechenland und gibt eine umfassende Landesbeschreibung (sog. Períegese).
267	Einfall der Heruler, zahlreiche Orte werden zerstört.
393	Abhaltung der letzten Olympischen Spiele.
395	Die Westgoten unter Alarich plündern die Peloponnes und zerstören Sparta. Die Peloponnes versinkt in geschichtliche Bedeutungslosigkeit.
589	Die Awaren fallen in die Peloponnes ein. Byzanz verliert das Interesse an der Peloponnes.
746	Einfall der Slawen. In wenigen Jahren wird die Peloponnes slawisiert. Nur die großen Städte sowie die Mani und Tsakonien im Párnon bleiben christlich. Von ihnen geht die Christianisierung und Gräzisierung der Slawen aus.
783	Die byzantinische Verwaltung wird durch die Einrichtung eines Themas Peloponnes wieder hergestellt.
805	Vergebliche Belagerung von Patras durch die Slawen.
1018	Durch den Besuch Kaiser Basileios II. in Athen beginnt eine Blüte des byzantinischen Kirchenbaues.

1205	Nach der Eroberung Konstantinopels durch die Kreuzfahrer im Jahre 1204 erobert Guillaume de Champlitte die Morea, unterstützt von Geoffroy de Villehardouin, der fünf Jahre später sein Nachfolger als Fürst von Achaia wird. 12 fränkische Baronien werden gegründet, die ein gemeinsames Parlament in Andravída bilden.
1206	Venedig nimmt Módon (Methóni) und Kóron (Koróni) in Besitz und erbaut dort für die Kontrolle der Seewege wichtige Festungen.
1249	Guillaume de Villehardouin, der Sohn Geoffroys, unterwirft Lakonien, erobert nach dreijähriger Belagerung Monemvasía und erbaut die Festung Mistrá.
1262	Nachdem Guillaume de Villehardouin in der Schlacht von Pelagonía von den Byzantinern gefangengenommen war, muß er zu seiner Auslösung die Festungen Großmaina, Mistrá und Monemvasía an Byzanz ausliefern. Diese bilden den Kern neuer byzantinischer Machtentfaltung in der Peloponnes.
1265	Guillaume de Villehardouin schlägt die Byzantiner in Elis und Arkadien.
1278	Die Familie Villehardouin stirbt aus. Ihr Lehnsherr Karl von Anjou übernimmt die Herrschaft in Achaia-Morea.
1301	Achaia wird Sekondogenitur der Anjou. Die fränkischen Herrensitze sind in dieser Zeit größtenteils byzantinisiert, die fränkischen Familien mit Griechen vermischt (sog. Gasmulen-Kultur).
1316	Einfälle der Katalanen.
1348	Mistrá wird Sekondogenitur des byzantinischen Kaiserhauses der Kantakouzenen. Die Herrscher nennen sich jetzt Despoten.
1383	Starke Ausweitung des byzantinischen Besitzes in der Peloponnes.
1385	Der Florentiner Nerio Acciajuoli ist vorübergehend Herr von Korinth. In Korinth ebenso wie in Athen entsteht eine griechisch-italienische Mischkultur.

1397	Erster Einfall der Türken, Eroberung von Argos.
1415	Kaiser Manuel II. stellt die Hexamillion-Mauer am Isthmós wieder her. Kulturelle Blüte des Despotats Mistrá (Gemistos Pleton).
1430	Die Frankenherrschaft wird endgültig durch die Palaiologen beendet.
1446	Konstantin Palaiologos wird bei Patras von Sultan Murad II. besiegt.
1460	Die Peloponnes wird endgültig türkisch mit Ausnahme einiger Festungen.
1463	Die Venezianer versuchen mit Hilfe des Papstes die Peloponnes zurückzuerobern.
1500	Die venezianischen Festungen Módon und Kóron fallen an die Türken.
1540	Die Festungen Nauplia und Monemvasía werden von den Türken erobert.
1571	An der Nordwestküste der Peloponnes siegen die abendländischen Flotten unter Juan d'Austria über die Türken in der Seeschlacht von Lepanto.
1684	Venedig erklärt den Türken den Krieg, und Morosini fällt nach Eroberung der ionischen Inseln in die Peloponnes ein.
1685	Die Venezianer erobern Kóron, Kalamáta, Zarnáta und Schloß Passavás.
1686	Unter Königsmark werden Navaríno, Módon und Nauplia erobert. Die Peloponnes kann trotz Rückschlägen in Attika und Negroponte (Euböa) gegen die Türken gehalten werden. Neuzeitliche Festungen entstehen rund um die Peloponnes, die nun »Königreich Morea« heißt.
1694	Morosini, inzwischen Doge von Venedig, stirbt in Nauplia.
1715	Die venezianischen Festungen fallen den Türken fast ohne Gegenwehr in die Hände.

1718	Im Frieden von Passarowitz wird den Türken der Besitz der Morea bestätigt.
1769	Im Zuge des russisch-türkischen Krieges landet ein russisches Truppenkontingent unter den Brüdern Orloff in der Mani, um die Türken zu vertreiben. Dieser sog. Orloff-Aufstand bricht mangels ausreichender griechischer Unterstützung nach der vernichtenden Niederlage bei Tripolis 1770 zusammen.
1821	Nach dem Aufstand von Iási unter Fürst Ypsilánti erheben sich die Griechen gegen die Türken. Das Signal zum Aufstand gibt Erzbischof Germenos von Patras.
1822	Am 1. Januar wird die griechische Unabhängigkeit auf dem Nationalkongreß von Epidauros verkündet. Der endgültige Erfolg des Freiheitskampfes bleibt jedoch durch die Uneinigkeit der Großmächte aus, ohne die die Griechen den Aufstand aus eigener Kraft nicht fortführen können trotz des Zustromes zahlreicher Philhellenen. Hervorragender Führer der peloponnesischen Freiheitskämpfer ist General Kolokotrónis.
1824	Die Ägypter unter Ibrahim Pascha unterstützen die Türken und verwüsten die Peloponnes.
1827	In der Seeschlacht von Navaríno wird die türkisch-ägyptische Flotte vernichtet.
1828	Nauplia wird Sitz der ersten griechischen Regierung unter Kapodístrias.
1829/30	Nach dem verlorenen Krieg gegen Rußland erkennen die Türken im Frieden von Adrianopel und die Großmächte im Londoner Protokoll die Unabhängigkeit Griechenlands an.
1831	Kapodístrias wird in Nauplia ermordet.
1833	Am 25. Januar übernimmt König Otto in Nauplia die Herrschaft über Griechenland.
1834	Verlagerung des Regierungssitzes von Nauplia nach Athen.
1843	Eine Militärrevolte erzwingt von König Otto die bis dahin nicht existierende Nationalversammlung.

1862	Von Nauplia geht ein Aufstand gegen König Otto aus, der zu dessen Absetzung führt.
1863	Prinz Wilhelm von Dänemark wird als Georg I. zum König gewählt.
1893	Eröffnung des Kanals von Korinth.
1896–97	Krieg mit der Türkei endet mit der Niederlage Griechenlands.
1909	Aufstand in Athen, Militärdiktatur.
1912–13	Balkankriege gegen die Türken. Erhebliche Erweiterung des griechischen Staatsgebietes.
1913	Ermordung König Georgs I. in Thessaloniki.
1913–17	König Konstantin I. (Ministerpräsident Venizélos).
1917	Konstantin verzichtet auf den Thron. Thronverweser wird Prinz Alexander.
1920	Tod Alexanders. Konstantin kehrt auf den Thron zurück.
1921–22	Krieg gegen die Türkei, der mit der Niederlage Griechenlands endet. König Konstantin dankt erneut ab. Nachfolger wird Georg II., der 1923 abdankt.
1924	Griechenland wird Republik. Erster Präsident wird Admiral Pavlos Koundouriótis aus Hydra.
1935	Ausrufung der Monarchie. Rückkehr König Georgs II.
1940	Griechenland sagt »nein« zu dem Ultimatum Italiens, bedingungslos zu kapitulieren.
1941	Besetzung Griechenlands durch die deutschen Truppen.
1946	Georg II. kehrt als König nach Griechenland zurück.
1947	Nach dem Tod König Georgs übernimmt sein Bruder Paul I. die Regierung.
1946–49	Bürgerkrieg gegen die Kommunisten.
1952	Griechenland wird wieder konstitutionelle Monarchie.
1966	König Paul stirbt, Konstantin II. folgt ihm als König.

1967	Eine Militärregierung unter Papadópoulos reißt die Macht an sich. König Konstantin geht nach einem mißlungenen Aufstand ins Exil, bleibt aber formell Staatsoberhaupt.
1973	König Konstantin wird abgesetzt, Griechenland zur »präsidialen Demokratie« erklärt. Wenig später wird Papadópoulos von der Militärjunta abgesetzt.
1974	Die Militärjunta versucht einen Putsch gegen Erzbischof Makarios von Zypern. Die daraus entstehende Zypernkrise führt zum Sturz der Junta. Konstantin Karamanlís, bereits 1955–63 Ministerpräsident, bildet eine Allparteienregierung, setzt die Verfassung von 1952 in Kraft. 70% der Griechen entscheiden sich für die Republik als Staatsform.
1977	Karamanlís wird erneut als Ministerpräsident gewählt.
1980	Griechenland wird Vollmitglied der EG.
seit 1981	regiert die sozialistische PASOK mit Andreas Papandreou als Ministerpräsident.

Beispiele der Kunstgeschichte in der Peloponnes

Mykenische Kultur (1580–1100 v. Chr.)

In die 2. Hälfte des 2. Jt. v. Chr. fällt die Entwicklung der ersten Hochkultur in der Peloponnes wie überhaupt in Griechenland. Noch heute stellen die Zeugnisse dieser Epoche besondere Anziehungspunkte einer Griechenlandreise dar. – Die Wissenschaft hat die mykenische Zeit in folgende Perioden aufgeteilt:

Späthelladisch I (SH I) 1580 bis 1500 v. Chr. (frühmykenisch).
Späthelladisch II (SH II) 1500 bis 1400 v. Chr. (mittelmykenisch)
Späthelladisch III A (SH III A) 1400 bis 1300 v. Chr. (spätmykenisch A)
Späthelladisch III B (SH III B) 1300 bis 1230 v. Chr. (spätmykenisch B)
Späthelladisch III C (SH III C) 1230 bis 1100 v. Chr. (spätmykenisch C).

Die Entstehung der mykenischen Kultur beginnt in SH I und II. In dieser Zeit sind starke minoische, aber auch ägyptische Einflüsse zu verzeichnen, die zu einem schnellen und ungewöhnlichen Aufblühen einer hochentwickelten

Zivilisation führen. An vielen Orten der Peloponnes, vor allem in Mykene, Tiryns und Pylos, aber auch auf dem Festland in Theben, Orchomenós und Athen, entstehen starke Stadtsiedlungen mit uneinnehmbar befestigten Burgen, die von Königspalästen gekrönt sind. Aus der Ilias wissen wir, daß Mykene unter diesen Städten die geistige Führungsrolle einnahm. Schliemanns Ausgrabungen, die heute im Nationalmuseum in Athen zu sehen sind, bestätigen, daß Mykene 1600 v. Chr. der mächtigste Stadtstaat der Argolis mit Handelsbeziehungen im gesamten Mittelmeerraum gewesen sein muß. Im 16. und beginnenden 15. Jh. sind zunächst starke minoische Einflüsse in allen Bereichen des mykenischen Lebens von der Keramik über die Baukunst und das Kunsthandwerk bis zur Religion offensichtlich. Bald jedoch macht sich auf allen Gebieten eine eigenständige Entwicklung bemerkbar, die zwar noch lange Zeit mit den Formen und Typen der minoischen Kunst arbeitet, sie jedoch in einem eigenen mykenischen Stil behandelt. Dies beginnt um 1450 v. Chr. nach dem Untergang der minoischen Welt auf Kreta, deren Erbe Mykene dann antrat.

Wichtigste Zeugen der Zeit sind die Burgen mit ihren gewaltigen kyklopischen Mauern und ihren Palästen. Innerhalb dieser Anlagen standen die Paläste in einer gesonderten Oberburg, während eine große Unterburg mit geschützter Wasserversorgung, einem umfangreichen Hofstaat und wohl auch der um die Burg siedelnden Einwohnerschaft als Fluchtort diente. Die gewaltigen Mauerwerke erklären sich nicht unbedingt aus kriegstechnischen Erfordernissen, sondern müssen wohl eher als Ausdruck eines neuen Zeitgeistes verstanden werden, der sich in diesen Bauten manifestieren wollte. Wer sich ein einigermaßen vollständiges Bild von den Burgen und Palästen machen will, muß mindestens die drei bekanntesten Ausgrabungen aufsuchen, nämlich Mykene (**12**), die größte und bedeutendste Burg, deren Palast allerdings verhältnismäßig schlecht erhalten ist, Tiryns (**16**) mit seinen besonders imponierenden Mauern und Festungswerken, wo man einen besseren Überblick über den Palast erhält, und schließlich der besonders gut erhaltene Palast von Epáno Englianós (**94**).

Bedeutend sind auch die Grabbauten dieser Zeit. Dazu gehören die Schachtgräber in den Plattenringen A und B von Mykene (**12**) aus SH I und zahlreiche Kammergräber, z. B. in Mykene (**12**), an der Aspís von Árgos (**13**) und bei Chóra (**94**). Vor allem sehenswert sind aber die monumentalen Kuppelgräber der Fürsten und Könige, von denen die ältesten in SH II, die jüngsten in SH III B entstanden. Berühmt ist das »Schatzhaus des Atreus« in Mykene. Es gibt aber in Mykene noch acht weitere z. T. wohlerhaltene Gräber, die sehenswert, doch wenig bekannt sind. Andere wichtige Gräber liegen bei Tiryns (**16**), Vafió (**59**), Epáno Englianós (**94**) und Peristería (**97**). Insgesamt hat man weit über 100 Kuppelgräber in der Peloponnes gefunden.

Die Malerei sowie alle Formen des Kunsthandwerks waren bei den Mykenern hoch entwickelt. Insbesondere entfalteten sie ihre Fähigkeiten auf dem Gebiet der Metall- und Goldschmiedearbeiten, der Gravier- und Ziselierkunst. Bei der letzteren fällt besonders der ausgeprägte Sinn für harmonische Darstellungen und die Klarheit in der Anordnung auf. Die Goldmasken aus dem Gräberkreis A von Mykene zeigen ägyptischen Einfluß, während die silbernen Trinkhörner und eine Schale aus Gold mit Tauben an die Beschreibungen Homers in der Ilias denken lassen. Orientalisch beeinflußte Szenen sind auf den in Mykene gefundenen Bronzedolchen, die mit Gold und Silber inkrustiert sind, zu erkennen. Auch Siegelringe und andere Schmuckstücke aus Gold oder Silber veranschaulichen die große Kunstfertigkeit der mykenischen Handwerker. Die meisten Fundstücke dieser Art, vor allem die aus Mykene, finden sich heute im Archäologischen Nationalmuseum von Athen. Eine ganze Reihe von Funden kann man aber auch in den Museen von Árgos (**13**), Nauplia (**17**) und Chóra (**94**) sehen.

Geometrische Zeit (1100 bis 750 v. Chr.)

Die Bezeichnung dieser Periode leitet sich her aus den Mustern der nun gebräuchlichen Keramik. Historisch beginnt der Zeitabschnitt mit der letzten großen griechischen Einwanderungswelle der Dorier. An die Stelle der Bearbeitung von Bronze tritt die des Eisens. Die griechische Kunstentwicklung, die zunächst zum Stillstand gekommen war, äußert sich vor allem in einem Neuanfang auf keramischem Gebiet mit bescheidenen Werken in der sog. protogeometrischen Zeit vom 11. bis zum 9. Jh. v. Chr. und in hoher Reife in der eigentlichen geometrischen Zeit im 8. Jh. v. Chr. Die tektonischen Überlieferungen der Mykener werden meisterhaft auf ihre Grundlagen zurückgeführt. Harmonisch abgestimmte geometrische Ornamentbänder sowie formelhaft vereinfachte Menschen und Tiere überziehen in klarer Ordnung die Gefäße und passen sich dem Rhythmus ihrer Formen an. Auch in der Plastik, vor allem in der Kleinplastik von Menschen und Tieren folgt man den Gesetzen der Vereinfachung auf das Wesentliche.
Die besten Werke dieser Zeit entstanden zwar in Attika, das von den Doriern verschont blieb. Sehr schnell bilden sich jedoch eigene geometrische Kunstzentren in Korinth, Árgos und Sparta. Dort entwickeln sich nicht nur eigene Stile der geometrischen Gefäßdekorationen, sondern dort befinden sich auch die Hauptwerkstätten der für diese Zeit typischen Votivfiguren von Rindern und Pferdchen. Einige gute kunsthandwerkliche Beispiele dieser Zeit findet man in den Museen von Árgos (**13**), Nauplia (**17**) und Korinth (**3**).
Besonders bemerkenswert sind die kleinen Bronzeplastiken, die in großen Mengen in Olympia (**100**) gefunden wurden. Sie stellen Krieger und Pferde dar

und wurden wahrscheinlich in Olympia selbst, jedenfalls aber in der Peloponnes gefertigt. Man kann an ihnen im Museum in Olympia (Saal A und B) den Fortschritt von primitiven Formen zu sorgfältig gestalteten geometrischen Gebilden studieren. Auch das Handwerk der Waffenschmiede war in dieser Zeit bereits hoch entwickelt, wie z. B. die spätgeometrische Rüstung im Museum von Árgos (**13**) zeigt.

In der Architektur beginnen die ersten Ansätze zum Tempelbau, zunächst wohl vor allem in Holz. Die Formen der Tempel entwickeln sich aus dem mykenischen Megaron, wie man dies noch im Palast von Tiryns (**16**) erkennen kann, wo der älteste Tempel der Hera stand, deren Kult später in das Heraion (**21**) verbracht wurde. Die Tempel hatten meist eine langgestreckte Form und ein hohes, spitzes Satteldach, das von einer mittleren Säulenreihe getragen wurde und so zwei »Schiffe« bildete. Kleine Terrakottamodelle, die man in Perachóra (**2**) und im Heraion (**21**) fand (heute im Nationalmuseum Athen), geben davon eine Vorstellung.

Archaische Zeit (750 bis 500 v. Chr.)

Die archaische Zeit wird bestimmt durch einen wesentlich schnelleren wirtschaftlichen und kulturellen Aufstieg Griechenlands. Die Handelsbeziehungen zum Orient und zu Ägypten bringen Einflüsse auf die griechische Kunst mit sich, die besonders Korinth als bedeutendste Handelsstadt dieser Zeit auch zu einem Kunstzentrum ersten Ranges machen. Vor allem blüht hier die Keramik. Von keiner anderen griechischen Stadt sind so viele Gefäße des 7. Jh. erhalten wie aus Korinth, da von hier viel Keramik exportiert wurde. Dort hält sich zwar noch das ganze 7. Jh. ein verfeinerter subgeometrischer Stil. Daneben entwickelt sich aber der sog. orientalisierende Stil, mit dem eine ganz neue Bilderwelt von Tieren und Fabelwesen, später auch von mythologischen Szenen auftaucht. So wird auch zuerst auf korinthischen Vasen der Typus der speerbewaffneten Athena dargestellt, das Bild der attischen Athena Promachos, lange bevor diese in Athen bekannt ist. Die erste Phase dieses neuen Stils am Ende des 8. und Beginn des 7. Jh. v. Chr. nennt man die protokorinthische. Als neue Gefäßform tauchen kugelförmige Aryballoi auf, verziert mit Spiralen, Flechtmustern, aber auch schon mit Greifen, Sphingen und äsenden Hirschen. Ihnen folgten in der 1. Hälfte des 7. Jh. eiförmige Aryballoi mit Tierfriesen und mythologischen Szenen. In diese Zeit fällt der Beginn der schwarzfigurigen Malerei, die in Korinth entwickelt und später für die archaische Zeit, insbesondere auch in der attischen Keramik, große Bedeutung erlangte. Nach einer Übergangsphase seit der Mitte des 7. Jh. entsteht um 625 v. Chr. der frühkorinthische Stil, der den orientalischen Formenschatz erneuert. Dargestellt werden vor allem Löwen und Fabelwesen in grellen Dekors in rot und schwarz. In mittelkorinthischer Zeit bis 560 v. Chr. findet man auf den Gefäßen hauptsächlich erzählende Bilder in flüchtigerer Manier dargestellt. In spätkorinthischer Zeit ab 560 v. Chr. wird das Figurenbild durch starke Farbigkeit und dichte Komposition bestimmt. Anstatt der Füllornamentik kommen geometrisch ornamental geschmückte Gefäße auf. Die Farbigkeit attischer Vasen wird durch ockerfarbigen Überzug nachgeahmt. Bald darauf endet die korinthische Vasenmalerei. Sie erliegt der attischen Konkurrenz, die nicht nur künstlerisch, sondern auch wirtschaftlich Korinth in den Schatten stellt. – Die übrigen Städte der Peloponnes haben nicht in dem Maße an der Keramikentwicklung teilgenommen. Nur Árgos bringt noch eigenständige Schöpfungen hervor, ehe seine Erzeugung erlischt. In Sparta entsteht im 6. Jh. v. Chr. eine bemerkenswerte neue Gefäßform, die sog. lakonische Schale, ein flaches Trinkgefäß mit weit ausladenden Henkeln auf hohem Fuß. Diese Neuentwicklung führt zu den attischen rotfigurigen Schalen am Beginn des 5. Jh. v. Chr., die zu den bedeutendsten keramischen Erzeugnissen Griechenlands gerechnet werden können.

In der Plastik ist charakteristisch gerade für die peloponnesische Kunst der sog. dädalische Stil, der vielleicht in Kreta entwickelt wurde, wie die Menge der dort gemachten Funde annehmen läßt. Seinen Namen hat er von dem sagenhaften kretischen Künstler Daídalos, und dieser Name war im Altertum wahrscheinlich auch allgemein die Berufsbezeichnung für Bildhauer. Der dädalische Stil leitet sich aus der Plastik Ägyptens und Asiens her. Er wendet sich vom geometrischen Prinzip ab und versucht, den menschlichen Körper raumhaft zu erfassen. Charakteristisch ist die sog. »Etagenfrisur«. Der Typ des Kouros und der Kore werden entwickelt. Auch für diese Kunstgattung ist Korinth ein Zentrum. Charakteristisch ist auch die Reliefkunst, für die es zahlreiche Beispiele vor allem auch in Bronzeblech im Museum von Olympia gibt. Diese Kunstwerke stammen meist aus Árgos und Korinth, ebenso wie die in Olympia zu sehenden zahlreichen korinthischen Helme und Schilde, die von der Bedeutung des Waffenhandwerks zeugen. In Olympia gibt es auch zahlreiche Dreifußkessel mit ihren Löwen- und Greifenprotomen, die besonders deutlich zeigen, wie sich aus orientalischer Formenwelt die griechische Kunst entwickelt. Aus subgeometrischer und archaischer Zeit seien noch die hervorragenden Beispiele der Kleinplastik und Elfenbeinschnitzereien aus dem Artemis Orthía-Heiligtum erwähnt, die man im Museum von Sparta (**51**) bewundern kann. In diesem Museum gibt es auch sonst zahlreiche Beispiele dädalischer Kunst, wobei die lakonische Plastik gleichsam erdhafter und einfältiger wirkt als die argivisch-korinthische.

Charakteristisch für die archaische Zeit sind nicht nur künstlerische Entwicklungen, sondern auch technische Erfindungen. Von der schwarzfigurigen Maltechnik wurde schon gesprochen, ebenso wie von der Reliefplastik, die

nach späterer Überlieferung in Korinth entstanden sein soll, jedenfalls aber
dort zu Neuerungen wie beispielsweise zur Verzierung von Stirnziegeln mit
Gesichtern verwendet wurde. In Korinth wurde auch das korinthische Dach
entwickelt, flache Ziegel mit kantigen Deckziegeln. Als Pendant entstand in
Sparta das lakonische Dach mit konvex gewölbten Ziegeln und halbrunden
Deckziegeln. Ferner wurde in der Peloponnes das flache Giebeldach entwik-
kelt, wodurch das Giebelfeld, das für den griechischen Tempel so wichtige
Tympanon, entstand. Pindar schreibt auch diese Entwicklung den Korinthern
zu. Damit hatten sich wesentliche Elemente für die Ordnung der dorischen
Tempel gebildet. Diese entstanden im 6. Jh. v. Chr. an zahlreichen Orten in der
Peloponnes, so die Hera-Tempel im Heraion von Árgos (**21**) und in Olympia
(**100**) sowie der Artemis Orthía-Tempel in Sparta (**51**). Vor allem zu erwähnen
ist aber auch der Apollon-Tempel in Korinth (**3**).

Frühklassische Zeit (500 bis 450 v. Chr.)

Die Wende vom 6. zum 5. Jh. und der Wandel von der archaischen zur
klassischen Periode ist politisch gekennzeichnet durch die Ablösung der
Tyrannis durch die klassische Demokratie, verbunden mit einem neuen Selbst-
bewußtsein, die Persergefahr siegreich abgewehrt zu haben. Die geistige
Haltung dieser Zeit, die sich deutlich von der archaischen Lebensfreude und
Pracht absetzt, findet in der Kunst ihren Ausdruck im sog. »strengen Stil«.
Das wohl berühmteste Beispiel dieser Zeit überhaupt ist der Zeus-Tempel in
Olympia (**100**) mit seinen Giebelfiguren und Metopen, die man im dortigen
Museum bewundern kann. Neben Athen, das schon seit archaischer Zeit
immer mehr zum Kunstzentrum Griechenlands wird, tritt nun Árgos als
wichtige Kunststadt. Hier entsteht um 500 v. Chr. eine berühmte Bildhauer-
schule. Sie wurde von Hageladas gegründet, von dem u. a. eine bekannte Zeus-
Statue in Messéne stammte. Ein hervorragendes Beispiel der argivischen
Bildhauerschule ist ein Pferd im Museum in Olympia (Saal Δ), das zu den
zahlreichen Weihegeschenken gehört, die das reiche Árgos in dieser Zeit im
Zeus-Heiligtum aufstellt. Der argivischen Bildhauerschule entstammen auch
zahlreiche Terrakotten, die man im Heraion von Árgos und in Tiryns gefunden hat. Charakteristisch für den argivischen Stil ist das ausgeglichene Verhältnis des Tragens und Lastens. –
Ein bedeutendes Kunstzentrum war seit frühklassischer Zeit auch Sikyón,
berühmt wegen seiner Bronzearbeiten, deren bekanntester Vertreter in dieser
Zeit Kanáchos war, und der Monumentalmalerei, als deren Begründer Telé-
phanes gilt. – Korinth war besonders ein Zentrum der Kleinkunst. So stammen
von hier Kleinbronzen und Terrakotten, die vor allem in Olympia, Perachóra
und Tiryns gefunden wurden. Als wichtigste monumentale Terrakottagruppe

ist die des Zeus mit dem geraubten Ganyméd-Knaben im Museum von Olympia (Saal Δ) zu erwähnen. – Sparta, das in archaischer Zeit – wie wir gezeigt haben – bedeutende Kunstwerke hervorgebracht hat, tritt in klassischer Zeit spürbar hinter anderen Orten zurück. So fehlen vor allem die klassischen Bauten. Trotzdem gibt es aus frühklassischer Zeit ein hervorragendes Beispiel der Plastik mit dem spartanischen Hopliten im Museum von Sparta (Saal IV).

Hochklassische Zeit (450 bis 380 v. Chr.)

Dieser Zeitraum bezeichnet den Höhepunkt der griechischen Kultur, wobei Athen in der Kunst alle anderen Zentren Griechenlands in den Schatten stellt. Klassische Kunst und attische Kunst sind nun beinahe das gleiche. Trotzdem gibt es auch in der Peloponnes bedeutende Beispiele der Kunst dieser Zeit, die freilich aus attischen Einflüssen entstanden sind. – Die Kunst der Hochklassik unterscheidet sich von der vorangegangenen Periode dadurch, daß sie nicht mehr nur aus ihren eigenen Ursprüngen schöpft, sondern Anregungen anderer Kunststile selbstbewußt aufnimmt und variiert. Die Mischung der dorischen mit der ionischen Ordnung ist ein Charakteristikum dieser Zeit, die im übrigen eine deutliche Zäsur durch den Peloponnesischen Krieg aufweist und danach als Periode des sog. »reichen Stils« bezeichnet wird. Für diesen Abschnitt ist bezeichnend, daß aus dorischer und ionischer Ordnung die korinthische entsteht, deren Säulen durch das hohe Akanthusblattkapitell gekennzeichnet sind. Bedeutende Verbreitung findet die korinthische Ordnung freilich erst in der hellenistischen und römischen Zeit.

Ins Auge fallen vor allem die Veränderungen des klassischen dorischen Tempels. Dies geschieht zuerst in kühner Weise durch Iktinos um 420 v. Chr. beim Apollon-Tempel in Bássai (**106**): Der Opisthodom fällt weg, die Cella wird geweitet, indem die Säulen mit Zungenmauern verbunden an den Rand treten. Ionische und korinthische Säulen sowie ein ionischer Fries schmücken das Innere und ein Adyton wird abgeteilt. Der Asklepios-Tempel in Epidauros (**24**) um 390 v. Chr. nimmt die Gedanken auf. Auch hier entfällt der Opisthodom und die Innensäulen rücken an die Cellawand. Auch der Asklepios-Tempel in Górtys (**41**) folgt diesem Prinzip. – Beim Athena-Tempel in Tegéa (**48**) hat Skopas um 350 v. Chr. die Innensäulen mit der Cellawand verschmolzen, errichtet diese aber anders als in Bássai wieder zweigeschossig und nimmt den Opisthodom auf. – Um 320 v. Chr. entsteht mit dem Zeus-Tempel in Neméa (**10**) schließlich ein Bau, der die Gedanken aller dieser Tempel verbindet, wenn auch die Innensäulen frei stehen und damit den Kanon des dorischen Tempels wieder erneuern. In der Plastik war das hervorragendste Werk dieser Zeit das für uns verlorene gewaltige Zeus-Bild, das Phidias für den Zeus-

Tempel in Olympia (**100**) herstellte. Polyklet, der Bildhauerschule von Árgos
entstammend, wirkte zwischen 450 und 420 v. Chr. und war neben Phidias der
berühmteste Künstler der Zeit. Sein Werk ist durch zahlreiche römische
Kopien überliefert. Er entwickelte einen auf bestimmten Zahlenverhältnissen
beruhenden Kanon für die Plastik, der für lange Zeit in der griechischen Kunst
Bedeutung hatte. Allerdings modifizierte Polyklet, dem als Künstler die
Bedeutung des Irrationalen bewußt war, sein mathematisches System indem er
sagte, »das Schöne beruht auf vielen Zahlenverhältnissen bis auf eine Nuance«.
Eines der berühmtesten Werke des Polyklet war die 420 v. Chr. geschaffene
Goldelfenbeinstatue der Hera im Heraion von Árgos. – Aus der Zeit des
Peloponnesischen Krieges ist besonders hervorzuheben die im »reichen Stil«
geschaffene Nike des Paionos im Museum von Olympia (Saal Δ). In die Zeit
des »reichen Stils« gehört auch der Fries vom Apollon-Tempel in Bássai, heute
im Britischen Museum in London.

Spätklassische Zeit (380 bis 325 v. Chr.)

Nach dem Peloponnesischen Krieg tritt das Land in eine Periode wechselnder
politischer Konstellationen ein, die u. a. durch den Einfall der Thebaner
gekennzeichnet ist. Der verhältnismäßig geschlossene hochklassische Stil wird
abgelöst durch ein Suchen nach neuen künstlerischen Inhalten. In der Architektur stehen am Anfang die schon erwähnten Tempel des Apollon in Epidauros und der Athena in Tegéa. Ihnen folgt als bedeutendstes Bauwerk in der
Peloponnes die Tholos in Epidauros (**24**). Die Fragmente im dortigen Museum
machen dieses zum bedeutendsten Architekturmuseum in Griechenland, wo
man am besten die spätklassische Baukunst studieren kann. Am Ende der
Spätklassik steht in der Peloponnes ebenfalls ein Rundbau, das Philippeion,
das Philipp II. von Makedonien nach 339 v. Chr. in Olympia (**100**) errichtete.
– Unter den Bildhauern ist am Beginn der spätklassischen Zeit Leocháres zu
nennen. Er war in Athen beheimatet und schuf um 370 v. Chr. die Figur des
Zeus Brontaios, die später von Augustus in Rom aufgestellt wurde. Rund 30
Jahre später schuf er für das Philippeion die Statuengruppe der Familie des
Stifters. Vor allem ragen aber in spätklassischer Zeit die Namen dreier so
unterschiedlicher Künstler hervor, wie Praxiteles, Skopas und Lysippos.
Praxiteles, der bekannteste unter ihnen, schuf den Hermes mit dem Dionysos-
Knaben, von 50 namentlich in der antiken Literatur überlieferten Werken des
Praxiteles das einzige, das uns im Original erhalten und in Olympia zu sehen
ist. Im Gegensatz zu Praxiteles mit seinen zarten, versonnenen Gestalten steht
Skopas aus Paros, den wir schon als Erbauer des Tempels von Tegéa (**48**)
kennen. Von ihm stammen auch die Giebelfiguren dieses Tempels, von denen
außer einem Kopf der Hygieía im Nationalmuseum in Athen, die meisten

Fragmente, die gefunden wurden, im kleinen Museum in Tegéa zu sehen sind. Skopas war vor allem ein Meister in der Wiedergabe menschlicher Leidenschaften. Seine Figuren sind von Unrast getrieben, mit heftigen Bewegungen und pathetischen Gebärden ausgestattet. Lysippos von Sikyón schließlich, der vor allem Bronzegießer war, ist ein hervorragender Porträtist, dessen Name verbunden ist mit dem Porträt Alexanders des Großen und mit dem Herakles Farnese. Lysippos arbeitete in der Peloponnes für Sikyón, Árgos, Olympia und Korinth. Originale oder Repliken seiner Werke findet man in der Peloponnes nicht, wohl aber in Delphi, wo im Museum (Saal 10) die von Daochos von Pharsalos gestifteten Figuren (338 v. Chr.) zu sehen sind, die wenn nicht vom Künstler selbst, so doch aus seiner Werkstatt, die recht groß gewesen sein muß, stammen.

Die Zeit der Spätklassik ist auch eine Periode des Städtebaus. Zahlreiche Orte werden mit prächtigen öffentlichen Bauten und mit neuen Befestigungen versehen, so beispielsweise Mantíneia (**36**), Platiána (**102**) oder Samikón (**109**). Vor allem sind auch die Neu- bzw. Wiedergründungen von Epameinondas, nämlich Megalópolis (**43**) und Messéne (**90**) zu nennen, wobei besonders die großartigen Mauern von Messéne Bewunderung erwecken.

Hellenistische Zeit (330 bis 27 v. Chr.)

Dieser Zeitraum beginnt mit der Herrschaft Alexanders des Großen und endet mit der Eingliederung Griechenlands als Provinz in das römische Imperium zur Zeit des Kaisers Augustus. Der Hellenismus ist geprägt durch den Vorstoß des Griechentums in die barbarischen Weiten des Ostens und ihre Durchdringung mit griechischer Kultur. Weit vom Mutterland entfernt entstehen neue Zentren geistiger und künstlerischer Ausstrahlung, die auf Griechenland zurückwirken. – Der Hellenismus entwickelt einen ausgesprochenen Sinn für die Umgebung, in die ein Gebäude gestellt wird. Die Orientierung eines Bauwerks folgt nicht mehr kultischen Regeln, sondern den Regeln der Landschaft, in der es errichtet wird. Auch die systematische Komposition größerer Gruppen von Gebäuden im Gegensatz zum oft beziehungslosen Nebeneinanderstellen unterschiedlicher Gebäude, wie dies bis zur klassischen Zeit geschah, ist ein Charakteristikum des Hellenismus. Ein Beispiel hierfür ist das früher für die Agora gehaltene Asklepieion in Messéne (**90**), wo Tempel, Theater, Versammlungsräume und Heiligtümer durch Säulenhallen zusammengefaßt und der einst offene Platz zur geschlossenen Anlage umgestaltet wird. Nach diesem Bauprinzip entstehen auch zu Beginn des Hellenismus das Leonidaion und etwas später die Palästra in Olympia (**100**) sowie das Katagogion (Gästehaus) in Epidauros (**24**).

Die gesamte hellenistische Kunst, vor allem aber die Plastik wird nicht mehr

wie in den vorhergehenden Epochen, von religiösen Motiven oder von zweck-
freien Idealvorstellungen bestimmt. Vielmehr beobachtet man in dieser Zeit in
verstärktem Maße, daß der Künstler im Dienste bestimmter Auftraggeber
arbeitet und dessen Intentionen ausführt. Es sind vor allem die Fürstenhöfe,
die Herrscher und Könige, die den Künstler zu ihrem eigenen Ruhm beschäfti-
gen. Der Hellenismus wird oft gleichgesetzt mit dem Verfall der griechischen
Kunst. Plinius berichtet sogar, daß zwischen 300 und 150 v. Chr. die Kunst in
Griechenland aufgehört habe zu existieren. Diese Meinung ist natürlich weit
übertrieben, zumal in dieser Zeit das gewaltige barocke Werk des Altars von
Pergamon entstand. Aber es stimmt, daß nach 250 v. Chr. ein deutlicher
Rückgang der künstlerischen Qualität im griechischen Mutterland zu verzeichnen ist. Typischer Grundzug der hellenistischen Plastik ist der krasse
Realismus, der auch vor menschlichem und sozialem Elend nicht zurück-
schreckt. Ein Beispiel dafür ist der in Olympia gefundene Bronzekopf (heute
im Nationalmuseum in Athen) des Faustkämpfers Satyros, der wahrscheinlich
von dem Bildhauer Silanion stammt. Aus dem 3. Jh. v. Chr. stammen vermutlich auch die Kolossalfiguren aus dem Tempel der großen Göttinnen, die bis
auf die im Nationalmuseum in Athen gezeigten Köpfe im kleinen Museum von
Lykósoura (**45**) zu sehen sind. Eine neuere Meinung verweist diese Figuren
allerdings in römische Zeit. Einige Beispiele hellenistischer Plastik kann man
noch in den Museen von Korinth, Sikión, Árgos, Sparta und Olympia sehen.
An diesen verhältnismäßig wenigen Beispielen wird aber deutlich, daß die
Peloponnes kaum zu den Kunstzentren der Zeit gehörte.

Römische Zeit (27 v. Chr. bis 395 n. Chr.)

Mit der Einbeziehung Griechenlands als Provinz in das römische Reich
beginnt die letzte Glanzzeit der Antike für die Peloponnes. Sie ist bestimmt
durch die Verehrung, die die Römer dem klassischen Griechenland entgegen-
bringen. Sie findet ihren Ausdruck in zahlreichen Bauten, mit denen die alten
Städte und Stätten ausgestattet werden. Allen voran wurde seit 44 v. Chr.
Korinth (**3**) von Julius Cäsar wieder aufgebaut. Alt-Korinth ist heute die
bedeutendste und instruktivste Ausgrabung aus römischer Zeit. Aber auch an
vielen anderen Orten sieht man wichtige Reste römischer Architektur, so die
Thermen in Árgos (**13**), verschiedene Thermen in Olympia (**100**) sowie das
Haus des Nero, ein Festtor und vor allem das Nymphaeum des Herodes
Atticus. Ein schönes Odeion hat sich in Patras (**117**) erhalten. Der letzte
Bauzustand des Heiligtums der Artemis Orthía in Sparta (**51**) ist ebenfalls
römisch. Nicht nur die Städte, sondern auch das Land waren in dieser Zeit
stark besiedelt. So gab es etwa in Messenien zahlreiche römische Villen. Unter
den Mosaiken, die aus diesen Häusern stammen, sind vor allem die in Sparta zu

erwähnen, die sich teilweise in situ, teilweise im Museum befinden. Auch in Kalamáta (**85**) gibt es ein solches Mosaik, ferner im Museum von Árgos (**13**) und in Isthmía (**1**).

Ein eigenständiges Kunstschaffen ist in römischer Zeit in Griechenland und der Peloponnes kaum zu verzeichnen. Meist wird hier römische Provinzkunst hergestellt, oft freilich in sehr guter Qualität. Hinzuweisen ist auf die Skulpturen in den Museen von Korinth (**3**) und Omypia (**100**), wo vor allem Statuen aus dem römischen Kaiserhause und aus der Familie des Herodes Atticus zu finden sind. Auch in den übrigen Museen des Landes gibt es zum Teil reiche römische Funde. Im übrigen versucht man sich in dieser Zeit im Kopieren klassischer griechischer Kunstwerke. Es sind die Lebens- und Denkformen des hellenistischen Griechentums, die die Römer übernehmen. Die Zeugnisse dieser Kultur nimmt man als Beutegut mit nach Rom. Seit dem 2. Jh. v. Chr. bis in die nachchristliche Zeit wird Griechenland, vor allem auch Olympia, zu einem ständigen »Lieferanten« von Kunstwerken. Große Anziehungskraft besitzen die alten panhellenischen Spiele in Isthmía, Neméa und Olympia und die alten Kulte, wie beispielsweise der der Artemis Orthía in Sparta. – Gegen Ende der Epoche, mit dem Heraufdämmern der Völkerwanderungszeit, läßt die Neigung Roms für Griechenland und seine Kultur immer stärker nach. Mit der Erhebung Konstantinopels zur Hauptstadt des oströmischen Reiches, mit den letzten Olympischen Spielen 393 n. Chr. und dem Einfall der Goten in Attika zwei Jahre später geht endgültig die griechische Antike zu Ende und macht einem neuen Zeitalter Platz.

Früh- und mittelbyzantinische Zeit (395 bis 1205)

Während die frühchristliche Kunst sich in den ersten Jahrhunderten stark an die römische Kunst und an orientalische Traditionen anlehnt, entwickelt sich aus diesen Quellen seit dem Beginn des 4. Jh., als das zweite Rom am Bosporus entsteht, eine neue, die sog. byzantinische Kunst, die ihre erste Glanzzeit im 6. Jh. unter der Herrschaft Justinians erlebt hat. Griechenland und insbesondere die Peloponnes werden hiervon jedoch relativ wenig berührt. Das Land ist Opfer ständig wiederkehrender Awaren- und Slaweneinfälle, und der politische Einfluß der Byzantiner beschränkt sich hauptsächlich auf die nordgriechischen Provinzen. Trotzdem findet an verschiedenen Stellen der Peloponnes ein bemerkenswerter Kirchenbau statt, der zum Teil den Eindruck erweckt, daß er nicht nur den Bedürfnissen der Gläubigen, sondern auch der politischen Demonstration gedient hat. Im 5. bis 7. Jh. werden Kirchen vor allem im Typ der dreischiffigen Basilika, zum Teil in beachtlicher Größe errichtet. Erhalten sind von diesen Bauten heute nur noch die Grundmauern. Die sehenswerteste Basilika ist die von Lechéon (**4**). Weitere Kirchen liegen östlich von Korinth (**3**) und in Kenchreá (**1**). Während die Basilika normalerweise drei Schiffe hatte, findet man eine fünfschiffige Basilika in Epidauros (**24**). Selbst in der entlegenen Mani hat man in neuerer Zeit frühchristliche Kirchen in Kipárisso (**78**) und am Kap Tígani (**71**) gefunden. Vielfach wurden die frühchristlichen Kirchen nach ihrer Zerstörung mit späteren Kirchen überbaut. Mit dem großen Slaweneinfall im 8. Jh. findet gleichzeitig der Bilderstreit statt, nachdem die byzantinischen Herrscher figürliche Darstellungen im Kirchenraum untersagt hatten, so daß die Kirchen in dieser Zeit ähnlich der gleichzeitigen islamischen Bewegung nur mit Ornamenten und natürlich mit Kreuzen geschmückt waren. Einziges Beispiel auf der Peloponnes ist eine schlecht erhaltene kleine Kirchenruine in der Mani (**73**). Gerade in Griechenland wurde dieses Bilderverbot nur teilweise eingehalten und häufig bekämpft. Bald nach seiner Aufhebung begann im 9. Jh. eine neue Blüte des Kirchenbaus. In der Tradition frühchristlicher Basiliken entsteht in Sparta (**51**) die Metropolis des Heiligen Nikon. Im übrigen findet jetzt die im Grundriß eines griechischen Kreuzes erbaute Kirche, die schon in frühbyzantinischer Zeit vereinzelt aufgetaucht war, weite Verbreitung. Dieser Bautyp entwickelte sich aus den Zentralbauten, die in den Jahrhunderten um Christi Geburt sowohl in Italien wie auch im nahen Osten häufig vorkamen. Die entscheidende architektonische Neuerung bei der Kreuzkuppelkirche war die Verbindung des quadratischen Unterbaus mit der runden Kuppel. Es gibt eine Fülle von Variationsmöglichkeiten dieses Kirchentyps: über das einem Quadrat einbeschriebene Kreuz bis zu Kirchen mit komplizierten Anbauten. Die Kuppeln, die entweder von Säulen oder von Pfeilern, häufig aber auch von je zwei Pfeilern und Säulen getragen werden, liegen meist über der Vierung des Mittelschiffes, manchmal überspannen sie aber auch die gesamte Kirchenbreite. Außer der auf einer Trommel ruhenden Mittelkuppel sind die Kirchendächer häufig mit weiteren Kuppeln über den Seitenkapellen geschmückt. Diese weite Palette kann man in der Peloponnes besonders eingehend studieren, da noch zahlreiche Kirchen aus dieser wie auch aus spätbyzantinischer Zeit erhalten sind.

Da gibt es einmal einige bedeutende Kirchen in der Argolis, in Nauplia (**17**), Agía Triás, Plataníti und Choniká (**19**). Eine Fülle von Kirchen entstehen in Lakonien, z. B. in Geráki (**57**) und vor allem in der Mani, wo fast in jedem Ort eine mehr oder weniger bedeutende mittelbyzantinische Kirche steht (**66** bis **84**). Bedeutende Kirchen des sog. Achtstützentyps, die in der Peloponnes selten sind, findet man in Monemvasía (**60**) und Christianoú (**95**). Erwähnenswert ist auch die elegante Apostelkirche von Leontárion (**47**).

Fränkische Zeit (1205 bis 1430)

Nach der Eroberung der Morea durch die fränkischen Kreuzfahrer entsteht in der Peloponnes ein Ritter- und Feudalstaat, der für kurze Zeit dem Lande ein völlig neues Gepräge gibt. In den Kämpfen gegen die Byzantiner, die von Mistrá aus über mehr als ein Jahrhundert die Rückgewinnung der Peloponnes betreiben, wird die fränkische Herrenschicht jedoch bald gräzisiert und geht so in dem großen Völkerschmelztiegel Griechenland auf. Als Zeugen dieser Zeit sind vor allem noch eine ganze Anzahl von Burgen übrig geblieben. Viele liegen weitab der Straßen, sind stark zerstört und nur noch für Kenner interessant. Einige von ihnen bieten aber noch heute ein imponierendes Bild, so vor allem die gewaltige Festung von Chlemútsi (**116**). Aber auch die Burgen von Mistrá (**52**), Geráki (**57**), Kalamáta (**85**) und Karítena (**42**) sind sehenswert. In Karítena findet man aus fränkischer Zeit noch eine Brücke über den Alfiós. In besonders romantischer Lage liegen Burg Passavás (**63**) in der Mani und die Burg Árla (**118**) in Achaia. Zu erwähnen sind auch die Burgen auf Akrokorinth (**3**), auf der Lárissa in Árgos (**13**) sowie bei Lérna (**15**), die meist auf älteren Befestigungen gebaut und später stark verändert wurden. – Mit den fränkischen Rittern hielt der lateinische Ritus Einzug in der Morea. Zahlreiche neue Kirchen entstanden in gotischem Stil. Kaum etwas ist von ihnen geblieben. Weitaus am besten erhalten, wenn auch kaum bekannt, ist die in der 1. Hälfte des 13. Jh. erbaute gotische Kirche des Klosters Isóva bei Tripití (**103**). Die wenige Jahrzehnte später errichtete, dicht daneben stehende Ágios Nikólaos-Kirche zeigt in anschaulicher Weise, wie schnell die fränkische Architektur in der byzantinischen aufgeht. Eindrucksvolle Reste gibt es von der Sofien-Kirche in Andravída (**115**), einst der Sitz der Fürsten von Achaia, und im abgelegenen Stimfalía (**7**), wo allerdings gewisse Zweifel bestehen, ob die Ruinen wirklich zu einer Kirche gehören. Einen eigenartigen Mischstil findet man bei der Klosterkirche der Panagía Vlachérna auf der Halbinsel Killíni (**116**), wo lateinische Stilelemente den Bau einer byzantinischen Kirche beeinflußt haben. – Eine gut erhaltene fränkische Basilika, die in spätbyzantinischer Zeit ergänzt wurde, steht auf der fränkischen Burg von Geráki (**57**).

Spätbyzantinische Zeit (1262 bis 1460)

Die spätbyzantinische Zeit überlagert weithin die fränkische, was in dem Ringen beider Seiten um die Vorherrschaft in der Peloponnes zum Ausdruck kommt. Bereits mit der Übergabe von Mistrá und anderer lakonischer Städte durch Guillaume de Villehardouin an den byzantinischen Kaiser begann die Epoche, die hauptsächlich durch den glänzenden Bau der Bergstadt Mistrá (**52**) gekennzeichnet ist. Ins Auge fallen dort vor allem die zahlreichen spätbyzantinischen Kirchen, die architektonisch vielfach einem eigenen Stil folgen, der eine Mischung von Basilika und Kreuzkuppelkirche darstellt. Die Fresken dieser Kirchen gehören der sog. Schule von Mistrá an, die sich aus der kretischen Schule entwickelte. Auch an vielen anderen Orten der Peloponnes blühte der spätbyzantinische Kirchenbau, obwohl bescheidener als am Sitz der Despoten aus kaiserlichem Hause. Zu erwähnen sind die Kirchen von Geráki (**57**) und Chríssafa (**56**). Mistrá ist wichtig auch als hervorragendes Beispiel einer byzantinischen Stadt, wo es außer dem eindrucksvollen Palast der Despoten vornehme Herrenhäuser und vor allem die Häuser der einfachen Bürger und ein wohlerhaltenes Straßennetz aus byzantinischer Zeit gibt. In Monemvasía (**60**) ist die byzantinische Stadt noch besser erhalten, jedoch stark durch spätere Jahrhunderte verändert.

Türkische Zeit (1460 bis 1821)

Die Jahrhunderte der türkischen Besetzung sind nicht nur in der Erinnerung der Griechen die dunkelste Zeit ihrer Geschichte, sondern es gibt auch fast keine bemerkenswerten Zeugnisse aus dieser Zeit. Freilich gelingt es im Bereich der Kirche, die überlieferten byzantinischen Traditionen zu bewahren und in bescheidenen Grenzen zu variieren und fortzuentwickeln. So entstehen in nachbyzantinischer Zeit zahlreiche neue Kirchen, vor allem in entlegenen Klöstern, wo sich Zentren des Widerstandes gegen die türkische Herrschaft bilden. Die Kirchen sind reich mit Fresken geschmückt. Als einige Beispiele mögen die Klöster Agnoúdos (**26**) in der Argolis, Elónis bei Leonídion (**50**), Skafidiá (**111**), Marítsa (**118**) und die Klöster Taxiárchis und Pepelenítsa bei Ägion (**123**) gelten.

Die Türken selbst haben in der Peloponnes trotz ihrer 400jährigen Besetzung erstaunlich wenige architektonische Zeugnisse hinterlassen. Sie bedienten sich meist vorhandener Bauten, und da sie Griechenland nur als eine auszubeutende Provinz, nicht aber als einen Teil ihres Kernreiches betrachteten, entwickelten sie keinerlei Neigungen, sich hier in ausdrucksvollen Baudenkmälern darzustellen. Vor allem wurden die venezianischen und die fränkisch-byzantinischen Burgen und Festungen wieder aufgebaut und modernen Erfordernissen angepaßt. Zu den wenigen türkischen Neubauten gehören die Festungen Kelefá (**64**) und Pílos (**92**). Nur ganz vereinzelt finden sich Ruinen von Moscheen und Minaretts, so auf Akrokorinth (**3**), in Mistrá (**52**), in Schloß Passavás (**63**) und der erwähnten Festung Kelefá. Vereinzelt trifft man auf kleine türkische Bäder, z. B. bei Alt-Korinth (**3**) und in den Festungen Methóni (**93**) und Ríon (**122**). Daß aus türkischer Zeit so wenig erhalten ist, hängt natürlich auch damit zusammen, daß vieles nach der Befreiung Griechenlands bewußt zerstört wurde. Zwei Moscheen in Nauplia (**17**) verdanken ihre Erhaltung der Umwandlung in eine Schule und ein Parlamentsgebäude.

Das kurze Zwischenspiel der venezianischen Herrschaft in der Peloponnes in den Jahren 1685 bis 1715 hatte eine beachtliche Bautätigkeit hervorgerufen. Vor allem waren es natürlich Zweckbauten. Das bedeutendste Bauwerk war die imponierende Befestigung des Palamídi in Nauplia (**17**). Dort entstand damals auch das Zeughaus, in dem heute das Archäologische Museum untergebracht ist. Venezianisch geprägt ist besonders Monemvasía, das von 1464 bis 1540 schon venezianisch war und wo in diesen beiden Epochen einige Kirchen im italo-byzantinischen Mischstil entstanden.

Das moderne Griechenland (seit 1821)

Das Signal zur Befreiung Griechenlands soll Erzbischof Gérmenos von Patras 1821 im Kloster Agía Lávra bei Kalávrita (**125**) gegeben haben, so daß dieses Kloster nicht nur ein Nationalheiligtum der Griechen ist, sondern auch durch seine Bauten und sein kleines Museum ein interessantes Zeugnis der bewegten neueren Geschichte bis hin zum Widerstand gegen die deutsche Besatzung darstellt. Zahlreich sind in der Peloponnes die Denkmäler an die Befreiung Griechenlands, angefangen von dem imposanten Denkmal auf einem Berg beim Kloster Agía Lávra über das Denkmal in Pílos (**92**) für die Schlacht von Navaríno bis zu den vielen Denkmälern für den General und Freiheitshelden Kolokotrónis: etwa das Reiterdenkmal in Trípolis (**35**), das Denkmal für die Schlacht von Dervenákia (**9**) oder sein Denkmal in Nauplia, das an die Festungshaft des ungebärdigen Freiheitshelden erinnert. In Nauplia sieht man auch das große Löwendenkmal für die gefallenen bayrischen Soldaten. Nauplia (**17**) ist schließlich ein Beispiel für die schlichte und schöne Architektur der ersten Jahre nach den Freiheitskriegen, als hier die Hauptstadt Griechenlands war. Zu den Orten, die an die Befreiung Griechenlands erinnern, gehören auch die Inseln Hydra (**34**) und Spétsä (**33**), wo sich im 18. Jh. durch intensiven Seehandel ein praktisch unabhängiges Bürger- und Großkaufmannstum entwickelte. Die von den Kaufleuten und Reedern ausgerüsteten Kriegsschiffe hatten wesentlichen Anteil an der Befreiung Griechenlands. Die Häuser der Familien, die ihr Vermögen für die Freiheit opferten, prägen noch heute das Bild der beiden Hafenstädte.

Das weitere 19. Jh. steht unter dem Zeichen des Wiederaufbaus der Städte. So wird vor allem Sparta (**51**) nach fast 700 Jahren der Verödung mit einem rechtwinkligen Straßennetz nach hippodamischem Muster wieder aufgebaut. Ähnliches geschieht in Korinth, Patras, Trípolis, Pírgos und Kalamáta. Bemerkenswerte Bauten entstehen dabei aber nur vereinzelt. Das schönste Gebäude

ist vielleicht das Stadttheater in Patras, das 1872 von Ernst Ziller im klassizistischen Stil erbaut wurde, ebenso wie übrigens die Markthalle in Pírgos (**99**).
Auch sonst gibt es hier und da noch einige schöne klassizistische Bauten, wie
etwa das Gerichtsgebäude gegenüber dem Kolokotrónis-Denkmal in Trípolis
(**35**). Erst in den letzten Jahrzehnten wurden die Stadtbilder des 19. Jh.
durchsetzt mit der Beton- und Glasarchitektur unserer Zeit. Über das 19. Jahrhundert informiert im übrigen das hervorragende Volkskundemuseum mit
vielen Trachten, Waffen und Hausgeräten in Nauplia.

Landesbeschreibung

Korinthía

Überblick

Der Nomós Korinth umfaßt den nordöstlichen Teil der Peloponnes mit der Landenge, dem Isthmós von Korinth, der Halbinsel Perachóra auf dem Festland und den Küstenlandschaften an der Südseite des Saronischen Golfs bis halbwegs Epidauros und entlang des Golfs von Korinth bis fast nach Patras. Es ist ein Tertiärstufenland, das im östlichen Teil zur südlich gelegenen Argolis hin in das Hügelland von Chiliomódion übergeht und im westlichen Teil im Gebirge Killíni oder Zíria bereits einen der geografisch zu Arkadien gehörigen Bergstöcke umfaßt. Südöstlich und südwestlich dieses Gebirgsstocks liegen die Tallandschaften von Stimfalía und Feneós.

Für den Reisenden ist die Korinthía meist nur eine Durchgangsstation auf der Fahrt entlang der Nordküste nach Patras oder nach Süden in die Argolis. Ein Aufenthalt wird oft nur zur Besichtigung von Alt-Korinth (**3**) gemacht, das die größte Sehenswürdigkeit in diesem Gebiet ist. Es lohnt sich aber durchaus für denjenigen, der darüber hinaus ein bis zwei Tage Zeit mitbringt, einige weitere Ausflüge zu unternehmen, wobei die ansonsten farblose Stadt Korinth als Ausgangspunkt dienen kann. Nördlich des Isthmós ist ein Besuch von Loutráki und des Hera-Heiligtums von Perachóra (**2**) zu empfehlen. Nach Westen lohnt sich ein Ausflug nach Sikión (**5**), wobei man nicht die Nationalstraße, sondern die Landstraße benutzen und unterwegs an der Küste bei Korinth beim alten Hafen Lechéon (**4**) die sehenswerten Reste einer riesigen Basilika aufsuchen sollte. Einen landschaftlich empfehlenswerten Ausflug, den man hiermit verbinden kann – er erfordert freilich einige Zeit – führt zum Stymphalischen See (**7**) und in das Becken von Feneós (**8**). Diese beiden Orte kann man schließlich auch aufsuchen, wenn man auf der Fahrt in die Argolis den unbedingt empfehlenswerten Abstecher nach Neméa (**10**) macht. Der Weg von Neméa zum Stymphalischen See führt über zwei Gebirgszüge. Dabei kann man hinter Neméa noch einen Abstecher zu den wenigen Ruinen des alten Phliús (**11**) machen.

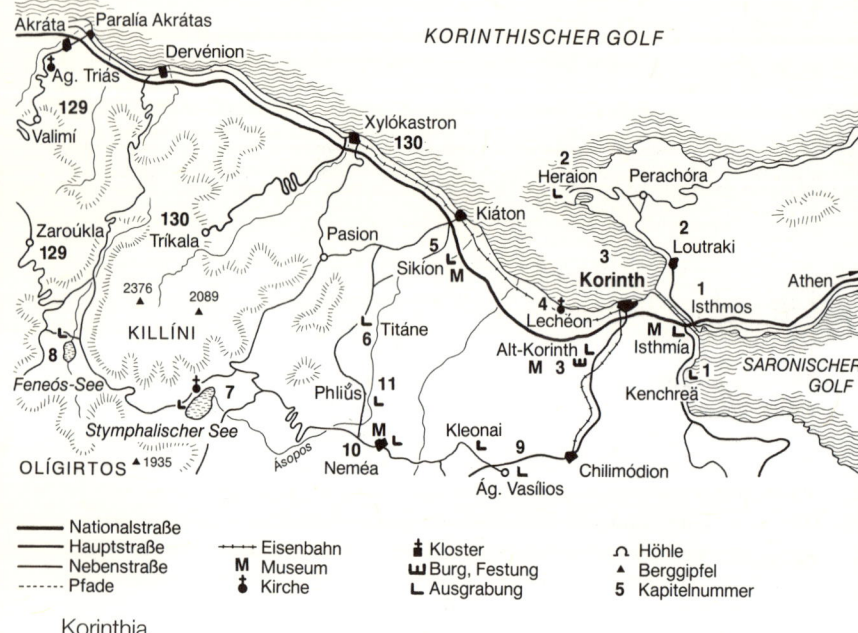

Korinthia

Am Kanal von Korinth kann man schließlich die Ruinen und das kleine interessante Museum von Isthmía (**1**) besichtigen und von dort auf der Küstenstraße entlang des Saronischen Golfs weiterfahren nach Kenchreá (**1**). Dies ist ein vor allem landschaftlich reizvoller Ausflug, der wenig Zeit erfordert. Man kann diese wenig befahrene und auch weiterhin landschaftlich sehr schöne Strecke nutzen, um in die Argolis zu gelangen, die man über das Kloster Agnoúdos (**26**) bei Epidauros (**25**) erreicht.

1

Der Isthmós

Der Isthmós (= »Landenge«) von Korinth ist der einzige Landzugang vom griechischen Festland zur Peloponnes. Gleichzeitig ist er seit dem Altertum einer der wichtigsten Verkehrsknotenpunkte Griechenlands. Hier kreuzt sich der Landweg von Mittel- nach Südgriechenland mit dem Schiffsverkehr zwischen Ost- und Westgriechenland. – Wichtigste Sehenswürdigkeit ist der berühmte Kanal von Korinth. Es gab auf der Landenge aber auch einige interessante Sehenswürdigkeiten aus der Antike: Reste des Schiffs-schlepp-Pfades, des sog. Diólkos, die Isthmós-Spermauer, ferner die nicht unbedeutenden Ausgrabungen sowie das kleine Museum von Isthmía und schließlich die Reste von Kenchreá, des einstigen östlichen Hafens von Korinth.

Der Kanal von Korinth liegt 80 km westlich von Athen und ist von dort entweder über die gebührenpflichtige Nationalstraße oder die parallel verlaufende Landstraße zu erreichen.

Der Kanal

Der Kanal, den eine Straßen- und eine Eisenbahnbrücke überquert, wurde 1881 begonnen und 1893 vollendet. Er durchschneidet den Isthmós in gerader Linie nahezu an der schmalsten Stelle. Seine Länge beträgt auf der Landoberfläche 5,6 km. Hinzu kommen an beiden Enden Strecken von 300 bzw. 400 m, die unter Wasser in den Boden eingeschnitten sind. Der Kanal ist an der Wasseroberfläche 24,5 m, an der 8 m tiefer liegenden Sohle 21 m breit. Die Kanalwände steigen bis zu 76 m auf. Die Brücken liegen etwa 45 m über der Wasseroberfläche. Die Durchfahrt durch den Kanal erfolgt jeweils nur in einer Richtung mit Lotsen und bei größeren Schiffen mit Schlepperhilfe. An den beiden Enden des Kanals liegen kleine Häfen, im Westen an der Bucht von Korinth Posidónia, im Osten am Saronischen Golf Isthmía. An beiden Häfen verbinden Fähren die Ufer des Kanals. Die Benutzung des Kanals bedeutet eine große Zeit- und Wegersparnis für Fahrten zwischen der Adria und der Ionischen See einerseits und dem Ägäischen Meer andererseits. Je nach Fahrtstrecke verkürzen sich die Entfernungen um 80 bis 130 sm. Allerdings hat der Kanal von Korinth für die Schiffahrt heute eine untergeordnete Bedeutung, da er nur von Schiffen mit einer Höchstbreite von 16,5 m und einem Höchsttiefgang von 7,3 m benutzt werden kann.

Im Altertum, als die Umfahrung der Peloponnes noch gefährlich und mühevoll war, hatte die Überwindung der Landenge für die Schiffahrt große

Bedeutung. In frühester Zeit wurden die Frachten der Schiffe umgeladen und
über den Isthmós transportiert. Später schleppte man die Schiffe über den
Diólkos von einem Ufer zum anderen. Der Gedanke, einen Kanal zu bauen, ist
sehr alt. Der erste Plan stammte von dem Tyrannen Periánder von Korinth aus
dem Anfang des 6. Jh. v. Chr. Um 300 v. Chr. plante Demétrios Poliorkétes
einen Durchstich der Landenge, ließ sich jedoch hiervon abbringen, da seine
Ingenieure behaupteten, daß der Wasserspiegel im Golf von Korinth höher sei
als im Saronischen Golf und beim Durchstich große Überschwemmungen zu
befürchten seien. Auch die römischen Kaiser Julius Cäsar, Caligula, Hadrian
und der Athener Ehrenbürger Herodes Atticus hatten solche Pläne. Kaiser
Nero begann schließlich 67 n. Chr. mit Hilfe von 6000 jüdischen Sklaven mit
dem Bau des Kanals, gab diesen Versuch jedoch bald wegen politischer
Ereignisse in Gallien auf. Die angefangenen Baustellen an beiden Enden und
eine Reihe von Schächten quer über den Landrücken wurden beim Bau des
modernen Kanals zerstört.
Der Kanaldurchschnitt bietet einen guten Einblick in den geologischen Bau
der Landenge, wenn auch die Wände inzwischen teilweise verkrustet sind. Die
horizontal oder leicht geneigten Schichten enthalten zuunterst Mergel und
Kalktuffe, in den oberen Bereichen Sande und Sandsteine, die gelegentlich
abrutschen und die Kanaldurchfahrt sperren.
An der Kanalbrücke gibt es mehrere Restaurants und Imbißstände, deren
Spezialität Souvláki ist. Ferner Andenkengeschäfte, Tankstellen und Motels.

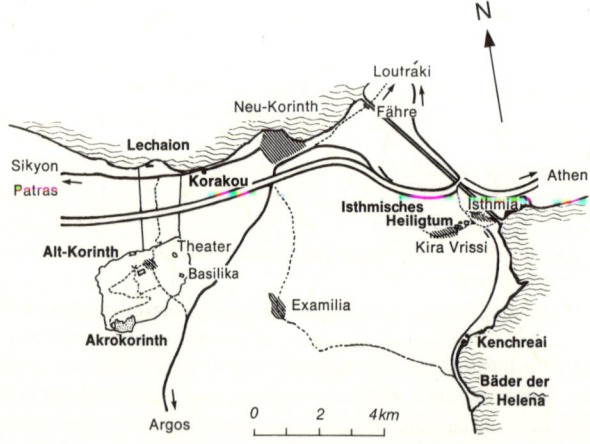

Umgebung des Kanals von Korinth

Der Diólkos

Die Diólkos genannte Schiffsschleppbahn (von δυέλκο = hinüberziehen) war ein 3 bis 5,50 m breiter gepflasterter Weg, der teils südlich teils nördlich des heutigen Kanals über den Landrücken führte. Der griechische Archäologe Verdelis grub 1956 Teile des Diólkos am Westende des Kanals bei Posidónia auf dem Südufer und dann weiter östlich auf dem Nordufer aus. Posidónia erreicht man, indem man vom Kanal in Richtung Korinth fährt und kurz vor der Stadt rechts abbiegt und am Ufer des Korinthischen Golfes zum Kanal fährt. Der Diólkos liegt links und rechts vor dem Kanal in einem »Hohlweg«. Auf dem gepflasterten Weg sind Fahrspuren im Abstand von 1,50 m zu erkennen. An mehreren Stellen findet man in den Steinen Buchstaben des alten korinthischen Alphabets eingemeißelt. In der Nähe des Diólkos auf dem Nordufer des Kanals einige Gräber aus archaischer Zeit. Eins ist davon im Museum in Korinth rekonstruiert. Vermutlich stammt die erste Anlage dieses Weges aus der Zeit Periánders aus dem frühen 6. Jh. v. Chr. Im 5. Jh. v. Chr. wurde der Weg ausgebaut.

Der Landtransport dürfte nur für leichtere und kleinere Schiffe möglich gewesen sein. Bei Posidónia sieht man am Ende des Diólkos eine größere Plattform, die der Verladung der Schiffe gedient hat. Wie die Schleppwagen gezogen wurden, ist nicht bekannt. Außer den Kräften von Menschen und Tieren dürften auch maschinelle Einrichtungen benutzt worden sein. Frachtschiffe mußten in den Häfen von Lechaion (**4**) und Kenchreai (s. unten) entladen werden und die Waren wurden über Land transportiert.

Der Diólkos ist über lange Zeiträume in Betrieb gewesen. Thukydides erwähnt seine Benutzung im Peloponnesischen Krieg, Philipp II. von Makedonien benutzte ihn im 4. Jh. v. Chr., Octavian setzte hier seine Flotte nach der Schlacht von Aktion über. 883 n. Chr. benutzte ein byzantinischer Admiral den Diólkos und noch im 12. Jh. wird er erwähnt.

Sperrmauer

Der Zugang zur Peloponnes über den Isthmós war stets von strategischer Bedeutung. Er wurde deshalb immer wieder befestigt, ohne daß diese Mauern allerdings besonderen Schutz boten, da sie zur Verteidigung zu lang waren und an den Meeresbuchten zu beiden Seiten leicht umgangen werden konnten. Die erste Mauer wurde 480 v. Chr. zum Schutz gegen den Einfall der Perser errichtet, die aber nicht bis hierher kamen, nachdem sie bei Salamís geschlagen wurden. Die Mauer wurde 369 v. Chr. gegen die Thebaner unter Epameinondas und 279 v. Chr. gegen den Einfall der Kelten erneuert. Valerian baute sie 253 n. Chr. und Justinian im 6. Jh. aus. Zwischen 1395 und 1363 wurde sie mehrfach gegen den Einfall der Türken von den Palaiologen erneuert. Im Mittelalter hieß die Mauer Hexamillion, d. h. die 6-Meilen-lange Mauer, woran heute noch der Name des 5 km weiter südwestlich gelegenen Dorfes Examíllia erinnert.

Die Sperrmauer zog sich etwa 1 km südlich des Kanales, dem natürlichen Geländeverlauf folgend und mit mehreren Türmen bewehrt, über die Landenge. Verhältnismäßig geringe Reste sieht man noch 1 km hinter dem Kanal beiderseits der Nationalstraße, dort, wo links die Straße nach Epídavros abzweigt. Weitere Reste finden sich in Isthmía, nicht weit von den Mauern einer byzantinischen Festung, die unter Justinian zur Verstärkung der Sperrmauer errichtet wurde.

Isthmía

Das Ausgrabungsgebiet des antiken Isthmía erreicht man, wenn man von der Straße, die vom Kanal nach Korinth führt, gleich hinter dem Kanal links abbiegt nach dem modernen Ort Isthmía. Dort wendet man sich in Richtung zum Dorf Kirás Vríssi, vor dem auf der rechten Seite das Museum und die Ausgrabungen liegen. Man kann auch vom Kanal 1 km in Richtung Korinth fahren und an der schon beschriebenen Straßenabzweigung in Richtung Epídavros abbiegen. 3 km weiter, hinter dem Dorf Kirás Vríssi, liegen links die Ausgrabungen. Die Fahrt nach Isthmía führt durch eine landschaftlich reizlose Gegend, die nichts gemein hat mit »Poseidons Fichtenhain«, wie wir ihn aus Schillers »Die Kraniche des Ibykus« in Erinnerung haben.

Sage und Geschichte

In Isthmía stand ein Apollon-Heiligtum, und hier war die Stätte der Isthmischen Spiele, die seit 582 v. Chr. alle zwei Jahre stattfanden und die nach denen von Olympia und Delphi die berühmtesten der griechischen Welt waren. Sie wurden nicht zuletzt wegen ihrer günstigen Verkehrslage besonders stark besucht. Die Sage schreibt Theseus die Gründung der Spiele zu. Auch eine der Taten des Theseus, nämlich die Tötung des Riesen Sínis, soll in dieser Gegend stattgefunden haben. Sínis, der »Kiefern-Beuger«, band durchkommende Wanderer an zwei herabgebogene Bäume, die er dann hochschnellen und so den Wanderer zerreißen ließ. Theseus bereitete dem Unhold das gleiche Schicksal. – Eine weitere Sage ist mit Isthmía verknüpft, nämlich die von Palaímon, später auch Melikértes genannt. Inó, Mutter des Palaímon, rettete sich mit ihrem Sohn vor den Verfolgungen ihres wahnsinnig gewordenen

Gatten Athámas, des Königs von Theben, durch einen Sprung von einem Felsen ins Meer. Dort wurden sie von den Nereiden freundlich empfangen und verwandelten sich in Seegottheiten. Inó erhielt den Namen Leukothéa und Palaímon den Namen Melikértes. Sie galten als Helfer in Seenot. Als Gründer von Isthmía, der hier die Totengedenkspiele zu Ehren des Palaímon eingeführt haben soll, galt Sísyphos, der Korinth erbaut haben soll und später in der Unterwelt durch nichtendende Arbeiten büßte. In Isthmía wurde die Stätte verehrt, an der Palaímon der Sage nach von einem Delphin an Land getragen wurde.

Die Panhellenischen Wettspiele standen unter der Festleitung der Stadt Korinth. Nur im 2. und 1. Jh. v. Chr., als Korinth zerstört war, übernahm das benachbarte Sikyón die Leitung. Die Wettkämpfe waren zunächst sportlicher, seit dem 3. Jh. v. Chr. auch musischer Art. Siegespreis war in ältester Zeit ein Fichten-, später ein Selleriekranz und noch später ein Palmzweig. Isthmía war als günstiger Versammlungsort der griechischen Stämme mehrfach Schauplatz wichtiger politischer Ereignisse. 336 v. Chr. wurde Alexander der Große hier zum Heerführer der Griechenstämme gegen die Perser ausgerufen. Flaminius verkündete hier 196 v. Chr. und Nero 67 n. Chr. die griechische Unabhängigkeit, wobei letzterer gleichzeitig auch den ersten Spatenstich für den Kanalbau tat.

Museum

Obwohl das Museum nur aus einem großen Saal besteht, ist es sehr sehenswert. Im vorderen Teil des Raumes sind Ausgrabungen aus Isthmía zu sehen, im hinteren Teil Funde aus Kenchreá.

Funde aus Isthmía (Die Vitrinen sind nicht numeriert. Die Zahlen in Klammern entsprechen denen des Planes):
Prähistorische Funde, Grabbeigaben, einfache Gefäße und 2 mächtige Bronzearmreifen (1). – Pfeilspitzen, Wurfgeschosse und Webgewichte (2). – Wasserspeier (3). – Beschriftete Weihegaben, u. a. Sprunggewichte von den isthmischen Spielen (4). – Panathenäische Preisamphoren (5). – Geräte von den isthmischen Spielen: Sprunggewichte, Ölschaber und Aryballoi, die für Öl benutzt wurden (6). – Fragment einer Pan-Statue (7). – Funde vom Rundtempel des Palaímon (8, 9). – Überlebensgroße Frauenbüste ohne Kopf (10). – Archaisches Pyrrantherion (Weihwasserkessel) aus dem Poseidon-Heiligtum, 7. Jh. v. Chr. (11). – Waffen, Rüstungen und Omphalosschalen als Dankgaben für Poseidon (12). – Weihegaben aus dem archaischen Poseidon-Tempel, darunter Bronzestatuetten (13). – Bauteile und Weihegaben vom archaischen Poseidon-Tempel (14, 15). – Ziegel vom Poseidon-Tempel (16). – Weiteres

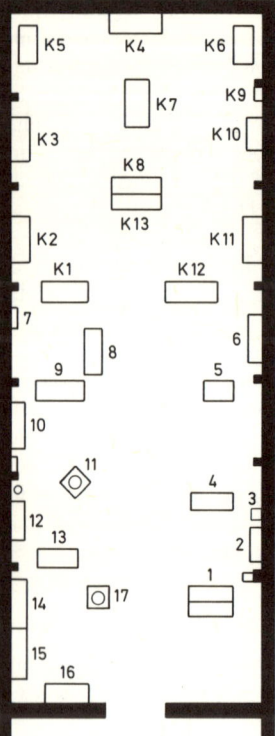

Museum Isthmía

Pyrrantherion aus dem Poseidon-Heiligtum.

Funde aus Kenchreá (Die Zahlen in Klammern sind die Nummern an den Vitrinen): Gefäßfunde aus dem Hafen (K 1). – Aschenurne, Haushaltsgeräte und -gefäße, Angelhaken, Bronzebarren und Fußbodenmosaiken (K 2). – Zu den schönsten Funden aus Kenchreá gehören Arbeiten in opus-sectile-Technik, bei der Formen aus Stein oder Glasplatten intarsienartig ausgeschnitten und zusammengefügt wurden. Sie wurden im Hafen als z. T. noch verpackte Handelsware gefunden, so z. B. Darstellungen von Nilgänsen (K 3), eine Küstenlandschaft mit Häusern, Tempeln, Schiffen und Seetieren (K 5), geometrische Dekorationen (K 4), Tempel und Säulenhallen am Meer (K 6), die Figur eines Philosophen, vielleicht Platon (K 7) und schließlich eine Nillandschaft (K 8). Bemerkenswert sind auch Holz- und Elfenbeinfunde, so die Tür eines Isis-Tempels (K 9), Elfenbein- und Knochenbeschläge von Möbeln, einige mit Erotengravierungen (K 10, K 13), z. T. noch mit erhaltenen Holzkernen (K 11), aber auch Gebrauchsgegenstände wie der Block eines Flaschenzuges (K 12).

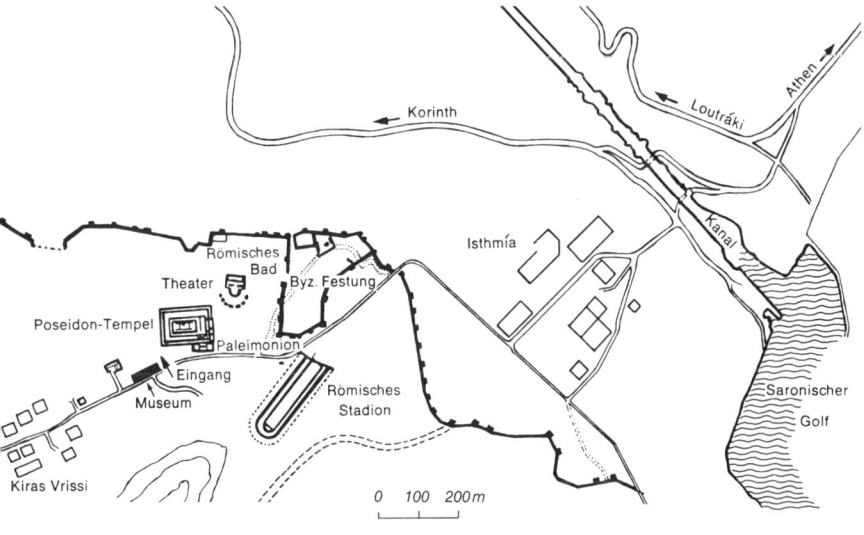

Isthmía

Rundgang

Vom Eingang des Ausgrabungsgeländes neben dem Museum trifft man gleich
rechts etwas niedriger gelegen auf den merkwürdigsten und interessantesten
Fund dieser Ausgrabung. Eine langgestreckte dreieckige Pflasterung mit
schmalen eingeritzten Linien, die konzentrisch von einem runden Loch ausgehen. Es handelt sich hier um die Startanlage des klassischen Stadions. Ihre
Funktion stellt man sich wie folgt vor: Der Starter, der in dem Loch saß, hielt
16 Schnüre in der Hand, die geführt von Bronzekrampen in noch sichtbaren
Bleibetten entlang der Linien zu Pfosten liefen. An diesen waren Querlatten
angebracht, die mit Hilfe der Fäden herunterklappten und den Start freigaben.
Die Pfostenlöcher sind ebenfalls noch zu sehen. Eine andere Startlinie, die
möglicherweise zu einer früheren Anlage gehört und nur aus einer Reihe von
Kalksteinblöcken besteht, liegt 10 m weiter südlich. Ebenfalls südlich sieht
man zwei Parallelmauern, die den Eingang zum klassischen Stadion bildeten.
Ferner sind in der Umgegend der Startanlage Leitungen eines Entwässerungs-
systems erkennbar.

In römischer Zeit wurde das klassische Stadion aufgegeben und ein neues
Stadion jenseits der heutigen Straße etwas weiter östlich angelegt. Seine Spuren

sind noch erkennbar. – Über dem klassischen Stadion wurde in römischer Zeit
das sog. Palaimonion errichtet. Von korinthischen Münzen weiß man, daß es
ein säulenumstandener Rundtempel war, in dessen Innerem die Figur eines
Delphins mit dem toten Palaímon aufgestellt war. Ein nahezu quadratischer
Sockel von 8 × 8 m in der Nähe der Startanlage wird für den Unterbau dieses
Tempels gehalten, der Ende des 1. Jh. v. Chr. errichtet wurde. Eine Tür führt
in einen unterirdischen Gang unter dem Sockel zu einem Adyton, wo nach der
Überlieferung kultische Handlungen vorgenommen wurden. Nahe dem Tempel stand einst eine heilige Kiefer, die ebenfalls dem Palaímonkult diente. Der
Tempelbezirk des Palaimonions grenzt unmittelbar an den weiter nördlich
gelegenen Bezirk des Poseidon-Tempels. Die Stelle des Poseidon-Tempels ist
noch deutlich auszumachen, wenn auch die Überreste nicht besonders sehenswert sind. Der ältere Tempel in den Abmessungen 14 × 40 m, von dem nur
verhältnismäßig geringfügige Reste erhalten sind, stammte aus dem 7. Jh.
v. Chr. und besaß ein Peristyl von Holzsäulen. Dieser Bau wurde wahrscheinlich um 475 v. Chr. durch Brand vernichtet und um die Mitte des gleichen
Jahrhunderts durch einen größeren Tempel in den Abmessungen 23 × 54 m mit
6 × 13 Steinsäulen ersetzt. Auch dieser Tempel wurde um 390 v. Chr. durch
Brand zerstört. Er wurde in der gleichen Weise wieder errichtet und bestand
bis 146 v. Chr., als er gleichzeitig mit Korinth im Achäischen Aufstand von den
Römern zerstört wurde. Diese bauten ihn erst 100 Jahre später wieder auf. Der
Tempelbezirk war durch einen rechteckigen Temenos abgegrenzt. Im 2. Jh.
v. Chr. wurden an der Ost-, Süd- und Westseite zum Tempel hin offene Stoen
an der Temenos-Mauer errichtet. An der Südostecke des Bezirks befand sich in
römischer Zeit der Haupteingang mit einem Propylon. Östlich des Tempels
findet man innerhalb des heiligen Bezirks die Spuren eines etwa 1,75 m breiten
und 40 m langen Altars, der sich in Nordsüdrichtung erstreckt und über die
Breite des Tempels weit hinausreicht. Dieser Altar stammt aus archaischer
Zeit. Der Altar aus klassischer Zeit liegt parallel dazu weiter östlich. Er wurde
im 2. Jh. v. Chr. aufgegeben. Spuren von Straßen und Wagenrädern sind über
ihm sichtbar. 19 m weiter östlich findet man den darauffolgenden Altar.
Wenig nordöstlich des Tempelbezirks sieht man die Reste eines Theaters, das
in der 1. Hälfte des 4. Jh. v. Chr. angelegt, im 1. Jh. n. Chr. zweimal umgebaut
und anläßlich des Besuchs von Kaiser Nero 67 n. Chr. erweitert wurde. Außer
der ersten Sitzreihe und den Unterkonstruktionen der Cavea ist wenig erhalten. Man erkennt aber noch deutlich die Grundmauern des Bühnenbaues und
dahinter gegen Norden ein Peristyl, das von Säulen und vielleicht Gästehäu-
sern umstanden war.
50 m weiter nordwestlich hat man Reste eines römischen Bades ausgegraben.
Hier fand man ein Mosaik, das Tritonen, Nereiden und Meerestiere darstellt.
100 m östlich vom Theater trifft man auf die Mauer einer byzantinischen

Festung, die im 6. Jh. n. Chr. von Justinian zum großen Teil aus dem Material des Theaters und des Poseidon-Heiligtums errichtet wurde. Die Festung verstärkte die Befestigungsmauer des Isthmós, von der hier auch einige Abschnitte zu sehen sind. Heute liegt innerhalb der Festung der moderne Friedhof und eine Ioánnis-Kapelle.

Auf dem 500 m südlich des Heiligtums jenseits der Straße gelegenen Hügel Ráchi finden sich Spuren einer Wohnsiedlung aus dem Ende des 4. und Anfang des 3. Jh. v. Chr. 1 km östlich des Poseidon-Heiligtums hat man gleich rechts hinter Isthmía an der Straße nach Kenchreá eine mykenische Mauer aus der 2. Hälfte des 13. Jh. v. Chr. aufgedeckt. Auch diese Mauer dürfte schon der Sperrung des Isthmós gedient haben. Sie besteht aus zwei kyklopischen Schalmauern mit Bruchsteinfüllung.

Kenchreá

Fährt man von Isthmía die Küstenstraße weiter in Richtung Epídavros, senkt sich die Straße nach 3 km in die Bucht von Kenchreá mit dem gleichnamigen, etwas landeinwärts gelegenen Dorf. Die Bucht ist die Stelle des antiken Kenchreai, des östlichen Hafens von Korinth am Saronischen Golf. Dieser war für Korinth von großer Bedeutung für den Handel mit der Ägäis und dem östlichen Mittelmeer. Das einstige Hafenbecken war schmaler und tiefer als die heutige Bucht. Die nördliche und die südliche Landzunge, die die langen Molen bildeten, sind durch Landsenkungen zu einem großen Teil im Meer versunken, was besonders deutlich am Südende erkennbar ist.

Kenchreai soll seinen Namen erhalten haben nach einem Sohn des Poseidon und der Nymphe Peiréne. Der Hafen dürfte schon in archaischer Zeit in Benutzung gewesen sein. Ein Großteil der heute noch sichtbaren Gebäude stammt aber aus römischer Zeit, als Korinth und seine Häfen erneut große Bedeutung im Mittelmeerhandel erlangten. Kenchreai hatte schon sehr früh eine christliche Gemeinde, die der Apostel Paulus in seinem Brief an die Römer (16,2) erwähnt. Pausanias erwähnt in Kenchreai einen Aphrodite-Tempel mit einer Marmorstatue sowie eine Bronzestatue des Poseidon, die auf der Hafen-mole gestanden hat. Kenchreai wurde 365 und 375 n. Chr. durch Erdbeben zerstört. Am Nordende der Bucht findet man ein römisches Gebäude aus Ziegelmauerwerk mit einem Mosaikboden und einem Peristyl mit vier Säulen, wobei es sich möglicherweise um das erwähnte Aphrodite-Heiligtum handelt. Ferner findet man hier die Ruinen eines Turmes sowie Lehmziegelmauerwerk aus spätrömischer Zeit.

Interessanter sind die Bauten der breiten Südmole, die flach ins Meer hinein verlaufen. Es sind am Land die Mauern einer frühchristlichen Basilika mit einer Apsis an der Stelle eines ehemaligen Isis-Heiligtums, südlich davon die Mauern

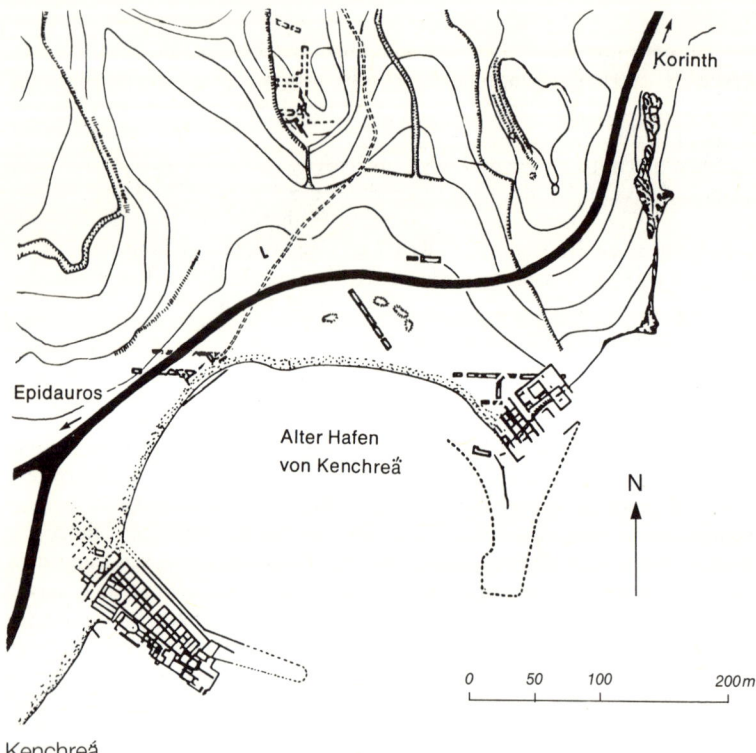

Kenchreá

der sog. Marmorhalle mit guterhaltener Pflasterung, halb im Wasser versunken
ein weiterer Dau mit einer Apside und rechts daneben ein Raum, den man für
einen Tempel hält. Unter Wasser, rund 40 m weiter, hat man einen Komplex
aus Becken und Röhren bestehend entdeckt, von denen man annimmt, daß hier
lebende Fische aufbewahrt werden konnten. Im übrigen war die Mole in ihrer
ganzen Breite und etwa 100 m ins Meer hineinreichend mit Lagerhäusern
besetzt, wie ein dichtes Netz rechtwinklig aufeinanderstoßenden Mauerwer-
kes erkennen läßt. Hier lag wahrscheinlich das Zentrum des großen Handels-
hafens.
Weitere Gebäude fanden sich in der Mitte der Bucht, sind aber heute nicht
mehr sichtbar. Die Siedlung in griechischer Zeit konnte man auf dem Hügel im
Norden der Bucht neben der Straße lokalisieren. Einige Reste von Häusern

sind hier erkennbar. Systematische Ausgrabungen wurden bisher noch nicht vorgenommen.

Am Südende der Bucht von Kenchreá gibt es an der Küste die Reste einiger Häuser und einer temperierten Salzwasserquelle, die in der Antike Bad der Helena hieß und ein Anziehungspunkt des Hafens von Kenchreai war. Möglicherweise handelt es sich bei den Ruinen um Bade- oder Gästehäuser. Auch heute heißt der Ort Loutrón Elénis. Hier liegen Ferienhäuser und

2

Loutráki und das Heraion von Perachóra

Loutráki

Vor dem Kanal zweigt rechts die Landstraße zum 6 km entfernten Loutráki ab. Der gepflegte und moderne Badeort mit zahlreichen Hotels, Restaurants und vielen Geschäften hat mehrere radioaktive Natriumchloridquellen (31° C), die vor allem für Badekuren bei Nieren-, Gallen- und Rheumaerkrankungen angewandt werden. Das Hauptquellhaus liegt in der Nähe des Ufers am Westende der Stadt. Hier kann man in einer mosaikgeschmückten Halle die Quellen probieren. Bekannt ist auch das Mineralwasser von Loutráki, dessen Abfüllung man gleich am Ortseingang in einer großen Fabrik beobachten kann. Die Stadt hat einen langen, gepflegten, aber nicht besonders schönen Strand und eine Uferpromenade, die als Fußgängerzone ausgebaut ist. Viele Athener haben in Loutráki Wohnungen und Wochenendhäuser.

Heraion von Perachóra

Das Heraion, ein Heiligtum, das in der Antike für Korinth von großer Bedeutung war, erreicht man, indem man Loutráki in westlicher Richtung auf der Uferstraße verläßt. Nach 10 km erreicht man das Dorf *Perachóra*. Hier zweigt nach links eine Straße ab, die durch ein landschaftlich reizvolles Tal nach 7 km einen großen See erreicht, der durch eine schmale Durchfahrt mit dem Meer verbunden ist. Der See, der *Vouliagméni* (d. h. die Eingefallene) oder auch *Iréon-See* genannt wird, ist von Wochenendhäusern, Tavernen, Campingplätzen und Badestränden umgeben.

Folgt man der Straße 2 km weiter bis zu ihrem Ende, so erreicht man auf einem Kap, das sich weit in den Golf von Korinth vorschiebt und an dessen Ende ein *Leuchtturm* steht, die Stelle des einstigen Hera-Heiligtums. Das *Heraion* gehörte zum Einflußbereich von Korinth, da das Kap von strategischer Bedeutung für dessen Hafen war. Der Kult der Hera wurde wahrscheinlich im

9. Jh. v. Chr. aus der Argolis hierhergebracht. Bis etwa 725 v. Chr. gehörte das Heraion zu Mégara und fiel dann an Korinth. Die erste Blütezeit des Heiligtums lag zwischen dem 8. und dem Ende des 6. Jh. v. Chr. Aber auch in klassischer und hellenistischer Zeit war das Heraion noch von großer Bedeutung.

Rundgang

Dort, wo die Straße endet, lagen mitten auf dem Weg die heute nicht mehr sichtbaren Grundmauern eines nach Norden orientierten Gebäudes unbekannter Zweckbestimmung mit einer Vorhalle (1). Geht man linker Hand den Serpentinenweg hinunter zu dem kleinen Hafen, trifft man zunächst auf eine Kapelle (2). Links von ihr liegt eine langgestreckte Zisterne (3) mit gerundeten Enden. An dem einen Ende führt eine Treppe zum Grund hinunter. Ein-

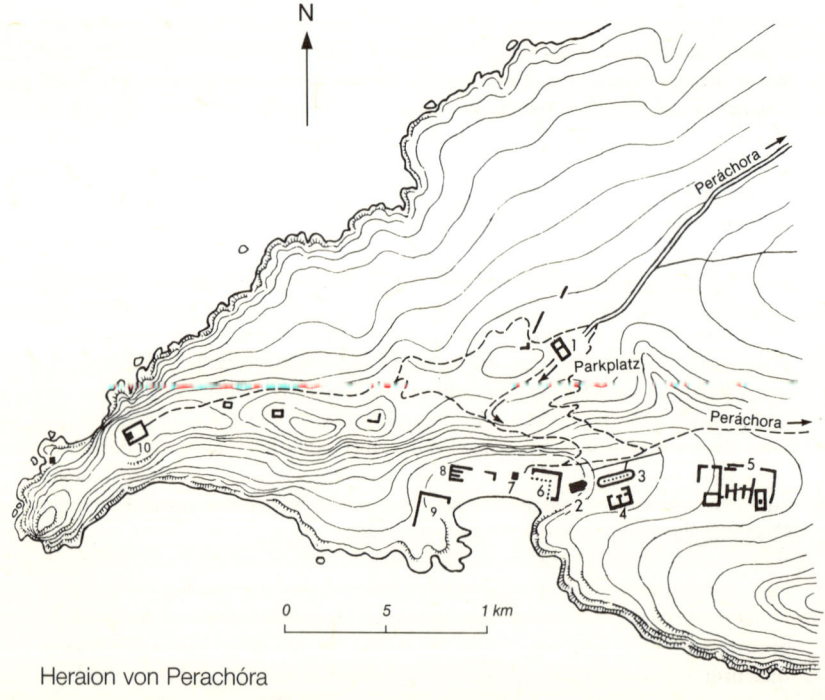

Heraion von Perachóra

drucksvoll ist eine Reihe von Steinpfeilern, die Querbalken zur Abstützung
der geneigten Seitenwände tragen. In die Zisterne führt die Abzweigung einer
von den Bergen kommenden noch gut erhaltenen Wasserleitung, die bis zum
Hafen hinunter führte. Östlich oberhalb der Zisterne stand ein halbrundes
Brunnenhaus mit einer Vertiefung. – Südlich, oberhalb der Zisterne, liegen die
Reste eines hellenistischen Rasthauses (4) mit einigen Bänken an den Wänden.
Geht man zunächst das Tal weiter aufwärts, trifft man auf die Mauern eines
heiligen Bezirks (5), der zum Heiligtum am Hafen gehörte. In seinem östlichen
Teil liegen die schmalen Fundamente eines Gebäudes aus dem 8. Jh. v. Chr.,
das früher für einen Tempel der Hera Liménia gehalten wurde, heute aber als
Haus für kultische Gastmähler erkannt ist, in dem einst ein Herd und Klinen
standen. – Geht man den Weg zurück zur Kapelle und von dort hinunter in die
Hafenbucht, so sieht man an deren östlichem Ende einen gewinkelten dorischen Portikus (6) mit einer Sitzbank vom Ende des 5. oder Anfang des 4. Jh.
v. Chr. Unmittelbar westlich davon liegt ein Altar (7) aus dem 5. Jh. v. Chr.,
der mit Triglyphen und Metopen geschmückt war. Links und rechts des Altars
standen ionische Säulen, die wahrscheinlich einen Baldachin trugen. Unmittelbar im Norden des Altares fanden sich Mauern und Stufen eines Apsidialbaus
aus frühgeometrischer Zeit. Dies war wahrscheinlich der älteste Tempel des
Heiligtums, der der *Hera Akráia*, d. h. der »Hera vom Kap«, im 9. Jh. v. Chr.
geweiht wurde. – Am westlichen Ende der Bucht findet man einen gepflasterten Vorplatz und dahinter die Fundamente eines archaischen *Hera-Tempels*
(8), der um 540 v. Chr. ebenfalls für die Hera Akráia errichtet wurde. Südlich
dieses Tempels wurde im 5. Jh. v. Chr. eine teilweise in den Fels gehauene
Terrasse mit Bänken errichtet, wahrscheinlich die *Agorá* (9), auf der in
römischer Zeit ein Gebäude unbekannter Zweckbestimmung erbaut wurde.
Von hier schaut man hinüber zum Isthmós von Korinth, wobei man genau
durch den Kanal hindurchsehen kann.
Auch sonst hat man vom Kap und vom *Leuchtturm* (10) aus einen schönen
Blick nach Süden hinüber nach Korinth und nach Norden auf das Gebirgsmassiv des Helikón.

3

Korinth (Kórinthos)

Die moderne Stadt Korinth bietet nichts Erwähnenswertes. Die Ausgrabungen von Alt-Korinth, die 7 km weiter südlich liegen, gehören dagegen zu den
bekanntesten Sehenswürdigkeiten der Peloponnes und Griechenlands. Ebenfalls empfehlenswert ist ein Besuch von Akrokorinth.

Das heutige Korinth mit rd. 21 000 Einwohnern wurde erst 1858 an dieser Stelle gegründet, nachdem ein schweres Erdbeben die alte Stadt Korinth bei den Ausgrabungen an der Stelle des heutigen Dorfes Paleá Kórinthos zerstört hatte. Die neue Stadt wurde im Jahre 1928 abermals durch ein Erdbeben zerstört. Die Gegend von Korinth gehört zu einer seismischen Zone, die sich entlang des Nordrandes der Peloponnes erstreckt und die häufig von Erschütterungen heimgesucht wird.

Das neue Korinth erlangte niemals die Bedeutung, die man sich bei seiner Gründung versprach und die die Stadt im Altertum gehabt hat. Der Hafen von Korinth ist wenig geschützt. Lange Zeit wurde der gegenüberliegende Hafen von Loutráki bevorzugt. Seit der Eröffnung des Kanals sowie des Baus der Eisenbahn und der Nationalstraße zwischen Athen und Patras wird der Hauptverkehr an der Stadt vorbeigeleitet. Lediglich als Eisenbahnknotenpunkt für die Abzweigung in die Argolis und die südliche Peloponnes hat die Stadt eine gewisse Bedeutung. Korinth hat einige Industrie, vor allen Dingen im Bereich der Metallverarbeitung sowie der Nahrungsmittel- und Elektroindustrie, ferner eine Raffinerie. Die Produktion von »Korinthen«, den kleinen kernlosen Rosinen, wird heute weniger im Raum Korinth, woher sie ihren Namen haben, sondern in Messenien betrieben. Korinth liefert heute vor allem Sultaninen.

Das Stadtbild ist mit seinem schachbrettartig angelegten Straßennetz und seinen eintönigen Häuserzeilen langweilig und reizlos. Für einen kürzeren Aufenthalt gibt es einige Hotels. Für einen längeren Aufenthalt sollte man nach Loutráki (**2**) gehen.

Alt-Korinth

Die Ausgrabungen von Alt-Korinth und das kleine Dorf (Paleá Kórinthos) liegen 7 km südwestlich von Korinth. Der Ort ist sowohl durch eine direkte Straße wie auch über Abzweigungen von den Straßen nach Árgos und nach Patras zu erreichen.

Geschichte

Die Entwicklung und Bedeutung der Stadt Korinth ist eng verknüpft mit der außerordentlich günstigen Lage am Isthmós als Schnittpunkt der wichtigsten Verkehrswege Griechenlands, wobei schon in frühen Zeiten der Zugang zu den beiden Meeren von entscheidender Bedeutung war. Korinth lag wie viele antike Städte nicht direkt am Meer, sondern weiter landeinwärts zu Füßen des mächtigen Felsklotzes von Akrokorinth, der nicht nur in Kriegszeiten die uneinnehmbare Zitadelle der Stadt war, sondern der auch der Kontrolle der Landwege in die Peloponnes diente. Die Häfen von Korinth waren Kenchreai (**1**) im Osten am Saronischen Golf und Léchaion (**4**) im Westen, das mit Korinth durch lange Mauern verbunden war, für den Verkehr im Korinthischen Golf. Weitere günstige Voraussetzungen für den Standort der Stadt waren die zahlreichen hier entspringenden Quellen, die Fruchtbarkeit der Küstenebene sowie bedeutende, qualitativ hochwertige Tonvorkommen, die den Grundstock für eine bedeutende Keramikindustrie bildeten.

Das Gebiet von Korinth war schon im Neolithikum im 5. Jt. v. Chr. besiedelt. Desgleichen war Korinth während des 3. Jt. v. Chr. Standort frühhelladischer Siedlungen, die um 2000 v. Chr. zerstört wurden. In mittel- und späthelladischer (mykenischer) Zeit war der Ort dagegen offensichtlich nicht bewohnt. Um 1000 v. Chr. wurde Korinth durch dorische Siedler vom Geschlecht der Bakchiaden neu gegründet, wobei die älteste Siedlung auf Akrokorinth entstanden sein dürfte. Die Mythologie schreibt die Gründung Sísyphos zu, dessen Gattin die Atlas-Tochter Merópe, eine der Pläiaden, dessen Sohn Glaúkos und dessen Enkel Bellerophón waren. Sísyphos war berühmt wegen seiner Schlauheit, mit der es ihm gelang, sogar zeitweise den Tod zu überlisten. Es wird auch erzählt, daß er der eigentliche Vater des Odysseus gewesen sei, da es ihm gelang, Antíkleia, die Mutter des Odysseus, vor deren Hochzeit mit Laértes zu verführen. In der Unterwelt war es ihm auferlegt, ein Felsstück einen Abhang hinaufzuschaffen, von dem es immer wieder hinunterrollte.

Korinth stand lange Zeit unter der Vorherrschaft der Könige von Árgos, von der sich die Bakchiaden 747 v. Chr. befreiten. Im 8. Jh. v. Chr. begann auch der Aufbau des korinthischen Kolonialreiches mit der Gründung der Städte Poteidaia, Leukas, Ambrakia, Anaktorion, Epidamnos, Syrakus und Apollonia. 657 v. Chr. wurde die aristokratische Herrschaft gestürzt und von Kypselos die Tyrannis errichtet. Kypselos regierte 30 Jahre, danach sein Sohn Periander von 627 bis 585 v. Chr., also 48 Jahre. Periander, der zu den Sieben Weisen Griechenlands gerechnet wurde, führte zwar ein hartes Regiment, machte sich aber verdient durch zahlreiche Reformen, wie Neuverteilung des Grundbesitzes und Einschränkung der Macht der Aristokratie. Durch eine gezielte Außenpolitik nicht nur zu den eigenen Kolonien, sondern auch gegenüber Athen, Sikyón und Epídavros sicherte er Korinth Schiffahrt und Handel. Mit dem Sohn Perianders wurde um 540 v. Chr. die Tyrannis in Korinth gestürzt und eine gemäßigte Oligarchie als Regierungsform eingeführt.

Während der Herrschaft der Kypseliden errang Korinth in Griechenland nicht nur zeitweise politisch, sondern vor allem über lange Zeit wirtschaftlich außerordentliche Bedeutung. Berühmt waren die Erzeugnisse der Töpferkunst, der Keramikindustrie und der Erzbildnerei. Korinth lieferte entschei-

dende Impulse für die Entwicklung des dorischen Tempelbaus. Der Bildhauer
Kallimachos soll hier im 5. Jh. v. Chr. das sog. korinthische Kapitell erfunden
haben, und hier entstand zuerst die schwarzfigurige Keramik und die Relief-
plastik. Durch seinen Überseehandel vermittelte Korinth dem griechischen
Mutterland und den Kolonien im Westen nicht nur die Erzeugnisse des
Orients, sondern auch dessen Formenschatz. Der korinthische Stil aus der Zeit
des Periander mit seinen Tieren und Fabelwesen ist dafür typisches Beispiel.
In der 2. Hälfte des 6. Jh. v. Chr. und im 5. Jh. v. Chr. spielt Korinth politisch
keine bedeutende Rolle mehr. 480 v. Chr. ist es zwar Sitz des korinthischen
Bundes zur Abwehr der Persergefahr, aber dies wohl nur wegen seiner
zentralen Lage. Verschiedene Auseinandersetzungen mit Korfu gehen um
Handelsinteressen in den Kolonien des Westens. Die durch Athen gefährdeten
Handelsinteressen sind es auch, die Korinth an der Seite Spartas den Ausbruch
des Peloponnesischen Krieges betreiben lassen. Nach dessen Ende wendet sich
die Stadt im sog. Korinthischen Krieg von 395 bis 387 v. Chr. zusammen mit
Árgos gegen Sparta. 335 v. Chr. wird Korinth von Philipp II. von Makedonien
erobert, der die Stadt zum Sitz des neuen korinthischen Bundes macht. In
dieser Zeit beginnt eine zweite wirtschaftliche Blüte Korinths. 242 v. Chr. wird
es durch Sikyón von der makedonischen Herrschaft befreit. Die Stadt wird
Mitglied des sog. Achäischen Bundes. 223 v. Chr. erneut von den Makedoniern erobert, stellen die Römer den Achäischen Bund unter ihren Schutz. 196
v. Chr. erklärt Quinctius Flaminius anläßlich der Isthmischen Spiele die
Unabhängigkeit der griechischen Städte. Korinth wird Sitz des Achäischen
Bundes.
Um die Mitte des 2. Jh. v. Chr. verschlechterten sich die Beziehungen zwischen der reichen Handelsstadt Korinth und den Römern. Im Aufstand des
Achäischen Bundes 146 v. Chr. wurde Korinth von Mummius erobert und
zerstört. Die Stadt wurde erst 100 Jahre später, nämlich 44 v. Chr., von Julius
Cäsar wieder aufgebaut und erlebte eine dritte Blütezeit als römische Kolonie
unter dem Namen Colonia Laus Julia Corinthus. Dieses wohl einschneidend-
ste Ereignis in der Geschichte der Stadt ist die Ursache dafür, daß der Besucher
heute nur noch wenige Spuren aus griechischer Zeit, dafür aber vor allem
römische Bauten sieht. Kaiser Nero, der 67 n. Chr. Korinth besuchte, erneuerte die Unabhängigkeitserklärung aus dem Jahre 196 v. Chr. Diese wurde
allerdings wenige Jahre später von Vespasian widerrufen. Korinth war jahrhundertelang Sitz des Statthalters von Achaia, wie das gesamte unter römischer
Verwaltung stehende Griechenland einschließlich der Inseln mit Ausnahme
Makedoniens genannt wurde. Früh gab es in Korinth und seinen Häfen eine
christliche Gemeinde, die der Apostel Paulus in den Jahren 51 und 52 n. Chr.
mehrfach besuchte. Seine letzte große Blütezeit erlebte Korinth unter Kaiser
Hadrian.

Der Untergang der Stadt beginnt mit dem Einfall der Heruler. Es folgen schwere Erdbeben in den Jahren 375 und 551 sowie die Eroberung durch den Gotenkönig Alarich 395. Unter den Byzantinern haben der Isthmós und Akrokorinth mit seiner Festung vor allem noch strategische Bedeutung. Korinth ist aber auch Hauptstadt des byzantinischen Themas Morea. 1147 besetzt der Normannenkönig Roger II. die Stadt und entführt die byzantinischen Seidenweber und Fayencearbeiter, die hier für den Hof in Konstantinopel arbeiten, nach Palermo. Korinth muß also in dieser Zeit noch einige wirtschaftliche Bedeutung gehabt haben. Im Jahre 1400 kommt Korinth kurze Zeit in den Besitz des Johanniterordens. Auf Akrokorinth und in der Ebene bleiben auch später immer kleinere Siedlungen bestehen, die den alten Namen weitertragen.

Mit der Ausgrabung begann zunächst 1892 der Griechische Archäologische Dienst. Seit 1896 ist Korinth das Arbeitsgebiet der American School of Classical Studies in Athen.

Rundgang

Museum (1)

Eingangshalle
Auf der linken Seite neben dem Durchgang zu Saal 1 römisches Basrelief der Athena Parthenos nach der Elfenbeinfigur des Phidias. – Über dem Durchgang zum Hof ein Fußbodenmosaik mit zwei Greifen, die ein Pferd überfallen, aus dem 4. Jh. v. Chr.

Saal 1 (Prähistorische Zeit)
Dieser Raum wird heute als Büro genutzt. Die Vitrinen in diesem Raum stehen nur provisorisch. In der rechten Vitrine frühhelladische Schnabelgefäße aus dem 3. Jt. v. Chr., einige Ausgüsse in Form von Widderköpfen.

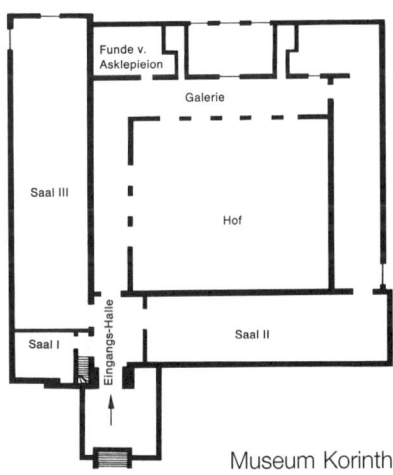

Museum Korinth

An der gegenüberliegenden Seite in der rechten Vitrine mittelhelladische
Keramik (2000–1600 v. Chr.). – In der linken Vitrine späthelladische (mykenische) Keramik vor allem aus der Periode III B. Einige Kelchkrater (Kyliken)
sind mit feinen abstrakten Mustern, die vielleicht von Widderhörnern gekrönt
sind, verziert. – In der Vitrine an der Eingangsseite nochmals späthelladische
Keramik aus der letzten Periode (III C), ein Stück mit einem Streitwagen
verziert, das aus der Gegend der Julier-Basilika stammt.

Saal 2 (Geometrische bis klassische Zeit)
An der linken Wand beginnend: Neben einer kleinen dorischen Säule in einer
Vitrine Weihegaben aus dem Heiligtum der Deméter und Kóre aus dem 8. bis
6. Jh. v. Chr. Interessant sind Votivspielzeug, Fragmente einer großen Tonsta-
tue, kleine Tontabletts, auf denen Opfergaben dargestellt sind, sowie Metallsi-
cheln, wohl Fruchtbarkeitssymbole, wie sie auch im Artemis-Orthía-Heilig-
tum in Sparta gefunden wurden. – Es folgt ein Altar, dann eine Vitrine mit
protogeometrischer Keramik (11. bis 10. Jh. v. Chr.) aus einem Kindergrab
und frühgeometrische Keramik von 875 v. Chr. von der Agorá. – Frühgeometrische Vasen aus dem 10. und 9. Jh. v. Chr. sind auch in der folgenden Vitrine
zu sehen. – In der kleinen Vitrine unter dem dritten Fenster und in der nächsten
Vitrine sieht man geometrische Grabbeigaben aus dem 9. und 8. Jh. v. Chr.,
darunter lange Nadeln, goldene Ringe und zwei große Weinmischgefäße
(Krater). – Unter dem vierten Fenster und in den folgenden Vitrinen protokorinthische Keramik aus dem Beginn des 7. Jh. v. Chr. Hiermit beginnt die
eigenständige Entwicklung der berühmten Keramikproduktion von Korinth.
Erzeugnisse aus der Übergangszeit von der protokorinthischen zur frühkorin-
thischen Periode (650 bis 625 v. Chr.) sieht man in der Vitrine zwischen dem
vierten und fünften Fenster, wo auch die ersten Beispiele frühkorinthischer
Ware zwischen 625 und 600 v. Chr. zu sehen sind. In der vorletzten Vitrine
kleine korinthische Vasen, bemalte Tontäfelchen (Pinakes) und einige Figuren
im dädalischen Stil mit den typischen langen Lockenfrisuren. – In der letzten
Vitrine auf dieser Seite korinthische Kugelgefäße (Aryballoi) und andere
Gefäße zwischen 625 und 600 v. Chr. – Am Ende des Saales einige Skulpturen,
vor allem Sphingen, darunter ein Terrakotta-Akroter um 530 v. Chr. und der
Kopf eines jungen Mannes aus dem frühen 5. Jh. v. Chr.
An der anderen Seite zurückgehend sieht man in der ersten Vitrine schwarzfigurige attische Keramik und Grabbeigaben aus dem 6. Jh. v. Chr. In der
kleinen Vitrine rechts davon oben zwei sehr schöne Bandschalen aus dem
späten 6. Jh. v. Chr., darunter Fragmente spätkorinthischer Keramik (575 bis
550 v. Chr.). – In der folgenden großen Vitrine rotgrundige attische Vasen, in
der Mitte eine große attische Kylix aus dem 6. Jh. v. Chr. mit Kriegern mit
Speeren und Schilden kämpfend. – Unter dem vierten Fenster von vorn kleine

tragbare Hausaltäre aus dem 6. bis 2. Jh. v. Chr. Darüber ein Terrakotta-Relief
eines Reiters. – In der Vitrine daneben schwarz- und rotfigurige Ware aus dem
5. Jh. v. Chr. – In der Vitrine daneben rotfigurige attische Scherben sowie
einige Terrakotten. – Zwischen dem dritten und zweiten Fenster von vorn
enthält eine Vitrine schwarze hellenistische Keramik, die zum Teil aus Unteritalien importiert sein dürfte. In der Vitrine rechts daneben einige Terrakotten
von spätklassischer bis in römische Zeit. – Es folgt der Sarkophag eines jungen
Mannes mit Skyphoi, Lekythen und Schabeisen wie sie Sportler benutzten.
Darüber zwei Bronzespiegel, der eine mit Blechapplikationen.
In der Mitte des Raumes zwei Vitrinen: In der ersten vom Eingang her ein
korinthischer Bronzehelm, um 500 v. Chr. Im Fach darunter zwei Scherben
mit der frühesten griechischen Schrift aus dem 8. Jh. v. Chr. sowie drei
etruskische Trinkbecher (Kantharoi) in sog. Bucchero-Ware. – In der zweiten
Vitrine oben einige kleine Pferdefiguren, ein Pferd mit Wagen und eine Frau
auf einem Stuhl. Im Fach darunter Tonformen, Scherben von Probebränden
und Tonscherben, die als Farbpaletten benutzt wurden. Diese Funde stammen
aus dem Töpferviertel der Stadt aus der Zeit um 650 bis 575 v. Chr. – Hinter
den Vitrinen ein steinernes Liegebett, eine sog. Kline.

Saal 3 (Römische, byzantinische und fränkische Zeit)
Links an der Schmalseite des Saales beginnend und am Beginn der Längswand:
einige Statuen von Mitgliedern der julischen Kaiserfamilie aus römischer Zeit,
gefunden in der Basilika Julia, darunter Gaius Julius Cäsar, Kaiser Augustus,
Lucius Cäsar, dessen Enkel und die Epheben-Statue eines weiteren Enkels des
Augustus, ferner Kaiser Tiberius. Oberhalb der Statuen an der Wand eine
Siegesgöttin. – An der Längswand folgt die Vitrine 46 mit römischer Kleinpla-
stik, darunter ein Frauenkopf aus hadrianischer Zeit von der Peiréne-Quelle;
weiter römische Gläser, ein Bronzegewicht mit Blei gefüllt mit dem Porträt
Konstantins I. und zwei kleine marmorne Aphrodite-Statuen, wahrscheinlich
Nachbildungen der Kultstatue im Aphrodite-Tempel auf Akrokorinth. –
Rechts neben der Vitrine folgen Fußbodenmosaiken aus dem 1. Jh. n. Chr. aus
dem Speisezimmer einer römischen Villa (s. Seite 88). Ein kreisrundes Mosaik
mit einem Frauenkopf, vielleicht dem der Sappho, Nachbildung eines Gemäldes aus dem 6. Jh. v. Chr. – Es folgt ein männlicher Kopf, der im Theater
gefunden wurde und als Kopie des Speerträgers des Polyklet (5. Jh. v. Chr.)
angesehen wird. – Das nächste Mosaik stammt aus dem 2. Jh. n. Chr. und stellt
einen flötespielenden Hirten mit Stieren dar, vielleicht Kopie einer Malerei aus
dem 4. Jh. v. Chr. von Pausias aus Sikyon. – Es folgt eine Demeter-Statue und
in der Mitte des Saales zwei Artemis-Figuren, alles römische Kopien klassischer Werke aus der 2. Hälfte des 5. Jh. v. Chr. – Weiter entlang der Wand drei
Marmorköpfe aus dem 1. Jh. n. Chr., darunter der Kopf des Kaisers Galba und

links die mauergekrönte Tyche als personifizierte Schicksalsgöttin der Stadt
Korinth. – Es folgt ein Relief mit tanzenden Mänaden aus dem 1. Jh. n. Chr.,
zwei Dionysos-Köpfe und darüber der Kopf einer Barbarin. – Davor im Raum
stehend die Kolossalfigur der Persephone, römische Kopie eines klassischen
Originals aus der 2. Hälfte des 5. Jh. v. Chr. Rechts und links der Tür zwei
Kolossalfiguren der gefangenen Barbaren von der Fassade, die den Eingang zur
Basilika an der Agorá bildete. In einer Vitrine vor der Tür Keramik aus einem
Grab in Kenchreá, dem östlichen Hafen von Korinth, aus dem 1. Jh. n. Chr.
Wenn man an der anderen Langseite des Raumes wieder zurückgeht, sieht man
nochmal oben an der Wand den Kopf einer Barbarin. Darunter ein Sarkophag-
Fragment, das den Auszug der »Sieben gegen Theben« zeigt. Es folgen
Kaiserköpfe: links Caracalla, in der Mitte Antoninus Pius und rechts Faustina
die Jüngere. – Ein Gewandtorso mit einem roten Mantel gehörte wahrschein-
lich zu einer Kaiserstatue. – Es folgt an der Wand ein Grabmal von einem Jäger
mit seinem Hund aus dem 2. Jh. n. Chr., dann nochmals eine Kaiserstatue. –
Eine Athena-Statue aus dem 3. Jh. n. Chr. ist die römische Kopie eines
archaischen Typs. – Aus einem römischen Grab aus dem 1. Jh. n. Chr. im
Norden von Korinth stammen zwei lange Fresken. Sie zeigen Szenen des
täglichen Lebens am Ufer eines Flusses: von Booten aus fischen Männer mit
Netzen, am Ufer spielen andere mit Stöcken oder Pfeifen. Die Fresken wurden
schon in der Antike stark beschädigt. – Es folgt die byzantinische Statue eines
Kaisers oder Statthalters aus dem 6. Jh. – In der folgenden Vitrine sieht man
mittelbyzantinische Keramik und Gebrauchsgegenstände. – In einer Vitrine in
der Mitte des Saales römische und byzantinische Grabfunde, Ringe, Kreuze,
Elfenbeinkämme, Nadeln und Gewandschnallen aus der Zeit vom 2. bis zum
12. Jh. n. Chr. Auf der Säule eine Büste Neros.

Hof

An den Wänden der Galerie des Hofes sieht man eine Reihe von Steinplatten
mit Skulpturen aus dem 2. Jh. n. Chr. Sie stammen aus dem Theater. Die ersten
sechs Platten stellen Amazonen-Kämpfe dar, von der 8. Platte an folgen Taten
des Herakles, dann sieht man Szenen von Giganten-Kämpfen. Im Nordarm
der Galerie ein Sarkophag mit einer Bestattung aus dem 6. Jh. v. Chr. Im
übrigen viele römische Skulpturen und Inschriften.
In einem abgeschlossenen Raum am Nordende der Galerie, der auf Wunsch
geöffnet wird, werden Funde aus dem Asklepieion aufbewahrt, vor allem
Weihegeschenke in Form von Reliefs und Terrakotten.

Octavia-Tempel (2–4)

Wenn man das Museum verläßt, liegt gleich rechts ein römischer Tempel (2).
Er wurde um 40 n. Chr. vielleicht der Octavia geweiht. Erhalten sind einige

Säulentrommeln mit reichverzierten korinthischen Kapitellen. Eine ganze Sammlung weiterer Kapitele steht an der Außenseite des Museums. Zur Anlage des Octavia-Tempels gehört eine lange Ladenreihe (3), in der Mitte unterbrochen von einer Monumentaltreppe (4), die auf die Tempelterrasse führte. Ähnliche Bauten oder Stoen umgaben weiträumig die drei anderen Seiten des Tempelbezirks.

Hera-Tempel (5) und Glaúke-Quelle (6)

Südwestlich des Apollon-Tempels lag der kleine Tempel der Hera (5), der um Christi Geburt errichtet worden ist und den Kult der Hera Akráia beherbergte, der damals von Perachóra (2) hierher verlegt worden ist. – Wenige Schritte weiter westlich trifft man nochmals auf ein bemerkenswertes Bauwerk oder vielmehr einen großen Felsklotz, der durch ein Erdbeben geborsten ist und in den vier Brunnenkammern der einstigen Glaúke-Quelle (6) eingearbeitet sind. – Glaúke war nach der Sage die Tochter König Kreons von Korinth. Sie verliebte sich in Jáson, den Gatten der kolchischen Königstochter und Zauberin Médeia. Als Jáson darauf Médeia verstieß und Glaúke heiratete, sandte Médeia dieser ein kostbares Gewand, aus dem in dem Augenblick Flammen schlugen, als Glaúke es anzog. Um sich vor den Flammen zu retten, soll Glaúke sich in diese Quelle gestürzt haben. – Im übrigen scheint auch der benachbarte Hera-Tempel mit der Médeia-Sage verbunden gewesen zu sein, denn es wird berichtet, daß die Kinder von Jáson und Médeia, die letztere tötete, um sich an ihrem Mann zu rächen, im Heiligtum der Hera Akráia bestattet gewesen seien. Nach anderer Überlieferung sollen die Söhne der Médeia von den Korinthern getötet worden sein, da sie der Glaúke im Auftrag ihrer Mutter das Gewand überbracht hatten.

Apollon-Tempel (7)

Wir wenden uns nun dem Apollon-Tempel zu, der mit seinen 7 noch aufrecht stehenden monolithischen Säulen das Wahrzeichen von Korinth ist und zu den bedeutendsten Tempeln Griechenlands gehört. Anstelle eines älteren Baues aus dem 7. Jh. v. Chr. wurde er nach 550 v. Chr. errichtet. Er war ein langgestreckter Peripteraltempel von 6 × 15 Säulen. Ähnlich wie beim Parthenon in Athen war die Cella in einen größeren und einen kleineren Raum geteilt. Zwei Säulenreihen im Inneren trugen das Dach. Die beiden Vorhallen im Osten und Westen (Pronaos und Opisthodom) bestanden jeweils aus zwei Säulen zwischen Anten. Die Kultstatue des Apollon stand im Westen, wie Sockelspuren zeigen. Unter dem Pflaster des Opisthodom, also der westlichen

Vorhalle, lag eine Schatzkammer in Form einer rechteckigen Grube. Vor allem aber Bewunderung erregen die wenigen noch erhaltenen monolithischen Säulen mit 20 Kanneluren. Die Säulen sind 7,21 m hoch bei einem unteren Durchmesser von 1,75 m und einem oberen von 1,30 m. Sie waren ursprünglich mit Stuck überzogen. Von ihm sind an einigen umgestürzten Säulenschäften noch kleinere Teile erkennbar. Die dünne Schicht ist griechisch, die dickere, die an einigen Stellen darüberliegt, römisch. Die gedrungenen Säulen mit ihren breit ausladenden Kapitellen sind ebenso typisch für die dorische Ordnung in der archaischen Zeit wie der große Unterschied im Säulenverhältnis 6 : 15 Säulen (= 1 : 2,5).
Nördlich des Apollon-Tempels liegen die Spuren des nördlichen Marktes (8) aus dem 1. Jh. n. Chr.

Agorá (9–30)

Man betritt nun die große römische Agorá (9), die 200 m lang und im Westen 100 m, im Osten etwa 50 m breit ist. Gegen Süden war sie durch eine Ladenreihe abgeschlossen, und auf einer Terrasse darüber lag eine zweite langgestreckte Agorá (10). Die griechische Agorá war kleiner und diente gleichzeitig als Stadion. Im Osten der Agora trifft man auf zwei Startlinien (11) aus dieser Zeit, die übereinanderliegen und nach verschiedenen Richtungen orientiert sind. Die Startlinien waren mit Stuck überzogen. Im Unterschied zu anderen Anlagen, wo zwei durchlaufende Rillen als Halt für die Füße aller Läufer angebracht sind, hat hier jeder Läufer eigene Startlöcher gehabt. In der Nähe fanden sich auch im Bodenbelag Radspuren, die darauf hindeuten, daß hier wohl in römischer Zeit der Start für Wagenrennen lag.
Am Ostende der Agorá steht der mächtige Bau der Julischen Basilika (12), die Anfang des 1. Jh. n. Chr. errichtet wurde. In ihr gab es Porträtstatuen der Julischen Kaiserfamilie, von denen einige heute im Museum aufgestellt sind. Man betrat das Gebäude über eine Prunktreppe. Die Basilika war ein Gerichtsgebäude. Südlich dieses Gebäudes liegt der sog. Südostbau (13), in dem man das Archiv vermutet. Es war ein Basilikalbau mit vorgelagertem Portikus. Vor der Julier-Basilika bei den Startlinien stößt eine halbrunde Terrasse (14) auf die Agorá vor. Diese stammt aus griechischer Zeit und diente wahrscheinlich Schiedsrichtern und Zuschauern bei den Wettkämpfen. Vor der Terrasse hat sich das Kieselsteinpflaster aus griechischer Zeit erhalten.
Die Terrasse wird nach Süden durch zwei Reihen von Läden begrenzt. In der Mitte zwischen den beiden Reihen erhebt sich der monumentale Sockel einer Rednertribüne, das sog. Bema (15). Es war der Ort, wo der römische Statthalter zum Volk sprach und wo nach der Apostelgeschichte auch Paulus gesprochen haben soll, um sich und das Christentum aufgrund der Anklagen der

jüdischen Gemeinden zu verteidigen. Er wurde von Gallio freigesprochen und konnte seine Missionsarbeit fortsetzen. Zum Gedächtnis daran wurde hier später eine kleine dreischiffige Kirche errichtet, von der noch einige wenige Reste erhalten sind.

In der Mitte der östlichen Ladenzeile gibt es einen etwas größeren Raum mit einem aus vier Säulen bestehenden Portikus, der vielleicht eine Kultstätte war. Am östlichen Ende dieser Ladenzeile (14) neben einer Treppe steht ein runder Sockel, der eine Säule trug. Am Westende der westlichen Ladenzeile liegt ein aus drei Räumen und einem viersäuligen Portikus bestehender Komplex mit einem halbkreisförmigen Mittelraum. Es war vielleicht ein Diónysos- oder Hermes-Heiligtum (16). Vor dem Bema steht auf der Agora der quadratische Sockel eines großen Altars (17). Westlich von ihm liegen die Fundamente einer Tribüne. Pausanias sah auf dem Markt auch die Figur einer bronzenen Athena, an deren Basis Bilder der Musen angebracht waren.

Südlich der langgestreckten oberen Agorá (10) verläuft die Südstoa (18), die mit 165 m Länge und 2 Säulenreihen (außen 71 dorische, innen 34 ionische Säulen) zu den größten Bauten des antiken Griechenlands gehörte. Sie wurde im 4. Jh. v. Chr. errichtet und in hellenistischer Zeit erneuert. Die Stoa war zweigeschossig. Sie enthielt im Untergeschoß ursprünglich 33 Doppelräume, wobei für die meisten im ersten Raum ein Brunnen angelegt war. Einige von diesen Brunnen sind noch in den westlichen Räumen sichtbar. Becher und Weingefäße, die man hier fand, lassen vermuten, daß die Räume Schenken waren und daß die von der Peiréne-Quelle gespeisten Brunnen, die untereinander durch eine Leitung verbunden sind, der Kühlung der Getränke dienten. Im Obergeschoß befanden sich wahrscheinlich Unterkunftsräume für offizielle Gäste. – In römischer Zeit wurden die Hinterräume der Stoa stark verändert und größere Räume geschaffen, die Verwaltungs- und Repräsentationszwekken dienten. Im überdachten dritten Raum von Osten (19) sieht man noch einen Mosaikboden, der einen Athleten mit Kranz und eine Siegesgöttin darstellt. Möglicherweise war dies die Tagungsstätte der Schiedsrichter der Isthmischen Spiele. Im gleichen Raum wurde aus den aufgefundenen Fragmenten ein Teil des Giebels und des Daches der Stoa rekonstruiert. – In einem etwas weiter südlich und höher gelegenen Raum, der ebenfalls überdacht ist (20), sieht man zwei weitere Mosaikfußböden, deren Motive leider schlecht zu erkennen sind. Auf dem einen reitet eine Nereide auf einem Kentauren, auf dem anderen ziehen Panther den Wagen des Diónysos, der von Satyrn gelenkt wird.

Der vierte Raum von Osten (21) hat eine von Pfeilern getragene Vorhalle. Eine Stele, die hier steht, weist daraufhin, daß hier die Verwaltung des römischen Statthalters lag. Im nächsten ebenfalls von Pfeilern gestützten Raum führt eine Treppe hinauf zur sog. Südbasilika (22). Der Bau aus der Zeit des Kaisers

Claudius, der nach einem Einsturz von Hadrian erneuert wurde, hat einen säulenumstandenen Innenhof. – Neben dem Treppenaufgang liegen die Reste eines römischen Brunnenhauses, das mit farbigen Marmorplatten verkleidet war. Es folgen drei schmale Räume, die noch zu der ursprünglichen griechischen Anlage gehören. Dann führt ein schmaler Straßendurchbruch nach Süden. Es handelt sich um eine Straße, die zum Hafen von Kenchreai führte. Direkt neben der Straße folgt der mit einer Vorhalle versehene Raum des Senats (Bouleutérion), der durch seine ovale Form und die noch verhältnismäßig hoch aufragenden Mauern auffällt (23). Dahinter erstrecken sich gegen Westen die ursprünglichen Doppelräume aus griechischer Zeit mit den schon erwähnten Brunnen. Unterbrochen wird diese Reihe von einem größeren quadratischen Raum mit Marmorfußboden, der vielleicht zu einer römischen Thermenanlage gehörte, die sich weiter südlich erstreckte. – Das westliche Ende der oberen Agorá wird begrenzt durch eine Reihe von 9 Säulen aus Porosstein (24), die aus dem 6. Jh. v. Chr. stammen (vom Apollon-Tempel?) und in römischer Zeit eine Wasserleitung trugen, die ein Becken am Nordende der Säulenreihe neben dem Diónysos-Heiligtum speiste.

An der Westseite der Agorá wurden im 1. und 2. Jh. n. Chr. sechs Tempel errichtet. Diese Seite eignete sich hierzu besonders, da die Eingänge der Gebäude nicht nur zur Agorá hin, sondern wie üblich – mit Ausnahme eines Tempels – auch nach Osten orientiert sind. Die Tempel standen nach römischer Sitte auf hohen Sockeln, waren über Freitreppen zugänglich und hatten teilweise mit Anten versehene Säulenvorhallen. Welche Tempel welchen Göttern geweiht waren, ist unsicher. Die Archäologen bezeichnen die Tempel mit den Buchstaben D und F bis K. Lediglich bei dem östlich von K liegenden Rundbau, bei dem 8 korinthische Säulen ein kegelförmiges Dach, von einem Pinienzapfen gekrönt, trugen, weiß man genau, daß dies eine Stiftung des Babbius Philinus ist. Babbius, wahrscheinlich ein freigelassener griechischer Sklave, übte mehrere Ämter in Korinth aus und ist auch durch andere Stiftungen als Wohltäter der Stadt bekannt. – Tempel F war wahrscheinlich entweder der Venus (Aphrodite) oder der Fortuna (Týche), dem personifizierten Schicksal der Stadt Korinth, geweiht. Tempel D war entweder das Pantheon oder dem Apollon Klarios, nach dem Apollon-Orakel in der kleinasiatischen Stadt Klaros genannt, geweiht.

Die Tempel H und I standen zur Zeit des Pausanias noch nicht, statt dessen lag hier eine Brunnenanlage mit einer Poseidon-Statue. Für diese Statue wurde vielleicht später der Tempel H als Poseidon-Tempel errichtet. I war ein Herakles-Tempel. Tempel K ist möglicherweise ebenfalls der des Apollon Klarios gewesen. Tempel D, der gewöhnlich als Hermes-Tempel angesehen wird, könnte auch der der Týche gewesen sein und die gewinkelte Treppenanlage davor das Pantheon.

Kanal von Korinth ▷

Am Nordrand der Agorá liegen die Grundmauern einer Fassade (25), die den
Eingang zur Basilika (37) bildete. Sie wird »Fassade der gefangenen Barbaren«
genannt, weil im Obergeschoß an Pfeilern die Figuren von vier gefangenen
Barbaren dargestellt waren, deren Reste sich im Museum befinden. Links
daneben im rechten Winkel und unterhalb des Niveaus der römischen Agora
steht die sog. Triglyphen-Mauer (26), die aus dem 5. Jh. v. Chr. stammt und
einer der wenigen Reste aus griechischer Zeit ist. Triglyphen wechseln hier mit
unverzierten, aber einstmals wohl bemalten Metopen ab. In der Triglyphen-
Mauer führt eine schmale Treppe abwärts in eine Brunnenkammer zur heiligen
Quelle, die wahrscheinlich wesentlich älter ist als die Mauer und ursprünglich
unter freiem Himmel lag. Das Wasser sprudelte aus zwei bronzenen Löwenköpfen, die an der Rückwand der Brunnenkammer angebracht waren. Im
3. Jh., als die Quelle versiegt war, wurde die Brunnenkammer vermauert und
so vor späteren Zerstörungen geschützt. Auf der Triglyphen-Mauer standen
Basen aus blauem Kalkstein, die Dreifüße trugen. Eine dieser Basen trägt eine
Inschrift des Lysipp.
Die heilige Quelle stand wahrscheinlich in Zusammenhang mit einem Orakelheiligtum, das wenige Schritte weiter nördlich lag. Zu sehen sind die Spuren
eines kleinen Apsidialbaues aus dem 5. Jh. v. Chr., der unter den römischen
Läden aufgedeckt wurde. Er besteht aus zwei Räumen und umschloß einen
kleinen Rundaltar, dessen Sockel mit einer Plinthe noch zu sehen ist. An
diesem Altar wurden offenbar Trankopfer gespendet, die in eine Öffnung
flossen. Besonders merkwürdig ist die anschließende Anlage: Durch die noch
sichtbare Rinne flossen die Trankopfer – vielleicht handelte es sich dabei um
das Wasser der heiligen Quelle – bis zur Triglyphen-Mauer. Dort wurde das
Wasser abgegeben in steinerne Gefäße, die heute noch in situ sind. Neben der
Wasserleitung verlief ein niedriger Gang (heute durch die römische Mauer
diagonal verbaut) vom Heiligtum bis zur Triglyphen-Mauer. Dort war dieser
Gang durch eine Geheimtür in Form einer beweglichen Metope verschlossen.
Wie die Inschrift einer Stele aus dem 5. Jh. v. Chr. anzeigt, war es den
Besuchern streng verboten, diesen Bereich zu betreten. Durch den Gang
konnten offenbar die Priester bis zum Heiligtum kriechen, dort die Orakelbe-
fragungen anhören und im Namen des Gottes antworten.
Die sich vom Orakelheiligtum nach Westen erstreckende Reihe von 15 Läden
mit einem davor entlanglaufenden Portikus mit korinthischen Säulen wurde
im 1. Jh. n. Chr. errichtet. Der mittlere etwas größere Raum (28) ist noch mit
seinem Gewölbe erhalten und diente in christlicher Zeit als Kirche, wie Reste
von Fresken ausweisen. Hinter der römischen Ladenreihe erstreckte sich in
hellenistischer Zeit zu Füßen des Apollon-Tempels die Nordwest-Stoa (29).
Sie wurde im 3. Jh. v. Chr. errichtet.
Vom Nordrand der Agorá geht man Treppen abwärts zur Léchaion-Straße.

◁ *Alt-Korinth, Quellhaus der Peiréne*

Dabei passiert man am oberen Ende die einstigen Propyläen (30), die auf die
Agorá führen. Im 1. Jh. n. Chr. stand hier ein Triumphbogen, der den Sonnengott Helios und seinen Sohn Phaethon auf vergoldetem Wagen stehend zeigte.

Peiréne-Brunnen (31)

Unmittelbar östlich neben den Treppen, die in zwei Absätzen zur Léchaion-
Straße hinunter führen, liegt die berühmte Peiréne-Quelle (31), eine der
wichtigsten Sehenswürdigkeiten in Korinth. Die Quelle, die über Jahrtausende
in Benutzung gewesen ist und auch heute noch fließt, wurde vielfach umgebaut
und verschönert. – In der Mitte eines kleeblattförmigen Hofes sieht man ein
längliches Wasserbecken und dahinter sechs Rundbogen mit Schöpfbecken.
Diese Anlage entspricht im wesentlichen ihrem Zustand im 2. Jh. n. Chr., als
der große Wohltäter Athens Herodes Atticus die Brunnenanlage prächtig
ausbaute. Über den Schöpfbecken befand sich noch ein zweites Geschoß mit
Rundbogenfenstern, und die halbkreisförmigen Apsiden an den übrigen Hof-
seiten waren mit Halbkuppeln überwölbt. In diesen Exedren waren Nischen
angebracht, in denen vermutlich Statuen von Herodes Atticus und Mitgliedern
seiner Familie standen. Das Becken im Hof war von Bronzegittern umgeben.
An den Seitenwänden des dritten Beckens von links sind noch römische
Freskenreste erkennbar, die Fische darstellen. Die Säulen davor stammen aus
byzantinischer Zeit. – In griechischer Zeit war die Anlage wesentlich einfacher.
Sie bestand nur aus drei länglichen in den Fels gearbeiteten Becken, die man gut
sehen kann, wenn man in der linken Ecke der Brunnenanlage in einen kleinen
Raum tritt. Der überhängende Felsen war ursprünglich durch Pfeiler abge-
stützt, die im 3. Jh. v. Chr. mit einer ionischen Säulenreihe verblendet wurden.
Im 1. Jh. v. Chr., als Korinth von Cäsar aufgebaut wurde, legte man vor die
Fassade eine Mauer aus Porosstein, die im unteren Teil dorische, im oberen
Teil ionische Säulen erhielt. Hinter den drei ursprünglichen Becken liegen
durch vertikale Steingitter abgegrenzt vier Wasserreservoire mit einer Kapazi-
tät von 400 m³. Gespeist wurden diese von zwei Quellen, von denen das
Wasser über einen 600 m und einen 150 m langen Kanal herangeführt wurde.
Der kürzere Kanal, der an der rechten Ecke der Brunnenanlage mündet, ist
heute noch über eine längere Strecke begehbar, wozu man freilich festes
Schuhwerk und Licht braucht.
Die Peiréne-Quelle wird auch »Untere Peiréne« genannt, weil es auf Akrokorinth eine weitere Quelle gleichen Namens gab und beide Quellen miteinander
in Verbindung gestanden haben sollen. Über Peiréne, nach der die Quelle
benannt ist, berichtet Pausanias, daß diese sich wegen ihrer Tränen vom
Menschen zur Quelle verwandelt habe, als sie ihren Sohn Kenchrias beweinte,
der von Artemis versehentlich getötet worden war. Korinth wurde von Pindar

»Stadt der Peiréne« genannt. Es wird auch berichtet, daß die Quelle durch den Hufschlag des geflügelten Pferdes Pégasos entstanden sei, das Bellerophón, dem Enkel des Sísyphos, gehörte.

Léchaion-Straße (32–38)

Die Léchaion-Straße (32) führte von der Agorá in nördlicher Richtung bis zum Stadttor und weiter bis zur Küste nach Léchaion, dem westlichen Hafen von Korinth. Die marmorgepflasterte Straße wird von zwei Bürgersteigen eingefaßt, an denen sich Abflüsse zur Entwässerung finden. Rechts und links der Straße gab es eine Reihe von Läden. Rechts dahinter liegt ein großer rechteckiger Hof, der mit Säulen umstanden war. Einige von ihnen sind wieder aufgerichtet worden. Es ist der Peribolos des Apollon (33). Dieser stammt aus dem 1. Jh. n. Chr. Teils unter seiner westlichen Säulenhalle, teils unter der erwähnten Ladenreihe finden sich die Grundmauern eines Apollon-Tempels (34) aus dem 4. Jh. v. Chr. In hellenistischer Zeit wurde der Tempel durch einen von Säulen getragenen Baldachin ersetzt, unter dem wahrscheinlich die Kultstatue stand. Wenige Schritte östlich des Tempels, schon innerhalb des säulenumstandenen Hofes, wurde noch später eine halbkreisförmige Exedra errichtet. Drei noch vorhandene Säulenbasen zeigen, daß auch diese von einem Baldachin überdacht war.

Nördlich des Apollon-Peribolos liegen die Mauern einer Badeanlage (35), von der man annimmt, daß es sich um das von dem Spartaner Eurykles gestiftete Bad handelt, das Pausanias als das berühmteste von Korinth bezeichnet. Im 12. Jh. n. Chr. lag hier ein byzantinisches Bad. Unmittelbar südlich davon findet man die Spuren einer öffentlichen Latrinenanlage (36). Auf der anderen Seite der Straße sieht man eine Reihe von 16 Läden. Oberhalb dieser Läden liegt der langgestreckte Bau einer großen Basilika (37) aus dem 1. Jh. v. Chr. Die Haupthalle ist rd. 45 m lang und war im Inneren mit einem Ring von Säulen abgestützt. Die heute sichtbaren Reste von korinthischen Säulen stammen wahrscheinlich von einem Umbau im 2. Jh. n. Chr. An beiden Enden der Basilika liegen je drei kleine quadratische Räume. Unter der Basilika hat man die Spuren einer griechischen Agorá aus dem 5. Jh. v. Chr. gefunden. Gegen Norden vor dem Ausgang des Ausgrabungsgeländes sieht man die Spuren eines halbkreisförmigen Baues, der in spätrömischer Zeit anstelle eines früheren römischen Marktes errichtet wurde.

Odeion und Theater (39, 40)

Links unterhalb des Parkplatzes liegt das Ausgrabungsgebiet des Odeions und des Theaters. Das Odeion (39) wurde im 1. Jh. n. Chr. erbaut. Seine halbkreis-

förmige Cavea hatte 3000 Sitzplätze, die im unteren Teil in den Fels gearbeitet
waren und im oberen auf starken Unterbauten ruhten. Die Sitzplätze waren
stellenweise durch unterirdische Zugänge erreichbar. Nach Norden war das
Odeion durch einen Bühnenbau abgeschlossen. Ein dahintergelegener Hof,
der von Portiken umgeben war, verband das Odeion mit dem Theater. Um 175
wurde das Odeion von Herodes Atticus umgebaut und mit Marmorverklei-
dungen und Mosaiken versehen. Auch der Hof hinter dem Bühnenbau stammt
aus dieser Zeit. Nach einem Brand um 220 n. Chr. wurde das Theater wieder
aufgebaut und für Gladiatorenspiele eingerichtet, wobei das Bühnenhaus
beseitigt wurde. 375 n. Chr. durch ein Erdbeben zerstört, wurde das Theater
nur teilweise erneuert und im 4. Jh. n. Chr., vielleicht nach den Goteneinfällen,
endgültig aufgegeben.
Älter als das Odeion ist das unterhalb gelegene Theater (40), das aus dem 4. Jh.
v. Chr. stammt und das einen Vorgänger aus dem 5. Jh. hatte. Interessant ist,
daß in römischer Zeit eine steilere Cavea errichtet wurde, was dadurch
geschah, daß auf die Stufen des griechischen Theaters Stützmauern aufgesetzt
wurden, die die höher gelegenen Sitzreihen des römischen Theaters trugen. So
sind heute die Stufen des griechischen Theaters besser als die des römischen
erhalten. Beide Theater dürften ein Fassungsvermögen von 15 bis 18 000
Zuschauern gehabt haben. Die erste Skene des Theaters wurde wahrscheinlich
im 3. Jh. v. Chr. errichtet und im 1. Jh. n. Chr. mit Kolonnaden, Arkaden und
Nischen versehen. Aus dieser Zeit stammt auch ein Relieffries, der einen
Kampf zwischen Amazonen und Giganten darstellt und der heute im Hof des
Museums zu sehen ist. Im 3. Jh. n. Chr. wurde das Theater genau wie das
Odeion zu Gladiatorenkämpfen verwendet. Hierzu wurde die Orchestra
erweitert und zum Zuschauerraum hin eine 3 m hohe Schutzmauer aus
Porosstein errichtet, die mit Stuck versehen und mit Fresken von Gladiatoren-
kämpfen verziert war. Auch Wasserspiele müssen hier stattgefunden haben,
wie die Reste einer Wasserleitung bezeugen.
Nach Pausanias lag in der Nähe des Theaters das sehr alte Heiligtum der
Athena Chalinitis, d. h. der zügelhaltenden Athena, so genannt, weil die
Göttin Bellerophon, dem Enkel des Sísyphos, gelehrt hatte, das geflügelte Roß
Pégasos zu reiten. Nördlich vom Theater wurde eine etwa 100 m lange Stoa
aufgedeckt.

Asklepios-Heiligtum und Lerna-Brunnen

400 m nördlich des Theaters und unterhalb des heutigen Dorfes liegen auf
einer Terrasse unmittelbar an der einstigen Stadtmauer und oberhalb der
heutigen Nationalstraße nach Patras das Asklepieion und der Lerna-Brunnen.
Man erreicht die Ausgrabung, indem man gegenüber dem Ausgang des

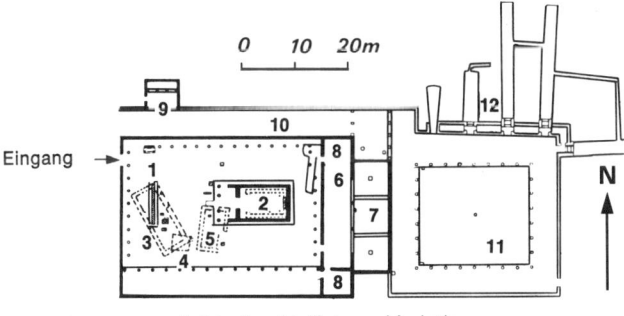

Asklepios-Heiligtum, Korinth

Ausgrabungsgeländes an Ende der Léchaion-Straße die Dorfstraße abwärts
fährt, am Ende nach rechts biegt und die nächste Straße links nimmt. Nach
200 m liegt links ein türkisches Bad, ein sog. Hamam. Nochmals 100 m weiter,
dort, wo die Straße steil abwärts führt, liegen links oberhalb die Ausgrabungen.
Im östlichen Teil der Ausgrabung lag ein quadratischer Säulenhof, der von
Mauern umgeben war und im Osten einen Eingang (1) hat, bei dem sich ein
Opferstock oder ein kleiner Altar erhalten hat. Im Inneren des Hofes stand ein
kleiner Tempel (2) in Form eines Prostylos, d. h. der Cella war lediglich im
Osten eine von 4 dorischen Säulen gestützte Halle vorgelagert. Dieser Tempel
stammte aus dem 4. Jh. v. Chr. und wurde – wie einer Inschrift zu entnehmen
ist – in römischer Zeit restauriert. Standspuren der Sockel der Kultbilder von
Asklépios und Hygieía sowie eines davorstehenden Altars haben sich erhalten.
Der Tempel hatte – wie Weihegaben beweisen – wahrscheinlich einen Vorläufer aus dem 6. Jh. v. Chr., der möglicherweise dem Apollon geweiht war, da
der Asklépios-Kult erst im 5. Jh. nach Korinth kam. In dieser Zeit gab es auch
ein einfaches Pilgerhaus (5). – Westlich des Tempels, doch noch auf dessen
Niveau, befand sich eine große Halle (6), in der Heilungsuchende die Nacht im
Heilschlaf in der Nähe des Gottes verbrachten. Diese Halle bildete das
Obergeschoß eines Baues, in dessen Untergeschoß Bankettäume (7) lagen, die
von dem westlich davon gelegenen Hof der Lerna-Quelle aus über Treppen-
häuser (8) zugänglich waren. – Im Asklepieion wurden in einem Depot (4)
zahlreiche Votivgaben gefunden, die entweder die Bittsteller darstellten oder
in Form einzelner Körperteile die zu heilenden Leiden symbolisierten, ähnlich
wie dies heute in manchen Kirchen bei den kleinen Blechtäfelchen, den sog.
Taxímata, der Fall ist.
Zur Lerna-Quelle, oder besser zum Lerna-Brunnen, hinab gelangte man über

eine im Süden des Heiligtums abwärts führende Straße (10). An ihrem oberen
Teil liegt ein Brunnen (9), der mit römischen Pilastern verziert war und
mehrfach überbaut wurde. Der Lerna-Brunnen lag innerhalb eines quadratischen von Säulenhallen umgebenen Hofes (11). Die drei schon erwähnten
Banketträume haben in der Mitte Feuerstellen und rundherum Bänke, vor
denen kleine Tische standen. Der Lerna-Brunnen bestand aus vier parallel
liegenden Wasserreservoiren (12), die unterirdische Zuflüsse hatten und deren
Schöpfbecken von der Südhalle aus zugänglich war. – Nahe der Lerna-Quelle
und des Gymnasions erwähnt Pausanias einen Zeus-Tempel, der bisher noch
nicht gefunden ist. Nördlich, unterhalb des Lerna-Brunnens, sind Reste des
Unterbaues der Stadtmauer zu erkennen, die vor die natürliche Böschung des
Hanges gesetzt war und deren Höhe wahrscheinlich nur bis zum Niveau des
Hofes des Lerna-Brunnens reichte.

Weitere Umgebung von Alt-Korinth

Wenige 100 m östlich vom Asklépios-Heiligtum liegen die Überreste einer
Befestigung. Diese gehörte zu einer Sperranlage, die die Venezianer Ende des
17. Jh. unter Morosini hier anlegten und die von Akrokorinth bis zum Meer
reichte.
Zwischen Odeion und Theater führt ein Weg in westlicher Richtung zu einer
etwa 800 m entfernten Ausgrabung einer römischen Villa mit mehreren Mosaiken, die jetzt überdacht sind. Der Schlüssel zur Ausgrabung ist im Museum
erhältlich. – Hinter der Villa links führt ein Weg in das einstige Töpferviertel
der Stadt mit Spuren der Werkstätten. Das Viertel lag an der westlichen
Stadtmauer. Hier wurden nicht nur eine Reihe von Keramikerzeugnissen,
sondern auch Tonformen und andere Gerätschaften gefunden, die auf den
Werkstättenbetrieb hinweisen. Sie sind heute in einer Mittelvitrine in Saal II
ausgestellt. Charakteristisch für die korinthische Keramikindustrie war ein
feiner, besonders heller Ton, der hier in der Nähe gefunden wurde. Das
Töpferviertel war vor allem vom 8. bis zum 4. Jh. v. Chr. in Benutzung.
Einige 100 m östlich des heutigen Dorfes ist auf einem höher gelegenen Plateau
eine Senke erkennbar, die den unteren Teil eines in den Felsen eingeschnittenen
Amphitheaters darstellt. Der nicht mehr erhaltene obere Teil mit den Sitzreihen war gemauert. Die heute noch sichtbaren Spuren sind gering. Das Amphitheater, das wahrscheinlich im 3. Jh. n. Chr. errichtet wurde, stellt in Griechenland eine architektonische Seltenheit dar. Die Anlage diente Tierhetzen
und Gladiatorenkämpfen.
Wenn man am östlichen Dorfausgang von der Hauptstraße in einer Rechtskurve links auf einen Fahrweg abbiegt, der zur Straße Korinth/Árgos führt,
liegen kurz vor dieser auf der rechten Seite – 500 m südlich des Amphitheaters

– die Reste einer frühchristlichen Basilika aus dem 5. Jh. An der Stelle lag schon in vorchristlicher Zeit ein Friedhof. Die dreischiffige Kirche mit Narthex und einem etwas tiefer gelegenen Mittelschiff mißt in der Länge ungefähr 63 m. Am Südschiff war eine Seitenkapelle mit drei Apsiden in Kleeblattform angebaut, die ein Bischofs- oder Märtyrergrab enthielt. Nördlich des Nordschiffs liegen zahlreiche Gräber, weiter westlich eine Kapelle mit Taufbecken.

Eine weitere dreischiffige Basilika aus dem 5. Jh. wurde nördlich des heutigen Dorffriedhofs gefunden. Die Kirche war dem Märtyrer Kodratos geweiht. An ihrer Südseite hatte sie ein Baptisterion. In der Kirche und um sie herum wurden zahlreiche Gräber gefunden. Während die Kirche selbst 551 durch das Erdbeben zerstört wurde, blieb der Friedhof bis zu Beginn der fränkischen Zeit in Benutzung.

Akrokorinth

Die Burg von Korinth, die sich im Süden der Ausgrabungen auf steilem Felsen erhebt, ist unbedingt einen Besuch wert, wenn man etwas Zeit mitbringt. Zu Fuß kann man den Berg entweder vom Museum oder vom Töpferviertel aus über den westlich des Felsens gelegenen Bergsattel erreichen. Entlang eines Tales führt der Weg dabei zum Teil über das Pflaster einer türkischen Straße und vorbei an dem türkischen Brunnen des Hadschi Mustafa. Unterwegs kommt man auch an der Ausgrabung eines Deméter-Heiligtums mit 12 in den Felsen gearbeiteten Sitzstufen vorbei. Das Heiligtum bestand vom 8. bis zum 4. Jh. v. Chr. – Mit dem Auto kann man den Felssattel über eine Straße erreichen, die nahe der Kreuzung an der Straße Korinth/Árgos abgeht.

Geschichte

Es ist anzunehmen, daß Akrokorinth bereits seit dem Einfall der Dorer unter den Bakchiaden, sicher aber seit dem 7. Jh. unter den Kipseliden befestigt war. Die heute noch sichtbaren antiken Mauern stammen allerdings erst aus dem 4. Jh. v. Chr. Sie bilden die Sockel mittelalterlicher Mauern. Ende des 6. Jh. n. Chr. wurden die Festungsmauern von Justinian erneuert. Im 10. Jh. erfolgte eine weitere Erneuerung unter den Byzantinern. 981 und 995 hielt sich die Festung gegen die Bulgaren. Weitere Ergänzungen der Befestigung stammen aus dem 11. und 12. Jh. bis Akrokorinth 1210 nach 5jähriger Belagerung an die Franken fiel. Als eines der wichtigsten Verteidigungsbauwerke der Peloponnes hatte Akrokorinth auch weiterhin eine wechselvolle Geschichte. Es gehörte zeitweise den Palaiologen von Mistrá, den Florentinern und von 1404 bis 1440 den Johannitern. 1458 wird Akrokorinth nach dreimonatiger Belagerung von den Türken erobert. 1687 fällt die Burg im Zuge des peloponnesischen

Feldzuges von Morosini in die Hände der Venezianer, wird 1715 erneut den
Türken übergeben und schließlich 1822 von griechischen Freiheitskämpfern
erobert.

Rundgang

Dort, wo der Fahrweg im Bergsattel endet, hat man einen prächtigen Blick auf
die drei hintereinander bergaufwärts gestaffelten Mauerzüge, mit denen die
westliche Bergflanke des Akrokorinth im Laufe vieler Jahrhunderte immer
weiter befestigt worden ist. – Der Fußweg (1) bergauf führt über einen von den
Venezianern angelegten etwa 4 m breiten und 6 m tiefen Graben. Die Holzbrücke, über die man einst hinübergelangte, war in Kriegszeiten leicht demon-
tierbar. Man erreicht das erste Tor (2) in der nach links abwärts führenden

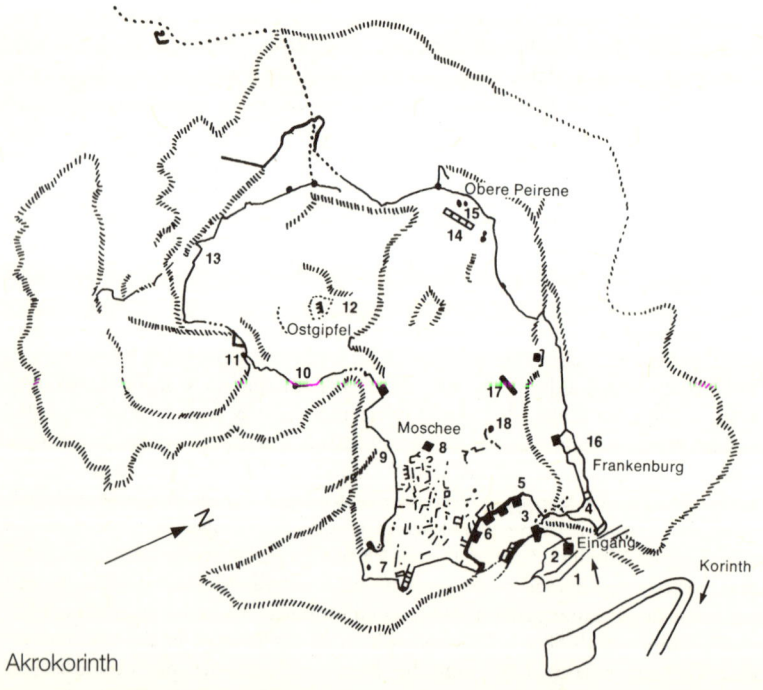

Akrokorinth

Mauer, die wahrscheinlich zuerst im 14. Jh. errichtet, in den darauffolgenden Belagerungen mehrfach zerstört und zuletzt von den Venezianern Ende des 17. Jh. erneuert wurde. Der Turm am linken Ende der Mauer stammt aus türkischer Zeit. Vorbei an einem türkischen Wächterhaus führt der Weg zum zweiten Tor (3), dessen Untergeschoß byzantinisch ist. Der an der Talseite liegende quadratische Turm dürfte von den Florentinern stammen. Die Obergeschosse von Torgebäude und Seitenturm, insbesondere die darauf befindliche Geschützstellung, stammen aus der Zeit der Venezianer Ende des 17. Jh. Der Steinrahmen über dem Tor trug den venezianischen Markuslöwen. Noch einmal zurückblickend sieht man eine sich auf dem Felsen über dem Weg zwischen dem ersten und zweiten Tor erhebende Bastion (4), deren Unterbau mit Buckelquadern deutlich antik ist und aus hellenistischer Zeit stammt. Die Bastion schützt die Flanke der dritten Mauer (5), die sich noch höher am Berg halbkreisförmig entlangzog. Diese Mauer war die antike Befestigungslinie. Wenn man nun zum dritten Tor hinaufgeht, vorbei an venezianischen und türkischen Häusern, sieht man rechts vom Durchgang nochmals einen starken hellenistischen Turm (6). Der Torbau selbst und der linke Turm wurden dagegen in byzantinischer Zeit zwischen dem 10. und 12. Jh. zum Teil aus antikem Material errichtet. Wohl erst aus venezianischer Zeit stammen die Scharten der Geschützstellungen auf den Türmen.

Durch den 7 m tiefen Tordurchgang erreicht man das Innere der Festung mit Resten von Häusern und zwei kleinen Kirchen aus dem 14. bis 18. Jh. Wenn man links entlang der Mauer geht, erreicht man auf der Nordwestbastion eine venezianische Batteriestellung (7), die den Eingang und den Bergsattel der Festung schützte.

Vom Tor geradeaus bergaufwärts trifft man auf eine türkische Moschee (8) aus dem 16. Jh. Von hier führt nach links ein Pfad etwas abwärts zur Nordmauer, die Akrokorinth gegenüber der Unterstadt abgrenzte. Eine Pforte (9) führt hier durch den Wall. Diese Mauer wurde beim Einfall der Römer 146 v. Chr. zerstört und im 6. Jh. n. Chr. von Justinian wieder aufgebaut. Wenn man dem Verlauf der Mauer in östlicher Richtung folgt, erreicht man bald ihren höchsten Punkt (10) über einem nach Norden weisenden Bergsporn. Wenig weiter erreicht man eine Stelle, an der man auch an der Innenseite des Walles antikes Mauerwerk erkennen kann, während dies sonst meist nur an der Außenseite der Fall ist. 50 m weiter liegt eine Schlupfpforte (11) aus byzantinischer Zeit, der ein kleiner (11) Zwinger vorgelegt ist.

Auf dem höchsten Gipfel von Akrokorinth (575 m ü. M.) hat man 1926 den Unterbau des Aphrodite-Tempels ausgegraben (12). Dieser Tempel war der berühmteste von Korinth. Das Gebäude in den Abmessungen 10 × 13 m bestand aus einer Cella mit vorgelagertem Propylon. Vorher stand an der Stelle des Heiligtums wahrscheinlich ein Tabernakel mit der Figur der Göttin, die ursprünglich wohl in der Form der semitischen Fruchtbarkeitsgöttin Astarte verehrt wurde. Hierauf geht auch der vielgeschilderte Kult der sakralen Prostitution zurück, der hier nach orientalischem Beispiel der Hierodulen von über 1000 Tempeldienerinnen ausgeübt wurde. Vom Gipfel hat man eine unvergleichliche Aussicht auf Korinth, den Isthmós, die beiden Meeresbuchten, hinüber nach Loutráki und Perachóra mit dem Jeránia-Gebirge. Bei klarem Wetter reicht der Blick bis zum Elikón und Parnassós im Norden, und man soll sogar bis nach Athen sehen können. – Anstelle des Tempels wurde im 5. Jh. eine etwa 19 m lange Basilika errichtet, von der man noch Spuren des Mittel- und Nordschiffs sowie im Süden die Reste eines Baptisteriums erkennt. Später wurde die Kirche mehrfach verändert und in eine Moschee umgebaut. Schließlich findet man auf dem Gipfel die Grundmauern eines nahezu quadratischen byzantinischen Turmes, der entweder schon zur Zeit Justinians, vielleicht aber auch erst im 11. bis 12. Jh. errichtet wurde.

Die guterhaltene Ostmauer (813), die mit Zinnen bestückt ist und von der zur Verstärkung auf den Berggraten Zungenmauern hangabwärts laufen, wurde in der 2. Hälfte des 14. Jh. von den Florentinern errichtet. In der Mitte der Mauer erhebt sich ein sechseckiger Turm. Geht man von hier weiter nach Süden, trifft man auf das langgestreckte Gebäude des türkischen Festungskommandanten (14). Unterhalb davon liegt die sog. obere Peiréne-Quelle (15), eine hellenistische Zisterne, die wahrscheinlich Anfang des 3. Jh. v. Chr. von den Makedoniern angelegt wurde. Es gibt keinen Hinweis darauf, daß diese Anlage mit der »unteren« Peiréne-Quelle in der Stadt in Verbindung gestanden hat, wie die Überlieferung berichtet. Die obere Peiréne besteht aus einem südlichen Bekken, das als Zisterne diente und erst in römischer Zeit mit einem Ziegelgewölbe überdeckt wurde. Von diesem Becken führen 25 Stufen hinunter zum Grund des nördlich davon gelegenen Beckens. In dieses münden die Zuführungen von drei Quellen. Im unteren Teil der Treppe wurde in römischer Zeit ein von einem Mittelpfeiler gestützter dorischer Giebel eingebaut.

Auf dem 544 m hohen südwestlichen Berggrat liegen die Reste einer schmalen, langgestreckten, fränkischen Burg mit einem Bergfried am westlichen Ende (16). Die Burg wurde von den Villehardouins bald nach 1210 erbaut.

Geht man vom Bergsattel zurück zum Haupteingang, kommt man vorbei an einem venezianischen Magazingebäude (17). Etwas weiter abwärts steht der noch einige Meter hoch erhaltene Stumpf eines türkischen Minaretts (18), in das man noch hinaufsteigen kann. Daneben liegt eine 27 m lange und 7 m breite byzantinische Zisterne aus der Zeit Justinians, die ursprünglich von einem, später von zwei von neun Säulen gestützten Gewölben überdeckt wurde.

Wenn man die Burg verläßt, sieht man gegen Südwesten einen kleineren Gipfel, der die fränkische Festung Penteskoúfi trägt. Diese wurde zwischen 1205 und 1210 von den Franken zur Belagerung von Akrokorinth errichtet.

4

Lechéon

Lechéon, das antike Léchaion, war der westliche Hafen von Korinth, der mit der antiken Stadt durch die prächtige Léchaion-Straße und durch lange Mauern verbunden war. Durch Hebung des Wasserspiegels sowie Versandung und Dünenbildung ist von dem einstigen Hafen so gut wie nichts mehr erhalten.

Sehenswert ist aber die Ausgrabung einer bedeutenden, großen frühchristlichen Basilika.

Man erreicht die Ausgrabung, indem man von Korinth aus die Straße in Richtung Patras nimmt. Etwa 2 km von Korinth liegt links der Straße Korakoú, wo eine bronzezeitliche Siedlung ausgegraben wurde. Nach 4 km, 100 m vor der Brücke, die über die Landstraße links nach Alt-Korinth führt, biegt man rechts ab und fährt bis zum Strand, wo die Ausgrabung innerhalb eines Zaunes liegt. Kommt man von Alt-Korinth, fährt man die am Asklepios-Heiligtum vorbeiführende Straße weiter abwärts zur Hauptstraße, biegt dort rechts ab und erreicht 1 km weiter die erwähnte Brücke, hinter der 100 m weiter – nunmehr links – der Weg zum Strand abgeht. Die Basilika wurde zur Zeit des Kaisers Marcianos (450–457) errichtet, zur Zeit Kaiser Justinians (527–565) erneuert sowie mit einem Atrium versehen und 551 durch das große Erdbeben zerstört. Die Kirche war dem Bischof Leonides von Korinth und sieben Jungfrauen geweiht, die zur Zeit des Kaisers Decius (249–251) den Märtyrertod durch Ertränken erlitten.

Das riesige Gotteshaus, das sicher die Metropolis, d. h. Bischofskirche, von Korinth gewesen ist, dürfte die größte Anlage dieser Art in Griechenland sein. Einschließlich des Atriums, das man zuerst betritt, war die Kirche 180 m lang. Das Atrium (1) war an drei Seiten von zum Hof hin offenen Hallen umgeben. Durch einen quadratischen Torbau (2), der rechts und links von langgestreckten Wasserbecken (3) flankiert war, betrat man eine halbrunde Halle (4), die ebenfalls einen Hof (5) mit einem Wasserbecken umschloß. Sie mündete mit ihren beiden Armen in den Exonarthex (6), der im Norden und Süden durch zwei schlanke Türme flankiert war. An beiden Enden des Exonarthex leiten schmale Türen in den fünfschiffigen Narthex (7). Von hier führten fünf Durchgänge in die dreischiffige über 100 m lange Basilika. An ihrem Ende erweitert sich der Chorraum auf fünf Schiffe. Hier stand der Altar (8) vor der großen Apsis (9), in deren Halbrund die Priestersitze lagen. Am Nord- und Südende des Chorraumes liegen kleine quadratische Räume. Der nördliche (10) mit vier Säulen war wahrscheinlich das Märtyrergrab. Mitten im Mittelschiff, mit dem Chorraum durch einen 20 m langen Weg (11) verbunden, lag

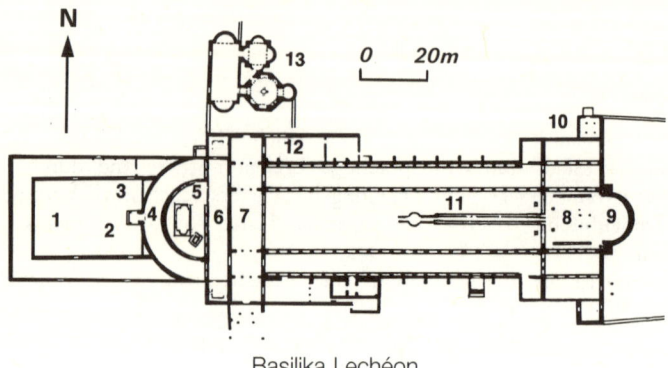

Basilika Lechéon

die Kanzel. Das Mittelschiff war von den Seitenschiffen durch je 23 Säulen geteilt. Am Westende der Basilika gab es neben den Seitenschiffen noch weitere Räume, von denen die nördlichen (12) als Inkubationsräume gedeutet werden, die also ähnlich wie bei den Asklépios- Heiligtümern dem Heilschlaf dienten. Von dem vielfarbigen Marmorboden der Kirche und den marmornen Wandverkleidungen ist noch bemerkenswert viel erhalten.

Nördlich des Narthex liegt ein doppeltes Baptisterium (13). Der eine Raum ist kleeblattförmig, der andere achteckig mit einer Apsis. Beide Baptisterien sind durch einen Vorraum mit zwei Apsiden miteinander verbunden.

Die Größe der Kirche und des Baptisteriums, die Existenz mehrerer anderer frühchristlicher Kirchen in Alt-Korinth und Kenchreá und schließlich die Tatsache, daß der Apostel Paulus selbst längere Zeit in Korinth gelebt hat, zeigen, daß die Stadt das Zentrum der frühen Christianisierung Griechenlands gewesen ist.

Hinter Perigiáli bei Ásssos zweigt eine Straße nach Zevgolatión ab. In der Nähe des Ortes in einer Schlucht wurden die Reste eines römischen Bades gefunden.

5

Sikión

Das antike Sikyón war neben Korinth die bedeutendste Stadt im Bereich des Isthmós. Es ist durchaus lohnenswert, die Ausgrabungen und das kleine Museum zu besichtigen.

Man erreicht Sikión entweder über die Landstraße oder die Nationalstraße in Richtung Patras. Man fährt bis Kiáton (30 km westlich von Korinth an der Küste).

Von Kiáton führt in südöstlicher Richtung eine Straße zum 6 km entfernten Dorf Sikión, auch Vassilikó genannt, das auf einer Bergterrasse über der Küstenebene liegt. Jenseits des Dorfes findet man links der Straße die Ausgrabungen, rechts das Museum.

Geschichte

Sikyón (= Gurken- oder Kürbisstadt) war eine sehr alte, ursprünglich ionische Stadt mit dem Namen Aigialeia. Reste einer mykenischen Siedling liegen auf einem Vorsprung östlich des heutigen Dorfes. Zwischen 1100 und 1000 v. Chr. von den Doriern erobert, stand die Stadt jahrhundertelang unter der Vorherrschaft von Árgos, unter deren Führung sie nach Homer auch am Trojanischen Krieg teilgenommen hat. In dieser Zeit gab es wohl eine Burg an der Stelle der heutigen Stadt, während der ursprüngliche Ort auf der darunter liegenden Geländestufe gelegen hat. Mitte des 7. Jh. v. Chr. riß Orthágoras, ein Mann aus dem Volke, die Herrschaft an sich, befreite die Stadt von Árgos und richtete die Tyrannis auf. Unter der Herrschaft der Orthagoriden erlebte Sikyón bis zu dem letzten Tyrannen Kleisthenes eine erste Blütezeit, wobei sie sich besonders als Stadt der Künste einen Ruf erwarb. Bildhauer, Maler und Töpfer aus Sikyón arbeiteten an vielen Plätzen der griechischen Welt. Aus dieser Zeit stammt auch das Schatzhaus, das Sikyón im Apollon-Heiligtum in Delphi stiftete.

Ende des 6. Jh. wurde die Tyrannis gestürzt und mit Hilfe Spartas wieder eine Adelsherrschaft eingesetzt. Sikyón beteiligte sich mit einem großen Truppenkontingent an den Perserkriegen, stand im Peloponnesischen Krieg auf der Seite Spartas und wurde 369 v. Chr. von den Thebanern unter Epaminondas erobert. 303 v. Chr. wurde Sikyón von Demétrios Poliorkétes zerstört. Dieser verlegte die ausgedehnte Küstensiedlung an die Stelle der heutigen Stadt, befestigte sie und nannte sie Demetrias. 251 v. Chr. trat Sikyón dem Achäischen Bund bei, der gegen die makedonische Vorherrschaft gegründet worden war. Unter dem sikyonischen Strategen Áratos nimmt die Stadt die führende Rolle im Bunde ein. In diese Zeit fällt auch die Ablösung der Adelsherrschaft durch die Demokratie. Die Stadt erlebte eine neue Blütezeit. Als 146 v. Chr. Korinth durch die Römer zerstört wurde, trat Sikyón an seine Stelle und leitete auch die Isthmischen Spiele. Durch Tributzahlungen an die Römer und den Wiederaufbau Korinths durch Cäsar verarmte Sikyón und verlor an Bedeutung. Erdbeben in den Jahren 23 und 250 n. Chr. vernichteten den Ort endgültig. Es entstand wieder eine Siedlung in der Küstenebene bei Kiáton.

Die Stelle der alten Stadt blieb jedoch bis ins 10. Jh. eine byzantinische
Festung. – Sikión wurde zuerst 1886/87 von der Amerikanischen Schule und
seit 1920 vom Griechischen Archäologischen Institut ausgegraben.

Rundgang

Gegenüber dem Museum betritt man das Ausgrabungsgelände der Stadt. Es ist
die des Demétrios Poliorkétes aus dem 3. Jh. v. Chr. Gleich links liegt ein
langgestreckter Bau von 11,5 × 38 m, ein dorischer Tempel aus hellenistischer
Zeit, der aber in seinen archaischen Maßen den Grundriß eines früher hier
gelegenen Tempels erhalten hat. Man nimmt an, daß er der Artemis oder dem
Apollon geweiht war. – Rechts des Weges finden sich die Spuren langgestreckter Säulenhallen, die einen großen Hof umgaben. Dieses Gebäude unbekannter
Zweckbestimmung ist noch nicht vollständig ausgegraben worden. Am Ende
des Weges trifft man auf ein großes Gymnasion, das aus zwei Höfen auf
unterschiedlichem Niveau besteht. Der untere Hof war auf drei Seiten von
ionischen Säulenhallen umgeben. An der Südostecke ist eine der Säulen wieder
aufgerichtet worden. In die Stützmauer zur oberen Terrasse sind zwei Brunnen eingelassen, deren Dachgebälk von Halbsäulen getragen wurde. An der
Wand sieht man noch die Wasserausflüsse, die einst als bronzene Löwenköpfe
gestaltet waren. In der Mitte der Terrassenmauer führt zwischen den Brunnen
eine Treppe in den oberen Hof, der etwas größere Abmessungen als der untere

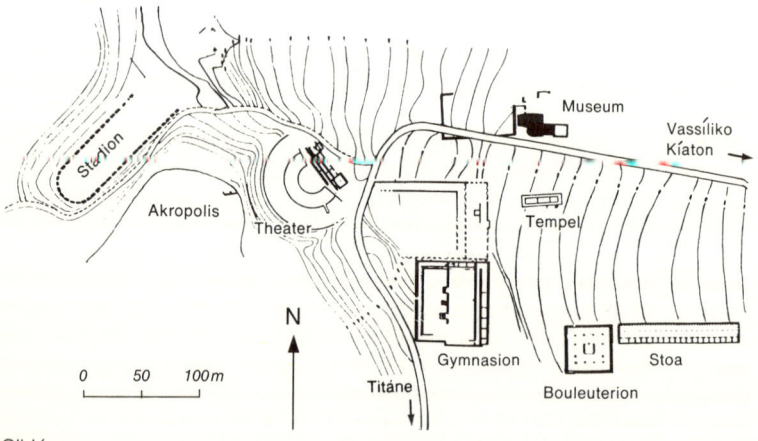

Sikión

hat und ebenfalls an drei Seiten von Säulenhallen und an der Rückseite am Berg von Aufenthaltsräumen umgeben war. Die Säulen dieses Hofes waren dorisch. Eine Säule wurde im Süden wieder aufgerichtet. Man nimmt an, daß dies das Gymnasium ist, von dem Pausanias berichtet, daß es von Kleinias, dem Vater des Áratos, gebaut wurde.

Geht man vom Gymnasion nach Osten, trifft man auf das quadratische Rathaus (Bouleutérion) des Achäischen Bundes. Das Dach wurde von 12 äußeren und 4 inneren etwa 4 m hohen ionischen Säulen getragen. Zwischen den vier Innensäulen lag der durch Gitter abgetrennte Platz für die Redner. Rundherum zogen sich die Sitzreihen für die Abgeordneten des Bundes. – Auf der Agorá, an der das Rathaus lag, verehrte man das Grab des Ádrastos, des Königs von Árgos, der Anführer der »Sieben gegen Theben« war.

An einer Straße, die an der Nordseite des Ratsgebäudes vorbeilief, erstreckte sich südlich dieses Gebäudes eine 105 m lange Halle mit 21 dorischen Säulen und 20 Läden an der Südseite.

Kehrt man zur Straße zurück und geht diese bis zur Kurve aufwärts, kommt man zum Theater. Es stammt ebenfalls aus dem frühen 3. Jh. v. Chr. Die verhältnismäßig steile Cavea ist in den Felsen gearbeitet. Der mittlere Umgang (Diázoma) ist von zwei gewölbten, noch gut erhaltenen Gängen aus erreichbar, die aus römischer Zeit stammen und von denen der nördliche eingestürzt ist. Von hier stiegen nicht weniger als 16 Treppen zwischen den Zuschauerreihen aufwärts. Gegen Ende der hellenistischen Zeit wurde um 150 v. Chr. das Bühnengebäude errichtet. Von hier verlaufen Spuren eines unterirdischen Ganges zum Proskenion, der Spielfläche des Theaters. Der Gang wurde in römischer Zeit angelegt und diente zur Darstellung des Erscheinens unterirdischer Wesen. Von den Steinsitzen des Zuschauerraumes ist vor allem noch die Prohedrie erhalten.

Oberhalb des Theaters lag in hellenistischer Zeit die Akropolis, von der aber nur wenige Steinblöcke erhalten sind. In einer Geländemulde dahinter, östlich des Theaters, sind wenige Spuren von Stützmauern des Stadions erhalten.

Museum

Das Museum ist in einigen wieder aufgebauten Räumen einer großen römischen Badeanlage untergebracht.

Im ersten Raum sind in Vitrinen Kleinfunde aus klassischer und hellenistischer Zeit untergebracht. Darüber bemalte Gesimse, die größtenteils vom Bouleutérion und der Stoa stammen. An der linken Seite verschiedene Kapitelltypen und das kreisförmige Fußbodenmosaik eines Hauses aus dem 4. Jh. v. Chr. mit jagenden Hirschen und Greifen im inneren Kreis und Kentauren mit Bäumen in den Händen im Außenkreis.

Im 2. Raum Skulpturen und Mosaiken aus hellenistischer Zeit. Rechts ein geisfüßiger Pan aus dem 2. Jh. n. Chr. mit einer Syrinx in der Hand, begleitet von einem kleinen Ziegenbock. – In der Mitte der Apsis der Kopf einer Týche. Die Mauerkrone kennzeichnet sie als Schicksalsgöttin der Stadt. – Römische Kopien klassischer Originale sind eine weibliche Statue mit einem Füllhorn und die schöne Figur eines Pferdes, links davon eine Philosophenstatue. – An der linken Wand Fußbodenmosaiken aus römischen Häusern des 4. Jh. v. Chr. mit einem Pferd und einem Hirsch, einer Sphinx sowie einem nackten Äthiopier.

Im 3. Raum auf dem Boden ein großes Mosaik aus dem 4. Jh. v. Chr. mit einer Sphinx zwischen Pflanzen- und Blütenmustern. – In den Vitrinen vor allem Miniaturgefäße aus dem 6. bis 2. Jh. v. Chr., die als Opfergaben gedacht waren.

6

Titáne

Südlich von Sikión liegen die wenigen Reste der antiken Stadt Titáne beim heutigen Dorf Titáni.

Man erreicht Titáni, indem man von Sikión (**5**) den Weg an den Ausgrabungen vorbei hinauf in die Berge fährt. Der Weg ist nicht besonders gut und z. T. steil. Er führt durch eine wilde Berglandschaft mit schönen Ausblicken. Nach 9 km nimmt man an einer Weggabel den rechten Weg und erreicht bald darauf die Asphaltstraße, die links nach Titáne (5 km) führt. – Diese Straße kommt von der Küste von Kiáton über Soúli, Krionéri und Genoússa. Sie ist der bequemere Weg nach Titáne.

Die Akropolis des antiken Titáne liegt auf einem vorspringenden Hügel auf der Talseite des heutigen Dorfes. Vor allem sichtbar sind auf dem Hügel an drei Seiten die guterhaltenen mit Türmen bestückten Mauern. Sie sind besonders an den Kurtinen in byzantinischer Zeit ausgebessert worden. Der Hügel ist mit Zypressen und Tannen bestanden. Wie Pausanias berichtet, erhob sich auf der Akropolis ein Athena-Tempel, der mit dem Kult des Asklepios zusammenhing. Heute liegt hier der Friedhof des Ortes. In die Friedhofskapelle ist an der Südwand eine Votivinschrift an Asklepios eingemauert. In der Antike war Titáne wegen seines Asklepios-Heiligtums bekannt, das von Alexanor, dem Enkel des Asklepios, hier gegründet worden sein soll. Das Heiligtum dürfte sich in der Senke westlich des Hügels befunden haben, wo man ein römisches Bad ausgegraben hat.

Peiréne-Quelle in Alt-Korinth ▷

Von der Akropolis hat man einen Blick in das östlich gelegene Tal des Asopós, der aus der Ebene von Neméa herabkommt. Titáne soll übrigens nach dem Bruder des Hélios genannt sein, der auf der Akropolis die Sonne und das Wachsen der Früchte beobachtete. Es könnte also in früher Zeit hier ein Helios-Kult bestanden haben.

Von Titáne kann man nach Süden weiterfahren zu der modernen Landstadt Neméa – nicht zu verwechseln mit den Ausgrabungen von Neméa (**10**) – und nach Phliús (**11**).

7

Stymphalischer See

Eine Fahrt zum Stymphalischen See führt in das wenig besuchte Grenzgebiet zwischen den Provinzen Korinth, Achaia und Argolis. Außer dem durch die Sage bekannten See findet man dort die verhältnismäßig wenigen Reste der antiken Stadt Stýmphalos und die Ruinen einer großen fränkischen Kirche.

Den See und den heutigen Ort Stimfalía erreicht man, indem man von der Küstenstraße Korinth-Patras 30 km westlich von Korinth bei Kiáton (**5**) die Straße nach Süden nimmt, auf der man nach weiteren 40 km Stimfalía erreicht. – Eine andere reizvolle Strecke zweigt von der Hauptstraße Korinth-Árgos 28 km südlich von Korinth ab. Vorbei an den Ausgrabungen von Neméa (**10**) führt die Straße zur 9 km entfernten Landstadt Neméa (**11**). Dort biegt links eine Straße ab, die durch einen weiten Talkessel nach Aidónia und dann aufwärts über das Gebirge nach Galatá und Psári führt. Hier nimmt man die Straße nach Kaliáni, bis man 30 km hinter Neméa auf die zuerst geschilderte Straße von Kiáton her trifft. 4 km weiter nach links erreicht man Stimfalía. Die langgestreckte Talebene von Stimfalía, die eigentlich schon zu Arkadien gehört, ist von kahlen Berghängen umgeben. Im Norden sind es die Felswände der Zíria, heute meist Killíki genannt, des mit 2376 m höchsten Gebirges in der nördlichen Peloponnes. Im Süden liegt das mit Tannen bewaldete Kalkgebirge Skípera, heute wieder wie in der Antike Olígirtos und Apélauron genannt.

Hinter dem Dorf liegen links der Straße die hohen Mauern eines fränkischen Gebäudes aus dem 13. Jh., das gewöhnlich als Kirche gedeutet wird, obwohl der Grundriß keine Apsis aufweist. Dieser Bau in den Abmessungen von 15,60 auf 37,80 m hatte drei Schiffe und gotische Fenster. Teile des klobigen Maßwerkes sind hier und da am Boden verstreut zu finden. An den Wänden sieht man Spuren der Strebepfeiler mit Kreuzen verziert. 50 m vom Gebäude entfernt erhebt sich die Ruine eines Torturmes. Dieser gehörte wohl zu einer

◁ *Mykene, Blick zur Burg mit Kyklopenmauer*

Mauer, die die Anlage – wahrscheinlich ein Zisterzienserkloster – umschloß. Um das Kloster herum dürfte eine mittelalterliche Siedlung gelegen haben.

Die antike Stadt lag etwa 600 m weiter östlich vor dem See auf einer langgestreckten, nicht sehr hohen Hügelzunge, die sich von Süden nach Nordosten erstreckt. Auf der höchsten Stelle des terrassenförmig abfallenden Hügels, dort wo einst die Akropolis lag, findet man Reste der polygonalen Stadtmauer sowie damit zusammenhängend den viereckigen Unterbau des Tempels der Athéna Poliás. Auf der darunterliegenden Terrasse sieht man Mauern, die zu zwei kleineren Tempeln und zu einer Palästra gehört haben könnten. Die Tempel waren vielleicht die der Hera. Pausanias erzählt von ihnen, daß sie von Témenos, dem Sohn des Pelásgos, erbaut sein sollen. Es waren drei Tempel, in denen die Göttin einmal im Frühling als Jungfrau, dann im Sommer als Frau und schließlich im Winter als Witwe verehrt wurde. Pausanias berichtet auch von einem Tempel der Artemis, der bisher nicht gefunden wurde und an dessen Dach die hölzernen Figuren der Stymphalischen Vögel gehangen haben sollen. Hinter dem Tempel haben nach dem Bericht Marmorstatuen von Mädchen mit Vogelschenkeln gestanden. – Am Fuße des Hügels zum See hin sieht man weitere Ruinen der einstigen Stadt. – Von dem Stadthügel hat man einen guten Blick über die stille Fläche des Sees mit seinen schilfbestandenen Ufern und zu den rundum aufsteigenden Bergen.

Der Stymphalische See ist bekannt durch die Sage von den Stymphalischen Vögeln. Sie sollen an seinen Ufern gehaust und durch ihren Gestank die Ebene für Mensch und Tier unbewohnbar gemacht haben. Mit ihren ehernen Federn, die sie abschießen konnten, töteten sie jedes Lebewesen. Die Vertreibung und Tötung dieser Vögel ist die 5. Tat des Herakles. Dieser scheuchte die Vögel aus dem Schilf mit Hilfe einer Klapper, ein Werk des Héphaistos, das ihm Athena schenkte. Dann schoß er die Vögel mit seinen Pfeilen ab. Die Sage wird gewöhnlich als Zeichen dafür angesehen, daß die Ebene wegen ihrer Sümpfe im Altertum unbewohnbar gewesen ist. Sie war aber schon sehr früh melioriert. Die Gewässer wurden durch Kanäle und Dämme zusammengefaßt und zu einer torförmigen Katavothre geleitet, die in der Bergwand des südlichen Kalkgebirges den natürlichen Abfluß des Sees darstellt. Im Altertum war man der Meinung, daß die Wasser im Fluß Erasínos bei Árgos wieder an die Oberfläche träten. Kaiser Hadrian baute um 125 n. Chr. eine Wasserleitung, die das Wasser der Quelle, die den See speist, auf einem Damm durch die Ebene, durch einen Tunnel in das Tal von Aléa und dann nach Korinth führte. Der Wasserstand des Sees, der eine mittlere Höhe von 590 m ü.d.M. hat, verändert sich stark. An den Ufern des Sees gibt es eine reiche Sumpfflora.

8

Feneós-See

Ein landschaftlich reizvoller Ausflug führt vom Stymphalischen See in westlicher Richtung weiter zum Feneós-See. Von Stimfalía zieht sich die Straße zwischen dem 1935 m hohen Olígirtos im Süden und dem 2376 m hohen Killíni (auch Zíria genannt) hinauf zum 12 km entfernten Bergdorf Kastaniá, einer Sommerfrische mit dem Hotel Xenia. Anschließend geht es über einen Paß zwischen lichten Bergwäldern hinab zur Ebene des Feneós-Sees und zum 11 km entfernten Goúra.

Das Feneós-Becken ist, ähnlich wie das Stymphalische Becken, eine Karstpolje, die sich durch am Ost- und Südwestrand liegende Katavothren entwässert. Das Becken mißt von Norden nach Süden 10 und von Osten nach Westen 7 km. Es liegt etwa 750 m ü.d.M. und ist besonders dadurch bemerkenswert, daß es einen See enthält, dessen Wasserspiegel und Ausdehnung erheblichen Schwankungen unterworfen ist. So wurden teilweise Wassertiefen bis zu 50 m gemessen. Andererseits ist in manchen Jahren der See fast vollkommen verschwunden. Dies hängt sowohl mit den Wasserzuflüssen als auch vor allem mit der Verstopfung und Öffnung der Katavothren zusammen. So wird aus dem Jahre 1834 berichtet, daß damals der plötzliche Durchbruch des Wassers durch die Katavothren große Überschwemmungen am Ládon und den ihn aufnehmenden Alfiós in Elis beobachtet wurden.

Das Becken von Feneós ist landschaftlich sehr eindrucksvoll mit der fruchtbaren Talebene, den bewaldeten Berghängen, dem mächtigen Killíni im Nordosten und dem zackigen Felsgrat der Dourdouvána im Nordwesten.

In Goúra am Nordwestrand des Beckens zweigt links eine Straße ab zum Dorf Eneós. Vor diesem erhebt sich links zur Ebene hin der Pírgos genannte 60 m hohe Hügel, auf dem die Akropolis der antiken Stadt Pheneós lag. Erhalten ist ein Teil der Stadtmauer aus dem 4. Jh. v. Chr. in polygonalem Mauerwerk. Jenseits des Hügels liegt an seinem Fuß ein Asklépios-Heiligtum mit einem Mosaikfußboden. In der Cella des Tempels steht ein breiter Altar mit einer Inschrift. Ferner ist von dem Gebäude ein ionisches Kapitell erhalten. – Pheneós war keine sehr bedeutende Stadt, und man weiß wenig über ihre Geschichte. Nach der Sage hat auch hier Herakles sich nützlich gemacht, indem er das Tal durch den Bau eines von Dämmen begrenzten Kanals entwässerte. Von Odysseus berichtet die Überlieferung, er habe hier eine Herde von Pferden wiedergefunden, die ihm entlaufen war. Odysseus habe dann die Gegend aber so gut für die Pferde gefunden, daß er seine Herde den Einwohnern von Pheneós zur Pflege übergeben habe.

Von Feneós führt ein Weg über das Gebirge nach Zaroúkla (**129**). Von Goúra aus kann man einen Ausflug zur fränkischen Burg Orías machen. Eine Straße führt von Goúra hinunter zur Küste nach Dervéni.

9

Hügelland von Chiliomódion (Tenéa, Kleonaí)

Das Hügelland von Chiliomódion ist das südliche Hinterland von Korinth bis zu den Gebirgsübergängen in die Argolis. Der Reisende durchquert diese Landschaft, wenn er die Hauptstraße von Korinth nach Árgos benutzt. 19 km hinter Korinth erreicht man zwischen flachen Hügeln das große Dorf Chiliomódion. Nach Süden zweigt hier eine Straße zum 2 km entfernten Dorf Klénia ab, das seinen Namen vielleicht von dem antiken Kleonaí herleitet, das weiter westlich gelegen war. Klénia beherrscht das Tal, durch das nach Süden der in der Antike Kontoporeía genannte Weg von Korinth nach Árgos führte. In der Gegend von Klénia lag das antike Tenéa, in dem Ödipus als Pflegesohn des Königs Pólybos von Korinth seine Jugend verlebt haben soll, und von dem Strabon sagt: »Glücklich ist Korinthos, doch ich möcht' Teneate sein«. Aus Tenéa stammt die Figur eines Kouros in der Münchner Glyptothek, »Apollon von Tenéa« genannt. Die Gegend wird intensiv landwirtschaftlich genutzt. Bekannt sind die Honigmelonen, die hier wachsen.

Von Chiliomódion führt eine wenig bekannte Seitenstraße über die Berge in die Argolis. Durch eine unwirtliche Schlucht erreicht man nach 10 km hoch am Berg Agionóri, was »heiliger Berg« bedeutet. Der Ort wird überragt von einer fünfeckigen venezianischen Festung vom Ende des 17. Jh., deren beide Südtürme noch gut erhalten sind. Die steile Bergstraße führt weiter über Límnes ins Becken von Prosímna. Hier lag auf einem isolierten Bergkegel eine mykenische Akropolis, die 1935 von den Schweden aufgedeckt wurde. Heute ist jedoch kaum etwas Interessantes zu sehen. Durch die tief in die Berge eingeschnittene Klissoúra-Schlucht, in deren Wänden alte Wohnhöhlen zu erkennen sind, erreicht man Choniká (**19**) in der Argolis.

Fährt man von Chiliomódion weiter in Richtung Árgos, so erreicht man nach 8 km das Dorf Ágios Vasílios. Südlich des Dorfes liegt auf dem Dafnías-Berg eine mittelalterliche Burgruine. Auf einem Hügel beim Cháni Kurtésa nahe Zygoúries beim Bahnhof von Ágios Vasílios wurde von Blegen eine früh- und mittelhelladische sowie eine mykenische Siedlung aufgedeckt.

Im Dorf weist rechts ein Wegweiser nach »Ancient Kleonai«. Der Wegweiser meint damit aber nicht, wie die Bezeichnung vermuten läßt, das antike Kleonaí, sondern ein modernes Dorf, das heute diesen Namen führt und früher Kontóstavlos hieß. Das antike Kleonaí war eine bedeutende Landgemeinde, die sich wahrscheinlich weit über die Ebene erstreckte. Sie hatte vor allem in prähistorischer Zeit Bedeutung. Homer bezeichnet sie als »schön gebaut«, Pausanias jedoch nur noch als »nicht groß«. Fährt man vom Bahnhof Ágios Vasílios in Richtung »Ancient Kleonai«, zeigt nach 2,6 km rechts ein kleiner Wegweiser zum Herakles-Tempel. Man findet ihn, wenn man den Weg 600 m weit folgt – 40 m über einen nach rechts abzweigenden Weg hinaus – und dann im rechten Winkel 100 Schritte nach links geht. Der Tempel erhob sich außerhalb der einstigen Stadt. Reste des Fußbodens und der Mauern sowie einer Vorhalle mit vier Säulen sind erhalten. Etwas weiter östlich lag ein umschlossener Bezirk mit zwei Altären. Herakles wurde hier, wie auch im benachbarten Neméa, als Bezwinger des Löwen von Neméa verehrt. – Etwas weiter lag auf einem Hügel die Akropolis, von der einige unbedeutende Reste an polygonalem Mauerwerk erhalten sind.

Fährt man auf der Hauptstraße weiter in Richtung Argos, so sieht man bald hinter Ágios Vasílios links etwas entfernt an einem Berghang ein weißes Denkmal. Man erreicht es, indem man am Bahnhof Neméa links nach dem 2 km entfernten Dervenákia abbiegt. Das Denkmal ist General Kolokotronis, einem berühmten Führer der Freiheitskriege, gewidmet und erinnert an die von ihm geschlagenen Schlachten, vor allem aber an den Kampf, der hier in der Schlacht von Dervenákia am 6. und 7. August 1822 stattfand, als eine türkische Armee unter Machud Pascha auf dem Rückzug aus der Argolis hier überfallen und zu großen Teilen vernichtet wurde. Dabei zeichneten sich besonders die Manioten unter ihrem Kapitän Nikítas aus.

Einige 100 m hinter dem Bahnhof von Neméa zweigt die Straße ab nach Neméa (**10**).

10

Neméa

Ein lohnenswerter Abstecher von der Hauptstraße Korinth–Árgos führt nach Neméa, wo vor allem der Zeus-Tempel und das neu ausgegrabene Stadion von Interesse sind. Man biegt 31 km südlich von Korinth kurz hinter dem Bahnhof von Neméa (s. voriges Kapitel) rechts ab. Vorbei an einer Abzweigung, die rechts nach Alt-Kleonaí (**9**) führt, erreicht man nach 4 kmNeméa oder vielmehr die Stätte des Zeus-Heiligtums von Neméa, bei dem heutigen Dorf

Iráklion. Das moderne Dorf Neméa liegt noch 5 km weiter westlich (**11**). –
Das Tal von Neméa ist wegen seines Weinbaues bekannt. Ein landschaftlich
reizvolles Bild bieten die Säulen des Zeus-Tempels mit dem im Hintergrund
gelegenen abgeplatteten Berg Fokás (872 m), der im Altertum Apésas hieß und
auf seinem Gipfel eine uralte Kultstätte hatte.

Sage und Geschichte

Neméa ist neben Olympia, Delphi und Isthmía der vierte Ort in Griechenland
gewesen, an dem Panhellenische Spiele stattgefunden haben. Die Nemeischen
Spiele standen zunächst aber in der Bedeutung hinter den anderen zurück. Erst
in klassischer Zeit erreichten sie den Rang der anderen Spiele. Sie wurden seit
573 v. Chr. alle 2 Jahre im Sommer veranstaltet, und zwar jeweils ein Jahr vor
den Olympischen Spielen. Wettkampfarten waren Stadionlauf in voller Rüstung, Bogenschießen, Boxen und Ringen, Diskuswerfen, Speerwerfen und
Wagenrennen. Einer der berühmtesten Sieger im Wagenrennen war Ende des
5. Jh. v. Chr. der Athener Feldherr Alkibiades, der auch Olympia-Sieger war.
Im 3. Jh. v. Chr. kamen musische Wettkämpfe hinzu. – Neméa war keine
eigene Stadt. Die Leitung der Spiele hatte zuerst Kleonaí, später Árgos, wohin
die Spiele in hellenistischer und römischer Zeit mehrfach verlegt wurden. Die
Gründung der Nemeischen Spiele geht ähnlich wie die der Isthmischen Spiele
auf einen Totenkult zurück. Die Sage berichtet, daß die »Sieben gegen Theben«, d. h. die sieben argivischen Fürsten, bei ihrem Auszug zum Kampf hier
Rast machten. Hypsipýle, einst Königin des Frauenstaates auf der Insel
Lemnos und nach ihrer Vertreibung Wärterin des kleinen Königssohnes
Ophéltes, habe den sieben Helden eine Quelle gezeigt und unterdes das Kind
im Gras auf Sellerieblättern liegen gelassen. Als sie zurückgekommen sei, sei
Ophéltes durch eine Schlange getötet worden. Die sieben argivischen Fürsten
stifteten darauf zu Ehren von Ophéltes, der nun Archémoros (= mit dem Tod
beginnend) hieß, die Nemeischen Spiele. Der Siegespreis der Spiele war in
Erinnerung an die Sage ein Selleriekranz. – Als Gründer der Nemeischen Spiele
wird auch Hérakles genannt. Hérakles tötete in dieser Gegend, und zwar in
einer Höhle am Berg Trétos, den Nemeischen Löwen. Dessen Haut war
unverwundbar, weshalb Hérakles ihn schließlich erwürgte, mit dessen eigenen
Krallen das Fell aufschlitzte, abzog und sich als Mantel mit dem Kopf als Helm
umhing. Mit dieser furchtbaren Kleidung erschreckte Hérakles bei seiner
Rückkehr seinen Bruder Eurysthéus so sehr, daß sich dieser vor Schreck in ein
in die Erde eingelassenes Faß flüchtete. Neuere Ausgrabungen in Tiryns (16)
haben übrigens erwiesen, daß im 2. Jh. v. Chr. Löwen in der Peloponnes
lebten.

Rundgang

Von der Hauptstraße Korinth–Árgos kommend, erreicht man zunächst das *Stadion,* dessen größerer Teil links der Straße liegt. Gut erhalten ist sowohl die Ablaufschranke mit den beiden Rinnen, in denen die Füße der startenden Läufer Halt fanden, wie auch die Wasserrinne, die rund um die Lauffläche angelegt und in regelmäßigen Abständen mit Schöpfbecken versehen war. Hinter den Ablaufschranken am Ende des Stadions sieht man ein weiteres Becken und den Zulauf dieses Bewässerungssystems. Im Westen des Stadions

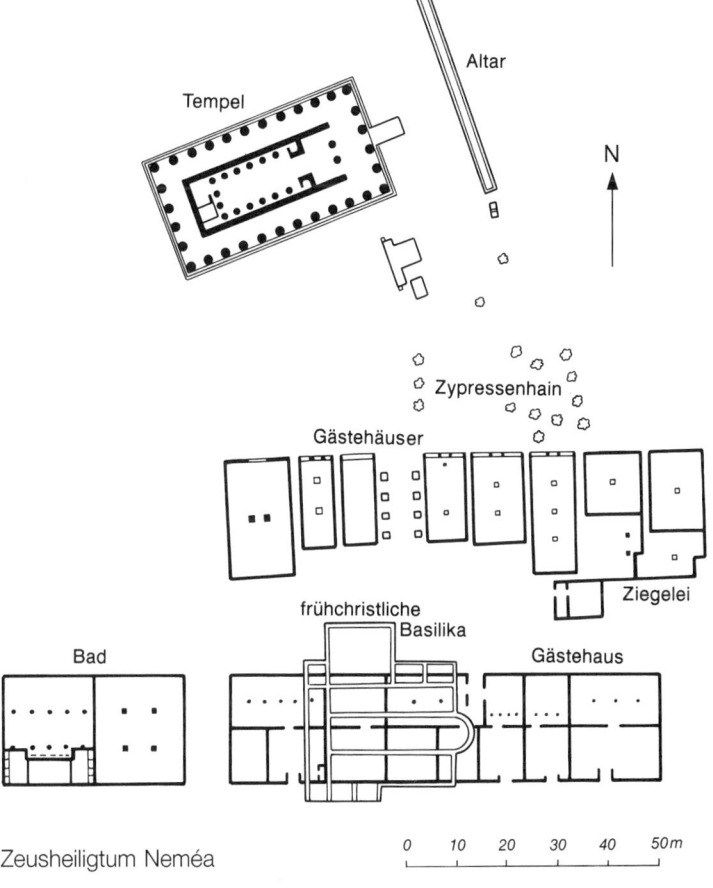

Zeusheiligtum Neméa

0   10   20   30   40   50m

liegt ein gewölbter unterirdischer Zugang, der das Heiligtum mit dem Stadion verband. An seinen Wänden fand man Inschriften von Athleten. Jenseits der Straße war die Zielschranke des Stadions. Mit 180 m maß die Länge der Laufbahn, also des Nemeischen Stadions, weniger als die in Attika, Delphi und Isthmía. In der Nähe des Stadions lagen ein Theater und ein Hippodrom.

Die übrigen Ausgrabungen liegen rechts der Straße zum Dorf hin. Dort erreicht man zunächst das *Museum*. In der Eingangshalle Darstellungen von Neméa seit dem 18. Jh. Im einzigen bisher zugänglichen Saal links des Eingangs sind in einigen Vitrinen (1–3) Münzfunde zu sehen, die eine Vorstellung geben vom Einzugsbereich der Nemeischen Spiele. – In den beiden Vitrinen in der Ecke sieht man Teile eines Pyrrhantherions, einen eisernen Caduceus, einen goldenen Herakleskopf und einen bronzenen Löwenkopf (4) sowie Weihegaben, vor allem Becher aus dem 5. Jh. v. Chr. (5). – Modelle vom Heiligtum und vom Stadion geben einen guten Überblick über die Ausgrabungen. Im Uhrzeigersinn weitergehend, sieht man Teile einer Wasserleitung und Blöcke vom ersten Zeus-Tempel. – Beachtenswert ist eine Bronzehydria (8) mit einer Widmung an das Zeus-Heiligtum um 510 v. Chr. auf dem oberen Rand. – In einem Depot im Tunnel des Stadions fand man Gefäße vom 5. bis 1. Jh. v. Chr. (10). – In der nächsten Vitrine (11) Kleinfunde aus frühchristlicher Zeit, z. T. aus einem Grab des 6. Jh. Dahinter Säulen der frühchristlichen Basilika. Von dort kommt auch eine Altarplatte, die später als Taufbecken benutzt wurde.

Vom Tsoungísa-Hügel stammt ein frühneolithisches Gefäß, mittelhelladische und schließlich mykenische Ware (12). In der nächsten Vitrine (13) prähistorische Funde vom Tsoungísa-Hügel, vom Zeus-Heiligtum und vom Stadion, darunter Feuersteinklingen und frühhelladische Scherben. – Aus den Nekropolen Aidonía und Ag. Iríni werden mykenische Grabbeigaben gezeigt (14), vor allem eine spätmykenische Bügelkanne. – In der Mittelvitrine (15) mykenischer Schmuck, darunter ein goldener Siegelring, Goldketten und -rosetten, Spinnwirtel, Pfeilspitzen und ein Schwert. – Mykenische Grabbeigaben aus Aidonía sieht man auch in den Wandvitrinen (16, 17), z. B. Idole, Schnabel- und Bügelkannen sowie Miniaturgefäße. – Es folgen Funde aus archaischer (19) und hellenistischer Zeit (18). An der Wand Platten mit Inschriften, so ein Vertrag zwischen Argos und Aspendos und eine Liste der Herolde der Nemeischen Spiele. – Von der Erbauung des Tempels stammen Mulden zur Tonherstellung und Reste einer Bronzewerkstatt (29).

Im Hof des Museums epigrafische und Architekturfunde. Ein weiterer bisher nicht zugänglicher Saal wird Funde aus Phliús (**11**) und Kleonaí (9) zeigen. Vom Museum geht man zunächst zum *Zeus-Tempel* mit seinen drei noch aufrecht stehenden Säulen. Der Tempel wurde zwischen 300 und 320 v. Chr. an der Stelle eines älteren Tempels aus der 1. Hälfte des 6. Jhs. errichtet. Es ist

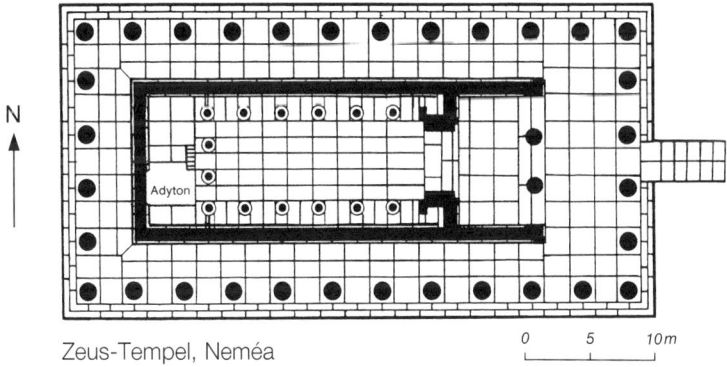

Zeus-Tempel, Neméa

0   5   10m

äußerlich gesehen ein dorischer Tempel in den Abmessungen 22,15 × 44,57 m
mit 6 × 12 Säulen. Der Bau war also ungewöhnlich kurz und breit. Von den
Säulen steht noch eine der Ringhalle und die zwei der Vorhalle, die ein
Architrav-Stück tragen. Die übrigen Säulen sind durch Erdbeben umgestürzt,
wie die Sturzlage der Säulentrommeln zeigt. »Die trockenen und nüchternen
Formen der Säulen und Säulenkapitelle sind bezeichnend für den mathemati-
schen Architekturstil dieser Zeit« (Kirsten-Kraiker). Der Architrav über den
Säulen war mit Triglyphen und glatten Metopen geschmückt. Die Cella hatte,
wie beim Asklépios-Tempel in Epídauros, eine Vorhalle, aber kein Opisthodom. Im Inneren der Cella standen zwei Reihen mit 6 Säulen an den Längsseiten und im Hintergrund 4 Säulen. Diese waren mit korinthischen Kapitellen
geschmückt. Auf einem Architrav über diesen Kapitellen standen unter dem
Dach quadratische Pilaster mit vorgesetzten ionischen Halbsäulen. Diese
ionisch-korinthische Ordnung ist eng verwandt mit dem Tempel der Athéna
Aléa in Tegéa (48), der von Skópas geschaffen wurde, nur daß die Säulen nicht
freistehen, sondern sich an die Cellawand anlehnen. Man nimmt an, daß der
Tempel in Neméa, wenn nicht von Skópas selbst, so doch von der Bauhütte
von Tegéa errichtet worden ist. – Im hinteren Teil der Cella, die durch die vier
querstehenden Säulen abgeteilt ist, befindet sich ein über eine schmale Seitentreppe zugänglicher 2 m tiefer gelegener Raum, das Adyton, wo wahrscheinlich der Kult des Ophéltes geübt, vielleicht sein Grab verehrt wurde. Vom
Tempel herab führt nach Osten eine Rampe zu einem 40 m langen und 2,5 m
breiten Altar.
Südlich des Tempels lag ein Platz mit einem Zypressenhain. Die Bäume
standen in Tontöpfen, die man gefunden hat. Heute sind hier wieder Zypres-

sen gepflanzt. Südlich des Platzes wurde eine Reihe von 9 Häusern ausgegraben, die in ihrer Anordnung an die Schatzhäuser von Olympia erinnern. Sie sind jedoch größer und hatten Feuerstellen. Es waren Unterkünfte verschiedener Stadtstaaten für ihre Bürger, die die Spiele besuchten. In den beiden östlichsten Häusern war später eine Bronzewerkstatt und südlich der Häuser eine Ziegelei mit mehreren Brennöfen, die heute zur Konservierung wieder zugeschüttet sind.

Am Rande des Ausgrabungsgeländes liegen in Ostwestrichtung zwei langgestreckte Bauten. Der westliche kleinere Bau ist eine Palästra mit einem später angebauten Bad. Nach Osten hin erstreckt sich das 80 m lange und 20 m breite Gebäude, das für ein Gymnasion gehalten wurde, neuerdings aber als Gästehaus angesehen wird. Beide Gebäude wurden gegen Ende des 4. Jh. v. Chr. errichtet. Über dem Gästehaus wurde im 4. oder 5. Jh. n. Chr. eine christliche Basilika mit 3 Schiffen, einer Apsis im Mittelschiff und einem Narthex errichtet. Nördlich davon wurde ein großes Baptisterium mit einem runden Taufbecken und einem Wasserbehälter zum Vorwärmen des Wassers errichtet.

Am Nordwestrand des Dorfes Iráklion, etwa 600 m westlich vom Zeus-Tempel wurde auf dem Hügel Tsoungíza eine Siedlung aufgedeckt, die hier von neolithischer bis in späthelladische Zeit bestanden hat.

11

Phliús

Die Reste der antiken Stadt Phliús (Phleious) sind zwar nicht besonders bedeutend. Ein Abstecher im Anschluß an einen Besuch von Neméa (**10**) ist jedoch wenig zeitraubend und besonders auch dann zu empfehlen, wenn man anschließend weiterfährt zum Stymphalischen See (**7**).

Von Neméa fährt man durch das Dorf Iráklion 5 km weiter bis zu der Landstadt, die früher Ágios Geórgios und heute ebenfalls Neméa heißt. Es gibt hier einfache Hotels. Der Ort liegt in der alten Phliasischen Ebene (300 m ü.d.M.) mit günstigem Klima, in der sich die Quellbäche des Asopós sammeln. Neben sehr viel Wein werden hier Weizen, Mais, aber auch Tabak und Tomaten angebaut.

Das antike Phliús liegt 2 km nordwestlich der Stadt. Von Alt-Neméa kommend durchquert man den Ort auf der Hauptstraße bis zum Westrand, wo man an einer Weggabelung die linke Straße nimmt. 1,8 km weiter zweigt rechts an einer Bildsäule ein Feldweg ab, der nach wenigen 100 m zu dem Ausläufer eines Berges mit einer Kapelle führt. An seinem Fuß liegen die Ausgrabungen.

Man erreicht zunächst ein auf einem Sockel ruhendes Gebäude von 26 × 36 m mit einer umlaufenden dorischen Säulenhalle von 5 × 8 Säulen. Der Innenhof war wahrscheinlich offen. Der Zweck des Gebäudes ist nicht bekannt. Es stammt aus dem 5. Jh. v. Chr., wurde in römischer Zeit zerstört, im 2. Jh. n. Chr. wieder aufgebaut und war bis zum 4. Jh. n. Chr. im Gebrauch. Gewöhnlich wird die Anlage als Agorá gedeutet. – Nördlich von ihr liegt der längliche von Pfeilern gestützte Skenenbau des Theaters. Die Cavea des Theaters ist noch am Berghang zu erkennen. Von den Sitzreihen sind nur wenige Reste am unteren Rand des Theaters zu sehen. – Dort, wo am Westhang eine Panagía-Kirche steht, gibt es einige unbedeutende Reste, die man als Asklépios-Heiligtum deutet. Auf der Spitze des Berges lag die von Polygonalmauern umgebene Akropolis, auf der Pausanias einen Tempel der Hébe und einen Tempel der Deméter sah. Aus Phliús stammten Aristías und sein Vater Partínas, die – wie Pausanias berichtet – neben Aischylos die bedeutendsten Satyrstücke gedichtet haben. Dort soll auch ein Omphalos als Nabel der Peloponnes gestanden haben. In der Tat liefen hier im Altertum wichtige Verkehrswege zusammen: von Korinth, Sikyón, Stimfalía, Orchomenós und Mantíneia, schließlich mehrere Wege von Árgos her.

Von Neméa führt in der Mitte des Ortes zunächst nach Süden und dann nach Westen die Straße zum Stymphalischen See (**7**). Am Ortsrand von Neméa erhebt sich links eine Ágios Geórgios-Kirche aus dem 16. Jh. mit zwei Fresken in den Blendbögen: links Ágios Geórgios, rechts Ágios Dimítrios. 2 km südlich von Neméa liegt am Berg die Einsiedelei Polyféngos mit Fresken aus dem 12. Jh.

Argolis

Überblick

Die Argolis ist die bekannteste und am meisten besuchte Landschaft der Peloponnes. Sie erstreckt sich südlich von Korinth, und man erreicht sie gewöhnlich über die Straße, die von Korinth durch das Hügelland von Chiliomódion (**9**) über den niedrigen Paß von Dervenákia führt. Zentrum der Argolis ist die weite Ebene von Árgos, die sich bis zum tief eingeschnittenen gleichnamigen Golf erstreckt. Der größere Teil der Argolis ist eine reich gegliederte nach Südosten sich vorstreckende Halbinsel, die von der übrigen Peloponnes abgesondert ist und sich der Ägäis zuwendet. Von Nauplia nach Epidauros wird dieses Bergland durch die Senke von Ligoúrion durchschnitten. An der Südostspitze sind die Inseln Spétsä, Hydra, Póros und die Halbinsel Méthana vorgelagert. Die Ebene von Argos, im Altertum als »rossenährend« bekannt, ist trotz intensiver Bebauung wasserarm und karg wie auch sonst die ganze Argolis. Homer nannte sie auch die »Vieldurstige«.

Die Argolis ist das Kernland der mykenischen Kultur. Sie war im 2. Jt. v. Chr. dicht mit den Burgen der achäischen Fürsten besetzt. Die Sagen des heroischen Zeitalters der Griechen haben zum großen Teil hier ihren Ursprung. Damals war die Burg von Mykene das Zentrum der Argolis. Als die Dorier um 1100 v. Chr. das Land eroberten, verlagerte sich der Mittelpunkt nach Árgos. Der Osten mit der Landschaft von Epidauros blieb noch lange achäisch. Die kleinen dorischen Herrschaften wurden um 800 v. Chr. von König Pheidon von Árgos vereinigt und der gemeinsame Hera-Kult im Heraion von Árgos gegründet. Árgos stand jahrhundertelang im Gegensatz zu Sparta: Hauptstreitgegenstand war die Kynoría, die Landschaft am Südufer des Golfs von Árgos. Dabei stand Árgos mehrfach im Bund mit Athen und schloß sich so auch, anders als Sparta, den neuen gesellschaftlichen und kulturellen Entwicklungen an, die zum klassischen Zeitalter Griechenlands führten. Árgos, das um 500 v. Chr. endgültig staatlich geeinigt wurde, dehnte seine Herrschaft bis nach Neméa aus und erlebte im 5. Jh. v. Chr. ähnlich wie Athen eine hohe kulturelle Blüte. Den Peloponnesischen Krieg führte Árgos auf der Seite Athens und erlitt mit diesem die Niederlage gegen Sparta. Anders als Athen konnte sich Árgos nicht mehr erholen und gehörte als relativ bedeutungsloses

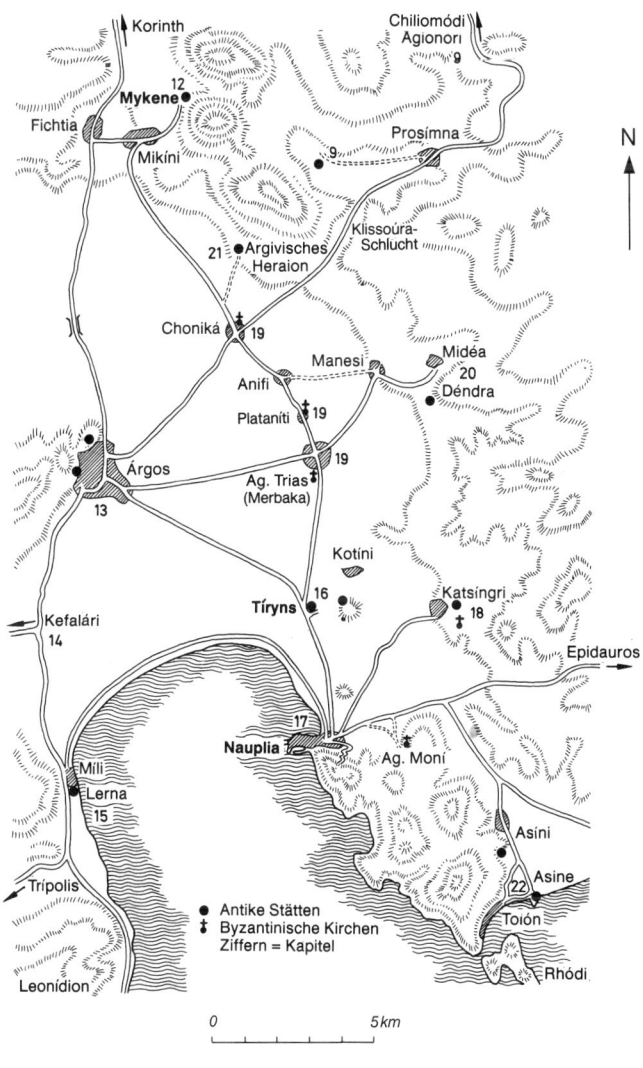

Argolis

Mitglied im 3. Jh. v. Chr. dem Achäischen Bund an. In römischer Zeit konnte nur die Stadt Árgos selbst eine gewisse Blüte verzeichnen. In byzantinischer Zeit war die Argolis offenbar dicht besiedelt. Es entstanden eine Reihe bedeutender ländlicher Kirchen. Größere Bedeutung gewann die Argolis in fränkischer Zeit, als hier einige Baronien und zahlreiche Burgen entstanden. Nauplia war für die Venezianer als Flottenstützpunkt von großer Bedeutung. Nach den Befreiungskriegen wurde Nauplia für einige Jahre die erste Hauptstadt Griechenlands.

Außer über die schon erwähnte Straße von Korinth nach Árgos gibt es als zweite Zufahrt eine gut ausgebaute Straße, die vom Isthmós über Isthmía und Kenchreá (**1**) vorbei am Kloster Agnoúdos (**26**) nach Alt-Epidauros (**25**) und von dort durch die Senke von Ligoúrion (**23**) nach Nauplia (**17**) führt. Zahlreiche Schiffslinien verbinden die Argolis undf ihre Inseln mit Piräus.

Nirgends sind die Sehenswürdigkeiten in der Peloponnes so dicht gelegen wie in der Argolis. Dies und die Verkehrsnähe zu Athen machen die Landschaft zum Zentrum des Fremdenverkehrs. Kommt man zum erstenmal in die Peloponnes, wird man auf jeden Fall die großen und berühmten Orte besichtigen müssen: Die mächtigen Burgen von Mykene (**12**) und Tíryns (**16**), das herrliche Theater von Epidauros (**24**) und die Bauten seines Heiligtums, um nur die wichtigsten zu nennen. Als Standort bietet sich Nauplia (**17**) an, eine reizvolle kleine Stadt mit einem guten Hotelangebot am Fuße der mächtigen venezianischen Festung Palamidi. Auch die alte Stadt Árgos (**13**), der Verkehrsmittelpunkt der Landschaft, der von eiligen Reisenden oft nur durchfahren wird, lohnt einen Besuch mit den Ausgrabungen rund um das Theater, der Festung Lárissa und einem guten kleinen Museum. Auch in Nauplia und Epidauros gibt es besuchenswerte Museen.

Bedeutend sind die helladischen Ausgrabungen von Lérna (**15**). Reizvoll ist es schließlich, abseits der großen Touristenwege das im Altertum hochberühmte Heraion (**21**) aufzusuchen und unterwegs einige wichtige mittelbyzantinische Kirchen in Agía Triás, Plataníti und Chonika (**19**) zu besichtigen. Für archäologische Feinschmecker wäre noch hinzuweisen auf die mykenischen Burgen von Midéa (**20**), das griechische Kastell Katsíngri (**18**) auf die merkwürdigen »Pyramiden« von Kefalári (**14**) und Ligoúrion (**23**), auf eine mykenische Brücke am Wege zu dem letztgenannten Ort und schließlich auf die Ausgrabungen bei dem reizvollen kleinen Hafen von Paleá Epídavros (**25**) an der Ostküste. Es bleiben schließlich die Inseln Póros (**29**), Spétsä (**33**) und vor allem das vielbesuchte Hýdra (**34**) mit einer der schönsten und malerischsten Hafenstädte auf den griechischen Inseln. Wer Zeit hat, sollte mit einem Ausflug nach Póros einen Besuch der Halbinsel Méthana (**27**) und von Troizén (**28**) verbinden. An den Südostküsten der Argolis liegen auch einige gute

Argolis

Strände mit zahlreichen Hotels, die sich zu Badeaufenthalten anbieten. Zu nennen sind hier einmal nahe Nauplia die Bucht von Tolón (**22**), an der auch die antike Stadt Asíne liegt, ferner Portochéli und Kósta (**32**) sowie die Küste bei Ermióni (**31**) gegenüber von Hydra.

12

Mykene (Mikíne)

Die bronzezeitliche Burg und Stadt Mykene nebst den gewaltigen Grabanlagen in ihrer Umgebung ist eine der bedeutendsten Ausgrabungen Griechenlands. Nach ihr wurde die »mykenische« Kultur (1600 bis 1100 v. Chr.) benannt. Mykene liegt wenige Kilometer östlich der Hauptstraße von Korinth nach Árgos. Die Straße zweigt beim Dorf Fíchtia, 43 km südlich von Korinth und 9 km nördlich von Árgos ab. Von hier sind es 4 km bis zur Ausgrabung. Unterwegs durchquert man das heutige Dorf Mikíne, das sich mit seinen zahlreichen Restaurants, Tavernen und Andenkengeschäften ganz auf den starken Fremdenverkehr eingestellt hat.

2 km hinter dem Dorf erreicht man den Parkplatz am Ende der Straße. Unterwegs passiert man auf der linken Seite das sog. »Schatzhaus des Atréus« (das weiter unten beschrieben wird) und hat einen Blick hinüber zur Burg. Übersieht man einmal den Touristenstrom, ist die einsame Lage im »innersten Winkel der Argolis« in der kargen und rauhen Landschaft der angemessene Hintergrund für das sagenumwobene Mykene.

Sage und Geschichte

Die Mythologie verbindet Mykene mit bedeutenden Gestalten und tragischen Ereignissen, die seit Jahrtausenden Gegenstand von Erzählungen und Dichtungen sind. – Die Überlieferung berichtet, daß in grauer Vorzeit die Argolis von den Pelasgern bewohnt war. Diese wurden von Dánaos unterworfen, der vor seinem Bruder, dem König Aígyptos, aus Afrika geflohen war. Die 50 Töchter des Dánaos, die Danaíden, wurden später gezwungen, die 50 Söhne des Aígyptos zu heiraten, ermordeten diese jedoch in der Hochzeitsnacht. Nur Lynkéus wurde von seiner Gemahlin Hyperméstra verschont. Er wird nach fünfzigjähriger Herrschaft des Dánaos dessen Nachfolger. Sein Sohn Proítos gründet Tíryns, sein Sohn Akrísios Árgos. Da letzterem geweissagt wurde, daß er durch die Hand seines Enkels sterben werde, sperrte er seine Tochter Danáe in ein unterirdisches Verlies, damit diese kein Mann berühre. Zeus jedoch verschaffte sich als Goldregen Einlaß, und aus dieser Verbindung entstand Perséus, der lange und gefahrvolle Züge unternahm und in Thessalien aus Versehen seinen ihm unbekannten Großvater erschlug. In die Heimat zurückgekehrt, gründete er Mykene und baute die Mauern mit Hilfe der Kyklopen. Die Söhne des Perséus mußten die Herrschaft aber an die Pelopíden, die Söhne des Pélops, Atréus und Thyéstes abtreten. Diese, die schon ihren Stiefbruder Chrýsippos umgebracht hatten und deshalb von ihrem Vater Pélops verflucht wurden, verstrickten sich gegenseitig in weitere Untaten, als deren Höhepunkt Atréus die Söhne seines Bruders tötete und sie diesem zum Essen vorsetzte. Thyéstes zeugte mit seiner eigenen Tochter Pelopeía, die mit Atréus verheiratet war, den Knaben Aígisthos, der später den Atréus erschlug. Der Sohn des Atréus, Agamémnon, war der Führer des Zuges der Griechen gegen Troja. Er wurde nach seiner Rückkehr auf Anstiftung seiner Frau Klytaiméstra von Aígisthos ermordet. Oréstes rächte seinen Vater und tötete seine Mutter und Aígisthos. Von den Erinnyen verfolgt, wurde er auf dem Aeropag von Athen von einem Gerichtshof auf Fürsprache Apollons und Athenas freigesprochen. Damit endete der Fluch des Atridengeschlechtes. Dieses mußte später den zurückgekehrten Herakliden weichen. Sie waren die Nachkommen des Herakles, der von seinem Onkel Eurysthéus aus Árgos vertrieben worden war, obwohl sein Vater Zeus ihn als Herr über Mykene bestimmt hatte.

Es ist nicht einfach, den Mythos mit der geschichtlichen Wirklichkeit in Verbindung zu bringen. Aber man weiß heute, daß in den Sagen durchaus geschichtliche Erinnerungen enthalten sind, wenn auch Personen, Geschehnisse und Zeiten frei variiert sind und politische Zusammenhänge in persönlichen Beziehungen dargestellt werden.

Der Hügel von Mykene und seine Umgebung waren bereits im Neolithikum und in frühhelladischer Zeit (3. Jt. v. Chr.) besiedelt. Um 2000 v. Chr. erschienen die Achäer, die nun Mykene in der sog. mittelhelladischen Zeit besiedeln. Eine erste Blüte erlebt Mykene zu Beginn der späthelladischen, der sog. mykenischen Zeit um 1600 v. Chr. Diese Zeit ist vielleicht gleichzusetzen mit der Machtübernahme durch die Pelopiden, obwohl historisch ein solcher Machtwechsel nicht nachweisbar ist. In dieser Zeit beginnen auch die Verbindungen zur minoischen Kultur in Kreta. Aus der Periode zwischen 1600 und 1500 v. Chr. stammen die ersten bedeutenden Königsgräber in den beiden runden Grabbezirken A und B am Westrand des Burghügels. Der Palast aus dieser Zeit, der noch nicht befestigt war, ist verschwunden. Um 1350 v. Chr. erfolgte die erste Befestigung des Berggipfels, von der nur noch geringfügige Spuren zu erkennen sind. 1250 v. Chr. entstand die heutige Befestigung der Akropolis und um 1200 v. Chr. wurde der heute noch sichtbare Palast erbaut. Es ist die Zeit der größten Macht und höchsten Blüte von Mykene. In diese Zeit dürfte auch der Trojanische Krieg fallen, Erinnerung an den Versuch der Mykener, an der kleinasiatischen Küste Fuß zu fassen. Im 12. Jh. v. Chr. werden Stadt und Akropolis mehrfach von Feuersbrünsten, die nicht unbedingt kriegerische Ursache haben müssen, heimgesucht. Kultur und Lebensniveau gehen zurück. Nach einem Brand um 1100 v. Chr. wird die Akropolis verlassen. Im folgenden Jahrhundert wird Mykene von den Doriern erobert. Dieses Ereignis wird mit der Rückkehr der Herakliden gleichgesetzt. In geometrischer Zeit ist die Akropolis wieder bewohnt, und in archaischer Zeit wird auf dem Gipfel ein Tempel errichtet. Im 5. Jh. v. Chr. nehmen die Mykener mit einem kleinen Kontingent von 80 Mann an der Schlacht bei den Thermopylen teil. Bald danach wird Mykene von Árgos erobert und wohl weitgehend zerstört. Im 3. Jh. v. Chr. entsteht in- und außerhalb der Mauern ein neues Dorf, das bis in römische Zeit existiert.

Pausanias schildert Mykene im 2. Jh. n. Chr. nur noch als Ruinenstadt. Er sieht freilich auch das Löwentor und das Atréus-Grab.

Die Geschichte der Ausgrabungen beginnt im 18. und 19. Jh. mit dem Besuch von Schatzsuchern und Reisenden, wie z. B. Lord Elgin. 1841 legt die Griechische Archäologische Gesellschaft das Löwentor, das inzwischen verschüttet war, frei. 1874 beginnt Heinrich Schliemann zu graben. 1876 entdeckt er die Königsgräber im Gräberkreis A und das »Grab der Klytaiméstra«. 1877 legt Stamatákis ein weiteres Königsgrab im Gräberkreis A frei. 1880 bis 1902 deckt die Griechische Archäologische Gesellschaft unter Tsoúntas den Palast und die unterirdische Quelle auf. Von 1919 bis 1966 ist Mykene Arbeitsgebiet der Britischen Schule von Athen (Wace und Taylor). Seit 1952 arbeitet auch wieder die Griechische Archäologische Gesellschaft, zuletzt unter G. Mýlonas in Mykene. – Die Funde aus Mykene sind zum größten Teil im Archäologischen Nationalmuseum in Athen, zu einem kleinen Teil im Museum in Nauplia (**17**) untergebracht.

Rundgang

Der folgende Rundgang führt zunächst zum Eingang des Ausgrabungsgeländes auf die Burg. Danach in das Ausgrabungsgebiet, das rechter Hand vor der Burg liegt. Besonders Interessierte können dann einen Ausflug in die nähere Umgebung zu einer Reihe von Kuppelgräbern machen. Auf jeden Fall muß man sich aber zum Schluß das schon erwähnte Atréus-Grab ansehen.

Der Burghügel von Mykene liegt vor zwei Bergen, von denen er durch Täler getrennt ist. Gegen Südosten liegt der Sára, vor dem die steil abfallende Chávos-Schlucht liegt. Gegen Norden erhebt sich der Ágios Elías, vor dem sich das weniger tiefe Kokorétsa-Tal erstreckt. Nur gegen Westen, von woher sich der Besucher nähert, bietet eine flache Mulde leichten Zugang. So ist auch die Westseite der Burg am stärksten befestigt. Der äußere Mauerring umschließt auf einer Länge von 900 m eine etwa dreieckige Fläche von 30 000 qm. Der äußere Mauerring mit einer Stärke von 3 bis 8 m stammt zu wesentlichen Teilen aus der Zeit um 1250, lediglich die Nordmauer gehört der älteren, kleineren Befestigung der oberen Kuppe des Burghügels aus der Zeit um 1350 an. Die Mauer folgt dem natürlichen Geländeverlauf, wodurch die Burg von weitem wie mit dem Felsen verwachsen wirkt. Die Mauern haben, bis auf einige Ausbesserungen in hellenistischer Zeit, die Zeiten seit ihrer Erbauung

unverändert überstanden. Sie geben allerdings nur ein unvollständiges Bild der
einstigen Anlage wieder, da sie an keiner Stelle mehr in voller Höhe erhalten
sind.

Mauer

Der größte Teil der Mauer ist aus »kyklopischen«, nur grob behauenen
Felsblöcken ohne Mörtel, zum Teil unter Ausfüllung der Fugen mit kleinen
Steinen, zusammengesetzt. Dieses Mauerwerk sieht man z. B. an der Nordseite der links vom Löwentor liegenden Bastion. An einigen Stellen der Mauer,
etwa am Nordtor und vor allem am Löwentor, besteht die Mauer aus großen,
regelmäßig zugeschnittenen Blöcken, die in Reihen, ähnlich isodomischem
Mauerwerk, angeordnet sind. Ein dritter Mauerverband besteht aus auffallend
kleinen Steinen, z. B. an der Außenseite der rechts vom Löwentor vorspringenden Bastion und auch weiter östlich an verschiedenen Stellen der Südwest-
mauer. An diesen Stellen wurden die Breschen der alten Kyklopenmauer, die
468 v. Chr. durch die Zerstörung der Burg durch die Argiver entstanden
waren, im 3. Jh. v. Chr. ausgebessert.

Löwentor (1)

Das Löwentor ist der Haupteingang der Burg. Es wurde etwa 1250 v. Chr. (SH
III B) erbaut. Das Tor ist durch einen Zwinger geschützt, der durch die rechte
vorspringende Mauer gebildet wird. Angreifer mußten den Verteidigern, die
auf dieser Mauer standen, die rechte schildlose Seite darbieten.
Den Rahmen des Tores bilden vier gewaltige Steine aus einheimischem Kon-
glomerat. Die Seitenwangen sind nach innen leicht geneigt. Das Tor wurde,
wie Einlassungen in Steinen zeigen, durch zwei hölzerne Flügel verschlossen
und mit einem Querbalken gesichert. Ob die rinnenartigen Spuren in der
Schwelle Wagenspuren sind, ist umstritten.
Bemerkenswert ist das Löwentor aber wegen seines Tympanons, womit es
zum wohl bedeutendsten Denkmal des prähistorischen Griechenlands wird.
Architektonisch hat das Tympanon die Funktion, das von der Mauer ausge-
sparte Entlastungsdreieck über dem Tor auszufüllen. Von besonderem Interesse ist die Darstellung zweier löwenartiger Tiere, die, mit ihren Vorderbeinen
auf einem Sockel stehend, eine Säule flankieren. Die Tiere werden teilweise als
Greifen oder Sphyngen, denen dann freilich die Flügel fehlen würden, gedeutet. Wahrscheinlich sind es aber Löwen, wenn man auch mangels der Köpfe
nicht weiß, ob sie männlichen oder weiblichen Geschlechts waren. Die Köpfe
waren, wie die Dübellöcher am Hals zeigen, gesondert aufgesetzt, vermutlich
aus anderem Material. Wegen des geringen Raumes im Giebeldreieck nimmt
man an, daß die Köpfe dem Eintretenden zugewandt waren. Aus anderen
minoischen und mykenischen Werken, vor allem der Kleinkunst, weiß man,

Burg von Mykene

daß die Sockel, auf die sich die Tiere stützen, zwei Altäre sind. Die sich nach unten verjüngende Säule und das Kapitell mit zwei Wulsten entsprechen der bekannten minoisch-mykenischen Form. Die vier Kreise über der Deckplatte des Kapitells stellen Balkenköpfe einer Decke dar. Auf der Säule, in der Spitze des Dreiecks, dürften, anderen bekannten Vorbildern folgend, zwei Vögel oder symbolische Stierhörner gestanden haben.

Über die Bedeutung der Darstellung ist viel nachgedacht worden. So wird die Meinung vertreten, das Tympanon stelle das Wappen der Herren von Mykene dar oder ein Kultsymbol. Fest steht, worauf schon der Altar hindeutet, daß die Darstellung religiöse Bezüge hat. Dabei scheint die Säule die entscheidende Rolle zu spielen. Die wohl herrschende Meinung sieht in ihr die Verkörperung einer Gottheit, vielleicht eine Lokalgöttin, vielleicht auch Hera, die häufig mit Löwen zusammen dargestellt wird oder Apollon, der in historischer Zeit oft in Form einer Säule und als Hüter des Tores verehrt wurde. Ziemlich sicher ist jedenfalls, daß die Darstellung schützenden, Unheil abweisenden (apotropäischen) Charakter hatte.

Am Tor gibt es noch einen weiteren Ort, der religiöse Bedeutung gehabt haben muß. Links innerhalb des Tores ist ein kleiner Raum von 1,50 m Höhe und 1,30 m Breite eingelassen (2). Er wird vielfach als Pförtnerloge oder Raum für die Wachhunde gedeutet, dürfte aber eine Kultnische, ein Torheiligtum, gewesen sein. Die Frontmauer des Heiligtums bildete mit der gegenüberliegenden Mauer einen überdachten Raum (3). Eine kleine Zwischenmauer deutet an, daß es ein Treppenhaus war, das auf die Mauerkrone führte. Direkt neben dem Treppenhaus, im Winkel zwischen Mauer und dem großen Gräberrund, gibt es ein Gebäude mit mehreren Räumen (4), das ursprünglich ein Obergeschoß hatte und als Getreidespeicher bezeichnet wird, weil man hier einige Gefäße mit verkohlten Getreidekörnern fand. Wahrscheinlich war es jedoch das Gebäude der Torwache. Keramik aus der letzten Phase der mykenischen Zeit, die man hier fand, gaben dieser Art Keramik die Bezeichnung »Getreidespeicher-Stil«.

Gräberkreis A (5)

Der Gräberkreis, auch Plattenring genannt, gehört zu den großen Sehenswürdigkeiten von Mykene. In ihm wurden auch die bedeutendsten Funde aus mykenischer Zeit gemacht. Es handelt sich um sechs Schachtgräber, zwischen 1600 und 1500 v. Chr. unterhalb der damals kleineren Burg am Ostende des Friedhofes angelegt, der sich bis zum heutigen Parkplatz hinzog. Die Erdaufschüttung über den Gräbern war von einer niedrigen Mauer umschlossen. Als der Mauerring um 1250 erweitert wurde, bezog man die Grabanlage in die Burg ein. Da die Gräber auf diese Weise in ein tiefes Loch zwischen Abhang und Mauer zu liegen kamen, schüttete man das Gräberrund auf und stützte es

durch eine geböschte Mauer. Auf ihr wurden die Gräber mit dem heute noch
sichtbaren Plattenring mit einem Durchmesser von 26 m umgeben. Dieser
besteht aus zwei Reihen senkrecht stehender, 1,50 m hoher Platten, die durch
waagerechte Platten verbunden sind. Zur Unterstützung der Deckplatten
lagen unter ihnen Holzbalken, deren Einschnitte man an den Oberkanten der
senkrecht stehenden Platten noch erkennt. Der Plattenring hatte einen Zugang
vom Löwentor her. So entstand hier ein Kultplatz zur Verehrung der uralten
Königsgräber.
Fünf Schachtgräber grub Heinrich Schliemann 1876 aus. Ein sechstes, gleich
rechts neben dem Eingang, etwas unter dem Plateau liegend, wurde von
Stamatákis ausgegraben. In der unteren Zone der heute offenliegenden
Schachtgräber sieht man die alten Grabmauern, die einst eine mit Stroh und
Ton abgedichtete Holzdecke trugen. Die Mauern in der oberen Zone sind
moderne Stützmauern. In den Gräbern waren insgesamt acht Männer, neun
Frauen und zwei Kinder der königlichen Familie begraben. Die Toten trugen
zum Teil goldene Gesichtsmasken und Gewänder, die mit zahlreichen Rosetten aus Blattgold bedeckt waren. Es fanden sich reiche Grabbeigaben: Waffen
mit Elfenbeingriffen und eingelegten Gold- und Silberverzierungen, Gold-
und Silbergefäße und Schmuck, darunter auch Bernsteinperlen von der Nord-
seeküste. Über den Gräbern standen einst mindestens elf Grabstelen, teilweise
mit Reliefs verziert. Die schönste Stele, die man fand, ist mit einem Netz von
Spiralen und einem Krieger auf einem Streitwagen verziert. Alle diese Funde
sind heute im Saal IV des Archäologischen Nationalmuseums in Athen zu
sehen. Außer den großen Schachtgräbern gab es noch einige kleinere, jüngere
Gräber, von denen die meisten bei der Schliemannschen Grabung zerstört
wurden.

Südost-Quartier (6–10)
Nach Südosten zieht sich anschließend an das Gräberrund entlang der Mauer
ein Viertel mit Häusern aus spätmykenischer Zeit, die jünger als der Plattenring sind, wie das sogenannte »Haus der Kriegervase« (6) zeigt, das direkt an
der Mauer sich den Umrissen des Plattenringes angleicht. Schliemann hielt die
Häuser für Teile des Palastes. Es waren aber zum größten Teil Wohn- und
Lagerhäuser. Neben dem »Haus der Kriegervase« liegt das »Haus an der
Rampe« (7), so genannt nach der danebenliegenden kleinen Rampe (8), die von
der großen Rampe herabführt. Es folgt dann das große »Südhaus« (9). Dahinter liegt eine Gruppe von Heiligtümern (19), wo man einen Altar und einen
Opferstein gefunden hat. Nach Osten schließt das sog. Tsoúntas-Haus an, das
nach seinem Ausgräber benannt ist und ein Wohnhaus mit Kellerräumen war.
Daneben liegt der heute überdachte »Tempel der Idole«, so genannt nach
tönernen Figuren, die heute im Museum in Nauplia zu sehen sind, ebenso wie

einige Fresken, die in benachbarten Häusern gefunden wurden. Das ganze Viertel wurde bis 1100 v. Chr. (SH III C) bewohnt und im 3. Jh. v. Chr. erneut von den Argivern besiedelt.

Vom Gräberrund steigt man zunächst auf modernen Treppenstufen, die anstelle antiker Stufen liegen, über eine breite Rampe (11) aufwärts. Rechts wird diese von einer mykenischen, an der Bergseite durch eine hellenistische Mauer begrenzt. Vom oberen Ende führt die kleine Rampe abwärts zu dem schon beschriebenen Wohnviertel.

Palast (12–24)

Der Palast erstreckte sich auf verschiedenen, durch Stützmauern hergestellten Terrassen. Sein Wohnquartier auf dem Gipfel ist weitgehend durch archaische und hellenistische Bauten unkenntlich geworden. Gut erhalten ist aber der Südflügel mit dem Thronsaal.

Von der großen Rampe her kommend erreicht man die Eingangshalle des Palastes, das Propylon (12). Vor ihm trifft der Weg vom Löwentor her mit dem vom Nordtor (32) zusammen. Das aus zwei von je einer Säule gestützten Hallen bestehende Propylon hatte einen zentralen Durchgang. Dahinter folgte ein enger Weg (13) entlang der westlichen Stützmauer der oberen Terrasse. Gleich links zweigte der Nordkorridor (14) ab, der zu den Gemächern auf dem Gipfel führte. Einige Schritte weiter liegt links das Westportal (15), wo heute noch ein großer, von zwei Mauern flankierter Schwellenstein liegt. Hier beginnt der Südkorridor, der in einem Raum mit einer Eckbank (16) endet, der vor einem Treppenhaus lag. Hinter dem Treppenhaus, etwas höher gelegen, erkennt man einen Raum, der einen Fußboden mit rotgefärbtem Mörtel hatte und als Badezimmer (17) angesehen wird. Hier könnte der Ort gewesen sein, wo Klytaiméstra Agamémnon ermordete.

Unterhalb des Südkorridores und des Badezimmers liegen die Repräsentationsräume des Palastes. Diese erreichte man, wenn man nach dem Westportal durch einen schmalen, gewinkelten Gang rechts abbog. Man kommt zunächst auf den großen Palasthof (18) (12 × 15 m). Der Boden des Hofes bestand aus buntverziertem Mörtel. Nach Süden war der Hof durch eine niedrige Brüstung begrenzt. Von hier hatte man einen weiten Blick ins Tal und in die Argolis. Im Westen des Hofes lagen Räume, die mit dem Großen Treppenhaus (19) (das heute dem Besucher nicht zugänglich ist) in Verbindung standen. Das Treppenhaus stammt aus der Spätzeit des Palastes. Der untere, noch sichtbare Treppenlauf war aus Stein, der obere, zurücklaufende aus Holz hergestellt. Der zweite Treppenabsatz führte über den Treppenanfang hinweg zu einem Vorraum. Dahinter lagen zwei rechteckige Räume, von denen der eine noch erhalten ist. Dieser Raum war wohl nicht, wie ursprünglich angenommen wurde, ein Thronraum, sondern ein Empfangszimmer (20).

An der Ostseite des Hofes liegt das eigentliche Megaron, dessen Südostteil in die Chávos-Schlucht gestürzt war und wieder rekonstruiert worden ist. Man betritt zunächst eine Vorhalle (21), die sog. Aithoúsa, die nach dem Hof hin offen ist und durch zwei Säulen gestützt wurde. Am Fuße der rechten Säule fand man Spuren eines Altars, an der Innenseite der rechten Ante einen Alabasterblock mit beckenartiger Vertiefung und daneben den Sockel eines Thronsitzes. Offensichtlich lag hier ein Heiligtum, vielleicht das Original jenes Säulenheiligtums, dessen Abbild wir vom Tympanon des Löwentores her kennen (so Hiller). Vom anderen Ende der Vorhalle führte ein schmaler Durchgang auf den Südkorridor zum Zimmer mit der Eckbank (16) und zum Treppenhaus.

Durch eine Tür, von der sich die Schwelle mit kleinen viereckigen Vertiefungen an den Rändern, die für hölzerne Türpfosten bestimmt waren, erhalten hat, gelangt man in den Vorraum (22), der ebenfalls einen Fußboden aus farbigem Mörtel hatte. In das Hauptgemach (23) mit den Abmessungen von 11,5 × 13 m führt eine weitere Tür. Dies war der Thronsaal des mykenischen Herrschers. Er war von vier Holzsäulen gestützt, deren Basen man noch sieht. Die Säulen waren mit Bronzeblech beschlagen. Zwischen ihnen lag der große Herd mit 3,70 m Durchmesser. Man muß ihn sich ähnlich vorstellen wie den Herd des Palastes von Epáno Englianós. Die erhaltenen Reste des Herdes sind heute durch Erde abgedeckt. Die Oberfläche bestand, wie in Epáno Englianós, aus bemaltem Mörtel mit Flammenmustern und Spiralen. Man konnte zehn Stuckschichten immer mit dem gleichen Muster übereinander erkennen. In gleicher Weise wie beim Nestor-Palast dürfte der Thron auch hier an der Südseite des Raumes, also rechts, gestanden haben.

Auf dem Gipfel des Burghügels sind, wie schon erwähnt, kaum noch für den Laien identifizierbare Spuren zu erkennen. Man kann aber bei genauem Hinsehen die Fundamente der in Nordsüdrichtung orientierten Tempel (24) aus archaischer und hellenistischer Zeit ausmachen. Die von der Ostrichtung abweichende Orientierung dürfte mit früheren mykenischen Bauten, vielleicht ebenfalls Heiligtümern, in Verbindung stehen. Der Tempel war wahrscheinlich der Athena oder der Hera geweiht.

Ostseite der Burg (25-34)

Steigt man vom Gipfel zum schmaleren Ostteil der Burg hinunter, liegt rechts eine größere Gebäudegruppe, die ebenfalls zum Palast gehörte. Auf beiden Seiten eines langen Ganges gibt es zwei Reihen von Räumen auf verschiedener Höhe, die aufgrund neuerer Grabungen als Werkstätten von Handwerkern und Künstlern erkannt wurden (25). Östlich davon liegt das sog. »Haus der Säulen«, das sich um einen Hof gruppiert, der an zwei Seiten von Säulen umgeben ist (26). Im Nordosten findet man einen größeren Raum, der einem Megaron ähnelt und später von verschiedenen Mauern in kleinere Räume geteilt wurde. Westlich des Hauses führt ein schmaler Gang durch ein Tor, von dem noch eine Schwelle zu erkennen ist, auf einen etwa dreieckigen Platz. An diesem Platz liegen zwei weitere Häuser: an der Ostmauer das sog. »Haus Delta« (27) mit Spuren einer zum Platz hin vorgelagerten Terrasse, an der Nordmauer und von dieser durch einen schmalen Gang getrennt, das »Haus Gamma« (28). Beide Gebäude wurden um 1200 durch Feuer zerstört, aber später wieder aufgebaut.

Von dem dreieckigen Platz nach Osten gehend, überquert man die alte Ostmauer und kommt in eine kleine Vorburg (29). Diese wurde Ende des 12. Jh. v. Chr. zur Sicherung der Wasserversorgung angebaut. Die Quellen zur Versorgung der Burg lagen einige 100 m östlich der Akropolis. Als die Macht der Herren von Mykene unsicherer wurde, leitete man das Wasser von einer 360 m entfernten Quelle unterirdisch in Tonröhren bis zu einer Brunnenstube unterhalb der Vorburg heran. Von der Nordmauer der Vorburg führt ein unterirdischer Gang durch die Mauer und am Hang abwärts (30). Durch Platten gedeckt und mit Erde beworfen, war er für Angreifer von außen unsichtbar. Der zweimal gebrochene, steil abwärts führende Gang hat 101 Stufen. Man kann ihn noch heute bis hinunter zur Brunnenstube begehen. Festes Schuhwerk ist auf dem glitschigen Abstieg zu empfehlen, eine Taschenlampe oder Fackel notwendig. – An der Süd- und an der Nordmauer der Vorburg gibt es je eine schmale Schlupfpforte. Die nördliche wird auch als Kanal gedeutet, die südliche führt auf eine Terrasse vor der Mauer. In der Vorburg befinden sich die Fundamente zweier mykenischer Häuser und eine runde hellenistische Zisterne.

Wenn man zum dreieckigen Platz zurückgeht und der Nordmauer folgt, liegen links eine Reihe von Räumen, die vielleicht Lagerzwecken dienten, wie einige hier gefundene Vorratsgefäße vermuten lassen (31). Die jetzt hier stehenden Gefäße wurden allerdings an anderen Stellen gefunden. – Eine Treppe führt rechts hinunter zum Nordtor (32), das in kleinerem Format die Anlage des Löwentores wiederholt. Auch hier ist eine Mauer als Bastion vorgezogen. Etwas anders als beim Löwentor ist der Türsturz nicht nach oben gewölbt. Im Entlastungsdreieck stehen zwei nicht verzierte Platten mit einem Zwischenraum. Ihre Unterkante ist gewölbt, so daß sie nur mit den Seitenrändern auf die Seitenpfosten drücken. Hinter dem Tor links ist eine Kultnische zu sehen.

Vom Tor kann man entlang der Nordmauer zurück zum Löwentor gehen. Man kommt zu einem größeren Komplex von Häusern (33). Bei diesen sind drei Magazine in die Mauer hineingebaut. Vorbei an dem sogenannten Haus N (34), das aus vier nahezu regelmäßigen, rechteckigen Räumen besteht, gelangt man zurück zum Löwentor. – Man kann aber auch am Nordtor die Burg verlassen und unterhalb der Nordmauer auf einem Weg entlang gehen zum sog. Löwengrab und von dort dann die Besichtigung fortsetzen.

Unterstadt (35–42)

Zwischen dem Löwentor und dem Parkplatz liegt die Nekropole von Mykene. Als sie nicht mehr in Gebrauch war, wurde sie mit anderen Bauten besetzt. Aus dieser Zeit stammt beispielsweise links des Weges, schräg gegenüber dem Kassenhäuschen, ein langgestrecktes Gebäude (35), das als der von Pausanias erwähnte Perseia-Brunnen angesehen wird. Wenig südlich davon liegen im Hang zwei der insgesamt neun großen Kuppelgräber, die bisher in Mykene aufgedeckt wurden.

Die Kuppel- und Tholosgräber sind die aufwendigsten Grabanlagen, die in Mykene gefunden wurden. Sie wurden zwischen 1510 und 1300 v. Chr. für Fürsten und Könige errichtet. Die Entwicklung dieses Grabtyps läßt sich in drei Perioden teilen, von denen es in Mykene je drei Beispiele gibt: In der ersten Periode (1510 bis 1460 v. Chr.) wurde der Dromos, das heißt der Korridor, der zum Grab führte, direkt aus dem Felsen geschnitten und blieb meist unverkleidet. Die Fassade und die Mauern der Tholos bestehen zumeist nur aus Feldsteinen. Der Eingang hat keine Schwelle, einen klobigen, an der Innenseite nicht dem Gewölbe angepaßten Türsturz und kein Entlastungsdreieck. Zu dieser Gruppe gehört das sog. Grab des Aígistos (36), das Grab von Epáno Fournós (44) und das Kyklopen-Grab (46). – Die zweite Gruppe entstand zwischen 1460 und 1400 v. Chr. Hier sind die Wände des Dromos mit geglätteten Feldsteinen verkleidet, die Fassade besteht aus sorgfältig gearbeiteten Bruchsteinen, die Mauer der Tholos aus Feldsteinen, teilweise mit Bruchsteinsockel. Der Türsturz überkragt seitlich die Türpfosten und ist innen dem Gewölbe angepaßt. Darüber ist ein Entlastungsdreieck angebracht. In dieser Art sind das Löwengrab (43), das Panagía-Grab (45) und das Grab von Káto Fournós (48) gebaut. – Die dritte Gruppe von Kuppelgräbern entstand zwischen 1400 und 1300 v. Chr. Dromos, Fassade und Tholos sind fast überall mit sorgfältig gearbeiteten und geschichteten Bruchsteinen hergestellt. Über einem langen, innen dem Gewölbe angepaßten Türsturz liegt ein großes Entlastungsdreieck. Die Fassade ist durch senkrechte Linien gegliedert. Hierzu gehören das Grab der Klytaiméstra (37), das Grab der Genien (bei dem allerdings der Dromos aus Feldsteinen besteht) (47), und vor allem das Schatzhaus des Atréus (50).

Die Namen der beiden Kuppelgräber, die unterhalb der Perseia-Quelle liegen, nämlich das Grab des Aígistos und das der Klytaiméstra, sind modern und ohne Bezug auf archäologische Befunde. Man hat diesen Gräbern ihren Namen aufgrund der Berichte von Pausanias gegeben, der schreibt, daß Aígistos und Klytaiméstra außerhalb der Burgmauern begraben wurden und nicht innerhalb, wie Agamémnon. – Das mehr zur Burg hin gelegene Grab des Aígistos (36) wurde um 1500 v. Chr. erbaut, gehört also zu den ältesten Gräbern dieser Art. Ein 22 m langer Dromos führt zu dem 4,5 m hohen

Eingang und in die Tholos mit einem Durchmesser und einer Höhe von je
13 m. Wohl um 1250 wurde dem schmucklosen Eingang eine dekorative
Fassade vorgesetzt, von der heute noch einige Reste am rechten Türpfosten
erhalten sind. – Das weiter westlich gelegene Grab der Klytaiméstra (37) wurde
um 1200 v. Chr. errichtet. Sein Dromos ist 37 m lang, die Tür 5,40 m hoch,
gekrönt von einem schlanken Entlastungsdreieck. Die Fassade ist mit
Schmuckleisten versehen und mit Skulpturen und Halbsäulen verziert. Die
Türöffnung war mit Flügeltüren verschlossen, deren Zapfenlöcher noch im
Türsturz erhalten sind. Durchmesser und Höhe der Tholos betragen ebenfalls
je etwa 13 m. Die Spitze der Kuppel wurde restauriert. Über dem Grab wurde
in hellenistischer Zeit ein Theater errichtet. Die untere steinerne Sitzreihe
verläuft heute quer über den Dromos. Bei der Restaurierung der Kuppel des
Klytaiméstra-Grabes entdeckte man das Gräberrund B (38), das von dem Grab
angeschnitten wird. Es ist wahrscheinlich etwas älter als das Gräberrund A
hinter dem Löwentor (wahrscheinlich Anfang des 16. Jh. v. Chr.), gleicht
diesem aber in seiner ursprünglichen Form und Größe. In diesem Gräberrund,
das ebenfalls eine königliche Begräbnisstätte war, wurden 14 Schachtgräber
und 12 flache Gräber gefunden. Sie waren unberührt und konnten deshalb der
Wissenschaft eine Reihe von Aufschlüssen geben, die im Gräberrund A nach
den Schliemannschen Grabungen nicht mehr möglich waren. Die Funde waren
bedeutend, wenn auch nicht so reich wie im Gräberrund A. Eines der
Schachtgräber, das heute unter einem Schutzdach liegt, wurde im 15. Jh.
v. Chr. neu belegt und in ein aus Platten bestehendes Kammergrab umgebaut.
Südlich vom Gräberrund B, unterhalb der Straße, wurden vier Häuser der
Unterstadt aus dem 13. Jh. v. Chr. ausgegraben. Sie haben nicht sehr lange
bestanden und wurden schon Ende des 13. Jh. v. Chr. durch Feuer zerstört. In
geometrischer Zeit lag hier ein Friedhof, später wurden darüber hellenistische
Gebäude errichtet. Die Häuser lagen auf einer Terrasse entlang eines Weges.
Das nördliche Gebäude, das sog. »Haus der Schilde« (39), genannt nach
kleinen Elfenbeinschilden, die hier gefunden wurden, ist nur im Kellergeschoß
mit zwei langgestreckten Räumen und einem davor quergelegten Raum erhalten. Südlich davon lag eine Treppe, die zur Straße hinunter führte,
getrennt das »Haus des Ölhändlers« (40), sog. nach zahlreichen Ölgefäßen, die
hier gefunden wurden. Der Grundriß des Hauses gleicht dem im Süden
anschließenden »Haus der Sphingen« (41). An einem Mittelgang sind jeweils
Vorratskammern oder Werkstätten angelegt. Westlich des Hauses des Ölhändlers findet man ein weiteres langgestrecktes Gebäude (42) mit einem
steingepflasterten Hof und einem megaronähnlichen Raum. Man nimmt an,
daß alle diese Gebäude nicht nur Wohnzwecken dienten, sondern auch eine
Manufaktur für Salböle beherbergten.

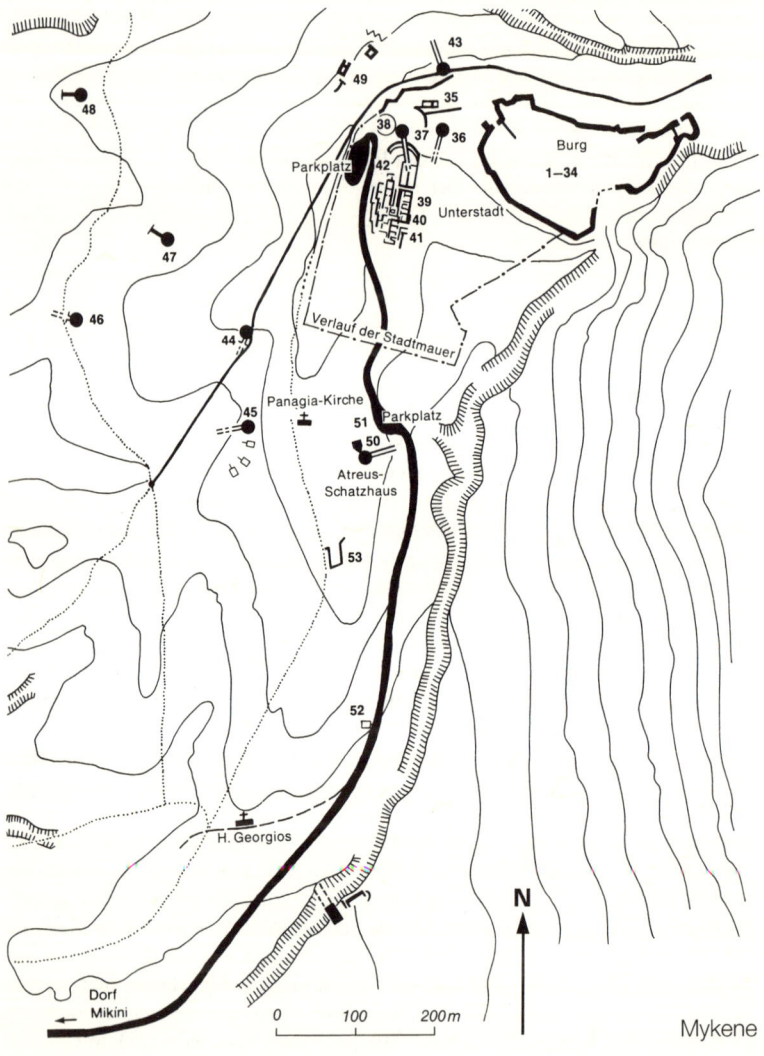

Mykene

Kuppelgräber in der Umgebung (43–49)
Für denjenigen, der etwas Zeit mitbringt und die verschiedenen Typen der
Kuppelgräber näher kennenlernen will, lohnt sich ein Gang von ein bis

eineinhalb Stunden in die Umgegend. Man geht zunächst zurück zum Kassenhäuschen. Etwas rechts davon führt eine Tür durch einen Drahtzaun auf einen Weg. Wendet man sich auf ihm nach rechts, sieht man nach einigen Schritten unterhalb des Weges das Löwengrab (43), dessen Kuppel nicht mehr vorhanden ist. Es entstand um 1450 v. Chr. Der Durchmesser der Tholos beträgt 14 m. Die Wände sind aus geglätteten Feldsteinen, im Torbereich aus behauenen Bruchsteinen hergestellt. Der innere Stein des vierteiligen Türsturzes ist sorgfältig der Rundung angepaßt. Der Eingang ist mit doppelten Schmuckleisten verziert.

Wenn man den Weg zurückgeht und diesem weiter um den Parkplatz herum nach Süden folgt, liegt nach etwa 450 m direkt rechts des Weges das Grab von Epáno Fournós (44), das zur ältesten Gruppe der Kuppelgräber gehört und um 1500 v. Chr. entstand. Seine Kuppel ist ebenfalls nicht mehr erhalten. Die Mauern reichen nur noch bis zur Höhe des Türsturzes. – Geht man von diesem Grab noch einige Schritte weiter den Weg abwärts und hält sich dann nach links nur wenig aufwärtssteigend, so kommt man an einer Terrasse des Hanges zum sog. Panagía-Grab (45), das zwischen 1460 und 1400 v. Chr. entstand. Dieses Grab ähnelt dem Löwengrab. Auch hier ist die Kuppel eingestürzt, die Eingangsfassade durch Schmuckleisten konturiert. Unmittelbar südlich dieses Grabes gibt es einige Kammergräber, die zum Teil während der gesamten mykenischen Epoche immer wieder neu belegt wurden.

Um die übrigen drei Kuppelgräber zu erreichen, geht man zunächst zurück zum Grab von Epáno Fournós (44) und dann genau in westlicher Richtung, etwa rechtwinklig zum Weg, ungefähr 200 m bergabwärts. Dort trifft man auf das Kyklopen-Grab (46), das zur frühen Gruppe der Kuppelgräber gehört. Sein Gewölbe ist ebenfalls nicht mehr erhalten. – Man wendet sich jetzt nach rechts und geht, sich immer auf gleicher Höhe haltend, etwa 160 m am Hang entlang. Man erreicht das Grab der Genien (47), das einschließlich der Kuppel wohlerhalten ist und aus der letzten Zeit der Kuppelgräber stammt. Abweichend vom Typus dieser Zeit bestehen die Mauern des Dromos aus unbearbeiteten Feldsteinen. Das Entlastungsdreieck über der Tür ist noch verkleidet. Im Inneren befinden sich einige gut erhaltene Gräber, die aber – wie alle Kuppelgräber – schon in hellenistischer Zeit ausgeraubt waren. – Das letzte Grab ist das von Káto Fournós (48). Man findet es 250 m weiter in nordwestlicher Richtung am Hang. Das Grab stammt aus der mittleren Phase der Kuppelgräber zwischen 1460 und 1400 v. Chr. – Man geht nun genau in östlicher Richtung 500 m hangaufwärts zum Ausgangspunkt des Rundganges am Löwengrab zurück. Etwa 100 m vor diesem Grab trifft man auf mehrere wenig informative Ruinen: das »Haus des Weinhändlers« auf einer Terrasse mit einer kyklopischen Stützmauer, wenige Mauern des sog. »Pétsas-Hauses« sowie einige hellenistische Terrassenmauern (49). Einige Kilometer nördlich der

Burg wurde ein kleiner Tempel aus hellenistischer Zeit über den Resten eines
früheren Heiligtums ausgegraben, das bis in mykenische Zeit zurückreichen
dürfte.

»Schatzhaus des Atréus« (50)
Es ist das größte und berühmteste Kuppelgrab von Mykene. Der Bau liegt
rechts der Straße 500 m südlich vom Parkplatz. Sein Name (er wird gelegent-
lich auch »Grab des Agamémnon« genannt) geht auf Pausanias zurück, der
berichtet, daß Atréus hier seine Schätze aufbewahrt habe, zweifellos ein
Hinweis auf die reichen Grabbeigaben, die hier schon in der Antike gefunden
wurden. Das Grab ist das jüngste (1300 bis 1250 v. Chr.) und auch prächtigste
Grab von Mykene. Ein 36 m langer und 6 m breiter Dromos führt zum
Eingang des Grabes. Die Seitenwände bestehen aus regelmäßig behauenen
Bruchsteinen. Die Sockelsteine und die Steine am Anfang des Dromos sind
zum Teil von außerordentlicher Größe. Das Eingangstor hat eine Höhe von
5,40 m und eine Breite von 2,70 m. Es verjüngt sich leicht nach oben. Über
dem Türsturz sieht man das 3 m hohe Entlastungsdreieck. Die doppelte
Schmuckkante um das Tor herum ist nur der bescheidene Rest der einst
prächtig geschmückten Fassade. Das Tor wurde von zwei grünen Marmorsäulen flankiert, die Kapitelle in Höhe des Türsturzes trugen. Die Säulen waren
mit Zackenkanten und Spiralmustern verziert. Reste von ihnen sowie ihre
Rekonstruktionen sieht man im Nationalmuseum in Athen. Über den Säulen
standen kleinere Halbsäulen mit bänderartiger Verzierung. Das Entlastungsdreieck war verkleidet und die gesamte Fläche zwischen den Halbsäulen mit
Spiralmustern, Halbrosetten und vielleicht Skulpturen geschmückt. Zwei

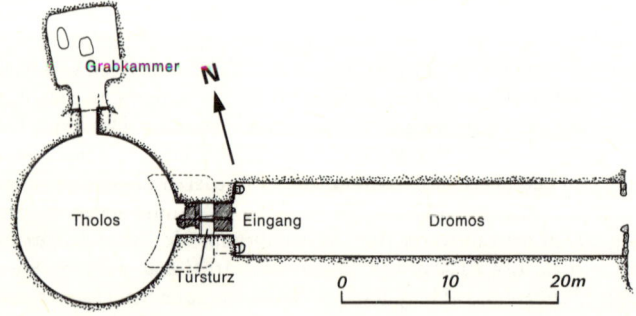

Schatzhaus des Atréus

Türflügel verschlossen die Tür. Möglicherweise gab es davor noch eine Schutzmauer, denn der Dromos war nach Belegung des Grabes mit Erde aufgefüllt worden. Eine niedrige Stützmauer am Anfang des Dromos deutet darauf hin. Der Türsturz besteht aus zwei Teilen. Der innere Teil ist ein gewaltiger Monolith von 9,50 m Länge und 1,20 m Höhe, der im Inneren der Kuppelwölbung angepaßt ist. Sein Gewicht wird auf 120 t geschätzt.

Die Tholos hat einen Durchmesser von 14,5 m und eine Höhe von 13,50 m. Die Steine sind in regelmäßigen Reihen geschichtet. Wie bei allen Kuppelgräbern kragt jeweils der folgende Ring etwas über den darunterliegenden hinaus und bildet so ein unechtes Gewölbe. Ähnlich wie bei dem Kuppelgrab von Orchomenós in Böotien war die Kuppel wahrscheinlich mit Bronzerosetten verziert, wie Befestigungslöcher in den Steinen zeigen. Genau wie dort hat auch dieses Grab auf der rechten Seite eine besondere Grabkammer. Die würfelförmige Kammer mit einer Kantenlänge von 6 m war einst mit Steinplatten ausgekleidet und hatte möglicherweise in der Mitte eine Säule als Stütze der Decke.

Zum Schluß sei noch auf einige Funde in der Umgebung des Schatzhauses hingewiesen:

80 m nördlich vom Grab oberhalb des hier liegenden Parkplatzes gibt es einige Häuser (51) aus der Zeit um 1300 v. Chr. Sie wurden 1230 v. Chr. durch ein Erdbeben zerstört. – Fährt man die Straße vom Grab zurück zum Dorf, findet man nach 300 m rechts ein Kammergrab (52). – Zwischen Atréus-Schatzhaus und Kammergrab gibt es weitere Spuren von Häusern, vor allem das sog. »Bleihaus« (53), das um 1250 v. Chr. durch Brand zerstört wurde.

13

Árgos

Árgos ist mit 20 000 Einwohnern die größte Stadt und der Verkehrsmittelpunkt der Argolis. Sie liegt 48 km südlich von Korinth, 12 km von Nauplia und 61 km von Trípolis entfernt. Árgos ist Bahnstation der Linie Korinth-Trípolis-Kalamáta. (Die Strecke nach Nauplia wird nicht mehr befahren.) Obwohl jeder Besucher der Argolis die Stadt berührt, finden ihre Sehenswürdigkeiten nur verhältnismäßig geringe Beachtung. Dabei lohnt es sich durchaus, die Ausgrabungen rund um das Theater, das Museum, die Festung auf dem steilen Burgberg Lárissa und die Ausgrabungen am Aspís-Hügel zu besuchen.

Die meist niedrigen Häuser von Árgos breiten sich weit über die Ebene aus zu Füßen des steilen kegelförmigen Berges Lárissa (289 m) und des nach Nord-

osten anschließenden flachen Kalkhügels Aspís (80 m). Zwischen beiden
Bergen liegt ein Bergsattel, der im Altertum Deirás hieß. Zum Meer hin, das
von Árgos etwa 5 km entfernt ist, erstreckt sich die regelmäßig angelegte, von
kleinasiatischen Flüchtlingen erbaute Vorstadt Néa Kíos. Mittelpunkt der
Stadt ist der große Platz mit der Ágios Pétros-Kirche, umgeben von Caféhäu-
sern und Geschäften. Ein zweiter Platz nördlich davon beherbergt den Markt.
An der Straße zwischen beiden Plätzen liegt das Museum.

Sage und Geschichte

In gleicher Weise wie bei Mykene beginnt der Mythos von Árgos mit der
Unterwerfung der Urbewohner der Argolis, der Pelasger, durch Dánaos.
Dieser oder sein Enkel Akrísios soll Árgos gegründet haben. Auf letzteren
folgte Megapénthes, der ursprünglich als Sohn des Proítos über Tíryns
herrschte und dieses dann mit Perséus gegen Árgos tauschte. (S. auch Sage und
Geschichte von Mykene (**12**) König von Árgos war auch Ádrastos, der den aus
Theben geflüchteten Polyneíkes aufnahm. Er sammelte das Heer der sieben
argivischen Fürsten und führte dieses gegen Theben, wo er als einziger
überlebender Führer der Argiver entkam. Er flüchtete nach Athen und konnte
mit Hilfe von Théseus die Herausgabe der Gefallenen von Kréon erlangen.
Árgos nahm, wie alle argivischen Städte, am Zug gegen Troja teil. Homer
benutzt die Bezeichnung »Argos« und »Argiver« häufig als Bezeichnung für
alle Peloponnesier oder Griechen und ihr Land.
Archäologische Funde zeigen, daß der Burgberg Lárissa schon in früh- und
mittelhelladischer Zeit und die benachbarte Aspís in mykenischer Zeit besiedelt waren. Vor dem Aufstieg Mykenes dürfte Árgos die beherrschende
Ansiedlung in der Ebene gewesen sein, so daß man vielleicht nicht zu unrecht
behauptet, Árgos sei die älteste Stadt Griechenlands. In mykenischer Zeit trat
die Stadt in ihrer Bedeutung hinter Mykene zurück. Ihr Aufstieg begann mit
der »Rückkehr der Herakliden«. Mit diesem Mythos, der mit dem Einfall der
Dorier in Zusammenhang steht, wurde offensichtlich aus politischen Gründen
versucht, den Anspruch der Einwanderer auf das Land zu begründen. Sagenhafter erster König des neuen Volkes war Témenos, ein Urenkel des Hérakles.
In dieser Zeit erringt Árgos nicht nur die Vorherrschaft in der Argolis, sondern
auch über weite Teile der Peloponnes. Irgendwann in der folgenden Zeit,
wahrscheinlich in der Mitte des 7. Jh. v. Chr., verwandelt Pheidon, ein Nachkomme des Témenos, das Königtum in eine Tyrannis und stoppt das Vordrin-
gen der Spartaner durch die siegreiche Schlacht von Hysiai. Pheidon wird die
Einführung des Münzgeldes in Griechenland zugeschrieben. Im 6. Jh. v. Chr.
kämpft Árgos mit Sparta um die Vorherrschaft in der Peloponnes. Dieser
Kampf wird um die Wende zum 5. Jh. v. Chr. zugunsten der Spartaner in der

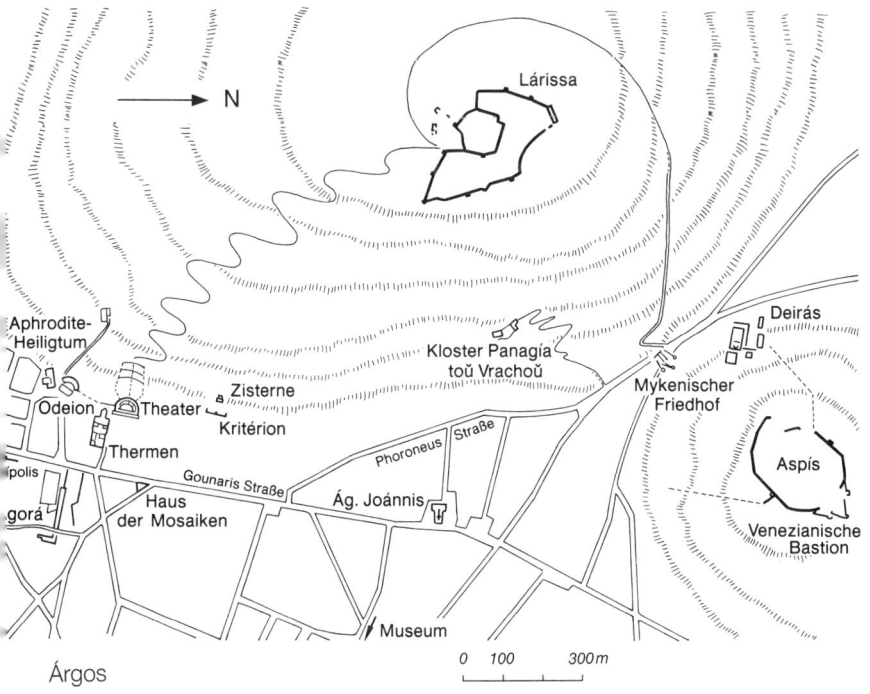

N

Lárissa

Aphrodite-
Heiligtum

Kloster Panagía
toũ Vrachoũ

Deirás

Zisterne

Odeion

Theater

Kritérion

Mykenischer
Friedhof

Thermen

ipolis

Gounaris Straße

Phoroneus Straße

Aspís

gorá

Haus
der Mosaiken

Ág. Joánnis

Venezianische
Bastion

Museum

Árgos

0   100   300 m

Schlacht von Sepeia entschieden. Aus dem Gegensatz zu Sparta beteiligt sich
Árgos nicht an den Perserkriegen. Die Stadt festigt kurz darauf ihre Vorherr-
schaft in der Argolis durch die Eroberung von Tíryns und Mykene, erringt 460
v. Chr. nochmals einen Sieg über Sparta bei Oínoe und schließt dann mit
seinem Erzgegner einen 30jährigen Frieden. Politisch lehnt sich Árgos an
Athen an, kämpft im Peloponnesischen Krieg wiederum gegen Sparta und
verliert 418 v. Chr. die Schlacht von Mantíneia. Im Bereich der Kunst erlebt
Árgos in dieser Zeit eine hohe Blüte, die vor allem mit der Bildhauerschule des
Polyklet verbunden ist.
Ende des 4. Jh. v. Chr. wird Árgos nacheinander von den Diadochen Kassan-
der und Demetrios I. und schließlich 272 v. Chr. von Pyrrhos I. erobert, der
aber in Árgos im Straßenkampf fällt. 229 v. Chr. trat Árgos dem Achäischen
Bund bei. 145 v. Chr. wird die Stadt römisch und erlebt eine wirtschaftliche
Blütezeit. 395 n. Chr. wurde Árgos von den Goten zerstört, aber bald wieder

aufgebaut. Seit byzantinischer Zeit ist Árgos ohne politische oder wirtschaftliche Bedeutung. Allerdings ist die Küste wegen ihrer Salzfelder beispielsweise für Venedig wichtig. Nur die Festung auf der Lárissa dient den verschiedenen Eroberern als wichtigster Stützpunkt in der Argolis. 1822 verteidigen Ypsilánti und Kolokotrónis die Burg gegen die Türken. 1821 und nochmals 1829 ist das antike Theater von Árgos Ort der griechischen Nationalversammlung. Die Ausgrabungen in Árgos wurden im wesentlichen von der Französischen Archäologischen Schule durchgeführt.

Museum

Das Museum befindet sich in der Ólgas nahe der Platía Ágios Pétros. Das moderne Gebäude lehnt sich an das klassizistische Kallérghi-Haus an, das in das Museum einbezogen ist.

Eingangshalle
Zwei große eiförmige geometrische Gefäße, Mitte des 8. v. Chr., auf drei henkelförmigen Füßen, mit zahlreichen geometrischen Mustern, die in vielen Einzelfeldern eine verhältnismäßig starke vertikale Gliederung aufweisen. Unter den Henkeln des rechten Gefäßes Ringkämpfer, möglicherweise eine mythologische Szene darstellend.

Kleiner Saal
Grabbeigaben aus Árgos und Umgebung, vor allem Terrakotten und Gebrauchsgegenstände aus mittelhelladischer, mykenischer und protogeometrischer Zeit (2000 bis 900 v. Chr.).

Großer Saal
Funde aus geometrischer bis in klassische Zeit 900 bis 350 v. Chr. – Links einige gewaltige Grabpithoi. Besonderes Prunkstück in der Mitte des Saales ist eine Rüstung aus Bronze aus spätgeometrischer Zeit (Ende 7. Jh. v. Chr.) aus einem Grab in Árgos. Brust- und Rückenpanzer haben eine den Körperformen folgende Verzierung. Der aus zwei Teilen geschmiedete konische Helm ist mit Wangenklappen und einer hufeisenförmigen Helmzier, die mit Pferdehaaren geschmückt war, versehen. – In Vitrine 8 sind besonders interessant zwei Stützen für Bratspieße in Form von Schiffen aus dem späten 8 Jh. v. Chr. Zwischen ihnen und in Virtrine 9 sieht man einige solche Bratspieße, die allerdings wahrscheinlich die Funktion von Geld gehabt haben. Solches »Gerätegeld«, schon aus homerischer Zeit bekannt, ist gerade für die Peloponnes typisch und blieb dort unter dem Einfluß Spartas bis weit nach Einführung des Münzgeldes in Griechenland in Gebrauch. Die Spieße (griechisch: 'οβελός,

'οβελίσκος) gaben der späteren Kleinmünze, dem Obol, den Namen. Auch die
Drachme leitet sich über »δραττεσθαι« (= greifen) von diesem Wort ab. Weil
man sechs Bratspieße mit der Hand greifen konnte, hatte auch die Drachme 6
Obole. – In Vitrine 12 ist besonders sehenswert das Fragment eines Tonkraters
aus der Mitte des 7. Jh. v. Chr. Im Gegensatz zu der nur flüchtig ausgemalten
Zackenkante steht die lebendige Darstellung der Blendung des auf einem
Felsen liegenden Polyphéms durch Odysseus und seine Gefährten. – Aus
geometrischer Zeit sind im Saal noch eine ganze Reihe interessanter Gefäße zu
betrachten. Aus archaischer Zeit stammt ein Schildkrötenpanzer in Vitrine 13,
der als Klangkörper für eine Lyra diente. – In Vitrine 14, oben, wird ein Krater
aus klassischer Zeit aufbewahrt, der im 2. Viertel des 5. Jh v. Chr. im streng
-rotfigurigen Stil von dem attischen Vasenmaler Hermonax, einem Schüler des
»Berliner Malers«, bemalt wurde. Dargestellt ist die Tötung des Minotauros
durch Théseus in Gegenwart von Ariádne.

Obergeschoß des Kallérghi-Hauses
In diesem Saal sind ein einfaches Mosaik sowie eine Anzahl von Statuen,
Büsten und Reliefs aus hellenistischer und römischer Zeit zu sehen. Sie
stammen zum größten Teil aus Árgos und sind teilweise Kopien klassischer
Originale.

Untergeschoß des Kallérghi-Hauses
Hier sind in einer geschlossenen Sammlung die Funde der prähistorischen
Ausgrabung von Lérna (**15**), (s. dort auch zur Chronologie) ausgestellt. Im
Gang Pithoi aus mittelhelladischer und geometrischer Zeit. – Im Raum links
beginnend: In der ersten Vitrine Funde aus neolithischer Zeit, die ältesten im
oberen Fach (Lérna I). – In der kleinen Vitrine daneben eine bemerkenswerte
weibliche Tonfigur, etwa aus der Mitte des 4. Jt. v. Chr. (Lérna II). – Unter
dem Mittelfenster ein Vorratsgefäß aus der ersten Hälfte des 2. Jt. v. Chr.
(Lérna V). – In der anschließenden Vitrine frühhelladische Funde aus der Mitte
des 3. Jt. v. Chr. z. B. typische Schnabelgefäße (Lérna III). Aus der gleichen
Zeit stammt der mit einer Vertiefung versehene und einer Zickzackkante
verzierte Herd in der Mitte des Raumes, der wahrscheinlich kultischen Zwek-
ken diente. Ebenfalls aus dieser Zeit stammen die Funde in der Vitrine an der
Rückwand, darunter Dachziegel und Siegelabdrücke aus dem »Haus der
Ziegel«. – In der letzten frühhelladischen Phase um 2000 v. Chr. (Lérna IV)
sind ein großer Krug mit drei Ausgüssen sowie die Funde in der kleinen Vitrine
dahinter entstanden. – In den Vitrinen an der rechten Wand sieht man Funde
aus mittelhelladischer Zeit (Lérna V und VI), die bis zum Beginn der mykenischen Zeit um 1600 v. Chr. datiert werden. – In der letzten Vitrine gibt es auch
einige geometrische und klassische Funde.

Im Garten des Museums sind Architekturteile und Skulpturen aus Árgos und
Umgebung zu besichtigen, in der offenen Halle spätrömische Mosaiken aus
einem Haus in der Gounáris, die einen Festzug des Diónysos, Jagdszenen mit
Falken und Hunden sowie Darstellungen der Jahreszeiten zeigen.

Agorá, Thermen, Theater

Am Fuß des Lárissa-Berges am Stadtrand beiderseits der Gounáris, die nach
Trípolis führt, wurden die Reste der antiken Stadt ausgegraben, deren wichtigste Bauten Teile der Agorá, die Thermen, das Theater und das Odeion sind.

Agorá

Die Reste der Agorá liegen östlich, d. h. links der Gounáris, wenn man in
Richtung Trípolis geht. Direkt an der Straße erkennt man einen quadratischen
Bau (1) von 32 m Seitenlänge, dessen Dach von 16 ionischen Innensäulen, von
denen sich einige Basen erhalten haben, gestützt wurde. Das Gebäude erinnert
an das Rathaus des Achäischen Bundes in Sikión (5). Man nimmt deshalb an,
daß es das Bouleuterion von Árgos war. Der Eingang des Gebäudes lag im
Osten und führte auf die Agora. An der Südostecke des Bouleuterions schließt
nach Süden hin eine nach der Agora hin offene Säulenhalle (2) von 83,45 m
Länge und 5,60 m Breite an. Am Ostende der Halle gibt es einen Flügel nach
Süden. Möglicherweise lag am Nordende der Halle ein gleicher Flügel, so daß
die Hallen einen umschlossenen Raum, vielleicht eine Palästra bildeten, der sie
jedoch ihre gemauerten Rückseiten und nicht die offenen Säulenstellungen
zuwandten. Von der klassischen Agorá bieten diese Reste nur eine sehr
unvollkommene Vorstellung. Pausanias berichtet von 18 Tempeln und Heiligtümern an der Agorá, deren bedeutendstes das Heiligtum des Apollon Lýkios
war, dessen ursprünglicher Tempel, geschmückt mit Holzbildern aus Ägypten, ein Weihegeschenk des Dánaos gewesen sein soll. – Nach dem Einfall der
Goten 395 n. Chr. wurden an Stelle des Bouleuterions Bäder und in der Stoa
Läden mit Backsteinarkaden eingerichtet. – Gegenüber der Stoa in der Mitte
der einstigen Agorá entstand in römischer Zeit ein tholosförmiges Nymphaeum, dessen Dach von 8 korinthischen Säulen getragen wurde. Im Inneren
befand sich das Quellheiligtum. – Bei den Ausgrabungen der Agorá stieß man
auf einen Friedhof aus geometrischer Zeit.

Thermen

Jenseits der Gounáris betritt man das Hauptausgrabungsgelände. Hier fallen
vor allem die beachtlichen Überreste der römischen Thermen ins Auge, die zu
Beginn des 2. Jh. n. Chr. errichtet und im 4. Jh. erneuert wurden. Der Eingang

Ausgrabungen in Árgos

zu den Thermen lag zur Bergseite hin, dort, wo ein Ziegelbau (3) in den Abmessungen von 23 × 10,60 m noch in großer Höhe wahrscheinlich deshalb erhalten ist, weil er in christlicher Zeit als Kirche benutzt wurde. Dieser Teil des Gebäudes hatte eine Apsis und eine noch im Ansatz erkennbare gewölbte Kassettendecke. Wahrscheinlich war es ein Heróon, wie eine Bank in der Apsis zur Aufstellung einer Statue und eine darunter liegende Krypta mit drei aus Stein gehauenen Sarkophagen vermuten läßt. – Vor diesem Gebäude liegt die eigentliche Eingangshalle (4) und östlich davon der Auskleideraum (Apodyterium) (5) mit umlaufenden Ziegelbänken. Zwei Türen führen durch je einen kleineren Raum in das Kaltbad (Frigidarium) (6), in dem es drei Wasserbecken gab, von denen das südliche noch sichtbar ist. Durch einen kleinen ungeheizten Raum gelangte man nach rechts in das Warmbad (Caldarium) (7), das mit einer Apsis und einer unterirdischen Heizanlage (Hypokaustum) versehen war. Diese typisch römische Heizung bestand aus einem auf kleinen Ziegelsäulen ruhenden Fußboden, unter dem die Warmluft hinstrich und an den Wänden, in denen Ziegelrohre verlegt waren, aufsteigen konnte. Zwei weitere Caldarien, die mit Marmor verkleidet waren, schließen sich nach Osten an und waren ebenfalls vom Vorraum aus zugänglich (8, 9). Beim Wiederaufbau nach der Zerstörung durch die Goten wurden die Caldarien in kleine Baderäume unterteilt. An den Langseiten der Thermen gab es beim alten Gebäude zwei Säulenhallen, die mit Statuen geschmückt waren. Sie wurden beim Goteneinfall zerstört. Die Figuren fanden sich im Schutt unter dem wiederaufgebauten Gebäude.

Theater

Das Theater, dessen 81 Sitzreihen zum großen Teil aus dem Felsen des Lárissa-Berges herausgearbeitet sind, wurde Ende des 4./Anfang des 3. Jh. v. Chr. erbaut. Die Seitenflügel waren durch künstliche Erdaufschüttungen hergestellt, die heute verschwunden sind. Fünf Treppenaufgänge, von denen nur drei an der Orchestra beginnen, teilen die Cavea in sechs Keile. Je ein Umgang (Diazoma) verläuft hinter der vierten (19) und der 65. Reihe (11). Hinter der 49. Reihe (12) verläuft ein Wasserkanal, der das vom Berg herabkommende Regenwasser ableitete. Die ersten Reihen an der Orchestra, die sog. Prohedrie, waren mit Marmorsitzen für Ehrengäste ausgestattet. Die Orchestra hat einen Durchmesser von 26 m. In ihrer Mitte war ursprünglich ein Opferstein. Man fand hier die Basis eines Denkmals aus der Zeit Kaiser Gratians (367–383 n. Chr.). Von den Seiten her war die Orchestra zwischen Sitzreihen und Bühne durch Zugänge, die sog. Parodoi (13), zu erreichen. Hinter der Orchestra lag in griechischer Zeit das mit einer dorischen Säulenhalle versehene Skenengebäude (14). In römischer Zeit, und zwar im 2. und Ende des 4. Jh. n. Chr., wurde die griechische Skene abgetragen und durch einen marmorverkleideten Ziegelbau ersetzt. Dessen Reste hat man bis auf eine mit Nischen und seitlichen Treppen versehene Wand (15), die die griechische Orchestra schneidet, zugunsten der griechischen Fundamente entfernt. Unter dem griechischen Skenengebäude gab es einen unterirdischen Gang, der zur Orchestra führte und für den Auftritt unterirdischer Wesen diente. Die Orchestra wurde im 4. Jh. der Zeit entsprechend in ein marmorverkleidetes Wasserbecken zur Aufführung von Seeschlachten (Naumachien) umgestaltet.

Odeion

100 m südlich vom Theater liegt ebenfalls am Hang das Odeion. Auf dem Weg dorthin folgt man dem Verlauf eines Aquäduktes (16), der zur Wasserversor-

gung des Theaters und der Thermen diente. Vom Odeion (17), einem kleinen halbkreisförmigen Bau mit einem Bühnengebäude, sind noch etwa die Hälfte der ursprünglich vorhandenen Sitzreihen zu erkennen. Das Gebäude wurde im 1. Jh. n. Chr. errichtet und im 3. Jh. erneuert. Es war mit einem Dach versehen und diente der Aufführung von Musikdarbietungen. Das Odeion liegt an der Stelle einer sehr viel älteren Anlage, die beim Bau des Odeions durch Erdaufschüttungen überdeckt wurde. Man erkennt links und oberhalb des Odeions in etwas abweichender Orientierung etwa 32 gerade verlaufende, von zwei Treppen unterteilte Sitzreihen (18). Sie sind aus dem Felsen gearbeitet und dienten als Versammlungsstätte der Volksversammlung von Árgos. Diese Anlage stammt aus dem 5. Jh. v. Chr.

Am Hang 50 m südlich des Odeions liegt das Aphrodite-Heiligtum. Es war ein von einem Mauerring umgebener kleiner Tempel in den Abmessungen 6,20 m × 13,40 m. Von ihm hat sich der dreistufige Unterbau erhalten. Der Tempel wurde 430 v. Chr. errichtet und erst von den Goten zerstört. Vor dem Tempel lag ein schmaler 6 m langer Altar. Pausanias berichtet, daß in diesem Heiligtum eine Stele der Dichterin Telésilla gestanden habe, wobei dargestellt war, wie sie ihre Bücher aus der Hand legt und einen Helm aufsetzt. Telésilla soll um 500 v. Chr. Árgos vor dem Angriff des spartanischen Königs Kleoménes gerettet haben.

Auf der anderen Seite des Theaters, also nördlich etwas oberhalb am Hang, liegt am Weg, der auf die Lárissa führt, eine archaische polygonale Stützmauer. Die so gebildete Terrasse erreichte man über eine Treppe. Nach Reliefs von Rachegöttinnen, die man hier fand, nimmt man an, daß es sich um das sog. Kriterion, den Gerichtsplatz, handelt, auf welchem Dánaos über seine Tochter Hypernéstra Gericht gehalten haben soll, weil sie gegen den Befehl des Vaters ihren Mann Lynkéus am Leben ließ. Dieses Kriterion war gleich dem Areopag in Athen der älteste Gerichtsplatz von Árgos. Etwas über der Terrasse wurde in römischer Zeit ein Nymphaeum mit einer Zisterne errichtet. Von hier aus verlief eine Wasserleitung, deren Reste noch zu sehen sind, bis zur höher am Hang gelegenen Kirche Panagía toú Vráchou (Jungfrau vom Felsen). Die Kirche ist bequemer vom Sattel der Deirás aus zu erreichen. Sie gehört zu einem Kloster, das während der türkischen Zeit über einer Höhle erbaut wurde, in der die wundertätige Ikone der Panagía gefunden worden sein soll. Möglicherweise steht das Kloster an der Stelle des Heiligtums der Hera Argeia.

Geht man vom Ausgrabungsgelände die Gounáris in Richtung Norden, so liegt gleich rechts an der Ecke der nächsten Querstraße die Stelle des Hauses der Mosaiken, ein Peristyl-Haus aus dem 5. Jh. n. Chr., in dessen Speisesaal die im Hof des Museums ausgestellten Mosaiken mit den allegorischen Monatsdarstellungen gefunden wurden. – Auf verschiedenen Grundstücken links der

Straße kamen in den letzten Jahren weitere Reste des antiken Árgos zum
Vorschein.

Deirás und Aspís

Den Bergsattel der Deirás, der zwischen Lárissa und Aspís liegt, erreicht man
von der Gounáris links abbiegend über die Foronéus. Am Hang der Aspís
wurde eine mykenische Nekropole mit insgesamt 6 Schachtgräbern und 26
Kammergräbern aus der Zeit vom Ende des 14. bis zum 13. Jh. v. Chr.
gefunden. Die Gräber liegen hinter den oberen Häusern, die sich die Straße
zum Sattel hinaufziehen. 150 m weiter führt rechts aufwärts ein Fahrweg auf
die Aspís, heute nach der auf dem Hügel liegenden Kapelle Ágios Elías
genannt. Der antike Name Aspís (= Schild) stammt von der Form des Berges,
die einem buckligen Rundschild gleicht.

Rechts neben dem aufwärts führenden Weg liegt die interessante Ausgrabung
eines Apollon- und Athena-Heiligtums, das durch Überbauungen und Veränderungen in späterer Zeit etwas kompliziert zu identifizieren ist. – Das
Heiligtum aus dem 5. Jh. v. Chr. lag auf mehreren Terrassen. Die untere
Terrasse bildete einen Hof (1), der im Norden von einer zweigeschossigen
Säulenhalle (2) begrenzt war. Weiter westlich liegt eine tiefe Zisterne (3). An
der Ostseite des Hofes, in dem sich Einarbeitungen für Weihegeschenke,
Statuen und Stelen gefunden haben, steht ein langgestreckter, aus dem Felsen
gearbeiteter Altar (4), der ursprünglich mit Marmorplatten verkleidet war.

Hinter ihm liegt eine
27 m breite Treppe (5)
mit 10 in den Felsen
gearbeiteten Stufen,
die durch Mauern
späterer Gebäude
zum Teil überhaupt
ist. Auf der Terrasse,
zu der die Treppe
führt, dürfte der Tem-
pel des Apollon Py-
thios, auch Deiradió-
tes genannt, gestan-
den haben (6). Von
dem Tempel sind je-
doch keine Spuren üb-
rig geblieben, da hier
im 5. Jh. eine christli-

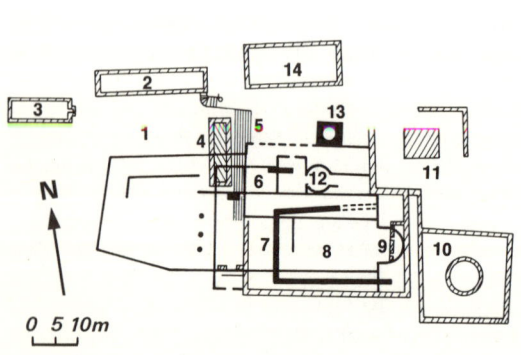

Apollon- und Atheneheiligtum an
der Aspis von Argos

che Basilika entstand, die im 10. Jh. vergrößert wurde. Erhalten sind sowohl die Spuren der ersten kleineren (7), wie auch der dreischiffigen größeren Kirche (8), von der man noch die Apsis mit der Priesterbank (9) erkennt. Die spätere Kirche hatte einen hallenumstandenen Hof auf der unteren Terrasse. Hinter der Kirchenapsis sieht man einen Rundbau (19) mit einer Vertiefung in der Mitte, der als das Heiligtum der Athena Oxyderkes (der klarblickenden Athena) angesehen wird. Weiter links liegt ein rechteckiges Haus (11), in das später eine Zisterne eingebaut wurde, deren Decke 20 Steinpfeiler trugen. Nördlich der Kirche finden sich ein byzantinisches (12) und ein frühchristliches (13) Baptisterium. Noch weiter nördlich ein rechteckiger Bau, der als Orakelstätte (Manteion) (14) gedeutet wird.

Um den Gipfel der Aspís, der auf einem bequemen Fahrweg erreichbar ist, verlaufen die Reste einer Polygonalmauer, die stellenweise auf Fundamenten in kyklopischer Bauweise aufgesetzt sind. Die älteste Siedlung an dieser Stelle stammt aus mittelhelladischer Zeit. In mykenischer Zeit lag hier, wie die kyklopischen Mauerreste zeigen, eine Akropolis. Größere Bedeutung hatte die Aspís aber wohl erst in dorischer Zeit. Die Polygonalmauer ist archaisch. Aus dieser Zeit hat man auch die Fundamente eines Tempels auf dem Hügel gefunden. In hellenistischer Zeit wurde die Mauer mit zwei Türmen an den Stellen verstärkt, wo die Stadtmauer an die Akropolis angeschlossen wurde. Von den Byzantinern wurde die Mauer mehrfach ausgebessert. Die Venezianer erweiterten sie im Nordosten um eine dreiteilige Bastion.

Lárissa

Zum Burgberg, der Lárissa, die heute meist Kástro genannt wird, gelangt man entweder auf einem Fußweg vom Theater aus. Der Weg beginnt an der Ágios Geórgios-Kirche und an einem modernen Wasserreservoir. Ein zweiter Weg führt vom Kloster der Panagía toú Vráchou aufwärts. Für Autos gibt es einen Fahrweg, der hinter der Deirás links aufwärts führt. Unterhalb des Parkplatzes vor der Burg liegt das moderne Kloster Agía Marína. Der Aufstieg zur Burg, die weithin die Argolis beherrscht, ist wegen der Aussicht unbedingt lohnenswert.

Die Burg besteht aus einer sechseckigen Zitadelle, die von einer größeren Außenmauer umgeben ist. In der heutigen Form wurde sie von den Byzantinern im 10. Jh. n. Chr. errichtet. Spuren einer Besiedlung gehen jedoch bis in das 2. Jt. v. Chr. zurück. Im 6. und 5. Jh. v. Chr. war die Lárissa von Mauern umgeben, von denen heute noch Teile sichtbar sind. In dieser Zeit wurden hier zwei Tempel errichtet, der des Zeus Larisáios und der der Athena Pólias. Die Byzantiner bauten die sechseckige Zitadelle auf den antiken Mauern, von denen man an der Nord- und an der Westmauer zum Teil noch erhebliche

Reste erkennt. Die Mauer des 6. Jh. ist in polygonalem, die des 5. in isodomischem Mauerwerk errichtet. Die Herzöge von Athen, die die Burg von 1212
bis 1388 besaßen, verstärkten die Zitadelle durch Türme und errichteten den
äußeren Mauerring, wobei zahlreiche antike und byzantinische Bauteile wieder verwendet wurden. Die Venezianer, denen die Burg zwischen 1394 und
1463 gehörte, verstärkten die Zitadelle im Süden durch eine rechteckige
Bastion. Auch die Türken, die dann von der Burg Besitz nahmen, besserten die
Anlage aus. Die Rundbastion im Westen des äußeren Mauerrings und die
Nordbastion mit zwei Türmen wurde während der 2. venezianischen Periode
zwischen 1686 und 1715 errichtet. In der Zitadelle ist nicht mehr allzuviel zu
sehen. An der Innenseite der Nordmauer liegen neben dem Eingang die Reste
der Burgkapelle. Sie wurde einer Inschrift zufolge 1174 erbaut und war der
Panagía geweiht. Ferner gibt es im Inneren Reste eines Tempels, von dem nicht
feststeht, ob es der Zeus- oder der Athena-Tempel ist.

14

Kefalári

In der Umgebung von Árgos gelegen, ist das Dorf durch eine große Quelle
bekannt. In der Nähe gibt es ein eigenartiges pyramidenförmiges Bauwerk aus
der Antike.
Man erreicht Kefalári, indem man von Árgos in Richtung Trípolis fährt und
nach 5 km rechts abbiegt. Nach weiteren 3 km erreicht man das Dorf, das in
der Antike Cháon hieß, am Fuß eines Kalkplateaus. An einem großen Platz im
Mittelpunkt tritt die Quelle teils oberirdisch, teils unter der Wasseroberfläche
aus dem Berg hervor. In der Antike nahm man an, daß dies die Wasser des
Stymphalischen Sees (**7**) seien, die dort in Katavothren versickern und hier
wieder hervortreten. Die Quelle bildet den nur 5 km langen Erasínos, der bald
darauf im Golf von Nauplia mündet und unterwegs durch Kanäle und
Bewässerungsanlagen die Ebene fruchtbar macht. Oberhalb der Quelle liegt in
der Felswand eine Höhle mit Stalaktiten, die wahrscheinlich früher ebenfalls
ein Wasseraustritt war. Diese und einige andere Höhlen waren dem Pan und
dem Diónysos geweiht. Heute steht hier eine Panagía Kefalariótissa-Kirche.
Die Quelle, die sich an ihrem Austritt zu einem kleinen Teich inmitten des
Dorfes weitet, ist von hohen Platanen umgeben und ein herrlicher Platz zum
Ausruhen.
Links vom Dorfplatz geht eine Straße ab, die sich gleich darauf gabelt. Auf dem
rechten Weg am Hang aufwärts erreicht man nach etwa 2 km bei einer

neuerbauten Kirche links des Weges die sog. Pyramide von Kefalári. Es ist ein merkwürdiges Bauwerk. Auf quadratischem Grundriß erhebt sich der Stumpf einer Pyramide mit außen schrägen, innen senkrechten Wänden und einem Eingang an der Ostseite. Oben werden die Steine durch eine Kante begrenzt, Balkenlöcher zeigen an, daß in dieser Höhe eine Holzdecke eingezogen war. Das Bauwerk, das nach seinem Mauerwerk aus dem 4. Jh. v. Chr. stammen dürfte, wird unterschiedlich gedeutet. Teilweise wird die Pyramide als eines der Polyandrion genannten Gräber angesehen, von denen Pausanias (II, 24, 7) berichtet, daß in ihnen die Argiver 669 v. Chr. nach der Schlacht von Kenchreai ihre Gefallenen beerdigt hätten. Ob Kenchreai hier in der Nähe gelegen hat, ist unbekannt. Nach anderer Ansicht handelt es sich bei dem Bau um den pyramidenförmigen Sockel eines Wachtturmes, wofür die Lage an den Wegen nach Tegéa und Sparta durchaus sprechen könnte. Im übrigen gibt es ein gleichartiges, etwas weniger gut erhaltenes Gebäude an der Straße nach Epidauros bei Ligoúrion (**23**).

15

Lérna

In Lérna beim Dorf Míli, 9 km südlich von Árgos an der Strecke nach Trípolis, liegt die bedeutende Ausgrabung einer Siedlung und eines Fürstensitzes aus vormykenischer, vor allem frühhelladischer Zeit. Von Nauplia (**17**) kann man Míli ohne Umweg über Árgos direkt über die am Golf entlang führende Küstenstraße (ca. 12 km) erreichen. Die Ausgrabung liegt am südlichen Ortsrand von Míli. Wenn man den Ort von Árgos her durchquert, führt links bei einer kleinen Kirche und einer hohen Zypresse ein Weg zwischen Zitronen- und Orangengärten zur Ausgrabung.

Sage und Geschichte

Der Sumpf von Lérna ist berühmt durch die neunköpfige Wasserschlange, die hier hauste und Mensch und Tier in der Árgolis bedrohte. Herakles, der auch diese Landplage beseitigte, versuchte ihr zunächst die Köpfe abzuschlagen, was jedoch mißlang, da für jeden abgeschlagenen Kopf zwei neue wuchsen. Außerdem griff ihn ein Riesenkrebs an, den er mit seinen Füßen zertrat. Schließlich brannte Herakles die Köpfe der Schlange mit Feuer aus. Mit der Galle der Schlange bestrich er künftig seine Pfeile, die dadurch unheilbare Wunden verursachten.

Die Gegend von Míli und Lérna ist sehr wasserreich. Etwa ein Dutzend Quellen entspringen hier am Fuße des nahe an die Küste herantretenden Berges, der im Altertum Pontínos hieß. Einige Quellen entspringen im Norden von Míli, die stärkeren im Süden. Sie bilden den Alkyónischen Sumpfsee, der nach Pausanias im Altertum als unergründlich tief galt. Kaiser Nero soll ein Senkblei mit Seilen von vielen Stadien Länge in den See versenkt haben, ohne auf Grund zu stoßen. Den See soll Diónysos als Einstieg in die Unterwelt benutzt haben, um Seméle heraufzuholen. In Erinnerung hieran fand am See im Altertum ein nächtlicher Diónysos-Kult statt. Pausanias berichtet, daß nördlich vom See der Pontínos-Fluß entsprang. Im Süden des Sees liegt die Quelle des Amymóne-Flusses, genannt nach der Tochter des Dánaos. An seinem Ufer hauste unter einer Platane die Hydra. Hier gab es in klassischer Zeit einen Heiligen Hain mit Statuen der Deméter und des Diónysos. Die Sage von der Tötung der lernäischen Schlange durch Herakles wird im allgemeinen als Versinnbildlichung der Trockenlegung der Sümpfe um Lérna gehalten, wobei in dem Nachwachsen der Köpfe der Schlange das immer wieder erneute Hervorbrechen von Quellen gesehen wird.

Der Platz von Lérna war von der frühen Jungsteinzeit, d. h. vom 6. Jt. v. Chr. bis in hellenistische Zeit besiedelt. Die fruchtbare Ebene mit den reichen Wasservorkommen und das nahe Meer als Fischgrund und Verkehrsweg dürften die wichtigsten Vorteile dieses Standortes gewesen sein. Am bedeutendsten war die Siedlung offenbar in späterer frühhelladischer Zeit von der Mitte bis zum Ende des 3. Jt. v. Chr. In mykenischer und auch in späterer griechischer Zeit hat Lérna dagegen nur geringe Bedeutung gehabt. – Ausgrabungen wurden zuerst 1909 von A. Frickenhaus und W. Müller, dann vor allem 1952 bis 1957 von John L. Caskey von der American School of Classical Studies in Athen vorgenommen.

Rundgang

Gleich hinter dem Eingang des Ausgrabungsgeländes trifft man auf eine Grube, in der das älteste Gebäude von Lérna zu sehen ist (1): ein Haus, das zu einem größeren Gebäudekomplex gehörte. Es stammt aus der mittleren Jungsteinzeit, aus dem 5. bis 4. Jt. v. Chr., die hier als Periode Lérna II bezeichnet wird. (Aus der Periode Lérna I, die das 6. bis 5. Jt. v. Chr. umfaßt, wurden zwar ebenfalls Funde gemacht, die jedoch nicht mehr zu sehen sind.) Zwischen Lérna II und der folgenden Periode Lérna III scheint der Platz längere Zeit unbesiedelt gewesen zu sein. Um die Mitte des 3. Jt. v. Chr. (Lérna III = FH II) entstand hier eine Burg, von der noch erhebliche Reste zu sehen sind. Über dem Steinzeithaus und weiter nach Osten sieht man die Fundamente einer Festungsmauer (2), die wahrscheinlich den ganzen flachen Hügel, auf dem

Lérna liegt, umschloß. Die Befestigung besteht aus zwei parallel verlaufenden Mauern. Der Zwischenraum ist durch Wände in einzelne Räume, Magazine oder Unterkünfte unterteilt. Über den Räumen verlief wahrscheinlich der Wehrgang. Der älteste Teil dieser Mauer, die mehrfach verändert wurde, liegt im abknickenden östlichen Teil (3). Hier befindet sich auch eine Toranlage, bei der man zwei Bauphasen unterscheiden kann. In der früheren Periode wurde der weiter östlich gelegene Turm (4) errichtet, dessen Inneres mit dem dahinter liegenden Raum in Verbindung stand. An der Mauer entlang führt, wahr-

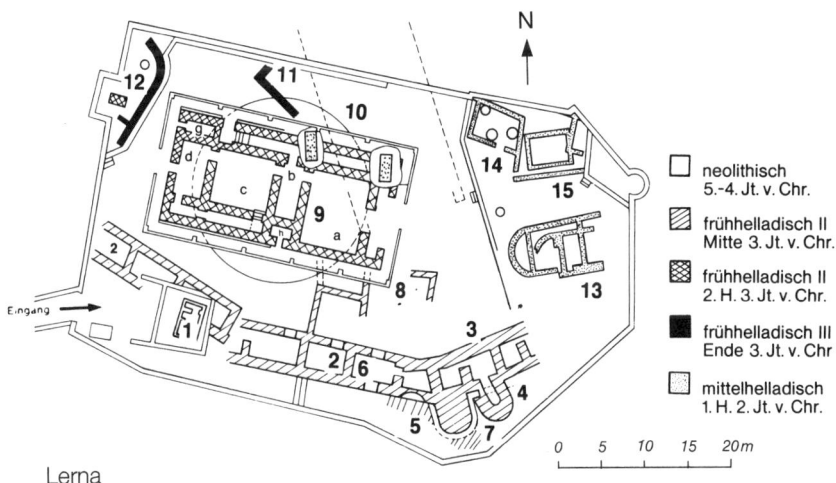

Lerna

neolithisch
5.-4. Jt. v. Chr.

frühhelladisch II
Mitte 3. Jt. v. Chr.

frühhelladisch II
2. H. 3. Jt. v. Chr.

frühhelladisch III
Ende 3. Jt. v. Chr

mittelhelladisch
1. H. 2. Jt. v. Chr.

0   5   10   15   20m

scheinlich vom Meer her kommend, eine Treppe (5) aufwärts zu einem Durchgang in der Mauer (6). In der späteren Periode, nachdem wohl der vorspringende Turm zerstört war, wurde direkt daneben, über der Treppe, das massive Fundament eines ähnlichen Turmes vor die Mauer gesetzt (7). Auf der Bruchsteinmauer sieht man z. T. noch originales Lehmziegelmauerwerk, abgedeckt von modernen Dachziegeln. – Im Inneren der Festung müssen zahlreiche Häuser in dichter Bebauung gelegen haben, von denen man noch wenige Reste (8) zwischen der Mauer und dem modernen Gebäude, das das »Haus der Dachziegel« schützt, sieht. Man fand auch Spuren eines heute nicht mehr sichtbaren großen Gebäudes (gestrichelte Linien auf dem Plan), das etwa senkrecht zu dem abknickenden Mauerteil, teilweise unter dem »Haus der Dachziegel« lag und wahrscheinlich den ersten Palast in Lérna darstellte.

Das bedeutendste Gebäude in Lérna ist das »Haus der Dachziegel« (9), das unter dem modernen Schutzdach liegt. Das Haus war der Sitz eines Fürsten. Es stammt aus der letzten Zeit der Periode Lérna III, als die Mauer und die erwähnten Häuser, die wahrscheinlich durch Brand zerstört wurden, nicht mehr existierten. Das Gebäude hat eine Abmessung von 12 × 25 m. Auf Feldsteinfundamenten erhoben sich Mauern aus ungebrannten Lehmziegeln. Das Dach bestand aus einer Holzkonstruktion und war mit gebrannten Tonziegeln, die schindelartig übereinanderlagen, bedeckt. Diese Ziegel gaben dem Haus den Namen. Ein Teil von ihnen ist aufgeschichtet zwischen den Mauern zu sehen. Im Osten des Hauses liegt der über eine schmale Vorhalle zugängliche Wohnraum (a), hinter ihm drei weitere Räume (b, c, d), wobei der letzte ebenfalls eine Außentür hat. Von Raum b aus ist der Nordkorridor, von Raum d aus der Südkorridor zugänglich. Im Südkorridor führte eine Treppe ins Obergeschoß, dessen Konstruktion nicht bekannt ist. Zwei kleine Räume (g und h) waren offenbar nur von außen her zugänglich. Neben Raum g gibt es einen Eingang, der von außen direkt ins Obergeschoß führte. An der nördlichen und südlichen Außenmauer sind schmale Bänke angebracht. Die Böden der Räume sind aus einer Lehmschicht hergestellt. Ebenfalls sind die Wände teilweise mit Lehm verputzt und im Thronraum mit senkrechten und waagrechten Linien versehen. Als der Palast durch Brand, wahrscheinlich im Rahmen einer größeren Katastrophe, zerstört wurde, war das Haus nach dem Befund der Archäologen noch nicht vollständig fertiggestellt. Nach seiner Zerstörung wurde das Gebäude nicht wieder aufgebaut.

Ende des 3. Jt. v. Chr. (FH III = Lérna IV) lag genau in der Mitte über den Ruinen des Palastes ein großer flacher Tumulus mit einer sorgfältig gesetzten kreisrunden Steinumrandung, die man vor allem noch an der Außenseite im Norden des Schutzgebäudes sieht (10). Der Zweck dieses Tumulus ist unklar. Er gleicht den Grabtumuli dieser Zeit. Irgendwelche Begräbnisstätten konnten jedoch nicht festgestellt werden. Etwas später wurden über dem Tumulus andere Gebäude errichtet, von denen ebenfalls ein Rest an der Nordseite des Ausgrabungsgeländes zu sehen ist (11).

Um die Wende vom 3. zum 2. Jt. v. Chr. entstanden Häuser eines neuen Typs, dessen Charakteristika ein länglicher Grundriß, eine Vorhalle an der einen Seite und eine durch eine Quermauer abgetrennte Apside an der anderen Seite sind. Teile eines solchen Hauses sieht man westlich des »Hauses der Dachziegel« (12). Innerhalb dieses Hauses wurde einige Jahrhunderte später in mittelhelladischer Zeit ein Grab errichtet. Ein weiteres Apsidenhaus (13) vom Ende des 3. Jt. v. Chr. liegt östlich des »Hauses der Dachziegel«. Über ihm wurde etwas höher zwischen 2000 und 1600 v. Chr. ein Haus mit ganz ähnlichem

Grundriß errichtet. Ebenfalls aus mittelhelladischer Zeit (Lérna V) stammen einige rechteckige Gebäude etwas weiter nördlich. Das westliche dieser Häuser war ein Magazin (14), in dem einige Pithoi gefunden wurden. Die beiden östlich gelegenen Häuser (15) entstammen zwei späteren mittelhelladischen Phasen.

Die jüngsten Bauten im Ausgrabungsgebiet sind zwei Schachtgräber, die von einer wesentlich höheren Oberfläche aus zu Beginn der mykenischen Zeit zwischen 1600 und 1500 v. Chr. (SH I = Lérna VI) bis in die Grundmauern des »Hauses der Dachziegel« hineingearbeitet wurden und nach Zeit und Bauart den Schachtgräbern in Mykene entsprechen. – Aus mittel- und spätmykenischer Zeit (Lérna VII) wurden weiter entfernt zum Meer hin Spuren von Gebäuden gefunden. Auch aus späteren Epochen gibt es vereinzelte Funde. Aus geometrischer Zeit stammen Gräber, die 400 m westlich des Ausgrabungsgeländes an den Hängen des Pontínos-Berges gefunden wurden.

Auf dem Gipfel des Pontínos lagen zur Zeit des Pausanias die Reste eines Athena-Tempels. Heute erheben sich dort die Ruinen der einstigen fränkischen Burg Kivéri, die genau wie andere Burgen dieser Art (Árgos, Chlemútsi) in sechseckiger Form erbaut war.

Die Funde der Ausgrabungen von Lérna befinden sich im Museum von Árgos (**13**).

Fährt man von Lérna nach Süden und bleibt auf der Küstenstraße in Richtung Ástros (**49**), biegt also nicht 2 km hinter Míli nach Trípolis ab, erreicht man nach etwa 4 km Kivéri. Dort entspringt vor dem Závitsa-Gebirge an der Anávalos genannten Stelle eine unterseeische Süßwasserquelle. Diese ist durch eine halbrunde Staumauer vom Meer abgegrenzt. Das Wasser wird durch ein Pumpwerk an Land und in die Argolis gepumpt, wo durch Grundwassersenkungen und Eindringen von Meerwasser die Versalzung und Versteppung des Bodens drohte. Die Anlage ist das Werk deutscher Techniker und Unternehmen.

16

Tíryns

Die mykenische Burg von Tíryns mit ihrem Palast gehört zu den bedeutendsten Sehenswürdigkeiten der Argolis und der Peloponnes. Die Burg liegt auf einem niedrigen Hügel 5 km nördlich von Nauplia direkt an der Straße nach Árgos neben der Anlage eines landwirtschaftlichen Gefängnisses. Kleiner als Mykene und weniger großartig gelegen, ist sie für den Besucher wegen ihrer kompakten und überschaubaren Anlage vielleicht doch noch interessanter.

Sage und Geschichte

Tíryns gehört nach der Sage und nach den Ausgrabungsergebnissen zu den ältesten Siedlungsplätzen in der Argolis. Anders als das versteckte Mykene und ähnlich wie Lérna (**15**) erhebt sich der Burghügel von Tíryns inmitten der auch schon im Altertum intensiv landwirtschaftlich genutzten Ebene von Árgos. Das Meer, das heute rund 1700 m entfernt liegt, reichte einst wesentlich näher an den Burghügel heran und spielte sicher für die Besiedlung dieses Platzes sowohl hinsichtlich des Fischfanges wie auch des Verkehrs mit der Ägäis eine wichtige Rolle.

Mit Árgos und Mykene teilt Tíryns seine Mythologie. Gegründet wurde es danach von Proítos, dem Zwillingsbruder von Akrísios, des Königs von Árgos. Schon im Mutterleibe sollen sich die beiden Brüder gestritten haben. Proítos muß vor seinem Bruder an den Hof des lykischen Königs Iobátes fliehen. Später kehrt Proítos mit lykischen Riesen, den Kyklopen, zurück, die ihm die gewaltigen Mauern von Tíryns auftürmen. Die Töchter des Proítos reizen Hera durch ihre Schönheit. Die Göttin verwandelt sie in Kühe und läßt sie wahnsinnig werden. Geheilt worden sein sollen die Töchter entweder durch den Seher Melámpus, der dafür einen Teil von Proítos' Herrschaft verlangte, oder durch Deméter. Vielleicht haben spätere Hera-Priesterinnen sich auf diese Sage bezogen und als Kühe verkleidet, ähnlich wie die »Bärinnen« beim Artemis-Kult in Braurón. Perséus, der Enkel des Akrísios, der auch Mykene gegründet hat, erwirbt später die Herrschaft über Tíryns, indem er mit Megapéntes, dem Sohn des Proítos, dieses gegen Árgos tauscht. Ein Nachfolger des Perséus ist Eurysthéus. Er ist ein Vetter des Herakles, dem eigentlich von seinem Vater Zeus die Herrschaft über Tíryns und die Argolis zugedacht war. Zeus hatte Herakles mit Alkméne in Abwesenheit ihres Gatten Amphitryón in dessen Gestalt gezeugt und dann den Göttern mitgeteilt, daß der demnächst geborene Nachkomme des Perséus Herr über die Argolis werden sollte. Die eifersüchtige Hera verhinderte dies, indem sie zuvor den Eurysthéus, ebenfalls ein Nachkomme des Perséus, von Nikíppe gebären ließ. Von Hera verfolgt, von anderen Göttern, insbesondere von Athena begünstigt, muß Herakles 12 Jahre im Dienste des Eurysthéus seine berühmten Taten vollbringen, die die Menschheit, vor allem die Einwohner der Peloponnes, von vielen Plagen befreiten. Nach vielen anderen ruhmvollen Taten wird Herakles am Ende seines Lebens unter die Olympier aufgenommen und erhält Hebe zur Frau.

Die Nachkommen des Herakles, die Herakleíden, werden weiter von Eurysthéus verfolgt, lassen sich in Attika nieder und versuchen mehrfach in die Peloponnes zurückzukehren. Erst den Urenkeln des Herakles gelingt die Rückkehr. Témenos erhält Árgos, Aristodémos Sparta und Kresphóntes

Messene. Die Rückkehr der Herakleíden wird als mythische Erinnerung an die politischen Umwälzungen im Zusammenhang mit der Einwanderung der dorischen Stämme verstanden. Der Bezug auf die Abstammung von Herakles sollte den Doriern ihren rechtmäßigen Anspruch auf das Land begründen. Die ältesten Funde in Tíryns stammen aus neolithischer Zeit. Allerdings ist der älteste bekannte Siedlungsrest ein Rundbau auf der Burg aus frühhelladischer Zeit (FH II). Aus dieser Zeit muß auch bereits der Name »Tíryns« stammen, der einem vorgriechischen, vielleicht altägäischen Sprachstamm angehört. – Zahlreicher sind die Siedlungsspuren aus mittelhelladischer Zeit (1900 bis 1550 v. Chr.), in der auch bereits ein Palast auf dem Burgberg gestanden haben dürfte. Die erste Befestigung wurde in späthelladischer, d. h. mykenischer Zeit um 1425 v. Chr. (SH II) errichtet. Sie umfaßte im wesentlichen die sog. Oberburg. Von dieser Befestigung ist vor allem noch der südliche Teil erhalten. Die zweite Burg wurde um 1350 v. Chr. errichtet, wobei in einer ersten Phase die Mittelburg im Norden und eine Bastion im Südosten angebaut wurde. In einer zweiten Phase wurde dann an diese Bastion nach Norden anschließend eine neue Eingangsanlage errichtet. Zwischen 1300 und 1230 v. Chr. wurde die Burg erheblich erweitert. Im Süden und Osten entstanden die gewölbten Galerien, im Norden wurde die große ovale Unterburg befestigt. Im Westen baute man die halbrunde Mauer mit einer langen Treppe und einer Schlupfpforte an. Aus dieser dritten und letzten Periode stammt im wesentlichen auch der Palast, dessen Grundmauern in der Oberburg zu sehen sind.

Um 1200 v. Chr. wurde die Burg – wie man heute annimmt – durch ein Erdbeben zerstört. Es folgten die sog. »dunklen Jahrhunderte«, in denen Tíryns aber weiter intensiv besiedelt blieb, die Stadt um die Burg sogar ihre größte Ausdehnung erreichte. In geometrischer Zeit wurde ein Tempel auf der Burg erbaut, vielleicht in Fortführung mykenischer Kulttraditionen. Er war der Hera geweiht und enthielt deren Kultbild, das die Argiver später in das Heraion (**21**) brachten. 479 v. Chr. nahm ein Truppenkontingent an der Schlacht von Plataä gegen die Perser teil. Tíryns stand in dieser Zeit jedoch bereits unter dem politischen Druck von Árgos. 468 v. Chr. wurde die Stadt von den Argivern zerstört. Die Einwohner von Tíryns flohen an die Ostküste der Argolis und gründeten dort beim heutigen Portochéli (**32**) die Stadt Halieis, wo sie sich aber weiter als Tirynthier bezeichneten. Pausanias fand im 2. Jh. n. Chr. Tíryns unbewohnt. In byzantinischer Zeit war Tíryns wieder besiedelt. Auf der Burg befand sich zwischen 950 und 1400 eine Kirche nebst Friedhof.

Die ersten Ausgrabungen in Tíryns wurden 1831 von F. Thiersch durchgeführt. Die eigentliche Aufdeckung von Tíryns ist aber das Werk Heinrich Schliemanns, der 1876 einige Versuchsgrabungen durchführte und dann 1884/

85 zusammen mit seinem Mitarbeiter Wilhelm Dörpfeld die Burg systematisch freilegte. Von 1905 bis 1925 führte das Deutsche Archäologische Institut die Ausgrabungen weiter, zunächst durch Dörpfeld, später durch Georg Karo. Seit 1957 wurden die Mauern vom Griechischen Antikendienst wieder aufgerichtet und seit 1967 gräbt erneut das Deutsche Archäologische Institut in Tíryns, wobei zunächst die Unterstadt zwischen Burg und Straße und in neuerer Zeit die Unterburg erforscht wurden.

Rundgang

Man betritt die Burg über die 4,70 m breite und einst etwa 50 m lange Rampe (1), die der dritten Bauphase angehört. Sie ist so angelegt, daß Angreifer ihre ungedeckte schildlose Seite den Verteidigern auf der Burgmauer zuwenden mußten. Im rechten Winkel wendet man sich zum *Burgtor* (2), das ursprünglich ebenfalls 4,70 m breit war und vermutlich in nachmykenischer Zeit verengt wurde. Der querliegende Gang, auf den man trifft, führt nach links in die Oberburg flankiert von Mauern der 2. Bauphase. Nach rechts führt der Gang in die Unterburg (3), wobei die Außenmauer der dritten, die Innenmauer, die die Mittelburg (4) befestigt, der zweiten Bauphase angehört. – Die *Mauern* der drei Bauphasen unterscheiden sich wie folgt: Die erste Burg wurde aus verhältnismäßig »kleinen« Steinen erbaut, deren Höhe 60 bis 70 cm meist nicht übersteigen. Sie sind sorgfältig in horizontalen Lagen mit wenigen Füllsteinen geschichtet und an der Ansichtsseite gut bearbeitet. Die Mauern der zweiten Burg sind ebenfalls gut bearbeitet, weisen aber auch größere Steine, insbesondere an fortifikatorisch wichtigen Stellen auf. Die horizontale Schichtung wird nicht immer eingehalten. Die gewaltigsten Blöcke, deren schwerste ungefähr 13 t wiegen, wurden bei der dritten Burg verwandt. Sie sind weniger sorgfältig bearbeitet, und es wurden mehr Füllsteine verwendet. Die Steine brach man – was man heute noch erkennen kann – an dem einen Kilometer östlich gelegenen Berg Profítis Ilías.

Wendet man sich vom Außentor nach links zur Oberburg hin, durchquert man einen enger werdenden Gang, der zu einem Tor führt. Dies ist der Zwinger (5) der Burg in ihrer zweiten Bauphase. Angreifer konnten hier nicht nur von rechts, sondern auch von der breiten bastionartigen Außenmauer von links her beschossen werden. Das Tor (6) entspricht in seiner Konstruktion und in den Maßen dem Löwentor von Mykene. Erhalten sind die 4 m lange Schwelle und der rechte 3,20 m hohe Türpfosten. Das 2,80 m breite Tor wurde mit zwei Flügeltüren verschlossen und konnte mit einem Querbalken gesichert werden. Entsprechende Zapfenlöcher finden sich an den Türsteinen. Ähnlich dem Löwentor war der Raum hinter der Tür wahrscheinlich überdeckt bis zu der Stelle, wo der Gang wieder breiter wird. Dort sieht man dann rechts die

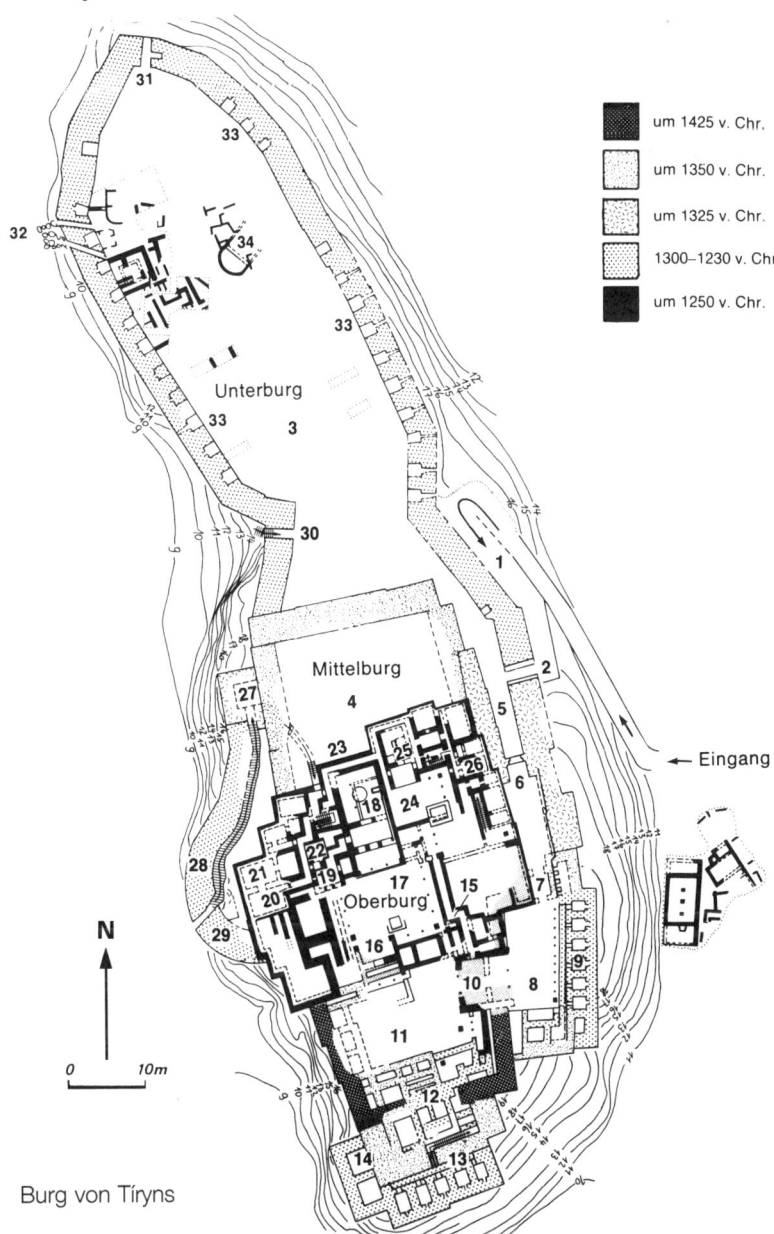

um 1425 v. Chr.

um 1350 v. Chr.

um 1325 v. Chr.

1300–1230 v. Chr.

um 1250 v. Chr.

Unterburg

Mittelburg

Oberburg

Eingang

N

0   10m

Burg von Tíryns

Mauern der ersten, links die der zweiten Burg. Wo sich der Gang wieder verengt, gab es nochmals zwei Tore (7), von denen heute keine Spuren mehr zu sehen sind. Danach springt die rechte Mauer weit zurück und bildet so einen Hof (8). Dieser ist durch Aufschüttungen beim Bau der Zwingeranlage der zweiten Burg, die wir eben durchschritten haben, entstanden. Der Hof war im Osten und wahrscheinlich auch im Süden durch eine Säulenhalle begrenzt. Sie wurde von sich nach unten verjüngenden Holzsäulen der typisch minoisch-mykenischen Form getragen. Vier Säulenbasen haben sich an der Ostseite erhalten. Eine moderne Treppe führt an der Südseite hinunter zur Ostgalerie (9), die unter der Osthalle bei der Erweiterung der dritten Burg entstanden ist.

Diese *Ostgalerie,* ebenso wie die später zu besichtigende Südgalerie (13), gehört zu den imponierendsten architektonischen Leistungen aus mykenischer Zeit. Der Zweck der Galerien mit den vorgelagerten Räumen ist nicht ganz klar. Vermutlich dienten sie fortifikatorischen Zwecken, da der ganze Ausbau der dritten Burg der Verstärkung des Verteidigungssystems diente. Galerien und Seitenräume sind mit sog. falschen Gewölben gedeckt, d. h. mit Steinreihen, bei denen jede über die vorhergehende vorkragt. Das Gewölbe der Galerie ist höher als die der Kammern, so daß sich keine Übergänge ergeben. Die Oberflächen sind sorgfältiger als sonst bei dem Mauerwerk der dritten Burg geglättet. Die zum Teil spiegelglatten Flächen der oberen Zonen sind allerdings durch die spätere Benutzung als Ställe entstanden. Jahrtausendelang haben Schafe mit ihren Fellen die Steine poliert. Der untere Teil der Mauern, wo dies nicht der Fall ist, war zu jener Zeit verschüttet.

Wir kehren zurück zum Hof. Von dort führt ein großes *Propylon* (10) in das Innere der Burg. Es gehört der dritten Bauphase an und liegt an der Stelle des Wehrtores der ersten Burg, von dem es den schmalen Durchgang übernommen hat. Das Propylon besteht aus einer Türwand, der im Osten und Westen je eine Halle mit zwei Säulen und vorspringenden Anten vorgelagert war. Auf der Hofseite im Westen knicken die Anten zu den Säulen hin um.

Der *große Hof* (11), auf den das Propylon führt, war wahrscheinlich ebenfalls von Säulenhallen und im Süden von Räumen und kleinen Höfen umgeben. Der südliche Komplex (12) mit den Mauern verschiedener Bauepochen ist besonders verwirrend. Hier lag in byzantinischer Zeit, umgeben von vielen Gräbern, eine kleine dreischiffige byzantinische Kirche, die bei den Ausgrabungen vollständig abgetragen wurde. – Hier führt auch eine schmale überwölbte Treppe, im rechten Winkel abbiegend, zur 22 m langen Südgalerie (13), die der Konstruktion der Ostgalerie entspricht. Sie hat 5 Kammern und am östlichen Ende eine spitz zulaufende Öffnung. Am Westende schloß ein breiter Turm (14) an, dessen Fundament zwei Räume bildet.

Von der Innenhalle des großen Propylons führt ein zweimal gewinkelter Gang

(15) nach Norden direkt in das sog. *Megaron der Königin*. Daneben geht ein schmaler Durchgang in den Palasthof. Der Haupteingang in diesen Hof führt jedoch durch das kleine Propylon (16), das ebenfalls aus einer Türwand, deren Schwelle noch erhalten ist, und beiderseits vorgelagerten Säulenhallen bestand. Der Palasthof (17) war an drei Seiten von Säulenhallen umgeben. Die Säulenbasen und der Stuckbelag des Hofes sind teilweise erhalten. – Rechts des Propylons genau in der Mittelachse des Hofes liegt ein Altar, der in mykenischer Zeit rund war und in griechischer Zeit, in der er weiter benutzt wurde, rechteckig umbaut wurde.

An der Nordseite des Palasthofes gegenüber dem Altar befindet sich das wichtigste Gebäude der Burg, das *Megaron des Königs* (18). Über zwei flache Stufen betrat man die zwischen Anten liegende, von zwei Säulen gestützte Vorhalle. Diese war wie das ganze Megaron mit einem freskenverzierten Stuckfußboden versehen. Den Sockel der Wände bildeten Alabasterreliefs mit Halbrosetten, die minoischen Schmuckformen folgten. Darüber waren die Wände ebenfalls mit Fresken geschmückt. – Drei Türen führten von der Vorhalle in einen Vorraum. Die Türen konnten mit Holzflügeln verschlossen werden. Beim Öffnen legten sie sich – wie in der minoischen Architektur – in die Vertiefungen der inneren Seiten der Türpfeiler. Der Vorraum war ähnlich geschmückt wie die Vorhalle. An der Westwand führt eine Tür in den Westflügel des Palastes. – Durch eine breite Mitteltür betritt man den Hauptraum des Megarons, der 9,80 m breit und 11,80 m lang ist. Vier Mittelsäulen umstanden einen runden Herd und trugen die Decke mit einer Dachlaterne, durch die Licht einfiel und Rauch abziehen konnte. An der Ostseite stand der Thron des Königs. Der Fußboden war ebenfalls mit einem reichen freskenverzierten Stuckboden versehen. Das Muster bestand aus Quadraten, die abwechselnd mit Rosetten und Delphinpaaren oder Oktopoden verziert waren. Die Wände waren ebenfalls mit Fresken geschmückt.

Im Grundriß des mykenischen Megarons fallen schmalere Mauern eines länglichen Gebäudes auf, das in der Breite nur 2/3 des Megarons einnimmt. Es orientiert sich deutlich an dem mykenischen Grundriß. Die Ostmauer folgt der Ostmauer des Megarons, die Westmauer verläuft über den westlichen Türpfeilern und Säulen und die Nordmauer über den nördlichen Säulen des Thronsaales. Es handelt sich um den geometrischen *Hera-Tempel*, der auch in archaischer und möglicherweise noch in klassischer Zeit hier stand. So deutlich wie sonst nirgends zeigt sich hier, daß der griechische Tempel sich aus dem mykenischen Megaron entwickelt und den alten mykenischen Hauskult fortgesetzt hat, wobei das Haus des Königs zum Haus der Gottheit wurde und das Kultbild an die Stelle von Thron und Herd trat.

Der *Westflügel* (19) des Palastes konnte einmal – wie schon erwähnt – durch eine Tür im Vorraum des Megarons, darüber hinaus aber auch durch eine Tür betreten werden, die sich am Nordende der Westhalle des Palasthofes befand. Von dem gewinkelten Korridor, den man durch diese beiden Türen erreicht, führt eine schmale Tür in einen anderen Korridor (20), der mehrfach gewinkelt den Westflügel in zwei Hälften teilt. In der westlichen Hälfte lagen einige große Wohnräume (21), in der östlichen Hälfte ein Treppenhaus, das in ein Obergeschoß oder auf das Dach führte, zwei Lichthöfe sowie ein *Badezimmer* (22). Dieses ist der bei weitem interessanteste Raum, und zwar vor allem wegen seines Fußbodens, der aus einem einzigen riesigen Kalksteinblock von schätzungsweise 20 t Gewicht gebildet wird. Die Verlegung dieses Steinblockes muß wegen der besonderen technischen Schwierigkeiten noch vor Erbauung der übrigen Räume des Palastes geschehen sein. Dem Raum wurde also offensichtlich eine besondere Bedeutung beigemessen, vielleicht war es ein Kultbad. Der Fußboden, der erst nach Verlegung bearbeitet wurde, ist leicht zu einer Abflußrinne geneigt, die das Wasser in den benachbarten Lichthof leitete, von wo es in ein Kanalsystem floß, das nach Süden hin unter dem Palasthof hindurch entwässert wurde. Paarweise angeordnete Zapfenlöcher am Rand der Steinplatte deuten auf hier befestigte Wandverkleidungen hin.

Vom Westflügel führte nördlich des Thronsaales und oberhalb der Mittelburg ein Gang (23) in den Ostflügel. Über ihn erreicht man einen Hof (24), an dessen Nordseite ein zweites kleineres Megaron liegt (25), das gemeinhin als »*Megaron der Königin*« bezeichnet wird. Tatsächlich handelt es sich um das Herrenhaus eines älteren Palastes, vermutlich das der zweiten Burg, das beim Bau des Palastes der dritten Burg in diesen mit einbezogen wurde. Das Megaron hat nur eine einfache Vorhalle, die auch von den Seiten her über Korridore zugänglich war. Der Hauptraum war nicht durch Säulen gestützt, hatte einen viereckigen Herd und ebenfalls an der Ostseite einen Thron. Unter dem Megaron und dem Palasthof wurde ein riesiger Rundbau mit einem Durchmesser von rund 28 m mit mächtigen Fundamenten festgestellt. Das Gebäude stammt aus der frühen Bronzezeit (FH II). Sein Zweck ist unbekannt. Teilweise wurde es als Grab, teilweise als Heiligtum gedeutet. Wahrscheinlicher ist, daß es sich um eine befestigte Palastanlage handelte. Von dieser Ausgrabung ist heute nichts mehr zu sehen.

Der Hof vor dem Megaron war ähnlich wie beim Palasthof von Säulenhallen umgeben. Nördlich und östlich davon liegen an einem Nord-Süd-Korridor eine Reihe von Wohnräumen (26) sowie ein Treppenhaus. Nach Süden schließt sich ein weiterer Hof an. Dieser hatte im Westen eine von zwei Säulen gestützte Halle, von der ein langer zweifach gewinkelter Korridor (15), den wir schon anfangs erwähnten, zurück in die Halle des großen Propylons führt.

Der Palastgrundriß wirkt ähnlich labyrinthisch wie wir dies von minoischen Palastbauten her kennen. Das System des mykenischen Palastbaues kann man gleich dem minoischen als konjunktiv bezeichnen, d. h. um den vorgegebenen

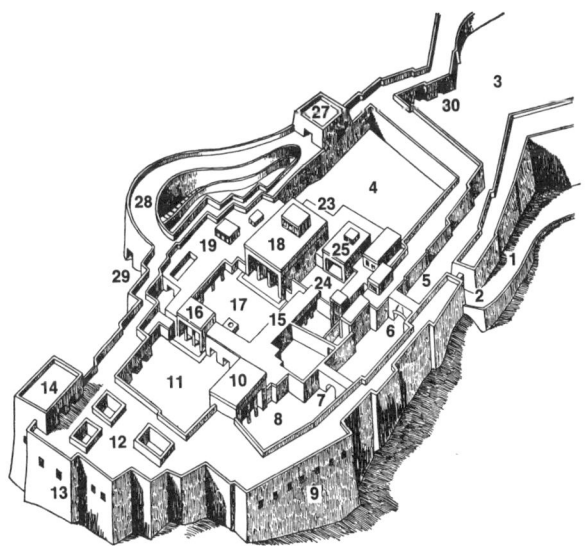

Rekonstruktion der
Burg von Tíryns

Palasthof gliedern sich die Räume und Gebäude nach den jeweiligen Raumbe-
dürfnissen ohne strengen Grundriß (agglutinierende Bauweise). Entscheidender Unterschied zur minoischen Bauweise, die allein diesem Prinzip folgt, ist
aber die stärkere Gliederung, die sich in der zentralen Raumflucht der Haupt-
räume, vor allem also der Höfe und des großen und kleinen Megarons zeigt.
Zur *Mittelburg* (4), die sich nördlich der Oberburg anschließt, führt eine
Treppe vom Westflügel aus hinunter. Wie diese Mittelburg im einzelnen
bebaut war, ist ungeklärt. Man nimmt an, daß hier vor allem Werkstätten und
Magazine lagen. Zur Unterburg führte von hier aus kein Zugang. Es gab aber
eine Verbindung zu dem Turm (27), der am Westrand der Mittelburg am
oberen Ende der Westtreppe lag.
Die *Westtreppenanlage* mit ihrer gewaltigen geschwungenen Mauer (28) ist
eine weitere Sehenswürdigkeit von Tíryns. An ihrer stärksten Ausbuchtung
führt eine schmale Schlupfpforte (29) durch die an dieser Stelle 7 m starken
Mauer. Die Stärke der Mauer dürfte vor allem den Sinn gehabt haben, eine
größere Anzahl von Verteidigern auf der Mauerkrone unterzubringen, die von
hier sowohl die Treppe als auch das Vorfeld beschießen konnten. Der schmale
Durchgang war durch seine schräge Anlage künstlich verlängert und bot so nur

wenigen Angreifern Platz. Nach innen erweitert sich der Durchgang, wahrscheinlich damit von einer höheren Plattform aus die Eindringlinge besser
beschossen werden konnten. Es gibt keinerlei Spuren von Türen. Vielleicht
wurde der Durchgang in Kriegszeiten vermauert. Am oberen Ende der Treppe
vor dem Turm war als zusätzliche Verteidigungsanlage eine mehrere Meter
tiefe Fallgrube angebracht.

Die *Unterburg* (3) war durch den breiten Gang im Osten der Burg, auf den das
äußere Tor mündet, zugänglich. Sie gehört der dritten und letzten Bauphase an
und erstreckt sich als langes Oval auf niedrigerem Niveau nach Norden.
Ursprünglich nahm man an, sie sei unbesiedelt gewesen und habe als Fluchtburg gedient. Neuere Ausgrabungen zeigen jedoch, daß auch die Unterburg
seit frühhelladischer Zeit (FH II) dicht mit Gebäuden besetzt war. Aus
mittelhelladischer Zeit fand man ein Apsidenhaus (34), wie man dies von Lérna
her kennt. Die Burg hatte zwei weitere Ausgänge, einen im Westen, dort wo
die Mauer einen Winkel macht (30), und einen zweiten an der Nordspitze mit
einer kleinen Wächterkammer (31). Möglicherweise war dieser Ausgang eine
nur über Leitern benutzbare Fluchtpforte, da sie direkt am steilen Felsen
austritt. Bei den Restaurierungen der Burgmauer wurden 1962 in der Nähe der
Nordspitze, an der Stelle, wo die Mauer am weitesten nach Westen verläuft,
zwei etwa 30 m lange Brunnengänge (32) entdeckt, die zu Wasserstellen
hinabführen. Sie sind in der üblichen Art mit überkragenden unechten Gewölben gedeckt. – Besonders interessant sind zahlreiche Kammern (33), die in die 7
bis 8 m starken Mauern der Unterburg eingelassen sind und meist wieder
vermauert worden waren. Über ihre Bedeutung hat man lange gerätselt, bis
man in den letzten Jahren festgestellt hat, daß sie – mit Schießscharten versehen
– Bogenschützen in zwei Etagen übereinander als Verteidigungsstellung dienten. Offenbar hat sich jedoch diese Fortifikation, die sonst bei keiner mykenischen Burg festzustellen ist, nicht bewährt, so daß man die Kammern später
wieder zugemauert hat. Die Unterburg war zur Zeit der Drucklegung dieses
Buches nicht zugänglich.

Schon in vormykenischer, vor allem in mittelhelladischer Zeit lagen rund um
die Burg ausgedehnte *Wohnsiedlungen*. Dies trifft auch für nachmykenische
Zeit, mindestens bis in geometrische Zeit zu, obwohl hier die Spuren bisher
wesentlich geringer sind. Die Erforschung der Stadt wurde vor allem in den
letzten Jahren betrieben.

Am Eingang des Ausgrabungsgeländes, also am Osthang der Burg, sieht man
die Ausgrabungen von zwei Häusern aus spätmykenischer Zeit (SH III B und
C). Das größere Haus hat einen Mittelraum mit drei Pfeilern, die das Dach
stützten, sowie im Norden und Süden je eine Vorhalle.

Ein anderes nicht zugängliches Ausgrabungsgebiet, das man aber von der Burg
aus einsehen kann, liegt westlich von dieser zur Straße hin. Auch diese Häuser

stammen aus spätmykenischer Zeit, wobei die Ausgräber nachgewiesen haben, daß die Siedlung ihre größte Ausdehnung erst zu einer Zeit hatte, als der Palast auf der Burg bereits zerstört war. Die Zerstörung der Paläste war also keineswegs das Ende der mykenischen Siedlungen.

1 km östlich von Tíryns liegt der *Profítis Ilías-Berg* (206 m). An ihm wurden die Steine für die Burg von Tíryns gebrochen. An seiner Westseite liegt ein guterhaltenes Kuppelgrab, das um 1250 v. Chr. erbaut wurde. Man erreicht es, indem man die von der Hauptstraße an der Burg vorbeiführende Straße 1 km weit fährt bis zum Fuß des Berges, wo rechts eine Straße abzweigt. Dieser folgt man 300 m und biegt dann links in einen Weg ab (Wegweiser). Nochmals 300 m weiter liegt das Grab 35 m links des Weges. Der 13 m lange und 3 m breite Dromos führt zum Eingang des Grabes. Die Fassade war einst mit Stuck überzogen und bemalt. Der mächtige Türsturz ist ein Monolith von 2 × 3 m. Das Entlastungsdreieck ist weitgehend zerstört. Durch einen 4,65 m langen Eingang betritt man die Tholos von 8,50 m Durchmesser und 7,30 m Höhe. Die Form der Kuppel ist insofern ungewöhnlich, als sie erst verhältnismäßig weit oben im Durchmesser abnimmt, sich dann schnell verjüngt, schließlich aber nicht in einer Spitze, sondern in einem fast senkrechten »Schornstein« endet, der von einer Deckplatte abgeschlossen ist. An der Nordseite der Tholos gibt es einen Grabschacht, in dem jedoch keine Bestattung nachzuweisen ist. In römischer Zeit war in dem Kuppelgrab eine Ölmühle untergebracht, von der noch das Mühllager erhalten ist.

Auf der anderen Seite des Berges, an der Ostseite des Profítis Ilías wurde eine Nekropole aufgedeckt, die vom 16. bis zum 12. Jh. v. Chr. benutzt wurde. Insgesamt wurden etwa 50 Gräber meist vom Typ des Kammergrabes mit Dromos gefunden. – Fährt man auf der von der Burg Tíryns kommenden Straße am Profítis Ilías vorbei durch das Dorf Néa Tírins, früher Kofíni genannt, und dann noch 2 km weiter bis zu einem Plateau, das nach Osten hin in ein Bachbett abfällt, erreicht man dort die Stelle eines mykenischen Dammes, von dem noch einige Mauerreste zu finden sind. Diesen Damm erbaute man um 1300 v. Chr., um den von den Bergen kommenden Bach, der ursprünglich nach Tíryns floß und dort die Siedlungen durch Überschwemmungen gefährdete, nach Südwesten umzuleiten.

17

Nauplia (Náfplion)

Nauplia ist eine reizvolle Stadt an der Nordostküste des inneren Golfes von Árgos. Sie ist die Hauptstadt des Nomos Argolis und hat 9000 Einwohner.

Vorübergehend Hauptstadt des jungen Griechenlands, ist Nauplia geprägt von Bauten des 19. Jh., die sich zu Füßen des flachen Felsrückens von Akronauplia und des steilen und hohen Felsvorsprunges mit der Festung Palamídi erstrecken. Die schöne Lage der Stadt, zahlreiche Läden, Caféhäuser, Restaurants und Hotels machen Nauplia zu einem Zentrum des Fremdenverkehrs. Die Stadt ist idealer Ausgangspunkt für Reisen in die nordöstliche Peloponnes.

Die meisten Restaurants, Tavernen und Caféhäuser liegen entlang des Hafens. Im Büro von Olympic Airways, ebenfalls am Hafen, gibt es außer Flugkarten auch Schiffskarten für die Tragflügelboote »Flying Dolphins«, die die Verbindung mit Portochéli und Ermióni sowie den Inseln, Spétsä, Hydra, Póros und Ägina und mit Piräus unterhalten. Im gleichen Büro gibt es auch Eintrittskarten für die Festspiele in Epidauros. Baden kann man unterhalb des Xenia-Hotels an der Bucht von Arvanítia (Kabinen, Duschen, Restaurant), am 4 km entfernten feinen Sandstrand von Karathóna oder an den 12 km entfernten Stränden von Tolón und Pláka (**22**).

Sage und Geschichte

Als sagenhafter Gründer der Stadt gilt Naúplios, Sohn des Poseidon und der Amymóne. Sein Sohn Palamédes nahm als weiser Ratgeber am Zug der Griechen gegen Troja teil. Nach ihm ist von den Venezianern die Festung Palamídi benannt worden. Palamédes schreibt man die Erfindung der Buchstaben, der Maße und des Rechnens sowie die Einführung des Brett- und Würfelspiels zu. Er war es, der durch eine List Odysseus zwang, mit nach Troja zu kommen. Dieser klagte ihn dafür ungerechtfertigt des Hochverrates an, wofür Palamédes gesteinigt wurde. Naúplios rächte sich für den Tod seines Sohnes, indem er von den Vorgebirgen Euböas der heimkehrenden griechischen Flotte falsche Feuerzeichen gab, so daß viele Schiffe an den Küsten strandeten.

Man fand in Nauplia zwar Siedlungsspuren schon aus mykenischer Zeit. Eine besondere Rolle hat dieser Ort jedoch nicht gespielt. Der Name Nauplia, der soviel wie Schifferstadt bedeutet, und die mythologische Verbindung mit Naúplios und Palamédes könnten darauf hindeuten, daß die Stadt die später von Ioniern besiedelt wurde, eine Gründung durch von See her kommenden Einwanderern, vielleicht Phönikiern, gewesen ist. Darauf deutet auch hin, daß Nauplia Mitglied der Seeamphiktyonie von Kalaureia war. Die Stadt stand jedenfalls immer im Gegensatz zu den argivischen Städten. 628 v. Chr. wurde sie von Árgos erobert und diente seitdem dieser Stadt als Hafen. Die Bewohner von Nauplia flüchteten und wurden von den Lakedämoniern im messenischen Mothóne (Methóni (**93**)) angesiedelt. Eine besondere Bedeutung hatte Nauplia im Altertum nicht. Pausanias fand den Ort verödet. – Im Mittelalter dagegen erlangte Nauplia durch seine geschützte Lage am Meer eine große Bedeutung als Zufluchtsort der einheimischen Bevölkerung. So wurden hier 589 n. Chr. die Awaren und 746 die Slawen zurückgeschlagen. 1180 belehnte der byzantinische Kaiser Leo Sgouros mit Nauplia. Dieser bemächtigte sich auch der Städte Árgos und Korinth. Sgouros gelang es, in den ersten Jahren des unseligen 4. Kreuzzuges mehrere Angriffe des Kreuzfahrerheeres auf Nauplia abzuschlagen. Nach seinem Tod fiel die Stadt 1212 in die Hände der fränkischen Ritter und wurde von Geoffroy de Villehardouin an Otto de la Roche, den Herzog von Athen und Böotien, gegeben. Ihm folgten andere fränkische Lehnsleute, zuletzt Maria d'Enghien, die den Venezianer Petro Cornaro heiratete und nach dessen Tod Nauplia 1388 unter den Schutz und die Verwaltung Venedigs stellte. Die Venezianer nannten die Stadt Napoli di Romania.

1396 tauchen zum erstenmal Türken vor Nauplia auf, ohne die Stadt aber zu erobern. Weitere vergebliche Belagerungen finden 1463 und 1500 bis 1502 statt. 1537 beginnt die entscheidende Belagerung. Ein Jahr später besetzen die Türken unter Kassim Pascha den Berg Palamídi. 1540 müssen die Venezianer aufgrund eines Friedensvertrages mit Sultan Suleiman Nauplia an die Türken übergeben, die die Stadt bis 1686 beherrschen. In diesem Jahr erobert der Generalkapitän Francesco Morosini Nauplia wieder für Venedig. Morosini erneuert die Befestigungen. Napoli di Romania ist jetzt Sitz des General-Provveditore der Morea. Die Stadt mit ihren Palazzi wird die glänzendste der Levante, die Venedig noch im Besitz hat. Am 6. 1. 1694 stirbt der inzwischen zum Dogen gewählte Morosini in Nauplia. Vor ihm starb 1691 ebenfalls hier einer der berühmtesten Mitstreiter Morosinis Hannibal Freiherr v. Degenfeld. Nach verhältnismäßig kurzer Herrschaft müssen die Venezianer 1715 die Stadt nach einer 8tägigen Belagerung erneut an die Türken abtreten. Sie heißt jetzt Anapli. In den Befreiungskriegen ist Nauplia einer der am meisten umkämpften Plätze. Die Griechen beginnen bereits im Frühjahr 1821 die Belagerung, können aber erst im Sommer 1822 die Festungsinsel Boúrzi und im November den Palamídi erobern, bis sich einige Tage später die Türken auf Akronauplia ergeben. Im Januar 1823 wird Nauplia Sitz der griechischen Revolutionsregierung und gleichzeitig Hauptschauplatz der innergriechischen Parteienkämpfe, die für die Freiheitskriege charakteristisch sind. 1828 wird Nauplia Sitz des ersten griechischen Ministerpräsidenten Ioánnis Kapodístrias, der diese erste Hauptstadt Griechenlands wieder aufbaut. Kapodístrias wird 1831 von Mitgliedern der maniotischen Familie Mavromichalis in Nauplia ermordet. 1832 findet im Vorort Prónia die vierte Nationalversammlung statt, die Prinz Otto von Bayern zum König von Griechenland wählt. Am 25. Januar 1833 wird Otto mit großem Jubel in Nauplia empfangen und regiert hier bis Dezember 1834, als die Hauptstadt nach Athen verlegt wird. 1862 geht von Nauplia der

Aufstand gegen König Otto aus. Die Stadt wird von königstreuen Truppen belagert, bis Otto den Rebellen Generalamnestie erteilt.

Besichtigung der Stadt

Nauplia hat zwar keine besonders großen Sehenswürdigkeiten. Ansehen sollte man sich aber auf jeden Fall das Archäologische Museum (4) und das Volkskundliche Museum (16). Wer mehrere Tage in der Stadt bleibt, wird aber auch das weniger Wichtige interessant finden. Die beschriebenen Sehenswürdigkeiten sind in Form eines Stadtrundganges angeordnet, der am Hafen beginnt. Die Ziffern im Text entsprechen denen des Stadtplanes.

Hafen (1) und Insel Boúrzi (2)

Die langgestreckte Hafenfront der Stadt wendet sich dem inneren Teil der Bucht von Argolis zu mit der malerischen Kulisse der Festungsinsel Boúrzi und den Bergen, die die Ebene von Árgos umgeben. Der Hafen ist mit einer Wassertiefe von 6 m nur für kleinere Schiffe, d. h. Jachten, Fischerboote und Küstenmotorschiffe geeignet. Größere Schiffe ankern draußen auf der Reede. Gegen die Gefahr einer Verlandung, von der die ganze innere Bucht bedroht ist, schützt eine lange Mole im Norden.

Dort, wo ein breiter Kai in das Hafenbecken vorspringt, befindet sich der Philhellenen-Platz, so genannt nach einem hier stehenden Denkmal, das an die französischen Truppen erinnert, die sich an der Befreiung Griechenlands beteiligten. Ein noch interessanteres Denkmal an die ausländischen Kombattanten der griechischen Freiheitskriege, die man Philhellenen nennt, befindet sich in der Kirche Frangoklissía (9). Ebenfalls am Philhellenen-Platz steht die Kirche Ágios Nikólaos, die hier 1713 von dem venezianischen Präfekten Augustin Sagredo für den Schutzheiligen der Seefahrer errichtet wurde. Eine entsprechende Inschriftenplatte ist heute im Museum. Die Kirche hat eine prächtige Ikonostase. Die Deckenfresken zeigen die Dreifaltigkeit zwischen den Evangelisten und an den Seitenwölbungen die Apostel. Glockenturm und Fassade stammen aus späterer Zeit.

Eines der Wahrzeichen von Nauplia ist die Festungsinsel Boúrzi, die wie ein versteinertes Schiff im Hafen liegt. Die Insel wurde von den Venezianern zuerst 1473 mit einem Turm und Ende des 17. Jh. mit der heute sichtbaren Festung besetzt. Um den Hafen zu schützen, spannten die Venezianer nachts zwischen Boúrzi und der Stadt eine Kette, wonach Nauplia auch Porto Catena hieß. Die Türken schütteten zwischen Boúrzi und dem Festland statt dessen einen Damm auf – eine charakteristische Maßnahme der seeunerfahrenen

Türken. 1826 beherbergte die Insel vorübergehend die griechische Revolutionsregierung. Bis 1865 diente sie als Festung, danach als Wohnung der Scharfrichter, die auf der Festung Palamídi mit einer Guillotine ihre Arbeit verrichteten. Von 1930 bis 1970 beherbergte die Insel ein Hotel.

Panagía-Kirche (3)

Die Kirche liegt im westlichen Teil der Stadt nicht weit vom Hafen. Sie wurde im 16. und 17. Jh. erbaut und war während der venezianischen Zeit die wichtigste orthodoxe Kirche. Es ist eine dreischiffige Basilika mit 8 von korinthischen Kapitellen gekrönten Säulen und einer Empore. Die Ikonostase stammt von 1870, die Ikonen vom Anfang des 19. Jh. Neben der Kirche wächst ein Olivenbaum, wo der Heilige Anastasius den Märtyrertod erlitten haben soll.

Archäologisches Museum (4)

Zentrum der Stadt ist der Síntagma-Platz. Als beherrschendes Gebäude liegt an seiner Westseite das Museum, das 1713 ebenfalls von Augustin Sagredo als Magazin und Kaserne für die venezianische Flotte errichtet wurde. Es ist ein schöner, aber nüchterner Zweckbau mit einer von schweren Pfeilern gestützten Arkade im Untergeschoß.
Im Museum werden Funde vom Neolithikum bis in hellenistische Zeit aus der östlichen Argolis, vor allem aus Mykene, Tiryns, Midéa und Asíne gezeigt.

1. Stock

Vorraum:

In einem Schaukasten alt- und mittelsteinzeitliche Messerklingen aus Nauplia, Árgos, Kefalári und Déndra. – Grabpithos aus Mykene. – Zwei Menhir-Statuen aus spätmykenischer Zeit aus Midéa.

Hauptraum:

In der ersten Vitrine rechts jungsteinzeitliche Gefäße aus der Höhle von Fránchthi (**30**) sowie frühhelladische Funde aus Prosímna (**9**) und Asíne (**22**). – In weiteren Vitrinen frühhelladische Funde aus Tiryns, woher auch das große Kühlgefäß mit doppelter oberer Wandung stammt. Weiter spätmykenische

Vasen und Idole, sog. Papadáki aus Kasármi (**23**) und Mykene. – An der linken
Seite des Saales zwei Grabsteine aus dem Gräberrund B in Mykene um 1580
v. Chr., der eine mit Pferden, der andere im oberen Teil mit endlosen Spiralen,
im unteren Teil mit Menschen und Tieren. – In einer Vitrine Tontäfelchen aus
Häusern in Mykene mit Schriftzeichen in Linear B. – Neben den Grabsteinen
in einer Vitrine Kleinfunde aus Mykene, darunter Idole, Tierfiguren, ein
Kamm sowie Goldplättchen. – An der Wand Teil eines Frieses vom Schatzhaus
des Atréus und Freskenbruchstücke aus Tíryns und Mykene. Aus Mykene
stammen auch die Bronzewerkzeuge und Waffen in einem Schaukasten. Am
Ende des Saales der berühmte mykenische Bronzepanzer aus Déndra (14. Jh.
v. Chr.) mit schuppenartig übereinandergelegten breiten Bändern und einer
klobigen Halskrause. Der Eberzahnhelm, der wahrscheinlich hierzu getragen
wurde, ist eine Kopie. – In und auf einem anderen Schaukasten stehen große
weibliche Kultidole aus dem 13. Jh. v. Chr., die im Haus der Zitadelle in
Mykene gefunden wurden und in ihrer Art einmalig sind. – In der Mitte des
Saales sieht man Idole und Gefäße von einem mykenischen Heiligtum aus dem
13. und 12. Jh. v. Chr., u. a. in der ersten Mittelvitrine links vom Eingang einen
interessanten Kopf mit langgestrecktem Kinn, schmalem Mund und arrogant
hochgezogener Nase, der deshalb auch als »Lord von Asíne« bezeichnet wird.
– Neben der Vitrine mit den Kultidolen und in einer anderen Vitrine späthelladische Funde, u. a. ein Rhyton aus Ton in der Form eines Fischkopfes. – An
der Wand neben der Tür Fresken aus dem Haus der Idole, u. a. eine Frau mit
einem königlichen Kopfschmuck mit Federbusch und Kornähren in den
Händen.

2. Stock

Vorne in der Mitte einer Vitrine mit Bronzehelm und Waffen eine Kriegers aus
einem submykenischen Grab. – In der Vitrine an der rechten Wand sehr
beachtliche geometrische Gefäße aus Mykene, u. a. in der 2. Vitrine rechts eine
große Pyxis in der Form eines Strohkorbes. – In weiteren Vitrinen geometrische Funde aus Tíryns und Asíne, Terrakottafiguren aus archaischer, klassischer und hellenistischer Zeit aus dem Hera-Tempel in Tíryns. Desgleichen an
der Wand hinten links in zwei Schaukästen Figuren aus Tíryns, darunter eine
archaische, thronende Figur mit breiten Bändern über der Brust, die an den
Schultern von scheibenförmigen Fibeln gehalten werden. Eine weitere Figur
aus dieser Zeit ist mit einem Peplos bekleidet und sitzt auf einem Thron. – In
der Mittelvitrine davor eigenartige Kultmasken mit vorstehenden Zähnen und
herausquellenden Augen aus Tíryns. Ebenfalls aus Tíryns zwei Votivplatten
vom Anfang des 8. Jh. v. Chr. Auf der einen Achilles und Pentisilea, auf der
anderen ein jagender Kentaur.

In weiteren Vitrinen folgen rotfigurige Vasen aus Böotien und Korinth. – An der linken Seitenwand eine Terrakottabüste aus Halieís (**32**), 5. Jh. v. Chr. Darunter Bruchstück eines Bronzeschildes eines Soldaten des Pyrrhus, der eine Widmungsinschrift der Argiver für einen Tempel in Mykene aufweist. – Auf einem Sockel in der Mitte des Saales steht eine schwarzfigurige panathenäische Preisamphore, die auf der einen Seite Pallas Athene und auf der anderen Seite einen Reiter auf einem Pferd und daneben einen laufenden Mann mit einer Siegerbinde sowie Schiedsrichter zeigt.

Moschee (5)

Gegenüber dem Archäologischen Museum auf der anderen Seite des Síntagma-Platzes steht das Gebäude einer alten türkischen Moschee. Nach den Freiheitskriegen wurde sie von Kapodístrias in eine der ersten Schulen des freien Griechenlands, in das sog. Allilodidaktérion umgewandelt. Heute ist in dem Gebäude ein Kino. Hinter der Moschee in der Staïkópoulou-Straße neben dem Haus Nr. 13 steht ein türkischer Brunnen.

Altes Parlament (6) und Koranschule (7)

Neben dem Archäologischen Museum in der Südwestecke des Platzes steht eine andere Moschee mit zwei Gebetsnischen an der Eingangsseite, die 1550 angeblich mit Steinen aus Mykene erbaut wurde. Sie wurde von 1825 bis 1828 als Parlament benutzt, wonach sie auch Voulévtiko genannt wird. Heute dient sie als Konzertsaal. Auf der Terrasse vor ihrem Eingang liegt ein venezianischer Löwe, der von dem heute nicht mehr existierenden Stadttor stammt, das Morosini im Zuge der Neubefestigung von Nauplia errichtete. – Hinter dem Parlament befindet sich das mehrstöckige mit Galerien versehene Gebäude der einstigen türkischen Koranschule (Tekké), die auch die Bezeichnung Leonardos Gefängnis trägt. Heute dient es dem Antikendienst und dem Museum von Nauplia als Magazin und Restaurierungswerkstatt. – Etwas oberhalb in der Lamprinídes steht die Agía Sofía-Kirche, die einzige mittelalterliche Kirche Nauplias, die um 1400 erbaut wurde und während der zweiten türkischen Besatzungszeit als letzte Kirche dem christlichen Gottesdienste diente.

Ágios Spirídonos-Kirche (8)

Sie liegt an einem kleinen Platz an der langen Straße, die sich unterhalb des Felsens von Akronauplia entlangzieht. Die einschiffige Kirche mit einer Kuppel wurde 1702 erbaut. Eine Inschrift, die auf ihre Errichtung hinweist, befindet sich an der Ostseite. Rechts neben dem oberen Eingang gibt es eine kleine Glasplatte, hinter der die Spur einer Pistolenkugel zu sehen ist. Dies ist die Stelle, an der der erste Gouverneur Griechenlands Ioánnis Kapodístrias am 9. Oktober 1831 ermordet wurde. Zu dem Attentat kam es auf folgende Weise: Neben manchen anderen hatte sich der Anführer der Manioten Petrobey Mavromichális gegen das autokratische Regime Kapodístrias erhoben und war von diesem auf der Festung Akronauplia gefangengesetzt worden. Als Kapodístrias Mavromichális entgegen seiner ursprünglich geäußerten Absicht nicht wieder freiließ, lauerten ihm Georg und Konstantin Mavromichális, der Sohn und der Bruder des Gefangenen, beim Kirchgang auf und ermordeten ihn. Konstantin wurde unmittelbar darauf von der erregten Bevölkerung getötet, Georg einige Tage später verurteilt und hingerichtet.

Frangoklissía (9)

Vom Ágios Spirídonos-Platz geht eine Treppe aufwärts nach Akronauplia. An ihr liegt rechts die Kirche der Verwandlung Christi, genannt Frangoklissía, d. h. Kirche der Franken, eine Klosterkirche, die in ihrem Kern aus fränkischer Zeit stammt. König Otto übergab sie dem katholischen Ritus. Im Inneren gibt es eine Kopie des Gemäldes der Heiligen Familie von Raffael, ein Geschenk König Philipps von Frankreich. An der Innenseite über dem Eingang sieht man ein sehr interessantes Philhellenen-Denkmal, das 1841 von dem französischen Oberst Touret gestiftet wurde. Das hölzerne Denkmal in der Form eines klassizistischen Portals verzeichnet die Namen der in Griechenland gefallenen Philhellenen, darunter auch viele deutsche Namen. Das Denkmal ist ein wichtiges Dokument zur Geschichte der Befreiung Griechenlands.

Ágios Geórgios-Kirche (10)

Diese große Kirche liegt an einem Platz im östlichen Teil der Altstadt. Ágios Geórgios ist die Kathedrale von Nauplia. Sie wurde Anfang des 16. Jh. während der ersten venezianischen Epoche erbaut. Sie gehört zum Typ der Viersäulenkirche mit 5 Kuppeln und folgt damit dem Vorbild der byzantinischen Kirchen, wie sie im 12. Jh. in der Argolis üblich waren. Das Innere der Kirche ist im wesentlichen modern. Zu sehen ist eine Kopie des Abendmahls von Leonardo da Vinci. Auf der rechten Seite im Mittelschiff steht der Thron König Ottos I. von Griechenland. Neben der Kirche ist eine Büste des Archimandriten Kokkines aufgestellt, eines Widerstandskämpfers während der deutschen Besetzung, der später von den Kommunisten getötet wurde.

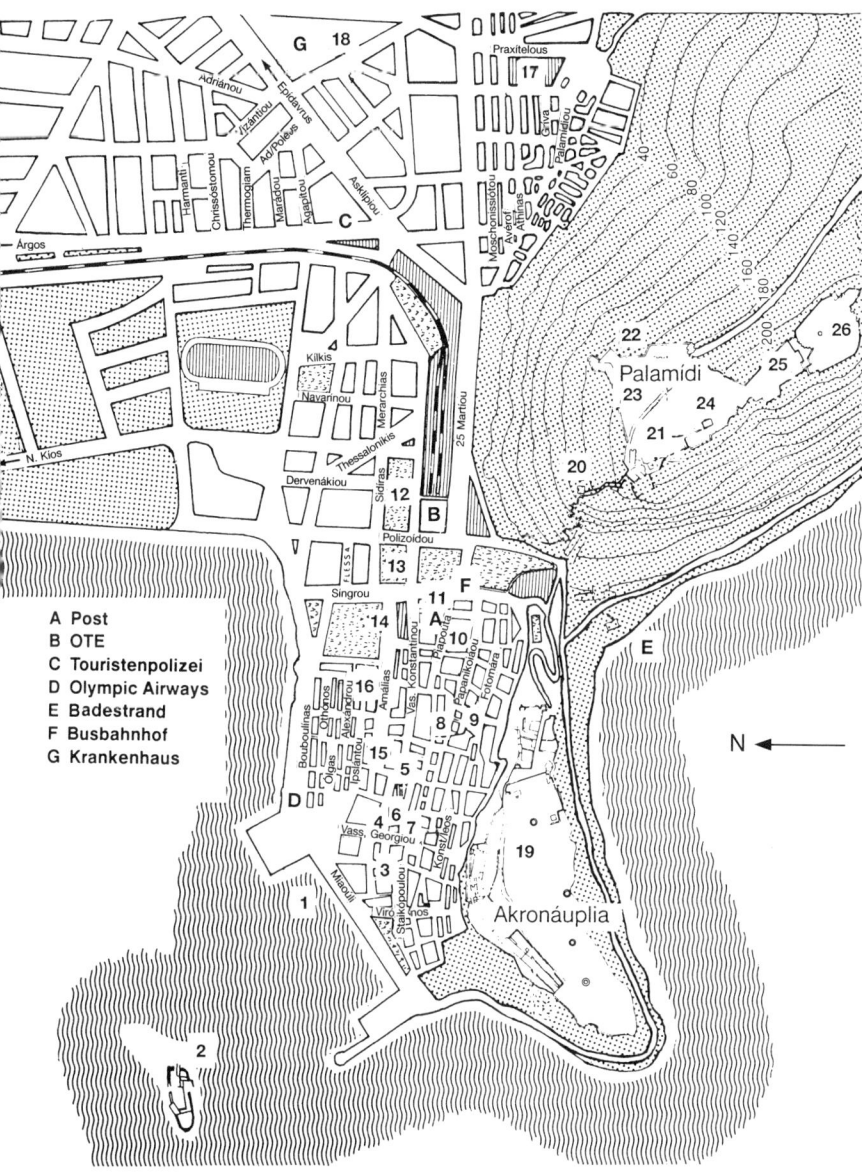

A Post
B OTE
C Touristenpolizei
D Olympic Airways
E Badestrand
F Busbahnhof
G Krankenhaus

N ←

Nauplia

Haus Maurer (11)

An der Ecke Síngrou und Plapoúta liegt das Haus des Professors von Maurer. Im Erdgeschoß ist heute ein Kafeníon. Maurer war am 5. Februar 1833 mit König Otto I. nach Nauplia gekommen. Er war Mitglied des Regentschaftsrates, solange König Otto noch minderjährig war. Maurer hat das griechische Rechtswesen nach deutschem Vorbild organisiert. Er wurde bereits 1834 wieder abberufen. Neben dem Haus Maurer ist die Abfahrtstelle der Überlandbusse.

Kolokotrónis-Park (12), **Kapodístrias-Platz** (13)

Schräg gegenüber dem Haus Maurer liegt der Justizpalast, der in den Jahren 1907 bis 1911 errichtet wurde. An seiner Südseite steht das Standbild von Nikítas Stamatelópoulos, auch Nikítaras der Türkentöter genannt. Er war der Hauptanführer der Belagerung und Eroberung von Nauplia in den Jahren 1821/22. Nördlich des Justizpalastes erstreckt sich der Park mit dem Denkmal von Kapodístrias, dem ersten Gouverneur Griechenlands, der von 1828 bis zu seiner Ermordung im Jahre 1831 in Nauplia regierte. Zu seiner Zeit stark umstritten, galt er als ein Parteigänger Rußlands. Heute tut man dem aus Korfu stammenden Staatsmann mehr Gerechtigkeit an und würdigt seine großen Verdienste um das ausgeblutete und während seiner Regierungszeit von zahlreichen innergriechischen Unruhen erschütterte Land. Kapodístrias schuf eine Reihe von öffentlichen Einrichtungen, die Voraussetzungen für ein organisiertes Staatswesen waren. Östlich von diesem Park liegt der Kolokotrónis-Park mit dem Denkmal des »Alten Mannes der Morea«, wie der große Kleftenführer und General der Freiheitskriege Theodor Kolokotrónis auch genannt wird. Er erwarb sich große Verdienste in den Kämpfen in der Peloponnes zwischen 1821 und 1823, versuchte später aber in Nauplia die Macht an sich zu reißen, führte unglückliche Gefechte gegen die Regierungstruppen und war 1825 Staatsgefangener auf Hydra. Danach wieder Oberbefehlshaber der Truppen in der Morea, war er ein Parteigänger Kapodístrias und führte dessen Politik auch nach seiner Ermordung gegen Armansberg fort. Er wurde 1834 verhaftet, als Hochverräter zum Tode verurteilt, aber vom König zu zehnjährigem Gefängnis auf der Festung Palamídi begnadigt und bei der Thronbesteigung des Königs mit Ehrungen entlassen.

Platz der drei Admirale (14)

Westlich vom Kapodístrias-Park liegt der Platz der drei Admirale, so genannt nach den Admiralen von England, Frankreich und Rußland, die 1827 die

türkische Flotte bei Navaríno vernichteten. Auf dem Platz steht das Denkmal
für Demítrios Ypsilántis (1793–1832), Sproß einer vornehmen griechischen
Fanarioten-Familie, der sich als Truppenführer 1821 auszeichnete, 1822 Präsident der gesetzgebenden Versammlung wurde und unter Kapodístrias Befehlshaber der Truppen in Ostgriechenland war. An der Südseite des Platzes in der
König-Konstantin-Straße 34 steht das schlichte 1823 erbaute klassizistische
Gebäude der ersten griechischen Universität.

Kadettenschule (15)

In der Amálias 21 steht das Gebäude der ersten griechischen Kadettenschule,
die von Kapodístrias gegründet wurde und von 1829–1831 bestand.

Volkskunde-Museum (16)

Das Museum befindet sich in der Vass. Alexándrou 1. Es wurde 1974 gegründet und 1981 zum Europäischen Museum des Jahres erklärt. In verschiedenen
Räumen werden vor allem Trachten aus der Peloponnes, aber auch aus anderen
Teilen Griechenlands gezeigt, ferner Webereien und Stickereien, häusliche und
landwirtschaftliche Geräte, Möbel, Votivgaben sowie Waffen, Zeichnungen
und Fotografien. Das Museum unterhält außerdem eine Bibliothek, ein Foto-
archiv und betätigt sich in der Volkskundeforschung. Im Museumsladen kann
man eigene Publikationen und kunsthandwerkliche Gegenstände erwerben.
Im Hof gibt es eine Cafeteria.

Vorstadt Prónia (17, 18)

Man berührt die Vorstadt, wenn man über die Straße des 25. März nach Árgos
oder Epidauros fährt. Sie wurde vor den Mauern der Stadt von Albanern
gegründet. Nach den Freiheitskriegen baute sie Kapodístrias neu auf, um die
Freiheitskämpfer und die Flüchtlinge aus Kreta unterzubringen. In den zwanziger Jahren dieses Jahrhunderts wurden Flüchtlinge aus Kleinasien angesiedelt. Eine Seitenstraße rechts führt von der Straße des 25. März zum Platz der
Nationalversammlung (17). Hier tagte 1832 in einer mehr oder weniger
primitiven Bretterbude die 4. Nationalversammlung und wählte Otto zum
König von Griechenland. Kurz darauf brach ein Haufen bewaffneter Soldaten
in die Bude ein, nahm den 80jährigen Präsidenten und 8 Abgeordnete gefangen
und verschleppte sie in die nahen Berge. Der Grund: Die Soldaten wollten auf
diese Weise ihren seit langem ausstehenden Sold erhalten. Gegen ein namhaftes
Lösegeld gaben sie ihre Gefangenen schließlich frei. Dies ist ein charakteri-
sches Bild der Zustände, wie sie kurz vor Ankunft König Ottos herrschten. –

Auf der anderen Seite der Straße des 25. März führt eine Seitenstraße zu einem Felsen (18), in dem ein großer liegender Löwe eingearbeitet ist. Vorbild des Denkmals ist der Luzerner Löwe von Thorwaldsen, der an die 1792 in Paris gefallenen Schweizer erinnert. Dieser Löwe hat wahrscheinlich den antiken Löwen von der Insel Kéa zum Vorbild. Das Denkmal hier wurde von dem Bildhauer Siegel im Auftrag Ludwigs I. von Bayern geschaffen und erinnert an die gefallenen Offiziere und Soldaten der bayerischen Truppen in den Jahren 1833/34. Die meisten Soldaten, denen dieses Gedenken gilt, sind freilich nicht in Kampfhandlungen, sondern durch klimabedingte Krankheiten ums Leben gekommen, die in der ungesunden damaligen Sumpflandschaft von Nauplia häufig waren.

Festung Akronauplia (19)

Das niedrige langgestreckte Kalkplateau, das sich in den Golf hineinschiebt, trägt seit alten Zeiten Befestigungen, deren einzelne Bauphasen heute nicht mehr ganz einfach auseinanderzuhalten sind. Empfehlenswert ist ein Spaziergang vom Hafenkai aus in westlicher Richtung um die Landspitze herum bis zur Bucht von Arvanítia, wo moderne Badeanlagen und ein Restaurant liegen. Der Weg führt durch das alte Fischerviertel Psaromachálas und vorbei an der venezianischen Bastion Pénde Adelfía, d. h. »fünf Brüder«, so genannt nach 5 Kanonen, die gegenüber der Insel Boúrzi die Hafeneinfahrt bewachten. Zu Fuß kann man von der Altstadt aus vom Platz Ágios Spirídonos (8) über die Treppe, die an der Kirche Frangoklissía (9) vorbeiführt, jenen Weg gehen, der in venezianischer Zeit der einzige Zugang zur Festung war. Der Weg führt durch eine Toranlage, die von den Venezianern im Jahre 1500 erbaut wurde. Man erreicht auf diese Weise das Hotel Xenia. Dieses ist auch über die Fahrstraße erreichbar, die vom Justizpalast im Sattel zwischen Akronauplia und Palamídi aufwärtsführt. Wählt man diesen Weg, so liegen rechts die starken Mauern der Bastion Grimani, die zwischen 1711 und 1714 von Augustin Sagredo zusammen mit zwei weiteren Bastionen errichtet wurden. Diese lagen in der Unterstadt und sind heute verschwunden. Man muß sich vorstellen, daß die Küstenlinie bis in venezianische Zeit im Norden weit mehr an den Felsen Akronauplia heranreichte und etwa die Hälfte der heutigen Unterstadt damals noch Meer war. Von Norden her reichte bis zur Bastion Grimani heran ein breiter Wassergraben, der die Stadt schützte. Über ihn führte eine Holzbrücke als einziger Zugang in die Stadt. Auf der Bastion Grimani steht der halbrunde Marien-Turm, der um 1400 erbaut wurde. Von der Straße her führte ein unterirdischer Torweg auf die Plattform, wo heute das Hotel Xenia eine Tanzfläche hat. Der Marien-Turm und die Fläche, die das Hotel einnimmt, gehörten einst zum venezianischen Kastell Toron.

Die Straße, die vom Parkplatz des Hotels weiter aufwärts führt, windet sich in einer Rechtskurve durch einen Mauerwall. An dieser Stelle passiert man das venezianische Burgtor von 1470. Links unterhalb der Straße liegt eine Batteriestellung. Der Mauerwall, der sich rechts der Straße in Richtung zur Stadt zieht, besteht aus zahlreichen Schichten verschiedener Epochen. Die äußere geböschte Mauer wurde 1463 von den Venezianern anläßlich der türkischen Belagerung zur Verstärkung vorgelegt. Aus dem 3. Jh. n. Chr. stammen drei Halbrundtürme im Inneren der Mauer, von denen zwei etwa 100 Jahre später mit einer fünfeckigen Ummantelung verstärkt wurden. Zwischen diesen beiden Türmen fand man einen Torgang mit einem spätrömischen Ziegelgewölbe, dem in byzantinischer Zeit eine Torkammer außen vorgesetzt wurde. In dieser Kammer gibt es bedeutende Fresken. Die Kammer ist verschlossen, der Schlüssel jedoch im Museum erhältlich. Die Fresken von 1291 zeigen im Gewölbe Christus in der Mandorla, am Westbogen Maria und Johannes, zwischen ihnen das Lamm Gottes, weiter die Wappen der fränkischen Fürsten von Brienne und Villehardouin, die Fürsten von Árgos bzw. Achaia waren. An den Wänden der Heilige Georg mit einem Kreuzfahrerschild und Antonius und Jakobus. Im Giebelfeld am äußeren Tor die Panagía zwischen den Wappen des venezianischen Statthalters von 1394.

Hinter dieser Mauer lag das fränkische Kastell. Links der Straße ist eine Geschützstellung und dahinter eine mit Zinnen besetzte Zwischenmauer, die 1473 von dem venezianischen Statthalter Gambella erbaut wurde. An ihr ist noch der Markuslöwe und das Wappen des Kommandanten Pasqualigo zu sehen. Dahinter liegt der obere Teil der fränkischen Burg. Am steilen südlichen Felsabfall war der Pallas, der später von einem venezianischen Gebäude überbaut wurde. Gleich dahinter gegen Westen zog sich eine weitere Mauer mit zwei vorspringenden Türmen über den Bergrücken. Diese ist insofern interessant, als sie sich gegen den höchsten Punkt des Berges richtet, wo im 13. Jh. noch eine byzantinische Burg lag, die neben der fränkischen existierte und erst Ende des Jahrhunderts an die Franken übergeben wurde. Von der byzantinischen Festung sind noch die Spuren einer Kapelle neben einem jüngeren venezianischen Gebäude und die Reste einer Moschee von 1540, die an der Stelle einer mittelalterlichen Bischofskirche und eines spätantiken Peristylgebäudes stand, erhalten. Der Turm rechts der Straße gehörte zu einer Dominikanerkirche von 1686.

Den besten Überblick über Akronauplia, das von den Türken Itschkaléh, d. h. »Innenburg« genannt wurde, hat man von der benachbarten Festung Palamídi.

Palamídi 20–26)

Die Festung, die die Stadt um etwa 220 m überragt, ist das weithin sichtbare

Wahrzeichen von Nauplia. »Der vegetationslose Fels des Palamídi überragt die Stadt schützend und drohend zugleich. Die venezianischen Festungsbauten, mit ihren horizontalen Linien die Architektur des Bergkolosses wiederholend, schmiegen sich ihm an mehr wie ein Werk der Natur als des Menschen. Die gedrungenen Bastionen da oben, über den ganzen breiten Rücken gespannt, muten an wie ein Schlachtturm auf der grauen rissigen Haut eines riesenhaften Kriegselefanten« (Lehmann). Man erreicht den Palamídi entweder über eine Treppe von 857 Stufen, die an der Straße beginnt, die nach Akronauplia hinaufführt. Man kann aber auch mit dem Auto über die Straße des 25. März auf einer 3 km langen Straße hinauffahren.

Der Palamídi wurde erst in der zweiten venezianischen Epoche befestigt, nachdem Morosini von dorther die Stadt erobert hatte. Die eindrucksvollsten Festungswälle mit zahlreichen Forts entstanden unter Sagredo nach Plänen französischer Festungsingenieure zwischen 1711 und 1714. Von Akronauplia führt neben der Treppe ein gedeckter Gang hinauf zum Palamídi. Auf halber Höhe wird der Aufstieg durch das kleine Fort Robert (20) geschützt. Die Treppe endet im Fort Andreas (21), in dem auch die gleichnamige Festungskirche liegt. Hier war der Sitz des Kommandanten. Dahinter folgt eine Gruppe von vier weiteren selbständigen Forts, die durch eine Ringmauer miteinander verbunden sind. Sie tragen die Namen antiker Helden. Im Osten springt über der Vorstadt Prónia die Leonidas-Festung (22) vor. Weiter südlich im Zentrum der Anlage befindet sich unter dem Miltiades-Fort (23) der Haupteingang der Festung. Nach Westen hin liegt am Steilhang das Fort Themistokles (24) und weiter aufwärts Fort Achilles (24). Dieses springt mit einer Bastion in einen Graben vor, der die Grenze der venezianischen Festung nach Süden darstellte. Die Türken haben jenseits des Grabens eine weitere große Festung (26), das Fort Phokion, im 18. Jh. angelegt.

Kloster Agía Moní

Das Kloster liegt 3 km außerhalb von Nauplia. Unterwegs durchfährt man am Stadtrand eine prächtige Eukalyptusallee, deren Bäume weit über 100 Jahre alt sind. Das Kloster erreicht man über eine Straße, die 1,5 km hinter Nauplia rechts abbiegt. Das Nonnenkloster wurde 1144, die Theotokoú-Kirche 1149 von Bischof Leo von Árgos erbaut. Die Kuppel der besonders schönen Kirche ruht auf vier Säulen. Es gibt einen äußeren und einen inneren Narthex. Neben der Westtür ist eine Widmungsinschrift des Bischofs Leo an die Panagía angebracht. Die Nonnen des Klosters bewirten die Besucher gastfrei und bieten ihre Handarbeiten zum Kauf an.

Unterhalb des Eingangs des Klosters, das auch den Beinamen Zoodóchos Pigí (= lebensspendende Quelle) führt, gibt es eine Quelle mit Resten antiker

Mauern und Leitungen. Man nimmt an, daß es die Kánathos-Quelle war, in der, wie Pausanias (II, 38,2) berichtet, die Göttin Hera alljährlich badete und so ihre Jungfräulichkeit wieder gewann. Man wird sich das so vorstellen müssen, daß die Priesterin des Heraions (**21**) alljährlich an dieser Quelle das Bild der Hera zeremoniell reinigte.

18

Ágios Adrianós und Katsíngri

Die Stelle von Katsíngri liegt nur wenige Kilometer von Nauplia entfernt. Man nimmt in der Stadt an der Kreuzung, wo sich die Straßen nach Árgos und Epídauros teilen, die letztere. Nach etwa 200 m folgt man nach links der Adrianoú. Diese Straße erreicht nach rund 6 km das Dorf Ágios Adrianós. In der Ortsmitte bei einem Kafeníon biegt man rechts ab. An einer Straßengabel 200 m weiter nimmt man die linke Straße, die nach einem knappen Kilometer auf einen Paß führt. Dort liegt rechts die Kirche Ágios Adrianós und links auf dem Berg die hellenistische Burg Katsíngri, die schon vom Dorf aus auffällt mit ihrem Tor in der Turmwand.

Die einschiffige Kirche mit Tonnengewölbe hat ein höher gelegenes schmales Transept, das dem Bau eine Kreuzform gibt, die im Inneren nur durch Blendbogennischen im Norden und Süden in Erscheinung tritt. Die Kirche ist vollständig mit Fresken ausgemalt, die außer den modernen Darstellungen auf der gemauerten Ikonostase und dem Bild des Ágios Adrianós hinter Glas nach der Stifterinschrift an der Südseite des Querschiffs 1743 von dem Mönchsmaler Jeremias hergestellt wurden. Man kann die Fresken gut betrachten, wenn man das Licht (Schalter am Eingang) einschaltet. Man erkennt u. a. folgende Themen: In der Konche der Apsis die Panagía Platitéra, darunter Christus, den Aposteln das Abendmahl reichend, darunter vier Kirchenväter. In der Apsidiole links hinter der Ikonostase das eindrucksvolle Haupt des Melchesidek, in der Nische daneben die Kreuzigung, gegenüber Ágios Ioánnis. Im Gewölbe des Ostarms Szenen aus dem Leben Christi. – Im Gewölbe des Querarms Christus Pantokrator umgeben im inneren Kreis von Engeln, im äußeren von Propheten. An der Südwand des Querarms die beiden Theodoren, Ágios Merkoúrios und Ágios Prokópios, darüber rechts die Flucht nach Ägypten, eine hübsche Darstellung, Maria auf dem Esel, Josef den Jesusknaben auf den Schultern tragend. An der Nordwand Ágii Efthimios, Antonios, Charalambos und Petros. – Im Gewölbe des Westarmes die Himmelfahrt, die sonst meist im Osten vor der Apsis dargestellt wird. Im Scheitel des Gewölbes Christus umgeben von den Tierkreiszeichen und der Sonne und einem Wolkenkreis. Maria, die Apostel, Engel und Heiligenchöre umgeben die Szene. An den Gewölbeansätzen im Süden Menschen, in der Mitte Lauten-, Lyra- und Zitterspieler, im Norden zahlreiche Tiere, so daß die ganze Welt am Ereignis der Himmelfahrt teilnimmt.

Für den Aufstieg zum Kastell Katsíngri sucht man sich den Weg am besten links vorbei an dem eingezäunten Grundstück. Die Anlage auf einem nach Norden steil in die Ebene abfallenden Felssporn wurde im 4. oder 3. Jh. v. Chr. offenbar zur Bewachung des Weges von Árgos nach Epídauros errichtet. Das Kastell mit einer Ausdehnung von 25 × 60 m hat im Süden gerade verlaufende Mauern. Im Norden sind die Mauern der Form des Felsens angepaßt. Am höchsten Punkt im Inneren stand ein quadratischer Turm mit einer Pforte im Westen, die man schon bei der Anfahrt gesehen hat. In der Südwestecke des Kastells liegt die Zisterne mit gut erhaltenem Verputz. Das Mauerwerk des Kastells ist zweischalig aus polygonalen Quadern hergestellt mit gut ausgearbeiteten Kanten an den Mauerecken.

19

Agía Triás, Plataníti und Choniká

Die drei Orte liegen an einer Seitenstrecke, die östlich von Árgos direkt von Tíryns (**16**) nach Mykene (**12**) durch die ländliche Argolis führt. In jedem der drei Dörfer steht eine sehenswerte Kirche. Man muß diese Strecke auch benutzen, wenn man nach Déndra und Midéa (**20**) und zum Heraion (**21**) gelangen will.

Von der Strecke Nauplia-Árgos biegt man etwa 150 m hinter Tíryns rechts ab zum 4 km entfernten Agía Triás, das früher Mérbakas hieß, nach Wilhelm van Moerbeke, der 1277 erster fränkischer Bischof von Korinth war und der als bedeutender Übersetzer von Aristoteles, Hippokrates und der Neuplatoniker als Wegbereiter des Humanismus gilt. – Am Ortseingang erhebt sich links in einem Friedhof die Kirche der Panagía, die schönste Kirche der Argolis. Sie wurde in der 2. Hälfte des 12. Jh. als Viersäulenkirche gebaut. Der kreuzförmige Grundriß, der in den höhergelegenen Dächern sichtbar wird, ist einem rechteckigen Grundriß einbeschrieben. Im 16. Jh. wurde die Kirche vor allem im Inneren stark restauriert und der Glockenstuhl an der Westseite hinzugefügt. – Besonders reizvoll ist die Außenfassade der Kirche. Das Gebäude ruht auf einem dreistufigen Unterbau, der nur noch an der Nordostecke vollständig zu sehen ist und der an antike Tempel erinnert. Er ist auch ebenso wie der Sockel der Kirche bis zur Oberkante der Türen aus antikem Material des

Heraions errichtet. Darüber liegt ein sorgfältiges Mauerwerk aus Hausteinen mit Ziegelzwischenlagen. An der Oberkante verläuft eine Mäanderborte, verwandt mit den pseudokufischen Verzierungen anderer mittelbyzantinischer Kirchen. Die Türen haben oben Gewölbeansätze, die auf einstige Vorhallen hindeuten. An der Nord- und Südseite sind völlig regelmäßig und damit anders als z. B. bei der Kleinen Metropolis in Athen antike Reliefs angebracht: an der Südseite ein Grabrelief und eine Sonnenuhr, an der Nordseite ebenfalls ein Grabrelief und ein Rhombus. Die Apsiden und die Giebel sind mit glasierten Keramiktel-

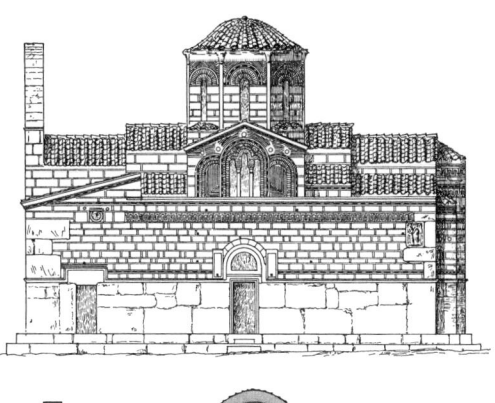

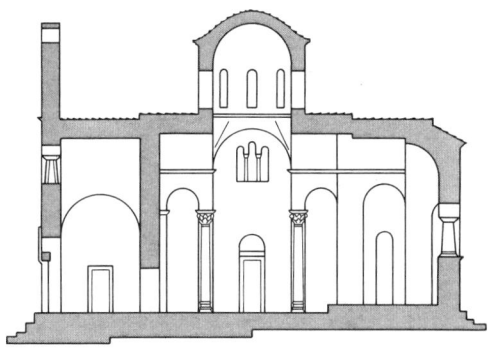

Panagía-Kirche in Agía Triás

lern aus Rhodos und mit reichen Ziegelmustern geschmückt. Der hohe achteckige Tambour wird durch schlanke Halbsäulen gegliedert. Insgesamt wirkt die Fassade streng durchkonstruiert und beherrscht und steht damit im Gegensatz zu manchen archaisch wirkenden Kirchen aus dieser Zeit. In türkischer Zeit war die Kirche Sitz des Metropoliten von Nauplia.

In Agía Triás geht rechts eine Straße nach Déndra und Midéa (**20**). Wir nehmen jedoch die Straße geradeaus weiter in Richtung Anifíon. Nach 2 km erreicht man Plataníti, wo unmittelbar rechts der Straße die kleine Metamórfosis Sotíros-Kirche liegt. Sie wurde im 12. Jh., etwas früher als die Panagía-Kirche von Agía Triás, erbaut. Auch ihr Grundriß ist der eines einem Quadrat einbeschriebenen Kreuzes. Das Quadrat tritt jedoch gegenüber den kräftigen kurzen Kreuzarmen kaum in Erscheinung. Der Bau wird von der verhältnismäßig großen Trommel mit ihren klaren Bogengliederungen beherrscht. Im Inneren sind nur wenige schlecht erhaltene Fresken zu sehen. Das Fest dieser Kirche findet am 6. August statt.

Über Anifíon erreicht man 3 km weiter Choniká. Im oberen Teil des Ortes findet man die verhältnismäßig große Kímisis Theotókou-Kirche, die im Grundriß der von Agía Triás gleicht, um die Mitte des 12. Jh. entstanden sein dürfte und im 15. oder 16. Jh. erneuert und mit einem Glockenstuhl versehen wurde. Die Kirche wirkt allerdings strenger und ist weniger reich geschmückt. Ihre Außenfassade ist mit großen Steinkreuzen verziert, wie sie an Kirchen des 11. Jh. vorkommen. Zu beiden Seiten des Haupteingangs an der Südseite sieht man pseudokufische Verzierungen, ebenso am vermauerten Eingang der Nordseite. Das Innere der Viersäulenkirche ist nicht besonders sehenswert, da die Ausschmückung aus dem 19. und 20. Jh. stammt.

Von Choniká führt nach Nordosten die Hauptstraße nach Prosímni (**20**). Am Ortsrand von Choniká geht links ab die Asphaltstraße nach Mykene und von dieser gleich darauf rechts der Fahrweg zum Heraion (**21**). Man sollte notfalls nach dem richtigen Weg fragen, da die Straßenschilder in dieser Gegend zum großen Teil kaum noch lesbar sind. Sowohl Choniká wie auch die schon erwähnten Orte Anifíon und Agía Triás sind durch Straßen mit Árgos (**13**) verbunden.

20

Déndra und Midéa

Ein Ausflug zum Kuppelgrab von Déndra und zur mykenischen Akropolis von Midéa lohnt sich nur für den speziell Interessierten. – Von Tíryns (**16**) nimmt man den im vorigen Kapitel beschriebenen Weg nach Agía Triás und von dort die Straße nach Mánessi und Midéa. Nach 2,5 km, unterwegs an einer Straßengabel weiter rechts aufwärts fahrend, erreicht man das Dorf Déndra.

Fährt man am Ortseingang von Déndra links aufwärts bis zu einem Platz mit einer Zisterne, erreicht man von dort 300 m schräg links abwärts gehend links unterhalb eines Weges das Tholos-Grab von Déndra. Die Kuppel ist eingestürzt. Das Grab hat einen 25 m langen Dromos und einen Durchmesser von etwa 7 m. Es stammt aus dem 14. Jh. v. Chr. Unter dem mit Stuckgips überzogenen Boden wurden 4 Gruben freigelegt, von denen zwei als Gräber und zwei zur Aufnahme von Weihegaben und Schlachtopfern dienten. In dem einen Grab waren das Königspaar, in dem anderen eine Prinzessin beigesetzt. Die Art der Beisetzung und die zahlreichen Grabbeigaben lassen wertvolle Schlüsse auf den mykenischen Totenkult zu. In der Nachbarschaft des Kuppelgrabes wurden 13 Kammergräber mit Dromoi aus spätmykenischer Zeit (SH II und III) ebenfalls mit reichen Grabbeigaben gefunden. Diese sind heute im Nationalmuseum in Athen zu sehen. In einem der Gräber entdeckte man die vollständige Rüstung eines mykenischen Kriegers, die heute im Museum in Nauplia ausgestellt ist.

Wenn man zum Ortseingang von Déndra zurückkehrt und dort die rechts aufwärts führende Straße weiterfährt, kommt man zur Ágios Thomás-Kirche, die links der Straße über einer von Eukalyptus umstandenen Quelle steht. Man kann von hier aus innerhalb von 20 bis 30 Minuten die rechts oberhalb der Straße liegende Akropolis von Midéa besteigen. Midéa gehört zu den kleineren mykenischen Burgen, die wohl meist im 14. Jh. v. Chr. überall in der Argolis von den Gefolgsleuten der Herren von Mykene gebaut wurden. – Der Sage nach war Midéa eine Burg der Persiden und Atriden. Sie wurde von Perséus erbaut und von Elektrýon, dem Vater Alkménes, bewohnt. Später gehörte sie den Pelopssöhnen Atréus und Thyéstes.

Von der Burg ist in der Hauptsache noch die Mauer in kyklopischer Bauweise in einer Stärke von 5 bis 6 m und einer Höhe von bis zu 7 m erhalten, und zwar an der Nord-, West- und Südwestseite. Die Ostseite dagegen war wegen des steilen Felsens nicht befestigt. An der Westseite ist der Eingang mit der als Bastion vorgezogenen Mauer zu erkennen. Ähnlich wie in Mykene wurde die Mauer in hellenistischer Zeit ausgebessert. Innerhalb der Burg befinden sich geringe Spuren von Gebäuden. Ausgrabungen der Schwedischen Archäologischen Schule auf der Hügelkuppe erbrachten wenige Reste eines Palastes. Die Burg wurde wahrscheinlich Ende des 12. Jh. durch Brand zerstört.

21

Heraion von Árgos

Das hochberühmte Hera-Heiligtum der Argiver (Iréon Árgou) liegt nordöstlich von Choniká (**19**). Man biegt gleich nach diesem Ort von der Straße, die nach Mykene führt, rechts ab auf eine asphaltierte Straße, die nach knapp 2 km beim Heiligtum endet. Die Ausgrabung wird nur verhältnismäßig selten von Fremden aufgesucht, obwohl sich ein Besuch wegen der landschaftlichen Lage besonders lohnt.

Sage und Geschichte

In der Gegend des Heraions hat man Zeugnisse schon aus frühhelladischer Zeit gefunden. Die älteste Siedlung stammt jedoch aus späthelladischer, d. h. mykenischer Zeit, aus dem 15. bis 13. Jh. v. Chr. Nach der Überlieferung leisteten die griechischen Heerführer dem Agamemnon hier ihren Treueid vor dem Zug nach Troja. Die Verehrung der Hera ist in der Argolis seit ältesten Zeiten sowohl in Mykene wie in Árgos und Tíryns nachzuweisen. Hera war ursprünglich wohl überhaupt eine argivische Gottheit, deren Kult sich allmählich in den benachbarten griechischen Landschaften ausbreitete. Ihr bedeutendstes Heiligtum war das Heraion. Hier wurde Hera, ursprünglich Hauptgöttin der argivischen Könige, als Gemahlin des Götterkönigs Zeus und als Schützerin der Frauen und der Ehe verehrt. Jedes Jahr fand in Árgos das berühmte Hera-Fest, Heraia genannt, mit gymnischen und musischen Wettspielen statt, deren Preis ein Myrtenkranz oder ein eherner Schild waren. Im kultischen Teil des Festes, das wie eine richtige Hochzeit drei Tage dauerte, wurde die Eheschließung mit Zeus nachvollzogen. Höhepunkt des Festes war eine Prozession von Árgos zum Heraion, die von der Hera-Priesterin angeführt wurde. Diese war verheiratet und muß eine besondere Stellung im öffentlichen Leben eingenommen haben, denn die Stadtgeschichte von Árgos zählt die Jahre nach den Amtszeiten der Priesterinnen. Die Hera-Priesterin fuhr im Festzug auf einem mit Kühen bespannten Wagen. Kühe waren der »kuhäugigen« Hera heilig. Als einmal die Priesterin Kydíppe zum Heiligtum fahren wollte und die Kühe nicht aufzufinden waren, spannten sich ihre Söhne Kleobis und Biton selbst vor den Wagen und zogen das schwere Gefährt bis hinauf zum Heiligtum. Die Priesterin erbat sich für die Söhne von Hera das »Schönste, was ein Mensch sich wünschen kann«, worauf – so die Sage – die Göttin die Jünglinge in der Nacht in den ewigen Schlaf hinübergleiten ließ.

Der älteste Tempel, der im Heraion nachweisbar ist, stammt vom Beginn des 7. Jh. v. Chr. Seine höchste Blüte erlebte das Heiligtum im 5. Jh. v. Chr. Es blieb bis in römische Zeit von Bedeutung. Wiederentdeckt wurde das Heiligtum zuerst 1831 von General Gordon. In den folgenden Jahrzehnten fanden verschiedene Einzelgrabungen, darunter auch 1874 von Schliemann statt. Systematische Grabungen erfolgten 1892–95 von der Amerikanischen Schule und 1925–28 von Blegen.

Rundgang

Vom Eingang des Ausgrabungsgeländes erreicht man zuerst links die geringen Reste einer monumentalen Treppenanlage (1), die in ihrem rechten Teil zur Hauptterrasse hinaufführte. In der Mitte dieses Treppenteils steht am oberen Ende ein Altar (2). Die linke Hälfte der Treppe endet nach etwa einem Drittel der Höhe vor einer langgestreckten dorischen Säulenhalle (3), deren Hinterwand sich an die Terrassenmauer anlehnt. Treppenanlage und Stoa stammen aus dem 5. Jh. v. Chr. und dienten wohl nicht nur zur Abstützung der Tempelterrasse, sondern auch als Schautreppe zur Beobachtung des Festzugs.

Auf der Terrasse sind die Fundamente des sog. neueren Hera-Tempels (4) erhalten. Er wurde 420 v. Chr. von dem Argiver Eupolemos erbaut. Es war ein dorischer Tempel im attischen Stil mit 6 × 12 Säulen. Pausanias berichtet, daß auf der einen – wohl der Ostseite – im Giebel die Geburt des Zeus, am Westgiebel die Eroberung Trojas und auf den Metopen der Kampf zwischen Göttern und Giganten dargestellt war. Weiter lautet der Bericht, daß den Eingang Standbilder von Hera-Priesterinnen und Heroen sowie ein Standbild des Orestes geschmückt haben. In der Vorhalle habe man links alte Statuen der Cháriten, rechts ein Ruhesofa der Hera und als Weihegeschenk den Schild gesehen, den Menelãos einst dem Euphórbos in Troja abgenommen habe. In der Cella des Tempels gab es das Gold-Elfenbeinbild der sitzenden Hera, ein Werk des berühmten Bildhauers Polyklet. Das berühmteste und älteste Bildwerk im Tempel war eine sitzende Hera, aus wildem Birnbaumholz geschnitzt, die Pirásos, Sohn des Árgos, nach Tíryns geweiht haben soll. Die Argiver brachten es bei der Eroberung dieser Stadt 468 v. Chr. ins Heraion. Zur Zeit des Pausanias befanden sich noch zahlreiche römische Weihegeschenke im Tempel. Unter dem Tempel wurden die Reste einer mykenischen Siedlung aufgedeckt.

Westlich des Tempels etwas unterhalb der Terrasse sieht man die Grundmauern eines großen quadratischen Gebäudes (5), das einen säulenumstandenen Innenhof hatte. Dieses Bauwerk wurde Ende des 6. Jh. v. Chr. als Festgebäude errichtet. Der schmale Eingang, der von Norden her in den Hof führt, war links und rechts von insgesamt drei Banketträumen flankiert, in denen je 11 Sockel von Ruhebetten gefunden wurden. Hier wurden während der Feiern die Gastmähler abgehalten.

Östlich des Tempels wurde in hellenistischer Zeit schräg zur Tempelachse ein 17 m langer Altar (6) errichtet. – Weiter im Osten ist die Tempelterrasse durch ein längliches Gebäude (7) mit einer Vorhalle und 3 × 5 Säulen im Inneren abgeschlossen. Dieses hypostyle Gebäude erinnert an das Telesterion in Eleusís und diente vielleicht in ähnlicher Weise wie dort Kultzwecken. Nach Norden ist die Tempelterrasse durch eine klyklopische Stützmauer begrenzt. Vor ihr liegen die Reste zweier Säulenhallen. Rechts sieht man eine kleinere Halle (8) mit einer davor gelegenen Treppenanlage, auf der Denkmäler standen. Die Halle wurde in späterer Zeit durch Wände unterteilt. Nach Westen hin erstreckt sich eine 63 m lange Halle (9), deren Westflügel etwas hervorspringt. Im Inneren legte man in späterer Zeit drei Zisternen an. Beide Hallen wurden Ende des 7./Anfang des 6. Jh. v. Chr. errichtet.

Über den Säulenhallen auf der Terrasse, die von der kyklopischen Mauer gestützt wird, liegen die Reste des alten Hera-Tempels (10), der Anfang des 7. Jh. v. Chr. gebaut wurde. Er war 19 m breit und 17 m lang. Die langgestreckten Proportionen weisen auf das hohe Alter hin. Nur den Sockel des

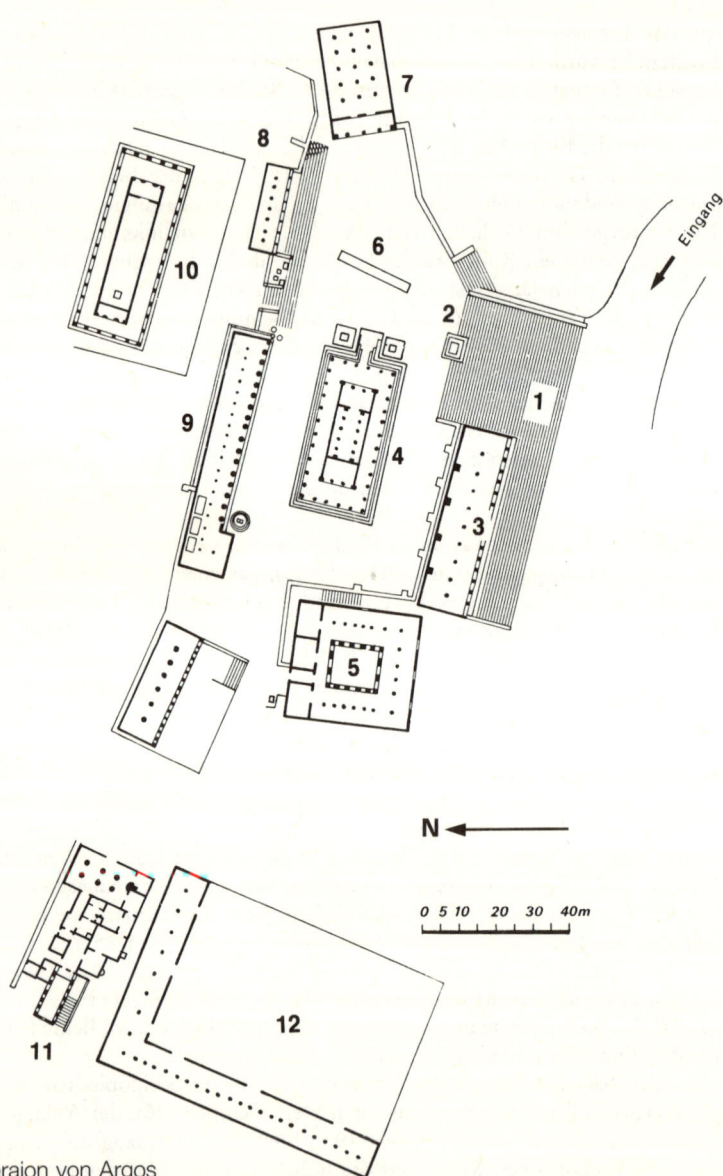

Heraion von Argos

Tempels hatte man aus Stein errichtet. Die Wände der Cella bestanden aus Ziegeln. Das hölzerne Dachgebälk war ursprünglich mit Stroh oder Schilf gedeckt. Eine Vorstellung, wie dieser Tempel ausgesehen haben könnte, gibt ein Tonmodell eines solchen Tempels aus dieser Zeit, das im Heraion von Perachóra (2) gefunden wurde und im Nationalmuseum in Athen (Saal 52) steht. Mitte des 7. Jh. wurde der Tempel mit einer Ringhalle aus hölzernen Säulen umgeben und das Dach mit Tonziegeln bedeckt. Der Tempel brannte 423 v. Chr. ab »weil Schlaf die Hera-Priesterin Chryseís umfing, als die Bekränzungen hinter dem Leuchter in Brand gerieten. Chryseís ging bittflehend nach Tegéa zur Athéna Aléa. Die Argiver zerstörten aber die Statue der Chryseís nicht, obwohl ihnen ein so großes Unglück zugestoßen war, sondern sie steht heute noch vor dem verbrannten Tempel« (Pausanias). Der alte Tempel wurde nicht wieder aufgebaut.

Von der oberen Tempelterrasse hat man einen sehr eindrucksvollen Blick über die Argolis. Das Heiligtum beherrscht die Ebene: »Daß dieses ein religiöses Phänomen ist, übersieht man leicht, daß nämlich diese Situation bewußt topographisch gestaltet ist, daß die religiöse Einheit bewußt architektonisch herbeigeführt ist. Dies ist der besondere Wesenszug des Hera-Glaubens in der Argolis« (Zschietzschmann).

In römischer Zeit, in der das Heraion eine erneute Blüte erlebte, wurden westlich des Heiligtums etwas tiefer zwei große Bauten errichtet. Höher am Hang gibt es eine Badeanlage mit zahlreichen Räumen (11). Im Osten liegt ein Atrium, das mit einem Mosaikfußboden geschmückt war. An der Südseite ist eine Kammer mit einer Feuerungsanlage eingerichtet. Im Westen sieht man die Spuren eines Wasserbeckens. Südlich dieser Badeanlage liegen die Reste eines Gymnasions (12), das an der Nord- und Westseite von einer Halle mit innerer Säulenstellung umgeben war.

22

Tolón – Asíne

Tolón ist ein vielbesuchter Badeort in landschaftlich reizvoller Lage in der Nähe von Nauplia. Einst ein romantisches Fischerdorf, ist der Ort mit seinem feinen, aber nicht immer gepflegten Sandstrand heute stark vom Fremdenverkehr geprägt. – Tolón liegt 12 km von Nauplia entfernt und ist erreichbar über die Straße nach Epidauros, von der man nach 4 km rechts abbiegt.

In der Bucht liegen die kleine Insel Koronísi mit der Kirche Ágios Apóstoli sowie die große Insel Rhómvi mit 2 Bergkuppen. Auf ihr gibt es zahlreiche

Ruinen. An der landabgewandten Seite erhebt sich in einer anderen Bucht eine kleine Insel mit der Kirche Panagía Zoodóchos Pigí, die auch Daskalió genannt wird, was Schule heißt und darauf hindeutet, daß während der türkischen Zeit die griechischen Kinder hier heimlich unterrichtet wurden.

1 km östlich von Tolón findet man an der Küste auf einem vorspringenden Felsen die Akropolis von Asíne. Man erreicht sie entweder auf einer Straße, die von Tolón entlang der Küste führt oder indem man, wenn man von Nauplia her kommt, 1 km vor Tolón links abbiegt.

Homer erwähnt Asíne in der Ilias (II, 560) als an »meerbesegelter Bucht« gelegen, Pausanias sah die Stadt nur noch in Trümmern. Asíne war seit Anfang des 2. Jt. v. Chr. besiedelt. In mykenischer Zeit dürfte es der wichtigste Hafen der Argolis gewesen sein. In klassischer Zeit wurden die Einwohner von den Spartanern vertrieben und siedelten sich im heutigen Koróni (**91**) an. Die Stadt bestand bis in hellenistische Zeit. Aus dieser Epoche stammt die Befestigungsmauer, die sich – soweit nicht der Felsen selbst die Verteidigungslinie bildete – rund um den Hügel der Akropolis zieht. Die Mauer besteht teilweise aus isodomischem, teilweise aus polygonalem Buckelmauerwerk. Der Eingang liegt im Nordosten und war mit zwei Türmen flankiert. Zu ihm führte eine Rampe hinauf. Von den Türmen ist der östliche noch in einer Höhe von 9 m erhalten, der westliche wurde von den Venezianern restauriert. Am Fuße der Rampe sieht man die Reste einer römischen Badeanlage. Die Ausgrabungen in Asíne wurden vom Schwedischen Archäologischen Institut durchgeführt. 1686 landeten in Asíne venezianische Truppen unter Königsmarck, um Nauplia zu belagern.

An der Straße, die von Asíne nach Nauplia führt, liegt 800 m von der Akropolis entfernt links der Straße am Hang des Varboúna-Hügels eine spätmykenische Nekropole mit in den Felsen gearbeiteten Kuppelgräbern und mehr oder weniger langen Dromoi. Ebenso wurden zwischen Straße und Hang und östlich der Akropolis zahlreiche Siedlungsspuren festgestellt.

Östlich von Asíne setzt sich der lange Strand fort. Er heißt Pláka. Hier liegen mehrere Hotels. Sie gehören zum Ort Drépanon, der etwas landeinwärts über eine Abzweigung von der Straße Nauplia-Tolón aus zu erreichen ist. Die Umgebung von Drépanon ist die fruchtbare bewässerte Ebene von Chaïdárion. Hier werden Oliven, Wein und Zitrusfrüchte angebaut. Im übrigen ist die Ebene nicht besonders reizvoll. Eine lange Bucht, Drépanos-Hafen genannt, die im Inneren als seichte Lagune endet, führt hier tief in das Land hinein. Es ist ein Naturhafen, der aber im Gegensatz zur Bucht von Tolón wohl nie große Bedeutung hatte. Auf der Spitze der Landzunge, die diese Bucht bildet, liegt die kleine venezianische Festung Drépano. Die Straße entlang der Bucht nach Osten trifft 28 km weiter auf die Hauptstraße Epidauros-Portochéli (**32**).

Mykene, Löwentor ▷

23

Kasármi und Ligourió

Die antike Festung von Kasármi, eine alte mykenische Brücke und das Dorf
Ligoúrion (volkstümlich Ligurió) mit zwei sehenswerten byzantinischen Kirchen befinden sich an der Straße zwischen Nauplia und Epidauros.

14,5 km hinter Nauplia biegt die Straße nach links, erreicht eine Schlucht und
überquert diese. 20 m links neben dieser Stelle wird die Schlucht von einer
kleinen Brücke aus kyklopischem Mauerwerk überspannt. Ihr schmales Gewölbe ist genau wie bei mykenischen Bauten durch Überkragen der Steine
hergestellt. Einige Archäologen vermuten, die Brücke sei erst in nachmykenischer Zeit entstanden. Die Bauweise und die Tatsache, daß das Straßennetz in
der Argolis im wesentlichen bereits in mykenischer Zeit entstanden ist,
sprechen aber dafür, daß diese Brücke mykenisch ist. Noch heute führt ein
Weg über sie hinweg. Einst verlief über sie die Straße, die zur Akropolis von
Kasármi führte, die von hier aus in einem Aufstieg von 20 Minuten zu
erreichen ist.

Die Festung von Kasármi wurde wahrscheinlich im 5. Jh. v. Chr. von den
Argivern zur Sicherung der Straße nach Epidauros erbaut. Es ist jedoch
anzunehmen, daß die
Gegend schon in myke-
nischer Zeit besiedelt
war. Darauf deutet so-
wohl die Brücke hin als
auch die Reste eines
Kuppelgrabes, die man
entdeckt, wenn man die
Straße in Richtung Epi-
dauros weiter bis zum
Weiler Arkadikó fährt;
hier liegt die Tholos
hinter einem Zaun an
der linken Straßenseite
kurz vor der Abzwei-
gung nach Agios Di-
mítrios. Diese Abzwei-
gung nach Ágios Di-
auch, um ein Stück den
Berg hinaufzufahren,
um dann zu Fuß links

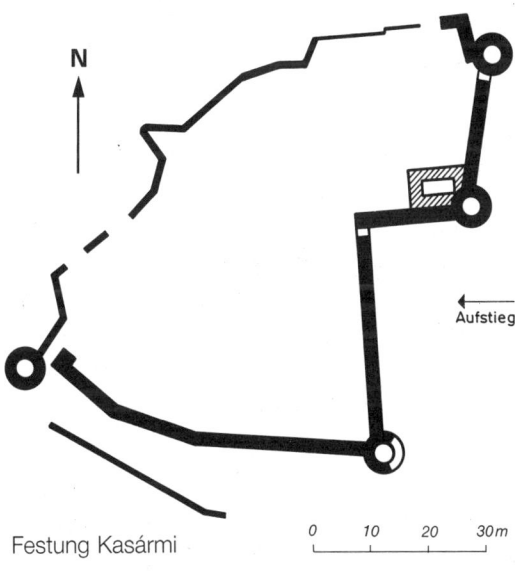

Festung Kasármi

◁ *Mykenischer Panzer und Eberzahnhelm aus Déndra, Museum Nauplia*

zur Festung hinaufzugehen, die schon von der Hauptstraße aus zu sehen ist. – Die Mauer der Festung Kasármi ist im Osten mit Rundtürmen verstärkt. Ein Turm schützt auch den Eingang im Südwesten, der über eine Rampe erreichbar ist. Die Mauern bestehen aus polygonalem Werk. Die Franken befestigten den Berg später erneut. Von ihnen stammt auch ein rechteckiger Turm hinter dem mittleren Ostturm. Am Hang zur Straße hin gibt es Reste einer Stadt. Gelegentlich wird Kasármi mit dem antiken Léssa gleichgesetzt, das Pausanias als Grenzfestung zwischen Árgos und Epidauros erwähnt (II, 25,10).

1 km weiter entlang der Straße erhebt sich rechts der Hügel von Kastráki, wo sich ebenfalls eine Festung aus dem 5. Jh. mit polygonalem Mauerwerk, verstärkt durch runde und quadratische Türme, findet.

25 km hinter Nauplia erreicht man Ligoúrion. Noch vor dem Ort 500 m links der Straße steht etwas erhöht am Hang eine Agía Marína-Kirche. Sie wurde an der Stelle eines Athena-Tempels zum Teil aus antikem Material errichtet. Der kleine achtseitige Tambour ruht auf antiken Säulen, eine davon kanneliert, die übrigen mit ionischen Kapitellen. Die wenigen Fresken sind gut erhalten. Die Ikonostase ist oben mit Christus und den Aposteln, links der Tür mit der Panagía und der namensgebenden Agía Marína, rechts mit Christus und Ioánnis Pródromos geschmückt. Rechts vor der Ikonostase die Heiligen Nikólaos, Dimítrios und Stilianos, gegenüber Georg und Erzengel Michael. In gleicher Höhe am Hang liegen 200 m östlich der Kirche die Reste eines pyramidenförmigen Gebäudes, das dem von Kefalári (**14**) gleicht, wenn es auch nicht so gut erhalten ist. Ähnlich der »Pyramide« von Kefalári dürfte es sich um einen Wachtturm am Weg von Epidauros in die Argolis gehandelt haben, der hier im 4. Jh. v. Chr. errichtet wurde. Zwischen Turm und Straße findet man Spuren einer antiken Siedlung, darunter auch einen Brunnen.

Im Ort geht es geradeaus zum Theater und den Ausgrabungen des Heiligtums von Epidauros (**24**). Links biegt eine Straße ab, die zum Hafen von Alt-Epidauros (**25**), zum Kloster Agnoúdos (**26**) und zum Isthmós von Korinth (**1**) führt. – Am östlichen Ende von Ligoúrio auf dem Wege nach Epidauros liegt rechts der Straße etwas versteckt eine Ágios Ioánnis ó Theológos-Kirche vom Ende des 11. Jh. Es ist eine Zweisäulenkreuzkuppelkirche. Auch hier wurden antike Bauteile verwendet. So hat eine der beiden Säulen eine antike Basis. Für die Außenwand sind antike Orthostaten verwendet worden. Rechts vom Eingang ist in der Wand eine Säule, die möglicherweise von einer frühchristlichen Kirche stammt. Auf einem schmalen Orthostaten an der nördlichen Außenwand findet man eine Inschrift, die in dieser Art selten ist. Sie nennt als Baumeister der Kirche einen Theophyláktos von der Insel Kéa. Der Narthex hat ein dreigeteiltes Satteldach. In seinem Inneren rechts der Tür zum Innenraum

entdeckt man auf den beiden Heiligen und an der Südwand Ritzzeichnungen von Galeeren mit Lateinersegeln und Rudern, angebracht wahrscheinlich, um Schutz für sichere Seefahrt zu erflehen oder als Dank für Errettung aus Seenot. Stilistisch ist die Kirche verwandt mit der von Choniká (**19**).
Etwa 4 km hinter Ligoúrio in Richtung Paleá Epídavros liegt rechts der Straße eine weitere Ioánnis ó Theológos-Kirche. Es ist eine Vierpfeilerkreuzkuppelkirche mit rundem Tambour und einer Vorhalle im Süden. Ähnliche Vorhallen finden sich bei der Agía Moní bei Nauplia (**17**), und es gab sie bei der Kirche in Agía Triás (**19**) sowie in Dríalos, Mani (**69**).

24

Epidauros (Epídavros)

Die Ausgrabungen des berühmten Asklepios-Heiligtums von Epidauros gehören zu den bekanntesten Sehenswürdigkeiten nicht nur der Argolis, sondern Griechenlands überhaupt. Vor allem sehenswert ist das wohlerhaltene Theater, das heute wieder benutzt wird anläßlich der jährlich im Sommer stattfindenden Festspiele von Epidauros, deren Besuch besonders zu empfehlen ist. Sehenswert sind aber auch die übrigen, meist wenig besuchten Bauten des Heiligtums sowie das kleine Museum, das wegen der hier ausgestellten Architekturteile beachtenswert ist.
Epidauros erreicht man entweder über eine neu ausgebaute Straße vom Isthmós von Korinth her (**1**), die entlang der Ostküste bis Ligoúrion führt (58 km). Die andere Hauptstrecke führt von Nauplia (**17**) nach Ligoúrion (25 km). Von Ligoúrion (**23**) fährt man 3 km in Richtung Kranídi und biegt dann links ab zum 2 km entfernten Heiligtum.

Festspiele in Epidauros

Die Festspiele finden in der Regel von Anfang Juli bis Mitte August statt. Auf dem Programm stehen antike Dramen und Komödien in Alt- und Neugriechisch. Karten und Programme sind erhältlich in Nauplia im Büro am Hafen, in dem auch die Schiffskarten für die »Flying Dolphins« verkauft werden. Einige Stunden vor Beginn der Aufführungen gibt es die Karten auch in Epidauros selbst. In Athen erhält man die Karten im Büro der Athener Festspiele, Stadiou 4 (in der Passage), Telefon 3221459. Von dort fahren zu jeder Aufführung Busse nach Epidauros. Auskünfte: Greek Excursion-Club of Athines, Politechnion 12, Telefon 5248600. Auch von Nauplia fahren Busse zu den Aufführungen.

Sage und Geschichte

Der Kult des Asklepios ist nicht in Epidauros entstanden, sondern im thessalischen Trikka (das heutige Tríkkala), wo das älteste Heiligtum des Gottes stand. Es ist nicht bekannt, wann von dort der Kult in Epidauros eingeführt wurde. Die Lokalsage verbindet diesen Vorgang mit einem Kriegszug des thessalischen Königs Phlegyas, der mit seiner Tochter Koronís ins Land von Epidauros gekommen war. Koronís wurde von Apollon schwanger, betrog diesen jedoch noch während ihrer Schwangerschaft mit dem sterblichen Íschys, worauf Apollon sie mit seinem Pfeil tötete. Den kleinen Asklepios-Knaben rettete Apollon aus dem Leib der Mutter und gab ihn einer auf dem Berg Mýrtion weidenden Ziege, die das Kind mit ihrer Milch nährte, wonach der Berg den Namen Títthion, d. h. Zitzenberg erhielt. Es ist der heutige Velanidiá, 858 m hoch, der im Nordosten des Heiligtums liegt. Als ein Hirte den Knaben fand und aufnehmen wollte, wurde er durch einen von ihm ausstrahlenden Glanz zurückgeschreckt und floh davon, ein Vorgang den epidaurische Münzen aus der Römerzeit im Bilde darstellen. Bei dem weisen Kentauren Cheíron in einer Höhle des Pélion-Gebirges aufgezogen, lernt der Knabe von diesem die Heilkunst, bewirkt zahllose wunderbare Heilungen und weckt selbst Tote auf. So soll er Hippólytos, den Stiefsohn der Phaídra (s. Troizén (**28**)) wieder zum Leben erweckt haben. Hades, der Herr der Unterwelt, der durch das Wirken des Asklepios sein Reich in Gefahr sieht, beschwert sich bei Zeus und dieser tötet Asklepios durch Donner und Blitz, um das Weltall im Gleichgewicht zu halten. Apollon rächt sich, indem er die Kyklopen vernichtet, die Zeus die Donnerkeile geschmiedet haben. Asklepios wird nach seinem Tode in das Sternbild des Schlangenträgers verwandelt. Seine Heilkünste gehen auf zahlreiche Nachkommenschaft, vor allem auf seine Tochter Hygíeia (= die Gesundheit) über und auch der berühmte Arzt Hippókrates und seine Schüler auf der Insel Kos hielten sich für Nachkommen des Asklepios und nannten sich Asklepiaden.

Die Verbindung zwischen Asklepios und Apollon ist in Epidauros auch an den Kultstätten zu erkennen. Noch bevor der Asklepios-Kult hier heimisch wurde, gab es bereits auf dem Kynórtion-Berg oberhalb des Theaters ein Heiligtum des Apollon Maleátas, der ebenfalls um seiner heilbringenden Kräfte willen verehrt wurde. Dieser Berg heißt heute Charaní und ist 700 m hoch. Er liegt im Südosten des Heiligtums. Der Beiname Maleátas kommt vielleicht von einer noch älteren heilbringenden Gottheit namens Maléas. Der Kult geht mindestens bis in archaische Zeit in das 7. Jh. v. Chr. zurück.

Siedlungsspuren an dieser Stelle weisen aber bis in das 3. Jt. v. Chr. Der Asklepios-Kult im Tal dürfte im 6. Jh. v. Chr. eingeführt worden sein und erreichte seinen Höhepunkt im 4. Jh. v. Chr. Der Apollon-Kult bleibt aber während dieser Zeit erhalten. Anfang des 4. Jh. v. Chr. entstanden sowohl das Theater als auch ein neuer Asklepios-Tempel und schließlich der Rundbau, die berühmte Tholos. Bereits Ende des 5. Jh. v. Chr. werden von Epidauros aus zahlreiche andere Asklepios-Heiligtümer gegründet, so das Heiligtum am Fuße der Akropolis sowie Heiligtümer in Sikyón, Kos und später in Kyréne, Pérgamon und schließlich in Rom.

Epidauros war – ähnlich wie Olympia – keine Stadtgemeinde, sondern ein zu Alt-Epidauros gehörendes Heiligtum. Es hatte jedoch eine große Bevölkerung aufzuweisen, da außer den Fremden hier eine zahlreiche Priesterschaft, welche den Kultus und die Kur der Kranken besorgte, und viele Diener wohnten. Es wird berichtet, daß im Heiligtum, ähnlich wie auf der Insel Delos, weder Frauen gebären, noch Menschen sterben durften. Nach Pausanias war dies freilich nur in den Gebäuden des Heiligtums untersagt. Er berichtet nämlich: »Die Epidaurier am Heiligtum litten am meisten darunter, daß die Frauen nicht unter einem Dach gebären konnten und die Kranken unter freiem Himmel sterben mußten. Er (der römische Senator Antoninus) sorgte auch dafür und baute ein Haus, und hier darf nun ein Mensch sterben und eine Frau gebären.« (II, 27,9).

Die Heilungssuchenden, die nach Epidauros kamen, mußten sich hier zunächst kultischen Reinigungszeremonien unterziehen und dem Apollon Maleátas das erste Opfer bringen. In einer besonderen Schlafhalle, im Abaton, verbrachten sie die Nacht, wobei ihnen Asklepios im Traum erschien und den Weg ihrer Heilung anzeigte. Während in der Frühzeit des Heiligtums die Heilungen wohl in erster Linie auf den erschütternden Erfahrungen der Kranken bei ihrer Begegnung mit dem Gott beruhten, waren in späterer Zeit neben den Heilpriestern auch wissenschaftlich gebildete Ärzte tätig, die Kuren verordneten und medikamentöse Behandlungen und operative Eingriffe vornahmen. Seit dem Beginn des 5. Jh. fanden in Epidauros alle 4 Jahre Panhellenische Feiern statt, die jeweils 9 Tage nach den Isthmischen Spielen mit Theateraufführungen und athletischen, später auch musischen Wettkämpfen gefeiert wurden. Die sog. Asklepien hatten aber nur lokale Bedeutung und konnten nicht mit den Festspielen in Delphi und Olympia, Isthmía und Neméa verglichen werden.

Das Heiligtum von Epidauros verlor seine Anziehungskraft auch nicht in römischer Zeit. 295 v. Chr., als Rom von einer großen Epidemie heimgesucht wurde, schickte man Gesandte nach Epidauros, um nach Heilmitteln zu fragen. Sulla zerstörte zwar 86 v. Chr. wie so viele andere Orte auch Epidauros und verteilte die Schätze und Weihegaben unter seinen Soldaten. Gerade die

Römer bauten aber Epidauros danach wieder auf. Bemerkenswert ist, daß das Heiligtum nach Einführung des Christentums fortbestand. Der Bau einer großen christlichen Basilika am Ende des 5. Jh. an diesem abgelegenen Ort läßt vermuten, daß die Funktion des Heilgottes Asklepios ohne großen Bruch auf den christlichen Heiland übergegangen ist.

Die Ausgrabungen in Epidauros begannen 1879 durch das Griechische Archäologische Institut unter Kavádias. Sie wurden mit Unterbrechungen bis 1928 fortgesetzt. Ausgrabungen im Maleátas-Heiligtum wurden 1948–1951 von J. Pappadimítriou unternommen und 1974 weitergeführt.

Rundgang

Vorbei am Museum (28), das wir am Ende des Rundganges beschreiben, führt der Weg zunächst hinauf zum Theater.

Theater (1)

Es ist das bekannteste und am besten erhaltene Theater der griechischen Welt. Erbaut wurde es wahrscheinlich zu Beginn des 3. Jh. v. Chr. Es stammt also nicht – wie Pausanias meint – von Polyklet (dem Jüngeren, der im 4. Jh. v. Chr. lebte). Das Theater wurde zunächst mit 34 Sitzreihen errichtet, die in 12 Sektoren eingeteilt waren. Im 2. Jh. v. Chr. wurde es nach oben auf 55 Sitzreihen erweitert. Diese sind in 22 Sektoren eingeteilt. Während die alte Cavea in den Fels gearbeitet ist, mußte für die Erweiterung eine Erdaufschüttung vorgenommen werden. An der Nahtstelle von alter und neuer Cavea entstand der Umgang (Diazoma). Die Flügel der erweiterten Cavea sind gegenüber der alten Cavea etwas zurückgesetzt, so daß über den alten Außenkeilen nicht zwei, sondern nur je ein Keil der Erweiterung steht. Im ersten Bauabschnitt faßte das Theater 6500, nach dem zweiten über 12 000 Zuschauer. In der unteren Reihe liegt die Prohedrie, bestehend aus Sesseln mit Rückenlehnen für die Ehrengäste. Die drei untersten Reihen waren anderen vornehmen Gästen vorbehalten. Ihre Sitze sind zum Auflegen von Kissen niedriger als in den darüberliegenden Reihen. Hinter den Sitzflächen sind jeweils Vertiefungen für die Füße der nächst höher sitzenden Zuschauer ausgespart. Berühmt ist die Akkustik der Cavea, die es zuläßt, in der Orchestra geflüsterte Worte selbst in der obersten Reihe in 22 m Höhe deutlich zu vernehmen. Immer wieder wird dies von Besuchern ausprobiert, sei es mit banalen Worten, sei es in der Sprache von Aischylos und Euripides. Die Orchestra hat einen Durchmesser von 20,30 m. Sie besteht wie einst aus gestampfter Erde. In der Mitte ist der Sockel des Dionysos-Altars erhalten. Er gehört zum klassischen Theater und weist dieses als Kultbau aus. Die Orchestra konnte von den Seiten her durch

Zugänge, die sog. Parodoi, betreten werden. Diese waren durch Tore begrenzt, die wieder aufgebaut worden sind. Jedes Tor hatte zwei Öffnungen, die durch Türflügel verschlossen werden konnten. Die Öffnungen sind unterschiedlich breit. Die größeren führten zur Orchestra und dienten dem Auftritt des Chores. Die schmaleren führten über Rampen auf eine erhöhte Bühne, die zum Skenenbau gehörte. Dieser ist nur in Fundamenten erhalten und wird häufig durch moderne Kulissenbauten überdeckt. Die Skene bestand aus einer langgestreckten, im Inneren von 4 Säulen gestützten Stoa, an deren Enden je zwei kleine quadratische Räume lagen. Von der Stoa führten drei Türen auf die erhöhte Spielfläche, auf der auch die erwähnten Rampen endeten. Die Spielfläche war 22 m lang und 2,17 m breit. An ihren Enden hatte sie kleine hervortretende Flügel. Ihr Sockel war mit 14 ionischen Halbsäulen geschmückt. Drehzapfenspuren und Falze an den Halbsäulen lassen erkennen, daß zwischen diesen drehbare Holztafeln angebracht waren, auf denen der Spielhintergrund für die in der Orchestra agierenden Schauspieler dargestellt war. In späterer Zeit, die wohl mit der Erweiterung der Cavea zusammenfällt, agierten die Schauspieler nur noch auf der Bühne und überließen die Orchestra dem Chor. Die Bühne dürfte um die Stoa erweitert worden sein, und das Skenengebäude wurde durch einen Anbau im Westen vergrößert. 267 n. Chr. wurde das Skenengebäude durch die Heruler zerstört und danach unter Verwendung von Baumaterialien anderer Gebäude repariert.

Heiligtum des Apollon Maleátas (2)

Wer etwas Zeit hat, sollte, bevor er vom Theater hinabsteigt zum Asklepios-Heiligtum, einen Abstecher zum Heiligtum des Apollon Maleátas machen, das auf dem Kynórtion-Berg links oberhalb des Theaters liegt. Ein Weg führt vom oberen Rand des Theaters dorthin. Die Stelle des Heiligtums war bereits seit dem 3. Jh. v. Chr. besiedelt. Ein Brandopferaltar, der hier gefunden wurde, stammt aus dem 7. Jh. v. Chr. Das erste nachweisbare Gebäude an dieser Stelle war ein kleiner Tempel mit zwei Säulen an der Vorderfront, aus der Zeit um 380 v. Chr. Neben ihm, etwas versetzt, wurde über einer Stützmauer Ende des 4. Jh. v. Chr. eine lange Halle mit 19 Säulen errichtet. Aus römischer Zeit stammt eine Zisterne mit einer Brunnenanlage. Pausanias berichtet, daß diese von dem römischen Senator Antoninus errichtet worden sei. Neben der Zisterne stand wahrscheinlich ein Priesterhaus. Wie schon erwähnt, wurde das Maleátas-Heiligtum auch nach Einführung des Asklepios-Kultes weiter benutzt, ja, es wurde sogar ein fester Bestandteil desselben.

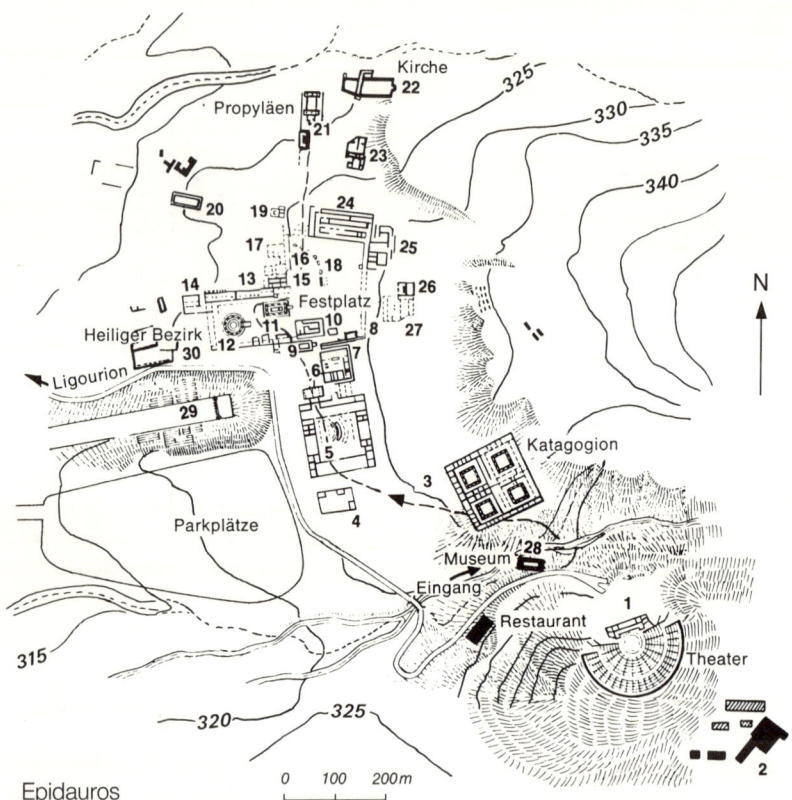

Epidauros

0   100   200m

Katagogion (3)

Wenn man vom Theater hinter dem Museum entlang zum Ausgrabungsgelände geht, liegt rechts als erstes Gebäude das Katagogion, ein Gästehaus. Es ist
ein quadratischer Bau von 76,30 m Seitenlänge, der im 4. Jh. v. Chr. erbaut
wurde. Die Flügel des Gebäudes gliederten sich in zwei Stockwerken um 4
quadratische Höfe, die von Säulenhallen umstanden waren. Das Gästehaus
besaß insgesamt 160 Räume. Auf den noch sichtbaren polygonalen Steinsok-
keln war das Gebäude aus verputztem Lehmziegelmauerwerk errichtet. Das
Gästehaus war die wichtigste Unterkunft der Heilungssuchenden in Epidauros.

Badeanlage (4)

Westlich des Gästehauses liegt ein kleineres rechteckiges Gebäude, das als
Badeanlage angesehen wird. Es wurde im 3. Jh. v. Chr. erbaut. Im Inneren sind
außer unregelmäßig großen Räumen die Sockel einer Säulenreihe innerhalb
eines großen Mittelraumes zu erkennen, ebenso wie Reste eines Ziegelfußbo-
dens aus späterer Zeit. In den Räumen fand man Wannen und Becken. Das
Badehaus dürfte entweder in Verbindung mit dem Gästehaus oder mit dem
nördlich davon gelegenen Gymnasion gestanden haben.

Gymnasion (5)

Das Gymnasion ist ebenfalls ein großer quadratischer Bau von 70 × 76 m
Seitenlänge, der ursprünglich einen Innenhof hatte. Dieser war mit Hallen
umgeben, die von 60 Säulen gestützt wurden. Im Osten, Süden und Westen
lagen dahinter Räume mit inneren Säulenstellungen. In der Nordwestecke
sieht man den Eingangstrakt in Form eines Propylons mit vorgelegter Eingangshalle und kleiner Rampe. Reste der dorischen Säulen und des Fliesenbela-
ges sind hier erhalten. Das Gymnasion war ähnlich wie das Gästehaus mit
Tuffsteinsockeln und aufgehendem Ziegelmauerwerk errichtet, von dem
nichts mehr vorhanden ist. In römischer Zeit wurde nach Beseitigung der
umlaufenden Säulenhalle im Hof ein kleines Odeion für Musikaufführungen

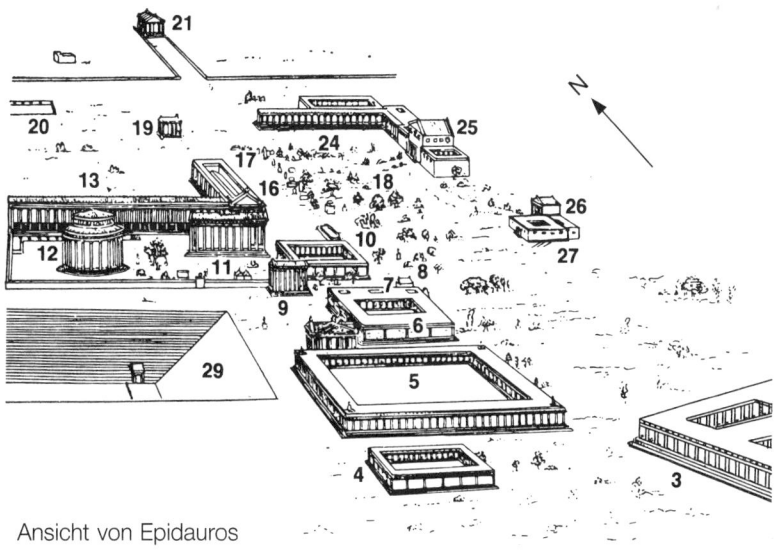

Ansicht von Epidauros

errichtet. Der Unterbau des halbrunden Zuschauerraumes ist noch zu sehen. Über der Eingangshalle wurde in römischer Zeit ein Tempel der Hygíeia errichtet.

Palästra (6) und Stoa des Kotys (7)

Im Norden schließt sich an das Gymnasion ein rechteckiger Bau von 29,35 × 34,20 m Seitenlänge an. Der Zweck dieses Gebäudes, das aus hellenistischer Zeit stammt und in römischer Zeit erneuert wurde, ist nicht genau bekannt. Es wird in der Regel als Palästra angesehen. Der Eingang mit einem kleinen Vorbau liegt im Westen. Im Inneren gibt es einen Hof, der möglicherweise überdacht und von Räumen unterschiedlicher Größe umgeben war. Im Norden erkennt man eine Halle mit Innensäulen. Diese wird für die von Pausanias erwähnte Halle des Kotys gehalten, die aus ungebrannten Lehmziegeln errichtet worden war und von Antoninus erneuert wurde. Vor der Halle wurden Steintische und Bänke gefunden.

Tempel der Thémis (8) und der Ártemis (9)

Beide Tempel stammen aus dem 4. Jh. v. Chr. Der sehr kleine Tempel der Thémis liegt direkt an der Nordostecke der Stoa des Kotys. Von ihm, der im Osten und Westen je einen Eingang besaß, sind in der Hauptsache noch die Umfassungsmauer sowie einige schmale Zwischenwände erhalten. Thémis ist nach der Sage die Tochter des Úranus und der Gáia und wurde von den Griechen als Göttin der Gerechtigkeit und Gesetzlichkeit verehrt. – An der Nordwestecke der Kotys-Stoa findet man den etwas größeren Tempel der Ártemis, der an seiner Ostseite eine von 6 dorischen Säulen gestützte Eingangshalle hatte. Vor dieser lag ein Altar, der über eine Rampe mit dem Tempel verbunden war. Im Inneren stand das Kultbild der Ártemis Hekáte. Die Jagdgöttin Ártemis und die chthonische Gottheit Hekáte wurden in einer Person als Führerin eines wilden Heeres verehrt. Begleit- und Opfertier dieser Göttin war der Hund. Hundeköpfe fanden sich als Wasserspeier am Tempeldach. Am Ártemis-Tempel begann der eigentliche heilige Hain, das Hierón. In byzantinischer Zeit wurde der heilige Hain als Festung ausgebaut und mit einer Mauer umgeben, deren Verlauf man nach Westen hin erkennt.

Altes Abaton (10)

Direkt nördlich des Ártemis-Tempels liegt ein rechteckiger Bau in den Abmessungen 21 × 24 m. Es ist das älteste Gebäude des Heiligtums, stammt aus dem 6. Jh. v. Chr. und war vermutlich die erste Halle, in der der Heilschlaf

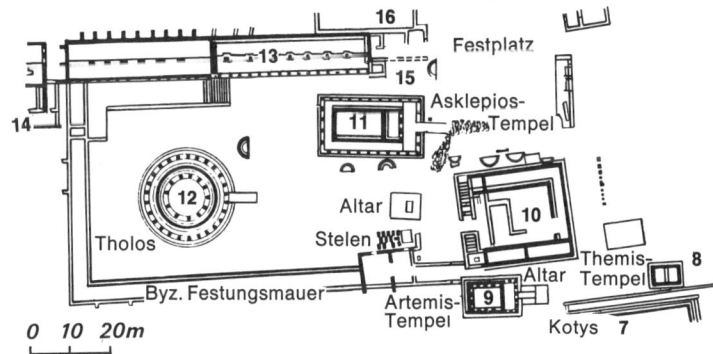

Asklepieion von Epidauros

vollzogen wurde (Abaton = das Unzulängliche). Erkennbar sind nur einige Grundmauern mit länglichen Räumen. In der Nordwestecke befand sich ursprünglich ein kleiner Apollon-Tempel, der älter war als das Abaton und später in dieses einbezogen wurde. Man nimmt an, daß das Gebäude vielleicht seit dem 4. Jh. v. Chr. nicht mehr als Schlafhalle benutzt wurde, nachdem die große Stoa (13) für diesen Zweck in Betrieb genommen worden war. In römischer Zeit waren in dem Gebäude Priesterwohnungen untergebracht.

Tempel des Asklepios (11)

Westlich des Abaton liegt ein Altar des Asklepios, nördlich davon die verhältnismäßig geringen Fundamentreste des Tempels des Gottes. Der Tempel

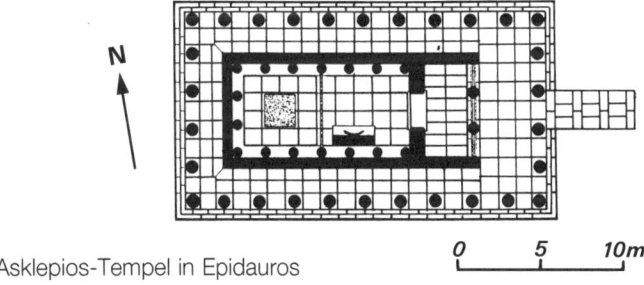

Asklepios-Tempel in Epidauros

wurde wahrscheinlich um 390 v. Chr. von Theodótos oder Theodóros von Phokaía errichtet, der auch die Tholos in Delphi erbaut hat. Es war ein dorischer Peripteros mit 6 × 11 Säulen. Der Cella war ein Pronaos mit zwei Säulen zwischen Anten vorgelagert. Ähnlich dem späteren Zeus-Tempel von Neméa (**10**) hatte der Asklepios-Tempel kein Opisthodom, und ähnlich dem Athena-Tempel in Tegéa (**48**) und dem Apollon-Tempel in Bássai (**106**) waren die Säulen im Inneren der Cella nicht mehr freistehend, sondern an die Wände herangerückt. So wurde der Innenraum größer. Im Hintergrund stand in der Mitte das Goldelfenbeinbild, das der Bildhauer Thrasymedes von Paros um 350 v. Chr. geschaffen hatte. Pausanias beschreibt die Statue so: »Asklepios sitzt auf einem Thron, einen Stab haltend und die andere Hand hat er über dem Kopf der Schlange und auch ein Hund ist neben ihm liegend dargestellt. An dem Thron sind die Taten von argivischen Heroen angebracht. Bellerophóntes' Kampf mit der Chimaira und Perséus, der der Meduse den Kopf abgeschlagen hat.« – An der linken Seite der Cellawand sieht man eine Grube von 50 cm Tiefe in den Abmessungen von 1,75 × 2,70 m. Es wird berichtet, daß die Statue des Asklepios in einer Vertiefung gestanden habe. Diese an der Seite liegende Vertiefung war das aber jedenfalls nicht. Gruben und Vertiefungen in Tempeln stehen, wie z. B. auch in Neméa und Delphi, in Zusammenhang mit der chthonischen Herkunft und der Orakelfunktion des jeweiligen Gottes. Vielleicht diente die jetzt sichtbare Grube der Niederlegung von Opfergaben, oder Heilungssuchende nahmen hier Platz, um den Spruch des Gottes zu hören.
Von dem Asklepios-Tempel sind einige sehenswerte Architekturteile im Museum zu sehen. Aus einem Baubericht, der auf einer Marmorplatte erhalten ist, wissen wir, daß die Tempel 24 Talente, was etwa 140 000 Tagewerken entsprach, gekostet haben. Der brüchige Porosstein, der für den Tempel verwendet wurde, stammt aus Korinth, der Marmor aus Attika. Die Bauzeit betrug 4 Jahre und 8 Monate. Aus der Bauurkunde ergibt sich ferner, daß die Modelle für den Figurenschmuck der Giebel, insbesondere also wohl die Akroterien, von dem argivischen Bildhauer Timothéos geschaffen wurden. Abgüsse einiger dieser Figuren sind im Museum, die Originale im Nationalmuseum in Athen zu sehen.
Von Osten her führte eine Rampe zum Tempel. Umgeben war er von zahllosen Weihegaben. Man sieht noch einige halbkreisförmige Sockel von Exedren.

Tholos (12)

Das prächtigste Gebäude des Hierón war die Tholos, also ein Rundbau, der westlich vom Asklepios-Tempel stand. Von ihm sind nur noch Fundamente und die ringförmigen Mauern eines merkwürdigen Untergeschosses zu sehen. Wesentliche Architekturteile der Tholos befinden sich im Museum.

Der Rundbau bestand aus einer Cella und einer Ringhalle mit 26 dorischen Außensäulen. Das Gebälk darüber war mit Triglyphen und Metopen geschmückt, auf denen Opferschalen dargestellt waren. Über dem Bau erhob sich ein flaches, kegelförmiges Dach, das von einem mächtigen Akroter geziert wurde. Von Osten her führte eine hohe ringsum mit Rosetten versehene Tür, die heute im Museum rekonstruiert ist, in die Cella. Diese war im Inneren von 14 korinthischen Säulen gestützt. Die Decke der äußeren und der inneren Ringhalle bestand aus Kassetten, die mit prächtigen Marmorblumen verziert waren. Die Innenwände waren mit Fresken des Pausias geschmückt, der der Malschule von Sikyón angehörte. Pausanias berichtet, daß u. a. Eros dargestellt war, der die Leier schlägt; auch rühmt Pausanias die Darstellung der Methe (»die Trunkenheit«). Man habe das Gesicht der Frau durch die gläserne Schale gesehen, aus der sie trank. Erhalten ist von diesen Fresken nichts. Der Boden der Tholos war in konzentrischer Anordnung mit schwarzen und weißen Marmorplatten belegt. In der Mitte gab es eine weiße, herausnehmbare Marmorplatte, die die Verbindung mit dem Untergeschoß herstellte. Dieses Untergeschoß ist von besonderem Interesse. Die drei Ringmauern bilden Gänge, die sich konzentrisch um einen Mittelraum anordnen. Türen führen von einem Gang in den nächsten. Sie sind jedoch zusammen mit Querwänden in den Gängen labyrinthähnlich so angeordnet, daß man beim Gang von außen nach innen oder umgekehrt in jedem Gang fast einen vollen Kreis beschreiben muß und bei jedem Umgang die Richtung wechselt. Es ist unbekannt, wie man den Zugang zu dieser Anlage gestaltet hatte. Jedenfalls war es eine heilige Stätte, die wahrscheinlich auch mit dem chthonischen Charakter des Asklepios zusammenhing. Vielleicht wurden hier die dem Gott heiligen Schlangen gehalten. – Um das Untergeschoß herum verliefen drei breite Fundamentringe

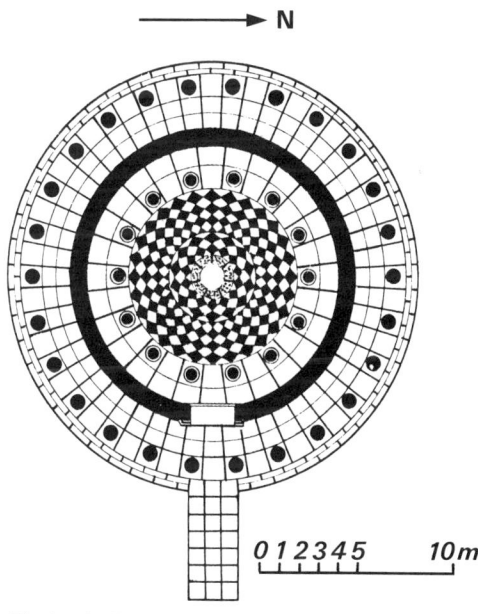

Tholos in Epidauros

aus Porosstein. Der breiteste, äußere Ring war der Unterbau der Außensäulen, der mittlere trug die Cellamauer und der innere die Innensäulen der Cella.

Das Gebäude wurde wahrscheinlich zwischen 360 und 320 v. Chr. errichtet. Für den Baumeister hält man den Bildhauer Polyklet den Jüngeren, obwohl dies nicht sicher ist. Der Zweck der Tholos ist nicht klar. Sie wurde auch als Thymele, d. h. Opferstätte bezeichnet, vielleicht weil hier den heiligen Schlangen geopfert wurde. Auch galt die Tholos als Grab des Asklepios.

Neues Abaton (13)

Nördlich der Tholos und des Asklepios-Tempels lag eine langgestreckte Säulenhalle mit 29 ionischen Außensäulen und 13 Innensäulen. Die Halle besteht aus zwei Teilen. Der östliche war eingeschossig, der westliche wegen des abfallenden Geländes zweigeschossig. Es wird angenommen, daß der östliche Teil im 4., der westliche erst im 3. Jh. v. Chr. entstand. Die Hallen ersetzten zu ihrer Zeit das alte Abaton, wo die Kranken sich zum Heilschlaf niederlegten und im Traum das Erscheinen des Gottes erwarteten, der ihnen die Art der Heilung, aber auch – wie berichtet wird – die Art der Spende zeigte, die sie hier vor der Heilung stiften mußten. Zahlreiche Inschriften und Darstellungen wundertätiger Heilungen waren in der Halle angebracht. Einige von ihnen sind heute im Museum zu sehen.

Am Westende der Halle gab es ein römisches Brunnengebäude (14), das vielleicht auf den Porosfundamenten eines klassischen Vorläufers errichtet wurde. Dieses Gebäude, das sich außerhalb des Hieróns befand, hatte an der Südseite eine Säulenhalle und dahinter eine Reihe von Räumen, die wahrscheinlich als Zisternen dienten. – Am östlichen Ende des Abatons lag ein 17 m tiefer Brunnen (15), der bereits im 6. Jh. v. Chr. erbaut worden war und dessen Wasser als heilkräftig galt, wie Inschriftentafeln an dieser Stelle berichteten.

Bibliothek (16), Badeanlage (17) und Aphrodite-Tempel (19)

Auf unserem Rundgang wenden wir uns jetzt nach Norden und gehen an der Westseite des einstigen Festplatzes entlang, der im Süden von dem alten Abaton und an den übrigen Seiten von anderen prächtigen Bauten umstanden war. Wir betrachten zunächst nur die Gebäude am Westrand. Hier liegt zuerst eine Bibliothek mit einem großen quadratischen Mittelraum. Im Norden schließen sich Räume einer Badeanlage an, zu der die Bibliothek gehörte. Der ganze Komplex stammt aus dem 2. Jh. v. Chr. und erstreckt sich über Gebäuden aus dem 5. Jh. v. Chr. Man nimmt an, daß diese zu einer später nicht mehr benutzten Asklepios-Kultstätte gehörten. – Rechts auf dem Festplatz (18) sieht man zahllose Reste von Weihegeschenken sowie eine Reihe halbrunder Exedren. – Im Anschluß an die römischen Bäder gibt es links die schwachen Spuren eines kleinen Aphrodite-Tempels (19), der 320 v. Chr. entstand. 50 m weiter westlich ist eine große Zisterne (20) aus Porosstein zu sehen, deren Wände durch Strebepfeiler verstärkt sind.

Propyläen (21)

Vom Aphrodite-Tempel führt der Weg 100 m weiter zu den Propyläen, die den Haupteingang des Heiligtum von Alt-Epidauros her bildeten. Sie wurden irgendwann zwischen 340 und 300 v. Chr. errichtet. Schmale Rampen führen von Norden und Süden her auf das mächtige Fundament des Torbaues, von dem im übrigen kaum Reste erhalten sind. Es war ein geschlossenes Gebäude, das sich an beiden Eingangsseiten etwas verbreiterte. Die Rampen führten zwischen Säulenpaaren hindurch. Im Inneren trugen 14 im Rechteck angeordnete korinthische Säulen die Decke. Die Außenmauern des Gebäudes waren mit Friesen aus Stierköpfen und Rosetten geschmückt. – Südlich, innerhalb des Heiligtums, ist an der Seite des Weges ein Brunnen angelegt.

Frühchristliche Basilika (22)

Östlich der Propyläen liegen die bedeutenden Reste einer fünfschiffigen christlichen Basilika, die Ende des 4./Anfang des 5. Jh. entstand. Ihre Errichtung beweist die Fortdauer des Heilglaubens in christlicher Zeit. Errichtet wurde sie aus dem Material verschiedener antiker Bauten. Im Westen war der Kirche ein säulenumstandenes Atrium vorgelagert, an das sich im Norden und Süden kirchlichen Zwecken dienende Nebenräume anschlossen. Gegen Osten betrat man den langen, schmalen Narthex, der nach Süden über die Front der Kirche hinausspringt und nach Norden zu einem Baptisterium führt. Vom Narthex aus kommt man in den fünfschiffigen Kirchenraum mit einem breiteren Mittelschiff, an dessen östlichem Ende, etwas schräg versetzt, ein Querschiff mit festen Seitenwänden und Apsis im Osten anschließt.

Von der Basilika wenden wir uns wieder nach Süden, aber nicht auf dem alten Weg, sondern weiter östlich. 50 m südlich trifft man dann auf die Mauern einer römischen Villa (23), die wahrscheinlich etwa aus der gleichen Zeit wie die Basilika stammt.

Nördliche und östliche Bauten am Festplatz (24–27)

Von der römischen Villa weiter nach Süden gehend, erreicht man einen großen in Ostwestrichtung verlaufenden Bau (24), der die Nordseite des Festplatzes abschloß. Das Gebäude wurde im 3. Jh. v. Chr. errichtet und bestand aus einer langen dorischen Säulenhalle zum Platz hin. Dahinter lag ein von ionischen Säulen umstandener Innenhof, der ringsum von Läden umgeben war.

Östlich dieser Anlage sind nach Süden hin die Mauern römischer Thermen (25) in zum Teil noch beträchtlicher Höhe erhalten. Im südlichen Teil dieser Anlage gibt es einen quadratischen Raum mit einer runden Apsis, in der Statuen standen. Davor verläuft zu einem Hof hin eine Stoa. Es wird angenommen, daß es sich um das von Pausanias erwähnte Bad des Asklepios und das Heiligtum der Götter der Fülle und des Überflusses, das sog. Epidoteíon handelte. Dieses Heiligtum wurde im 4. Jh. v. Chr. erbaut und im 2. Jh. n. Chr. von Antoninus erneuert.

Am Rande des Kiefernhains erhebt sich ein weiteres römisches Gebäude. Zuerst sieht man links einen quadratischen Hof mit einer vorgelagerten Stoa. Man nimmt an, daß es der Tempel des Asklepios und des Apollon der Ägypter (27) ist. Südlich davon liegen zwei quadratische von kleineren Räumen umgebene Atrien, die zu einer römischen Villa (27) gehörten.

Durch den Kiefernhain gehen wir zurück zum Katagogion und weiter zum Museum.

Museum (28)

Das Museum ist besonders wegen der hier ausgestellten spätklassischen Architektur sehenswert, wie man sie sonst in keinem anderen Museum Griechenlands sieht, wenn auch die Stücke in dem altmodischen schmalen Gebäude nicht besonders günstig aufgestellt sind.

1. Saal

Hier sind vor allem Inschriften über Heilungen ausgestellt sowie zwei Bauabrechnungen über den Asklepios-Tempel, aus denen wir oben zitiert haben, und der Tholos. Eine weitere Inschrift enthält Gedichte des Dichters Isýllos von Epidauros um 300 v. Chr., die dem Apollon Maleátas und dem Asklepios geweiht sind und die Stiftung einer Prozession und eines Altars beschreiben sowie politische Überzeugungen des Dichters und einen Dank an Apollon enthalten, daß er Sparta vor Philipp von Makedonien geschützt habe. In einer Vitrine sieht man einige ärztliche Instrumente, oben an der Wand bemalte Schmuckleisten von Giebeln und Simsen (Antefixe) aus Epidauros.

2. Saal

Hier sind vor allem Gipsabgüsse der Skulpturen des Asklepios, der Hygíeia und der Akroterfiguren des Bildhauers Timotheus vom Asklepios-Tempel zu sehen. Die Originale befinden sich im Nationalmuseum in Athen (Saal 22).

Mantíneia, modernes Kunstwerk in antiker Form ▷

Ferner sind Votivfiguren und andere Skulpturen sowie im hinteren Teil des Saales das Gebälk des Propylons vom Gymnasion ausgestellt.

3. Saal

An der linken Wand oben Niken sowie andere Skulpturen aus dem Artemis-Tempel. Dahinter auf der linken Seite die Rekonstruktion eines Schnittes durch die Tholos mit Außensäulen und Gesims, Cellawand und Innensäule. Im folgenden der Ausschnitt des Fußbodens der Tholos. Am Ende des Saals sieht man das Dachgebälk der Tholos mit Opferschalen an den Metopen und freistehend im Raum ein korinthisches Kapitell, das wegen seiner feinen Ausarbeitung und Ebenmäßigkeit als ein persönliches Werk von Polyklet dem Jüngeren angesehen wird. Das aus dem äolischen und dem ionischen Kapitell entwickelte korinthische Kapitell hat hier seine kanonische Form erreicht. An der rechten Seitenwand findet man von hinten nach vorne zunächst einige weitere Bauteile der Tholos, zuerst ein Teil der Cellawand, dann Teile der Kassettendecke, und zwar hinten die Decke der Cella, weiter vorne die des äußeren Umganges. Zu beachten ist der reiche Schmuck des inneren Kassettenringes mit Spiralen und Eierstabkanten sowie Zwickeln zwischen den Kassetten, die mit Akanthusranken gefüllt sind. Vor allem zu bewundern sind die Blüten- und Akanthusblätter in den Kassetten. Vor den Kassettendecken das Eingangstor in der Cella der Tholos mit Rosetten und feinen Eierstäben. Schließlich vorn im Raum die Außenfassade des Artemis Hekate-Tempels mit den schon erwähnten Hundeköpfen an der Traufleiste und das Gesims des Asklepiostempels.

Stadion (29)

Außerhalb des eingezäunten Ausgrabungsgeländes erstreckt sich unterhalb der Parkplätze das Stadion, das im 5. Jh. v. Chr. zwischen zwei niedrigen Hügeln in einer natürlichen Senke angelegt wurde. Am östlichen Ende wurde der Querwall durch eine künstliche Erdaufschüttung hergestellt. Die Laufbahnlänge betrug in Epidauros 181,30 m, die Breite der Laufbahn 23 m. Ursprünglich konnten 11 Läufer gleichzeitig an den Start gehen, später waren es nur noch sechs, wie auch heute noch an der Ablaufschranke zu sehen ist. An der Schmalseite und an den beiden Langseiten sieht man noch die Sitzreihen aus Stein, die in Sektoren gegliedert waren, aber wohl nicht die ganze Länge der Laufbahn einnahmen. An der Südseite gibt es inmitten der Sitzreihen einen rechteckigen Bau, die Ehrentribüne, in dem die Sitzreihen mit Rückenlehnen versehen waren. Eine besondere Treppe führte zur Laufbahn hinunter. Gegenüber der Ehrentribüne führt ein unterirdischer gewölbter Gang zu einer Palästra sowie einem Peristyl und einem Gebäude, das als Wohnhaus der

◁ *Mistrá, Pantánassa-Kloster*

Athleten (30) bezeichnet wird. Diese Gebäude liegen westlich des heiligen Bezirks.

Für die Geologie Griechenlands ist die Umgebung des Heiligtums von besonderer Bedeutung, weil hier verschiedene Arten der Trias mit zahlreichen Fossilien vorkommen.

25

Paleá Epídavros (Alt-Epidauros)

Die kleine Stadt an der Ostküste der Argolis ist nicht zu verwechseln mit dem Heiligtum von Epidauros (**24**), dessen Hafen sie in der Antike war. Der Ort ist 14 km von Ligoúrion (**23**), 40 km von Nauplia (**17**) und 55 km vom Kanal von Korinth (**1**) entfernt.

Alt-Epidauros ist ein reizvoller, landschaftlich schön gelegener Hafen, der heute vor allem von Jachten und Fischerbooten angelaufen wird. Eine Reihe kleinerer Hotels sowie Restaurants bieten gute Möglichkeiten auch für einen längeren Aufenthalt.

Die ältesten Bewohner der Stadt Epidauros waren Karer. Ihnen folgen Ionier, die den Einwohnern Attikas verwandt waren. Dorisiert wurde Epidauros von Árgos aus durch den Herakliden Deiphóntes, den Schwiegersohn des Témenos. Diesem übergab der Sage nach der letzte ionische König Pityreus die Herrschaft und zog nach Attika hinüber. In dorischer Zeit kam die Stadt durch Handel und Seefahrt zu hoher Blüte. Sie bemächtigte sich der gegenüberliegenden Insel Ägina und gründete zusammen mit Árgos und Troizén Kolonien an der südlichen kleinasiatischen Küste. Enge Verbindung herrschte zur Zeit der Tyrannen zwischen Epidauros und Korinth. Periander von Korinth war verheiratet mit Melíssa, der Tochter des Tyrannen Prókles von Epidauros. Mit dem Fall der Tyrannis wurde Epidauros von Korinth und Ägina überflügelt. Nur im engen Anschluß an die Politik von Sparta konnte die Stadt ihre Unabhängigkeit bewahren. Sie behielt aber noch über Jahrhunderte einen glänzenden Ruf durch den Kult des Asklepios, dessen Heiligtum (**24**) im Gebiet der Stadt lag und alle anderen Kultstätten gleicher Art bei weitem überstrahlte.

Die kleine Küstenebene wird intensiv mit Gemüse, Zitronen und auch etwas Wein und Korinthen bebaut. Am Südende der Hafenbucht lag die antike Stadt, von der in der Ebene und auch am Hang der ins Meer vorspringenden felsigen Halbinsel Nisí eine Reihe von Gebäuden ausgegraben wurden. Einige Bauten befinden sich unter dem Wasserspiegel der flachen Bucht. Sehenswert ist ein kürzlich ausgegrabenes Theater unmittelbar oberhalb eines modernen Hauses am Hang, der von der Ebene zur felsigen Halbinsel emporsteigt. Auf der Kuppe erhob sich die antike Akropolis und später ein byzantinisches Kastell. Einige Mauerzüge aus dieser Epoche sind noch erkennbar. Neben der bescheidenen Kirche auf dem Berg liegen die Reste einer kleinen frühchristlichen Basilika. Pausanias erwähnte in Alt-Epidauros einen Hera-Tempel. – Südlich der Halbinsel erstreckt sich eine weitere große Bucht mit einem schönen Strand, der zum Baden geeignet ist.

26

Kloster Agnoúdos und Néa Epídavros

An der Straße, die entlang der Nordostküste vom Kanal von Korinth (**1**) nach Ligoúrion (**23**), Epidauros (**24**) und Nauplia (**17**) führt, findet man 21 km nördlich Ligoúrion direkt oberhalb der Straße das Kloster Agnoúdos. Die wenigen Bewohnerinnen des Klosters leben in Hütten außerhalb der festungsartigen Anlage, da die Gebäude nicht mehr bewohnbar sind. Die einschiffige, hohe, von einer Kuppel gekrönte Kirche hat im Inneren nur Andeutungen von Querarmen in Form von Blendbogen. Sehenswert sind die reichen Fresken aus dem 15. oder 16. Jh., die alle Wände der Kirche überziehen und nur an wenigen Stellen Wasserschäden aufweisen. Die reich geschnitzte hohe Ikonostase ist noch an einigen Stellen vergoldet. Ganz links sieht man die Namensikone der Kirche, die der Kímisis tís Theotókou, d. h. dem Marienschlaf geweiht ist. Eine Darstellung Marias befindet sich auch an der Außenseite der Kirche über dem Eingang. Darüber ist ein Stück einer antiken, mit einem Löwenkopf verzierten Traufleiste erhalten, die wahrscheinlich aus Epidauros stammt.

Etwa 100 m südöstlich des Klosters mitten zwischen Büschen und Felsen liegt die kleine einschiffige Kirche Ág. Ioánnis ó Theológos. Sie hat eine gemauerte Ikonostase und ist vollkommen mit Fresken geschmückt. Die Anordnung der Themen ist z. T. ungewöhnlich. In der kleinen Apsis ist die Panagía Platitéra dargestellt, am Triumphbogen davor das Mandilion, flankiert von Engeln. Das Gewölbe hinter der Ikonostase ist mit viermal 2 Kirchenvätern geschmückt, die in der kleinen Apsis keinen Platz gefunden haben. Das Gewölbe vor der Ikonostase zeigt Christus Pantokrator umgeben von Engeln und in den Ecken die Evangelisten. Diese Themen finden sich sonst in der Kuppel und den Pendentifs. Auf der Ikonostase sind links die Panagía, rechts Christus dargestellt. Über der Tür ein Tor flankiert von Engeln mit der Inschrift »Evangelismós tou Theotókou« (= Mariä Verkündigung). Auf den Seitenwänden Heiligendarstellungen, rechts vor der Ikonostase Ág. Ioánnis Pródromos, links Ág. Ioánnis ó Theológos, der Namensheilige der Kirche. Die Westwand zeigt über der Tür die Kreuzigung, links die Agía Marína, die einen Teufel mit dem Hammer erschlägt, rechts den Propheten Ilías.

Wenige Kilometer südlich des Klosters zweigt von der Hauptstrecke eine Seitenstraße nach Néa Epídavros ab. Das stattliche Dorf wird von einer fränkischen Burgruine überragt. Historische Bedeutung erlangte dieser abgelegene Ort, als hier im Januar 1822 nach der ersten Phase der Befreiungskriege die griechische Unabhängigkeit erklärt und das »Organische Gesetz von Epidauros« erlassen wurde, das die erste Regierungsbildung auf gesetzlicher Grundlage ermöglichte. Zum Präsidenten wurde der Fanariote Alexander Mavrokordátos gewählt.

27

Halbinsel Méthana

Méthana springt als große dreieckige Halbinsel an der Südostspitze der argolischen Halbinsel nach Norden in den Saronischen Golf vor. Geografisch gehört sie weniger zur Peloponnes als zu den Saronischen Inseln, und auch verwaltungsmäßig ist sie ebenso wie die benachbarte Insel Póros (**29**) und das Küstenland von Troizén (**28**) dem Nomós Attika zugeordnet. Die wichtigste Verkehrsverbindung sind Fähren, die mehrmals täglich zwischen Méthana und Piräus hin und herfahren. Auch das Auto kann auf diesem Wege mitgenommen werden. Die Fahrzeit beträgt für normale Schiffe 2 bis 3 Stunden, für Tragflächenboote (Flying Dolphins) 45 Minuten. – Auf dem Landweg ist Méthana über die Straße Ligoúrion (**23**) – Portochéli (**32**) zu erreichen, indem man entweder 22 km südlich von Ligoúrion die Abzweigung nach Fanári oder bei Kranídion die Straße entlang der Südküste über Ermióni (**31**) wählt.

Hauptort der Halbinsel ist die kleine Stadt Méthana mit rd. 1000 Einwohnern, die als Heilbad bekannt ist.

Im Süden des Ortes befinden sich die Badeanlagen. Hier steht neben einem älteren ein modernes Badehaus. Davor liegt der Vromolímni, der seinen Namen »Stinksee« mit Recht führt, denn hier fließen die heißen Quellen zusammen, die einen unangenehmen Schwefelgeruch verbreiten. Unter den warmen, salzigen, kohlensauren Quellen gibt es einige mit starkem Schwefelgehalt und Temperaturen zwischen 28 und 35 °. Zwei Quellen sind schwefelarm und haben eine Temperatur von 41 °, schließlich gibt es zwei Kohlensäurequellen. Die Quellen, die schon im Altertum benutzt wurden, werden verwendet bei Badekuren gegen Rheuma, Arthritis, Frauen- und Hautkrankheiten.

In Méthana gibt es eine Ágios Nikólaos-Kirche aus dem 15./16. Jh. in der Form einer sog. Trikonchenanlage, also mit Apsiden an drei Kreuzarmen. – Auf der Halbinsel Nisáki in der Nähe der Badehäuser erhob sich in spätklassischer und hellenistischer Zeit eine griechische Festung. Polygonales Mauerwerk ist noch unterhalb des Rundweges um die Insel zu erkennen. – Siedlungsreste aus mykenischer Zeit wurden auf der Ebene Thróni oberhalb der Quellen gefunden.

Die antike Stadt Méthana lag unweit des heutigen Dorfes Megalochóri an der Südwestseite der Halbinsel auf einer kleinen Anhöhe zwischen zwei Küstenebenen. Einige Mauern sind dort noch zu sehen. Über die Geschichte Méthanas ist nicht viel bekannt. Es stand meist unter der Vorherrschaft von Troizén (**28**). Im 3. Jh. v. Chr. war Méthana ptolomaeischer Stützpunkt. Die Stadt prägte noch im 3. Jh. n. Chr. eigene Münzen.

Besonderes Interesse verdient Méthana wegen seiner geologischen Struktur. Das Bergmassiv der Halbinsel ist im wesentlichen vulkanischen Ursprungs. Es ist neben der Insel Santorin der einzige Vulkan Griechenlands, der in historischer Zeit – um 250 v. Chr. – ausgebrochen ist, wie die antiken Schriftsteller Pausanias, Strabon und Ovid berichten. Der Krater dieses Ausbruchs befindet sich 425 m ü. d. M bei dem kleinen Dorf Kaïméni, das seinen Namen nach dem verbrannten Aussehen des Gesteins trägt. – Das mächtige Gebirgsmassiv der Halbinsel hat seine höchste Erhebung mit 741 m in der Kuppe Chelóna, die ihren Namen »Schildkröte« wohl wegen ihrer Form trägt. Der Chelóna erhebt sich über eine Hochfläche, die von anderen Kuppen umgeben ist. »Von Norden in ganzer Ausdehnung gesehen, bildet die Halbinsel mit ihren breiten Formen, ihren hohen und nahegedrängten Felskuppen einen großartigen Anblick; sie ist eine der kühnsten und ausgezeichnetsten Gestalten des griechischen Küstenlandes« (Curtius II, Seite 439).

Mit der Peloponnes ist Méthana durch eine felsige Landbrücke verbunden, die 71 m hoch und an der schmalsten Stelle 300 m breit ist. Im Osten berührt sie die schmale geschützte Bucht Sténo, einen Teil des Golfes von Méthana, im Westen den Golf von Epidauros, der in der Antike Saronischer Golf hieß. Dieser Name ist heute auf das ganze Meer zwischen der argolischen Küste und Attika übergegangen. Er soll von einem König Saron stammen, der hier an der Küste jagend, einen Hirsch in das Meer verfolgt haben und in den Wellen umgekommen sein soll. Sein ans Ufer geschwemmter Leichnam wurde begraben im Hain des Tempels der Artemis Saronia, den er früher irgendwo hier gebaut hatte. Im Peloponnesischen Krieg hatten die Athener Méthana besetzt und auf der Landenge eine Sperrmauer gegen die Troizenier errichtet. Im Mittelalter und zuletzt in den Freiheitskriegen wurde diese Sperrmauer erneuert. – Die Straße von Méthana nach Epidauros entlang dem gleichnamigen Golf zum Fischerdorf Fanári führt durch eine fruchtbare Küstenebene, wo es kleine Siedlungen mit einfachen Hotels und Privatquartieren gibt. Das Wasser des Golfes ist meist sehr ruhig, die Uferzonen zum Teil brackig und versumpft.

28

Troizén

Troizén erreicht man von Galatás (**29**) aus, indem man sich nach Westen wendet und nach 3,5 km an einer Straßenkreuzung dem Wegweiser nach Trizén folgt. Man kann diese Kreuzung auch von Méthana (**27**) oder von Epidauros (**24**) her erreichen. Nach 2,5 km kommt man zum Dorf Damalás, offiziell auch Trizén genannt. Man fahre bis zur Ortsmitte und wende sich dem Wegweiser entsprechend nach rechts. Westlich des Dorfes erstreckt sich die Stelle, wo das antike Troizén war.

Sage und Geschichte

Troizén ist der Sage nach die Heimat des Theseus. Dieser war der Sohn des athenischen Königs Ägeus und der troizenischen Königstochter Aíthra. Theseus zeugte mit der Amazonenkönigin Hippolýte einen Sohn namens Hippólytos. Dieser machte sich nichts aus Frauen und lebte so keusch, daß er unter dem besonderen Schutz der jungfräulichen Artemis stand. Phaidra, die Gattin des Theseus, eine Schwester der Ariadne, verliebte sich in ihren Stiefsohn, der sie jedoch zurückwies. Phaidra nahm sich daraufhin das Leben. Theseus, der die Schuld daran seinem Sohn gab, bat Poseidon um Rache. Dieser sandte – als Hippólytos eines Tages mit einem Gespann am Strand entlang fuhr – einen wilden Stier. Die Pferde scheuten und schleiften Hippólytos an den verwickelten Zügeln zu Tode. Pausanias (II,32,2) berichtet, die Troizéniér wollten nicht zugeben, daß Hippólytos gestorben sei und zeigten sein Grab nicht, obwohl sie es kannten. Statt dessen ging die Sage, Hippólytos sei von Asklepios wieder zum Leben erweckt und von den Göttern als Sternbild des Fuhrmanns an den Himmel gesetzt worden.

Troizén ist eine alte ionische Siedlung, die kulturell stets eng mit Athen verbunden war. Mindestens seit 2500 v. Chr. sind frühhelladische Besiedlungen nachweisbar. Im 2. Jt. v. Chr. war die Stelle von Troizén aber nur wenig bewohnt. Erst mit der dorischen Einwanderung blühte der Ort im 10. bis 9. Jh.

v. Chr. auf, wahrscheinlich durch verdrängte Bevölkerung aus der Argolis. Vor der Schlacht bei Salamís 480 v. Chr. wurde Troizén Zufluchtsort der athenischen Bevölkerung. Die Stadt beteiligte sich mit fünf Schiffen am Kampf, ebenso wie mit 1000 Hopliten an der Schlacht bei Platää 479 v. Chr. Später verbündete sie sich mit Sparta wegen ihrer gemeinsamen Feindschaft gegen Árgos. In römischer Zeit verzeichnete die Stadt den Besuch Kaiser Hadrians. Um 250 n. Chr. bestand in Troizén bereits eine christliche Gemeinde, und im Mittelalter war der Ort Bischofssitz. Im 9. Jh. tauchte der Name des heutigen Dorfes Damalás auf. In fränkischer Zeit war Damalás eine Baronie des Herzogtums Athen. Aus dieser Zeit stammt das Kastell auf der Akropolis. Seit 1363 gehörte Troizén zum Despotat Mistrá. 1827 tagte die dritte griechische Nationalversammlung im Zitronenhain von Damalás und wählte Kapodístrias zum Präsidenten. Ausgrabungen fanden 1890 bis 99 von der Französischen Schule und 1932 vom Deutschen Archäologischen Institut (G. Welter) statt.

Antike Stadt

Von der antiken Stadt ist relativ wenig erhalten. Folgt man dem beschriebenen Weg, gelangt man nach 500 m zu einer Weggabel die geradeaus zur Teufelsbrücke (Diavologefíro), rechts zum Asklepieion führt. Hier findet man die Reste eines großen Gebäudes aus Ziegelsteinen (1). Erhalten ist ein von einem Tonnengewölbe überdeckter Raum von 5,60 × 7,50 m. Aus den Gewölbeansätzen ist zu erkennen, daß sich mindestens ein weiterer Raum zur Weggabelung hin anschloß. 17 m weiter östlich liegt eine Apsis, die einem dritten Raum dieses Gebäudes angehörte. Es dürfte sich hier um das Museion handeln. Das Gebäude könnte – wie Wasserleitungen in der Nähe zeigen – zu einer großen Thermenanlage gehört haben. Bemerkenswert ist das Ziegelmauerwerk aus dreieckigen Ziegeln, die in abwechselnden Schichten einmal mit der Basis, einmal mit der Schenkelseite des Dreiecks nach außen gerichtet sind. Das Gewölbe ist mit einem Stucküberzug mit scharfgratigen Kanneluren versehen.

Das Museion liegt am Südrand der ehemaligen Agorá. Etwa 100 m nordöstlich des Museions sind die Reste des Tempels der Artemis Soteira (2) gefunden worden. Hiervon ist kaum noch etwas zu sehen. Nochmals 100 m nördlich steht die Agía-Soteíra-Kirche (3), die offenbar die Nachfolge des alten Tempels angetreten hat. Bei dieser Kapelle ist eine um 250 v. Chr. entstandene Inschrift gefunden worden, die den Befehl des Themistokles wiedergibt, die athenischen Frauen und Kinder vor der Schlacht bei Salamís nach Troizén zu evakuieren. Pausanias berichtet auch, daß auf der Agorá Statuen der athenischen Frauen und Kinder gestanden hätten. – Die am Rand des Agorá-Bezirks liegenden

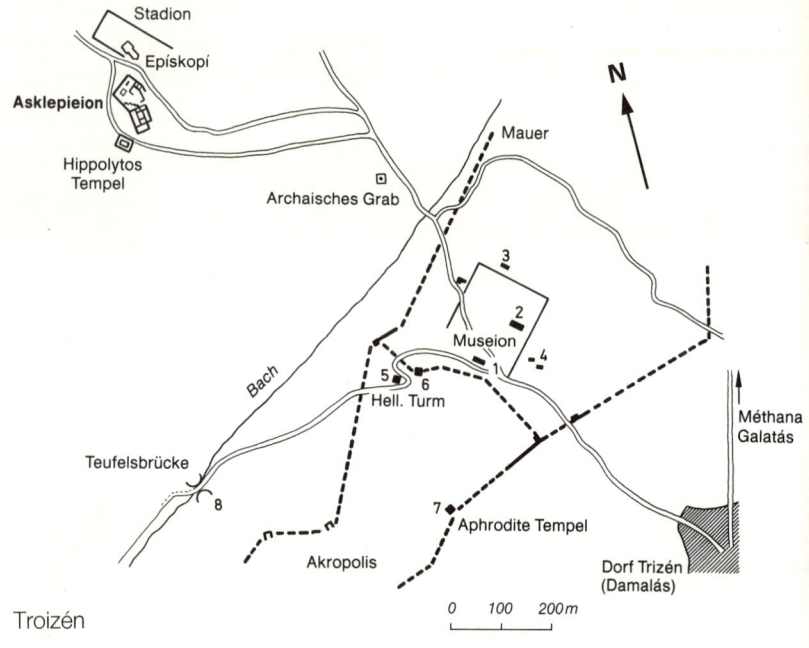

Troizén

Ágios-Geórgios-(4) und Ágios-Joánnis-Kirchen stehen ebenso wie die Agía-
Soteira-Kapelle auf den Fundamenten frühchristlicher Basiliken und wahrscheinlich an Stellen antiker Heiligtümer. Geht man den anfangs beschriebenen Weg etwa 100 m weiter, stößt man links oberhalb auf einen wuchtigen
zweigeschossigen hellenistischen Festungsturm aus Polygonalmauerwerk mit
der Grundfläche 13 × 9,70 m (5). Er wird »Theseus' Palast« genannt. Eine
Treppe führte von der Pforte ins Obergeschoß. Eine zweite Pforte liegt an der
Südseite. Der Turm wurde – wie am Obergeschoß erkennbar – in fränkischer
Zeit restauriert. In diesem Mauerwerk ist über der Tür innen eine Kaminnische
erkennbar. Wenige Schritte unterhalb des Turmes befindet sich ein monu-
mentaler römischer Grabbau (6).
Die Stadtmauer, die im 3. Jh. v. Chr. aus großen polygonalen Kalksteinblök-
ken mit gutem Fugenschluß errichtet wurde, läuft schenkelförmig von einem
bastionsartig steilen unteren Felsvorsprung des Gebirgsstockes bergab etwa
parallel zweier Bachläufe. Der obere am Berghang liegende Teil der Stadt
wurde später wohl wegen zu schwieriger Verteidigung aufgegeben. Am Fuß

des Steilhangs wurde von Ost nach West eine neue Quermauer, der sogenannte Diateichismus, gezogen, die etwa parallel oberhalb des Weges verlief. Zu diesem Verteidigungswerk gehörte der hellenistische Festungsturm.

Unterhalb der steilen Felsbastion der Akropolis gibt es auf einem vorspringenden Absatz in halber Berghöhe an der östlichen Stadtmauer eine 33 m breite Terrasse aus horizontal geschichteten Schieferblöcken. Hier stand der Tempel der Aphrodite Akraia (um 550 v. Chr.). Der Tempel (7) mit den Abmessungen 18,70 × 8,90 m war ein Antenbau. In der Cella ist der sonst regelmäßig abgearbeitete Schieferboden auf einer quadratischen Fläche von 3 × 3 m nicht behandelt. Offenbar war hier das Fundament für das Kultbild.

Etwa 100 m oberhalb des Tempels ist wahrscheinlich die Stelle eines von Pausanias erwähnten Pan-Heiligtums. Auf der Akropolis, die in fränkischer Zeit ein Kastell trug, hat man die Stelle eines Athena-Tempels zu suchen.

Hinter dem Festungsturm links aufwärts (s. Wegweiser »Devils Gorge«) führt ein Fahrweg in die Schlucht des Kremastós zur Teufelsbrücke (8), wohl ursprünglich eine Naturbrücke, die durch Erosion des Flusses stehenblieb und in fränkischer Zeit mit einem Gewölbe untermauert wurde. Über die Brücke führt eine alte Wasserleitung, von der auch am Weg unterhalb der Brücke Spuren erkennbar sind. Ein kurzer Spaziergang die üppig mit Oleander und Platanen bewachsene Schlucht aufwärts und dann über Felsen im rauschenden Flußbett wieder abwärts kletternd bis unterhalb der Teufelsbrücke ist lohnend. Kurz vor der Brücke ist links ein großer Eulenkopf in den Fels gemeißelt, wohl eine antike Arbeit.

Asklepieion – Hippolytos-Tempel – Episkopí

Geht man von der Wegabzweigung zur Teufelsschlucht weiter nach Nordwesten, überquert man den Gefiron und zugleich die Westgrenze der einstigen Stadt. Nach etwa 1200 m gelangt man zum Heiligtum des Asklepios und zu anderen Heiligtümern, die mit der ältesten Stadtgeschichte in Verbindung stehen.

Das Asklepieion liegt links etwas oberhalb des Weges. Das Heiligtum wird im Norden und Westen von einer polygonalen Terrassenmauer gestützt. Parallel zum Weg führt eine Rampe zu einem Propylon (1) in den Abmessungen 12,80 × 8,50 m. Erhalten ist vor allem der Sockel; weiter ist erkennbar eine Stufe der Vorhalle und die Türschwelle. Im Hof stand ein Breithaustempel (2) mit vier Säulen zwischen Anten. Die Vorhalle wurde später zerstört, die Cella in römischer Zeit mit dickem Mörtelputz versehen. – In die Südmauer des Tempelbezirks ist ein Brunnenhaus (3) mit einem 3,75 × 0,75 m großen Wasserbecken eingelassen. Dahinter ist die Wasserzuführung erkennbar. Rechts hiervon in der Ecke des Peribolos befindet sich ein Nebeneingang zum

Tempelbezirk (4). Unmittelbar daneben lehnt sich eine kleine Halle an die Westmauer des Bezirks an. Die Halle war vorne offen und durch zwei Pfeiler gestützt. Später wurde der nördliche Teil zugemauert und in ein Bad verwandelt. – Zwischen dem Propylon und dem Tempel liegt das Fundament eines großen Altars (7,15 × 2,40 m) mit je zwei vorspringenden Basen an den beiden Längsseiten (5). Gegenüber dem Altar und neben dem Propylon führte eine schmale Treppe zu einem kleinen Antentempel (6) auf einer erhöhten Terrasse, die einen eigenen Bezirk innerhalb des Heiligtums bildet. Die Stützmauern der Terrasse im Westen bestehen aus sauber gearbeitetem Polygonalmauerwerk. Dieser Bereich ist der älteste des Heiligtums. Im Osten des Bezirks liegt der interessanteste Teil des Heiligtums, ein Peristylbau aus dem 3. Jh. v. Chr. Der Gesamtkomplex mißt 31 m im Quadrat. Der Hof (7) hatte einen Säulenumgang mit 5 × 4 dorischen Säulen. Um den Hof läuft eine sehr breite flache Rinne aus blauem Kalkstein. Das hier aufgefangene Wasser wurde im Osten durch einen etwas tiefer liegenden gemauerten Kanal abgeleitet. In der Südostecke des gedeckten Umgangs sind zwei ca. 67 cm hohe Orthostaten erkennbar. Sie trugen einen Opfertisch für unblutige Opfer. – Die Südseite des Gebäudes nimmt ein 29 m langer und 9,60 m breiter Saal ein (8). Er wurde in der Längsachse von drei dorischen Säulen gestützt. Der Boden ist mit Kieselestrich bedeckt. Im Raum sind deutlich sechs quadratische Feuerstellen aus aufrechtstehenden Trachytplatten zu erkennen. An der Nordseite zwei kleinere rechteckige Feuerstellen. Rund an den Wänden und zwischen den Feuerstellen sind

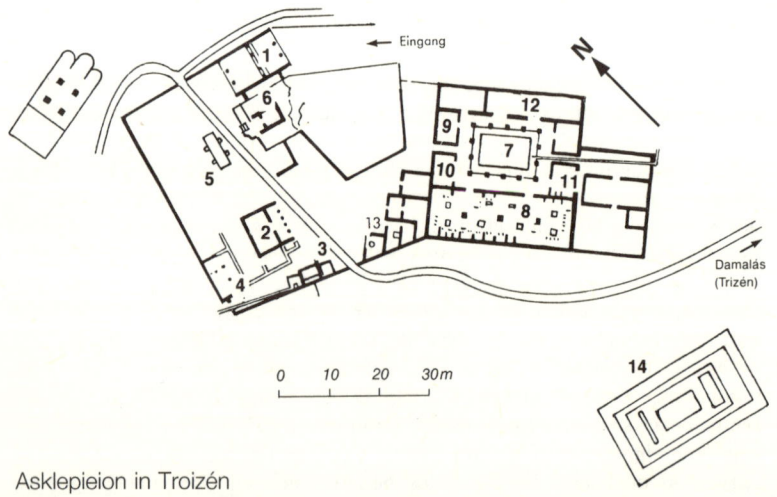

Asklepieion in Troizén

senkrecht zu den Wänden längliche Porosblöcke mit eingelassenen Nuten an der Oberfläche zu erkennen. Die Nuten hatten Holzfüllungen. Die Steine dienten als Sockel für Bettstellen, die sich rund um den Saal zogen. Insgesamt waren im Raum 61 Betten (Klinen) untergebracht. Jedes Bett hatte einen eigenen Marmortisch, der auf zwei Porosblöcken ruhte. Zwei Räume an der Westseite des Peristyls (9, 10) und einer an der Ostseite (11) wiesen dieselbe Einrichtung mit je neun Betten und einer Feuerstelle auf. Die Nordseite des Peristyls nahm eine weitere lange schmale Halle (12) ein, die in römischer Zeit in Einzelräume aufgeteilt wurde. – Alle diese Räume dienten der Aufnahme von Kranken, die hier in Meditation auf Heilung warteten, aber auch von Ärzten und Chirurgen betreut wurden und das Wasser einer nahegelegenen Heilquelle benutzten. Das Asklepieion wurde 250 v. Chr. durch das Erdbeben des nahen Vulkans Méthana zerstört und zum Teil nicht wieder aufgebaut. Andere Teile des Heiligtums wurden noch in römischer Zeit benutzt. Neben dem Westeingang des Peristylbaues liegen Baderäume sowie ein Brunnen (13).
Etwa 30 m südlich des Asklepieions auf einem höheren Niveau finden sich die Fundamente eines Tempels (14) ($31{,}85 \times 17{,}35$ m). Die Reste sind sehr gering. Es wird angenommen, daß es sich um einen Peripteraltempel aus dem Ende des 4. Jh. v. Chr. handelt. Der Tempel hat ein ungewöhnlich schmales Opisthodom und einen auffallend großen Abstand des Pronaos von der Peristasis. Der Tempel war dem Hippolytos geweiht.
Nördlich des Asklepieions liegen die Ruinen einer großen dreischiffigen byzantinischen Basilika, Palää Epískopí genannt. Die Kirche, die sicher an der Stelle einer frühchristlichen Kirche steht, wurde im 11. Jh. als Kreuzkuppelkirche in der Form eines einbeschriebenen Kreuzes errichtet. Drei Säulen der Kirche stammen wahrscheinlich von einem Heiligtum der Aphrodite Kataskopia, das vor den christlichen Kirchen an dieser Stelle stand. Die Säulen dürften spätrömisch sein. Eine von ihnen trägt eine Weihinschrift aus dem 2. Jh. n. Chr. Die Kirche wurde im 12. Jh. n. Chr. durch einen Anbau im Westen und den Anbau eines langen Chorraumes im Osten zu einer dreischiffigen Basilika erweitert. Im 14. Jh. wurde ein Narthex und in türkischer Zeit ein Hof hinzugefügt.
Die Terrasse, auf der die Kirche steht, ist ungefähr 190 m lang und 20 m breit. Im Norden ist sie durch eine Mauer abgestützt. Bei dieser Terrasse handelt es sich um ein Stadion, das nur auf einer Seite Sitzgelegenheiten hatte. Es war wahrscheinlich das von Pausanias erwähnte Stadion des Hippolytos. Wir finden hier die auch an anderen Orten zu beobachtende Verbindung zwischen Heroon und Stadion. Im Gebiet von Troizén finden sich eine Reihe von Grabanlagen, insbesondere auch monumentale Grabbauten aus römischer Zeit. Ungefähr 550 m östlich der Palää-Epískopí-Kirche ist ein sechseckiger

Bau von 8,50 m Durchmesser und gleich daneben ein quadratischer Bau von etwas geringerem Durchmesser zu sehen. Etwa 600 m südöstlich hiervon liegt ein rechteckiger Grabbau von 9,50 × 8,20 m mit einem cellaförmigen Innenraum und einem Umgang an drei Seiten. In der Cella an der Seite ein Podium mit sieben Abteilungen für Beisetzungen. In der Mitte im Boden eingelassen ein monolithischer Trachytsarkophag.

29

Insel Póros

Die Insel Póros, etwa drei Schiffsstunden (32 sm) von Piräus entfernt, liegt unmittelbar an der Nordküste der Peloponnes. Verkehrsmäßig gilt für sie dasselbe wie für Méthana: häufige, tägliche Schiffsverbindungen (auch Fähr- und Tragflügelboote) mit Piräus, Straßenverbindungen über Ligoúrion, Epidauros bzw. Kranídion.

Die ca. 23 km² große Insel ist eine der malerischsten des Saronischen Golfs. Mit vielen Kiefernwäldern und einigen schönen Sandstränden auf 43 km Küstenlänge war sie ursprünglich mit dem Festland der Peloponnes an der Stelle der heutigen Stadt Póros verbunden. In spätantiker Zeit senkte sich das Land an dieser Stelle und der flache Isthmus, der die Halbinsel mit dem Festland verband, wurde überflutet. Auf diese Weise entstand der etwa 250 m breite Kanal zwischen der Stadt Póros und dem Dorf Galatás, der nur 4 m tief ist, jedoch von den Küstenschiffen bequem durchfahren werden kann. Zwischen Galatás und Póros gibt es Fährverbindungen.

Die heutige Insel Póros besteht aus zwei Teilen, dem Hauptteil im Norden und der kleinen Halbinsel im Süden, auf der die Stadt angelegt ist. Beide Teile waren im Altertum nach Pausanias voneinander getrennt, wie auch der flache sumpfige Isthmus zwischen beiden Teilen beweist. Die kleine Insel hieß im Altertum Sphairía, die große Kalauría. Die Namen werden wieder benutzt. Der Name der Stadt Póros bedeutet Meerenge, Furt. Die Insel hat heute 5000 Einwohner.

Die Stadt, die sich malerisch an einem Berghang emporzieht, liegt an einer nahezu völlig geschlossenen binnenseeähnlichen Meeresbucht, die gerne mit oberitalienischen Seen verglichen wird. Tatsächlich hat man hier nicht den Eindruck, auf einer Insel zu sein, sondern mitten im Land, so nahe sind die Berge der gegenüberliegenden Peloponnes.

Die Stadt Póros besitzt keine besonderen Sehenswürdigkeiten. Sie ist wahrscheinlich eine albanische Gründung des 17. Jh. Auf dem Sattel hinter dem

niedrigeren Hügel, auf dem die Stadt liegt, dürfte es einen Athena-Tempel gegeben haben. Im Westen des Ortes befindet sich an der Neórion genannten Küste eine große Marineschule, die zur Zeit König Ottos I. gegründet wurde. Wie alle saronischen Inseln ist auch Póros mit Erinnerungen an die Befreiungskriege verbunden. Am 13. 8. 1831 steckte hier Miaoúlis, der eine Regierung gegen den Präsidenten Kapodístrias gebildet hatte, einen Teil der griechischen Flotte in Brand, um sie nicht – gemäß Kapodístrias Anordnung – an die Russen ausliefern zu müssen, die die Bevölkerung von Hydra unterwerfen sollten. Wenn man hinter der Marineschule nach Überschreiten des Kanals, der die kleine Insel von der großen Insel Kalaúria trennt, sich nach links wendet und die Lambráki entlang geht, erreicht man nach einem schönen Spaziergang von 3 km, vorbei an zahlreichen Tavernen und kleinen Badebuchten, die »Russische Bucht«. Hier liegen die Ruinen einer Werft der russischen Flotte aus dem 18. Jh., die mit dem Privileg des Sultans angelegt worden war.
Die Hauptinsel Kalaúria besteht aus einer Kette von drei Bergen: von Westen nach Osten die Berge Rhodeíka, Ágios Nikólaos (283 m) und Vígla (346 m). Im Sattel zwischen den beiden letztgenannten, 5 km von der Stadt Póros entfernt, liegt die antike Siedlung Kalaúria mit dem Poseidon-Heiligtum.
Man folgt der Straße an der Marineschule vorbei entlang der Südküste bis zum 4 km entfernten malerischen Kloster der Panagía Zoodóchos Pigí aus dem 18. Jh., das an der Küste auf halber Höhe in der Nähe einer Quelle liegt. In der Kirche ist eine prächtige geschnitzte Ikonostase aus dem 16. Jh. aus Kaisaría in Kleinasien zu sehen. Der italienische Maler Sécoli (19. Jh.) gab der Panagía-Ikone das Antlitz seiner Tochter. Im Klosterhof findet man die Gräber der Admirale Apóstoli und Tombási aus den Freiheitskriegen. Nach dem Freiheitskrieg war hier das erste griechische Priesterseminar untergebracht.
Vom Kloster aus kann man in 40 Minuten durch eine quellenreiche Waldschlucht den Poseidon-Tempel an der Palátia genannten Stelle erreichen. Man geht zunächst die Schlucht aufwärts bis auf ein Plateau mit einigen Hütten und Schafpferchen und hält sich dann nach links, wo man auf eine Asphaltstraße trifft, der man noch 1 km nach rechts aufwärts folgt. Diese Straße zweigt von der zum Kloster führenden Straße links ab und erreicht 4,5 km nach der Stadt die Stelle des Heiligtums rechts der Straße. Zu sehen sind nur noch wenige Reste.
Der Poseidon-Tempel war der religiöse Mittelpunkt einer Amphiktyonie, eines Städtebundes, der die Anlieger des Saronischen Golfes, nämlich Athen, Ägina, Epidauros, Ermióni, Nauplia sowie Prásiai in Lakonien und Orchomenós in Böotien umfaßte. Dies war noch bevor Ägina seine Seemacht errichtete, also etwa im 7. Jh. v. Chr. Das Heiligtum des Poseidon und die antike Siedlung Kalaúria gehörten zum Gebiet der Fürsten von Troizén. Die Ruinen des Tempels liegen auf einem zum Teil mit Kiefern bestandenen Plateau oberhalb der Reste des relativ kleinen antiken Ortes Kalaúria.

Das Heiligtum des Poseidon Kalaúros wurde 1894 aufgedeckt. Es sind jedoch nur noch die Baugruben der Fundamente und verhältnismäßig geringe Fundamentspuren aus blauem Kalkstein erhalten, da der Tempel offensichtlich um 1760 von den Bewohnern Hydras intensiv als Steinbruch ausgebeutet wurde. Heute steht an der Stelle ein Kiefernhain. Der Tempel hatte die Ausdehnung von 14,80 × 27,50 m, wurde wahrscheinlich um 520 v. Chr. als dorischer Peripteros erbaut (1) und dürfte 6 × 12 Säulen gehabt haben. Der heilige Bezirk, der von einem rechteckigen Temenos umgeben war, ist nur noch an ganz geringen Resten identifizierbar. Er hatte ein Propylon (2) im Osten und einen Nebeneingang im Süden. Im Westen des Tempels ist eine Art heilige Straße (3) auszumachen, die von der Stadt zum heiligen Bezirk führte und im Norden und Süden von je zwei nicht ganz parallellaufenden Hallen (4) begrenzt war. Die je etwa 30 m langen Hallen waren von Säulen gestützt. Es handelte sich wahrscheinlich um Stoen. Die Hallen sind zu unterschiedlichen Zeiten zwischen 420 und 320 v. Chr. entstanden. Unmittelbar am Westende zwischen den Hallen ist ein Propylon (5) zu erkennen, das mehrere Nebenräume aufweist und wahrscheinlich 330 v. Chr. entstanden ist. Dahinter gibt es eine kleine halbrunde Exedra (6) und eine 48 m lange Halle mit paraskenienartigen Vorsprüngen aus dem 3. Jh. v. Chr., vielleicht das Bouleuterion (7).

Das Poseidonion von Kalaúria gewährte Flüchtlingen und Schiffbrüchigen Asyl. Im Jahr 322 v. Chr. flüchtete hierher der große athenische Redner und Politiker Demósthenes, der zeit seines Lebens gegen die makedonische Herrschaft gekämpft hatte, vor den Häschern des Diadochen Antipatros. Als diese den Tempelfrieden brachen, um ihn festzusetzen, vergiftete sich Demósthenes. Pausanias berichtet, daß innerhalb des Tempelbezirks sein Grabmal zu sehen

Poseidon-Heiligtum auf Póros

gewesen sei, was aber fraglich erscheint, da Pausanias wohl nicht in Kalaúria war. Vielleicht war Demósthenes ein großes quadratisches Gebäude (21 × 21 m) westlich des Bouleuterions geweiht, das einen säulenumstandenen Innenhof aufwies (8). – Unterhalb des Heiligtums liegt die tiefe Bucht von Vagiónia, einst der Hafen von Kaláuria, wo Reste von Schiffshäusern gefunden wurden. Die lang nach Norden vorspringende Halbinsel heißt Bísti (= »Schwanz« auf albanisch).

In Galatás, dem Dorf gegenüber Póros an der Peloponnesküste, findet man keine Sehenswürdigkeiten außer jenen zwei Bäumen, einer Kiefer und einer Zypresse, die am Westende des Ortes links der Straße an einer Kirche sich gegenseitig zu umarmen scheinen. Der Volksmund sieht in ihnen zwei in Bäume verwandelte Liebende, die im Leben nicht zueinander kommen konnten. Die Verwandlung von Menschen in Bäume ist eine schon in der Antike bekannte Vorstellung, wie sie z. B. Ovid überliefert und wie es auch mit Philémon und Baúkis geschah.

Östlich von Galatás liegt Lemonódassos, wo sich Zehntausende von Zitronenbäumen an den Berghängen hinaufziehen. Der Ort ist zur Zeit der Blüte ein vielbesuchter Platz.

30

Dídima, Kilás und Kranídi

Diese Orte liegen auf der Halbinsel Ermionída, dem Hinterland des einstigen Hermióne (**31**). Die Hauptstraße hierher kommt von Ligourió (**23**) und Epídauros (**24**). Man kann jedoch auch von Nauplia aus die weniger befahrene Nebenstraße über Tolón (**22**), Drépanon und Kándia entlang der Küste nehmen. Man fährt dann in die Mavrovoúno-Berge, wo bedeutende Marmorvorkommen abgebaut werden und trifft auf die Hauptstraße von Epídauros, der man weiter nach Süden folgt. Über einen Paß geht es hinunter in das Becken von Dídima.

Bei Dídima liegen zwei sehenswerte Karstdolinen, die durch Einsturz unterirdischer Hohlräume des Kalkgebirges entstanden sind. Etwa 500 m hinter der Abzweigung linkerhand nach Dídima weist rechts ein kleines Schild (»Pros Spiliá«) zu den Dolinen. Die erste und sehenswertere erreicht man nach 400 m. Die Doline ist eingezäunt, und man kann vom Rand nicht hinuntersehen. Aber ein schmaler, gewinkelter, künstlicher Treppenschacht führt in die Tiefe, beleuchtet von einem zweiten älteren Schacht. Man kommt wieder ans Tageslicht auf einer Stufe, die die Doline auf halber Höhe umzieht. Eine eindrucksvolle weltabgeschiedene Stille herrscht hier. Das Einsturzbecken mit senkrechten Wänden ist fast kreisrund, etwa 35 m tief und hat einen Durchmesser von ungefähr 100 m. Der Boden ist mit dichtem Gebüsch bewachsen. Ein weiterer Abstieg lohnt sich nicht. Zwei Kapellen liegen auf der Terrasse: die Ág. Geórgios-Kirche bei der Treppe ist halb, die Metamórfosis-Kirche gegenüber ist ganz in den Felsen gebaut. Letztere war einst eine Einsiedlerklause, ein Ort wie man ihn sich besser hierfür kaum denken kann. – Die andere Doline erreicht man 300 m weiter am Berghang. Sie ist größer und ihr Abbruch ist weithin sichtbar. Aber sie ist weit weniger eindrucksvoll.

Die Straße führt weiter über Foúrni. Kurz vor Kranídi biegt rechts eine Seitenstraße ab nach Kilás oder Kiládes. Dies ist ein stiller Hafenort mit noch wenig Tourismus an einer schönen Bucht des Golfes von Argolis. Es ist ein Fischerhafen, und am Ortseingang gibt es kleine Werften, wo die Kaiks in traditioneller Weise gebaut werden. – Gegenüber auf der anderen Seite der Bucht liegt die weite Öffnung der Franchthi-Höhle (Franchthi ist das albanische Wort für Höhle). Sie ist berühmt geworden durch die seit 1967 vorgenommenen Ausgrabungen von Thomas W. Jacobsen von der Universität von Indiana, der hier einen der ältesten prähistorischen Siedlungsplätze der Menschheit entdeckte. Die Höhle, die einst wesentlich höher lag und erst durch Landsenkungen in Meeresnähe gerückt ist, war mindestens seit 30 000 v. Chr., zuerst wohl nur zeitweise, später ständig bewohnt. Die Funde zeugen von einfacher Jäger- und Sammlertätigkeit am Ende der letzten, der sogenannten Würmeiszeit im Jungpaläolithikum (bis 10 000 v. Chr.), von verfeinerten Jagdmethoden, Großfischfang und selbst Schiffahrt, nämlich Obsidianimport von der Insel Milos, im Mesolithikum (bis 6000 v. Chr.) und schließlich von der Ausweitung der Höhlensiedlung zum Ufer hin mit Ackerbau, Schmuckherstellung und Töpferei im Neolithikum (bis 3000 v. Chr.). In der Höhle selbst ist natürlich von diesen Funden heute nichts mehr zu sehen.

Zurückgekehrt zur Hauptstraße erreicht man Kranídi, einen hochgelegenen Ort, der einst als Rückzugssiedlung mehrerer Küstenorte zum Schutz vor Piraten entstanden ist. Kranídi bietet nichts Sehenswertes. Eine Umgehungsstraße führt weiter nach Portochéli (**32**) und zur Insel Spétsä (**33**), eine andere Straße biegt ab nach Ermióni (**31**).

31

Ermióni

Der kleine Hafen- und Fischerort Ermióni befindet sich an der Ostküste der stark gegliederten Halbinsel Ermionída, die von der argolischen Halbinsel nach Süden vorspringt. Im Osten liegt gegenüber von Ermióni die Insel Hydra (**34**). Mit dieser und den anderen argolischen Inseln sowie mit Piräus bestehen regelmäßige Schiffsverbindungen vor allem durch die Tragflächenboote Flying Dolphins. Auf dem Landweg erreicht man Ermióni entweder über die Küstenstraße von Galatás und Póros (**29**) oder über die von Ligoúrion – Epidauros nach Süden führende Straße, von der man vor Kranídion nach links abbiegt.

Ermióni erstreckt sich auf dem inneren Teil einer Landzunge, die zwei gut geschützte Häfen bildet. Auf der Spitze der Landzunge, die heute mit Bäumen bewachsen ist, befand sich die antike Stadt Hermióne. Reste einer von den Byzantinern erneuerten Ringmauer sind rund um die Halbinsel entlang des Ufers zu sehen. Bei der modernen Kirche am Beginn der Bäume liegen Reste antiker Gebäude. Etwa 200 m weiter östlich in der Mitte der Halbinsel findet man die Fundamente eines großen Tempels. An der Ostseite der Cella erkennt man Reste der Apsis einer frühchristlichen Kirche. Hermióne wurde zuerst von den Karern, dann von den Dryopern bewohnt und gehörte zum Seebund von Kalaúria (**29**). Die Stadt nahm an den Perserkriegen teil und hatte auch in römischer Zeit und unter den Byzantinern einige Bedeutung. Von letzterem zeugt eine frühchristliche Basilika, die an der Ostseite der Schule auf dem Rücken der Halbinsel nicht weit von dem mit Bäumen bewachsenen Teil ausgegraben wurde. Innerhalb eines eingezäunten Bezirkes sieht man die Fundamente einer dreischiffigen Basilika aus dem 6. Jh., nördlich davon weitere Bauten, darunter ein Raum mit einer Apsis, der vielleicht ein Baptisterion war.

Bei Karakási im Westen der Stadt befinden sich die Reste einer Akropolis und einer spätmykenischen Nekropole. Andere antike Reste finden sich im Süden der Stadt über der Küstenebene Flámbura. 3 km südwestlich von Ermióni erhebt sich über der Kápari-Bucht das Anargíron-Kloster. Östlich der Stadt führt die Straße in Richtung Póros vorbei an einem künstlichen Küstensee, der seit venezianischer Zeit der Salzgewinnung diente. Nördlich der Straße erhebt sich auf einem bizarren Felsen die venezianische Festung Thermísi. Die Küste wurde in den letzten Jahrhunderten von den Einwohnern der gegenüberliegenden Insel Hydra landwirtschaftlich genutzt. 14 km von Ermióni entfernt bei der Ansiedlung Plépi erstrecken sich Hotel- und Bungalowanlagen.

32

Portochéli

Einst ein einfacher Fischerhafen an der Südspitze der Hermionída-Halbinsel ist Portochéli heute Mittelpunkt eines beachtlichen Fremdenverkehrs, nach-

dem in den letzten Jahren in der näheren und weiteren Umgebung zahlreiche
große Hotels gebaut worden sind. Portochéli liegt 62 km südlich von Ligoúrion und 87 km von Nauplia entfernt. Ständige Schiffsverbindungen bestehen
mit der Insel Spétsä (**33**) sowohl vom Hafen des Ortes wie auch von Kósta
5 km südlich aus. Ferner fahren ständig vor allem Flying Dolphins nach
Nauplia, den argolischen Inseln und Piräus. Von Athen aus gibt es im Sommer
eine Flugverbindung per Kleinflugzeug nach Kósta.

Die stark gegliederte und buchtenreiche Küste um Portochéli – im Nordwe-
sten gibt es eine vom Meer abgeschlossene Lagune – ist äußerst reizvoll.
Zahlreiche wohlhabende Athener haben hier ihre Ferienhäuser. Die großen
Hotelbauten haben die einst abgelegene Landschaft allerdings zerstört. Die
Bucht von Portochéli ist einer der am besten geschützten Häfen Griechen-
lands.

Halieís

An der Südseite der Bucht gegenüber dem Ort Portochéli findet man Ruinen
der antiken Stadt Halieís oder Halíke. Amerikanische Grabungen der Univer-
sität von Pennsylvania Anfang der sechziger Jahre haben auf der Akropolis
Funde von neolithischer bis in frühhelladischer Zeit (FH II) erbracht. Eine
Besiedlung ist dann erst wieder im 8./7. Jh. v. Chr. festzustellen. Seinen
Höhepunkt erlebte Halieís im 5. Jh. v. Chr., nachdem sich die von den
Argivern aus Tíryns vertriebenen Tiryntier hier ansiedelten. Im 5. und später
im 4. Jh. v. Chr. gehörte Halieís zur Einflußsphäre der Spartaner und war im
Peloponnesischen Krieg vorübergehend von den Athenern besetzt. Im 4. Jh.
v. Chr. noch stark befestigt, wurde die Stadt Ende des Jahrhunderts aufgegeben. In römischer Zeit gab es hier lediglich einen Gutshof.
Man findet die Ausgrabung, wenn man an der Straße nach Kósta gleich hinter
dem Hotel Giouli rechts in einen Weg einbiegt und diesem 500 m am Ufer
entlang folgt. Am Ufer zeichnen sich im flachen Wasser – die Küste hat sich
hier gesenkt – zahlreiche Fundamente von Häusern ab. Die lange schmale
Ausgrabungsparzelle zeigt Grundrisse zahlreicher Häuser und mehrerer
schmaler Straßen. – Auf der Akropolis wurden ebenfalls Ausgrabungen
gemacht. Diese erreicht man am besten, wenn man von der Straße nach Kósta
hinter dem Hotel Giouli die Abzweigung einer Asphaltstraße (Wegweiser:
Xinitsa Beach Hotel) bis hinauf zur Höhe und bis zu einem Haus rechterhand
nimmt. Dort geht man zwischen zwei Zäunen rechts abwärts und dann
halblinks am Hang entlang, an einer Kiefer vorbei, bis zur eingezäunten
Ausgrabung. Hier sieht man die Fundamente eines großen runden Turms.
Daneben liegt ein großes in drei Räume geteiltes rechteckiges Bauwerk, das auf
den ersten Blick wie ein Tempel aussieht, wahrscheinlich aber eine Kaserne

oder ein Magazin war. Südlich dieses Gebäudes finden sich die Fundamente eines kleineren Hauses und ein aus zwei Kalksteinblöcken bestehendes Altarfundament. Nördlich des großen Hauses im Anschluß an den Rundturm gibt es Reste der Stadtmauer und im Westen der Akropolis unterhalb einer Terrassenmauer ein quadratisches Gebäude, das aufgrund dort gemachter Funde als Speisesaal angesprochen wird. – Auf einem niedrigeren Hügel 100 m nordöstlich der Akropolis wurden Werkstätten, Lagerräume und im Westen dieses Ausgrabungsgebietes Becken einer Purpurfärberei aufgedeckt.

Kósta

5 km südlich von Portochéli endet die Straße beim kleinen Hafen von Kósta, von dem regelmäßig und häufig Fährboote hinüber zur Insel Spétsä verkehren.

33

Insel Spétsä

Man erreicht die 22 km² große Insel mit ungefähr 3500 Einwohnern nach einer knappen Schiffsstunde westlich von Hydra (51 sm von Piräus) am Eingang des Golfs von Argolis nahe der hier stark gegliederten Küste der Peloponnes. Da sie zu drei Vierteln mit Kiefern bewachsen ist, nannte man sie im Altertum auch Pityoússa (Kieferninsel). Sie ist wegen ihres guten Klimas bekannt und heute ein beliebtes Ausflugsziel der Athener, die ihre Villen hier und an der gegenüberliegenden Peloponnes-Küste gebaut haben. Die südwestlich gelegene kleine Nachbarinsel Spetsopoúla gehört dem Reeder Niárchos.

Spétsä ist durch ständigen Fährdienst mit Kósta (**32**) auf der Peloponnes verbunden, ferner durch häufige Schiffsverbindungen, darunter mit den Schnellbooten Flying Dolphins, mit Portochéli, Nauplia, Hydra, Ermióni, Póros, Méthana und Piräus.

Geschichte

Spétsä war zwar bereits in frühhelladischer Zeit besiedelt, wie Funde auf der Halbinsel Agía Marína bewiesen haben. Reste aus der Antike sind aber sonst kaum vorhanden, so daß man schließen kann, daß es eine Siedlung zu jener Zeit nicht gegeben hat. Aus frühchristlicher Zeit stammt eine Basilika. Seit 1515 siedelten auf Spétsä albanische Einwanderer und entwickelten sich zu hervorragenden Seefahrern und tüchtigen Handelsleuten. Im 18. Jh. soll Spétsä durch hinzukommende Flüchtlinge 20 000 Einwohner gehabt haben. 1769 wurde die Insel von den Türken verwüstet. In den Freiheitskriegen spielte sie neben Hydra eine führende Rolle bei den Unternehmungen zur See. Hier wurde am 3. April 1821 das Zeichen zur Revolution gegeben.

Eine der berühmtesten Persönlichkeiten der Freiheitskriege war die aus Spétsä stammende Laskarína Bouboulína, eine reiche Witwe, die zuerst mit einem Kapitän und dann mit einem Reeder verheiratet war. Letzterer war 1811 im Kampf gegen algerische Piraten gefallen. Zu Beginn der Freiheitskämpfe setzte die Bouboulína nicht nur ihr großes Vermögen ein, sondern sie befehligte, 50 Jahre alt, auch ihr eigenes Schiff Agamemnon und nahm mit drei weiteren Schiffen, die ihren Söhnen unterstanden, im April 1821 an der Blockade von Nauplia teil, bis die Festung im November 1822 fiel. Die Bouboulína lebte bis 1825 in Nauplia, zog sich dann nach Spétsä zurück und wurde das Opfer einer unrühmlichen Familienrache.

Nach der Revolution sank Spétsä ebenso wie Hydra in die Bedeutungslosigkeit zurück. Heute lebt die Insel von Landwirtschaft, etwas Fischerei und vor allem vom Fremdenverkehr.

Rundgang und Ausflüge

Mittelpunkt der Stadt Spétsä ist der Platz oberhalb des kleinen alten Hafenbeckens, die Dápia, wo heute auf schönem Kieselmosaikboden die Caféhausstühle hinter drohenden Kanonenrohren stehen. Diese erinnern an die Zeit, als die Dápia der geistige Mittelpunkt der Revolution von 1821 auf Spétsä war. Am 8. September wird hier ein großes Fest gefeiert und in Erinnerung an eine Seeschlacht im Jahre 1822 im Hafen die Nachbildung eines türkischen Schiffes verbrannt. – Anders als Hydra wirkt die Stadt Spétsä ländlich und verträumt. Straßen und Häuser breiten sich weit an den flachen Hängen aus. Hinter der Dápia erstreckt sich das älteste Stadtviertel Kastélli. Etwas oberhalb der Dápia liegt ein prächtiges klassizistisches Haus. Gegenüber am Platz wird das Haus der Bouboulína gezeigt. Am oberen Rande dieses Viertels stehen die Kirchen Agía Triás von 1793 und die Taxiárchen-Kirche von 1805, etwas weiter nach Süden die Kímisis tís Theotókou-Kirche von 1710 mit Fresken der kretischen Schule.

Am Westende der Stadt liegt der Bau eines prächtigen alten Hotels zwischen Palmen, das an Hotelbauten der Riviera erinnert. Es ist ebenso wie ein umfangreicher Gebäudekomplex weiter westlich, der ein berühmtes Knabeninternat beherbergt, die Stiftung eines ausgewanderten Spetsioten namens Anáryros, der in Amerika zu großem Wohlstand gekommen war.

5 Minuten südöstlich der Dápia ist in der Nähe des Hotels Mírtoon in dem stattlichen Hause der Familie Mexis das Museum der Stadt eingerichtet. Es

enthält in den schönen Räumen des Obergeschosses römische und byzantinische Funde, Bilder von Schiffen und Kleidung, Textilien, Keramik, Erinnerungen an die Geschichte Griechenlands im vorigen Jahrhundert, Waffen, Fahnen
und eine Kiste mit den Knochen der Bouboulína. Ein Raum hat einen Kamin in
türkischem Stil. Geht man von der Dápia die Straße am Meer entlang nach
Osten, erhebt sich am zweiten Küstenvorsprung, dort wo eine tiefe Bucht
beginnt, die im nachbyzantinischen Stil erbaute Kirche Ágios Nikólaos aus
dem Jahre 1805, die bei ihrer Errichtung zu einem Kloster gehörte und heute
als die Kathedrale der Stadt fungiert. An ihrem Glockenturm wurde zuerst die
Fahne der Revolution gehißt.
Die tiefe Bucht ist heute der Jacht- und Fischereihafen der Insel. Auf der
gegenüberliegenden Seite der Bucht steht die Kirche Panagía Armáda, die zur
Erinnerung an den Sieg der Schiffe von Spétsä, Hydra und Psara über eine
türkische Flotte am 8. September 1822 errichtet wurde. Im Inneren gibt es ein
Gemälde von Koútsis, das die Schlacht darstellt.
Südlich der Hafenhalbinsel liegt an der Ostküste die kleine Halbinsel Agía
Marína mit einigen Tavernen und der gleichnamigen Kirche. Hier wurden die
Reste einer frühhelladischen Siedlung (FM II = Lérna III) ausgegraben. Die
Funde befinden sich im Museum von Nauplia. Vom Kloster Ágii Pántes auf
dem Vorgebirge über Agía Marína hat man einen schönen Blick auf die Insel
Spetsopoúla und den Ausgang des Golfs von Argolis.
Von Agía Marína kann man auf einer Straße in einem Tagesausflug die Insel
umrunden. Man steigt zunächst zum Kap Bisti hinauf. Auf dem nächsten Kap
Koutsoúna wurde eine frühchristliche Basilika etwa aus dem Jahre 500 freige-
legt. Durch eine kahle Landschaft, die Zastáno genannt wird, gelangt man zur
Küste von Ágii Anárgiri und zur Bekíri-Höhle, einer vom Meer über-
schwemmten Tropfsteingrotte mit Spuren von Skulpturen an den Wänden.
Hier und in den folgenden Buchten gibt es gute Bademöglichkeiten. Von Ágii
Anárgiri besteht eine direkte Verbindung zur Stadt vorbei an der höchsten
Erhebung der Insel, dem 248 m hohen Vígla. Weiter entlang der Küste kommt
man zu dem inmitten von Kieferhainen gelegenen Landsitz der Familie
Botássi. Danach erreicht man den Badestrand von Agía Paraskeví mit der
gleichnamigen Kirche (Jahresfest am 26. Juli). An der Nordwestspitze der Insel
liegt der Sandstrand von Zogeriá und in der Nähe die Quarantänestation
Lazaretta. Auf der Straße zurück nach Spétsä über Brélou gibt es mehrere
schöne Aussichtsplätze mit Blick auf die Meerenge, die die Insel vom Festland
trennt.

34

Insel Hydra

Hydra, neugriechisch Ídra, ist die ihres reizvollen Hafens wegen am meisten
besuchte Insel vor der Küste der Peloponnes. Schiffsverbindungen bestehen
mit Piräus und den übrigen Häfen und Inseln der Argolis. Vom Festland ist die
Insel durch die 6 bis 10 km breite Hydra-Straße (Stenón Ídras) getrennt, wo
wegen der hohen Berge die Winde häufig wechseln und auch Strömungen
auftreten. Im Süden der Hydra-Straße liegt die 7 km lange, kaum bewohnte
Insel Dokós.
Hydra ist rd. 23 km lang und durchschnittlich 2 bis 3 km breit. In der Mitte der
Insel beträgt die Breite etwa 4,5 km. Hydra ist 56 km² groß. Die größte
Erhebung der Insel ist der Berg Ére (652 m) südlich der Stadt. Außer der Stadt
Hydra gibt es nur westlich davon einige kleine Ansiedlungen an der Küste und
die kleine Ortschaft Episkopí im Süden der Insel, sonst nur einige kaum
bewohnte Klöster und viele einsam gelegene Kirchen.
In Hydra findet man zahlreiche Tavernen und Restaurants. Baden kann man
am westlichen Ende der Stadt unterhalb der Bastion mit den Kanonen, wo man
von abgeflachten Felsen ins Wasser gelangt, in verschiedenen kleineren Buchten weiter westlich und in der Mandráki-Bucht 3 km östlich von Hydra. Dort
gibt es fast durchweg nur Kieselstrände.

Geschichte

Aus der Antike sind in Hydra nur verhältnismäßig geringe Spuren gefunden
worden, so einige mykenische und archaische Funde auf einem Hügel südwestlich der Stadt über dem kleinen Hafen Vlichós. Antike und byzantinische
Funde wurden in Episkopí an der Südostküste entdeckt. Nach Herodot hieß
die Insel im Altertum Hydréa, war Besitz der Stadt Hermióne an der gegenüberliegenden Küste der Peloponnes und wurde an Einwanderer aus Samos
verkauft. Später stand Hydra unter der Herrschaft von Troizén. Die Insel
dürfte im Altertum nur verhältnismäßig wenig besiedelt gewesen sein und
hauptsächlich als Weideplatz und Wohnsitz von Fischern gedient haben, wie
das heute noch bei der zwischen Hydra und dem Festland liegenden Insel
Dokós der Fall ist. – Die eigentliche Geschichte Hydras beginnt erst im 15. Jh.,
als albanischsprechende Hirten, Fischer und Bauern aus der Peloponnes und
aus anderen Teilen Griechenlands die Insel als Zufluchtsstätte besiedeln. Einen
starken Bevölkerungszuwachs erhielt die Insel im 18. Jh., insbesondere nach
einem fehlgeschlagenen Aufstand in Morea (Peloponnes) 1770. Um diese Zeit

hatte die Insel 20 000 Einwohner (heute sind es etwa 3000). Da die Insel allein mit ihrem kargen Boden dieser zahlreichen Bevölkerung keine Lebensmöglichkeiten bieten konnte, entwickelte sich in Hydra in wenigen Jahrzehnten ein praktisch von den Türken unabhängiger Seefahrer- und Korsarenstaat, den ein türkischer Heerführer jener Zeit anerkennend »Klein-England« nannte. Zahlreiche hydriotische Familien gewannen als Seefahrer, Reeder und Kaufleute hohes Ansehen und einen erheblichen Reichtum. Die hydriotischen Schiffe fuhren im gesamten Mittelmeer und selbst bis nach Amerika. Man trieb Handel mit Freund und Feind. Zur Zeit der Kontinentalsperre Englands gegen Napoleon betätigten sich hydriotische Reeder als Blockadebrecher. Um 1800 war Hydra die bedeutendste Stadt Griechenlands. Die hydriotischen Primatenfamilien errichteten sich prunkvolle Häuser mit kostbaren Inneneinrichtungen, die sie aus den Häfen in aller Welt zusammentrugen. Es wird berichtet, daß einige von ihnen so reich waren, daß sie ihre Zisternen entleerten, um sie mit Goldstücke zu füllen. Die berühmtesten Familien hießen Koundouriótis, Tombásis, Boundoúris, Miaoúlis, Tsamádos und Voulgáris. 1821 besaß die Insel 124 Schiffe mit 27 000 t Tonnage.

Im Seekrieg seit je erfahren, stellten sich die Hydrioten mit dem Beginn der griechischen Freiheitskämpfe auf die Seite der Aufständischen und setzten ihr gewaltiges Vermögen für die griechische Sache ein. Mit Hilfe ihres Reichtums konnte eine schlagkräftige Kriegsflotte ausgerüstet werden. Die Namen der hydriotischen Kapitäne und Admirale, die zum Schrecken der Türken wurden, sind in die griechische Geschichte eingegangen. Der Wohlstand der Insel schwand mit den Freiheitskriegen, nachdem viele Familien, so vor allem die Koundouriótis, ihr ganzes Vermögen geopfert hatten. Ein Admiral Koundouriótis wurde 1924 Präsident der Republik Griechenland.

Seit den dreißiger Jahren war Hydra beliebte Künstlerkolonie, wovon noch heute einiges zu spüren ist.

Stadt Hydra

Der versteckte und geschützte Hafen der Stadt Hydra hat seinen eigenen Reiz. Viele Fischerboote, Jachten und Passagierschiffe beleben den engen Hafen. Am Kai mischt sich das bunte Volk der Touristen aller Schattierungen mit den Einheimischen, die ihren Arbeiten nachgehen. Das Hauptverkehrsmittel auf der Insel ist der Esel. Autos gibt es nicht.

Die vielfach bunten Häuser mit ihren ziegelgedeckten Walmdächern unterscheiden sich von den kubenförmigen, flachgedeckten, weißen Häusern der meisten übrigen griechischen Inseln. Die Häuser von Hydra verraten mit ihrem epirotischen Stil die Herkunft der Bevölkerung aus dem westlichen und nordwestlichen Griechenland. Rechts und links vom Hafen erkennt man die zum Teil auch heute noch prächtigen Patrizierhäuser des 19. Jh. Die schönsten stehen am Westufer des Hafens nahe der Mole, so die beiden Häuser der Brüder Koundouriótis, das Haus Voulgáris, das Haus Miaoúlis, Tombásis u. a. Im Haus Tombásis befindet sich eine Niederlassung der Akademie für schöne Künste in Athen, wo Maler und andere Künstler wohnen können. Im Hintergrund des Hafens und auf dem Hügel von Kiáfa stehen die bescheideneren Bürgerhäuser. Rund um den Hafen findet man zahlreiche Andenkengeschäfte, die zum Teil geschmackvoll eingerichtet sind und gehobenes Kunsthandwerk sowie Bilder der in Hydra lebenden Künstler anbieten. Die Geschäfte sind vor allem am Westufer in den alten Wohn- und Lagerhäusern untergebracht, deren Innenkonstruktion mit im vorderen Teil eingezogenen Zwischengeschossen und Treppen typisch für die hydriotischen Handelshäuser ist. Der geschützte Naturhafen ist an der Einfahrt, wie in alter Zeit, mit kanonenbestückten Bastionen bewehrt. – In der Mitte am Hafenkai befinden sich die Kirche und das ehemalige Kloster Kímisis tís Theotókou (Mariä Schlaf). Die Kirche ist die älteste Hydras von 1774 mit einem prächtigen Marmor-Glockenturm im Inselstil aus dem Jahre 1808. Sie besitzt eine sehenswerte Ikonenwand und einen kostbaren Kronleuchter. Im Kloster liegt Lazáros Koundouriótis, der reichste hydriotische Reeder, der sein großes Vermögen im griechischen Freiheitskampf opferte, begraben. Seine Büste ebenso wie die des berühmten Admirals Miaoúlis stehen im Klosterhof.

Das kleine historische Museum und Archiv auf dem Ostkai links neben der Schule der Handelsmarine besitzt viele Schriftstücke aus der türkischen Zeit des griechischen Aufstandes, sowie auch viele andere Urkunden der Insel bis in die Zeit Ottos I. Außerdem sieht man hier die einheimischen Trachten, einige Waffen sowie zahlreiche Bilder der hydriotischen Seefahrer und Freiheitskämpfer. Die im oberen Ort gelegene Kirche Ágios Ioánnis tou Karajáni weist schöne Wandmalereien des 18. Jh. auf. Ebenfalls im oberen Zentrum der Stadt findet man die große Konstantin-Kirche.

Ausflüge auf der Insel

Die Insel Hydra ist sehr gebirgig, stark verkarstet und nur an wenigen Stellen bewaldet. Wanderungen ins Innere sind etwas beschwerlich.

In östlicher Richtung führt ein schöner Küstenweg zu der 20 bis 30 Minuten entfernten Mandráki-Bucht, wo sich die Schiffswerften und Lagerhäuser der Familie Miaoúlis befanden. Hier entstand das Bungalow-Hotel Miramare in den renovierten Häusern der Werft. Am Kieselstrand von Mandráki kann man baden. Die Bucht wird wie einst von zwei Festungen geschützt. Oberhalb von Mandráki liegen die Klöster Agía Triáda (aus dem Jahre 1704) und Ágios Nikólaos. – Folgt man dem Weg weiter bis zum äußersten Nordosten der

Insel, gelangt man nach zwei Stunden zum Kap Zoúrvas mit dem gleichnamigen Kloster.

Das Mönchskloster Profítis Ilías und das Nonnenkloster Agía Efpraxía auf dem die Stadt Hydra beherrschenden Berg Ilías (etwa eine gute Stunde Aufstieg), bieten keine besonderen Sehenswürdigkeiten. Die relativ neue Kirche des Ilías-Klosters ist mit einer schönen geschnitzten Ikonostase und vielen Ikonen geschmückt. Die Kirche vor dem Kloster, die dem 1820 von Türken ermordeten Inselheiligen Konstantínos geweiht ist, zeichnet sich durch sehr naive und farbenfrohe Bemalung aus.

1 km südwestlich der Stadt Hydra an der Küste liegt der kleine Hafenort Kamíni und etwas weiter entfernt Kastéllo mit einem alten Kastell, einer »türkischen« Brücke und einem Badestrand. Auf dem Doppelhügel zwischen Kamíni und Kastéllo gab er eine mykenische Siedlung, von der aber praktisch nichts mehr zu sehen ist. – Die Buchten entlang der Küste kann man mit Booten von Hydra aus gut erreichen. Weiter entfernt liegen Vlichós, ein malerisches Fischerdorf, die Buchten von Palamídi, Mólos mit seinem schönen leuchtenden Kieselstrand und Bísti, das westlichste Ende der Insel inmitten von Kiefern. Auch diese Plätze kann man mit Motorbooten erreichen. Südwestlich der Stadt Hydra erstreckt sich die grüne Hochebene von Episkopí (2 bis 2½ Stunden Wanderung), von wo man an die Südküste der Insel hinabsteigen kann. Unterwegs nach Episkopí passiert man das ehemalige Kloster Agía Iríni. Erwähnenswerte Feste in Hydra sind die Karfreitagsprozession in Kamíni, die ans Meer führt, das Fest Mariä Himmelfahrt am 15. August in der Metropolis, Ende Juni ein Fest zu Ehren des Admirals Miaoúlis, die sog. »Miaoúlia«, und am 14. November das Fest des Schutzpatrons der Insel, des heiligen Konstantin von Hydra.

Arkadien

Überblick

Arkadien ist das ausgedehnte Gebirgsland in der Mitte der Peloponnes, das zwar heute durch verwaltungsmäßige Einbeziehung des nördlichen Párnon und der Kinouría an die Küste des argolischen Golfes grenzt, im Altertum aber keinen Zugang zum Meer besaß. Die Unzugänglichkeit des Gebietes machte Arkadien zu einer natürlichen Rückzugsfeste der Peloponnes, wo sich altertümliche Stämme und Kulturen lange erhalten konnten, während die offeneren und reicheren Randlandschaften sich zentrifugal entwickelten und aktuellen Zeitströmungen leichter aufgeschlossen waren.

So wenig wie die Arkader über ihre Geschichte berichten konnten, so viel erzählten sie über ihre Ursprünge. Sie wohnten, so sagten sie, von Urzeiten her in demselben Land und existierten schon vor Entstehung des Mondes. Ihr erster König Pelásgos war mit seinem Volkes »in den hochbewaldeten Bergen der schwarzen Erde« hervorgewachsen. Er lehrte sein Volk Hütten bauen und die Früchte der Natur sammeln. Sein Sohn Lykáon setzte die Kultivierung des Volkes fort, gründete die erste Stadt Lykósoura (**45**) und stiftete den Dienst des Zeus Lykaíos. Seine 50 Söhne regierten als Unterkönige das Land. Sie wurden von Árkas, dem ersten König der einwandernden Arkader, unterworfen, nach denen das Land auch seinen Namen erhielt. Er wird freilich manchmal auch von Árktos (= Bär) abgeleitet.

Arkadien war das Land einfacher, kraftvoller Bergstämme. Artemis und Pan wurden hier verehrt, Herakles bestand hier einige seiner Abenteuer und auch Zeus soll hier geboren worden sein. Dies ist der Ursprung jenes Bildes, das wir heute noch mit den Begriffen »Arkadien« und »arkadische Landschaft« verbinden. Das wilde und rauhe Gebirgsland, das wir durchreisen, hat freilich nichts mit dem idyllischen und lieblichen Arkadien zu tun, das die Dichter in Jahrtausenden aus diesen Quellen geschaffen haben. Zuerst war es Pindar, der das herdenreiche Arkadien schilderte. Vergil machte daraus in seinen Bucolica, den Hirtengedichten, das Traumland Arkadien. Aus dieser harmonieerfüllten Ideallandschaft mit flötenblasenden Hirten wurden schließlich die Schäferspiele des Rokoko, und noch zahlreiche Werke der Romantik basierten auf diesem Bild. Die Römer führten teilweise auch die Gründung ihrer Stadt auf die arkadische Stadt Palántion (**46**) zurück.

Schon im Altertum unterschied man zwischen dem östlichen sog. geschlossenen Arkadien – hierzu gehörten neben der zentralen Ebene von Trípolis die schon im Abschnitt Korinthía beschriebenen Becken von Stymphalía (**7**) und Feneós (**8**) – und dem westlichen sog. offenen Arkadien, dessen Mittelpunkt die Ebene von Megalópolis war. Offen hieß dieser Teil deshalb, weil er durch den Eurótas nach Süden und durch den Alpheiós nach Westen entwässert wurde. Insgesamt ist freilich Arkadien gar nicht so unzugänglich, wie es auf den ersten Blick scheint. Die höchsten Gebirge Erímanthos, Chélmos und Killíni liegen im Norden. Ein beachtliches Bergland ist auch das argivisch-arkadische Grenzgebirge, über das heute die Hauptstraße von Árgos nach Trípolis führt. Nach Westen, vor allem aber nach Süden sind die Berge jedoch niedriger und stellen keine Verkehrshindernisse dar. So ist Trípolis (**35**) auch heute das Verkehrszentrum der Peloponnes, von dem nach allen Seiten die Straßen ausstrahlen.

Für den Reisenden ist freilich Arkadien, ähnlich wie die Korinthía, mehr ein Durchgangsland, um von Küste zu Küste zu gelangen. Auch Trípolis selbst ist nicht besonders attraktiv, da es keinerlei Sehenswürdigkeiten besitzt. Es eignet sich aber als Standquartier für Reisen in Arkadien. Solche Fahrten führen freilich nicht zu spektakulären Sehenswürdigkeiten, aber doch zu archäologisch nicht unwichtigen Ausgrabungen und in Landschaften und zu Orten, die vom Fremdenverkehr nahezu unberührt sind, so daß Reisen in diesen Teil der Peloponnes besonders reizvoll sind.

In der weiteren Umgebung von Trípolis sollte man vor allem im Süden Tegéa (**48**) besuchen mit den Resten des hochberühmten Athena-Tempels und einem kleinen Museum. Nördlich von Trípolis liegt das alte Mantíneia (**36**) mit einem wohlerhaltenen Mauerring und Schauplatz verschiedener bekannter Schlachten. Ein Ausflug nordwestlich nach der alten Stadt Orchomenós (**37**) führt über eine Straße, auf der man nach Norden fährt über Kandíla und weiter zum Bergdorf Psári. Von dort aus kann man entweder die Becken von Stimfalía und Feneós, oder aber Neméa (**10**) und die Strecke Árgos-Korinth erreichen. Diese Straße ist wenig bekannt – zum größeren Teil gut ausgebaut – und gehört zu den landschaftlich schönsten Wegen durch Arkadien. Eine ähnlich interessante Seitenstraße verläuft von der Strecke Trípolis-Olympia bei Karkaloú nach Süden über Dimitsána (**40**) nach Karítena (**42**), einer alten fränkischen Stadt an der Strecke Megalópolis-Pírgos, die viel von ihrem ursprünglichen Charakter bewahrt hat. Unterwegs kann man einen reizvollen Abstecher zum alten Górtys (**41**) machen. In Megalópolis (**43**) ist vor allem noch das Theater der Stadt des Epameinondas erhalten. Ein lohnenswerter Ausflug führt von hier nach Likósoura (**45**) und, wenn man Zeit hat, zum heiligen Berg der Arkader,

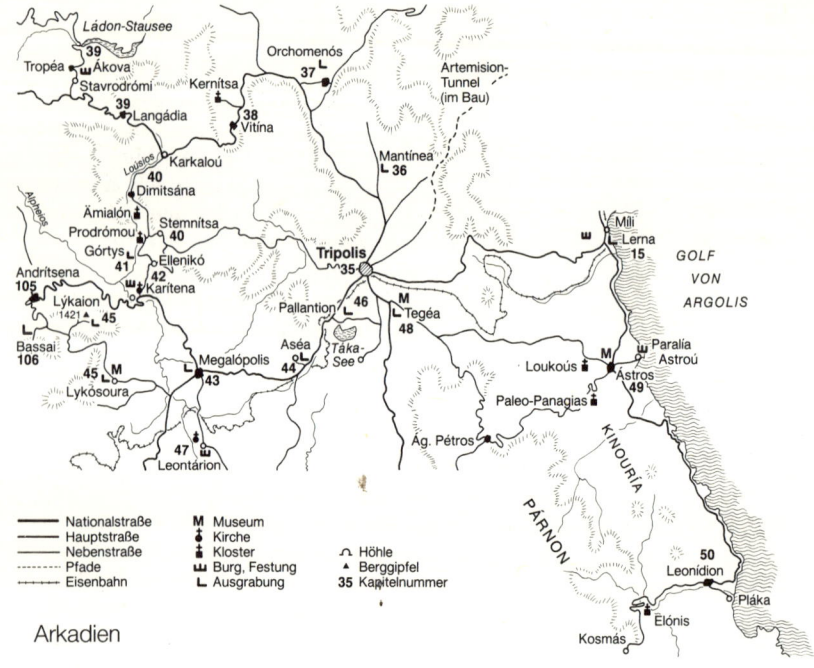

Arkadien

dem Lykaíon. Weniger reich als andere Landschaften ist Arkadien an byzantinischen Kirchen. Eine der bekannteren in Leontárion (**47**) erreicht man über
eine Seitenstraße 10 km südlich von Megalópolis.
Wie schon erwähnt, gehört geografisch eigentlich die Ostküste am argolischen
Golf, die einstige Kinouría, nicht zu Arkadien. Die Strecke, die an dieser Küste
entlangführt über Astrós (**49**) – Leonídion (**50**), ist sehr empfehlenswert, wenn
man unter Umgehung des Binnenlandes direkt von der Argolis Lakonien
erreichen will. Freilich muß man von Leonídion aus den Párnon überqueren,
dessen Scheitel man hinter Kosmás erreicht. Die Straße, die von dort hinunterführt nach Geráki (**57**), ist für manchen vielleicht interessanter als die vielbe-
fahrene Hauptstrecke, die sehr bequem von Trípolis nach Sparta führt.

35

Trípolis

Der kürzeste Weg aus dem Norden nach Trípolis wird bald durch den Artemision-Tunnel führen, der das gleichnamige Gebirge unterquert. Die alte Straße von Árgos nach Trípolis steigt über den Parthénion-Paß (753 m) und durchquert vorher das Becken von Achladókampos (300 m), wo Oliven und Getreide wachsen. Auf einem Vorsprung am Ostende der Ebene liegen die Reste der antiken argivischen Grenzfestung Hysiaí; im Norden von Achladó-kampos bauten die Byzantiner 1296 die Burg Paliomoúchli gegen die Franken, die 1457 von den Türken zerstört wurde.

Trípolis hat rund 20 000 Einwohner, ist die Hauptstadt des Nomós Arkadien und zugleich einer der bedeutendsten Verkehrsmittelpunkte der Peloponnes. Dies ist auch praktisch der einzige Grund, weshalb die Stadt für den Reisenden von Interesse ist. Irgendwelche Sehenswürdigkeiten gibt es hier nicht. Freilich ist Trípolis eine sehr typische und lebendige griechische Provinzstadt. Mit einer Anzahl Hotels ist sie ein zweckmäßiger Ausgangspunkt für die Bereisung Arkadiens.

Der Name Trípolis, der »Dreistadt« bedeutet, wird gerne in Verbindung gebracht mit den drei antiken Städten Tegéa, Pallántion und Mantíneia in der Umgebung von Trípolis, deren Nachfolge die Stadt angetreten haben soll. Dies scheint jedoch sehr unsicher, denn Trípolis wurde erst lange nach Verschwin-den der antiken Städte im 14. Jh., allerdings unter Aufsaugung der Stadt Níkli, gegründet, die ihrerseits Nachfolgerin von Tegéa war. Bei ihrer Gründung hieß die Stadt Droboglitsa oder Hydropolitsa, seit dem 17. Jh. Tripolitsa. 1770 wurde die Stadt, von den Türken Tarabolussa genannt, Sitz des Paschas von Morea. Von der türkischen Festung westlich der Stadt auf einer Höhe ist nichts mehr vorhanden. 1821 wurde Trípolis von Kolokotrónis erobert und die türkische Bevölkerung getötet. Ibrahim Pascha gelang es, vorübergehend die Stadt zurückzuerobern, wobei er sie total zerstörte. Die Stadt mit ihrem zum Teil regelmäßigen Straßennetz ist reizlos. Trípolis ist aber eine lebhafte Handelsstadt mit zahlreichen Geschäften und einer bescheidenen Industrie. Hier laufen die Hauptstraßen aus den Richtungen Árgos (61 km), Sparta (62 km), Kalamáta (90 km), Olympia (131 km) sowie von der Nordküste (rd. 120 km) zusammen. Darüber hinaus gibt es zahlrei-che Nebenstrecken, die sich sternförmig im Becken von Trípolis treffen. Die Stadt ist auch wichtiger Haltepunkt der Peloponnes-Eisenbahn von Árgos nach Kalamáta.

Die Landschaft um Trípolis ist baum- und wasserarm und nicht sehr anzie-

hend. Sie wird jedoch intensiv landwirtschaftlich genutzt. Neben Getreide-
anbau sowie Vieh- und Schafzucht ist der Weinbau von besonderer Bedeutung.

36

Mantíneia

Mantíneia ist eine der drei antiken Städte in der Ebene von Trípolis. Erhalten
ist von ihr vor allem der Mauerring sowie ein kleines Theater. Die Stadt kann
ohne große Umwege auf der Fahrt von oder nach Olympia besucht werden.
8 km nördlich von Trípolis zweigt rechts eine Straße nach Kakoúri ab. Auf ihr
erreicht man 6 km nach der Abzweigung das Gebiet von Mantíneia. Unterwegs passiert man den Schauplatz mehrerer berühmter Schlachten, die hier im
5. bis 3. Jh. v. Chr. stattfanden (s. unten).
Die Ebene von Mantíneia, etwa 630 m ü. d. M., ist besonders im Winter und
Frühjahr sehr wasserreich und neigt zur Versumpfung. Die Wasser werden
über Katavothren am Westrand der Ebene abgeleitet. Im Altertum gab es
große Wasserregulierungsanlagen in der Ebene.

Sage und Geschichte

Schon Homer erwähnt in der Ilias (II, 607) das »liebliche Mantíneia«. Manti-
neus, einer der 50 Söhne des arkadischen Königs Lykaón, den Zeus wegen
seiner Grausamkeit vernichtete, soll die Stadt gegründet haben, wie Pausanias
berichtet. Die erste Ansiedlung entstand auf dem Hügel Ptolis, wahrscheinlich
dem heutigen Gurzúli, der sich einen knappen Kilometer nördlich der Ausgrabung erhebt. Möglicherweise war es aber auch ein Hügel 2 km nördlicher, wo
man Ruinen gefunden hat. Antínoe, Tochter des Kephéus aus Tegéa, soll
aufgrund eines Orakels die Menschen an der Stelle der späteren Stadt angesiedelt haben, geführt von einer Schlange (ὄφις), nach welcher dann der Mantíneia
durchfließende Bach seinen Namen Ophis erhalten hat. – Die Siedlung auf dem
Ptolis war wohl zunächst nur eine Fluchtburg. Im 6. Jh. v. Chr. entstand durch
Zusammensiedlung (Synoikismos) eine Stadt zu Füßen des Hügels, die später
weiter nach Süden an die heutige Stelle verlegt wurde. Bis zum 5. Jh. stand
Mantíneia abwechselnd unter der Vorherrschaft von Tegéa und Árgos. An den

Perserkriegen nahm die Stadt unter der Hegemonie der Spartaner teil. Mit Beginn ihrer Blüte löste sie sich von jenen, schuf eine demokratische Verfassung und verfolgte eine antispartanische Politik. Im Peloponnesischen Krieg schloß sich Mantíneia mit Árgos und Elis 420 v. Chr. Athen an, 418 v. Chr. wurden die Bundesgenossen jedoch bei Mantíneia von den Spartanern geschlagen. Der erneuten Vorherrschaft Spartas versuchte sich die Stadt mehrfach zu entziehen. Sparta verlangte, auf den 387 geschlossenen antalkidischen Frieden gestützt, im Jahre 385 v. Chr. die Niederlegung der Stadtmauern. Als dies nicht geschah, belagerten die Spartaner die Stadt und brachen die Mauern mit Hilfe des gestauten Ophis-Baches, der das auf den Steinsockeln aufgebaute Lehmziegelwerk wegschwemmte. Die Mantíneier wurden gezwungen, wieder in ihren alten Dörfern zu siedeln (Dioikismos). Nach der Schlacht von Leuktra, in der die Spartaner 371 geschlagen wurden, konnten die Mantíneier ihre Stadt wieder aufbauen und ihr zu neuer Blüte verhelfen. 223 v. Chr. eroberte und zerstörte der makedonische König Antígonos III. die Stadt und ließ die Einwohner entweder töten oder in die Sklaverei führen. Mantíneia wurde unter dem Namen Antigóneia wieder aufgebaut. Erst von Kaiser Hadrian erhielt sie ihren klassischen Namen zurück. Beim Einfall der Slaven scheinen die Mantíneier in die messenische Mani ausgewandert zu sein, wo es heute an der Strecke Kalamáta'Areópolis noch die Dörfer Mikrá- und Megáli Mantíneia gibt (**84**). Mehrere byzantinische Kirchenruinen bezeugen aber die Weiterbesiedlung der Stadt in dieser Zeit. Erst in türkischer Zeit muß Mantíneia völlig verödet sein. Es wurde 1887 bis 1889 von Fougère ausgegraben.

Rundgang

Die Straße, auf der man Mantíneia erreicht, führt direkt durch das antike Stadtgebiet, das man nahe dem einstigen Südwesttor (1) über den antiken Stadtgraben betritt. Der Mauerring von Mantíneia ist besonders sehenswert. Als flacher Erdwall umzieht er (2) noch heute das Stadtgebiet auf einer Länge von knapp 4 km. Die Mauer war mit 105 Türmen, die in kurzen Abständen 4 bis 5 m vorspringen, und 10 Toren besetzt. Der Mauerring hat die Gestalt einer Ellipse. Die Kurtinen, d. h. die Mauerstrecken zwischen den Türmen, verlaufen jedoch jeweils in ziemlich geraden Linien und stoßen bei den Türmen in sehr stumpfen Winkeln aneinander. Die Befestigung war 4,20 bis 5 m stark und bestand aus zwei Steinschalen, zwischen denen Erde und Steinschotter aufgefüllt war. Sie stammt aus der Zeit des Wiederaufbaus nach der Schlacht von Leuktra (371 v. Chr.). Auch sie hatte im oberen Teil wieder ein Lehmziegelmauerwerk. Im unteren Teil war sie aus polygonalem, an den Türmen aus

pseudoisodomem Werk errichtet. Zum Schutz der Tore überlappten dort die
Mauern und bildeten so Zwinger (3), wie wir sie schon in Mykene und Tíryns
beobachten können. Nur das Nordwesttor hatte einen gesonderten senkrecht
zur Mauer stehenden Zwingerdurchgang (4). Nachdem bis zur Eroberung
Mantíneias durch die Spartaner 385 v. Chr. der Ophis-Bach quer durch die
Stadt geflossen war, wurde er nach dem Wiederaufbau der Mauern um diese
herumgeleitet und bildete so den Stadtgraben. Am besten zu sehen ist der
Mauerring beiderseits der nördlichen Durchfahrt. Einen schönen Blick auf die
Mauern hat man auch von dem Bergkegel Gurrúli, auf den man hinauffahren
kann, und wo neben einer Kirche die Grundmauern eines Tempels mit den
Abmessungen 15 × 5,6 m aufgedeckt wurden.

Von der Straße, auf der man Mantíneia erreicht, biegt rechts ein Weg

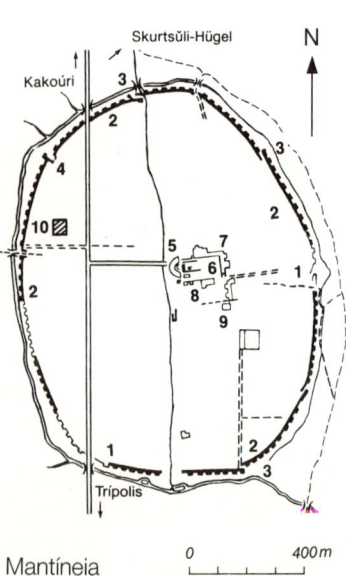

Mantíneia

0   400 m

zum einstigen Zentrum der Stadt ab, wo
man zunächst auf den niedrigen Wall des
Theaters (5) stößt, von dem noch die
untersten Sitzreihen erhalten sind. Das
Theater wurde etwa 360 v. Chr. errichtet. Der Theaterwall wird durch eine
polygonale Mauer gestützt, durch die
eine Treppe hinaufführt. 220 v. Chr.
wurde das Theater durch einen Skenenbau ergänzt. Südlich davon liegen im
Anschluß an die Sitzreihen die Fundamente eines Tempels. Zwei weitere Tempel wurden in römischer Zeit hinter der
Skene errichtet. Östlich dieser Bauten-
gruppe erstreckt sich die Agora (6) in den
Abmessungen 85 × 150 m. An der Nord-
und Ostseite war diese in römischer Zeit
von Stoen (7) umgeben. An der Nordseite befindet sich nahe beim Theater
eine große halbrunde Exedra. Gegenüber im Süden sieht man ein Gebäude,
das wahrscheinlich das Bouleterion (8)
war. Südöstlich davon erkennt man die Reste einer byzantinischen Kirche
(9).

Das bemerkenswerteste Gebäude in Mantíneia ist freilich nicht antik, sondern
eine moderne erst 1970 begonnene Kirche (10) und eine Tempelfassade des
Architekten K. Papatheodóros in antikisch-byzantinischer Architektur, von
der der Autor nicht zu sagen wagt, ob es Kitsch oder Kunst ist. Nach so viel
ernsthafter Kunstgeschichte, die der Reisende zu absolvieren hat, wird er es

jedenfalls entspannend finden, sich den Träumen und Taten des Schöpfers dieses Werkes hinzugeben.

Die Schlachten von Mantíneia

Die Ebene südlich von Mantíneia war dreimal Schauplatz bedeutender Schlachten.

Nördlich der Abzweigung der Straße nach Mantíneia von der Straße nach Olympia durchquert man das Schlachtfeld, wo 418 v. Chr. im Peloponnesischen Krieg 8000 Mantíneier, Argiver und Athener von 9000 Spartanern besiegt wurden (a). Vorausgegangen war ein Waffenstillstand zwischen dem Spartanerkönig Agis und den Argivern, der jedoch weder auf Seiten der Spartaner noch der Verbündeten von Árgos, insbesondere Athens, gebilligt wurde. Die Athener überredeten die Argiver zum Vertragsbruch und zogen mit ihnen und den Mantíneiern zunächst nach Orchomenós, um diesen wichtigen spartanischen Stützpunkt zu erobern. Bevor dies gelang, erschien das Heer der Spartaner unter Agis in der Ebene von Mantíneia. Die zahlenmäßig schwächeren Verbündeten zogen sich auf die Höhen zurück. Daraufhin begannen die Spartaner durch Umleitung des Ophis-Baches die Ebene von Mantíneia zu überschwemmen, worauf die Verbündeten von den Bergen kamen und sich zur Schlacht stellten. Die Argiver bildeten das Mittelfeld, die Athener den linken und die Mantíneier den rechten Flügel. Die Verbündeten erlitten eine vollständige Niederlage und schwerste Verluste. Die athenischen Feldherren Láches und Nikóstratos fielen. »Es war eine Schlacht von der größten Bedeutung, weil die Überlegenheit spartanischer Waffenkunst auf einmal wieder in das klarste Licht gestellt wurde und ebenso die innere Schwäche des Sonderbundes« (E. Curtius).

Eine weitere Schlacht nur wenig nördlich, also mehr nach Mantíneia zu, fand 207 v. Chr. im römisch-makedonischen Krieg statt (b). Damals siegte der mit den Makedoniern verbündete Achäische Bund unter dem berühmten Feldherrn Philopoimen über die Spartaner, die als Bundesgenossen Roms unter ihrem Tyrannen Machanidas kämpften. Machanidas setzte dabei origineller-weise Belagerungskatapulte in offener Feldschlacht ein. Auch in diesem Gefecht spielte das Wasser in der Ebene von Mantíneia eine Rolle, indem sich die Achäer hinter einem Wassergraben, der in Ostwestrichtung verlief, verschanzten und nur an seinem Ostende überraschend einen Angriff wagten, der zum Durchbruch des Achäischen Bundes nach Tegéa und Lakonien führte.

Die bekannteste Schlacht ist jedoch die des Jahres 362 v. Chr., als der berühmte Heerführer und Politiker Epameinondas für kurze Zeit die Hegemonie über Griechenland errungen hatte (c). Auf seinem 4. Zug in die Peloponnes war er bis nach Sparta gekommen, das er im Straßenkampf ohne rechten Erfolg

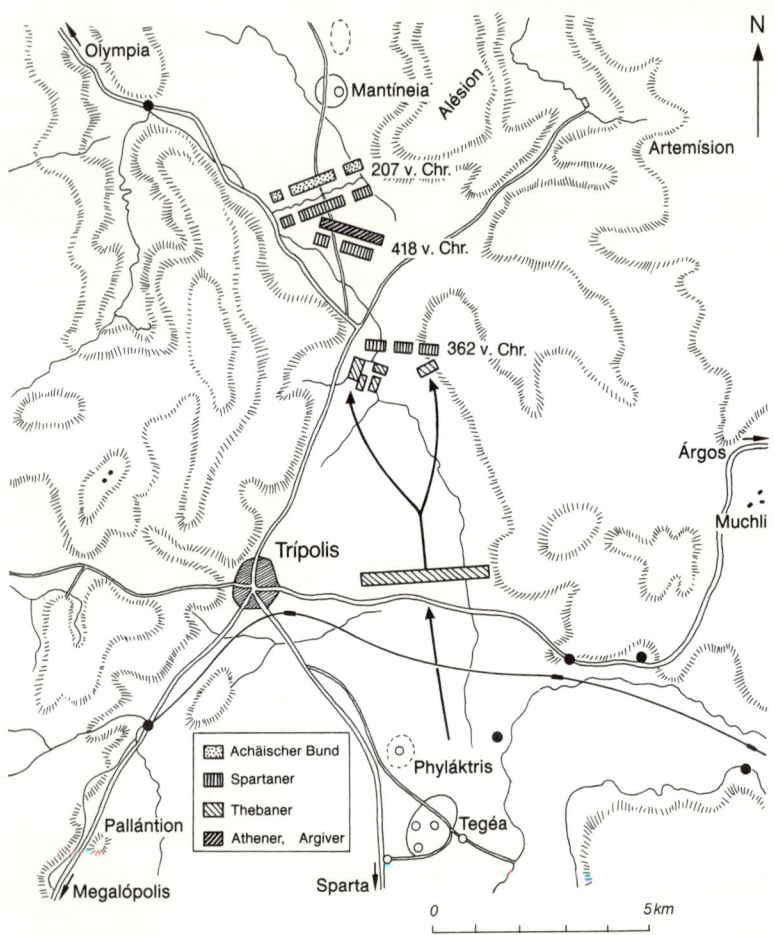

N

Olympia

Mantíneia

Alésion

Artemísion

207 v. Chr.

418 v. Chr.

362 v. Chr.

Árgos

Muchli

Trípolis

Achäischer Bund
Spartaner
Thebaner
Athener, Argiver

Phyláktris

Tegéa

Pallántion

Megalópolis

Sparta

0   5 km

Die Schlachten von Mantíneia

eroberte. Um die Entscheidung zu suchen, zog er zurück zu seinem Haupt-
stützpunkt Tegéa und griff von dort das andere Hauptquartier der Spartaner
und ihrer Bundesgenossen, Mantíneia, an. – Die Schlacht fand südlich des
Punktes statt, wo die Straße nach Mantíneia von der Straße nach Olympia
abzweigt. Dort verengt sich die Ebene; von Westen her springt der Berg Skopí
(Skopei = Warte), an dessen Fuß das gleichnamige Dorf liegt, in die Ebene vor.

Im Altertum breitete sich an seinem Fuß in der Ebene der Eichenwald Pélagos (= Meer) aus. Durch diesen Wald marschierten die Truppen des Epameinondas. Als sie in die Ebene von Mantíneia kamen, erwarteten sie die Spartaner und Mantíneier in voller Schlachtordnung. Epameinondas ließ seine Truppen nach links abschwenken, machte Halt, ließ die Waffen ablegen und tat so, als wolle er ein Lager beziehen. Dieser Platz liegt nördlich des heutigen Dorfes Merkovoúni. Die Gegner lösten daraufhin ebenfalls ihre Reihen auf und zäumten die Pferde ab. Epameinondas bildete aber aus den Kerntruppen der Thebaner und Arkader einen tief gestaffelten keilartigen linken Flügel, während er Mitteltreffen und rechten Flügel relativ schwach hielt. Ein Reiterangriff der Thebaner überraschte die unvorbereiteten Spartaner, die hastig ihre Schlachtreihe in sehr breiter Linie wieder aufstellten. Der Keil der Thebaner durchstieß ohne Schwierigkeit den rechten Flügel der Spartaner und brachte auch deren Mitteltreffen in Verwirrung. Am linken Flügel konnten allerdings die Athener, die Verbündeten der Spartaner, Erfolge gegen den rechten thebanischen Flügel erringen. Trotzdem kam es zu einem glänzenden Sieg des Epameinondas, der sich selbst rücksichtslos in den Kampf geworfen hatte und schwer verwundet aus der Schlacht auf den Hügel Skopí getragen wurde. Die taktischen und strategischen Vorteile dieses Sieges wurden von den Thebanern nicht genutzt, da auch die thebanischen Unterführer gefallen waren. Epameinondas starb wenige Stunden später an seiner Verwundung. Sein Grab wurde später auf dem Schlachtfeld 5,3 km südlich von Mantíneia gezeigt. Mit dem Tod des Epameinondas, eines der bedeutendsten Feldherrn der griechischen Geschichte, endete der kühne Versuch der Thebaner, die Vorherrschaft in Griechenland zu erlangen.

37

Orchomenós

Orchomenós war eine alte arkadische Stadt nördlich von Mantíneia (**36**), südlich des Beckens von Feneós (**8**) und des Stymphalischen Sees (**7**). Von der Stadt sind noch Teile der Mauern und Reste eines Theaters, zweier Tempel, des Bouleuterions und der Agorá erhalten.

Orchomenós erreicht man von Trípolis, indem man die Straße Richtung Olympia-Pírgos nimmt und nach 26 km bei Levídi rechts abbiegt in Richtung Kandíla. Nach einem Kilometer befindet sich 400 m rechts der Straße eine alte Kímisis tís Theotókou-Kirche. Es ist eine dreischiffige Basilika, in deren Wände antike Spolien und Architekturteile einer älteren Kirche verbaut sind.

Im Inneren sind nur noch links Säulen erhalten, rechts ist das Seitenschiff durch eine Wand abgeteilt. Die Kuppel über dem Mittelschiff hat die Form einer quergestellten Tonne. Die Fresken stammen aus dem 17. oder 18. Jahrhundert.

Auf die Straße zurückgekehrt, sieht man in der Ferne links den isolierten Berg von Orchomenós. Man erreicht ihn, indem man 5 km weiter, links zum Dorf Kalpáki abbiegt, das heute wieder Orchomenós heißt (Wegweiser). – Die antike Stadt zog sich vom heutigen Dorf bis auf die Kuppe des Berges (936 m), der von einem mittelalterlichen Turm gekrönt ist. Zur Besichtigung wählt man einen Weg, der nach Durchquerung des Dorfes direkt vor der Kirche rechts aufwärts führt. Vorher sollte man die Reste eines Apollon- und Aphrodite-Tempels hinter der Kirche anschauen. Erhalten sind vor allem einige weitausladende Kapitele aus dem 6. Jh. v. Chr.

Der Weg von der Kirche endet unterhalb der oberen Stadtmauer (s. Plan). Diese besteht aus schwerem isodomischem Mauerwerk. Sie stammt aus der Zeit des Epameinondas und ist nicht besonders gut auszumachen. Weitersteigend erreicht man zunächst das Theater. Die Bänke der gut erhaltenen Prohedrie haben auf der Lehne die Weiheinschrift ΕΠΙΓΕΝΕΟΣ ΑΓΩΝΟΘΕΤΗΣΑΣ ΔΙΟΝΥΣΩΙ (Epigenos als Preisrichter dem Dionysos). Am Rande der Orchestra eine Zisterne. Die Skene hatte einen tiefen Unterbau, der an die Stadtmauer heranreichte. Links neben dem Theater kommt vom Berg ein treppenartiger Schacht herab, der die Wasserführung zum Schutz des Theaters diente.

Links oberhalb des Theaters liegt eine 41 × 8,20 m große Halle mit einer mittleren Reihe von 11 Säulen. Es wird angenommen, daß dies das Bouleuterion war. Oberhalb davon schließt sich im rechten Winkel eine 70 m lange, nur noch in geringen Resten erhaltene Stoa an, die mit dem Bouleuterion die nach Süden offene Agorá begrenzte. In dieser Richtung liegt etwas tiefer der wichtigste Tempel der Stadt, der der Artemis Mesopolitis geweiht war. Sicher ist das aber nicht, da Pausanias von einer Verehrung der Göttin in einem Wacholderbaum außerhalb der Stadt berichtet. Der Tempel mißt 19,80 × 6,50 m. Dieser schmale, langgestreckte Grundriß deutet auf einen sehr alten Bau, wahrscheinlich aus dem 6. Jh. v. Chr., hin. Im Nordosten des Tempels, in ähnlicher Längsrichtung und nicht quer, wie sonst üblich, was wahrscheinlich mit der Lage am Berg zusammenhängt, lag der Altar.

Orchomenós (auf Münzen auch Erchomenós genannt) trägt den gleichen Namen wie die alte Minyer-Stadt am ehemaligen Kopais-See in Böotien, vielleicht ein Hinweis auf das prähistorische Alter dieser Siedlung. Orchomenós besaß nach Homer gutes Ackerland und zahlreiche Herden und soll in alten Zeiten einen großen Teil Arkadiens, später wenigstens das nördliche

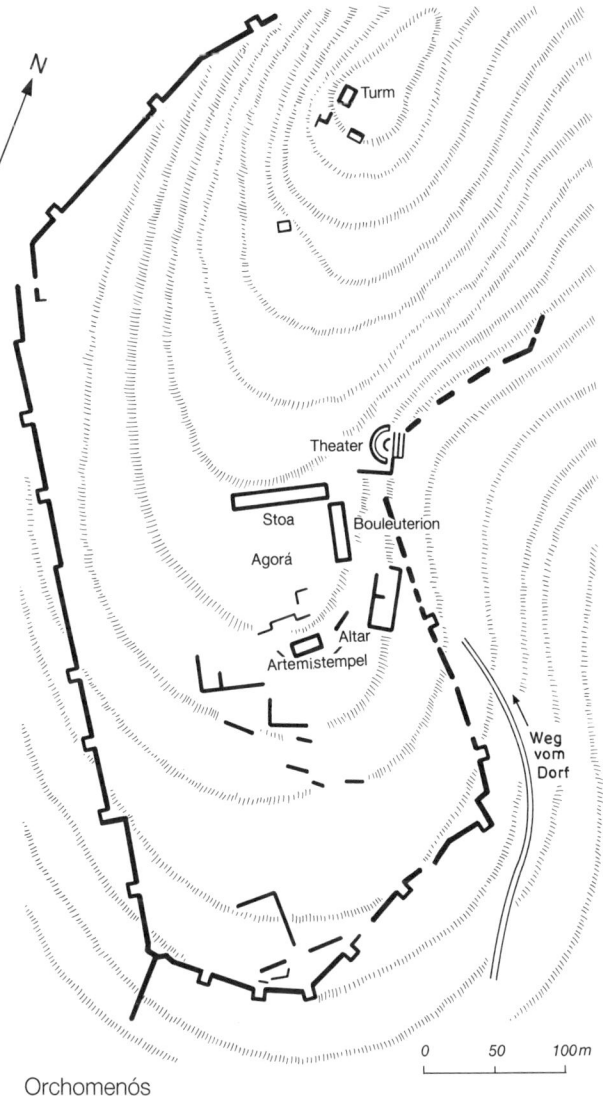

Orchomenós

Mittelarkadien beherrscht haben. In den Perserkriegen zeichneten sich die Orchomenier an der Seite Spartas ebenso aus wie im Peloponnesischen Krieg. Durch den Synoikismos von Mantíneia und die Gründung von Megalópolis verfiel die Macht der Stadt im 4. Jahrhundert. Orchomenós blieb jedoch als Befestigung an einer wichtigen Nord-Süd-Verbindung auch später noch von einiger Bedeutung. Die Oberstadt wurde allerdings aufgegeben. Eine neue Stadt entstand näher zur Ebene hin am Südosthang. Diese war in hellenistischer Zeit besiedelt. Über das spätere Schicksal von Orchomenós ist nichts bekannt. Der mittelalterliche Turm auf der Akropolis und ein kleines byzantinisches Kastell auf dem Berg jenseits des Tales im Osten bezeugen aber eine Besiedlung auch in dieser Zeit.

Von der Straße, die von Levídi nach Orchomenós führt, zweigt rechts eine Straße in die Ebene von Mantíneia ab. Sie führt durch das Dorf Kakoúri, das heute Artemísion genannt wird. Der Name erinnert an ein hier in der Nähe im Grenzgebirge zwischen Orchomenós und Mantíneia gelegenes Heiligtum der Artemis Hymnia, in dessen Verwaltung sich die Orchomenier und Mantíneier teilten. Vielleicht war das Heiligtum in früheren Zeiten das Bundesheiligtum aller arkadischen Stämme. Das Gebirge, durch das die Straße führt, hieß im Altertum Anchisía, weil – wie Pausanias berichtet (VIII 12,9) – am Fuße des Berges das Grabmal des Anchises gelegen habe. Anchises war der Vater des Aeneas. Dieser soll auf seiner Flucht von Troja nach Sizilien in Lakonien Städte gegründet haben.

38

Vitína, Kloster Kernítsa

Vitína ist ein Luftkurort 37 km nördlich von Trípolis an der Strecke nach Pírgos an den westlichen Ausläufern des Ménalon. Von hier geht eine Straßenverbindung über Káto Klitoría an die Nordküste der Peloponnes. Der Ort liegt in 1000 m Höhe und hat eine Anzahl Hotels und zahlreiche Ferienhäuser.

Rund 2 km östlich von Vitína beim Dorf Nimfádia weist ein Wegweiser zum Kloster Kernítsa (5 km). Der Abstecher ist landschaftlich sehr lohnenswert. Ein gut befahrbarer Schotterweg führt in das gewundene und enge Tal des Trágos, über dem auf steilem, schwarzen Kalkfelsen das moderne gepflegte Nonnenkloster liegt. Von der Kirche der Kímisis tís Theotókou hat man einen herrlichen Blick hinunter ins Tal. – In der Nähe des Klosters liegen die Reste der mittelalterlichen Stadt Kernítsa.

39

Langádia und Burg Ákova

Langádia liegt an der Strecke Trípolis – Olympia – Pírgos 63 km nordwestlich von Trípolis und 60 km östlich von Olympia. Langádia (= die Schluchten) ist trotz seiner nur 3000 Einwohner der größte Ort in Westarkadien. Vor 100 Jahren hatte der Ort, eine der typischen mittelalterlichen Rückzugssiedlungen, noch doppelt so viele Einwohner. »An den steilen Nordhängen des Gebirgstales türmen sich die weißen Häuser der großen Ortschaft übereinander, alle schmal und hoch wie es die Lage verlangt, durch Révmata (Schluchten) in drei große Gruppen geteilt. Ich stehe nicht an, dieses Stadtbild, das wie ein weißschäumender Wasserfall aus den kahlen Regionen des Kalkes in das Grün des tiefen Tales abstürzt, als das großartigste ganz Griechenlands zu bezeichnen« (E. Meyer). Trotz des starken Durchgangsverkehrs ist Langádia noch heute ein typisches Bergdorf, das an Markttagen ein interessantes und buntes Bild bietet.

11 km westlich von Langádia in Richtung Olympia führt von Stavrodrómi nach Norden eine Seitenstraße über Trópea zum Ládon-Stausee (14 km). Vom ersten Ort nach Stavrodrómi, Vizíki, kann man einen Abstecher machen zu einer alten fränkischen Burg. Am oberen Ortsende biegt man scharf rechts auf den aufwärts führenden Weg ein, am Friedhof vorbei und folgt immer links aufwärts haltend dem Weg 3 km. Im Tal an einer Weggabel nimmt man den rechten Weg. Dieser endet an einem Bergkegel, wo 140 m über den Tälern das Paleókastro von Galatás, die Ruine der Burg Ákova oder Mategriphon liegt. Nach E. Meyer gehört sie »zu den imposantesten und besterhaltenen mittelalterlichen Burgen der Peloponnes«. Tatsächlich sind jedoch nur noch einige Türme an der Nordostseite in Resten erhalten und auf dem höchsten Gipfel der Stumpf des Bergfrieds. Ein Besuch lohnt sich daher nur für den besonders Interessierten, ist aber der Landschaft wegen empfehlenswert. Trotz der entlegenen Lage war die Burg Ákova, die den Herren von Rozière gehörte, Sitz der größten der 12 fränkischen Baronien in der Morea. Sie gehörte später den Byzantinern und wurde schon 1395 türkisch. In der Nähe der Burg sollen die Reste einer antiken Stadt unbekannten Namens liegen.

40

Dimitsána, Lousiostal, Stemnítsa

Die Orte liegen an einer landschaftlich schönen Nebenstrecke, die die großen Straßen Trípolis-Pírgos und Megalópolis-Pírgos miteinander verbindet. Von der erstgenannten biegt man bei Karkaloú nach Süden ab. Wenige hundert Meter von Karkaloú entfernt befindet sich die Akropolis der antiken Stadt Theisóa mit einigen Mauerresten. Von der Abzweigung bei Karkaloú führt die Straße in das wilde Tal des Loúsios. Dimitsána liegt in malerischer Lage auf einem in die Schlucht vorspringenden Felskopf an der Stelle des antiken Teúthis, von dessen Mauern noch hier und da Reste in der Stadt zu finden sind. Das heutige Städtchen mit einem Gewirr enger Gassen wirkt weltverloren. Die Stadt rühmt sich, nie vom Fuß eines Türken betreten worden zu sein. Sie war während der türkischen Jahrhunderte ein griechisches Kulturzentrum mit einer Höheren Schule und einer Bibliothek. Bischof Germanos von Patras, der Führer im Freiheitskampf, hat hier studiert. Heute sind viele Bewohner ausgewandert und der Ort, in dem es noch einige alte Kirchen gibt, ist halb verfallen.

Am südlichen Ortsrand zweigt von der Straße rechts ein Weg ab zum Nonnenkloster Ämialón, das versteckt in einer tiefen Schlucht an einer Felswand errichtet wurde. Durch ein Tor im querliegenden Gästeflügel betritt man das Kloster. Die einschiffige Kirche ist halb in den Felsen gebaut. Ihre Fresken wurden 1608 von Malern aus Nauplia hergestellt. Die Kirche besitzt eine schöne geschnitzte Ikonostase. Man erreicht von einer Weggabelung oberhalb des Klosters auf einem anderen Weg in Richtung Süden bergaufwärts wieder die Straße.

Kurz vor Stemnítsa zweigt dort, wo die Hauptstraße scharf nach links biegt, ein vielfach gewundener 8 km langer steiler Schotterweg ab, der hinunterführt zum Kloster Prodrómou. Der Fahrweg endet an einem Parkplatz mit einer Kirche, von der man einen herrlichen Blick hinunter ins Loúsiostal hat, wo man talabwärts Górtys sieht. Talaufwärts am gegenüberliegenden Berg sieht man die Kirche des einst berühmten, heute aufgegebenen Klosters tou Philosóphou, angeblich 963 gegründet. Vom Parkplatz führt ein Pfad zum Pródromos-Kloster, dessen Gebäude in abenteuerlicher Lage an den überhängenden Felsen kleben. Vor dem Kloster steht eine Kirche vom Anfang dieses Jahrhunderts. Über dunkle Gänge steigt man von der Pforte hinauf zur winzigen Klosterkirche, die nicht nur innen, sondern auch außen mit Fresken, wahrscheinlich des 16. Jh., geschmückt ist. So alt ist wohl auch das Kloster. – Vom Parkplatz kann man 3 km hinunterfahren nach Górtys (**41**).

Kehrt man zur Hauptstraße zurück, erreicht man Stemnítsa, zeitweise Ipsoús genannt. Es war einst eine wohlhabende Stadt, berühmt wegen ihrer Metallverarbeitung und Glockengießerei. Heute leben hier nur wenige hundert Einwohner. Im Ort gibt es das hübsche Hotel »Trikolonion«. Schräg gegenüber steht die kleine Hierarchenkirche mit Stützmauern zu beiden Seiten und Fresken von 1715. – Im oberen Ortsteil liegt das ehemalige Panagía-Kloster mit einer Kreuzkuppelkirche. Hier tagte im Freiheitskampf 1821 der Altenrat, die Gerousía der Peloponnes. – Etwas unterhalb der Hauptstraße, über die Platía erreichbar, liegt auf einer Felsnase das sog. »Kastron«, ein schöner Aussichtspunkt. Unterwegs passiert man am Friedhof die Panagía i Baphíro-Kirche mit einer neuzeitlichen Vorhalle. Sehenswert ist der vollständige nachbyzantinische Freskenschmuck des 15. und 16. Jh., darunter vor allem die Darstellungen des Ákathistos-Hymnos mit den Lobpreisungen Marias als siegreiche Feldherrin und Miterlöserin. Schräg hinter der Kirche die kleine Georgskapelle mit Freskenresten des 14. Jh.

Von Stemnítsa geht die Straße weiter nach Ellenikó (**41**) und Karítina (**42**). Wenig südlich Stemnítsa zweigt von der Hauptstraße eine Seitenstraße ab, die durch schöne Waldgebiete über Chrisovítsi und Daría nach Trípolis führt.

41

Górtys

Górtys oder Górtyn liegt zwei Fußstunden nordwestlich von Karítena in der Nähe der Einmündung des in der Antike Gortýnios genannten Loúsios in den Alfiós. Man kann jedoch auch mit dem Auto dorthin gelangen, wenn man unterhalb von Karítena die Straße nach Stemnítsa und Dimitsána (**40**) nimmt und in Ellenikó den Wegweisern nach links ins Tal (6 km) folgt. Man darf nicht die Straße zum modernen Dorf Gortis nehmen. Górtys ist auch vom Pródromou-Kloster (**40**) aus zu erreichen.

Górtys war in der Antike eine Stadt, zur Zeit des Pausanias jedoch nur noch ein Dorf, das wegen seiner beiden Asklepios-Heiligtümer bekannt war. Das sehr kalte Flußwasser wurde für Bäder benutzt, woher auch der Name Loúsios (Badefluß) rührt. So wurde schon in der Antike der obere Teil des Gortýnios genannt. Zeus soll nach seiner Geburt hier gebadet worden sein. Górtys wurde durch Grabungen der Französischen Schule in den Jahren 1941/42 und 1950 bis 1954 freigelegt. Von den beiden Asklepios-Heiligtümern befindet sich das eine auf dem Berg am Südwestfuß der Akropolis, das andere 1 km nördlich am Flußufer. Dort endet der beschriebene Weg bei einer mittelalterlichen Brücke.

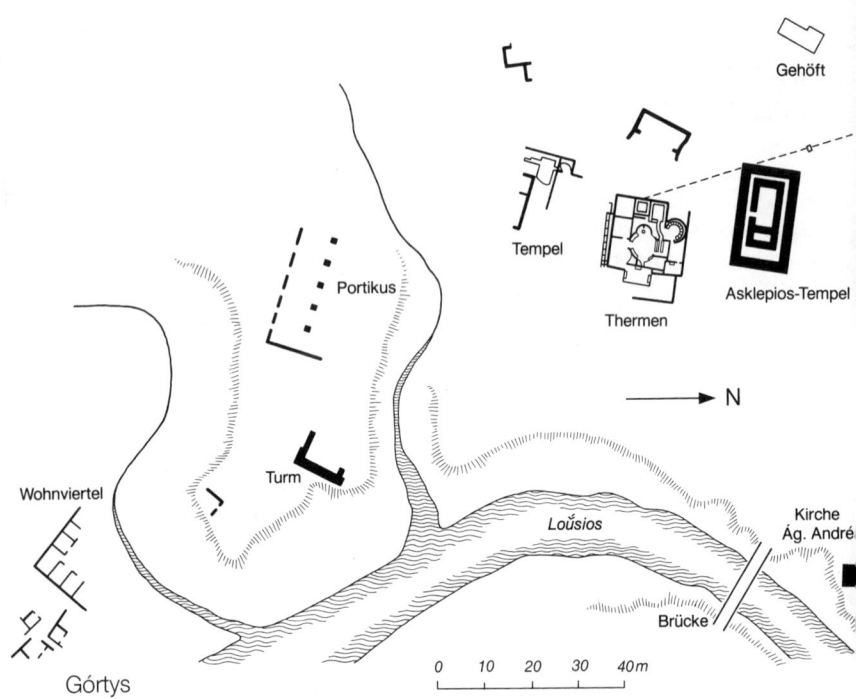

Górtys

Es ist die Brücke von Kókkoris, die Arkadien mit Elis verbindet. Hier verläuft ein uralter Weg, auf dem schon die Spartaner nach Olympia gezogen sind. Jenseits der Brücke liegt die Ágios Andréas-Kirche, die vielleicht aus dem 12. Jh. stammt. Kurz vor der Brücke zweigt rechts der Weg ab, der hinaufführt zum Ioánnis Pródromos-Kloster (**40**), das man vom Fluß aus hoch oben in der Schlucht sieht.

Links hinter der Brücke am jenseitigen Ufer findet man bei einem Gehöft das Fundament eines gut erhaltenen Asklepios-Tempels, einen dorischen Peripteros mit 6 Frontsäulen, der auf einem mächtigen Unterbau stand. Er wurde Ende des 5. oder zu Beginn des 4. Jh. v. Chr. errichtet, aber wohl nicht vollendet. Bruchstücke von ihm wurden im 3. Jh. v. Chr. für eine Badeanlage im Süden davon verwendet. Diese lehnte sich an eine Stoa an. Interessant ist ein runder Raum mit Sitzbadewannen. Südlich von den Thermen liegen die geringen Ruinen eines römischen Bauwerkes und eines byzantinischen Gebäudes über einem hellenistischen kleinen Tempel. Der größte Teil dieser Gebäude ist der später entstandenen Schlucht des kleinen Baches zum Opfer gefallen, der hier in den Loúsios mündet. Auf der anderen Seite dieser Nebenschlucht sind die Überreste eines Portikus aus polygonalem Mauerwerk aus dem 4. Jh. v. Chr. zu sehen. Daneben stand einst ein Wachtturm. Im Südosten lag in hellenistischer und römischer Zeit ein Wohnviertel mit einer Pilgerherberge.

Das ältere Asklepios-Heiligtum liegt knapp 1 km oberhalb des Flusses am Rand einer Ebene unterhalb des Dorfes Atsíkolo. Es ist stark zerstört und stammt vom Beginn des 5. Jh. Der Tempel soll mit Figuren des Skopas geschmückt gewesen sein und in ihm wurden – wie Pausanias berichtet – der Panzer und die Lanze Alexanders des Großen aufbewahrt, die dieser dem Asklepios geweiht haben soll. Neben dem Tempel ist ein Becken erkennbar, das wahrscheinlich zu einer Badeanlage gehörte.

Die Akropolis war durch zwei Mauerwälle geschützt, die gleich denen von Platiána (**102**) aus dem 3. Jh. v. Chr. stammen. Im Wall der Akropolis befanden sich Tore im Nordosten, Südwesten und – am wenigsten zerstört – im Südosten. Die am besten erhaltene Nordmauer hat darüber hinaus drei Ausfallpforten. Östlich der Akropolis befand sich eine kleinere Festung mit schmalen Wällen, von der nur noch wenig zu sehen ist. Sie entstand erst Ende des 3. Jh., als die Akropolis aufgegeben war.

42

Karítena

Karítena liegt malerisch oberhalb des Alfiós-Tales, 17 km nordwestlich von Megalópolis an der Straße nach Pírgos. Sehenswert sind einige Kirchen und die fränkische Festung auf dem Gipfel.

Geschichte

Karítena soll sich an der Stelle des von Pausanias erwähnten antiken Ortes Brénthe befinden, doch ist dies bisher nicht bewiesen. Der Name Karítena leitet sich angeblich vom benachbarten Górtys (**41**) her, dessen Bewohner vielleicht, von den Slawen vertrieben, hierher übersiedelten. Jedenfalls war der Ort, wie die Panagía-Kirche aus dem 11. Jh. beweist, schon vor der Frankenzeit besiedelt. 1209 wurde Karítena zu einer der größten fränkischen Baronien in der Morea. Die Burg wurde 1254 von Hugo I. de Brienne erbaut, war später im Besitz Geoffrois von Brienne und fiel 1320 durch Vertrag an die Byzantiner. 1460 eroberten die Türken Stadt und Burg. 1770 wurde Theodor Kolokotrónis, der große Feldherr der griechischen Freiheitskriege, hier geboren. Er baute die Burg aus, die mehrfach zwischen Griechen und Türken umkämpft wurde.

Besichtigung

Der Burgberg von Karítena erinnert mit den am Hang gelegenen Häusern an Mistrá. Man kann mit dem Auto von der Hauptstraße abbiegend bis in den Sattel nördlich der Burg fahren. Unterwegs steht oberhalb der Straße am Hang eine Panagía-Kirche aus dem 11. Jh. Sie ist mit Fresken und einer schön geschnitzten alten Ikonostasis geschmückt. Neben der Kirche ragt ein zierlicher Glockenturm auf, außer der Burg das einzige Zeugnis aus fränkischer Zeit. – Nördlich des Hauptplatzes des Ortes befindet sich etwas unterhalb am Berghang zwischen hohen Zypressen eine Ágios Nikólaos-Kirche, die außer der auf 4 Pfeilern ruhenden Tambourkuppel über der Vierung vier kleine Kuppeln über den Eckräumen zwischen den Kreuzarmen hat. Das Dach des Narthex ist wesentlich tiefer. Über dem Fenster des südlichen Kreuzarmes sieht man ein Relief mit Kreuzen, über der Tür in einer Nische das Fresko des Ágios Nikólaos. Im Inneren ist die Kirche mit Fresken aus nachbyzantinischer Zeit ausgemalt.

Der Pfad hinauf zur Burg (Odós Kolokotróni) führt durch zwei Mauerringe. Links liegt ein Denkmal für Kolokotrónis. Unterhalb der Burg teilt sich der Weg. Geradeaus geht es weiter zur Südbastion und zur kleinen Panagía-Kapelle. Sie ist zwar sehr bescheiden und hat originellerweise über der Trommel keine Kuppel, sondern ein Walmdach. Die zwei Säulen im Inneren tragen aber hervorragende byzantinische Würfelkapitelle mit kugelförmig hervorstehenden Blüten, Spiralen und Knoten. Auf dem Boden unter der Kuppel findet man eine Reliefplatte mit einer sechsblättrigen Blume. Vor der Kirche sieht man ein kleines Gebäude, das als Haus des Kolokotrónis bezeichnet wird.

Geht man den Weg zurück und folgt ihm dann aufwärts, erreicht man über ein von einem Turm geschütztes Vorwerk die Festung. Diese bietet in ihrem Inneren nicht mehr allzuviel Sehenswertes. Es erstaunt, wie klein die Burg ist, die Sitz einer der größten fränkischen Baronien war. Im südlichen Teil liegt das noch erhaltene Pallas-Gebäude mit Rundbogenfenstern. Der Keller besteht aus einer großen Zisterne. Eine weitere Zisterne liegt neben dem Pallas. Herrlich ist jedoch der Ausblick über das obere Tal des Alfiós und seiner Nebenflüsse, auf das Kulturland der Beckenebene und auf die Gebirgswelt des zentralen und westlichen Arkadiens.

Unter der modernen Brücke, auf der heute die Straße über den Alfiós nach Andrítsena führt, wölbt sich eine alte fränkische Brücke, von der noch 4 Bogen erhalten sind. Mehrere Erneuerungen aus späterer Zeit sind erkennbar. Auf einem Pfeiler auf der dem Strom abgewandten Seite steht eine kleine Kapelle aus der Erbauungszeit mit 2 Apsidiolen.

Dort wo von der Hauptstraße der Weg nach Karítena hinaufführt, zweigt auch eine Straße ab nach Stemnítsa und Dimitsána (**40**). Als erstes Dorf erreicht man Ellenikó, von wo ein Weg zum alten Górtys (**41**) führt.

43

Megalópolis

Megalópolis ist eine bescheidene und farblose Landstadt im nördlichen Teil des Beckens von Megalópolis, in dem sich der Elissón, der antike Helissón, mit dem Flußsystem des Alfiós, dem antiken Alpheiós, vereinigt. Das heutige Megalópolis wurde erst nach der Befreiung Griechenlands an der Stelle des unbedeutenden Dorfes Sinánon erbaut und trat damit die Nachfolge von Leontárion (**47**) als Hauptstadt der Eparchie an. Eine Stichbahn verbindet Megalópolis mit der Hauptstrecke Trípolis-Kalamáta. Auch stellt Megalópolis durch das Zusammenlaufen verschiedener Straßen einen gewissen Verkehrsmittelpunkt dar. Vor allem zweigt von der Hauptstrecke Trípolis-Kalamáta hier die Strecke über Karítena und Andrítsena nach Pírgos ab.

Nahe bei Megalópolis liegen 1,5 km von der Stadt entfernt links der Straße nach Pírgos die Reste der antiken Stadt Megalópolis, von der nur noch das Theater und das Thersilion sehenswert sind. Megalópolis wurde 1890–93 von englischen Archäologen ausgegraben.

Geschichte

Megalópolis gehört zu den jüngsten antiken Städten Griechenlands. Sie wurde von dem thebanischen Feldherrn Epameinondas nach seinem Sieg über die Spartaner bei Leuktra 371 v. Chr. gegründet, um Westarkadien durch die Bildung eines Einheitsstaates gegen die Spartaner zu stärken. Megalópolis wurde zwischen 371 und 367 v. Chr. unter dem Namen Megale Polis (= große Stadt) gebaut. 40 arkadische Städte, darunter Tegéa, Mantíneia, Orchomenós, Asséa, Pallántion und Górtys, wurden veranlaßt, nicht nur größere Geldsummen bereitzustellen, sondern auch ihre Einwohner nach Megalópolis zu schicken. Dies führte zu einer weitgehenden Verödung der arkadischen Städte und Siedlungen. Die neue Stadt wurde zum Sitz des arkadischen Bundes und zum Tagungsort der Volksversammlung der Zehntausend. Der Umfang der Stadtmauer betrug 50 Stadien oder 8 km. Dieser Raum ist aber wohl kaum jemals städtisch besiedelt gewesen, zumal schon bald viele Einwohner in ihre Heimatstädte zurückzogen.

318 v. Chr. hatte die Stadt nur 15 000 waffenfähige Einwohner, und innerhalb

der Mauern baute man stellenweise Getreide an. Unter dem Schutz der Makedonier konnte Megalópolis aber weiter existieren. In der Mitte des 3. Jh. v. Chr. herrschten hier die Tyrannen Aristodamos und Lydiadas. 235 v. Chr. trat die Stadt dem Achäischen Bund bei. 223 v. Chr. wurde sie von dem Spartanerkönig Kleomenes III. zerstört. Der Wiederaufbau erfolgte innerhalb eines kleineren Mauerringes. 146 v. Chr. von den Römern erneut zerstört, wurde sie von diesen seit Kaiser Augustus durch Stiftungen wieder aufgebaut und mit einigem Glanz versehen. Pausanias sah Megalópolis größtenteils in Ruinen und schreibt: »Ich habe mich darüber gar nicht gewundert, da ich weiß, daß die Gottheit immer etwas Neues schaffen will und das Schicksal alles, das Starke wie das Schwache, das Werdende und schon Vergangene, verändert und mit starker Gewalt lenkt, wie es sein Wille ist.«

Bedeutendster Sohn der Stadt war Polybios, der hier 210 v. Chr. geboren wurde, 169 v. Chr. Eparch des Achäischen Bundes war und nach dessen Niederlage gegen die Römer mit 1000 Geiseln nach Rom gebracht wurde, wo er auch nach seiner Entlassung blieb und der bedeutendste Geschichtsschreiber des Altertums werden sollte. Berühmt ist seine Beschreibung der Punischen Kriege. Am 3. Krieg nahm er selbst als Begleiter seines Gönners Scipio Ämilianus teil. 146 v. Chr. war er Zeuge der Zerstörung Korinths. Besondere Verdienste erwarb er sich durch sein Eintreten für die Schonung der achäischen Städte durch die Römer.

Bis in die Zeit Kaiser Diokletians (284–305) errichteten die Römer in Megalópolis Bauten und nahmen Erneuerungen vor. Nachdem es in spätrömischer Zeit Bischofssitz war, wurde Megalópolis nach den Slaweneinfällen wahrscheinlich im 7. Jh. n. Chr. aufgegeben.

Rundgang

Der von der Hauptstraße abzweigende Weg endet beim Theater (1), einem der größten Griechenlands. Es schmiegt sich in eine natürliche Mulde des Hanges und hatte 50 Sitzreihen, die in 8 Keile gegliedert waren und 20 000 Zuschauer faßten. Die unteren 8 Reihen sind noch erhalten. Die Ehrensitze (Prohedria) wurden um 350 v. Chr. von einem Kampfrichter namens Antiochos gestiftet. Das Theater diente nicht nur Aufführungen, sondern – wie schon vorher der natürliche Hang – den 10 000 Teilnehmern (Myrioi) zur Abhaltung der Bundesversammlung der Arkader. Die Orchestra hat einen Durchmesser von 30 m. Hinter ihr lag ursprünglich kein Skenenbau. Vielmehr wurde aus der sogenannten Skenotheke, dem langen Gebäude, das sich am Westflügel des Theaters mit hohen Mauern erhalten hat (2), eine hölzerne Skene bei den Aufführungen auf Schienen hinter die Orchestra gerollt. Erst nach der Zerstörung des vor dem Theater liegenden Thersileions wurde um 150 v. Chr. hinter

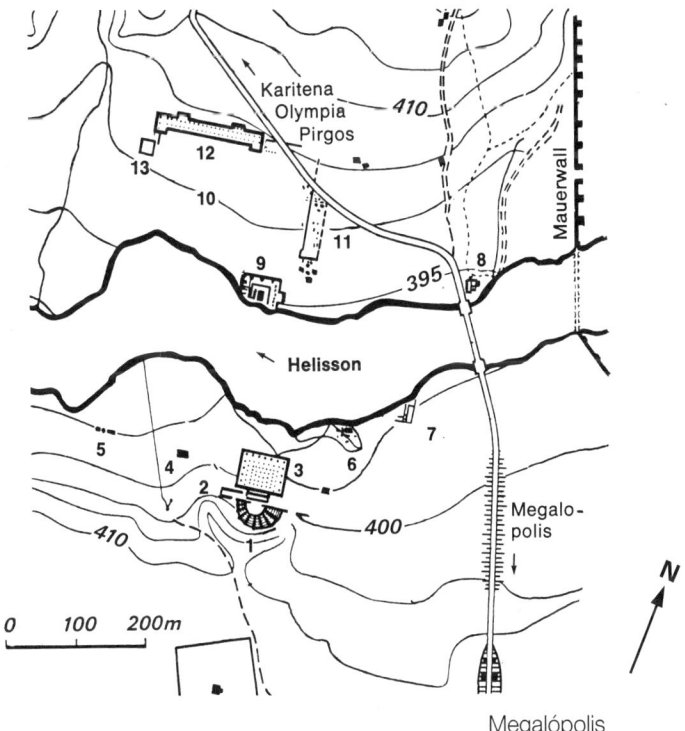

Megalópolis

der Orchestra ein hohes, schmales zweigeschossiges Bühnengebäude errichtet, wobei das Obergeschoß, in dem die Aufführungen stattfanden, durch Rampen von der Seite her zugänglich war. Das Obergeschoß wurde von 14 Rundsäulen getragen.

Vor dem Theater sieht man das Thersileion (3), so genannt nach seinem Erbauer. Es war ein monumentales rechteckiges Gebäude von 66 × 52 m Seitenlänge. An der Frontseite zum Theater hin war eine 32 m lange und 5 m tiefe Vorhalle vorgebaut, die von 14 dorischen Säulen gestützt wurde. Das Thersileion diente als Beratungssaal für den Rat (Synedrion) des Arkadischen Bundes. Das Gebäude wurde 367 v. Chr. erbaut. Das Dach war wegen der großen Spannweite von zahlreichen Säulen gestützt. Die Reihen sind radial angeordnet und auf ein von vier Säulen umstandenes Zentrum orientiert, das etwas außerhalb der Mitte zur Eingangshalle hin lag. Hier standen die Redner.

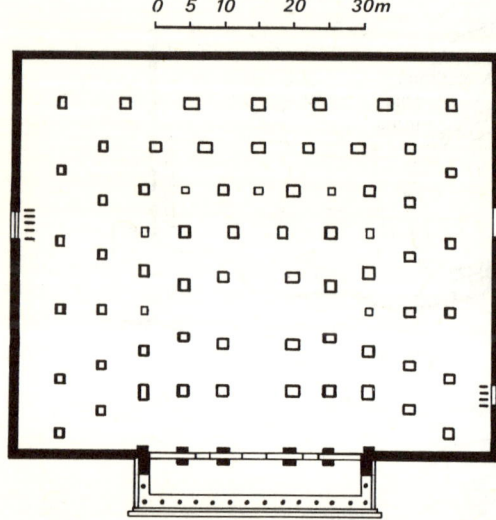

0 5 10   20   30m

Thersileion

Die eigenartige Anordnung der Säulen sollte
möglichst wenigen Zuschauern die Sicht versperren. Der Bau hat wahrscheinlich 10000 Menschen Platz geboten. Vielleicht saßen die Zuschauer
auf ansteigenden Sitzreihen, von denen es aber keine Spuren gibt.
Westlich des Thersileions,
war ein großer Altar des
Apollon (4) aufgestellt;
weiter westlich befand sich
wahrscheinlich das Stadion
(5). Hinter dem Thersileion fließt der Helissón,
der die an seinen buschbestandenen Ufern gelegenen
Bauten zum Teil weggeschwemmt hat, so ein Gebäude unbestimmter Zweckbestimmung (6) und ein Asklepieion (7), beide zur
Straße hin gelegen.
Überschreitet man auf der Straßenbrücke das Flußbett, findet man gleich
rechts die Spuren eines römischen Hauses mit einer Badeanlage (8). Westlich
der Straße am Ufer des Flusses lag das Heiligtum des Zeus (9), der die
Beinamen Lykaion, nach dem Gebirge im Nordwesten, und Soter als Stadtgott
und Retter trug. Das Heiligtum, das ebenfalls zum Teil vom Fluß weggeschwemmt ist, bedeckte eine Fläche von 47 × 53 m. Es bestand aus einem von
Säulenhallen umstandenen offenen Hof, in dem sich der Altar des Gottes
befand. An der Westseite war in die dort liegende Halle ein Tempel eingelassen, der mit einem Podium in den Hof vorsprang. Hier stand nach Pausanias
das Kultbild des thronenden Zeus Soter aus pentelischem Marmor, das von
Xenophon von Paros und von Kephisodot geschaffen wurde. Flankiert war
Zeus von Figuren der Artemis und der personifizierten Megalópolis, die hier in
gleicher Weise als Stadtgöttin verehrt wurde wie in anderen Städten die Týche.
– Nördlich des Zeus-Heiligtums erstreckte sich die weiträumige Agorá (10), an
der im Osten die von Pausanias erwähnte Stoa Myropolis (11) lag, die um 260
v. Chr. vom Tyrannen Aristodemos errichtet wurde. Dies war die Halle der
Myrrhen-Verkäufer, der Parfümmarkt. Im Norden befand sich die lange Stoa

Mistrá, Kirche der Pantánassa ▷

Philippeios (12). Sie war nach Philipp II. von Makedonien genannt. Diese 155 m lange Halle mit zwei vorspringenden Flügeln hatte im Inneren zwei Reihen mit je 23 ionischen Säulen und an der Außenfront 83 dorische Säulen. Vor dem westlichen Flügel der Halle gab es einen quadratischen Bau (13), vielleicht das Bouleuterion der Stadt. Pausanias überliefert im übrigen zahllose Götterbilder und Denkmäler auf der Agorá, so daß diese wohl weniger ein Handelsmarkt als ein einheitlich geplantes Staatsheiligtum war (so F. Felten). Alles in allem ist von den Gebäuden nördlich des Helissón heute kaum noch etwas erkennbar.

Hinter den Ruinen von Megalópolis hat man ein großes Wärmekraftwerk errichtet. Es arbeitet auf der Basis von Braunkohle, die zwischen Megalópolis und Lykósoura in starken Flözen dicht unter der Oberfläche vorkommt.

44

Aséa

17 km südlich von Trípolis liegt direkt westlich der Straße nach Megalópolis, dort wo die Seitenstraße nach dem heutigen Dorf Aséa abzweigt, ein isolierter Hügel, auf dem die antike Stadt Aséa lag. Besichtigenswertes gibt es kaum. Der ca. 50 m über der Ebene gelegene Hügel hat ein fast ebenes Plateau von 120 × 230 m Länge. Schwedische Ausgrabungen von 1936 bis 1938 stellten auf der Akropolis von Aséa eine sehr alte Besiedlung fest, die von neolithischer bis in mittelhelladische Zeit reicht. Man fand viel neolithischen Schutt und Steinfundamente aus früh- und mittelhelladischer Zeit, auf denen Lehmziegelhäuser standen. Aus mittelhelladischer Zeit fand man einige Gräber direkt unter den gleichzeitigen Häusern. Lange blieb der Hügel von Aséa unbewohnt, wahrscheinlich wegen der Lage in den ungesunden sumpfigen Niederungen. Erst in hellenistischer Zeit wurde der Ort erneut besiedelt. Der Hügelrand wurde mit einer zweischaligen Mauer umschlossen. Zwei Schenkelmauern ziehen sich den Hügel im Nordosten und Südwesten herab. Letztere ist noch am besten zu erkennen. Diese Mauern schützten eine zur Straße hin gelegene Unterstadt.

370 v. Chr. war Aséa Mittelpunkt des arkadischen Aufstandes gegen Sparta. Aséa gehörte zu den 40 Städten, deren Bevölkerung von Epameinondas 368 v. Chr. zwangsweise in Megalópolis angesiedelt wurde. Die erwähnte Befestigung stammt aber möglicherweise erst aus dem Ende des 3. Jh. v. Chr. als die Stadt dem achäischen Bund gegen Sparta angehörte. In römischer Zeit verlor

◁ *Mistrá, Despotenpalast*

Aséa seine Bedeutung. Pausanias sah sie schon in Ruinen. – Wenn man den Hügel, am besten von Nordwesten her, auf einem schmalen Pfad ersteigt, findet man nur noch am höchsten Punkt schwer definierbare Ruinen. Die schmaleren Mauern sind helladisch. Die dickeren hellenistischen gehören zu einem großen Gebäude, das ein Tempel gewesen sein könnte, was aber nicht sicher ist.

1 km auf der Straße in Richtung Trípolis, direkt rechts der Fahrbahn gegenüber einem Haus an einer Stelle, die Frankovrísis (= Frankenbrunnen) genannt wird und wo man ein ummauertes Wasserloch sieht, soll man in der Antike die Quelle des Alpheiós gesehen haben. An ihr haben angeblich zwei steinerne Löwen und ein Tempel der Göttermutter Rhea gestanden, der nach arkadischer Überlieferung die aus der Erde strömenden Wasser zu verdanken waren.

45

Lykósoura und der Lýkaion

Lykósoura ist eine antike Stadt in einsamer Lage 12 km westlich von Megalópolis. Man benutzt die Straße nach Kalamáta und biegt nach 4 km hinter der Brücke über den Alfiós rechts auf eine Asphaltstraße ab. Nach weiteren 4 km zweigt rechts eine Straße ab (Wegweiser), die durch schöne Eichenwälder und an Braunkohlegruben vorbeiführt, die zum Betrieb des Kraftwerks bei Megalópolis angelegt worden sind. Nach 2,5 km wendet man sich an einer Weggabel nach links und kommt nach gut 2 km zu einem Gehöft, oberhalb dessen die antike Stadt lag. Bei gutem Wetter kann man den Weg hinauffahren bis zum kleinen Museum.

Lykósoura war an sich eine unbedeutende arkadische Stadt, von der allerdings Pausanias schreibt: »Von den Städten, die die Erde auf dem Festland oder auf den Inseln aufwies, ist Ly-

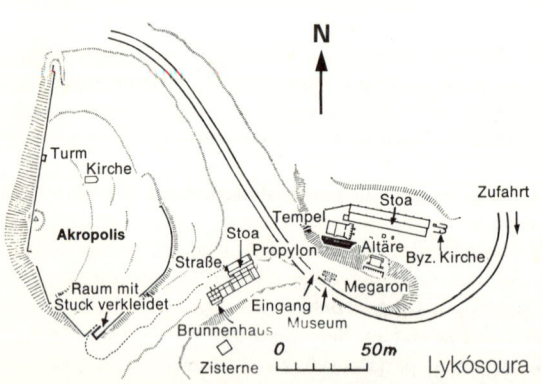

Lykósoura

kósoura die älteste und diese sah die Sonne als erste. Von ihr haben die übrigen Menschen es gelernt, Städte zu bauen.« Dies kann freilich durch die Wissenschaft nicht bestätigt werden. Bekannt war Lykósoura durch ein Heiligtum der Despoina, was »Herrin« bedeutet. Despoina war eine alte arkadische Fruchtbarkeitsgöttin, die gleichgesetzt wurde mit Perséphone, von den Römern auch Prosérpina genannt, der Tochter von Zeus und Deméter. Pausanias berichtet, daß die Arkader die Despoina für eine Tochter der Deméter und des Poseidon hielten.

Das Heiligtum befindet sich auf einer Terrasse unterhalb des Museums. Im Westen sieht man die guterhaltenen Fundamente eines dorischen Prostylos. Der Tempel hatte also nur an der Frontseite eine Reihe von 6 Säulen. Diese waren aus Marmor, während die Wände der Cella aus Lehmziegeln auf dem noch erhaltenen Kalksteinfundament bestanden. Im abgetrennten rückwärtigen Teil der Cella standen auf breitem Sockel Standbilder der Despoina und Demeter, flankiert von Artemis und Anytos. Wie in Tegéa und Bássai hatte der Tempel einen Seiteneingang. Diesem gegenüber an der Bergseite erstreckt sich eine treppenartige Anlage, die einem Theater gleicht, wahrscheinlich aber nur als Stützmauer diente.

Östlich der Treppenanlage steht am Hang eine Eiche umgeben von einigen Blöcken. Hier lag das von Pausanias so genannte Mégaron, eine zweigeschossige, bühnenartige Altaranlage für den Mysterienkult. Die Hauptterrasse mit Altären der Megale Meter, der Despoina und der Deméter war im Norden zum Abhang hin durch eine langgestreckte Stoa begrenzt. Alle Bauten auf dieser Terrasse dürften wahrscheinlich im frühen 2. Jh. errichtet worden sein. Aus byzantinischer Zeit stammt eine zweischiffige Kirche mit Apsiden am Ostende der Stoa.

Hinter dem Museum steht unterhalb der Akropolis, deren Ostmauer noch zu erkennen ist, ein großes Gebäude mit vielen Räumen. Es ist im oberen Teil durch eine Stoa begrenzt, an der eine Straße am Hang entlangführte. Am südwestlichen Ende des Gebäudekomplexes erkennt man ein Brunnenhaus mit Ziegelpflaster. 50 m unterhalb davon sieht man eine Zisterne. Der Eingang zur Akropolis, zu dem die erwähnte Straße hinführte, liegt im Süden. Die Mauern wurden – wie Ausbesserungen zeigen – wohl noch im Mittelalter benutzt.

Das kleine Museum gleicht einem ungeordneten Magazin. Der Schlüssel ist im Gehöft am Fuß der Ausgrabungen zu haben. Wichtigste Stücke sind die Reste einer Gruppe von kolossalen Marmorfiguren, die von Damophón von Messéne geschaffen wurden und die ganze Westwand des Tempels eingenommen haben. Damophón wurde bisher ins späte 2. Jh. v. Chr. datiert. Nach neueren Erkenntnissen (Edmond Levi) sollen die Figuren aber erst in hadrianischer Zeit (117–138 n. Chr.) geschaffen worden sein. Dargestellt waren die sitzenden

Figuren von Deméter und Despoina, flankiert von Artemis und dem Riesen Anytos. Die Köpfe sind Abgüsse der Originale, die im Archäologischen Nationalmuseum in Athen (Saal 29) ausgestellt sind. Im übrigen sieht man Fragmente von Gebäuden und Skulpturen sowie Kleinfunde, die bis in römische Zeit reichen, als das Heiligtum von reichen Römern aus Megalópolis mit Weihegaben versehen wurde.

Von Lykósoura verläuft der Weg 10 km weiter nach Áno Kariés am Fuß des Lýkaion-Gebirges, auf dem ein berühmtes Zeus-Heiligtum war. Der Lýkaion besteht aus zwei Gipfeln, dem 1420 m hohen Stéfani und dem niedrigeren Ágios Ilías oder Diofort. Zwischen beiden liegt in 1200 m Höhe das Heiligtum. Man gelangt dorthin, wenn man hinter dem Paß, wo eine Kirche steht, nicht rechts nach Áno Kariés fährt, sondern den linken Weg nimmt, an dem nach 800 m rechts in einer Talmulde weit verstreut Quader liegen. Man sieht die Reste eines Hippodroms, in welchem Wagenrennen abgehalten wurden, und dahinter die Ruinen einer Stoa, einer Herberge und eines Brunnenhauses, die wahrscheinlich alle hellenistischen Ursprungs sind. Der Profítis Ilías ist in etwa 20 Minuten in südwestlicher Richtung zu erreichen. An der Südseite 20 m unterhalb des Gipfels hat man die Reste eines Zeus-Altars gefunden. Vom Gipfel, wo ein großer Aschenaltar stand, bietet sich eine schöne Aussicht. Der Berg ist auch in 3 bis 4 Stunden von Andrítsena (**105**) zu erreichen.

Der Lýkaion ist der uralte, heilige Berg der Arkader, den diese auch Olympos nannten. Auch glaubten die Arkader, daß Zeus hier und nicht auf Kreta geboren worden sei. Den Zeus-Kult auf dem Lýkaion soll Lykáon, der erste König von Arkadien, Sohn des Pelásgos und der Okeanide Melibóia, eingeführt haben. Lykáon und seine 50 Söhne waren für ihre Grausamkeit bekannt. Als einst Zeus die Erde in Menschengestalt besuchte, setzten sie ihm, um zu prüfen, ob er ein Gott sei, einen geschlachteten Knaben zur Speise vor, worauf Zeus Lykáon und seine Söhne vernichtete. Nach anderer Version soll er Lykáon in einen Wolf verwandelt haben, woher auch der Name des Berges Lýkaion (= Wolfsberg) rühre. So sind mit dem Berg nach der Überlieferung Menschenopfer und Werwolfglaube verbunden. Der heilige Bezirk auf dem Berg galt auch als Asyl. Hier wohnte unter dem Schutz des Zeus 19 Jahre lang der wegen eines mißlungenen militärischen Unternehmens geflohene spartanische König Pleistonax, der Sohn des Pausanias, des Siegers von Plataä.

Kehrt man von Áno Kariés und Lykósoura zurück auf die Hauptstraße und fährt 8 km weiter in Richtung Kalamáta, so erreicht man bei Paradíssia den Paß zwischen Arkadien und Messenien. 4 km westlich von Paradíssia liegen die Ruinen der mittelalterlichen Festung Gardiki oder Kókkala, an der Stelle des antiken Ampheia.

46

Pallántion

Pallántion war in der Antike neben Tegéa und Mantíneia die dritte Stadt im Becken von Trípolis. Die unbedeutenden Reste kann man von der Straße Trípolis-Megalópolis aus erreichen, indem man 9 km südlich Trípolis links abbiegt zum gleichnamigen Dorf Pallántion (4 km). 1 km weiter lag auf einem Hügel die antike Stadt, wo 1940 von der italienischen Schule ein Megaron und ein Tempel aus dem 5. Jh. v. Chr. ausgegraben wurden, vielleicht derjenige, von dem Pausanias sagt, er sei den »reinen Göttern« geweiht gewesen. Der Name dieser Götter sei nicht bekannt. Die Bezeichnung käme vielleicht daher, daß ihnen nicht in blutiger Weise geopfert wurde. – 1,5 km südlich der Akropolis findet man die Reste eines Poseidon- und Athena-Soteira-Tempels aus dem letzten Viertel des 6. Jh. v. Chr. Über die Geschichte von Pallántion ist sehr wenig bekannt. Seinen Namen soll es von dem Heros Pallas, einem der fünfzig Söhne des mythischen Königs von Arkadien Lykáon erhalten haben. Die Stadt galt als Wohnsitz des Eúandros. Dieser soll von Pallántium aus Siedler nach Italien geführt haben und auf dem Hügel Pallantium, dem späteren Palatin, eine Siedlung an der Stelle gegründet haben, wo später Rom entstand. Dabei soll er den Riesen und feuerschnaubenden Unhold Cácus, einen Sohn des Vulcanus (Hephaistos), vom Palatin vertrieben haben. Wegen dieses mythischen Zusammenhanges mit Rom wurde die Stadt, die durch die Umsiedlung des größten Teils ihrer Einwohner nach Megalópolis allmählich zu einem unbedeutenden Dorf herabgesunken war, von den Römern wieder zu Ehren gebracht. Antoninus Pius erhob den Ort zur Stadt mit selbständigem Gebiet und verlieh ihr Abgabenfreiheit. Bald darauf muß Pallántion jedoch endgültig verfallen sein.
Südwestlich von Pallántion liegt der große Táka-Sumpf, der in Regenzeiten zu einem ausgedehnten See anschwillt, im Sommer fast austrocknet. Ein alter Damm ist im Sumpf sichtbar. Der Tákasee ist im Frühjahr von vielen Wasservögeln, vor allem auch Reihern, bewohnt.

47

Leontárion

Der Ort, der volkstümlich auch Londári genannt wird, breitet sich auf einem Sattel auf einem nördlichen Ausläufer des Taýgetos aus, der von Süden her in das Becken von Megalópolis hineinragt. – Leontárion ist wahrscheinlich eine byzantinische Gründung. Es war Residenz von Thomas Palaiologos, der 1428 Despot der Morea und 1432 bis 1460 Fürst von Achaia war. Unter den Türken war Leontárion Hauptort des Beckens von Megalópolis und eine Zeitlang Sitz des Paschas der Morea. Mit der Neugründung von Megalópolis nach den Befreiungskriegen verlor der Ort seine Bedeutung.

In Leontárion steht eine große Ágii Apóstoli-Kirche aus dem 10. oder 11. Jh. Der schmale, hohe Bau wirkt trotz seiner Fassade aus Feldsteinen elegant. Außer über der Vierung hat die Kirche auch über dem Narthex eine Tambour-Kuppel, wahrscheinlich weil hier im Obergeschoß des Narthex eine Fürstenloge eingebaut ist, die beiderseits bis zu den Querschiffen reicht. Die Empore ist über eine Seitentreppe und einen Altan über der Säulenvorhalle zu erreichen. Weitere Kuppeln befinden sich über den Eckräumen des Quadrats, das den kreuzförmigen Grundriß umschreibt. Reich verziert mit Ziegelmustern sind die Apsiden und die Blendbogen an den Langseiten. Der Bau stellt eine Verbindung der Basilika mit einer Kreuzkuppelkirche dar, entstanden aus dem Bedürfnis, dreiseitig Emporen einzubauen, wie dies vor allem auch in Mistrá (**52**) zu beobachten ist. Fresken sind an den stark vernachlässigten Wänden nur hier und da zu erkennen, am besten in der Narthexkuppel. Drei der vier Säulen haben eigenartig flache Kapitelle mit Strahlenmustern. Der moderne Glockenstuhl steht auf dem Stumpf eines türkischen Minaretts. – Auf dem Platz vor der Kirche sieht man Denkmäler griechischer Freiheitskämpfer, darunter die Büste von Kolokotrónis. – Auf einem Felsvorsprung aus schwarzem Kalk liegt die Ruine einer mittelalterlichen Burg mit einer Schildmauer an der Südseite sowie Resten von Türmen und Kapellen. Die Burg wurde 1459 von den Türken zerstört.

2 km nordwestlich von Leontárion befindet sich die Burgruine von Samará an der Stelle der mittelalterlichen Stadt Veligósti. (Das gleichnamige Dorf weiter westlich ist von der Straße Megalópolis-Kalamáta über eine Seitenstraße zu erreichen.) Veligósti wurde von den Slawen gegründet, war später Sitz des fränkischen Barons von Valaincourt und danach eine der bedeutendsten byzantinischen Städte auf der Peloponnes, bis sie 1395 in die Hände der Türken fiel.

48

Tegéa

Tegéa, wenige Kilometer südlich von Trípolis (**35**), war einst die bedeutendste Stadt in Arkadien. Zu sehen sind vor allem noch die Fundamente des berühmten Athena-Tempels. Besuchenswert ist außerdem das kleine Museum.

Tegéa erreicht man, indem man von Trípolis die Straße nach Sparta wählt. Nach 7 km zweigt links eine Straße nach Ágios Sóstis und Episkopí ab. Auf der Hauptstraße 2 km weiter erreicht man Kerasítsa, wo man links abbiegt und bald darauf auf der linken Seite zunächst das Museum und danach den Tempel findet.

Sage und Geschichte

Tegéa soll von dem sagenhaften König Aleós durch Zusammenschluß von 8 ländlichen Gemeinden gegründet worden sein. Aleós wird auch die Gründung des Athena-Heiligtums zugeschrieben. Die Göttin trägt hiernach den Beinamen Aléa. Priesterin im Tempel der Athena Aléa war Aúge, Tochter des Aleós, die an einer Quelle von Herakles vergewaltigt wurde und darauf den Télephos gebar. Aúge, deren Name »Licht, Glanz« bedeutet, verbarg ihr Kind vor ihrem Vater im Hain der Athena, die hierüber erzürnt war und eine Hungersnot nach Tegéa schickte. Nachdem Aleós das Kind gefunden hatte, vertrieb er Tochter und Enkel. Sie wurden in einer Kiste auf dem Meer ausgesetzt und an die kleinasiatische Küste nach Mysien verschlagen. Télephos wurde später König von Pergamon und Gründer einer neuen Dynastie. Die Geschichte von Aúge und Télephos erfreute sich im Altertum großer Beliebtheit und wurde von vielen Dramatikern behandelt. Beide sind auf dem Fries der inneren Säulenhalle des Pergamon-Altars (Pergamon-Museum, Ost-Berlin) dargestellt. – Tegéa gilt auch als Geburtsort der arkadischen Jägerin Atalánte, die an der Kalydonischen Eberjagd und am Argonautenzug teilnahm.

Das Heiligtum der Athena Aléa war weithin als Asyl Flüchtiger und Vertriebener bekannt (αλέα = Zuflucht, Rettung). Hier soll Oréstes Zuflucht gesucht haben, nachdem er Aígisthos und Klytaimestra erschlagen hatte. Mehrere spartanische Könige, darunter Pausanias, flüchteten hierher und auch die Hera-Priesterin Chryseís nach dem Tempel-Brand im Heraion (**21**) 423 v. Chr. Auch das Grab des Orest wurde in Tegéa gezeigt.

Tegéa verteidigte lange Zeit die Unabhängigkeit Arkadiens gegen die dorischen Lakonier, mußte sich aber 550 v. Chr. Sparta unterwerfen und wurde Mitglied im Peloponnesischen Bund. In den Perserkriegen kämpfte die Stadt in der Schlacht an den Thermopylen und bei Platää auf seiten der Griechen. In den folgenden Jahrzehnten versuchte Tegéa, sich von der spartanischen Hegemonie zu befreien, unterlag aber in mehreren Schlachten. Im Peloponnesischen Krieg stand die Stadt auf seiten Spartas und im Gegensatz zu Mantíneia. Nach dem Sieg der Thebaner über die Spartaner 371 v. Chr. bei Leuktra trat Tegéa dem Arkadischen Bund bei und bildete hier das Haupt einer der beiden Parteien des Bundes. Kaiser Augustus plünderte die Stadt. Im übrigen fand aber Pausanias Tegéa noch wohlerhalten.

Um 400 n. Chr. wurde Tegéa von Alarich zerstört. Die Byzantiner bauten die Stadt wieder auf. In fränkischer Zeit war Tegéa unter dem Namen Níkli eine befestigte Stadt und Bischofssitz. Guillaume de Villehardouin hielt hier Hof. 1296 fiel die Stadt wieder an die Byzantiner. In türkischer Zeit verlor sie jede Bedeutung. – Zwischen 1888 und 1910 wurde Tegéa, insbesondere der Tempel der Athena Aléa, von der Französischen Archäologischen Schule ausgegraben, nachdem 1880 bereits Fragmente der Giebelgruppen gefunden worden waren.

Athena-Tempel

Die Fundamente des Tempels, die neben zahlreichen Säulentrommeln und anderen Fragmenten das einzige geblieben sind, was von dem Gebäude an Ort und Stelle erhalten ist, lassen kaum ahnen, daß dieses der wohl berühmteste Tempel der Peloponnes gewesen ist. Das alte Heiligtum, dessen Gründung dem Aleós zugeschrieben wurde, wurde 394 v. Chr. durch Feuer zerstört. Die Tegeaten ließen darauf von dem berühmten Bildhauer Skópas aus Paros um 350 v. Chr. einen neuen Tempel bauen, der alle Tempel der Peloponnes, mit Ausnahme von Olympia, an Ausführung und Größe übertraf. Er war der einzige massiv aus weißem Marmor ausgeführte Tempel der ganzen Peloponnes. Der heimische Marmor hat allerdings durch Witterungseinflüsse eine dunkelgraue Farbe angenommen. Er stammt aus den Brüchen von Doliána im Südosten von Tegéa.

Auf der Stylobat-Fläche von 19,19 × 47,55 m stand die Peristasis mit 6 × 14 Säulen. Diese dorischen Säulen mit einem unteren Durchmesser von 1,42 m und einer Höhe von 8,66 m (ohne Kapitell) waren ungewöhnlich schlank. Das Verhältnis des Durchmessers zur Höhe beträgt 1 : 6,1, während der übliche dorische Tempel ein Verhältnis von 1 : 4,5 bis 1 : 5 hatte. Auch der übrige Bau muß Feinheit und Leichtigkeit ausgestrahlt haben; so maß das Gesims nur ¼ der Säulenhöhe (in Bássia ist es ⅓). Ebenso wie beim Parthenon und anderen Tempeln wies der Athena-Tempel in seinen Linien leichte Kurvaturen auf, die zum besonderen Ebenmaß beitrugen. Der Grundriß der Cella hatte in der üblichen Weise

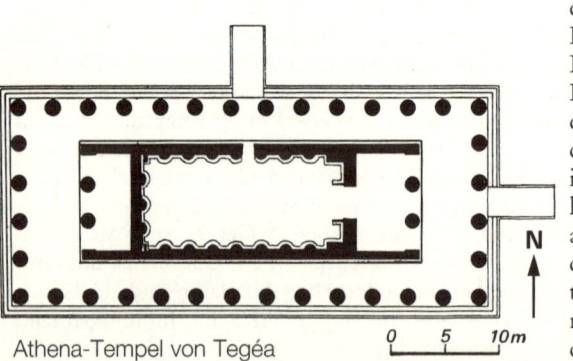

Athena-Tempel von Tegéa   0   5   10m

Pronaos und Opisthodom mit je zwei Säulen in antis. Die Cella konnte man nicht nur durch den Pronaos von Osten her, sondern auch von Norden her durch eine schmale Tür betreten. Dementsprechend führen auf den Stylobat sowohl von Osten wie von Norden her Rampen.

Als besondere architektonische Leistung des Skópas wird die Gestaltung der Cella gerühmt. Die beiden Säulenreihen, die beim klassischen dorischen Tempel den Innenraum in drei Schiffe teilen, wurden hier an den Rand gerückt und in Form von Halbsäulen mit der Wand verschmolzen, die auf diese Weise eine neue plastische Wirkung erhielt. An jeder Wand standen sieben Halbsäulen auf Plinthen, die mit einem lesbischen Kymation verziert waren. Die etwa 7,40 m hohen Säulen waren mit prächtigen korinthischen Kapitellen geschmückt. Auf einem darüber liegenden Architrav standen kleinere ionische Pilaster, ähnlich wie im verwandten Tempel von Neméa (10).

Die Metopen im Gebälk des Tempels waren an den Frontseiten mit Reliefs geschmückt: Im Osten wurde Herakles im Kampf mit Kephéus und seinen Söhnen dargestellt, im Westen Szenen aus der Geschichte des Télephos. Auch der Westgiebel darüber zeigte Szenen zum gleichen Thema, und zwar den Kampf des Télephos mit Achilléus in der Kaïkos-Ebene. Der Ostgiebel gab die Jagd der griechischen Helden wieder, im Mittelpunkt Meléagros und Atalánte bei der Jagd des kalydonischen Ebers. Ebenso wie das Gebäude stammte auch der Skulpturenschmuck von Skópas. Skópas von Paros gehörte zu den großen Bildhauern des 4. Jh. v. Chr. und war berühmt wegen seiner meisterhaften Darstellung menschlicher Gefühle und Leidenschaften. Von seinen zahlreichen Werken gelten als die berühmtesten die Skulpturen in Tegéa und der Amazonenfries vom Maussolleion von Halikarnassos (heute in London).

In der Cella stand – so berichtet Pausanias – das Kultbild der Athena Aléa, das Endoios in der 2. Hälfte des 6. Jh. v. Chr. aus Elfenbein hergestellt hatte. Kaiser Augustus brachte es, nachdem er Antonius besiegt hatte, nach Rom und stellte es dort am Eingang des Augustus-Forums auf. Ebenso raubte Augustus die Zähne des kalydonischen Ebers, die außer der Haut des Tieres zu den wichtigsten Weihegeschenken im Tempel gehörten. Die Haut ließ Augustus zurück, vielleicht weil sie schon zu seiner Zeit – wie später als sie Pausanias sah – »von der Zeit angegriffen und schon ganz ohne Borsten« war. Die Athena-Statue war – so berichtet Pausanias weiter – von den Statuen des Asklepios und der Hygíeia flankiert, die ebenfalls Skópas aus pentelischem Marmor hergestellt hatte.

Im Inneren der Cella und des Pronaos sieht man zwei lange parallel laufende Wandsockel aus späterer Zeit. Sie stammten von einer frühchristlichen Basilika und trugen die inneren Säulenreihen, während die Außenwand der Kirche auf der Cellawand auflag.

Östlich des Tempels findet man die Reste eines monumentalen Altars, dessen

Schmuck ebenfalls von Skópas stammte und die Geburt des Zeus sowie Nymphen und Musen zeigte. – An der Nordostecke des Tempels stößt man auf ein Brunnenhaus, in dem Stufen abwärts zu einer ehemaligen Quelle führten. Diese wird als die Aúge-Quelle angesehen, an der Herakles der Athena-Priestern Gewalt antat.

Museum

Eingangshalle: Auf der linken Seite stehen zwei Marmorthrone vom alten Theater von Tegéa im heutigen Dorf Episkopí (s. unten).

Linker Saal: Hier sind zahlreiche Architekturteile zu sehen, vor allem Simse mit Eierstabmustern, Traufleisten mit Löwenköpfen als Wasserspeier und Palmetten sowie Plinthen mit lesbischem Kymation als Sockel der Innensäulen des Tempels. Ferner sieht man einige Skulpturen des Skopas: einen weiblichen Torso der Atalánte oder einer Nike (Mitte vorn), einen löwenhauptbedeckten Kopf (links vorn) des Herakles und einen gleichen des Télephos (links hinten). – Kopf der Göttin Hygíeia, eine moderne Kopie des Originals von Skopas, das sich im Nationalmuseum in Athen befindet.

Rechter Saal: Interessant in der rechten Ecke vorn zahlreiche abstrakte Götter- darstellungen in Form von Pyramidensäulen, typisch für Arkadien. Auf der linken Seite der überlebensgroße Kopf des Asklepios, ein Werk des Skopas oder aus dessen Schule. Weiter zahlreiche kleine Grabstelen und Teil eines römischen Sarkophags, auf dem Achilles auf dem Streitwagen dargestellt ist, wie er Hektors Leiche um die Wälle von Troja schleift.

Hinterer Saal: Zahlreiche Kleinfunde, vor allem archaische Bronzen und figürliche Bronzebleche aus Tegéa. Neben dem Eingang in einer Vitrine spätgeometrische und archaische Funde aus dem Tempel der Athena und des Poseidon in Aséa (**44**) und Keramiken, die in Agiorgítika etwa 11 km östlich von Trípolis entdeckt wurden und in die Epoche von der neolithischen bis zur mittleren Bronzezeit (3500–1700 v. Chr.) gehören.

Paleó Episkopí

Wendet man sich hinter den Athena-Tempel auf einer Straße nach rechts (Wegweiser), so erreicht man nach etwa 2 km Paleó Episkopí. Hier befindet sich in einer Parkanlage eine moderne Kreuzkuppelkirche mit fünf Kuppeln. Sie ist der Kímisis tís Theotókou, d. h. dem Marienschlaf geweiht und wurde 1880 an Stelle einer Kirche aus dem 12. Jh. errichtet. Diese erste Kirche gehörte zum byzantinisch-fränkischen Níkli. Die moderne Kirche steht zum Teil auf den Stützmauern des Theaters, das 174 v. Chr. von Antiochos IV. Epiphanes von Syrien (175 bis 164 v. Chr.) errichtet wurde, und zwar an Stelle eines einfachen Theaters aus dem 4. Jh. v. Chr. Geht man vom Haupteingang der

Kirche nach Westen auf dem Hauptweg durch den Park, passiert man unterwegs die mittelalterliche Stadtmauer. Im Park hinten links findet man die Fundamente einer langgestreckten, einschiffigen, frühchristlichen Basilika aus dem 5. Jh. Unter einem Schutzdach kann man Mosaiken von diesem Bau sehen, die Symbole der Monate, Allegorien der vier Flüsse des Paradieses sowie Wassertiere zeigen. Eine Stifterinschrift nennt den Namen des Erbauers der Kirche. Hinter der Kirche nach Westen entdeckte man in der Ágora von Tegéa Funde aus der römischen Kaiserzeit.

Von Paleó Episkopí kommt man auf einer Seitenstraße, die kurz vor der Stadt auf die Hauptstraße mündet, zurück nach Trípolis.

49

Ástros

Ástros findet man 34 km südlich von Árgos und 20 km südlich von Lérna, wenn man dort nicht die Straße ins Landesinnere nach Trípolis, sondern die Küstenstraße entlang des Golfes der Argolis nimmt. Vorbei an Kivéri (**15**) kommt man in die antike Landschaft Kynouría. An der Stelle, wo die Steilküste zurückweicht und sich die Küstenebene von Ástros öffnet, sprudelt im Meer etwa 400 m vom Ufer eine starke Süßwasserquelle hervor, die im Altertum Díne hieß und heute Anávolos genannt wird. Sie gehört derselben geologischen Formation an wie die Quellen von Lérna und Kivéri. Die Argiver sollen dem Poseidon in der Díne schön aufgezäumte Rosse geopfert haben.

Links von der Hauptstrecke zweigt eine Seitenstraße ab zu dem kleinen Hafenort Parálion Ástrou. Der Ort hat sich erst in den letzten Jahrzehnten aus einer kleinen Fischersiedlung entwickelt, die lediglich Anlegeplatz des landeinwärts gelegenen Ástros war. Heute wird Parálion Astroú vor allem im Sommer von zahlreichen Griechen wegen seines guten Badestrandes besucht, der sich beiderseits eines Kalkfelsens erstreckt. Parálion Ástroú hat einen Bootshafen und eine Anzahl Hotels. Auf dem Felsen steht eine Festung die von drei Brüdern und Kaufleuten Zafeirópoulos 1825 im Freiheitskrieg gegen die Türken errichtet wurde. An ihrer Nordseite gibt es noch antike Polygonalmauern, die darauf hindeuten, daß hier im Altertum eine Siedlung lag.

Oberhalb der Hauptstrecke auf den Berg zu liegt der Ort Ástros. Er ist bekannt als Ort der zweiten griechischen Nationalversammlung, die hier im Frühjahr 1823 zusammentrat, nachdem die erste Versammlung 1821/22 in Nea-Epídavros stattgefunden hatte. Erst mit diesem Ereignis entstand die heutige Stadt. Bis dahin gab es hier nur Sommersiedlungen der weiter oben gelegenen Bergdörfer. Deshalb fand auch die Nationalversammlung keinen geeigneten Sitzungsraum. So tagte sie im Orangengarten des Grundbesitzers Karitsiótis. Sein Haus und der Garten sind heute noch zu sehen. Von der Platía von Ástros weist ein Schild dorthin. Das alte Herrenhaus beherbergt ein kleines archäologisches Museum. In einem der drei Räume sieht man hellenistisch-römische Skulpturen, hauptsächlich vom Landsitz des Herodes Attikus (s. u.), darunter Büsten von Caracalla, Antinoos und Polydeukes. In den anderen Räumen sind Vasen, Kleinfunde und Grabmäler von Fundstellen der Umgebung ausgestellt. – Im Garten des Herrenhauses steht ein Denkmal an den »heiligen Ort« der Nationalversammlung. Am Freitag nach Ostern finden hier Gedenkfeiern statt.

Kloster Loukoús

An der Straße von Ástros nach Trípolis liegt im Tánostal 4 km westlich von Ástros das Kloster Loukoús (Moní tis Loukoú), das der Verklärung Christi (Metamorfósios tou Sotírou) geweiht ist. Das heutige Nonnenkloster wurde wohl im 12. Jh. errichtet, vielleicht auf älteren Kirchenbauten, von denen die Spolien an der Kirche stammen könnten. In venezianischer Zeit gehörte das Kloster vorübergehend Kapuzinermönchen. 1826 wurde es von Ibrahim Pascha teilweise zerstört, wobei der Narthex der Kirche verschwand. Der gepflegte Klostergarten ist mit seinen Blumen, Sträuchern und Palmen ein kleines Paradies. Die Kirche hat klare und edle Linien. Die Mauern bestehen aus regelmäßigen Quadern zwischen Ziegellagen. An der Südmauer sieht man auch verschiedene antike Fragmente. Die Apsiden springen eckig hervor. Ihre Simse bestehen ebenso wie die der Dächer aus mehreren Reihen über Eck gelegter Ziegelsteine. Mit ähnlichen Kanten sind auch die Fenster verziert. Farbige rhodische Teller sind in den Giebeln und im Tambour eingelassen. Dieser ist achteckig, hat sehr schmale Fenster und ist durch schlanke Säulen gegliedert. Die Tambourkuppel ist ungewöhnlich hoch. An der Westseite rechts und links vom Eingang sind korinthische Kapitelle eingemauert. – Im Inneren stützen vier Säulen die Kuppel. Die Wände sind mit nachbyzantinischen Fresken aus dem 17. Jh. verziert. Sie sind noch sehr gut erhalten mit Ausnahme des Pantokrators in der Kuppel, der erst in unserer Zeit durch Wasserschäden zerstört wurde. Unter den Fresken sind besonders zu erwähnen die Darstellungen des Akathistos-Hymnos (ákathistos = nicht sitzend), der so heißt, weil er stehend gesungen wird, und zwar am Samstag der 5. Fastenwoche. Der Hymnos entstand im 6. Jh. und enthält die Lobpreisungen Marias als Mitverteidigerin des Glaubens. An der Ikonostase sieht man einige wertvolle Ikonen von vorzüglicher Qualität aus dem 17. Jh. oder früher: links der Tür die Panagía, links daneben die Namensikone der Kirche mit der Verklärung Christi, ganz links eine Déesis mit Maria und Katharina; rechts der Tür Christus als König mit den westlich beeinflußten Evangelistensymbolen, rechts daneben Ioánnis Pródromos umgeben von Darstellungen seines Lebens, ganz rechts Christi Himmelfahrt. Alle Ikonen außer der Namensikone tragen Stifterinschriften, deren Jahreszahlen (1639 und 1641) aber nicht die der Entstehung der Bilder sein müssen.

Von Ástros gibt es eine Straße über Ágios Pétros und Voúrvoura, die nach 68 km bei Tegéa (**48**) auf die Hauptstraße Trípolis-Sparta führt.

50

Leonídion (Leonídi)

Leonídion ist eine größere Landstadt an den östlichen Ausläufern des Párnon-Gebirges nahe der Küste des argolischen Golfes. Man erreicht den Ort entweder von Árgos auf der Küstenstraße über Lérna (**15**) und Ástros (**49**) oder eine Straße von Sparta über Geráki (**57**). Von Ástros ist Leonídion 47 km, von Geráki 36 km entfernt. Gelegentlich kommen Schiffe von Piräus.

Von Ástros aus erreicht man zunächst Ágios Andréas, wo links eine Straße zum Strand (Paralía) abgeht. Rechts führt eine schlechte Straße zum etwa 20 km entfernten Dorf Prastós im Párnon. Prastós war während der Türkenzeit der Hauptort der Kynouría, bis es von Ibrahim Pascha 1825 niedergebrannt wurde. Die Einwohner wanderten damals nach Leonídion aus.

Hier im südlichen Teil der Kynouría ist eine ethnische Besonderheit zu erwähnen: der kleine Stamm der Tsakonen (Tsákones). Diese sprechen eine eigenartige, den übrigen Griechen unverständliche Sprache, die dem Altdorischen nahe stehen soll. Das tsakonische Sprachgebiet besteht nach Philippson heute noch aus denselben Ortschaften wie im 16. Jh., nämlich aus 7 Dörfern und ebenso vielen Weilern, in denen man 1928 6800 Einwohner zählte. Das Tsakonen-Gebiet umfaßt einmal die Plateaus um die Dörfer Prastós, Kastanítsa und Sítena, die beiderseits des bei Ágios Andréas ins Meer mündenden Tales liegen. Zum anderen gehört zum Tsakonen-Gebiet die Küstenstrecke von Ágios Andréas bis Leonídion. Der Name Tsakonen erscheint zuerst im 10. Jh. n. Chr. als Bezeichnung einer zur Bewachung der Küste dienenden byzantinischen Truppe. Man nimmt an, daß die Tsakonen aus der Mischung der alten Kynourier mit einem slawischen Stamm entstanden sind. »Tsakónikos« ist ein in der südlichen Peloponnes verbreiteter Volkstanz, der nach Dora Stratoú, der Schöpferin des berühmten Athener Volkstanz-Ensembles, die Flucht des Theseus aus dem Labyrinth darstellen soll.

Zwischen Ágios Andréas und Leonídion kommt man an zahlreichen kleinen Buchten vorbei, die zum Baden und Tauchen einladen, z. B. am Paralía Tiroú. Dort gibt es einige Hotels.

Leonídion, der Hauptort der Eparchie Kynouría mit rd. 2500 Einwohnern, liegt dort, wo der meist trockene und breite Wildbach zwischen fast senkrechten Felswänden hervortritt und sein Tal sich zu einer kleinen Ebene erweitert, die sich bis zur Küste 3,5 km weit erstreckt und bis zu 2 km breit ist. Der Ort wird zuerst im 15. Jh. erwähnt. In der Ebene von Leonídion werden hauptsächlich Oliven angebaut; ansonsten wird wenig Landwirtschaft getrieben. Die kleine Stadt wirkt zwar still, aber gepflegt und wohlhabend. Viele Einwohner sind in früheren Jahren durch Handel und Schiffahrt zu einigem Wohlstand gekommen. Architektonisch fallen die Tore auf, die die kleinen Gehöfte zur Straße hin abschließen. 3 km südöstlich von Leonídion liegt an der Küste der Hafen Pláka mit wenigen Häusern und einer kleinen Mole. Es gibt einen guten Kies-Badestrand.

Oberhalb des Ortes in Richtung Geráki erhebt sich links der Straße ein Bunkerturm aus dem 2. Weltkrieg. Er ist als Denkmal eingerichtet für die Griechen, die hier 1949 im Bürgerkrieg gefallen sind.

Kloster Elónis

Die Straße talaufwärts führt durch eine rauhe und wilde Schlucht bis zu einer Abzweigung (15 km), wo es rechts nach Paleochórion geht. Oben links stößt man an der Felswand auf das Nonnenkloster Elónis, wenn man die gewundene Straße nach Sparta benutzt. Die Klostergebäude machen einen gepflegten Eindruck. Die einschiffige Klosterkirche unter einem überhängenden Felsen hat einen zierlichen Glockenturm. Im Inneren sieht man eine überaus reich geschnitzte Ikonostase, deren Hauptikonen silberverkleidet sind. An der Seite steht die wundertätige Panagía-Ikone mit vielen Weihegaben (Taxímata). Von der Decke hängen zahlreiche weitere Weihegaben, meist Ampeln und Leuchter.

Vom Kloster führt die Straße weiter aufwärts in das Hochland des Párnon zum großen Bergdorf Kosmás, das im Kriege von deutschen Truppen zerstört wurde, nachdem hier italienische Soldaten von Partisanen überfallen worden waren. – Die Straße windet sich weiter durch eine reizvolle Landschaft hinunter nach Geráki in Lakonien (**57**).

Lakonien

Überblick

Lakonien, neugriechisch Lakonía, ist trotz seiner Randlage eine der Kernlandschaften der griechischen Geschichte, das Gebiet des spartanischen Staates, das altgriechisch Lakoniké oder Lakidaímon hieß. So wie Sparta und Athen, die großen kulturellen und politischen Gegenspieler vor allem in klassischer Zeit waren, so sind die Landschaften Attika und Lakonien, in denen diese Staatswesen erwachsen sind, ihrer Lage und Natur nach Gegensätze, die Alfred Philippson wie folgt darstellt: »Sparta in Binnenlage, in einer Landschaft, die umgeben ist von einem Gebirgskranz, vom Meere getrennt, Athen mit dem Meer vor Augen, vom Meereshauch durchweht, von allen Seiten durch Lücken in seinen Gebirgen zugänglich, mit trefflichen Häfen an der nahen Küste. – Sparta abseits der durchgehenden Verkehrslinien zu Lande und zur See, Athen im Brennpunkt der Verkehrswege der Ägäis. – Sparta in fetter, fruchtbarer Ebene vor dem Hintergrund eines großartigen Hochgebirges, Athen auf felsigen Höhen inmitten steiniger und trockener Halden, aber nur mit Bergen mäßiger Höhe und einfacher Form in seiner Umgebung. – Sparta in heißem, drückendem, ungesundem Sommerklima, Athen in trockenem, immer windigem gesundem Klima. – Sparta mit Wasser reich versehen, Athen an Wassermangel leidend und staubig.«

Lakonien ist eine ausgedehnte und großzügig gestaltete Landschaft, deren Mittelpunkt die Eurótas-Mulde ist. Diese ist nach Süden begrenzt durch das Hügelland der Vardunochória, unterhalb dessen die weite Schwemmlandküste mit Sümpfen und einem niedrigen Dünenkranz liegt, die heute – wie im Altertum – Hélos (= Sumpfland) heißt. Nach Westen wird Lakonien durch die hohen Bergzüge des Taýgetos begrenzt. Die Fortsetzung nach Süden ist die Halbinsel Mani, die geografisch ebenso zu Lakonien gehört wie der Westhang des Taýgetos, die wir aber als besonderen Abschnitt im Anschluß an Lakonien beschreiben. Im Osten der Eurótas-Mulde breitet sich ein flaches Hügelland aus mit dem Mittelpunkt Geráki (**57**) vor dem Hintergrund des Párnon-Gebirges, das sich nach Süden bis zum Kap Maléas erstreckt.

Sparta steht in dem Ruf, eine der langweiligsten und am wenigsten lohnenden Städte in der Peloponnes zu sein, was wir freilich nicht finden können. Große archäologische Sehenswürdigkeiten findet man zwar nicht. Recht sehenswert

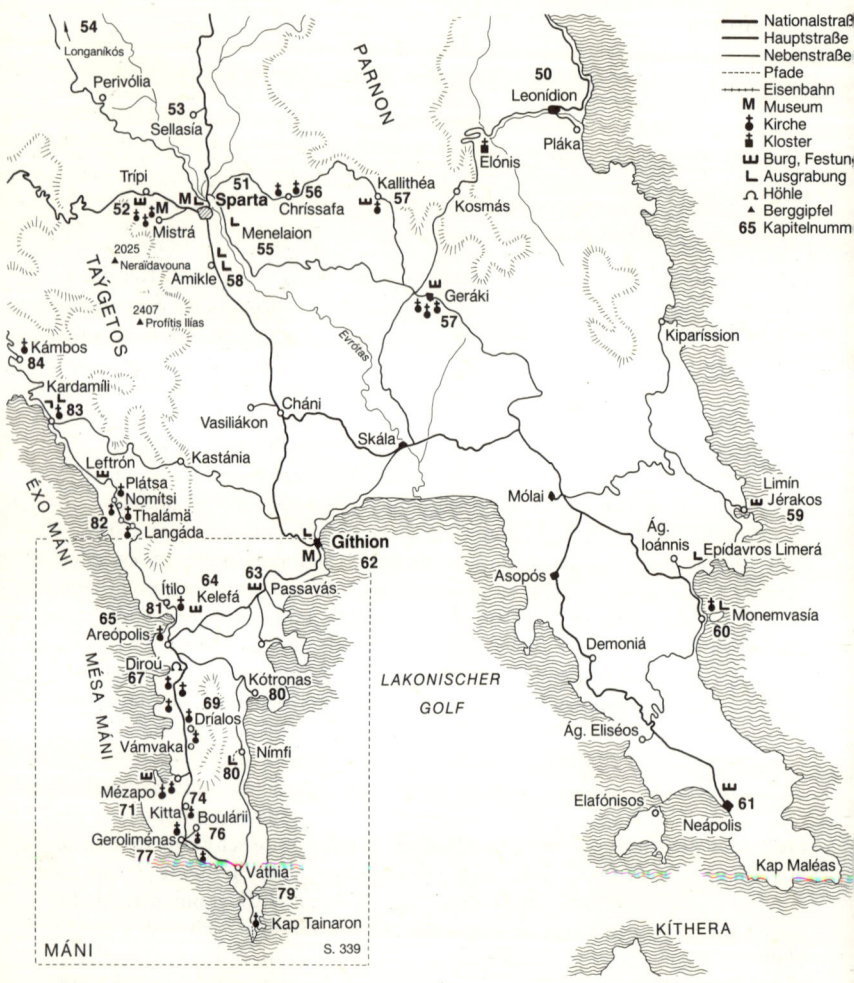

Lakonien

S. 339

Mistrá, Kirche der Panagía Odigítria (Afentikó) ▷

Mani, Blick auf Vathí

ist jedoch das kleine Museum. Und eindrucksvoll ist die Landschaft, die Sparta umgibt. Den schönsten Blick über das Becken von Sparta hat man nicht von Mistrá aus. Vielmehr sollte man dazu zum Menelaion (**55**) am Ostrand des Beckens fahren, von wo sich ein eindrucksvoller Blick über das Becken von Sparta hinüber zu den Ketten des Taýgetos bietet. Die berühmteste Sehenswürdigkeit von Lakonien ist die alte byzantinische Stadt Mistrá (**52**), überragt von der Festung der Villehardouins und besetzt mit zahlreichen mittelbyzantinischen Kirchen, von denen nahezu jede einzelne eine eingehende Besichtigung lohnt. Zwei weitere Ausflüge sollten sich anschließen: nach Geráki (**57**), das noch wenig besucht wird und wo es ebenfalls eine ganze Anzahl von Kirchen zu sehen gibt und nach Monemvasía (**60**), einer sehenswerten und wohlerhaltenen byzantinisch-venezianischen Stadt, auf einem wuchtigen Felsen im Meer, der Küste vorgelagert. Monemvasía kann man übrigens auch von den verschiedenen Häfen der Argolis aus bequem mit dem Tragflächenboot erreichen.

51

Sparta (Spárti)

Sparta, mit 11 000 Einwohnern die Hauptstadt Lakoniens, führt einen der berühmtesten Namen der griechischen Geschichte. Geblieben ist aus dieser Geschichte jedoch äußerst wenig. Im wesentlichen ist nur das kleine Museum sehenswert. Die wenig reizvolle moderne Stadt ist erst seit 1834 entlang zweier sich kreuzender Straßenachsen im Schachbrettmuster neu erstanden. Man kommt nach Sparta in der Hauptsache zum Besuch des nahegelegenen Mistrá (**52**). Die Stadt ist aber auch als Ausgangspunkt für einige Ausflüge in die nähere und weitere Umgebung gut geeignet. Gerade diese Ausflüge erschließen die besonders schöne und eindrucksvolle Lage der Stadt im oberen Eurótas-Tal zu Füßen des steil aufsteigenden Zuges des Taýgetos.

Sage und Geschichte

Die ältesten Bewohner Lakoniens sollen Leleger gewesen sein, ein mit den Karern verwandter Volksstamm, genannt nach seinem ersten König Lelex. Dessen Sohn Eurótas soll die Ebene von Sparta durch einen Durchbruch zum Meer entwässert und dem Fluß seinen Namen gegeben haben. Lakedaimon, ein Sohn des Zeus und der Nymphe Taýgete, war sein Nachfolger. Urenkel von Lakedaimon war Tyndáreos, dessen Gemahlin Léda, eine Königstochter aus Aitolien. Das Königspaar hatte vier berühmte Kinder, nämlich Helena, um derentwillen der Trojanische Krieg entbrannte, Klytaimnestra, die Gemahlin des Königs Agamemnon von Mykene, sowie Kastor und Polydeukes, die auch Dioskuren, d. h. Söhne des Zeus, genannt wurden, weil Zeus sich Leda in Gestalt eines Schwanes genähert und sich mit ihr vereinigt hatte. Aus der Verbindung gebar Leda zwei Eier, aus denen Helena und die Dioskuren hervorgingen. Nach anderer Version sind nur Helena und Polydeukes Kinder des Zeus, während Kastor und Klytaimestra von Tyndáreos stammen. Nachfolger des Königs Tyndáreos wurde Menelaos, der Helena heiratete. Helena soll nicht nur in der bekannten Weise von Paris, sondern auch früher schon nach einer attischen Sage von Theseus entführt worden sein. – Kastor und Polydeukes wurden in Sparta besonders verehrt, und zwar auch in Pferdegestalt als ritterliche Schirmherren im Kampf und Retter aus Seenot. Auch Helena wurde als Göttin verehrt, und zwar als Heléna Dendrítis, nämlich als Baumgöttin. So gab es in Sparta eine Platane der Helena. Ein ähnlicher Kult wurde bezüglich des Menelaos überliefert.

Im 2. Jt. v. Chr. war Lakonien von mykenischen Achäern besiedelt, und das einige Kilometer südlich von Sparta gelegene Amýklai (**58**) war Sitz eines Königs. Die Geschichte von Sparta begann jedoch erst um die Wende zum 1. Jt. v. Chr. als die Dorier das Land besetzten, die einheimische Bevölkerung unterwarfen und um 950 v. Chr. die vier Dörfer Límnai, Kynósoura, Mesóa und Pitáne, die im Gebiet der heutigen Stadt lagen, zu einem Gemeinwesen zusammenschlossen: Límnai (= Sumpftal) lag am Eurótas in der Gegend, wo heute die Brücke den Fluß in Richtung Trípolis überschreitet; Kynósoura (= Hundeschwanz) lag auf dem wegen seiner langen, schmalen Form so genannten Hügelzug im östlichen Stadtgebiet, auf dem Gelände des heutigen Xenia-Hotels; Mesóa (= Mittelhöhe) war auf einem anderen Hügel im Südwesten des Stadtgebietes, dort wo heute die Hauptkirche der Stadt liegt; etwas abseits in der Ebene, nordwestlich der Akropolis, lag schließlich Pitáne. Als fünftes Dorf Spartas kam um 750 v. Chr. Amýklai (**58**) hinzu.

Die Entwicklung und Geschichte Spartas ist ohne einen Hinweis auf die Lebensform und Gesellschaftsordnung der Spartaner, die bis heute sprichwörtlich geblieben ist, nicht denkbar. Die politische und gesellschaftliche Gestaltung des spartanischen Staates wurde dem sagenhaften Gesetzgeber Lykurg zugeschrieben. Es entwickelte sich im Laufe der Jahrhunderte eine Gesellschaftsform mit drei Bevölkerungsschichten. Herrschende Klasse waren die Spartiaten dorischer Herkunft. Sie zählten zu Beginn der historischen Zeit einige Tausend und sanken im Laufe der Geschichte auf einige Hundert ab. Die untere Gesellschaftsschicht bildeten die aus der unterworfenen Urbevölkerung entstandenen unfreien Heloten, die Arbeits- und Sklavendienste, vor allem auf den Gütern der Spartiaten, leisten mußten. In den Randgebieten des Lakedämonischen Staates wohnten in einigen Dörfern und Städten die Periöken, die sog. »Herumwohnenden«, die frei waren, eine eigene Verwaltung hatten, meistens Händler und Handwerker waren, aber nur mindere Rechte beanspruchen durften als die Spartiaten. Streng geregelt war die Lebensordnung der Spartiaten, die sich auch Homoioi (= die Gleichen) nannten. Jeder Spartiate mußte ein Landgut (Kleros) besitzen und die spartiatische Erziehung (agoge) durchlaufen haben. Diese bestand darin, daß die Knaben mit dem 7. Lebensjahr aus der Obhut der Mutter in die des Paidonomos übergingen. Unter der Aufsicht dieses Erziehrs wurden die Knaben jahrgangsweise in Agelen (= Herden) unter Leitung von Jünglingen in Schlafgemeinschaften erzogen. Vom 14. Lebensjahr an wurden die Jünglinge (Eirenes) zum Waffendienst erzogen. Mit 20 Jahren erlangte der junge Spartaner die Waffenfähigkeit und begrenzte Bürgerrechte, mit 30 Jahren wurde er Vollbürger. Solange der Spartaner wehrfähig war, lebte er in Zelt- und Speisegemeinschaften, den sog. Syssitien, die gleichzeitig auch Heereseinheiten waren. Es gab 300 solcher Syssitien. Bekannteste Mahlzeit war die sprichwörtliche schwarze Suppe. Die gesamte Erziehung der jungen Spartaten war auf Härte und Anspruchslosigkeit ausgerichtet. Eine ähnliche Erziehung gab es im übrigen auch für Mädchen. Bewußt wurde der Kontakt zur Außenwelt auf ein Minimum reduziert, und es gab in Lakedämonien kein Gold- und Silbergeld wie im übrigen Griechenland, sondern schwer handhabbares Eisengeld in Form von Bratspießen (wie sie im Museum von Árgos zu sehen sind). Bei der militärischen Organisation des Staates gab es kaum Beamte. An der Spitze standen eigenartigerweise zwei Könige, von denen der eine der Familie der Agiaden, der andere der Familie der Eurypontiden angehörte. Eine der Familien war wohl noch achäischen Blutes. Die Könige hatten die Aufgabe der Heerführung, der Außenpolitik sowie repräsentative Aufgaben wie die Staatsopfer. Sie wurden jedoch überwacht von 5 Ephoren, die anfangs nur die Aufgabe hatten, auf die Einhaltung der Gesetze zu sehen. Im Laufe der Zeit übernahmen sie jedoch in großem Umfang Regierungsaufgaben. Daneben gab es einen Rat der Alten (Gerusía), der vor allem beratende Funktion und in bestimmten Fällen die Aufgabe eines oberen Gerichtes hatte. Die Volksversammlung trat einmal monatlich zusammen. Sie hatte im wesentlichen nur über Anträge der Könige oder der Ephoren abzustimmen.

Die Geschichte Spartas war jahrhundertelang bestimmt von der Politik einer Vorherrschaft in der Peloponnes. Dies begann mit der Unterwerfung Messeniens im ersten (743–724 v. Chr.), dann im zweiten (645–628 v. Chr.) Messenischen Krieg. Im 6. Jh., gründete Sparta den Peloponnesischen Bund, der ausschließlich für den Kriegsfall gedacht war und unter der Führung Spartas alle peloponnesischen sowie einige andere Staaten außer Argos und Achaia vereinigte. Die Bundesmitglieder führten jedoch auch untereinander gelegentlich Krieg.

Trotz des machtvollen peloponnesischen Kampfbundes engagierte sich Sparta
nur selten außerhalb der Peloponnes. Ruhmvoll ist lediglich seine Beteiligung
in den Perserkriegen, als es unter der Führung des Spartanerkönigs Leonidas
480 v. Chr. die Thermopylen verteidigte und ein Jahr später unter König
Pausanias die entscheidende letzte Schlacht der Griechen gegen die Perser bei
Platää schlug. Die Führungsrolle in Griechenland fiel jedoch anschließend
nicht an das konservative und unbewegliche Sparta, sondern an die modernen
und fortschrittlichen Athener. Eine Erdbebenkatastrophe vernichtete 464 die
junge Mannschaft der Spartiaten während der Übung in den Sportstätten.
Darauf brach ein Helotenaufstand in Messenien los und führte zum 3. Messenischen Krieg (464–459 v. Chr.) Er endete mit erneuter Unterwerfung Messeniens.
Die Spannungen mit Athen und Árgos ergaben zwischen 462 und 446 v. Chr.
eine Reihe kriegerischer Auseinandersetzungen, die durch dreißigjährige Frie-
densschlüsse 451 v. Chr. mit Árgos und 446 mit Athen vorläufig beendet
wurden. 431 begann der jahrzehntelange Peloponnessische Krieg zwischen
Sparta und Athen, der 421 v. Chr. kurz durch den Frieden des Nikias
unterbrochen wurde. Den entscheidenden Sieg in diesem Krieg, der durch die
Beschreibung des Thukydides berühmter geworden ist, als es seine Bedeutung
eigentlich rechtfertigt, errangen die Spartaner 405 v. Chr. in der Seeschlacht
von Aigospotamoí am Hellespont. Dort schlug der spartanische Flottenführer
Lysander mit den mit persischer Hilfe gebauten Schiffen die athenische Flotte.
Der Krieg endete 404 v. Chr. mit dem Fall Athens, wo Sparta die oligarchische
Herrschaft der 30 Tyrannen einrichtete.
Eine rücksichtslose und unglückliche Politik, die Sparta nicht nur gegenüber
den Besiegten, sondern auch gegenüber seinen Verbündeten einschlug, führte
jedoch bald zu neuen Auseinandersetzungen. In den Jahren 394– 390 v. Chr.
gelang es Athen, sich von der spartanischen Vorherrschaft zu lösen, wobei die
spartanische Flotte von dem Athener Koon bei Knidos (nordwestlich von
Rhodos) geschlagen wurde. Auch die bisherigen Verbündeten, die Thebaner,
wandten sich gegen Sparta. 388 v. Chr. vereinbarte der Spartaner Antalkidas
den sog. »Königsfrieden«, der 386 v. Chr. in Sparta abgeschlossen wurde und
die griechischen Städte Kleinasiens den Persern auslieferte, während den
griechischen Städten des Mutterlandes Autonomie eingeräumt wurde. Theben
strebte aber – zunächst durch Eroberung böotischer Städte – die Vorherrschaft
in Griechenland an. 371 v. Chr. zog der Spartanerkönig Kleombrotos aus, um
Theben in seine Schranken zu weisen. Die Spartaner wurden aber von dem
Thebaner Epameinondas in der Schlacht von Leúktra entscheidend geschlagen. Damit endete die Vormachtstellung Spartas.
Epameinondas drang in mehreren Kriegszügen in die Peloponnes ein, belagerte Sparta, befreite Messenien, organisierte den Arkadischen Bund, gründete

die Bundeshauptstadt Megalópolis und schlug schließlich die Spartaner erneut bei Mantíneia (**36**) im Jahre 367 v. Chr. Der Tod des Epameinondas in dieser Schlacht rettete Sparta jedoch vor der Vernichtung, so daß sich der Staat in den folgenden Jahrzehnten gegen Philipp II. von Makedonien sowie in den Diadochen-Kriegen, wenn auch mit Verlusten, halten konnte. 317 v. Chr. erhielt Sparta erstmals eine Stadtmauer.

Neben Gebietsverlusten war es vor allem der Rückgang der Zahl der Spartiaten, der die spartanische Gesellschaftsordnung schwächte und gefährdete. Die Könige Agis IV. und Kleomenes III. versuchten in den Jahren 243–41 und 235–221 v. Chr. in zwei Reformen die Gesetze Lykurgs und die Bodenverteilung zu erneuern. Kleomenes III. führte auch erfolgreiche Kriege gegen den Hauptfeind Spartas in dieser Zeit, den Achäischen Bund, wurde aber 221 bei Sellasía (**53**) von den achäischen und makedonischen Truppen geschlagen, womit das Königtum in Sparta endete. Sparta mußte dem Achäischen Bund beitreten. Der spartanische Feldherr und Staatschef Machanidas versuchte einige Jahre später eine Loslösung vom Achäischen Bund mit Hilfe der Römer, wurde jedoch 207 v. Chr. bei Mantíneia (**36**) geschlagen. Danach riß der Tyrann Nabis die Macht in Sparta an sich und wollte in radikaler und brutaler Form die Reformen Kleomenes III. wieder aufnehmen. Er konnte die Machtsphäre Spartas wieder bis in die Argolis ausdehnen, wurde schließlich aber von den Römern, die ihn vorher teilweise unterstützt hatten, in die Schranken gewiesen und 194 v. Chr. ermordet. 146 v. Chr. wurde Sparta von Rom erobert und die Periöken-Städte wurden zu einem besonderen Bund, den sog. Eleutherolakonen (= freie Lakonen), zusammengeschlossen. Wie andere griechische Städte auch, erlangte Sparta in der römischen Kaiserzeit wieder eine gewisse Blüte. Man baute Theater und Thermen, Landhäuser reicher Römer entstanden und das Artemis Orthía-Heiligtum wurde erneuert.

In der Völkerwanderungszeit plünderten die Westgoten unter Alarich Sparta 395 und zerstörten es. Danach war die Stadt jahrhundertelang eine unbedeutende byzantinische Siedlung mit dem Namen Lakedaimonia. Slawen strömten nach Lakonien ein, während die dorische Urbevölkerung sich wahrscheinlich auf die Halbinsel Mani zurückzog. Nach dem Fall Konstantinopels wurde 1248 Guillaume II. de Villehardouin Herr der Stadt. Er baute Mistrá (**52**). Als diese neue Stadt 10 Jahre später wieder in die Hände der Byzantiner fiel, verließen die Bewohner Sparta und zogen sich in die geschütztere neue Bergstadt zurück. Von da an blieb Sparta verlassen, bis es nach der Befreiung Griechenlands seit 1834 neu erbaut wurde.

Rundgang

Besichtigungswert ist in Sparta vor allem das an der Evrótas-Straße gelegene Museum. Einen Blick sollte man auch in die Koumántaros-Bildergalerie werfen. Im Norden der Stadt befindet sich die Akropolis, wo nur noch geringe Baureste vor allem aus römischer und byzantinischer Zeit, darunter eine christliche Basilika aus dem 9. Jh., erhalten sind. Außerdem sind von Interesse im Nordwesten der Stadt ein kleiner Tempel, der als Grabmal des Leonidas bezeichnet wird, und im Nordosten an der Straße nach Trípolis das Heiligtum der Artemis Orthía. Daß so geringe Reste vom antiken Sparta blieben und daß man so wenig von der Macht dieses Staates aus den noch erhaltenen Ruinen ablesen kann, hat schon Thukydides (Peloponnesischer Krieg I, 10) ahnungsvoll vorhergesehen: »Man setze den Fall, die Stadt Lakedaemon verödete und nur die Tempel und Stadtfundamente blieben stehen; so würde, glaube ich, in ferner Zukunft kein Mensch für möglich halten, daß die Stadt so mächtig gewesen sei, wie die Nachrichten von ihr behaupten. Und doch gehören der Stadt ⅖ der Peloponnes, und über das Ganze und die zahlreichen sonstigen Bundesgenossen hat sie die Führung; aber weil sie nicht eng zusammengebaut ist, nicht reiche Tempel und Bauwerke hat, sondern nach alter hellenischer Art dorfmäßig angelegt ist, macht sie keinen stattlichen Eindruck.«

Museum

Das Museum findet man in einem kleinen Park an der Evrótas nahe der Kreuzung der beiden Hauptstraßen. Es wurde 1875/76 nach den Plänen des Architekten Hansen, dem auch einige Gebäude in Athen zu verdanken sind, erbaut.

Raum I (Eingangshalle)
Hier sind vor allem Inschriften und Stelen zu sehen, darunter auch einige, bei denen im oberen Teil eine eiserne Sichel eingelassen war. Nur bei einer Stele ist diese noch erhalten. Die Stelen stammen aus dem 2. Jh. n. Chr. aus dem Heiligtum der Artemis Orthía für die Siege von Kindern bei musikalischen Wettbewerben zu Ehren der Artemis. Die genaue Bedeutung der Sicheln, die auf einen Fruchtbarkeitskult hindeuten, ist nicht bekannt.

Saal II
In der Mitte: Bemerkenswerter pyramidenförmiger Sockel vermutlich einer Stele, der auf seinen Breitseiten je ein Paar zeigt, die von manchen als Agamemnon und Klytaimestra sowie Menelaos und Helena gedeutet werden, vielleicht aber auch Liebe und Tod darstellen, da bei dem hinteren Paar der

Mann ein Schwert auf die Frau richtet. Die Schlangen an den Seiten symbolisieren vermutlich die Dioskuren. Die Stele stammt aus dem frühen 6. Jh. v. Chr. – An den Wänden des Raumes sieht man zahlreiche Heroenreliefs und Stelen, die größtenteils beim Heroon (9) gefunden wurden und wahrscheinlich mit chthonischen Kulten in Verbindung standen. Darauf deuten häufig sich wiederholende Attribute wie Schlange und Hund, sowie die Totenzeichen Kantharos und Granatapfel hin. Auch in der Vitrine tauchen die Symbole der Schlange und des Kantharos auf kleinen Tontäfelchen auf, die aus dem Zeus-Heiligtum im Amýklai stammen. Typisch für die lakonischen Reliefs des 6. Jh. sind die gedrungenen flächigen Figuren ohne Details mit zum Teil überproportional hervorgehobenen Gliedmaßen. – Rechts hinten einige Reliefs gleichen Typs aus dem 5./4. Jh. v. Chr.

Saal III
Links vom Eingang eine archaische kopflose Sitzstatue mit streng angelegten Händen. An der linken Langwand sind Architekturfragmente vom Amyklaion sowie eine Rekonstruktion des Apollon-Throns in Amýklai (**58**) zu sehen. In der hinteren linken Ecke ein Relief mit den Dioskuren aus dem 5. Jh., die in Sparta besonders verehrt wurden. – In der rechten Ecke des Saales neben dem Durchgang ist eine besonders bemerkenswerte Skulptur zu sehen, eine nackte, knieende Frau mit ehemals zwei kleinen männlichen Figuren an der Seite, von denen die rechte noch gut erhalten ist. Die eine spielt Flöte, während die andere die Hand auf den Unterleib der Frau preßt. Wahrscheinlich ist es die von zwei göttlichen Helfern unterstützte Göttin der Geburt, Eileíthyia, die in Sparta genau wie auf Kreta besonders verehrt wurde. Die Figur ist eine der ersten Darstellungen des nackten weiblichen Körpers in archaischer Zeit. Eine ähnliche Darstellung von einer archaischen Vase sieht man an der Wand.

Saal IV
Der Raum wird beherrscht von der Skulptur eines spartanischen Hopliten mit federbuschgeschmücktem Helm. Es ist eine Arbeit aus parischem Marmor aus der 1. Hälfte des 5. Jh. v. Chr. im sog. strengen Stil, wobei »das archaische Lächeln« und die Darstellung der Barthaare noch spätarchaische Stilmerkmale verraten. Der Hoplit mit den mächtigen Muskeln war nur mit Schild und Speer bewaffnet und ist als Vollplastik von allen Seiten her betrachtbar dargestellt. Da die Skulptur wahrscheinlich kurz nach 480 v. Chr. – also nach der Schlacht an den Thermopylen – entstanden ist, wird vielfach angenommen, es handele sich um eine Darstellung des Leonídas. – Links vor dem Hopliten eine Artemis-Statue aus klassischer Zeit. – An der Wand rechts hinter dem Hopliten ein klassisches Votivrelief vom Ende des 5. Jh. im sog. reichen Stil, der von attischen Arbeiten beeinflußt ist. Dargestellt ist Apollon, der die Lyra und eine

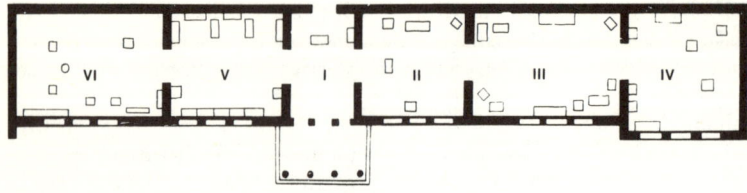

Museum Sparta

Schale (Phiale) hält. In diese gießt seine Schwester Artemis aus einer Kanne (Oinochoe) ein Trankopfer. Zwischen beiden sieht man den Omphalos, den Nabel der Welt in Delphi, flankiert von den Adlern des Zeus. – In der Vitrine an der Fensterseite und gegenüber Funde aus spätmykenischer Zeit aus der Umgebung Spartas, z. B. Geráki (**57**). In der kleinen Vitrine am Durchgang neolithische Funde aus der Alepotripa-Höhle von Pírgos Diroú (**67**) sowie frühmykenische Werkzeuge und Dolch aus Sykea.

Saal V
In diesem Saal sind Kleinfunde aus dem Heiligtum der Artemis Orthía, aus dem Amyklaion und dem Menelaion ausgestellt. Die Funde gehören zu den bemerkenswertesten Schätzen dieses Museums. In der ersten und zweiten Vitrine rechts Elfenbeinschmuck und Terrakottamasken aus dem Artemis Orthía-Heiligtum, meist aus archaischer, zum Teil aber auch aus klassischer Zeit mit realistischen porträtähnlichen und grotesken Gesichtern. Die Masken sind vermutlich Weihegaben und Nachbildungen von Originalen, die bei den Kulttänzen zu Ehren der Fruchtbarkeitsgöttin Artemis und des Dionysos benutzt wurden. – In den folgenden Vitrinen auf der rechten Seite zahlreiche Köpfe und Tiere aus Bronze und Blei, Gefäßscherben geometrischer und schwarzfiguriger archaischer Ware. Bemerkenswert ist die Reliefscherbe einer Amphore um 580 v. Chr. in der kleinen Wandvitrine, auf der im unteren Teil der Abschied eines Kriegers dargestellt ist, der auf einen Wagen aufspringt. Im oberen Teil kämpfen Hopliten über dem Körper eines Gefallenen. – In der Wandvitrine rechts vom Durchgang zum nächsten Raum werden hellenistische Bronzen gezeigt. Links vom Durchgang steht ein großer Volutenkrater aus dem letzten Viertel des 7. Jh. v. Chr., der vom archaischen Friedhof Spartas stammt und als Denkmal auf einem Grab diente. Auf dem Hals ist die Heimkehr von der Jagd mit erbeuteten Löwen, Ebern, Hasen und Ziegen zu sehen. Auf der Schulter ist eine Prozession von Kriegern und Pferdewagen, wahrscheinlich eine Grabprozession, dargestellt. – In den Vitrinen unter den Fenstern sind wiederum zahlreiche Kleinfunde ausgestellt, von

denen rechts die Elfenbeinsiegel und die figürlichen Elfenbeinapplikationen im dädalischen Stil in der 2. Vitrine von links besonders auffallen.

Raum VI

Vorn rechts das Tonmodell eines römischen Kriegsschiffes, wahrscheinlich einer sog. Quinquereme aus dem 1. Jh. v. Chr., das aus dem Meer bei Kap Maléas geborgen wurde. An der rechten Wand ein Sarkophagrelief Ende des 2., Anfang der 3. Jh. n. Chr., das die Bergung von Hektors Leiche darstellt. Hinten links im Saal das Fragment eines Kindersarkophags aus römischer Zeit, der in Ágios Ioánnis bei Sparta gefunden wurde und trunkene Eroten nach einem Fest darstellt. Über der Tür hinten römische Mosaiken einer Villa aus dem späten 3. oder frühen 4. Jh. n. Chr. Außer dem Sonnengott Helios sieht man die Darstellung der lesbischen Dichterin Sappho und das außerordentlich differenzierte Porträt des athenischen Feldherrn Alkibiades, der im Peloponnesischen Krieg zu den Spartanern überlief und später, als er wieder die athenische Flotte führt, von dem spartanischen Admiral Lysander bei Ephesus geschlagen wurde. Das Porträt zeichnet die geistreichen und zwiespältigen Züge seines Charakters nach. – Links vorne im Saal zwei Stelen mit den Dioskuren, wobei diese einmal von Pferden begleitet sind (2. Jh. v. Chr.). Bei der anderen Stele steht zwischen ihnen Helena. – Unter dem Fenster die Skulptur eines wilden Ebers aus römischer Zeit aus dem Nymphaeum.

Römische Mosaiken

Einige römische Mosaiken befinden sich noch in der Nachbarschaft des Museums in situ in der sog. Apothíki. Man muß einen Museumswächter bitten, dort aufzuschließen. Die Mosaiken gehören zu einer römischen Villa aus dem frühen 4. Jh. n. Chr. und stellen u. a. Europa auf dem Stier, Achilleus in Frauenkleidern unter den Töchtern des Lykomedes und vor allem den lyraspielenden Orpheus mit einer phrygischen Kappe dar inmitten zahlreicher realistischer Tierdarstellungen, die aber mehr dekorativen Charakter haben und sich nicht zu einem Gesamtbild zusammenfügen.

Koumántaros-Galerie

Diese ist in einem schönen neoklassizistischen Haus am Beginn der Paleológou-Straße untergebracht. Sie zeigt zwei kleine, aber sehenswerte Sammlungen aus dem Nachlaß des aus der Gegend von Sparta stammenden Reeders Jánnis Koumántaros. – Im Erdgeschoß sind ein gutes Dutzend Gemälde von Malern aus Westeuropa aus dem 16. bis 19. Jh. zu sehen. Wenn es wohl auch nur eine mehr zufällige Sammlung ist, die hier zusammengetragen wurde, so ist es doch ein Vergnügen, sich in die Bilder zu vertiefen. – Zur Galerie gehört

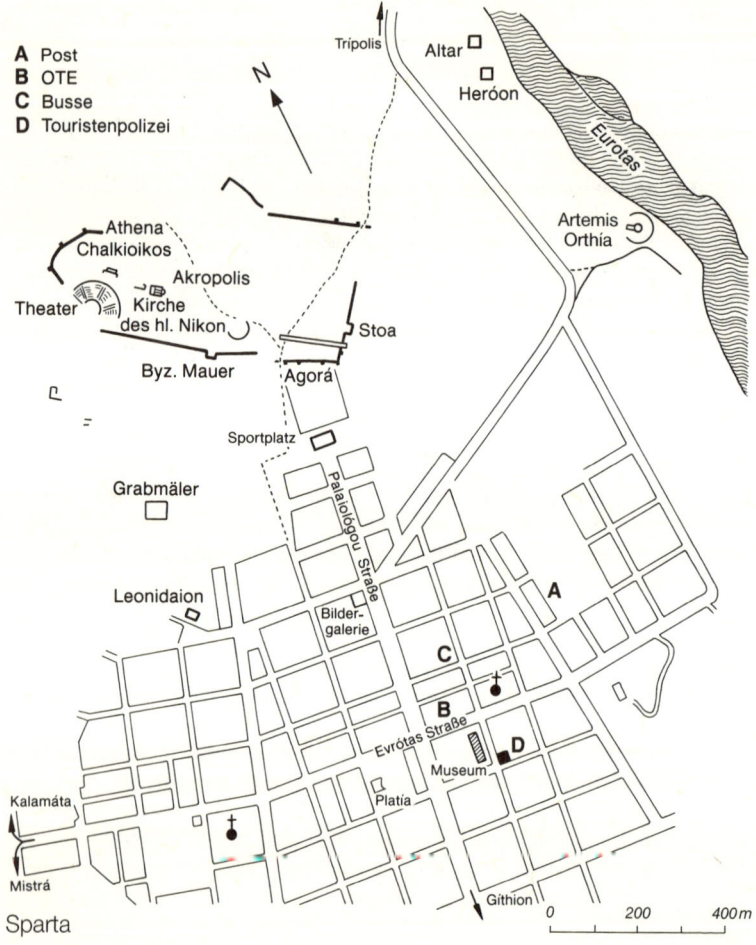

A Post
B OTE
C Busse
D Touristenpolizei

Trípolis

Altar

Heróon

Eurótas

Athena
Chalkioikos

Akropolis

Artemis
Orthía

Theater

Kirche
des hl. Nikon

Stoa

Byz. Mauer

Agorá

Sportplatz

Grabmäler

Palaiológou Straße

Leonidaion

Bilder-
galerie

A

C

B

Evrótas Straße

D

Museum

Kalamáta

Platía

Mistrá

Gíthion   0   200   400 m

Sparta

auch eine nicht ständig gezeigte Sammlung von Bildern griechischer Künstler
des 19. und 20. Jh., zu denen so bekannte Maler gehören wie Nikólaos Gísis,
der in der 1. Hälfte des vorigen Jahrhunderts zur Münchner Malschule
gehörte, oder Konstantínos Maléas und Konstantínos Parthénis, die in Paris
studierten und zu den Wegbereitern der griechischen Malerei des 20. Jh.
zählen. Da es außerhalb Athens nur wenig Gelegenheit gibt, griechische Maler
kennenzulernen, lohnt sich ein Besuch der Galerie.

»Grabmal des Leonidas«

Im Nordwesten der heutigen Stadt, südlich der Akropolis, ist an der Leonídas ein kleiner Tempel erhalten geblieben, der als Grabmal des Leonidas bezeichnet wird. Dies dürfte aber nicht den Tatsachen entsprechen. Das von Pausanias beschriebene Leonidaion lag wahrscheinlich nördlicher zum Theater hin in einem Olivenhain. Der an der Leonídas stehende Tempel stammt erst aus dem 3. Jh. v. Chr. Er besteht aus Pronaos und Cella. Welcher Gottheit er geweiht war, ist unbekannt. Es ist aber immerhin das am besten erhaltene antike Gebäude Spartas.

Akropolis

Die Akropolis erreicht man über die Paleológou, indem man in ihrer Mitte nicht rechts nach Trípolis abbiegt, sondern weiter geradeaus bis zum Ende geht, wo ein modernes Denkmal für Leonidas steht. Links vom Denkmal führt die Straße hinauf bis zur nicht sehr hohen Akropolis, wo das sog. Südtor durch die byzantinische und die römische Mauer dahinter führt. Rechts des Weges findet man Reste einer ursprünglich zweigeschossigen Säulenhalle der Agorá, die sich unterhalb der Akropolis im Bereich des heutigen Sportplatzes und weiter östlich erstreckte.

Die Akropolis ist nur ein verhältnismäßig flacher Hügel, der unbefestigt zwischen den Dörfern lag, aus denen Sparta bestand. Die Mauern der Akropolis wurden erst 268 n. Chr. nach dem Einfall der Heruler und 386 nach dem Gotensturm errichtet und im 9. Jh. n. Chr. nach der Slaweninvasion erweitert. Auf der Terrasse über dem Südtor sieht man eine Stützmauer mit einem Rundbau aus dem 5. Jh. v. Chr. und dahinter Gebäudereste aus dem 4. Jh. v. Chr.

Die sehenswerteste Ruine auf dem Akropolishügel befindet sich weiter links. Es ist die alte Metropolis von Sparta, eine dreischiffi-

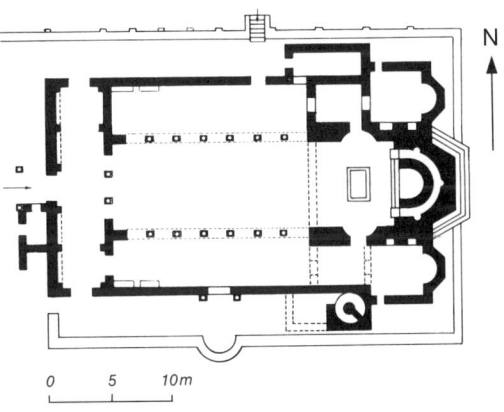

Nikon-Basilika, Akropolis von Sparta

ge Basilika, die im 9. Jh. von dem Slawenmissionar, dem Heiligen Nikon Metanoeite (= tut Buße), errichtet wurde. Sie besteht aus drei Schiffen mit vorgelagertem Narthex. Das Allerheiligste, in dem der Altar stand, hat zwei Seitenapsiden. Gut erhalten ist vor allem die außen dreiseitige Mittelapsis mit ihrem mächtigen Stufenbau, in deren Innerem noch der halbrunde Unterbau der Priesterbank zu erkennen ist. Um sie herum führt ein Umgang mit 3 Apsidiolen an der Außenwand. Interessant ist, daß die Grundrisse von Bema, Protheson und Diakonikon jeweils ein Quadrat bilden, wobei die beiden letzteren aus der Flucht des Naos, der mit seinen drei Schiffen ebenfalls ein Quadrat bildet, heraustreten. So bestand die Kirche aus einer Ansammlung von Kuben, die überkuppelt waren. Lediglich der Naos war im Mittelschiff flach gedeckt, in den Seitenschiffen gewölbt. An der Südseite gab es einen Turm. – Westlich des Narthex liegen weitere Bauten, die zu einem mittelalterlichen Kloster gehörten, darunter auch die kleine Grabkapelle des Nikon, die im 11. Jh. als Kreuzkuppelkirche erneuert wurde. Mittelalterliche Ruinen erstrecken sich auch weiter nach Westen. Links am Südhang der Akropolis ist die Cavea eines römischen Theaters aus dem 2. oder 1. Jh. v. Chr. erhalten. Am oberen Rand gibt es Spuren der Stützmauer. Am Fuß des Theaters sieht man Mauern des Skenenbaues aus dem 2. und 1. Jh. v. Chr., während die Bühne des älteren Theaters aus einer seitlich der Cavea angebrachten Skenothek eines Bühnenhauses bestand, aus dem, ähnlich wie beim Theater von Megalópolis (**43**), eine Holzbühne auf Schienen vor die Orchestra geschoben werden konnte. Die Ostfassade des Theaters war mit zahlreichen Inschriften bedeckt, auf denen die Verwaltungsbeamten von Sparta aus dem 2. Jh. n. Chr. verzeichnet waren. Im Westen des Theaters befand sich ein Nymphaeum.

Auf dem höchsten Punkt der Akropolis, auf dem sich heute ein moderner Wasserbehälter befindet, wurde das Fundament der südlichen Langseite des Heiligtums der Athena Poliuchos (= Athena vom ehernen Hause) aufgedeckt. Es ist der einzige der von Pausanias erwähnten Tempel, den man auf der Akropolis gefunden hat. An Stelle eines älteren Baues wurde dieser Tempel Mitte des 6. Jh. v. Chr. von dem Spartaner Gitiadas errichtet, der als Architekt, Bildhauer und Hymnendichter bekannt war. Er schmückte den Tempel mit einem bronzenen Bild der Athena und versah die inneren Wände mit Bronzeplatten. Auf ihnen waren in Reliefs Szenen aus der Herakles-Sage, von den Dioskuren und von der Geburt der Athena abgebildet. In diesen Tempel hatte sich der selbstherrliche König Pausanias, der einstige Sieger in der Schlacht von Platää 467 v. Chr., geflüchtet, nachdem er einen Heloten-Aufstand inszeniert hatte. Die Ephoren ließen ihn hier einmauern und verhungern. Dieses Ereignis führte zur endgültigen Vorherrschaft der Ephoren über die spartanischen Könige.

Heiligtum der Artemis Orthía

Das Heiligtum findet man rechts der Straße nach Trípolis am Ortsrand, dort wo die Straße etwa 700 m, bevor sie die Brücke über den Eurótas erreicht, nach links abknickt. An dieser Stelle führt rechts abwärts ein Weg zu der 100 m entfernten Anlage.

Das Heiligtum lag im Bereich des alten Stadtteils Limnai nahe den Ufern des Eurótas. Es wurde gleich nach Zusammenschluß der Dörfer zur Stadt Sparta um 950 v. Chr. gegründet. Die hier verehrte Artemis war nicht – wie in späteren Zeiten – nur die Göttin der Jagd, sondern eine umfassende Natur- und Fruchtbarkeitsgöttin, zu deren Kult Reigentänze und die Geißelung von Knaben gehörten. Pausanias berichtet (III, 16, 7), daß in diesem Heiligtum und nicht etwa im Artemis-Heiligtum von Brauron in Attika das Holzbild der Artemis aufbewahrt wurde, das Iphigenie und Orestes aus dem Lande der Taurier entführten. Nach einer Legende soll die Artemis-Statue später aufrecht stehend in einem Keuschlamm-Gebüsch gefunden worden sein, wonach Artemis den Beinamen Orthía (= die Aufrechte) erhielt. – Der Menschenblut fordernde Dienst der Artemis soll von Lykurg dadurch gemildert worden sein, daß er statt des Menschenopfers die blutige Geißelung von Jünglingen am Altar der Göttin einführte. Die Priesterin war mit dem kleinen Holzbild der Göttin zugegen, und wenn die Geißelnden den Jüngling schonend schlugen, so wurde das Bild der Priesterin zu schwer und war kaum noch zu tragen. Die Knabengeißelung stand im Zusammenhang mit der Männerweihe, wurde aber in hellenistischer und römischer Zeit immer mehr zum bloßen sensationellen Schauspiel.

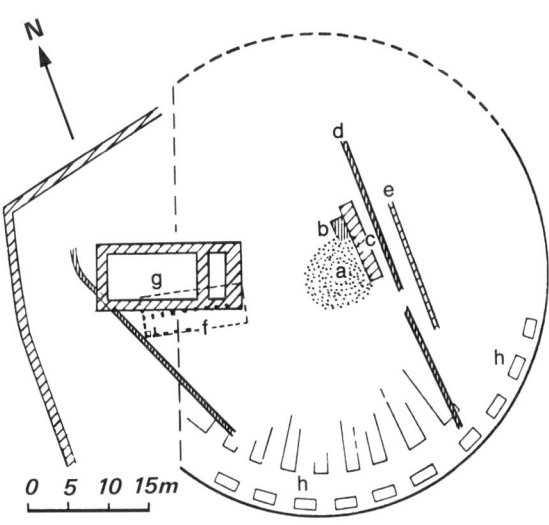

Heiligtum der Artemis Orthia

Der archäologische Befund dieses weit über tausend Jahre bestehenden Heiligtums ist recht bescheiden. Älteste Spuren, die man fand, waren die Ascheschichten eines Brandopferaltars (a) in der Mitte der kreisförmigen Anlage. Diese stammten aus dem 9. Jh. v. Chr. und sind heute ebenso verschwunden wie daneben ein kleiner Altar (b) aus der gleichen Zeit. Sichtbar ist aber noch unmittelbar neben dieser Stelle eine etwa 7 m lange Mauer eines mehrfach erneuerten Altars aus dem 8. und 7. Jh. v. Chr. (c). Unmittelbar östlich davon verliefen zwei Temenos-Mauern, von denen die ältere (d) aus geometrischer, die jüngere (e) aus archaischer Zeit stammte. Der ältere Tempel (f), dessen Spuren heute wieder zugeschüttet sind, stammte vom Anfang des 8. Jh. v. Chr. Es war ein nur 4,50 m breiter Bau mit einer Reihe von Mittelsützen, die ein steilgiebeliges Dach trugen. Von der Achse des alten Tempels abweichend wurde darüber Anfang des 6. Jh. v. Chr. ein neuer Tempel (g) errichtet, von dem die Fundamente und zum Teil die untersten Mauerschichten heute noch erhalten sind. Er bestand aus Pronaos und Cella. Die Zuschauer, die den Kulthandlungen, Tänzen und Geißelungen beiwohnten, saßen über Jahrhunderte nur auf Erdwällen rund um Tempel und Altar. Erst in römischer Zeit im 3. Jh. n. Chr. wurde in Form eines Dreiviertelkreises eine Art Amphitheater erbaut. Von ihm sind noch ein Teil der konzentrisch verlaufenden Substruktionen für die Stufenreihen erhalten (h).

Nördlich des Heiligtums, zwischen der Straße nch Trípolis und dem Eurótas, wurde ein Heroon aufgedeckt, wo eine Vielzahl der im Museum zu sehenden Weihereliefs mit kultischen Totenzeichen gefunden wurden, die die Spartaner und Periöken zu Ehren ihrer Verstorbenen hier aufgestellt hatten. Parallel zum Eurótas kann man hier auch Reste der antiken Stadtmauer sehen. Etwas weiter nördlich gibt es Spuren eines Altars.

52

Mistrá

Die Kirchen, Klöster und Ruinen der byzantinischen Stadt Mistrá (neugr. Mistrás), die man 5 km westlich von Sparta in eindrucksvoller Lage am Hang eines Vorberges des Taýgetos findet, gehören zu den großen Sehenswürdigkeiten der Peloponnes.

Von Sparta aus erreicht man Mistrá über die Evrótas, an deren Ende man am Stadtrand an einer Straßengabelung den Schildern nach links folgt. (Rechts geht es über Trípi und den Taýgetos nach Kalamáta.) Kommt man von

Kalamáta, dann braucht man, um Mistrá zu erreichen, nicht erst nach Sparta zu fahren, sondern biegt am unteren Ortsende von Trípi rechts ab auf einen schmalen, aber gut befahrbaren und beschilderten, landschaftlich besonders schönen Weg, der auf eine asphaltierte Straße führt. Diese endet wenig weiter rechts aufwärts am oberen Eingang von Mistrá. Es ist die zuerst beschriebene von Sparta kommende Straße, die durch das heutige Dorf Mistrá führt und dann die beiden Eingänge der Stadt miteinander verbindet.

Nähert man sich Mistrá von Sparta her, dann hat man schon vor dem heutigen Dorf eine gute Aussicht auf den halbrechts gelegenen Stadtberg. Ebenfalls eine empfehlenswerte Aussicht hat man von der Straße Sparta-Trípi. Gut beleuchtet ist Mistrá nur am Vormittag. Am Nachmittag steht die Sonne hinter dem Taýgetos, und der Berg von Mistrá liegt im Schatten.

Geschichte

Die Geschichte von Mistrá beginnt erst einige Zeit nach der Inbesitznahme der Peloponnes, die nun Morea hieß, durch die Franken. Guillaume de Villehardouin, der Sohn Geoffroys, der das Fürstentum Achaia gegründet hatte, unterwarf Lakonien, und zwar insbesondere Monemvasía, das er mit Hilfe der Venezianer eroberte. Danach suchte er sich den Standort für eine neue Burg in Lakonien und wählte den Felsen von Mistrá, dessen ursprünglicher Name Misithra war. Dies ist die Bezeichnung für einen Käse. Der Name des Berges kommt vielleicht von dem kleinen Dorf, das damals zu seinen Füßen lag und wo Hirten ihren Käse bereiteten. Vielleicht trug der Berg den Namen auch seiner Form wegen. Mit dem Bau der Burg wurde 1249 begonnen. Wahrscheinlich entstand schon gleichzeitig am Hang eine fränkische Stadt.

Guillaume de Villehardouin blieb jedoch nicht lange im Besitz der Burg. 10 Jahre später begannen Kämpfe zwischen den fränkischen Eroberern und dem byzantinischen Kaiserreich von Nikaia. Die Franken wurden in der Schlacht von Pelagonía (Thessalien) geschlagen und Guillaume gefangengenommen. Seine Freiheit mußte er mit der Hergabe von Mistrá, Monemvasía und Maina bezahlen. So gelangten Burg und Stadt Mistrá 1262 in den Besitz der Byzantiner und wurden Sitz von deren Statthaltern in der Peloponnes. Zwar schlug Guillaume de Villehardouin die byzantinischen Truppen 1265 in Elis und Arkadien. Im Gegenzug besetzte und verwüstete er Lakonien, fand jedoch Sparta unbewohnt, da die Einwohner inzwischen nach Mistrá umgezogen waren. Er machte offenbar keinen ernsthaften Versuch, seine alte Burg zurückzuerobern.

In Mistrá herrschten nun jährlich wechselnde Statthalter, die sog. Kephalen. Neben dem Palast der Statthalter und den Häusern der Bürger entstanden im

Laufe der folgenden Jahrzehnte Herrenhäuser, Kirchen und Klöster, als erstes
1291 die Metropolis.

Für das byzantinische Reich gewann Mistrá im Laufe der Zeit trotz seiner
Randlage eine gewisse Bedeutung. Daraus ergab sich, daß seit 1308 die
Statthalter nicht mehr jährlich wechselten, sondern ständige Statthalter am
Taýgetos residierten, die dem byzantinischen Kaiserhaus nahestanden oder
mit ihm verwandt waren. Seit 1348 wurden die Statthalter, die jetzt Despoten
hießen, mit der Herrschaft von Mistrá persönlich belehnt. Erster Despot war
Manuel aus dem auch vorher schon hier residierenden Geschlecht der Kanta-
kouzenen. 1380 folgte ihm sein Bruder Matthäus als Despot der Morea. Im
gleichen Jahre kam der Vater von Manuel und Matthäus, der Mönch Josaph,
nach Mistrá. Josaph war der frühere byzantinische Kaiser Johannes Kantakouzenos (1347–55), der nach einem mehr oder weniger freiwilligen Rücktritt ins
Kloster gegangen war. 3 Jahre lebte Josaph noch als Mönch in Mistrá und starb
1383 im gleichen Jahr wie Matthäus. Damit ging das Despotat an die Familie
der Palaiologen über, die inzwischen auch in Byzanz als Kaiser regierten.
Erster Despot dieser Familie war Theodor I. (1383–1407). Nach Einfall der
Türken 1395 in die Peloponnes rief Theodor I., der schon vorher mit den
Venezianern eine wenig glückliche Politik getrieben hatte, die Johanniterritter
von Rhodos zu Hilfe und verkaufte ihnen Mistrá. Zu einer Inbesitznahme der
Stadt durch die Ritter kam es jedoch nicht, da die Einwohner dagegen
rebellierten und die Stadt verschanzten. So war Theodor gezwungen, mit den
Osmanen Frieden zu machen und einen Freundschaftspakt mit dem Sultan
abzuschließen. Als Theodor 1407 starb, war das Despotat durch Schadenser-
satzforderungen der Johanniter und Venezianer am Rande des Ruins. Nachfolger Theodors I. wurde sein Neffe Theodor II. (1407–43), ein Sohn des
byzantinischen Kaisers Manuel II. (1391–1423), der sich 1415/16 selbst ein
Jahr lang in Mistrá aufhielt.

Bedeutendster Bewohner Mistrás war in dieser Zeit jedoch nicht ein Despot,
sondern Georgios Gemistos Pleton, der Vorsitzende eines von Kaiser Manuel
eingesetzten Appellationsgerichtshofes und einer der bedeutendsten Philosophen und Staatslehrer seiner Zeit. Er schrieb eine Geschichte Griechenlands
bis zu seiner Zeit und entwickelte, auf der alten Geschichte und der Lehre
Platons aufbauend, eine utopische Gesellschaftsordnung und Staatsidee, mit
deren Hilfe eine Neuordnung Griechenlands erreicht werden sollte. Die
trostlose Wirklichkeit, in der sich die Peloponnes und ganz Griechenland in
der letzten Phase des byzantinischen Reiches befanden, ließen jedoch keinen
Raum für die Verwirklichung solcher Ideen. Gemistos versammelte Schüler
um sich, darunter auch manchen Gelehrten aus dem Westen. Vom Glanz der
Renaissance im Abendland wurde die Schule in Mistrá jedoch in den Schatten
gestellt. Gemistos war 1437–1441 Begleiter Kaiser Johannes VIII. Palaiologos

beim Unionskonzil in Ferrara und Florenz, wo er für den Neuplatonismus wirkte und Anstoß zu der später von den Mediceern gestifteten Platonischen Akademie gab. Ebenfalls auf dem Konzil war Bessárion, einer der bedeutendsten Schüler von Gemistos in Mistrá, der damals Titularbischof von Nikaia war.

Mistrá war aber in dieser Spätzeit des byzantinischen Reiches auch Mittelpunkt des Kunsthandwerks und der Malerei. Berühmt war – wie auch noch in späterer venezianischer Zeit – die Seidenindustrie von Mistrá. Abschließendes glänzendes Ereignis der byzantinischen Epoche war die Krönung des letzten byzantinischen Kaisers Konstantin XII. Dragázes, der 1449, als die Türken Konstantinopel schon bedrohten, hier in Mistrá gekrönt wurde und 1453 beim Fall Konstantinopels heldenhaft im Straßenkampf fiel. Sieben Jahre später, am 30. Mai 1460, lieferte Demetrios Palaiologos, der letzte Despot in Mistrá, ein Bruder Konstantins XII. und Theodors II., die Stadt an die Osmanen aus. 1463 versuchten die Venezianer, mit Unterstützung des Papstes in der Form eines Kreuzzuges die Peloponnes zurückzuerobern. Dem venezianischen Befehlshaber Pandolfo Malatesta gelang es, die Stadt, nicht jedoch die Festung Mistrá zu erobern. Als er sich vor einem anrückenden türkischen Heer zurückziehen mußte, nahm er die Gebeine des Gemistos Pleton mit und ließ sie später in Rimini, im Tempio Malatestiano, bestatten.

Während der türkischen Besetzung verfiel die Stadt, war aber in der ersten Zeit abwechselnd mit Korinth und Mistrá Sitz des Paschas der Morea. Auch in dieser Zeit war sie wegen ihrer Seidenproduktion bekannt. 1687 wurde Mistrá im Zuge der Eroberung der Peloponnes durch die Venezianer von Francesco Morosini den Türken abgenommen. Die Venezianer führten die türkischen Einwohner von Mistrá in grausamer Weise auf die Galeeren und verkauften sie in Sklaverei und Knechtschaft. Mistrá wurde Sitz eines venezianischen Rektors für die Zivilverwaltung der »Maina« und eines Provveditore für die Militärverwaltung. Die Stadt gelangte zu neuer Blüte und soll in dieser Zeit 42 000 Einwohner gehabt haben. Als 1715 die Türken sich anschickten, die Morea wieder in ihren Besitz zu bringen, räumten die Venezianer Mistrá mit vielen anderen peloponnesischen Städten freiwillig, um sich auf die Verteidigung wichtiger Küstenfestungen zu konzentrieren. Unter den Türken, die nun wieder Herren von Mistrá waren, verfiel die Stadt allmählich. 1770 wurde sie von den Albanern, die die Türken im Orloff-Aufstand zu Hilfe riefen, stark zerstört. Danach verkam insbesondere die Oberstadt.

Um 1800 lebten etwa noch 16 000 Einwohner in Mistrá. Zahlreiche europäische Reisende besuchten Ende des 18. und Anfang des 19. Jh. die Peloponnes und auch Mistrá. Auf diesen Nachrichten und dem beginnenden Philhellenismus beruhen auch zwei der bedeutendsten Dichtungen, die u.a. mit Mistrá verbunden sind, nämlich Hölderlins »Hyperion« und der 2.Teil von Goethes

»Faust«, worin Mistrá der Schauplatz der Begegnung von Faust und Helena ist und der Geist der Antike mit dem des fränkischen Rittertums verbunden wird. 1821 wurde Mistrá von den Manioten unter Pétros Mavromichális befreit, 1825 jedoch von den ägyptischen Truppen unter Ibrahim Pascha zerstört und entvölkert. In den nächsten Jahren siedelten sich wieder einige tausend Einwohner in Mistrá an. Seit 1834 wurde jedoch das neue Sparta gebaut, in das im Laufe der Jahre alle Einwohner von Mistrá umzogen.

Seit Ende des 19. Jh. wurden die Kirchen Mistrás restauriert. Dies setzt man bis heute fort. Die Erforschung der byzantinischen Stadt ist vor allem ein Werk französischer Wissenschaftler.

Rundgang

Mistrá hat zwei Eingänge: der untere liegt unterhalb der Metropolis, der obere Eingang am Ende der Fahrstraße am sog. Nauplia-Tor in der Oberstadt, von wo aus man – wenn man bis dorthin mit dem Auto fährt – vor allem die Festung bequemer erreichen kann.

Für die Besichtigung von Mistrá sollte man wenigstens drei bis vier Stunden rechnen. Eine etwas ausführlichere Besichtigung kann aber auch gut und gerne einen ganzen Tag dauern.

Vor dem Rundgang ein kurzer Überblick über die Topografie: Mistrá erstreckt sich mit einer Höhendifferenz von rd. 300 m von der unteren Mauer (320 m ü. M.) bis zur Spitze der Festung (621 m ü. M.). Am unteren Berghang liegt langgestreckt von Norden nach Süden die Unterstadt, einst Mesochórion genannt, in derem südlichen Teil sich vor allem das Períbleptos-Kloster sowie die Häuser der Familien Krevvátas, Frangópoulos und Laskáris befinden. Darüber erhebt sich das Pantánassa-Kloster. In der nördlichen Unterstadt liegen die Metrópolis, die Evangelistría-Kirche sowie das Brontóchion-Kloster mit seinen beiden Kirchen Aféndiko und Ágii Theodóri. 60 m höher erstreckt sich die einst von einer eigenen Mauer umgebene Oberstadt, Katochórion genannt, in deren unterem Teil man auf einem Plateau den Despoten-Palast sieht. Von hier zieht sich die Stadt bergaufwärts zur Agía Sofía-Kirche sowie zum kleinen Palast und der Ágios Nikólaos-Kirche. Nochmals rund 100 m höher liegt die fränkische Festung, die von Guillaume de Villehardouin erbaut wurde.

Wir beginnen den Rundgang am unteren Eingang. Vom Eingang wendet man sich nach links.

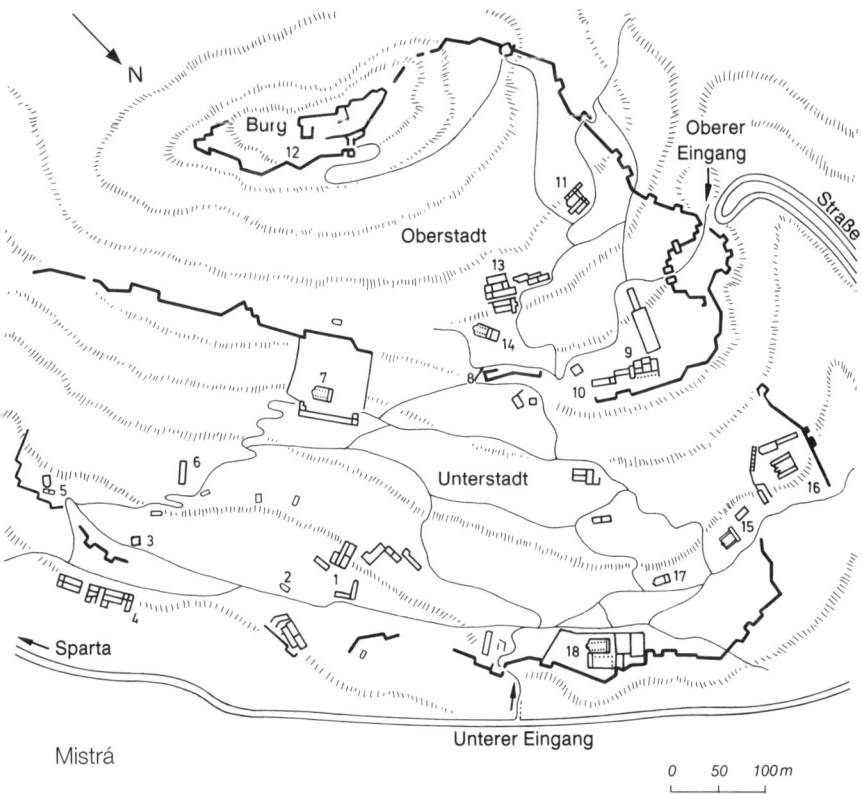

Mistrá

Herrenhäuser und Hauskapellen (1–3)

Rechts des Weges liegt ein türkischer Brunnen (1) mit einem Gurtbogen und
zwei kleinen Nischen. Links oberhalb davon sieht man die Reste eines großen
Herrenhauses und links daneben das Laskáris-Haus. Beide stammen aus dem
15. Jh. und sind typisch für die Besiedlung dieses Stadtviertels, ebenso wie die
kleinen Kapellen – meist Hauskapellen der vornehmen Familien. Einige von
ihnen liegen südlich des Laskáris-Hauses. Ein gutes Beispiel solcher Kapellen
ist die Ágios Christóforos-Kapelle (2), ebenfalls aus dem 15. Jh., mit Freskenresten u. a. Blumenvasen auf der gemauerten Ikonostase und dem Namenshei-
ligen in einer Nische. Ein anderes Beispiel ist die Ágios Geórgios-Kapelle (3).
Sie ist einschiffig, aus Bruchsteinen errichtet und hat im Süden einen zierlichen

Narthex mit einem doppelbögigen von einer Marmorsäule gestützten Fenster, das von Kanten aus über Eck gesetzten Ziegeln eingefaßt ist. Besonders anmutig wirken die gewölbten Bogen über Tür und Fenster, die sich in der Südwand des Kirchenschiffes wiederholen, ein Architekturmerkmal, dem man in Mistrá oft begegnet.

Krevvátas-Haus (4)

Dieses findet man unterhalb der Ágios Geórgios-Kirche. Es ist über einen besonderen Weg vom Eingang oder vom Períbleptos-Kloster aus erreichbar. Das Haus gehört zu den späten Bauten in Mistrá. Es wurde erst im 18. Jh. errichtet und war im Besitz einer der reichsten Familien der Stadt, die schon seit Beginn des 14. Jh. in Mistrá ansässig war.

Períbleptos-Kloster (5)

Das Períbleptos (gesprochen Perívletos-)Kloster befindet sich am äußersten Südende der Unterstadt und ist nicht nur wegen seiner hübschen Lage am Felsen zwischen hohen Bäumen sowie seiner unregelmäßigen Architektur besonders reizvoll. Die Panagía-Kirche gehört vor allem wegen ihrer hervorragenden Fresken zu den sehenswertesten Gebäuden in Mistrá.

Das Kloster stammt aus der 1. Hälfte des 14. Jh. und wurde von Léon Mavropappás gestiftet. Die große Kirche entstand vor 1350. Die an der Westseite gelegene, in den Felsen eingebaute Kapelle war jedenfalls älter.

Man betritt das Kloster durch eine schmale Pforte in der Klostermauer, die 1714 im letzten Jahr der venezianischen Herrschaft in Mistrá errichtet wurde. Über dem Eingang zeigt eine Platte das Monogramm des Klosters, in dem in Kreuzform nach Art mittelalterlicher Herrschermonogramme die Buchstaben des Namens Períbletos angeordnet sind. Das Monogramm wird von zwei Löwen gehalten, vielleicht ein Hinweis auf die Venezianer. Die Lilien könnten als Symbol der reinen und demütigen Maria, der die Kirche geweiht ist, angesehen werden. Rechts unten erinnert eine Inschrift an den Stifter der Platte, einen gewissen Panagiátis aus Theben und an den Stifter des Klosters Mavropappás.

Der Name der Kirche Períbleptos bedeutet »von allen Seiten sichtbar« und bezieht sich auf eine gleichnamige Kirche in Konstantinopel, nicht jedoch auf die versteckte Lage hier am Felsen.

Außen ist die Kirche in regelmäßigen Quadern mit Ziegeleinfassungen errichtet. An der Außenmauer der Mittelapsis sieht man eine Lilie zwischen zwei Rosetten, wahrscheinlich Architekturteile aus fränkischer Zeit. Die zweiräumige Kapelle (1) mit winziger Kuppel und Apsiden an den Längsseiten stammt aus späterer Zeit.

Ein gewinkelter Eingang (2) führt in die Kirche. Diese ist eine Zweisäulen-kreuzkuppelkirche, d. h. die Kuppel ruht mit ihren Pendentifs auf zwei Pfeilern, die Protheson und Diakonikon vom Allerheiligsten trennen und auf zwei Säulen, die zwischen Hauptschiff und Seitenschiffen stehen. Über dem Eingang ist eine Empore mit einem zweibogigen Fenster in eine Höhle eingebaut. Nach Westen schließt sich die unregelmäßige Katharinen-Kapelle (3) mit einer nach Süden weisenden Apsis an die Hauptkirche an. Diese in einer Höhle eingebaute Kirche ist wahrscheinlich der älteste Teil. Sie hat vielleicht die Nachfolge eines Demeter-Heiligtums angetreten. In der Apsis sieht man einen Steinbalken aus einer früheren Kirche.

Die Ausmalung der Kirche stammt aus der Zeit um 1350 und gilt als hervorragendes Beispiel des »kretischen Stils«. In der Kuppel erkennt man im Medaillon Christus als Pantokrator, umgeben von 14 Propheten (4). Unter Christus thront die in den Himmel aufgenommene Maria umgeben von Aposteln, gegenüber wird dem künftigen Herrscher der Thron bereitet. Zwischen den Fenstern stehen Propheten. Auf den vier Pendentifs der Kuppel waren die Evangelisten abgebildet, die nur noch in Fragmenten erhalten sind.

In den Gewölben der vier Kreuzarme werden die wichtigsten Ereignisse aus dem Leben Christi dargestellt: im Gewölbe des südlichen Kreuzarms (5) die Geburt (a) und die Taufe (b), im Norden über dem Eingang und der Empore (6) Pfingsten (a) und der Ungläubige Thomas (b), im Westarm (7) die Verklärung Christi auf dem Berg Tabor (a). Das Licht, das ihn dabei umgab, war Gegenstand lebhafter Diskussionen in der byzantinischen Kirche. Man sieht weiter die Erweckung des Lazarus (b) und auf der anderen Seite des Gewölbes den Einzug in Jerusalem (c) und das Abendmahl (d).

Im Allerheiligsten, dem Bema (8), thront in der Apsis die Muttergottes zwischen Engeln. Unter ihr feiern der Heilige Johannes Chrisostomos und der Heilige Basilios mit Diakonen das Abendmahl, indem sie den Leib Christi selbst auf den Altar legen. Im Gewölbe vor der Apsis (9) über dem Altar die Himmelfahrt Christi. An den Seitenwänden darunter auf beiden Seiten das Abendmahl der Apostel einmal Wein, einmal Brot empfangend. Darunter links das Opfer Abrahams, rechts die drei Jünglinge im Feuerofen. Auf den Pfeilern vor dem Bema ist links der Engel und rechts die Maria der Verkündigung dargestellt mit Christus Emmanuel. Darüber schöne Steinmetzarbeiten.

In der linken Seitenapsis (10), in der Prothesis, sieht man das Bild Christus als Hohepriester im Gewand eines Archipresbyters. An ihm vorbei zieht eine Prozession von Engeln, die liturgisches Gerät bringen. In der rechten Apsis (11), im Diakonikon, ist der schlafende Heilige Immanuel dargestellt, dessen Name hebräisch »Gott mit uns« bedeutet. Er wird z. T. mit dem Messias gleichgesetzt. Im Gewölbe Verleugnung des Petrus (a) sowie Kreuzgang (b).

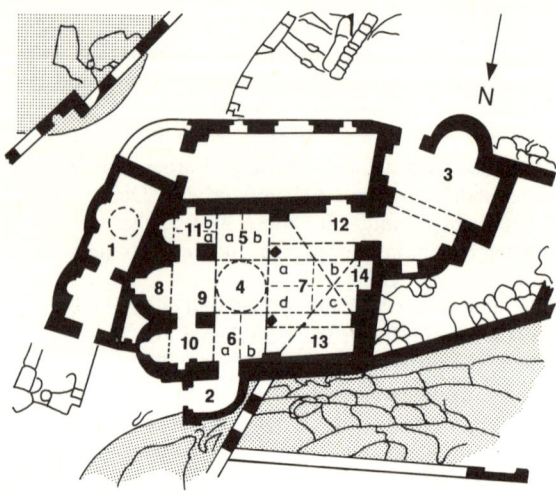

Períbleptos-Kloster

An der Südwand des südlichen Kreuzarmes (5) findet man die Darstellung der Kreuzigung, daneben im südlichen Seitenschiff (12) die der Kreuzabnahme, der Grablegung und der Beweinung. An der Westwand der Abstieg Christi in die Unterwelt.

In den Gewölben des nördlichen (13) und südlichen Seitenschiffes das Leben der Muttergottes, der diese Kirche geweiht ist. Neben dem Eingang links oben, neben dem Fenster der Empore, erkennt man Anna bei der Geburt Marias. Unter der Empore wird der Tod Mariens, die Kímisis tís Theotókou, geschildert: Christus steht hinter Maria und hält auf dem Arm die Seele Marias, um sie mit in den Himmel zu nehmen. Dieses Fresko findet man über dem Eingang unterhalb des Emporenfensters. – In den unteren Zonen der Wände sieht man Heilige, darunter vor allem die Kriegerheiligen. In der Konche der Westwand (14) ist das Stifterehepaar dargestellt, wie es der Gottesmutter das Modell der Kirche überreicht. Über den Stiftern sieht man die Höllenfahrt Christi. Christus reicht Adam die Hand, um ihn aus der Unterwelt zu erlösen.

Die Fresken der Períbleptos-Kirche gelten als hervorragendes Beispiel spätbyzantinischer Malerei. Charakteristisch sind die vielgestaltigen Szenen, die rhythmische Wiedergabe der Gestalten und ihrer Bewegungen, die Ausdruckskraft der dargestellten Empfindungen und der den Szenen innewohnende Mystizismus. Formal sieht man in den Fresken eine Rückkehr zu den Formen und der Thematik der hellenistisch-römischen Kunst, vor allem in der Darstellung der Gewänder und der Nebenfiguren. Die Wiedergabe der Marienlegende in den Seitenschiffen fällt auf durch die vielen verhältnismäßig kleinen Bilder, die den Eindruck einzelner Gemälde hervorrufen. Diese Art der Ausmalung findet sich insbesondere in nachbyzantinischer Zeit und ist durch tragbare Bilder, die man zum Schmuck von Wänden verwendet, beeinflußt.

Oberhalb der Kirche steht auf dem Felsen der Glockenturm. An der Südseite schließt an die Kirche ein langgestreckter Bau an, der über eine lange Freitreppe zugänglich ist, wahrscheinlich das Refektorium des Klosters. Im Hintergrund des Klosterhofes steht ein Befestigungsturm der Stadtmauer mit Zinnen und Blendbogen, der vielleicht noch aus fränkischer Zeit stammt und später in das Refektoriums-Gebäude einbezogen wurde.

Phrangópoulos-Haus (6)

Vom Períbleptos-Kloster führt der Weg in Serpentinen aufwärts zum Pantánassa-Kloster. Unterwegs stößt man links auf das Phrangópoulos-Haus, eines der typischen Herrenhäuser aus dem 15. Jh. Es gehörte einer einflußreichen Familie, wahrscheinlich fränkischer Herkunft, deren Mitglieder unter den Despoten zahlreiche Staatsämter innehatten. Ein Manuel Phrangópoulos übte für den minderjährigen Despoten Theodor II. Anfang des 15. Jh. die Regentschaft aus. Vielleicht baute er auch dieses Haus. Ein Johannes Phrangópoulos stiftete bald darauf das benachbarte Pantánassa-Kloster. – Das Haus wirkt zwar stattlich, ist aber im Grunde angesichts der vornehmen Stellung seiner Bewohner sehr bescheiden. Die Schmalseite ist bergabwärts gerichtet; die Gewölbe des Untergeschosses dienten der Dienerschaft und dem Vieh als Unterkunft. Eine eingebaute Zisterne sorgte für Wasser. Das Obergeschoß, das durch eine gesonderte Außentreppe erreichbar war, hatte zahlreiche Fenster, bestand aber nur aus einem einzigen großen Raum, in dem sich das gesamte Familienleben abspielte, vielleicht nur durch Stellwände in einzelne Abschnitte geteilt. Vornehm wirkt lediglich der talwärts gerichtete Altan.

Pantánassa-Kloster (7)

Das weithin sichtbare Pantánassa-Kloster ist so etwas wie das Wahrzeichen von Mistrá. Die Kirche, die der Panagía Pantánassa, der »Allherrscherin«, geweiht ist, wurde – wie schon erwähnt – 1428 von dem Archon Johannes Phrangópoulos geweiht, dem Ministerpräsidenten Konstantin XII. Dragazes', des späteren letzten Kaisers von Konstantinopel. Es ist das einzige heute noch von Nonnen bewohnte Kloster und der letzte große Kirchenbau, der im byzantinischen Mistrá entstand. Er nimmt noch einmal die für die Kirchen von Mistrá typischen Architekturformen auf: Über dem Erdgeschoß in Form einer dreischiffigen Basilika erhebt sich im Obergeschoß in Form von Emporen eine

Kreuzkuppelkirche. Der Chor zeigt – wie bei einigen anderen Kirchen auch – durch die Hanglage bedingt nicht nach Osten, sondern nach Süden. Im Osten lehnt sich eine Arkade an die Kirche an. Eine ähnliche Arkade, die verschwunden ist, gab es auch an der Nordseite. Über der Arkade erhebt sich ein schöner dreigeschossiger Glockenturm, dessen besonderes Merkmal die hochgewölbte Kuppel und vier kleine Türmchen an den Ecken sind. Diese ebenso wie kleine Dreipaßöffnungen in der Brüstung des zweiten Geschosses verraten fränkische Einflüsse. – Der schönste Schmuck der Außenfassade befindet sich an den Apsiden. Fensteröffnungen in zwei Geschossen deuten auf die Architektur im Inneren. Im Obergeschoß ist jede zweite Fensteröffnung blind gearbeitet. Im Untergeschoß tragen zierliche Pilaster mit kleinen Kapitellen gotische Bogen, die nach oben in Anthemien enden. Darüber verlaufen auf der Brüstung des Obergeschosses ähnlich geschmückte Girlanden.

Die ursprüngliche Ausmalung im Inneren wurde in den unteren Zonen im 17. oder 18. Jh. durch neuere Fresken übermalt. Das Bildprogramm entspricht im wesentlichen dem Kanon anderer Kirchen: In der Wölbung der Apsis des Bemas (1) thront Maria als Platitéra ton Oúranon, als »den Himmel Umfassende«, flankiert von den Erzengeln. Zwischen den Fenstern Engel, flankiert von den Eltern Marias, Joachim und Anna. In den Nischen darunter Erzengel und Kirchenväter. Im Gewölbe ist die Himmelfahrt dargestellt. An den Seitenwänden des Bema (2) sieht man beiderseits der Durchgänge die Kommunion und die himmlische Liturgie, in der Kuppel (3) war Christus Pantokrator dargestellt und in den Pendentifs (4) die vier Evangelisten. – Im Kreuzgewölbe unter der Kuppel die Darstellungen aus dem Leben Christi: Verkündigung (5), Geburt (6), Christus im Tempel (7), Taufe (8), Verklärung (9), Erweckung des Lazarus (10), Einritt in Jerusalem (11) und Höllenfahrt (12).

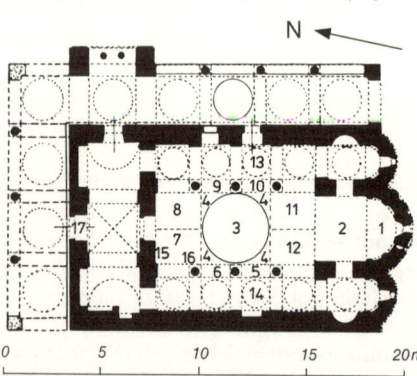

Kirche Panagía Pantánassa

In der Kuppel des östlichen Seitenschiffes (13) sieht man Maria Vlacherniótissa, die Gottesgebärerin. Im gegenüberliegenden Seitenschiff (14) ist die Dreifaltigkeit dargestellt. Unter den Seitenkuppeln zum Narthex hin sind Abraham und Jakob, in Nischen auf der Empore Moses und Aaron wiedergegeben. – Links neben der Tür zum Narthex (15) die Kímisis tís Theotókou, der Tod der Gottesmutter. Im Narthex sieht man über der Tür den Baum Jesse, gegenüber an der Wand den Kindermord von Bethlehem, ferner Märtyrerszenen und Soldatenheilige und im mittleren Gewölbe einen Engel. In der Kuppel auf der Tribüne über dem Narthex ist Maria dargestellt, darunter der zur Zeit der Erbauung der Kirche herrschende Despot Theodor II. Palaiologos zwischen Asketen und Heiligen.

Der Erbauer der Kirche hat sich mehrfach verewigt: Sein Monogramm sieht man am Kapitell der ersten Säule rechts vorn (16). Am linken Teil des Fensters der Nordseite außen ist ein weiteres Monogramm (17). Am unteren Rand der Narthexkuppel gibt es schließlich eine Stiftungsinschrift.

Despoten-Palast (9)

Wenn man das Pantánassa-Kloster am entgegengesetzten Eingang – also nach Norden – verläßt, gelangt man, links aufwärts steigend zu einer Weggabelung bei einem Torbogen. Es ist das Monemvasía-Tor (8) in der ehemaligen Stadtmauer der Oberstadt. Sein Name rührt daher, daß von hier die Straße in das südliche Lakonien und besonders zum für Mistrá wichtigen Hafen von Monemvasía führte. Dem linken Weg bergauf folgend, kommt man zu einem Plateau, das nach Norden und nach Osten von je einem Flügel des imponierenden Despoten-Palastes begrenzt ist. Hier war der herrschaftliche Mittelpunkt von Mistrá, wo schon Guillaume de Villehardouin, später die byzantinischen Gouverneure und dann die Despoten kaiserlichen Geblüts aus den Familien Kantakouzénos und Palaiologos regierten. Schließlich saßen hier die türkischen Paschas der Morea und die venezianischen Provveditori von Lakonien. Ebenso bunt wie die Geschichte der Herren von Mistrá ist die Baugeschichte des Palastes.

Der südliche Teil des Ostflügels – also das hohe Gebäude, das gleich rechts liegt, wenn man den Platz vor dem Palast betritt – ist der älteste Bau (a). Von ihm nimmt man an, daß er um 1250 von Guillaume de Villehardouin errichtet wurde. Die gotischen Fensterformen des dreigeschossigen Gebäudes weisen darauf hin. Die Fassade ist im übrigen mit Ausnahme des Söllers eines kleinen Balkons im Obergeschoß schmucklos. – Gleichzeitig mit diesem ersten Palast wurde das Gebäude (b) links davon mit einem Turm und Wirtschaftsräumen errichtet. Beide Bauten standen jedoch nicht miteinander in Verbindung.

Der heutige Verbindungsbau (c) entstand erst gleichzeitig mit der Erweiterung des Palastes nach Norden. Diese Erweiterung umfaßte vor allem den Wohnpalast (d). Er besteht aus einem zweigeschossigen Gebäude mit je 6 Wohnräumen. Zur Talseite nach Osten ist dem Gebäude im Untergeschoß eine hohe Arkade vorgelagert, die einen breiten Söller vor den Räumen des Obergeschosses trägt. Diese besonders charakteristische Arkade, die man schon von weither sieht, wurde wiederaufgebaut. Der Balkon, auf dem sicher die Despo-

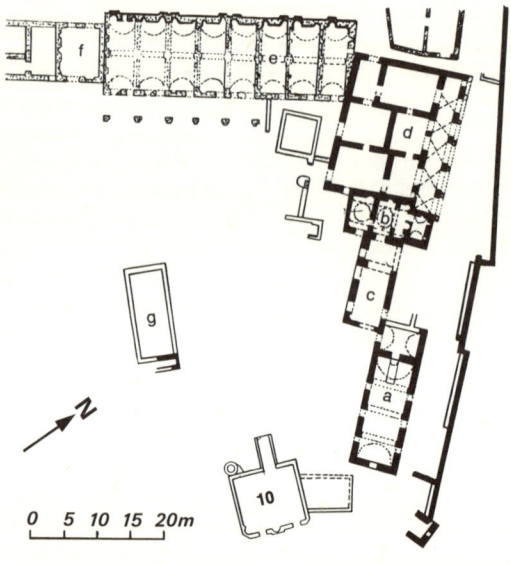

Despoten-Palast

ina und die Damen des Hofes sich ergingen, wird auch Perípatos Basilópoulas (Prinzessinnen-Umgang) genannt. Der Blick, den man von dieser Terrasse hat, gehört zu den schönsten Eindrücken in Mistrá.

Der Nordflügel des Palastes (e) gehört einer späteren Bauperiode an. Ob er schon zur Zeit von Manuel Kantakouzénos – also vor 1380 – oder erst von einem der Palaiologen-Despoten Anfang des 15. Jh. errichtet wurde, ist nicht ganz klar. Während die Stilmerkmale, vor allem die Fenster des Obergeschosses, mit ihrem italienischen »Flamboyant«-Stil, mehr auf einen späteren Bautermin verweisen, sprechen die politischen Entwicklungen gegen den Bau eines so repräsentativen und prachtvollen Gebäudes in der Spätzeit der Despoten von Mistrá. – Das Gebäude hat drei Stockwerke, ein niedriges, gewölbtes Untergeschoß, in dem Vorratsräume lagen, darüber 8 »Einzimmerwohnungen« mit Kamin, die an den Wohnraum im Phrangópoulos-Haus erinnern, nur daß sie wesentlich düsterer waren. Die Kaminzüge sind an der Rückwand des Gebäudes zu sehen. Schließlich liegt im Obergeschoß der Thronsaal, der sog. Chrysotriklínos. Der Saal ist 36 m lang und 10,5 m breit. Er war ringsum mit einer Bank versehen. An der Südwand ist heute noch zwischen den Fenstern die Nische zu sehen, in der der Thron des Despoten stand. Nach außen tritt die Thronnische in der Fassade als Erker hervor. Über diesem war in der Wand der byzantinische Doppeladler als Hoheitszeichen angebracht. Vor der Fassade stieg vom Untergeschoß eine zweigeschossige Arkade auf, die vor den Wohnräumen des ersten Obergeschosses einen gedeckten Gang und gleichzeitig einen Balkon vor den Fenstern des Thronsaales bildete. Diese Fenster waren – wie schon erwähnt – mit geschweiften Spitzbogen im sog. Flamboyant-Stil verziert. Über ihnen gab es eine Reihe

runder sog. Ochsenaugen-Fenster. Auffällig an der Fassade ist, daß die waagrechten Reihen der Fenster und Türen ausschließlich zur Mittelachse hin
symmetrisch angeordnet sind. Im übrigen aber sind die Achsen der Fensteröffnungen gegeneinander unregelmäßig verschoben.

Am westlichen Ende des Thronsaalbaues schließt ein schmaleres Gebäude (f)
an, das wohl nach 1421 für die Frauen des Hofes, vielleicht für die Hofdamen
der Gemahlin Theodors II., Kleopatra Malatesta, errichtet wurde, die aus einer
italienischen Adelsfamilie stammte und ihr eigenes Gefolge mitbrachte.

In türkischer Zeit wurde der Platz vor dem Palast als Bazar (g) benutzt. Einige
Gebäudereste aus dieser Zeit sind noch erhalten, vor allem am Südende vor
dem Villehardouin-Flügel eine Moschee (10), von der an der Südostwand die
Gebetsnische und an der Nordseite der Stumpf des Minaretts erkennbar
sind.

Hinter dem Palast findet man das von zwei Türmen flankierte Nauplia-Tor,
das zweite wichtige Tor der Oberstadt und gleichzeitig der obere Eingang in
das Ausgrabungsgelände.

Kirche Agía Sofía (11)

Vom Despoten-Palast führt der Weg aufwärts zur Agía Sofía-Kirche. Diese
Kirche baute Manuel Kantakouzénos zwischen 1350 und 1370. Sie war
Katholikon eines Klosters, aber gleichzeitig auch Palast-Kirche. In türkischer
Zeit wurde die Kirche als einzige in Mistrá in eine Moschee umgewandelt.
Ihr Name Agía Sofía (»heilige Weisheit«) leitet sich von der berühmten Kirche
in Konstantinopel her. Entweder die Kirche oder aber das Kloster trug auch
den Namen Ágios Zoodótos, was auf Christus den Lebensspender hindeutet.
Auch an dieser Kirche begegnen wir als charakteristischem Architekturmerkmal von Mistrá einer Säulenhalle (a), die an der Nordseite zwischen dem Turm
(b) und einer Kapelle (c) dem eigentlichen Kirchenbau vorgelagert ist. Im
übrigen wird die Kirche noch von einer Anzahl weiterer Kapellen umgeben.
An der Südseite liegen drei Räume, von denen der mittlere (d) wohl Durch-
gangsraum war, einmal nach links zu einer Kapelle im Osten (e), zum andern
nach rechts zu der Taufkapelle (f), die auch vom Narthex (g) und vom früher
vorhandenen Exonarthex (h) aus zugänglich war. Vor dem Exonarthex befanden sich an einem Hof zwei weitere Kapellen (i, k), von denen die nördliche
noch erhalten ist. An sie schließt sich an den Turm gelehnt eine weitere Kapelle
(l) an. Diese Kapellen lassen auf die vielfältigen Liturgien am Hofe schließen.
Sie dürften teilweise als Grabkapellen der Despotenfamilie gedient haben,
ebenso wie der kleine Raum (m) zwischen Turm (b) und Narthex (g), wo
Kleopatra Malatesta und Theodora Tocco, die Gattinnen Theodors II. und
Konstantins XII., beigesetzt waren.

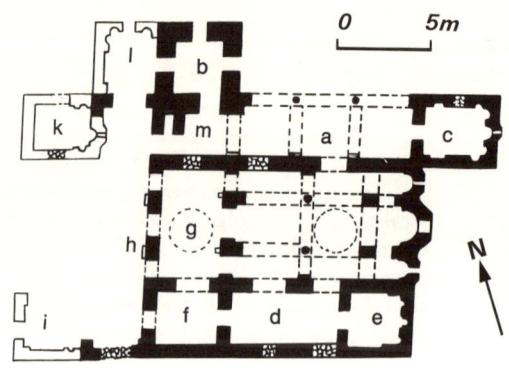

Kirche Agía Sofía

Die Kirche selbst ist ein Zweisäulenbau, der im Gegensatz zu seinem äußeren Eindruck im Inneren schmal und hoch gebaut wirkt. Von den Fresken ist kaum etwas erhalten. Auffällig ist aber die Christusdarstellung in der Konche der Mittelapsis, an einem Platz also, der normalerweise der Gottesmutter vorbehalten ist. Das Abweichen von der Regel deutet auf den Klosternamen, nämlich Christus als Lebensspender hin. Im Gewölbe ist die Himmelfahrt Christi dargestellt. In der Mittelapsis unterhalb der Fenster vollziehen die Hierarchen Basilios und Johannes Chrysostomos das Meßopfer mit dem Jesuskind in der Schale (Melismós). An den Seiten des Bema wurde die Kommunion Christi mit den Aposteln gezeigt, alles Vorbilder der Handlungen, die auch der Priester beim Abendmahl in diesem Raum vornimmt.

Die nördliche Säule trägt das Monogramm Manuel Kantakouzénos mit dem Doppeladler. An den Kämpfern beiderseits der Tür zum Narthex ist noch einmal das Monogramm mit der Inschrift des Stifters »Manuel Kantakouzenos Palaiologos Despot Erbauer« angebracht. – Unter der Vierungskuppel ist im Boden ein quadratisches Mosaik mit 5 Kreisen erhalten. Es ist ein endloses Band, das die Kreise der vier Ecken an den Mittelkreis bindet, Symbol der Kirche, die als Mittelpunkt mit den vier Enden der Welt verbunden ist. Die beiden östlichen Kapellen waren der Muttergottes geweiht. In der nordöstlichen Kapelle (c) neben der Säulenvorhalle sieht man in der Kuppel Christus als Pantokrator zwischen Seraph und Cherubim dargestellt. In der Apsis die Darstellung der Panagía Platitéra, umgeben von dem Engel und der Maria der Verkündigung. Auf der Südwand die Kímisis tís Theotókou, der Tod der Maria; auf der Westwand die Kreuzigung. – In der südöstlichen Kapelle (e) ist in der Kuppel die Panagía Vlacherniótissa, d. h. Maria als Gottesgebärerin, dargestellt, symbolisiert durch das Christusbild im Medaillon auf der Brust Marias, die umgeben ist von Engeln. In den beiden Nischen noch einmal die Panagía und Christus Pantokrator. Über der Eingangswand sieht man Anna bei der Geburt Marias zwischen Frauen inmitten von Häusern, rechts Joachim mit dem Kind, links das Kind in der Wiege.

An der Nordwestseite der Kirche befindet sich das Refektorium des Klosters. Unter dem Platz davor eine Zisterne mit zwei Gewölben.

Festung (12)

Der Aufstieg zur Festung ist etwas mühsam und kostet auch Zeit. Wer diese jedoch mitbringt, sollte sich die eindrucksvolle Aussicht von dort oben nicht entgehen lassen. Die baulichen Reste sind dagegen weniger interessant.

Die Festung ist das älteste Bauwerk von Mistrá. Sie wurde 1249 von Guillaume de Villehardouin errichtet und entspricht in Lage und Bauart anderen fränkischen Burgen, etwa der auf Akrokorinth. Sie wurde bis zu den Befreiungskriegen benutzt und weist deshalb im Inneren nicht mehr allzuviele fränkische Bauten auf. Der Mauerzug stammt dagegen aus der Erbauungszeit, wenn er auch vielfach ausgebessert und ergänzt wurde.

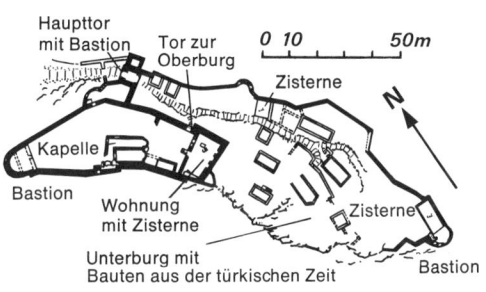

Festung Mistrá

Man erreicht zunächst das Außentor der Burg, das zur Hangseite hin von einem kleinen, von der Oberburg her erreichbaren Vorwerk und zur Talseite von einem bastionsartigen Turm geschützt ist. Von hier hat man einen ausgezeichneten Blick auf Mistrá, vor allem auf die Oberstadt und die nördliche Unterstadt. Weit reicht die Aussicht über die lakonische Ebene und Sparta bis zu den Bergen des Párnon. Das Tor führt über eine Rampe rechts aufwärts zum Eingang der Oberburg. Geradeaus kommt man in die verhältnismäßig weiträumige Unterburg mit Gebäuderesten aus byzantinischer, vor allem aber aus türkischer Zeit. Türkisch ist auch die Bastion an der Ostmauer. Am unteren Ende gibt es eine Bastion und eine große Zisterne. – Durch eine schmale Pforte betritt man die Oberburg. Links befindet sich das Hauptgebäude, ein Wohnturm, in dessen Untergeschoß eine große Zisterne eingebaut ist. An der Westmauer stehen nebeneinander zwei einschiffige Kapellen. Das Nordende der Oberburg wird durch eine weitere Bastion abgeschlossen. Von der Westmauer hat man einen überraschenden Blick in die Schlucht, die den Berg von Mistrá vom Taýgetos trennt. Hier erst wird einem so recht die besondere fortifikatorische Lage der Festung klar.

Kleiner Palast (13)

Wenn man von der Burg kommend oberhalb der Agía Sofía den Weg durch die
Oberstadt nimmt, erreicht man vorbei an türkischen Bädern an einer Straßen-

kreuzung, wo der Haupt-
weg links abwärts führt,
den kleinen Palast, grie-
chisch Palatáki genannt.
Dieses Gebäude, dessen
Baugeschichte nicht be-
kannt ist, ist in mehrerer
Hinsicht bemerkenswert.
Einmal ist es neben dem
Despoten-Palast das reprä-
sentativste weltliche Ge-
bäude von Mistrá. Zum an-
deren hat es einen von vier
Flügeln umgebenen Innen-
hof, unter dem eine Zister-

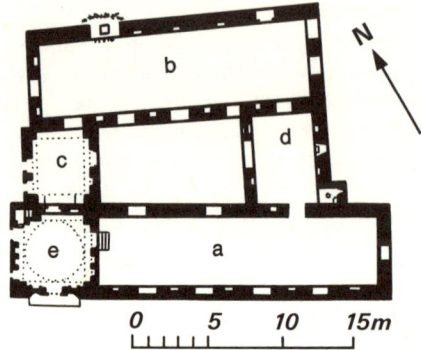

Kleiner Palast

ne liegt. Wahrscheinlich ist der kleine Palast aus zwei parallel am Hang
liegenden Herrenhäusern (a, b) entstanden, die man mit Querflügeln (c, d)
verbunden hat, wobei am Westende des unteren Hauses in der 2. Hälfte des 13.
Jhs. ein repräsentativer Turm (e) angefügt wurde. Dieser Turm war im
Obergeschoß mit einem Altan und einem großen Blendbogen geschmückt
sowie mit Zinnen gekrönt. Die Eingangshalle im Turm ist mit einer Kuppel
versehen, ebenso wie die anschließenden Verbindungsflügel. Im östlichen
Flügel (d) erkennt man noch den eingebauten Kamin. – Mit Sicherheit gehörte
der kleine Palast irgendwelchen Mitgliedern der Despoten-Familie. Man
nimmt an, daß es der Witwensitz der Kaiserin Irena Helena war, die etwa von
1425 bis zu ihrem Tode 1450 in Mistrá lebte.

Ágios Nikólaos-Kirche (14)

Diese Kirche findet man unterhalb des kleinen Palastes an der Straße, die zum
Monemvasía-Tor führt. Sie wurde erst in türkischer Zeit in der ersten Hälfte
des 17. Jh. als Ersatz für die damals schon verfallene unmittelbar unterhalb
gelegene Agía Paraskeví-Kirche mit besonders schönem Ziegelwerk und für
die in eine Moschee umgewandelte Agía Sofía erbaut. Es handelt sich um eine
recht große Kreuzkuppelkirche mit Narthex und Exonarthex. Sie ist Nikolaus
von Myra geweiht, der als Wohltäter der Armen und Hungernden und als

Nikolaus der Weihnachtszeit bekannt ist und dessen Gebeine heute im Dom von Bari liegen. Die einfachen Fresken an den Wänden, die qualitativ hinter denen der spätbyzantinischen Zeit zurückbleiben, stammen aus dem 18. Jh. und erzählen seine Geschichte. An der Südwand sieht man Christus umgeben von den kirchlichen und weltlichen Hierarchien.

Brontóchion-Kloster (15, 16)

Das Brontóchion-Kloster (gespr. Vrontóchion) am Nordende der Unterstadt, wurde 1295 damals wahrscheinlich noch außerhalb der Stadtmauer erbaut. 1296 gründete der Archimandrit Pachómios als erste Klosterkirche die Ágii Theódori (15). Pachómios war ein bedeutender Kirchenmann, dem aufgrund seiner hervorragenden Verdienste die Aufsicht über mehrere Klöster übertragen wurde. Das Brontóchion-Kloster war nicht dem Metropoliten von Lakedaimon, sondern dem Patriarchen in Konstantinopel unmittelbar unterstellt und vom Kaiser von den Steuerabgaben für seine Ländereien befreit. 1311 wurde mit dem Bau der zweiten Klosterkirche, der Panagía Odigítria (16), auch Afentikó genannt, begonnen. Diese Kirche wurde nunmehr Katholikon des Klosters, während die Theodoren-Kirche nur noch den Totenlitaneien der Mönche diente.

Ágii Theódori (15)

Diese den beiden Soldatenheiligen geweihte Kirche ist eine Kreuzkuppelkirche des Achtstützentyps mit einer strengen Gliederung. Bei der Achtstützenkirche übergreift die Kuppel die ganze Breite von Bema, Protheson und Diakonikon. Sie lagert auf 8 im Quadrat stehenden Pfeilern. Durch die verhältnismäßig große Kuppel wirkt der Raum hell und feierlich. Kirchen dieses Typs sind verhältnismäßig selten (in der Peloponnes nur noch die Sofien-Kirche in Monemvasía (**60**) und die Kirche

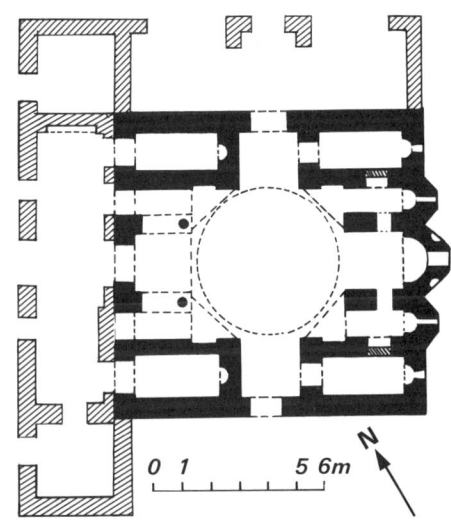

Ágii Theódori

von Christianoú (**95**); auf dem Festland die Nikodemos-Kirche in Athen
sowie die beiden berühmten Kirchen von Dafní und Ósios Loukás. Von der
Kuppel leiten Trompen in den viereckigen Raum über. Die Kreuzform der
Kirche ist – wie üblich – einem Quadrat einbeschrieben. Von den vier
Eckkapellen sind die beiden östlichen von den Querarmen her zu betreten. Sie
dienten Äbten als Begräbnisstätten. Die beiden westlichen Kapellen waren nur
vom Narthex her zugänglich. Dieser ist beiderseits von Türmen flankiert. An
der Nordseite erstreckt sich eine Vorhalle, das Proaulion. Von außen macht die
Kirche mit ihren getreppten Dächern im Osten und Westen, die die Basilika-
form betonen, den gewölbten Dächern der Querarme und dem breiten Tambour mit seinen zahlreichen Fensteröffnungen, einen harmonischen Eindruck.
Bemerkenswert ist die Ostseite mit den polygonalen Apsiden, über die sich
abwechselnd Bänder von Bruchsteinen und ziegelgefaßten Quadern hinzie-
hen. Die Bruchsteinbänder waren einst mit Platten verkleidet. Die Kuppel ist
allerdings 1932 von Anastasios Orlandos wieder aufgebaut worden, da die
Kirche nur noch als Ruine bestanden hat. Das Äußere der Kirche besticht
insgesamt durch seine kostbar wirkenden und doch überschaubaren For-
men.
Die Fresken sind nur in Bruchstücken erhalten. Vor allem sieht man noch die
Kriegerheiligen, darunter die beiden Theodoren an den unteren Teilen der
Wände. Sie wirken flächenhaft, wenig durchgearbeitet, aber eindrucksvoll.
Auf dem Pfeiler links neben dem Bema erkennt man den Verkündigungsengel.
Gegenüber war Maria dargestellt. In der südöstlichen Seitenkapelle, die der
Panagía geweiht war, sind Geburt, Einführung in den Tempel und der Tod
Marias (schlecht erhalten) dargestellt. In der nordöstlichen Seitenkapelle lag
das Grab eines Manuel Palaiologos. Dies ist einer Inschrift an der Südwand auf
einer vermauerten Tür zu entnehmen, wo ein knieender Mann vor der Panagía
mit dem Kind dargestellt ist. Ob es sich um den Despoten Manuel (1348–80)
handelt, ist unklar.

Panagía Odigítria (16)

Diese der Panagía Odigítria, also der Maria als allheiliger Wegbegleiterin
geweihte Kirche befindet sich auf einer erhöhten Terrasse und beeindruckt
durch die Fülle ihrer Gebäudemassen. Auf sie paßt gut der Beiname Afentikó
(die Gebieterische). Er wurde aber wohl weniger wegen des äußeren Eindrucks
benutzt, sondern weil diese Kirche den Despoten und Kaisern, wenn sie hier
weilten, als offizielle Kirche diente. Auch die Baugeschichte steht damit im
Zusammenhang.
Die Kirche ist ähnlich der Pantánassa und der Metrópolis eine eigenartige
Verbindung von Basilika im Unter- und Kreuzkuppelkirche im Obergeschoß.

Sie stellt damit aber nicht – wie manchmal behauptet wird – eine Synthese zwischen lateinischer und orthodoxer Baugesinnung dar. Das ergibt sich aus der Geschichte. Als mit dem Bau der Kirche 1311 begonnen wurde, war sie als reine Kreuzkuppelkirche geplant. Ihr Stifter war der Archimandrit Pachómios. Später, wahrscheinlich 1316, als die Kirche noch nicht vollendet war, wurde beschlossen, ihr eine dreiteilige Empore hinzuzufügen, vielleicht im Zusammenhang mit der Einsetzung des ersten Despoten von Mistrá, Andrónikos Ásan. Dazu baute man einmal im Westen den von zwei Türmen flankierten Narthex (a) an, in dessen Obergeschoß die Fürstenloge entstand. Für die Seitenemporen war es aber notwendig, den nördlichen und südlichen Kreuzarm zu überbrücken, was dadurch geschah, daß in der Mitte der Arme eine weitere Säule (b, c) vor den Seiteneingängen eingefügt wurde. So entstanden Seitenschiffe, die mit je 5 Kuppeln gedeckt sind. Außen wurde die Kirche auf drei Seiten mit den für Mistrá so typischen Arkaden (d, e, f) umgeben. Am Südende der westlichen Arkade entstand später ein Treppenturm (g) als Aufgang zum Obergeschoß. Eine weitere Kapelle (h) baute man am Ostende der südlichen Arkade. In einer letzten Bauperiode wurden die südliche Arkade (f) vermauert und am östlichen Ende der Nordarkade ebenfalls eine Kapelle (i) angebaut. Insgesamt ähnelt der Baukörper dem der Agía Sofía, abgesehen davon, daß diese eine reine Kreuzkuppelkirche ist.

Das Innere der Kirche war einst prächtig ausgestattet, die Wände waren in ihren unteren Zonen mit einer polychromen, die Fresken umrahmenden Marmorverkleidung versehen. Hiervon ist fast nichts mehr erhalten. In der Konche des Bema ist die Panagía Odigítria dargestellt, darunter das Abendmahl und am Fuß der Apsis die Hierarchen in doppelter Reihe. Im Gewölbe Christi Himmelfahrt, flankiert links vom Ungläubigen Thomas, rechts von der Erscheinung Christi vor den Aposteln. Von den 12 Kirchenfesten in den Gewölben der Kreuzarme ist nur noch etwas von der Geburt Christi (1) im Ostarm erhalten sowie die Taufe (2) und die Verklärung (3) im Südarm. In den kleinen Gewölben der Seitenschiffe waren Heilige abgebildet.

Besser erhalten sind die Fresken des Narthex. Hier sieht man über dem Eingang zur Kirche Maria mit Christus als Zoodóchos Pigí, als Quelle des Lebens, flankiert von Engeln sowie Joachim und Anna. Im nördlichen Gewölbe des Narthex sind die Wunder Christi dargestellt: die Hochzeit zu Kana (4), die Samariterin, die Heilung des Blinden, des Lahmen und der Schwiegermutter des Petrus sowie die Heilung des Wassersüchtigen. Weitere Wunder sieht man im südlichen Gewölbe. Die Fresken zeichnen sich durch ihre lichten und weichen Farben sowie die feine Durchzeichnung der Figuren aus. Die Bewegungen der Szenen sind langsam, beinah schwerfällig. Der Maler stammte wahrscheinlich aus Konstantinopel.

Bemerkenswert sind auch die beiden Kapellen im Narthex. Die nordwestliche

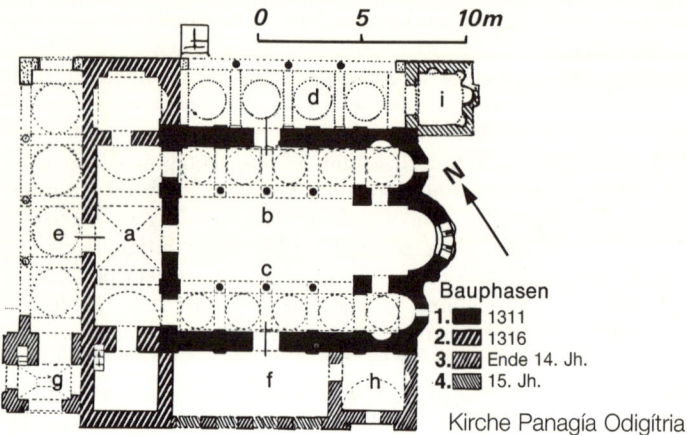

Kirche Panagía Odigítria

ist eine Grabkapelle, die Pachómios sich erbaut hat. Sein Grab ist das an der
Westwand. Über ihm ist an der unteren Wand der Stifter dargestellt, wie er das
Modell der Kirche der Gottesmutter darbietet. Darüber sieht man die ein-
drucksvolle Darstellung des Chores der Märtyrer mit dem Apostel Paulus an
der Spitze. An der Nordwand liegt das Grab Theodors I. Palaiologos, der 1407
hier begraben wurde. Er, der kurz vor seinem Tode Mönch wurde, ist einmal
als Despot, einmal als Mönch dargestellt. An der Ostwand bitten Maria und
Johannes Pródromos Christus um das Seelenheil der Verstorbenen. Eine
Inschrift gibt dazu die Erklärung. Die Kapelle wurde im übrigen für die
Totenmessen der Klosteräbte benutzt. Die Südwestkapelle an der anderen
Seite des Narthex ist bekannt als die Kapelle der »Chrysobullen«. Sie hat ihren
Namen nach den hier dargestellten, mit dem kaiserlichen Goldsiegel verse-
nen Urkunden aus den Jahren 1321/22, die kaiserliche Schutzrechte und
Privilegien des Klosters zum Inhalt hatten. In der Kuppel war Christus
umgeben von vier Engeln dargestellt, von denen zwei noch sichtbar sind. Die
Engel halten die Chrysobulle und deuten so die göttliche Herkunft aller
kaiserlichen Anordnungen an. Von dieser Kapelle geht eine schmale Treppe
hinauf zur Empore im Nordteil. Auf der Empore über dem Narthex sind
Szenen der Passion Christi freigelegt worden sowie die Panagía Odigítria in
der Kuppel (a).
Die südliche Säulenhalle (f), die vom Südschiff der Kirche aus zugänglich ist
und später vermauert wurde, diente als Grablege für vornehme Bewohner von
Mistrá, wie vier Gräber im Boden erkennen lassen. Die Fresken sind jünger als
die der übrigen Kirche, stammen aber noch aus dem 14. Jh. In der Kuppel ist
der Kindermord von Bethlehem, an der Nordwand und im Gewölbe die

Grablegung der Maria dargestellt. Nach Osten führt eine kleine Tür in die
Kapelle des Abtes Kypriános, dessen Monogramm über dem Eingang abgebildet ist. An der Ostseite, wo eine kleine Apsis ist, ist das Abendmahl, an den
übrigen Wänden sind Hierarchen abgebildet.
Neben der Kirche liegt im rechten Winkel das Refektorium des Klosters mit
einem Kamin und einer Apsis. Das Refektorium, die sog. Trápeza, bildet mit
seiner Apsis die Trápeza der Kirche nach, d. h. das Bema, den Ort des heiligen
Abendmahls.

Evangelistría-Kirche (17)

Wenn man vom Brontóchion-Kloster zurückgeht, kommt man oberhalb der
Metropolis zu der kleinen Zweisäulenkreuzkuppelkirche Evangelistría rechts
des Weges. Sie entstand um 1400 als Friedhofskirche. Die Außenfassade
besteht teils aus Bruchsteinen, teils vor allem an den Apsiden im Osten aus
ziegelgefaßtem Quaderwerk. Über dem zweiteiligen Fenster des nördlichen
Kreuzarmes war sie mit Keramik geschmückt. An der Südseite lehnt sich eine
schöne säulengestützte Arkade mit einer Grabkapelle an. – Die Fresken im
Inneren sind schlecht erhalten. In der Konche der Mittelapsis thront die
Muttergottes. Unter ihr ist Christus als Lamm Gottes im Kelch zwischen zwei
Engeln dargestellt, im Gewölbe darüber die Himmelfahrt. In der Prothesis
erkennt man Engel, im Diakonikon Szenen aus dem Leben der Panagía. In der
Kuppel sieht man den Pantokrator und in den Pendentifs die Evangelisten. Die
ikonenartigen Fresken auf der gemauerten Ikonostase stammen aus nachbyzantinischer Zeit. Erwähnenswert sind die gut erhaltenen, wenn auch qualitativ minderwertigen Steinmetzarbeiten.

Metrópolis (18)

Das letzte bedeutende Bauwerk auf unserem Rundgang ist die Metrópolis, die
Bischofskirche von Mistrá mit dem Palast des Bischofs. Sie liegt am Wege zum
Ausgang schräg unterhalb der Evangelistría.
Die Metrópolis ist die älteste Kirche von Mistrá. Sie wurde 1291 von dem
Kreter Nikephóros Moschópoulos, Bischof von Lakedaimon, und seinem
Bruder Aáron erbaut. Damals wurde der Bischofssitz im alten Sparta aufgege-
ben und nach Mistrá verlegt. Die neue Bischofskirche lehnte sich aber in
der Form an die alte Kirche in Sparta an und wurde folglich in Form einer Basilika
mit gewölbten Seitenschiffen und einem flach eingedeckten Mittelschiff erbaut. Im 15. Jh. baute ein Bischof Matthäus die Kirche nach dem Vorbild des
Afentikó und der Pantánassa um, indem er Gewölbe und Dächer der Basilika
über den Säulen entfernte und ein zweites Obergeschoß in der Form einer

Kreuzkuppelkirche aufsetzte. Diese Ergänzung diente – genau wie bei den anderen Kirchen – für eine Herrscherloge über dem Narthex und Frauenemporen für die Hofdamen über den Seitenschiffen. Der arkadenumstandene Hof im Osten der Kirche mit den Gebäuden des Bischofspalastes wurde 1754 von Bischof Anánias Lambárdi erbaut.

An Anánias erinnert rechts am Eingang, wenn man vom Weg her den äußeren Hof betritt, eine eingezäunte Stelle. Dort wurde der Bischof von den Türken ermordet. Vom Vorhof führt rechts durch eine Tür der Weg über eine eindrucksvolle dreiseitige Treppe hinunter in den Nordhof, wo eine Säulenhalle vor der Schmalseite und dem Narthex der Kirche angelegt ist. An der rechten Seite des Hofes steht ein Brunnen, der nach der mit einem Doppeladler verzierten Inschrift 1802 von einem Bischof Chrysánthos erbaut wurde. Dahinter führt eine Treppe aufwärts zu einer an der Kirchenwand angebrachten wichtigen Widmungsinschrift des Erbauers der Kirche, die lautet: »Dieses heilige Haus hat der Vorsteher von Kreta Nikephóros unter Mitarbeit seines Bruders Aáron erneuert, als Andrónikos Palaiologos mit seinem Sohn Michael das Zepter hielt. Die Vorbeigehenden sollten zu Gott beten und um Vergebung der Sünden der Erbauer bitten, damit der Himmlische Richter, wenn er die ganze Welt beurteilen wird, die Erbauer zu den Schafen zu seiner Rechten stellt. + Im Jahre 6800 +« Das Jahr 6800 entspricht dem Jahr 1291, da der Konstantinische oder Griechische Kalender, der seit dem 7. Jh. allgemein in Gebrauch war, die Jahre nach einem aus alttestamentlichen Angaben errechneten Anfang der Welt 5509 v. Chr. zählte. Eine weitere Inschrift des Erbauers befindet sich am Westeingang, also an der meist nicht zugänglichen Bergseite der Kirche.

Das Innere der Kirche, die man von Osten her über den arkadenumstandenen Hof betritt, ist überaus prächtig, vor allem durch den Freskenschmuck. Die Kirche ist dem Kriegerheiligen Demétrios geweiht, der römischer Prokonsul in Achaia war und 306 den Märtyrertod erlitt, indem er im Kerker erstochen wurde. Szenen seines Lebens sind im Ostschiff der Kirche dargestellt.

In den oberen Teilen der Säulen sind Inschriften eingemeißelt, die auf die Privilegien und den Grundbesitz der Metrópolis hinweisen. Sie stammen von den Bischöfen Nikephoros (1311), Loukas (1330) und Neï (1339–41). In der Mitte der Kirche sieht man im Fußboden eine Platte mit dem byzantinischen Doppeladler. Hier stand Konstantin XII. Dragazes 1449, bis dahin Despot in Mistrá, als er zum letzten byzantinischen Kaiser gekrönt wurde.

Der Freskenschmuck stammt entsprechend der Baugeschichte im Untergeschoß vom Ende des 13./Anfang des 14. Jh. Die Fresken im Obergeschoß wurden im 15. Jh. hergestellt, als Bischof Matthäus den Umbau vornahm. An den Nahtstellen des Anbaues und der Fresken wurde ein Reliefband auf Efeublättern angebracht. An der Westseite findet sich der Name von Matthäus.

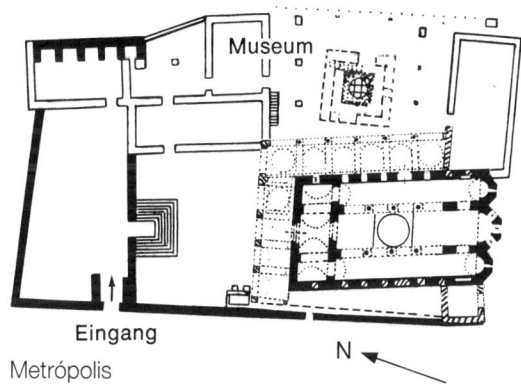

Museum

Eingang

Metrópolis

N

In der Apsis des Bema steht die Panagía Platitéra tón Oúranon, die Weltumfassende. Vor ihr kniet der Kirchenstifter. Darunter sieht man das Abendmahl. Im von einer späteren Darstellung übermalten Gewölbe war ursprünglich die Himmelfahrt Christi dargestellt. An den beiden Pfeilern des Allerheiligsten ist die Verkündigung Mariä mit dem Engel links und der Jungfrau rechts abgebildet.

Im Hauptschiff sieht man über den Säulen Szenen aus dem Leben Christi: Geburt, Flucht nach Ägypten, Kindermord, Darstellung Jesu im Tempel, Taufe, Verklärung, Auferweckung des Lazarus, Einzug in Jerusalem, Abendmahl und Verrat des Judas.

An der Apsis des Protheson ist Ágios Dimítrios dargestellt und daran anschließend im Ostschiff – wie schon erwähnt – Leben und Leiden des Heiligen. Im Westteil des Ostschiffs werden die Wunder Christi gezeigt: die Heilung des Wassersüchtigen und des Gelähmten, die Samariterin, die Heilung des Blinden und an der Nordwand die Heilung des Aussätzigen. – Im Diakonikon – also in der rechten Seitenapsis – sieht man im Gewölbe die besonders schöne und kompositorisch hervorragende Darstellung der Vorbereitung des Thrones Christi (Etimasía) mit den Scharen kniender Engel zu beiden Seiten. Die Darstellung entspricht Psalm 103, 19: »Der Herr hat seinen Stuhl im Himmel bereitet und sein Reich herrscht über alles.« Auf dem Thron liegt das Evangelium, darüber schweben die Taube und das Kreuz. An den Wänden des Diakonikon betende Heilige und die Wundertaten der Ágii Anárgiri, der heiligen Ärzte Kosmas und Damian. Im Westschiff folgen weitere Gestalten von Heiligen und Kirchenvätern, Szenen aus dem Leben Mariä und weitere Wunder Christi.

Im Narthex ist in der Wölbung nochmals der Thron Christi zu sehen, umgeben von den Engeln, den Aposteln und den Propheten. Über der Tür ist Christus als Weltenrichter flankiert von Daniel und einem Prophetenkönig dargestellt. Gegenüber sitzen die Apostel, links stürzen die Ungerechten in die Hölle, rechts steigen die Gerechten in das Paradies auf. An der Nordwand sind Darstellungen der sieben Konzilien angebracht. Eine eindrucksvolle Darstellung ist ein Engel mit einem aufgeschlagenen Buch, das auf einem Ständer in Form eines Delphins ruht.

Die Fresken der Metrópolis stammen gemäß der Baugeschichte nicht nur aus zwei verschiedenen Epochen, sondern auch von verschiedenen Künstlern und sind in verschiedenen Stilen hergestellt. Dem sog. kretischen Stil sind die Darstellungen aus dem Leben Christi im Mittelschiff, die Bereitung des Throns im Diakonikon und das Jüngste Gericht im Narthex zuzurechnen. Einen archaisierenden Provinzstil beobachtet man bei der Wiedergabe des Dimitrios an der Nordwand und der heiligen Ärzte im Diakonikon. Im Stil Konstantinopels sind die Propheten und die Wunder Christi an der Südwand dargestellt.

Besonders schön wirkt der auf drei Seiten von Arkaden umgebene Hof. Die Arkade entlang der Kirche, das Proaulion, stammt aus der Zeit des Kirchenumbaues im 15. Jh. Die Seitenarkaden rechts und links und die anschließenden Gebäude stammen von Anánias aus dem Jahre 1754. An ihn erinnert eine Inschrift an der Westseite des Hofes. In der Ostarkade steht ein römischer Sarkophag, der ursprünglich aus Sparta stammt. Schön ist die Aussicht vom Hof über die Ebene.

Museum

Das Museum ist im ehemaligen Bischofspalast neben der Kirche untergebracht.

Im Untergeschoß sind Architekturteile von den Gebäuden und Kirchen in Mistrá ausgestellt: Kapitelle, Brüstungen, Templon-Teile, Ikonenständer und Fußbodenplatten. Zu den hervorragendsten Stücken gehört ein Medaillon aus dem 11. Jh.: Von Blattranken umgeben ist ein Adler dargestellt, der ein Lamm schlägt. Aus dem 15. Jh. stammt die Flachrelief-Ikone mit dem thronenden Christus, die ursprünglich bemalt war, eine einfache, aber ausdrucksstarke Arbeit. Schließlich ist eine Inschrift mit den Initialen der Despoina Isabella von Lusignan, der Gemahlin des Despoten Manuel Kantakouzénos (1348–80), zu sehen.

Im Obergeschoß sieht man Kleinfunde aus Mistrá: Schmuck, Münzen, Keramik und Gebrauchsgegenstände, einige nachbyzantinische Ikonen und wenige Freskenbruchstücke. Eindrucksvoll sind die Haare und Reste der Kleidung einer jungen Frau, die man in einem Grab in einem Raum neben dem Turm der Agía Sofía fand. Es ist nicht ausgeschlossen, daß sie Kleopatra Malatesta, der Gemahlin Theodors II. Palaiologos, gehörten, die 1433 starb.

Wenn man die Metrópolis verläßt und zum Eingang zurückgeht, hat man noch einmal einen schönen Blick auf die Ostseite der Kirche, die – wie bei allen Kirchen – besonders sorgfältig gestaltet ist. Der Turm wurde beim Umbau im

15. Jh. errichtet. Hier kann man auch deutlich die beiden Bauphasen unterscheiden: Die erste Phase mit den sorgfältig behauenen ziegeleingefaßten Quadern und den schönen Fensterumrahmungen mit über Eck gesetzten Ziegeln; die zweite Phase mit flüchtig gemauertem Bruchsteinmauerwerk. Rechts und links des Daches der Mittelapsis erkennt man die Mauer des Mittelschiffs der alten Basilika.

Trípi

Das Dorf liegt 9 km von Sparta an der Straße nach Kalamáta am Ausgang der Langáda-Schlucht (Langáda = Schlucht). Die Schlucht, die sich in den Taýgetos hinein bis auf 900 m Höhe zieht, ist von wilder Schönheit. Bei schweren Regen durchbrausen große Wassermassen das Flußbett. Die Straße, die an ihrem Rande bergauf zum Teil durch Tunnel führt, ist kurvenreich, aber gut befahrbar und landschaftlich sehr reizvoll. In Trípi steht über einer Quelle eine Kirche aus dem 17. Jh. Gegenüber der Quelle öffnet sich ein Abgrund, der für eine der Stellen gehalten wird, in die die Spartaner ihre schwächlichen und kranken Kinder hinabstürzten. Der sagenhafte messenische Feldherr Aristomenes, der im 7. Jh. v. Chr. den Kampf der Messenier gegen Sparta führte, soll dem ihm ebenfalls zugedachten Schicksal des Sturzes in die Schlucht dadurch entgangen sein, daß er sich an den Schwanz eines Fuchses klammerte, der ihn rettete.

53

Sellasía

Der große Ort liegt 16 km nördlich von Sparta nahe der Hauptstraße nach Trípolis hoch am Berg am Ostrande des breiten Eurótas-Tales. Er war im Altertum ein wichtiger Schlüsselpunkt der Verteidigung Lakoniens, da hier verschiedene aus Arkadien kommende Wege zusammenführten. Auf dem Ágios Konstantínos genannten Berg (831 m) befand sich die Akropolis von Sellasía, von der noch die Reste einer Ringmauer mit Türmen zu sehen sind. – Bei Sellasía vereinigte Epameinondas 369 v. Chr. seine Truppen, um in Lakonien einzufallen. In der kleinen Ebene nördlich von Sellasía fand 221 v. Chr. eine entscheidende Schlacht statt, in der die Spartaner unter ihrem König Kleoménes III. von dem vereinigten Heer der Makedonier und Achäer unter dem makedonischen König Antígonos Doson geschlagen wurden. Nur mit wenigen Reitern konnte Kleoménes entkommen. Sparta fiel darauf ohne Kampf in die Hände der Makedonier und wurde gezwungen, sich dem

Achäischen Bunde anzuschließen. Sellasía wurde damals zerstört und wahrscheinlich nicht wieder aufgebaut.

54

Longaníkos

Ein Ausflug in eine wenig besuchte Gegend führt von Sparta in nordwestlicher Richtung auf einer Nebenstraße über Kastóri (auch Kastaniá genannt) nach Longaníkos (37 km). Die Gebirgsstraße verläuft am Rande des oberen Eurótas-Tales entlang des Taýgetos. Hinter Longaníkos liegt der sog. Lakonische Sattel, der Lakonien von Arkadien trennt, eine Landschaft, die im Altertum vielfach umkämpft war. Mittelpunkt dieser Landschaft ist der Chelmós (779 m ü. M.), der etwa 300 m über das Tal aufragt. Auf ihm war im Altertum die Stadt Athénaion oder Aigys angelegt, die schon im ersten Messenischen Krieg von den Spartanern zerstört wurde, weil die Einwohner Partei für ihre arkadischen Stammesgenossen ergriffen. Im Mittelalter wurde auf den antiken Mauern die Festung Kelmos von den Franken errichtet. Am Abhang des Chelmós entspringen Quellen, die größte an der Nordwestseite, welche den jungen Eurótas speisen. Von Longaníkos führt die Straße weiter nach Leontárion (**47**), von wo man nach Megalópolis (**43**) gelangt.

Der Chelmós ist Mittelpunkt einer Kleinlandschaft, die geprägt ist von zahlreichen kegelförmigen Hügeln, die nach den hier vorkommenden Arbutus-Büschen Kumarókampos genannt wird. Im Altertum wurde die Landschaft Belmína oder Belminátis genannt nach seiner gleichnamigen Periöken-Stadt.

Südlich dieser Landschaft, nach Sparta zu, unterhalb des heutigen Dorfes Georgítsi, liegt das Gebiet einer antiken lakonischen Tripolis (= Dreistadt), die ebenfalls von Periöken bewohnt war. Zu dieser Dreistadt gehörte Pellána, dessen genaue Lage nicht bekannt ist. Möglicherweise erstreckte sie sich in der kleinen Ebene unterhalb von Kounidítsa, das man von Sellasía (**53**) erreicht. In Pellána soll Ikarios, der Vater der Penélope, gewohnt haben, nachdem er aus Sparta vertrieben worden war. Unterhalb von Pellána soll 50 Stadien von Sparta auf der rechten Seite des Eurótas über die Straße das Grab des Spartaners Ládas, des schnellsten Läufers seiner Zeit, gewesen sein, der nach einem Sieg im Dauerlauf auf der Heimkehr von Olympia an dieser Stelle gestorben ist. Weiter abwärts am Eurótas 1½ Stunden nördlich von Sparta soll am steilen Felsufer bei einer Höhle die Stelle gewesen sein, wo Penélope, vor die Entscheidung gestellt, ob sie bei ihrem Vater bleiben oder Odysseus folgen sollte, sich für letzteren entschied.

55

Menelaion

Die Kultstätte von Menelaos und Helena liegt einige Kilometer südöstlich von Sparta auf einem Höhenzug über der Ebene. Ein Ausflug dorthin lohnt sich vor allem wegen des großartigen Ausblickes.

Man nimmt in Sparta die Straße nach Trípolis. Wenige hundert Meter hinter der Brücke über den Eurótas biegt man rechts auf die Straße nach Gortsá und Geráki (**57**) ein. Etwa 2,5 km weiter zeigt links ein Schild zum Menelaion. Die angegebene Entfernung von 0,5 km stimmt freilich nicht. Mit dem Auto fährt man 400 m bis zur Kirche Zoodóchos Pigí. Von dort geht es zu Fuß weiter auf dem rechts neben einem Schuppen ansteigenden Pfad. Entlang des Höhenzuges mit schönen Ausblicken auf die Flußebene erreicht man nach 10 Minuten das Heiligtum auf einer vorspringenden Bergnase etwa 80 m über dem Eurótas-Tal oberhalb der Straße. Der Hügel heißt Ágios Ilías; im Altertum wurde er Therápne, »die verehrungswürdige Stätte« genannt.

Zu sehen ist ein mächtiger, rechteckiger Stufenbau, auf dem die Reste eines Tempels zu erkennen sind. Im Nordosten führte zu ihm eine Rampe hinauf. Der Bau stammt aus dem 5. Jh. v. Chr. Er hatte einen geometrischen Vorläufer, mindestens aus dem 7. Jh., wie gefundene Weihegaben bezeugen. Es war das Heroon, der legendäre Grabbau des Menelaos und wohl auch der Helena. Auch die Dioskuren wurden hier verehrt. Ähnlich wie beim Heiligtum der Artemis Orthía (**51**) fand man am Menelaion zahlreiche kleine Blei- und Bronzefiguren. Eines der schönsten Stücke ist eine kleine weibliche spätgeometrische Figur aus Bronze mit einem ausdrucksvollen Gesicht (heute im Museum in Sparta, Inv. Nr. 1691).

Herrlich ist die Aussicht vom Menelaion über den Eurótas, die üppige, fruchtbare Ebene, nach Sparta und hinüber zu der gewaltigen Bergkette des Taýgetos.

Hundert Meter nördlich des Menealaions liegt die Ausgrabung einer kleinen spätmykenischen Siedlung. Fünfzig Meter südlich des Heiligtums steht das bescheidene Kirchlein Profítis Ilías. Nochmals 200 m weiter südlich wurden auf dem Hügel Áltos 1980 ebenfalls mykenische Siedlungsspuren entdeckt, von denen aber nichts mehr zu sehen ist.

56

Chríssafa

In dem 17 km östlich von Sparta in den Ausläufern des Párnon gelegenen Dorf
gibt es mehrere alte Kirchen, die den Besuch zumindest für den spezieller
Interessierten lohnen. Unterwegs kommt man beim Nonnenkloster Ágii
Tesserákonta vorbei.

Man erreicht Chríssafa, indem man in Sparta die Straße nach Trípolis nimmt
und gleich hinter der Brücke über den Eurótas rechts abbiegt nach Geráki.
Unmittelbar darauf führt links eine Schotterstraße nach Chríssafa, das aber
von dieser Kreuzung aus nicht mehr 18 km entfernt ist, wie es auf dem
Wegweiser steht, sondern nur 14,5 km.

5,5 km nach der Abzweigung führt links der Weg zum Moní Tesserákonta,
dem Kloster der 40 Heiligen, das man nach einem Kilometer am Ende eines
flachen Tales erreicht. Das den 40 heiligen Märtyrern geweihte Kloster stammt
in seiner heutigen Form aus dem 16./17. Jh. Im Hof stehen zwei Kirchen. Die
große ist eine Viersäulenkreuzkuppelkirche, deren Äußeres wie eine Kombi-
nation von Basilika und Kreuzkirche wirkt. Der Narthex hat im Inneren drei
Kuppeln. Die Kirche ist prächtig mit Fresken geschmückt, die wahrscheinlich
aus dem 15. Jh. stammen. An der Ikonostase links ist die Namensikone des
Klosters angebracht. Neben der großen Kirche steht eine kleine Kirche ohne
Fresken. Eine weitere Kreuzkuppelkirche findet man hinter dem Kloster auf
einem Hügel.

Auf dem Hauptweg erreicht man nach 9 km Chríssafa. Hier sind die Kirchen
meist verschlossen. Man frage im Kafeníon nach den Schlüsseln.

Die *Ágios Dimítrios-Kirche* von 1641 im oberen Teil des Ortes hat die Form
einer Basilika mit Transept. Innen gibt es eine nachbyzantinische Ikone des
Christus Elkómenos, des Gegeißelten. – Etwas weiter unterhalb steht eine
Kímisis-Kirche aus dem 14. Jh. Es ist eine Viersäulenkirche mit Pendentif-
Kuppel. Sie ist innen noch vollständig mit Fresken ausgemalt, die aber nicht
besonders gut erhalten sind. – Im oberen Teil des Ortes unterhalb des
Friedhofes befindet sich auf einer kleinen Erhöhung eine winzige Kirche mit
einer sehr niedrigen Tür, die äußerlich völlig unscheinbar wirkt, innen jedoch
mit Fresken aus dem Leben des *Ágios Nikólaos* geschmückt ist.

Außerhalb des Ortes gibt es zwei weitere bemerkenswerte Kirchen. Der Weg
dorthin beginnt am unteren Ortsende, wo ein Wegweiser nach *Chrissafiótissa*
zeigt. Auf dem Weg erreicht man nach 1,4 km zwei Kirchen, die links auf
einem Hügel stehen. Die erste Kirche ist eine kleine Vierpfeilerkreuzkuppelkirche, die dem Ágios Ioánnis Pródromos, also Johannes dem Täufer, geweiht
ist. In der Kuppel ist noch der Pantokrator und auf den Pendentifs sind die

Evangelisten zu erkennen, im südlichen Querschiff Spuren der Verklärung Christi. – Wenig weiter stößt man auf die Kirche der Panagía Chrissafiótissa, der Muttergottes von Chríssafa, aus dem 13. Jh. Es ist eine Kreuzkuppelkirche mit vorgebautem Narthex und Exonarthex, die besonders originell dadurch wirkt, daß über Kuppel und Bema ein mehrgeschossiger Festungsturm aufgesetzt ist, dessen Eingang über die Dächer zu erreichen ist. Außerdem ist die Apsis des Untergeschosses aufgestockt und bildet so auch im Turm eine Apsis. Im Inneren ist die Kirche mit schlecht erhaltenen Fresken verziert. Man erkennt noch den Pantokrator in der Kuppel und Mariä Verkündung auf dem linken Pfeiler des Bema. Beide Kirchen gehörten zu einem Kloster. An der Südseite der Kirche sind noch Bogenstellungen und die Grundmauern von Klostergebäuden zu erkennen.

57

Geráki

Geráki ist ein entlegenes Dorf an den Ausläufern des Párnon 40 km südöstlich von Sparta, das wegen einer Anzahl byzantinischer Kirchen einen Besuch lohnt. Man wählt in Sparta die Straße nach Trípolis, biegt gleich hinter der Brücke über den Eurótas rechts ab und folgt den Wegweisern nach Geráki. Aus der Kynouría gelangt man nach Geráki über eine Straße, die von Leonídion (**50**) über den Párnon führt. Gut zu erreichen ist Geráki von Süden her über eine Asphaltstraße, die bei Skála von der Straße Gíthion/Monemvasía abzweigt.

Das große Dorf liegt am Ostrand einer fruchtbaren Beckenebene am Hang eines Kalkhügels, auf dessen Spitze bereits neolithische und bronzezeitliche Funde gemacht wurden. In der Antike hieß die Stadt an diesem Hügel Gheronthrai. Sie war eine achäische Siedlung, die zu den spartanischen Periöken-Städten und zur Zeit des Pausanias im 2. Jh. n. Chr. zu den sog. eleutherolakonischen Städten gehörte. In byzantinischer Zeit wurde Geráki Hierakion genannt und muß im 12. Jh. unter der Herrschaft eines byzantinischen Archonten in beachtlicher Blüte gestanden haben. Nach dem Einfall der Franken in die Peloponnes wurde Geráki Guy de Nivelet übereignet. Dieser erbaute 1254 auf einem Felsrücken 1,5 km südöstlich der alten Stadt und des heutigen Dorfes eine Festung, zu deren Füßen sich eine neue Stadt bildete. Geráki war Sitz eines Bischofs und gehörte zu den vornehmsten Baronien der fränkischen Peloponnes, bis die Stadt in spätbyzantinischer Zeit von Mistrá überflügelt wurde. Wie auch das übrige Lakonien wurde Geráki 1460 türkisch und blieb es bis zur Befreiung Griechenlands, abgesehen von kurzen Zeiten venezianischer

Herrschaft in den Jahren 1463 bis 1468 und 1687 bis 1715, verlor jedoch ständig an Bedeutung.

Wenn man von Sparta kommt, fährt man am Ortseingang nicht hinauf in den Ort, sondern biegt rechts ab auf eine Asphaltstraße, an der nächsten Straße links ab bis zu einer Schule. Dort hält man sich nach links und fährt so am Südrand von Geráki entlang bis man auf einen Platz kommt, in dessen Nachbarschaft die byzantinischen Kirchen liegen. Alle Kirchen sind verschlossen. Man muß den Wärter suchen, der die Schlüssel hat. Meist wird man ihn an einer der Kirchen treffen, wenn er nicht gerade mit anderen Besuchern unterwegs ist. Die Führung durch die Kirchen ist kostenlos. Ein Trinkgeld ist aber angebracht.

Die Kirchen beim Dorf

Wenn man von der Schule kommt, erreicht man zuerst rechts des Weges die *Ágii Theódori-Kirche*. Es ist eine einfache einschiffige Kirche mit Transept. Sie ist wenig interessant, zumal sie keine Fresken enthält.

Kurz darauf zweigt rechts ein Weg ab. An ihm liegt links die *Ág. Sóson-Kirche*. Es ist eine Kreuzkuppelkirche vom Ende des 12./Anfang des 13. Jh., die zu den schönsten und am besten erhaltenen in Geráki gehört. Ihre Außenwände enthalten Spolien, vor allem Blöcke aus dem antiken Geronthrai. Beiderseits der Westtür Kämpferkapitelle aus einer älteren Kirche, vielleicht der, die vorher hier gestanden hat. Im Inneren liegt auf dem Boden ein dorisches Kapitell von einem antiken Tempel. Von den Fresken sind vor allem zu erwähnen: In der Konche der Apsis Panagía Vrefokratoúsa oder Platitéra, darunter das Abendmahl, über dem Apsisfenster das Mandilion, darunter Hierarchen und unter dem Fenster der Melismós. Die Himmelfahrt im Gewölbe vor der Apsis ist stark beschädigt. Auf den Seitenwänden des Naos links oben die Darstellung im Tempel, darunter Flucht nach Ägypten, gegenüber oben Geburt Mariä, darunter Christus im Tempel. Auf der Südwand der Kirche kann man den Kindermord von Bethlehem erkennen. Sonst sind die Fresken weitgehend zerstört.

Geht man den Seitenweg weiter und biegt nach rechts, kommt man zur *Ág. Nikólaos-Kirche*. Es ist eine zweischiffige Kirche vom Ende des 13. Jh. Nur das (wohl ältere) Nordschiff hat eine Apsis, das Südschiff eigenartigerweise außen eine Blendbogennische. Je drei Blendbogen gibt es auch im Inneren des Nordschiffes. In der ersten Nische links ein *Ág. Dimítrios* den Drachen tötend. In der Laibung der letzten Nische rechts vor der Ikonostase *Ág. Nikon*, der Ortsheilige von Sparta, dessen Basilika dort auf der Akropolis steht. Neben der Tür links Erzengel Gabriel, darüber die Kreuzigung. Ein besonders eindrucksvolles Fresko findet man an der Rückseite der gemauerten

Ikonostase: Maria Ägyptiaca, die Dirne, die in die Wüste gegangen ist, um zu büßen, erhält aus der Hand des Mönchs Sosimos die Kommunion. Die elegante Darstellungsweise wird der Konstantinopeler Malschule zugeschrieben.

Etwas oberhalb des erwähnten Platzes steht die kleine einschiffige *Ág. Ioánnis Chrysóstomos-Kirche* aus dem 13. Jh. Sie wurde erst gebaut, als drüben am Berg schon die fränkische Stadt entstand. Edel wirkt am Chor der Schmuck der beiden Ziegelbänder. Im übrigen ist auch diese Kirche neben Bruchsteinen aus Spolien hergestellt. Besonders bemerkenswert sind die Türpfosten und der Deckstein, die eine Markt- und Preisverordnung des römischen Kaisers Diocletian aus dem Jahre 301 enthalten, die den Zweck hatte, mit Hilfe der Festsetzung von Höchstpreisen dem Preisverfall im römischen Reich Einhalt zu gebieten. – Im Inneren der Kirche sieht man in der Apsiskonche die Panagía mit Christus Emmanuel (Platitéra), darunter den Melismós mit den Hierarchen. Im Gewölbe vor der Konche die Himmelfahrt Christi, der beiderseits die Jünger zuschauen. Im übrigen Gewölbe auf der Nordseite im Westen beginnend: Maria im Tempel, Geburt Christi; auf der Südseite im Westen beginnend: Christus im Tempel, Christi Verklärung, Auferweckung des Lazarus, Einzug in Jerusalem, Kreuzigung, Auferstehung, Höllenfahrt Christi, Tod Marias. Die übliche Reihenfolge der Darstellungen ist damit weitgehend »durcheinandergewürfelt«, möglicherweise deshalb, weil man den beiden Mariendarstellungen besonderes Gewicht geben wollte. – An den Wänden sind noch zu erwähnen: gegenüber dem Eingang in einer Nische Ág. Geórgios, auf dem Pfeiler flankiert von Ág. Dimítrios und Nikon. An der Westwand rechts ist Christus Elkómenos dargestellt, links in einem kleinen gemauerten Blendbogen der Kirchenstifter mit einer Inschrift. An der Westwand oben die Kreuzigung.

Geht man die Straße oberhalb der Chrysóstomos-Kirche etwa 150 bis 200 m weiter geradeaus, erreicht man am Ortsrand des Dorfes die *Kirche der Panagía Evangelistría*. Es ist die älteste Kirche von Geráki aus der Mitte des 12. Jh. Die Kreuzkuppelkirche ist ebenfalls aus Spolien erbaut; man sieht u. a. an der Südwand eine Triglyphenplatte. Die Kuppel ist mit doppelten Ziegelbogenstellungen geschmückt. Die Fresken stammen vom Ende des 12. Jh. Sie sind – obwohl nur noch fragmentarisch erhalten – besonders schön und werden einem Künstler aus Konstantinopel zugeschrieben. In der Kuppel der Pantokrator umgeben von Engeln, darunter Propheten und in den Pendentifs noch zwei sehr gute Evangelisten. In der Apsiskonche Maria, darunter Kirchenväter (schlecht erhalten), im Gewölbe davor die Himmelfahrt, an den Seiten die Apostel. An der Nordwand die Höllenfahrt Christi, links unten (schlecht erkennbar) Adam, auf der rechten Seite der Prophet Amos, Johannes der Täufer und die Könige David und Salomon. Im Westgewölbe (Eingangsseite)

Christi Geburt und Einzug in Jerusalem, an der Westwand die Kreuzigung. Zu beiden Seiten der Ikonostase links Ág. Sóson, rechts Ág. Panteleímon. Hinter der Ikonostase in der linken Nische Ág. Skfanos, in der rechten Nische Ág. Efplos (?). Auf der Rückseite der Ikonostase links Anastásios, rechts vielleicht Nikólaos.

Vom Platz auf dem Weg zur Festung liegt links am Ortsrand die *Ág. Athanásios-Kirche*. Sie ist die größte Kirche von Geráki, eine Kreuzkuppelkirche mit vier Pfeilern. Sie wurde im 13. Jh. erbaut. Vor allem die Südseite besteht aus Spolien, darunter zwei Triglyphenplatten. Sie wirkt trotz Zusammenstückelung repräsentativ. Die Nordseite ist dagegen sehr bescheiden gestaltet. Fresken sind nur noch zum geringen Teil erhalten: in der Konche Panagía, darunter Melismós. Im Naos links Maria im Tempel, gegenüber das Abendmahl mit Judas, der sich über den Tisch lehnt und nach dem Fisch greift. An der Nordwand Ág. Geórgios und Erzengel Michael, darüber Michaels Kampf mit dem Drachen; von oben nach unten Pfingsten, Jesusknabe im Tempel und Ág. Nikólaos. An den Ostseiten der westliche Pfeiler Petrus und Paulus, neben letzterem um die Ecke ein Erzengel.

Das heutige Dorf Geráki liegt an den Hängen des Hügels, auf dem die Akropolis des antiken Geronthrai lag. Erhalten ist von ihr nur noch ein Teil der »kyklopischen« Mauer, im Norden und Osten, mit Ausbesserungen der Byzantiner und Franken.

Festung

Dorthin gelangt man, indem man von der Athanásios-Kirche der Straße nach Monemvasía) 400 m folgt und dann links abbiegt. Nach 1,5 km erreicht man die Ruinen der alten fränkischen Stadt hoch am Berg. Der Aufstieg beginnt an der *Agía Paraskeví-Kirche*. Es ist ein einschiffiger Bau mit Quertonne in Transeptform, der einst im Süden einen Narthex, im Norden eine Seitenkapelle hatte. Im Inneren fällt links neben der Ikonostase ein vorgesetzter steinerner Bogen auf, der mit unbeholfenen Mustern, unten mit vier Tiermedaillons, verziert ist. Es ist eine typisch fränkische Zutat, wenn auch wohl von einem einheimischen Handwerker hergestellt. In der Konche die Panagía, darunter vier Hierarchen. Auf der Ikonostase links die Panagía, rechts Christus. – Im Südgewölbe die Geburt Christi, im Nordgewölbe die Heilung des Lazarus. In der Nische der Südwand Ág. Geórgios, auf dem Pfeiler daneben Erzengel Michael. An der Westwand der Kirchenstifter mit seiner Familie, darüber das Kirchenmodell mit Christus in den Wolken.

Weiter kommt man vorbei an der Ruine einer *Dimítrios-Kirche*. In der noch erhaltenen linken Apsis oben die Panagía, darunter der Melismós: das Jesuskind zwischen Engeln auf dem Altar liegend, flankiert von Kirchenvätern.

Kurz unterhalb des Burgtores erreicht man die *Kirche Zoodóchos Pigí*. Der Narthex hat kein Dach mehr. Ins Innere der Kirche führt eine Tür mit Spitzbogen im fränkischen Stil, darüber eine Nische mit der Panagía, flankiert von primitiven Löwenköpfen. Die Fresken stammen aus dem 15. Jh. In der Konche der Apsis die Panagía Platitéra, flankiert von zwei Erzengeln. Im Gewölbe darüber die Himmelfahrt. An der Nordwand in der östlichen Nische eine weitere Platitéra. An der Südwand links der Tür Ág. Geórgios. Im Gewölbe Geburt und Auferweckung des Lazarus. Auf der Ikonenwand Christus, Maria und links neben ihr die Panagía Eleoússa als Namensgeberin der Kirche. An der Westwand links Christos Elkómenos, rechts der Tür der Kirchenstifter.

Man betritt nun die *Burg*. Der Mauerring umzieht das Plateau den natürlichen Formen folgend. Am schwächsten befestigt ist die Eingangsseite mit einer verhältnismäßig dünnen Mauer, vielleicht weil hier die Stadt lag. Nach rechts gegen Süden folgt dagegen eine sehr starke Mauer mit zwei Türmen, von denen der östliche halb zerstört ist. An der Nordostseite, wo auch die Mauer noch mit Zinnen bewehrt ist und Arkaden eines Wehrganges sich an der Innenseite entlang ziehen, liegt eine Zisterne. Im Inneren der Burg steht die *Kirche Ág. Geórgios*. Sie wurde im 13. Jh. erbaut und stellt sich heute als dreischiffige Basilika dar. Ursprünglich bestand sie aber nur aus zwei Schiffen, dem heutigen Mittel- und dem Nordschiff. Erst im 14. Jh. wurde das Südschiff hinzugefügt, ebenso wie der Narthex. Die Tür vom Narthex in die Kirche ist außen mit einem Wappen mit gewürfeltem Feld, wahrscheinlich dem des Guy de Nivelets, geschmückt. Im Inneren fällt vor allem auf der linken Seite, an der Nordwand, ein flach an die Wand gesetzter Baldachin auf, der ein ganz ungewöhnliches Stück ist. Er ist trotz des Reichtums seiner Formen ein unbeholfenes Werk wahrscheinlich byzantinischer Steinmetze, die nach fränkischen Vorlagen arbeiteten. Ein von verknoteten Lisenensäulen getragener Dreipaßbogen ist von einem Giebel überdacht, der mit verschiedenen durchbrochenen Gittermustern und Rosetten geschmückt ist. In der Giebelspitze das gleiche Wappen wie über dem Eingang nur mit einem Schrägbalken versehen. Auffälligster Schmuck ist links ein Halbmond umgeben von 6 Sternen, rechts eine Lilie umgeben von 4 Blumen. Der Schmuck läßt denken an die Lilien Frankreichs und den mohamedanischen Halbmond mit Stern, der als Wappenzeichen im Islam gebraucht wurde. In der Taxiarchenkirche südlich der Burg (s. u.) taucht eine ganz ähnliche Darstellung als Wappenzeichen Josuas auf. Jedenfalls weisen die heraldischen Zeichen ganz deutlich in die fränkische Kreuzfahrerzeit. Der Baldachin ist herumgebaut um das Fresko des Ág. Geórgios und erfüllt damit die gleiche Funktion wie die gewölbten Nischen (Kouvoúkli) in den Wänden griechischer Kirchen, die oft zur Hervorhebung der Namenspatrone der Kirchen dienen. – Von den Fresken der Kirche

Baldachin in der Ág. Georgios-Kirche von Geráki

sind zu erwähnen: In der Konche die Panagía Platitéra flankiert von Erzengeln, davor im Gewölbe die Himmelfahrt. An der Südwand links Ioánnis Pródromos, daneben Erzengel Michael und Ág. Geórgios. An der Westwand links der Tür Christós Elkómenos, rechts ein Stifterbild.

Auf dem Bergrücken einige hundert Meter südlich der Burg liegt inmitten einiger Hausruinen die *Taxiarchenkirche* aus fränkischer Zeit. Es ist ein einschiffiger Transeptbau mit einem gotischen Torbogen und darüberliegender Rundbogennische. Im Inneren ist vor allem bedeutsam auf der rechten Querschiffwand ein nicht mehr sehr gut erhaltenes Fresko mit der Eroberung Jerichos durch Josua, den Feldherrn des Moses, dargestellt als weißer Ritter auf einem Schimmel gefolgt von vier weiteren Rittern. Die Mauer wird von Bogenschützen und Steinwerfern verteidigt. Das Schildzeichen Josuas ist ein Halbmond mit Sternen, gleich den Dekorationen in der Geórgioskirche auf der Burg (s. o.). Die dargestellte Szene ist sonst in Griechenland nicht gebräuchlich, wurde aber im Westen häufig benutzt; auch ein Hinweis auf den fränkischen Ursprung der Kirche.

3 km westlich von Geráki zweigt von der Hauptstraße nach Sparta rechts eine Straße ab nach Kalithéa (12 km), wo eine Kirche aus dem 12. Jh. steht. Es ist eine mehrfach umgebaute Basilika mit 4 Pfeilern, einer ungewöhnlich breiten Apsis und einem später im Westen angebauten Narthex. Wahrscheinlich ist die Kirche fränkischen Ursprungs. – Etwa 2 km westlich des Ortes in beherrschender Lage mit weitem Blick bis zum Meer liegt eine kleine fränkisch-byzantinische Burg mit halbkreisförmiger Mauer, die mit 4 Türmen besetzt ist.

Ein hoher Bergfried überragt die gegen Südwesten gerichtete Schildmauer mit dem Eingang.

58

Amíkle

Das heutige Dorf Amíkle, 5 km südlich von Sparta an der Strecke nach Gíthion etwa an der Stelle des in der Antike berühmten Ortes Amýklai, ist einer jener vielen Orte in Griechenland, wo die Phantasie das Auge unterstützen muß, denn zu sehen ist kaum noch etwas. Besonders interessierte Reisende werden aber Amýklai nicht auslassen wollen, denn hier stand der in der Antike berühmte Apollonthron und nicht weit entfernt liegt das Kuppelgrab von Vafió.

Amykleion

Auf dem Hügel Agía Kiriakí mit der gleichnamigen Kirche gibt es wenige Reste von schwerem Quadermauerwerk, von dem man annimmt, daß es sich dabei um die Reste des berühmten Apollon-Throns handelt. Aufgrund von Funden weiß man, daß die Besiedlung des Hügels bis in neolithische Zeit zurückreicht. – Man erreicht Agía Kiriakí, indem man von Sparta kommend beim Ortseingang von Amíkle links einen Weg mit dem Wegweiser »Amykleion« folgt. Der Weg ist trotz mehrerer Abzweigungen, die man unbeachtet läßt, nicht zu verfehlen. Nach 1,2 km erreicht man den Hügel am Westrand des Eurótas-Tales.

Amýklai ist verbunden mit der Sage und dem Kult des Apollon und des Hyákinthos. Letzterer war ein Sohn des Königs Amýklas, der dem Ort den Namen gegeben hat. Hyákinthos war ein Liebling des Apollon und wurde von diesem beim Diskoswerfen getötet, aber nur deshalb, weil der eifersüchtige Zéphyros, der Westwind, den Diskos an den Kopf des Hyákinthos trieb. Aus dem Blut des Hyákinthos ließ Apollon die Hyazinthenblumen sprießen. Es gab in Amýklai zur Erinnerung an dieses Ereignis einen Hyákinthos-Kult. Hyákinthos wurde als Vegetationsgott verehrt, dessen Tod das Sterben und Wiederaufleben der Natur versinnbildlichte. Der Kult ging später auf Apollon über, zu dessen Ehren im Hochsommer, wenn die Landschaft verdorrte und abstarb, das dreitägige Fest der Hyakinthia gefeiert wurde. Ein heiliger Weg führte von Sparta zu der Kultstätte nach Amýklai. Dort stand – vermutlich auf dem Hügel Agía Kiriakí – der berühmte, von Pausanias (III, 18,6 bis 19,6) beschriebene Apollon-Thron, von dem wir trotz dieser Beschreibung nur eine

Mögliches Aussehen des Apollon-Throns

unvollkommene Vorstellung haben. Das Denkmal hatte man an der Stelle eines Heroen-Grabes errichtet, das dem Hyákinthos zugeschrieben wurde, vielleicht aber das eines Herrschers von Amýklai war. Apollon selbst war ein kunstlos gefertigtes Bild in Gestalt einer Säule, an welcher nur Füße, Hände und Kopf ausgebildet waren. Auf dem Kopf trug die Figur einen Helm und in den Händen Speer und Bogen. Der Künstler Bathýkles aus Magnesia baute um 520 v. Chr. um diese Standfigur herum ein Gebäude, das den Eindruck eines Thrones vermittelte. Wie das Gebäude im einzelnen aussah, kann nur vermutet werden, da Pausanias hier recht ungenau ist. Nach ihm bildeten die Füße des Thrones vorn und hinten je zwei Horen und zwei Chariten als sog. Karyatiden. Zahlreiche Bronzereliefs hatten Szenen der Hyákinthos-Sage und aus dem Olymp zum Thema. Auch viele andere Denkmäler soll es im Amýklai gegeben haben.

Amýklai war der Hauptsitz der Achäer in Lakonien. Die dorischen Einwanderer sollen die Stadt dem Achäer Philonomos, der ihnen durch Verrat zur Eroberung des Landes verholfen hatte, zum Lehen gegeben haben. Mythologisch gesehen müßte hier also der Palast von Menelaos und Helena gelegen haben. Unter fortwährenden Kämpfen bewahrte Amýklai seine Unabhängigkeit bis kurz vor dem ersten Messenischen Krieg (743–724 v. Chr.), als die Stadt durch den Spartanerkönig Taléklos erobert und ihre Mauern geschleift wurden. Danach wurde Amýklai als fünfte Gemeinde dem Dorfverband von Sparta eingegliedert. Im Mittelalter hieß das heutige Dorf Amíkle Slavochórion, ein Name, der auf die Besiedlung durch slawische Einwanderer hinweist.

Vafió

Ebenfalls bei Amíkle, 2 km südlich vom Amykleion, liegen die mykenische Siedlung von Pharis und das Kuppelgrab von Vafió (Vaphió). Man erreicht es vom Dorf Amíkle aus, indem man von Sparta kommend das Dorf fast ganz durchfährt und kurz vor der zweiten Tankstelle (BP) links in die kleine Seitenstraße Odós Vafíou einbiegt. Nach 1,7 km gelangt man in das kleine Dörfchen Vafió, wo rechts ein Schild zum »Vafió Tholos Tomb« weist. Nach 800 m erreicht man eine Hügelkuppe mit dem Kuppelgrab von Vafió. Die Wölbung ist nicht mehr erhalten, man kann nur noch die Grundmauer von etwa 1 m Höhe betrachten. Das Grab hat einen Durchmesser von 10 m und einen eindrucksvollen 25 m langen Dromos, der sich zum Eingang des Grabes hin verjüngt. Das Grab ist etwas älter als das Schatzhaus des Atreus in Mykene. Es wurde zwar schon im Altertum ausgeraubt. Trotzdem barg es noch einige bedeutende Funde, nämlich einen für jene Zeit seltenen Fingerring aus Eisen und vor allem die beiden berühmten goldenen Vaphió-Becher, die wilde und gezähmte Stiere darstellen (1500 v. Chr.) und heute im Nationalmuseum in Athen ausgestellt sind (Saal 4). – 400 m südlich vom Grab liegt ein anderer Hügel, heute Paleópirgi genannt, auf dem sich die alte mykenische Siedlung Pharis befand.

59

Limín Iérakos

Einen lohnenswerten Abstecher an die rauhe Ostküste der Párnonhalbinsel kann man auf dem Weg nach Monemvasía (**60**) machen. Man benutzt die Straße nach Monemvasía, die beim Cháni Vasiliakion von der Straße Sparta – Gíthion nach Osten abbiegt und folgt ihr über Krokeae, Skála und Vlachiótis bis in das fruchtbare Becken von Mólai, wo Mais, Getreide und Oliven gezogen werden. Mólai ist der Hauptort der Eparchie Epídauros Limerá am Ostfuß des Kourkoúla-Berges. Die Ebene hieß im Altertum Leúke, vermutlich wegen der weißen Farbe, die dem Süden der Ebene eigen ist.
Bei Mólai biegt man von der Hauptstraße Richtung Monemvasía nach Osten ab und überquert vorbei am Dorf Metamórfosis den etwas über 1000 m hohen Südausläufer des Párnon. Beim Bergdorf Richéa (29 km von Mólai), wo große Ziegenherden gehalten werden, teilt sich die Straße. Nach Norden geht es zum Hafenstädtchen Kiparíssion (22 km). Dort liegen auf 2 Hügeln ein mittelalterliches und ein antikes Kastell. Letzteres gehört zur antiken Stadt Kyphanta. Von Richéa nach Süden führt der Weg nach Limín Iérakos (12 km), unserem Ziel.
Der kleine Hafenort liegt in malerischer Lage am Rande einer tiefen Schlauchbucht, die am Ende einen von einer Insel geschützten See bildet. Limín Iérakos bietet den am besten geschützten Hafen an der Ostküste der Peloponnes, »ein

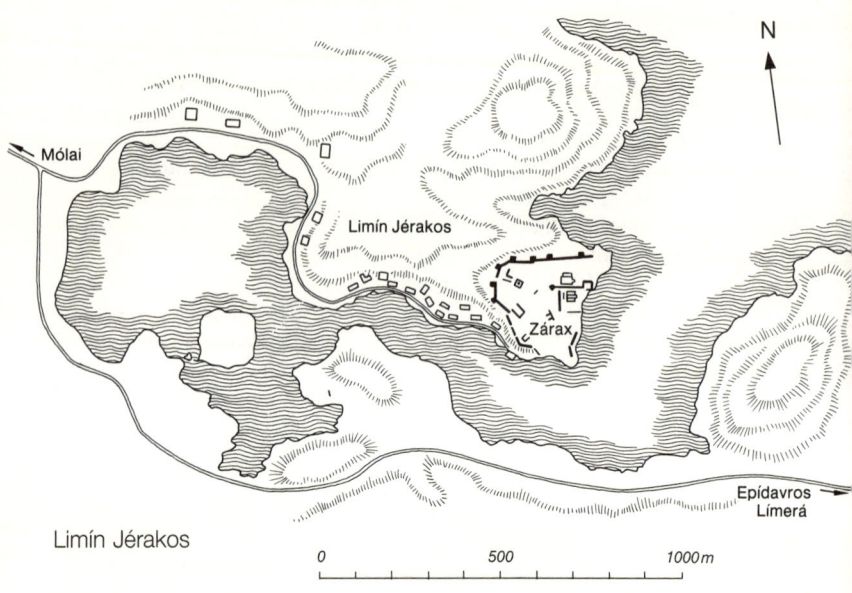

Limín Jérakos

0   500   1000m

Geschenk der Natur« (Schaal), der freilich zu allen Zeiten nur geringe wirtschaftliche Bedeutung hatte, weil das nutzbare Hinterland fehlt. In der Antike
war der Ort ohne größere Bedeutung. Die Stadt hieß damals Zarax, gehörte
ursprünglich zu Argos und seit Anfang des 3. Jh. v. Chr. zu Sparta. 272 v. Chr.
wurde Zarax von Kleonymos, 219 v. Chr. von Lykourgos zerstört. Die Stadt
gehörte seit Augustus zum eleuthero-lakonischen Städtebund. Pausanias fand
Zarax in schlechtem Zustand und erwähnt nur einen Apollon-Tempel. Der
Ort bestand wohl auch in byzantinischer Zeit unter dem Namen Porto Bottas.
Er wurde aber irgendwann wegen des Sumpfklimas verlassen und später von
Albanern neu besiedelt. Daß der Hafen im Mittelalter ein idealer Schlupfwinkel für Seeräuber war, ist gut denkbar.
Am Ende des Ortes auf dem Kalkhügel über der Einfahrt in die Bucht liegen
die Ruinen der alten Stadt. Von der äußeren Ringmauer ist vor allem noch der
nördliche Mauerzug erhalten mit unregelmäßig hervorspringenden Türmen
und sorgfältig vierkant behauenen Steinen in regelmäßigen Lagen. Im Inneren
gibt es mehrere Kirchenruinen. Am Kliff zur Einfahrt hin liegt die Akropolis
oder besser Zitadelle. Im Turm zur Landseite hin befindet sich der schmale
gewinkelte Eingang, dessen spitzgewölbte Dreiecksform an die Kasematten
von Tíryns erinnert, aber natürlich nicht aus dieser Zeit stammt.

Von Limín Iérakos braucht man nicht mehr nach Mólai zurückzufahren, um nach Monemvasía zu gelangen, sondern kann einen Weg an der Westseite der Bucht entlang direkt nach Monemvasía nehmen. Er führt vorbei an Epídauros Limerá (**60**).

60

Monemvasía

Weit im Südosten Lakoniens an der ägäischen Küste der Párnon-Halbinsel liegt auf einem Felsklotz im Meer die byzantinisch-venezianische Stadt Monemvasía. Ein Besuch ist unbedingt zu empfehlen, wenn auch der Weg weit ist. Monemvasía ist von Sparta 95 km, von Gíthion 70 km entfernt. Die Straßen sind jedoch gut ausgebaut und weder sehr bergig noch kurvenreich.

Die einstige Festung und Stadt Monemvasía erhebt sich auf einem Inselberg, der etwa 1,7 km lang und 300 m hoch ist. An Stelle einer früheren Brücke ist die Insel heute durch einen Damm mit dem Festland und dem modernen Ortsteil Géfira verbunden, wo es einige Restaurants und kleine Hotels gibt.

Monemvasía hat zwei Hafenbuchten, nördlich und südlich des Dammes, die je nach Windrichtung benutzt werden können und die einstige Bedeutung der Stadt als wichtigster Hafenplatz an der Ostküste der Peloponnes ausmachen. Heute ist Monemvasía ein Ort mit wenig mehr als 300 Einwohnern, von denen die meisten in Géfira und einige wenige in der Unterstadt auf der Insel leben. In den letzten Jahren hat sich in Monemvasía zunehmender Fremdenverkehr entwickelt. Außer über die Landstraße bestehen auch Schiffsverbindungen vor allem mit Piräus, den argolischen Häfen, u. a. durch die Flying Dolphins-Tragflächenboote, ferner gelegentliche Verbindungen mit der Insel Kíthira sowie den Häfen Neápolis und Gíthion im lakonischen Golf.

Geschichte

Der Felsen von Monemvasía war sicher schon im Altertum besiedelt, obwohl es hiervon keine Spuren gibt. In klassischer Zeit lag an der weiten Bucht nördlich von Monemvasía die Stadt Epídauros Limerá (s. am Ende dieses Kapitels). Pausanias überliefert für die felsige Halbinsel den Namen Minóa, was – auch aufgrund der günstigen geografischen Lage zu Kreta – auf eine minoische Handelsniederlassung schließen läßt. Bedeutung hat Monemvasía wahrscheinlich jedoch erst im frühen Mittelalter erlangt, als im Zuge der Völkerwanderungen, insbesondere der Goteneinfälle Ende des 4. Jh. und der folgenden Einwanderungen slawischer Stämme, die Bevölkerung Lakoniens und nicht zuletzt die von Epídauros Limerá sicherere Wohnplätze suchte. Im 7. und 8. Jh. muß die Stadt als byzantinischer Hafen und Handelsplatz schon von erheblicher Bedeutung gewesen sein. Dazu trug die exponierte Lage bei. Monemvasía wurde wichtiger Schutzhafen für die Umfahrung von Kap Maléas. Von hier aus konnte der gesamte Verkehr zwischen Westeuropa und der Ägäis sowie Konstantinopel kontrolliert werden, und schließlich war der Hafen durch seine günstige Landverbindung mit Innerlakonien und vor allem mit Mistrá von Wichtigkeit für die Byzantiner. Schon in dieser Zeit erhielt die Stadt auch ihren Namen Monemvasía, der sich auf den einzigen Zugang vom Festland her bezieht und sich ableitet von den byzantinischen Worten Mone Embasia = einziger Eingang.

Monemvasía war nicht nur eine starke Festung, sondern muß früh auch eine nicht unbedeutende Kriegs- und Handelsflotte unterhalten und in relativer Unabhängigkeit eine ähnliche Rolle gespielt haben wie die Inseln Hydra und Spétsä im 18. Jh. 727 gehörte Monemvasía zu den griechischen Städten und Landschaften, die sich zur Zeit des Ikonoklasmus gegen den byzantinischen Kaiser Leo III. erhoben. Monemvasía wurde im Gegensatz zu manchen anderen Inseln und Häfen weder von arabischen Piraten im 8. bis 11. Jh., noch von den Normannen im Jahre 1147 erobert. Statt dessen konnte die Stadt im Laufe der Zeit zahlreiche Ländereien auf dem Festland erwerben und manche Privilegien der byzantinischen Kaiser erlangen, ohne durch die zahlreichen kriegerischen und politischen Ereignisse, durch die das byzantinische Reich erschüttert wurde, Schaden zu nehmen. Im Jahre 1249 mußten die Einwohner Monemvasías ihre Stadt nach dreijähriger Belagerung und Aushungerung an die Franken unter Guillaume de Villehardouin übergeben, wobei dies aber eine ehrenvolle Übergabe war, die Monemvasía auch von den Franken Privilegien einbrachte. In der Stadt residierte neben dem schon immer ansässigen orthodoxen nun auch ein lateinischer Bischof. Schon 1263 fiel die Stadt aber wieder an das byzantinische Kaiserreich von Nikea zurück, da Monemvasía neben Mistrá und Maina zu den Festungen gehörte, mit denen sich Guillaume de Villehardouin aus byzantinischer Gefangenschaft freikaufen mußte, in die er 1260 bei der Schlacht von Pelagonía geraten war.

Von den Kämpfen zwischen Byzantinern und Franken in den folgenden Jahrzehnten wenig berührt, es sei denn als wichtigster Nachschubhafen der Byzantiner für Getreide aus Rußland, erlangte Monemvasía im 14. Jh. einen neuen Höhepunkt von Wohlstand und Reichtum durch seine zahlreichen Kaufmanns- und Seefahrerfamilien. 1301 bestätigte Kaiser Andronikos II. der Stadt ihre tatsächlichen und behaupteten Privilegien in einer goldenen Bulle. Die Stadt hatte mehr als 40 Kirchen und war Sitz eines Metropoliten. Ende des 14. Jh. übereignete Theodor I., Despot von Mistrá, Monemvasía an Venedig.

Die Übergabe scheiterte aber am Widerstand der monemvasiotischen Archonten.

Als die Türken 1395 zum erstenmal in die Peloponnes einfielen, besetzten sie vorübergehend auch Monemvasía. Nach dem Fall Konstantinopels 1453 und der Eroberung der Peloponnes durch die Türken flüchtete der letzte Despot von Mistrá Dimítrios nach der Übergabe seiner Stadt nach Monemvasía. Diese Festung konnten die Türken nicht erobern. Monemvasía unterstellte sich für kurze Zeit dem Schutz katalanischer Söldner, dann einige Jahre dem Papst in Rom und schloß schließlich 1464 einen Schutzvertrag mit Venedig. Für die Markus-Republik war Monemvasía ähnlich den Festungen Módon und Kóron sowie Nauplia ein wichtiger Stützpunkt auf dem Wege in die Ägäis. Sie nannten Monemvasía »Napoli di Malvasia«. Malvasia ist gleichzeitig der Name, unter dem man die Stadt auf dem Felsen wohl schon seit fränkischer Zeit in Europa kannte. Malvasia war der Name jenes Weines, der im späten Mittelalter »weltberühmt« war. Er wurde von Monemvasía in den Westen verschifft, stammte jedoch wohl nicht von den Küsten Lakoniens, sondern von den Ägäischen Inseln und aus Kreta. Später wurde der Name auch für andere, insbesondere sizilianische Weine gebräuchlich. In venezianischer Zeit entfaltete sich eine rege Bautätigkeit, von der heute noch so manche Zeugnisse zu sehen sind. Die venezianische Herrschaft endete nach jahrelangem Krieg mit den Türken unter Suleiman dem Prächtigen im Jahre 1540, als Venedig Monemvasía ebenso wie Nauplia an die Türken abtreten mußte. Zusammen mit den Venezianern verließen zahlreiche Einwohner von Monemvasía die Stadt. Die Türken nannten den Felsen »Meneksche Kalesi«, den »violetten Turm«, vielleicht nach der Farbe, die der Berg in der Abendsonne hat. 1554 machte der Johanniterorden, der inzwischen seinen Sitz auf Malta gefunden hatte, einen vergeblichen Versuch, die Stadt zu erobern, ebenso wie die Venezianer im 17. Jh., bis die Wiedereroberung der Morea durch Francesco Morosini schließlich nach längerer Belagerung 1690 auch zum Fall von Monemvasía führte.

Eine Rückwanderung früher geflüchteter griechischer Familien setzte insbesondere aus den venezianischen Gebieten ein, und die Stadt kam zu neuem Wohlstand, was sich insbesondere in einer starken Bautätigkeit ausdrückte. Monemvasía wurde jetzt Hauptstadt der Provinz Lakonien.

1715 übergaben die Venezianer die Stadt im Zuge der Wiedereroberung der Peloponnes kampflos an die Türken. Damit begann auch der Niedergang Monemvasías, das wirtschaftlich verfiel und sich allmählich entvölkerte. In den griechischen Freiheitskriegen wurde es am 3. August 1821 nach Aushungerung der Festung von den Griechen unter dem Fürsten Kantakouzénos erobert. Danach setzte zwar wieder ein bescheidener Aufschwung der Stadt ein. Im neuen Griechenland erlangte Monemvasia jedoch weder als Hafen- und

Handelsstadt noch als Verwaltungszentrum irgendeine Bedeutung, so daß die Bevölkerungszahlen ständig zurückgingen. 1909 wurde in Monemvasía der bekannte Dichter Joánnis Rítsos geboren. Sein Haus mit einer Gedenktafel steht kurz hinter dem Stadttor. Heute sind zahlreiche Häuser der Unterstadt, die verfallen waren, wiederaufgebaut als Ferienhäuser von Athenern.

Rundgang

Vom Festland erreicht man den Felsen über den »einzigen Zugang«, einen Fahrdamm, der an Stelle einer einstigen Brücke liegt, die 163 m lang war und aus 13 Bögen bestand. Dort wo die heutige Straße den Felsen erreicht, wurden im Laufe der Jahrhunderte immer wieder Verteidigungsanlagen errichtet, von denen noch einige Mauern mit Schießscharten zu sehen sind. Etwas weiter liegt links oberhalb des Weges zur Unterstadt ein kleiner Friedhof aus neuerer Zeit.

Unterstadt

Die Straße endet an der Westmauer der Stadt (1), die an Stelle der älteren byzantinischen Mauer im 16. Jh. errichtet und von den Venezianern nach 1690 erneuert wurde. Aus dieser letzten Befestigungszeit stammen vor allem die Oberteile der Mauern mit den halbrunden Zierleisten, die Fassade des Tores und der spitz zulaufende Sockel eines Türmchens rechts oberhalb des Tores. Flankiert wird die Mauer von zwei Bastionen, von denen die eine unten an der Meerseite, die andere oben am Steilabfall des Felsens liegt. Dort gibt es auch noch einen schmalen Nebeneingang in die Stadt. Obwohl die Mauer zum Teil sehr hoch ist, macht sie keinen sehr imponierenden Eindruck und entspricht nicht den bewundernswerten Festungsbauten der Venezianer im 16. und 17. Jh. Dies liegt daran, daß die Stadt mehr durch ihre versteckte Lage und durch den Landzugang geschützt wurde.

Das Tor hat noch die alten eisenbeschlagenen Türflügel, die deutlich Einschlagspuren von Geschossen erkennen lassen. Durch einen zweimal gewinkelten Gang kommt man in das Stadtinnere. Geradeaus verläuft die schmale Hauptstraße, an der sich einige kleine Boutiquen und Lokale in den Gewölben der alten Häuser eingerichtet haben.

In die Flucht der Straße (2), die sich bis zur jenseitigen Stadtmauer fortsetzt, schiebt sich am Hauptplatz der Stadt der Glockenturm der Kirche Christós Elkómenos. Der Platz wird Platía Dsámi (= Platz der Moschee) (3) genannt nach dem Gebäude an der rechten Seite (4), das im 16. Jh. als Ágios Pétros-Kirche erbaut, dann aber von den Türken zur Moschee gemacht wurde. Heute wird das Gebäude als Magazin für Architekturteile benutzt, ist aber für den

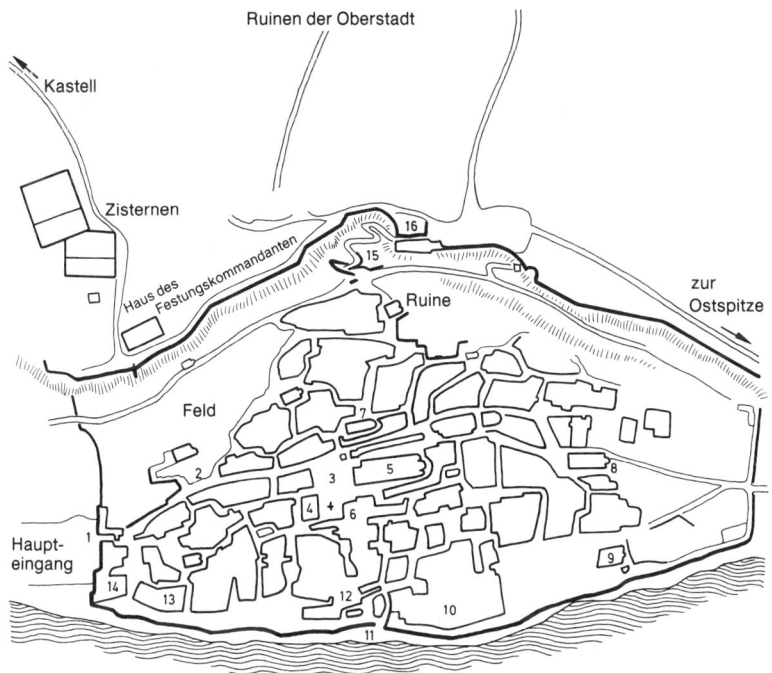

Monemvasía

Besucher meist nicht zugänglich. – Auf dem Platz steht ein Kanonenrohr, das an der Achse mit der Jahreszahl 1763 datiert ist.

Die *Kirche Christós Elkómenos* (5) liegt an der Ostseite des Platzes und ist nach einer Ikone des »gegeißelten Christus« benannt, die der byzantinische Kaiser Isaak II. Angelos (1185–1195 und 1203/04) wegnehmen ließ und nach Konstantinopel brachte. Das Alter der Kirche ist nicht genau bestimmbar. Sie entstand wahrscheinlich im 11. oder 12. Jh. und wurde etwa 1530 umgebaut. Im Laufe der Zeit wurde sie mehrfach verändert und wohl nach der Zerstörung bei der venezianischen Belagerung 1697 wieder aufgebaut. Erneut 1770 anläßlich des Orloffschen Aufstandes zerstört, wurde die Kirche erst im 19. Jh. renoviert. Sie hat die Form einer dreischiffigen Basilika. Über dem breiteren Mittelschiff erhebt sich jedoch in der Mitte eine Kuppel. Über der schmalen

Eingangstür ist die Jahreszahl der Erneuerung durch die Venezianer beiderseits einer Kreuzblume zu lesen. Darüber befindet sich ein byzantinisches
Gebälk und die Brüstungsplatte einer Ikonostase mit zwei originell wirkenden
radschlagenden Pfauen, die auf einer Schlange stehen, auf der ein Kuhkopf
liegt. Diese Teile stammen vermutlich aus einer Kirche, die um 1000 an dieser
Stelle stand. Im Inneren der Kirche fallen hinter dem Narthex zwei Throne auf,
die ursprünglich wahrscheinlich aus dem 13. Jh. stammen und vielleicht
Fürstensitze waren. Die spitzzulaufenden Bogen, die die Kirchenschiffe trennen, stammen wahrscheinlich aus der ersten venezianischen Epoche. Rechts
vor der Ikonostase sieht man eine Ikone mit der Kreuzigung Christi aus
dem 14. Jh. in italo-griechischem Stil. Diese Ikone scheint verwandt zu sein mit
den Malereien des Períbleptos-Klosters in Mistrá.
Rechts von der Kirche Christós Elkómenos liegt das Haus des Bischofs von
Monemvasía (6). Es gehörte ursprünglich zu den Gebäuden eines zur Kirche
gehörigen Klosters. Über dem Eingang ist eine Platte mit dem stark verstüm-
melten Markuslöwen angebracht. Zwischen Haus und Kirche führt ein über-
wölbter Treppengang abwärts in den Südostteil der Stadt. Links oberhalb der
Kirche Christós Elkómenos liegt die *Kirche Panagía Mirtidiótissa* (7), d. h. die
Kirche der myrtenbekränzten Maria, die Anfang des 18. Jh. von den Venezianern für einen gleichnamigen von der Insel Kíthira stammenden Orden
errichtet wurde. Es ist eine einschiffige Kirche mit einer verhältnismäßig
großen Kuppel. Die Westfassade aus regelmäßigem Quadermauerwerk verrät
italienischen Einfluß. Über der von Pilastern flankierten Rundbogentür befindet sich ein nach oben geöffnetes Giebelfeld, darüber ein Ochsenaugenfenster
und oben im volutenverzierten Giebel ein Platte mit einem Kreuz. Die Kirche
ist – wie einige andere auch – meist verschlossen. Es gibt aber einen Wächter,
der – wenn man ihn findet – aufschließt. Das Innere der Kirche ist kahl und
vernachlässigt. Der einzige Schmuck besteht aus einer großen, schön geschnitzten Ikonostasis, die mit einem von zwei Drachen flankierten Kreuz
gekrönt ist. Das Gewölbe besteht ebenfalls aus regelmäßigem Quaderwerk.
Neben der einzigen Apsis gibt es zwei kleine Nischen, die Protheson und
Diakonikon andeuten.
Geht man die Hauptstraße (2) weiter nach Osten, liegt rechts die Ágios
Nikólaos-Kirche (8), die in der zweiten venezianischen Epoche 1703 entstanden und in der Form eines lateinischen Kreuzes mit Seitenschiffen erbaut ist.
Die Kirche macht mit ihren verputzten Wänden und Dächern und dem hohen
Tambour einen massiven Eindruck. Im Giebel befindet sich ebenfalls ein
rundes Ochsenaugenfenster. Die Tür ist von einem gerahmten Feld aus
Quadermauerwerk umgeben. In dem spitzen Giebelfeld über der Tür sind
zwei Marmorplatten angebracht mit der Stifterinschrift und dem byzantinischen Doppeladler. Das Innere der Kirche ist leer. Die Joche zwischen den

Schiffen sind leicht zugespitzt. Im Osten hat die Kirche drei Apsiden und auf den Pfeilern dazwischen nochmals zwei kleine Nischen.

Unterhalb der Ágios Nikólaos-Kirche liegt im Südostquartier der Stadt an einem großen Platz die *Panagía Chrisafítissa* (9). Diese Kirche mit einer großen Kuppel über quadratischem Grundriß hat im Westen drei Apsiden mit Protheson, Bema und Diakonikon und im Westen einen Narthex auf unregelmäßigem Grundriß. Der Ostteil mit den drei Apsiden stammt wahrscheinlich aus dem 16. Jh. Der quadratische Naos ist dagegen nach einer Zerstörung der Kirche in der zweiten venezianischen Epoche in dieser Form erbaut worden. Ursprünglich war es eine Ágios Stéfanos-Kirche. Den Namen Panagía Chrisafítissa trägt sie nach einer Ikone, die bis vor kurzem in einer kleinen Kapelle südlich der Kirche an einer Quelle aufbewahrt wurde und ursprünglich aus Chríssafa (**56**) stammt. Nach einer frommen Legende – wie sie in ähnlicher Art auch mit anderen Ikonen in Griechenland verbunden ist – soll die Ikone auf Befehl der Panagía von Chríssafa nach Monemvasía geflogen sein. Vermutlich wurde damit ein handfester Diebstahl verbrämt. Als die Einwohner von Chríssafa darauf die Ikone kurzerhand zurückholten, soll sie erneut nach Monemvasía geflogen sein, worauf sich die Bewohner beider Orte einigten und die Monemvasioten den Einwohnern von Chríssafa Ersatz leisteten. Das Fest der Panagía Chrisafítissa wird am 2. Mai gefeiert.

Bevor man in die Oberstadt hinaufsteigt, sollte man noch einen Gang durch die südwestliche Unterstadt machen. Vom Platz an der Kirche Panagía Chrisafítissa kann man auf einem Weg entlang der Stadtmauer (10) durch mehrere Passagen, wo die Häuser bis auf die Mauer gebaut waren, bis zur Südwestbastion (14) gehen. Man überquert dabei auch die Pforte (11), die aus der Stadt ans Ufer führt zu einem kleinen Lande- und Badeplatz. Auf einem von der Stadt her zugänglichen Grundstück (12) rechts dahinter kann man die von einem Dach geschützten sehenswerten Reste des Marmorbodens einer mittelbyzantinischen Kirche besichtigen. Weiter entlang der Mauer kommt man zu einem langgestreckten Platz, an dessen Westende das große Stellákis-Haus (13) liegt. Der Weg entlang der Mauer führt hier wieder durch eine Passage, über der der zum Meer gelegene Balkon des Hauses angebracht war. Etwas tiefer führt durch eine andere Passage die Straße unter dem Stellákis-Haus hindurch sowie eine weitere Straße hinauf in die Stadt. Das Haus selbst weist noch einige schöne architektonische Details auf, so zwei doppelte Rundbogenfenster sowie mehrere Renaissancefenster. Am Ende der Stadtmauer erreicht man die von den Venezianern errichtete Südwestbastion. Von hier kann man entweder zum Stadttor und der Hauptstraße oder durch Nebengassen, die mehrfach durch Passagen führen, zum Platz der Kirche Christós Elkómenos zurückgehen. Von der Hauptstraße aus gibt es verschiedene Wege zur Oberstadt, die zum Teil an weiteren kleinen Kirchen vorbeiführen.

Oberstadt

Am Steilhang über der Unterstadt beginnt der serpentinenartige Aufgang (15) zur Oberstadt. Er ist zum Teil mit Mauern mit Schießscharten bewehrt. Von den Mauern der Oberstadt konnte er ähnlich wie in einem Zwinger von mehreren Seiten beschossen werden. Der Weg mündet in das Tor (16), das von einem quaderverblendeten Rahmen eingefaßt ist. Über dem Torbogen gibt es eine Platte, Kopie des einstigen Originals, mit den Worten »Jesos Christos Niki« (= Jesus Christus siegt). Die alten eisenbeschlagenen Türen weisen – wie beim Stadttor – Kugeleinschläge auf. Der gewinkelte Torgang wird flankiert von Bänken und Wachstuben und hat im Gewölbe ein Loch, durch das die Verteidiger eingedrungene Feinde bekämpfen konnten. Der Torweg führt auf einen Platz, von dem halbrechts ein Weg zur Ostspitze, geradeaus ein steiler Weg zur Kirche Agía Sofía und nach links ein Weg entlang der Südmauer zu den großen Zisternen führt. Die Oberstadt war nicht nur die Zitadelle von Monemvasía, sondern große Teile der Hochfläche waren auch mit mehrgeschossigen Häusern bebaut. Die Oberstadt war vor allem an der Südseite, also zur Unterstadt hin, und an der Ostspitze befestigt, von wo die Einfahrt in die Buchten im Norden und Süden kontrolliert werden konnten. Die steil abfallende Nordseite war dagegen nur an ganz wenigen Stellen mit Mauern versehen. Auf dem höchsten Gipfel des Berges im Westen des Plateaus liegt ein Kastell. Die heute sichtbaren Mauern stammen im wesentlichen aus dem 17. und 18. Jh., also aus türkischer und venezianischer Zeit. Von den ersten byzantinischen Befestigungen des 7. Jh. ist nichts mehr zu sehen. Die Ruinen der Oberstadt, die von den letzten Bewohnern im Jahre 1911 verlassen wurden, sind weniger informativ als die der Unterstadt.

Bedeutendstes Baudenkmal in der Oberstadt und in Monemvasía überhaupt ist die *Kirche Agía Sofía,* die sich in kühner Lage unmittelbar am Rande des nördlichen Steilabfalls erhebt. Sie wurde wahrscheinlich Ende des 13. Jh., möglicherweise aber auch schon im 12. oder 11. Jh. erbaut. Zu ihr gehörte ein Kloster, dessen zerstörte Anbauten an der Südseite der Kirche zu erkennen sind. Die Agía Sofía zählt zu dem seltenen Typ der Achtstützenkirche, bei der die Kuppel die ganze Breite von Bema (1), Protheson (2) und Diakonikon (3) übergreift. Sie lagert auf 8 im Quadrat stehenden Pfeilern bzw. Wandenden der Kreuzarme. Durch die verhältnismäßig große Kuppel mit 16 Fenstern wirkt der Raum lichter und feierlicher als bei den üblichen Kreuzkuppelkirchen. Kirchen des gleichen Typs gibt es in der Peloponnes nur noch in Mistrá (Ágii Theodóri (**52**) und Christianoú (**95**). Auf dem Festland sind die bekannten Kirchen dieses Typs vor allem Dafní und Ósios Loukás. Von der Kuppel leiten Trompen in den viereckigen Raum über. Die Kreuzform der Kirche ist – wie üblich – einem Quadrat einbeschrieben. Von den vier dadurch gebildeten

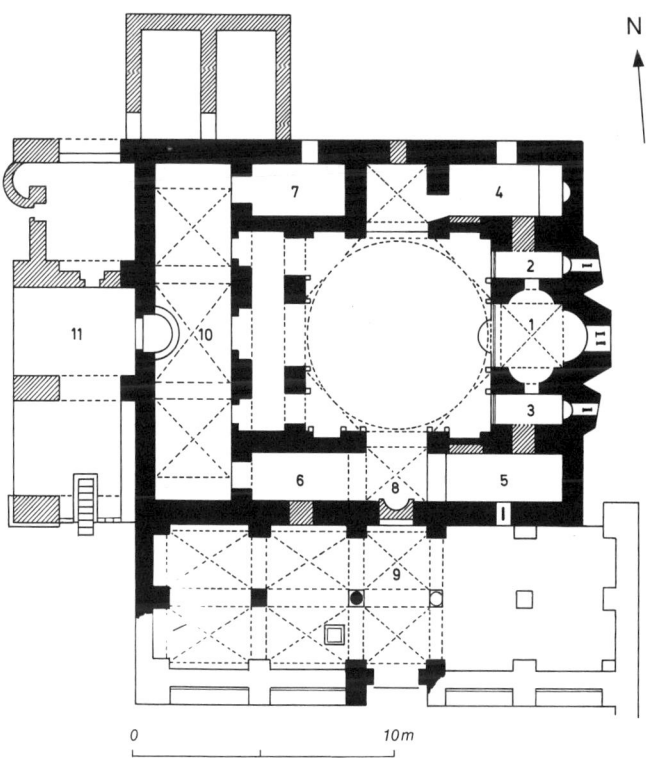

Kirche Agía Sofía/Monemvasía

Eckkapellen sind drei (4, 5, 6) vom Naos aus zugänglich, die nordwestliche (7)
nur vom Narthex her. Aus türkischer Zeit, als die Kirche in eine Moschee
umgewandelt war, stammt die nach Mekka orientierte Gebetsnische (Mirhab)
(8) an der Wand des südlichen Kreuzarmes. Früher gab es hier eine Tür zu den
Klostergebäuden (9).

Von den Fresken der Kirche, die im 13. Jh. entstanden, ist wenig erhalten. In
einigen der acht Zwickel unter dem Kuppeltambour sieht man Medaillons mit
Aposteln, umrahmt von schönen Zierkanten. Das Kreuzrippengewölbe über
dem Bema zeigt Christus mit dem Evangelienbuch. Im Gurtbogen davor
erkennt man noch Fresken, die Kirchenväter darstellen.

Der Narthex (10) besteht aus drei Jochen mit Kreuzrippenwölbungen. In ihm
war wahrscheinlich eine aus Holz bestehende Galerie eingebaut, die durch eine

Tür an der Südwand von den Klostergebäuden her zu betreten war. Von dort aus konnte der Kaiser oder Statthalter durch eine Öffnung in der Wand zum Naos dem Gottesdienst beiwohnen. Rechts und links der Tür zwischen Narthex und Naos ist die Stifterurkunde angebracht. Die Westwand des Narthex hatte im Obergeschoß ursprünglich drei doppelbogige Fenster, ähnlich denen in den Wänden der seitlichen Kreuzarme. Die Kämpferkapitelle der Fenster haben z. T. interessante ornamentale oder figürliche Verzierungen wie Tierdarstellungen oder an der Außenseite am östlichen Südfenster die naive Darstellung der tanzenden Salome. Möglicherweise besteht zwischen diesem Relief und der dahinter liegenden Ioánnis Pródromos-Kapelle ein Zusammenhang. Die Fenster des Narthex wurden später vermauert, als in venezianischer Zeit vor dem Narthex eine mächtige Loggia (11) angebaut wurde, die im Untergeschoß eine offene Halle mit drei Bogen bildet und im Obergeschoß einen Raum mit Renaissancefenstern aufweist.

Entweder von der Agía Sofía quer über den Bergrücken oder vom Festungstor entlang der Südmauer erreicht man ein großes, nahe der Mauer gelegenes zweigeschossiges Gebäude, das wahrscheinlich das Haus des Festungskommandanten war. Vor ihm an der Mauer ist über einige Stufen ein Ausguck erreichbar, von dem aus man die Unterstadt mit ihren Mauern und dem Vorgelände überblickt. Von hier aus konnte die Verteidigung der Stadt zentral geleitet werden. Etwas westlich des Hauses des Festungskommandanten liegt ein kleiner quadratischer Bau mit Rundbogen und einer Kuppel. Wahrscheinlich war es ein Brunnenhaus, das von den beiden oberhalb gelegenen Zisternen versorgt wurde. Diese Zisternen sind besonders imponierend. Sie bestehen jeweils aus einem langgestreckten überwölbten Gebäude. Die obere Zisterne hat einen mächtigen Unterbau. Oberhalb jeder Zisterne befindet sich am Hang eine große ummauerte und zementierte Fläche, die zum Auffangen des Regenwassers diente, das durch eine Reihe von Löchern in den Zisternenraum floß. Das Gelände um die Zisternen herum war nicht bebaut, sondern diente als Acker, der alten Berichten zufolge eine Besatzung von 50 bis 60 Mann ernähren konnte.

Pfade führen von hier ebenso wie von der Agía Sofía zum Gipfelkastell. Dieses hat die Form eines Rechteckes mit quadratischen Türmen an drei Ecken. Von der Nordostecke verläuft eine Mauer zu einem Rundturm am Steilhang. Ein weiterer Wehrbau steht außerhalb des Kastells am Westrand der Hochfläche. Von hier aus hat man einen eindrucksvollen Blick hinüber zum Festland.

Epídauros Limerá

An der weiten Bucht nördlich von Monemvasía, an der sich ein langer schöner Badestrand entlangzieht, lag die antike Stadt Epídauros Limerá. Man erreicht

sie, wenn man von Monemvasía nach Sparta fahrend nach ca. 5 km rechts abbiegt nach Ágios Ioánnis und noch vor dem Dorf bei einem Bildstock rechts einbiegt und etwa 2 km zum Strand fährt, wo die alte Stadt links am Berg liegt. Man kann auch von Limín Iérakos (**59**) hierher gelangen. – Epídauros Limerá war eine Gründung des argolischen Epídauros und – wie dieses – eine Stätte des Asklepios-Kultes. Der Beiname Limerá wird als »hafenreich« oder als »hungrig« gedeutet, letzteres wegen der kargen Landschaft in der Umgebung. Die Stadt hat keine besondere Bedeutung gehabt. Im Peloponnesischen Krieg wurde sie 424, 414 und 413 v. Chr. von den Athenern zerstört. In römischer Zeit gehörte sie zum Gebiet der eleuthero-lakonischen Städte, und in der Völkerwanderungszeit wurde sie verlassen. Die noch erhaltene rechteckige Stadtmauer zieht sich von der Westseite der Bucht einen Hügel hinauf, der heute »Kastráki« genannt wird. Er heißt auch Paleá Monemvasía. Innerhalb der Mauer gibt es Spuren der Tempel des Asklepios und der Aphrodite sowie der Athena auf der Akropolis. In der schmalen Ebene im Nordosten gab es zwei kleine Tümpel, von denen Pausanias (III, 23,8) einen Kult der Inó (s. Kap. (**1**) Isthmía) überliefert: »In diesen Teich werfen sie (die Einwohner von Epídauros Limerá) beim Fest der Inó Mehlkuchen. Wenn das Wasser sie verschluckt und behält, ist es ein gutes Zeichen für den Hineinwerfenden; wenn es sie wieder emporkommen läßt, gilt das als schlechtes Zeichen«.
Auf einem Felsvorsprung im Norden der Bucht liegen ebenfalls Siedlungsreste und ein Turm, vielleicht eine Rückzugssiedlung vor der endgültigen Umsiedlung auf den Felsen von Monemvasía.

61

Neápolis, Kap Maléa

Ganz im Süden der Párnon-Halbinsel, 78 km von Gíthion entfernt, an der Seite des lakonischen Golfes liegt die kleine Land- und Hafenstadt Neápolis. Von Gíthion nimmt man zunächst die Straße nach Monemvasía und biegt nach 30 km hinter Mólai rechts ab über Asopós und Demoniá. Von Monemvasía gibt es eine kleine Nebenstraße, die zunächst an der Küste entlang und dann über das Gebirge – zur Zeit der Drucklegung dieses Buches schlecht befahrbar – nach Ágios Eliséos an der eben beschriebenen Straße führt.
Neápolis wurde erst in der Mitte des 19. Jh. von den Bewohnern der umliegenden Bergdörfer als Hafenstadt gegründet. Der Ort hat etwa 1200 Einwohner. Er macht einen freundlichen Eindruck mit seiner langen Uferpromenade mit Restaurants und Kaffeehäusern, von wo man hinüberblickt nach Elafónisos und Kíthera.

Um Neápolis erstreckt sich die Vátika, eine Küstenebene, in der Orangen, Feigen, Oliven, Johannisbrot und vor allem auch Zwiebeln angebaut werden. Wein ist dagegen selten. Unmittelbar westlich von Neápolis befinden sich die Reste der antiken Stadt Boiaí (neugriechisch: Viä). Diese Stadt entstand durch Zusammensiedlung von drei älteren Ortschaften. Eine von ihnen hieß Étis. Sie lag auf einem Küstenvorsprung 2 km südlich von Neápolis, wo ein venezianisches Kastell, Paleókastro genannt, steht. Zahlreiche Schlacken, die man bei Neápolis fand, lassen vermuten, daß Boiaí ein Hauptsitz der lakonischen Eisenherstellung war.

Die weite Bucht von Vátika wird im Westen begrenzt durch die Insel Elafónisos (= Hirschinsel), italienisch Cervi, so genannt wegen ihres geweihartigen Umrisses. Die Insel heißt auch Onougnáthos (= Eselskinnbacken). Vom Festland ist sie durch einen Sund von 1 km Breite und bis zu 4 m Tiefe getrennt. Mitten im Sund erheben sich zwei kleine Klippen, bei denen sich Ruinen unter Wasser befinden sollen. Wahrscheinlich hat hier eine Landsenkung stattgefunden. Die beiden nach Süden vorstoßenden Landspitzen bilden die geschützte Bucht von Sarakiníko. Im Altertum war dies ein Schutzhafen, in dem die Schiffe gutes Wetter zur Umrundung von Kap Maléa abwarten konnten. Das einzige Dorf, ebenfalls Elafónisos genannt, befindet sich an der Nordspitze dem Festland gegenüber.

Das südliche Ende der Párnon-Halbinsel steigt im Krithína-Berg bis zu 772 m auf. Die Halbinsel endet in dem nach Südosten vorspringenden Kap Maléa und einem weiter westlich gelegenen Kap, das noch weiter nach Süden vorspringt. Von hier kann man hinüberblicken zur Insel Kíthira. Die Umfahrung von Kap Maléa und die Durchfahrt zwischen Kíthira und Elafónisos war der kürzeste Weg von der Ägäis in das westliche Mittelmeer. Maléa und nicht das weiter nach Süden vorspringende Kap Taínaron an der Mani galt im Altertum als die Grenze der ägäischen Welt. »Bist du um Maléa herum, dann vergiß die Heimat« (Strabon 378). Kap Maléa galt auch als Unglückskap und Schrecken der Seefahrer von ältester Zeit an. Die Strömung, berghohe Wogen und der brausende Sturm des Boréas trieben hier die Schiffe des Odysseus und Menelaos für Jahre in die Irre. Die Umfahrung des Kaps ist für moderne Schiffe heute zwar verhältnismäßig ungefährlich. Aber immer noch treffen Ströme und Winde aus verschiedenen Richtungen aufeinander, und Fallwinde können kleineren, dicht vor der Küste fahrenden Schiffen gefährlich werden.

Gíthion, Hafen

Mani

Landschaft

Mani ist der mittlere der drei nach Süden vorstoßenden »Finger« der Peloponnes, der den Lakonischen vom Messenischen Golf trennt. Die Halbinsel wird durch den nach Süden niedriger werdenden Gebirgszug des Taýgetos gebildet, der in der Höhe von Gíthion / Areópolis durch eine Quermulde unterbrochen ist. Durch sie führt heute die Hauptstraße von Gíthion in die Mani. Die Mulde ist gleichzeitig die Grenze zwischen der sog. äußeren und der inneren Mani. Die äußere Mani, die Éxo Mani, erstreckt sich von Areópolis bis kurz vor Kalamáta entlang des Messenischen Golfes am Westhang des Taýgetos. Sie heißt auch messenische Mani, seit dieser Teil im 19. Jh. dem Nomós Messenien zugeschlagen wurde. Historisch gehört die Landschaft aber zu Lakonien. Die Halbinsel südlich der Quermulde bis zum Kap Matapán ist die innere Mani, die Méssa Mani, auch lakonische Mani genannt. Nach Osten zieht sie sich bis nach Gíthion, wo das Küstenland vom lakonischen Becken durch das Hügelland der Vardounochória getrennt ist. Obwohl die Mani historisch und geografisch zu Lakonien gehört, ist sie durchaus eine selbständige Landschaft mit einer eigenen ethnischen und kulturellen Entwicklung.

Außer der Küstenlandschaft von Gíthion stellt die Mani im wesentlichen eine mehr oder weniger breite Küstenterrasse dar, die sich von der Halbinsel bei Kap Kitriés südlich von Kalamáta bis zur Halbinsel von Kap Grosso zieht. Sie ist teils eben, teils seewärts geneigt mit steilen Kliffrändern am Meer und wird von engen Quertälern zerschnitten. Die Mani ist die steinigste und wasserärmste aller größeren griechischen Landschaften. Trotzdem ist sie keineswegs dünn besiedelt. Zwar fehlen, abgesehen von Areópolis, größere Orte. Charakteristisch sind aber die zahlreichen Kleindörfer, die zwar heute nur noch geringe Einwohnerzahlen aufweisen, früher aber geradezu übervölkert waren. In der Mani gibt es kaum Quellen. Man versorgt sich fast ausschließlich aus Zisternen. Das Land, dessen Gestein überwiegend aus Marmor besteht, ist äußerst karg. Auf den dünnen Erdschichten, die mühsam durch Terrassenmauern gesichert sind, werden Weizen, Hafer und Lupine, Bohnen, Knoblauch, Artischocken sowie etwas Mandeln, Feigen und Johannisbrot angebaut. Erst Mitte des 19. Jh. hat der Anbau der Olive breiteren Raum gefunden. Auch die Viehzucht ist bescheiden. Die innere Mani ist die einzige Landschaft der

Peloponnes, wo kein Weinbau betrieben wird. Anstelle von Bäumen und Wäldern, die hier völlig fehlen, bestimmen hohe Steinmauern und zum Teil gewaltige Hecken von Feigenkakteen das Bild.

Geschichte

Eine eigene Geschichte hat die Mani eigentlich nicht. Es waren immer nur die Ausläufer geschichtlicher Ereignisse, die diese entlegene Landschaft erreichten. In der Antike gehörte die Mani zu Sparta. Hier gab es einige Periökenstädte ohne besondere Bedeutung. Kap Taínaron, das heutige Kap Matapán, galt als Eingang zur Unterwelt. Eine gewisse Bedeutung erlangten die wenigen geschützten Buchten der Halbinsel aber für die im Altertum gefährliche Umfahrung der Peloponnes. Kap Taínaron war im 4. Jh. v. Chr. ein bedeutender Sammel- und Umschlagplatz für Söldner. Früh schon muß die Mani Zufluchtsort für Asylsuchende gewesen sein. So flüchteten vielleicht zuerst die Lakonier hierher, als der Tyrann Nabis um 200 v. Chr. die alte spartanische Gesellschaftsordnung zerschlug. Noch im Mittelalter nannte man die Maniaten Hellenen, und noch heute rühmen sich die Maniaten, Abkömmlinge der alten Lakonier zu sein. Später gehörte die Mani zum Bund der eleutherolakonischen Städte, der von Augustus gegründet und 297 n. Chr. von Diokletian aufgelöst wurde. Der Gotensturm unter Alarich, 396 n. Chr., sowie Einfälle der Slawen und Bulgaren brachten neue Flüchtlinge in die Mani. Erste Versuche einer Christianisierung erfolgten im 5. und 6. Jh., wie frühchristliche Kirchen bei Kipárisso und Kap Tígani beweisen. Eine wirkliche Bekehrung zum christlichen Glauben scheint jedoch erst durch die Byzantiner im 10. Jh. erfolgt zu sein. Von da an entstanden die vielen Kirchen, die heute noch ein besonderer Reiz der Mani sind. Viele von ihnen liegen abseits der Dörfer, was gelegentlich damit erklärt wird, daß sie zu Klöstern gehörten und daß im Mittelalter die Mani eine Mönchsrepublik gleich dem Athos gewesen sei.
Weitere Flüchtlingsströme kamen, als die Franken Anfang des 13. Jh. die Peloponnes eroberten. Die Mani gehörte zur Herrschaft der Villehardouins. Guillaume erbaute hier die Burg Großmaina, deren Standort nicht genau bekannt ist. Diese Burg und die Halbinsel, die damals Maina hieß, mußte Guillaume 1262 als Lösegeld den Byzantinern überlassen, um sich aus deren Gefangenschaft zu befreien. Als Anfang des 15. Jh. die Peloponnes endgültig in die Hände der Türken fiel, gelang es diesen nicht, sich auch der Mani zu bemächtigen. Zwar gab es immer wieder Strafexpeditionen und blutige Auseinandersetzungen. Die Maniaten können sich jedoch ebenso wie die Sphakio-

ten auf Kreta und die Bewohner von Souli im Epirus rühmen, nie unter türkische Herrschaft gekommen zu sein. Dies führte dazu, daß die Mani wiederum Ziel zahlreicher Flüchtlinge war. Schon seit dem 14. Jh., vor allem aber nach dem Fall Candias 1669, waren es Kreter, die sich auf der Halbinsel ansiedelten. Von 1467–79 war die Mani vorübergehend venezianisch.

Im 17. Jh. formierte sich jene Gesellschaftsordnung und Lebensform, für die die Mani berühmt und berüchtigt ist. Die Bevölkerung war in Sippen und Clans zusammengeschlossen, die sich im Kampf um den knappen Lebensraum in zahllosen, oft über Jahre und gar Generationen dauernden Blutfehden bekriegten. Es gab ein dreiklassiges Gesellschaftssystem, durchaus dem im alten Sparten vergleichbar. An der Spitze standen die vornehmen Niklier oder Nikliani. In dieser Zeit entstanden die vielen Türme. Heute sind es noch etwa 800, die das Bild der Mani prägen. Nicht selten bekriegten sich mehrere Sippen im gleichen Dorf, und die Kämpfe wurden von Turm zu Turm ausgefochten, wobei die Höhe des Turmes häufig entscheidend für die Überlegenheit war. Nur die Bedrohung durch den äußeren Feind konnte solche Fehden vorübergehend oder auch dauernd beenden. Wenn man heute durch die stillen, fast ausgestorbenen Dörfer der Mani geht, kann man sich kaum noch vorstellen, welche blutigen Dorfgeschichten und Legenden sich fast um jeden Turm ranken. Im übrigen sind die Türme, die man aufgrund ihrer Bauart wenigstens für mittelalterlich hält, zum Teil gar nicht so alt. Viele von ihnen stammen erst aus dem Anfang des 19. Jh. oder sind gar noch jünger.

Bei der starken Überbevölkerung reichte häufig der karge Boden der Mani nicht zur Ernährung der Menschen aus. Viele Maniaten wanderten daher aus. Sie verdingten sich als Söldner in halb Europa. Im 19. Jh. gingen etliche von ihnen nach Übersee. Und natürlich waren die Maniaten auch gefürchtete Seeräuber, die die Schiffer an ihren Küsten bedrohten.

Um die Maniaten unter Kontrolle zu bekommen, setzte zuerst der türkische Großvesir Achmed Köprülü in der Mitte des 17. Jh. einen Bey der Mani ein. Es war Liberákis Gerákaris, ein Maniate, der in der Art eines italienischen Condottiere teils für, teils gegen die Türken Krieg führte und aus der Mani so etwas wie ein staatliches Gemeinwesen machte. 100 Jahre später wurden nach dem Orloff-Aufstand erneut Beys der Mani von den Türken eingesetzt. Zwischen 1776 und 1821 regierten so 8 Beys, die aber weniger die Sache der Türken vertraten, sondern die griechische Befreiung vorantrieben und förderten. Unter ihnen ragen vor allem hervor Zánetbey Kapitanákis Grigorákis, der 14 Jahre lang von Gíthion aus herrschte sowie Pétrobey Mavromichális, der in Areópolis saß und mit Kolokotrónis zusammen Kalamáta eroberte. 1830 erhob sich Pétrobey gegen das autokratische Regime des Ministerpräsidenten Kapodístrias, der ihn in Nauplia gefangensetzte und dann vom Sohn und Bruder des Gefangenen ermordet wurde. Lange Zeit gelang es der griechischen

Regierung nicht, die Mani in das griechische Staatswesen einzuordnen. Als bayerische Soldaten die aufständischen Maniaten unterwerfen sollten, wurden sie blutig zurückgeschlagen. Auch ein Expeditionsheer von 6000 Mann, das unter dem deutschen General Schmaltz in die Mani geschickt wurde, konnte keinen Sieg, sondern nur einen erträglichen Vertrag aushandeln, der u. a. den Bau von Türmen über eine bestimmte Höhe hinaus verbot. Erst im Laufe des 19. Jh. drangen allmählich die Verwaltungsformen des modernen Griechenlands in die Mani ein. Die Blutfehden der Sippen untereinander hielten jedoch noch lange Zeit an. Wer sich über die Mani, ihre Menschen, die Landschaft und Legenden ein Bild machen will, der lese das Buch von Patrick L. Fermor, Mani. In jüngster Zeit wandelt sich auch das Bild der Mani. Wege werden zu Straßen ausgebaut, alte Türme und Häuser restauriert und neue Häuser als Sommersitze gebaut. Unverkennbar dringt die neue Zeit in die Mani vor und auch der Fremdenverkehr nimmt zu.

Strecken und Ziele

Die Mani gehörte bis vor wenigen Jahren noch zu den kaum bekannten Reisezielen in der Peloponnes, nicht zuletzt wegen der schlechten Straßen und der abgelegenen Gegenden. Heute ist eine Bereisung der Mani durch relativ gute Straßenverbindungen nicht mehr schwierig. Zeit muß man aber nach wie vor mitbringen. Abgesehen von den Höhlen von Diroú gibt es keine Sehenswürdigkeiten, die größere Besucherscharen anziehen. Die herbe Landschaft, die Dörfer mit ihren Geschlechtertürmen und die zahlreichen abseits gelegenen Kirchen aus mittelbyzantinischer Zeit lohnen aber durchaus einen Abstecher in die Halbinsel.

Man erreicht die Mani am besten von Gíthion (**62**) aus, das – obwohl am Rande gelegen – sich auch als Standquartier, zumindest für den Autofahrer, anbietet. Die Anfahrt von hier nach Areópolis (rd. 25 km) führt auf guter Straße durch eine anmutige Hügellandschaft und reizvolle Täler. Unterwegs kann man über einer Schlucht die Ruinen des Schlosses Passavás (**63**) aufsuchen. Etwa 10 km weiter bietet sich ein Abstecher zur Festung Kelefá (**64**) an, was sich nicht zuletzt wegen der großartigen Landschaft lohnt, die hier in die kahlen und felsigen Bergzüge der Méssa Mani übergeht. Langwieriger ist die Anfahrt von Kalamáta (**85**) her nach Areópolis. Die Strecke ist rd. 82 km lang. Sie führt durch die Éxo Mani, wo Aufenthalte in Kámbos (**84**), Kardamíli (**83**) und Plátsa (**82**) mit einigen alten Kirchen nur dann lohnen, wenn man genügend Zeit mitbringt.

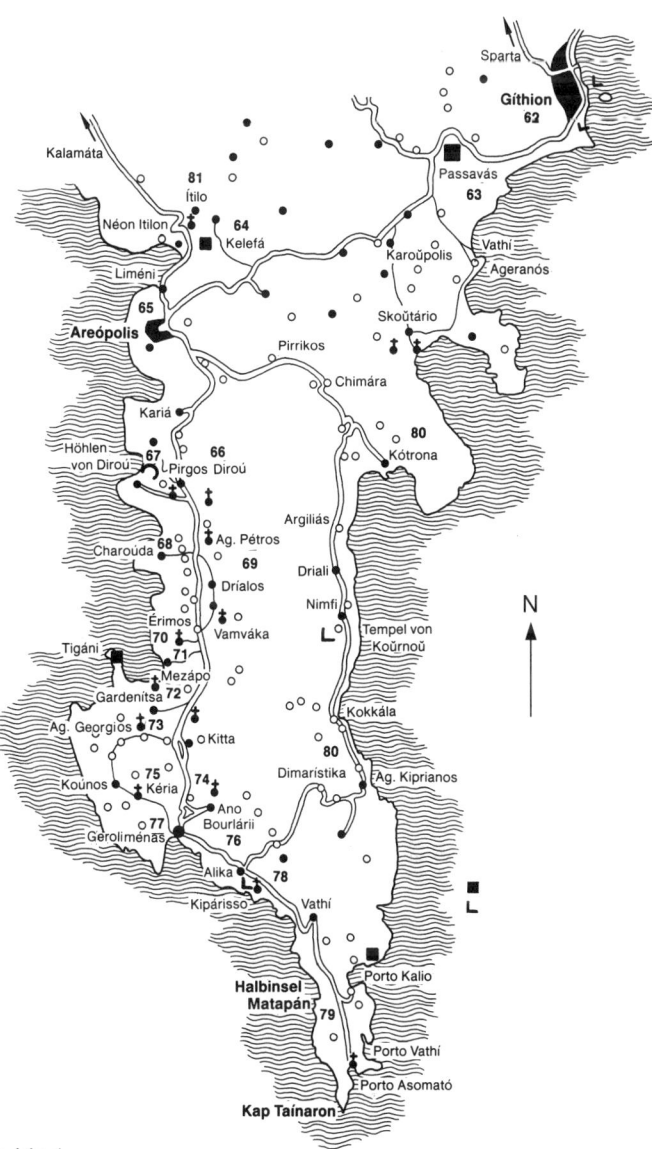

Innere Mani

Standquartier kann auch Areópolis (**65**) oder Gerolimín (**77**) sein. Und in einigen Dörfern, z. B. Mézapo (**71**), findet man einfache Privatquartiere.

Wichtigste Sehenswürdigkeit, die in der Saison stark besucht wird, sind – wie gesagt – die Höhlen von Diroú (**67**). Darüber hinaus sind jedoch besonders interessant die alten Kirchen der Inneren Mani, die aufzusuchen freilich einige Mühe und trotz unserer Beschreibung etwas Spürsinn erfordert, zumal die Wegweiser äußerst spärlich und – wenn vorhanden – oft total unleserlich sind. Die Kirchen stammen meist aus dem 11. bis 14. Jh. Obwohl sie von großer kunsthistorischer Bedeutung sind, sind sie wegen ihrer abgelegenen Lage bisher fast nur Fachleuten bekannt. Sie alle aufzusuchen, erfordert mehrere Tage und mag schließlich auch ermüdend sein. Einige von ihnen sollte man aber wenigstens sehen, wobei wir vor allem die Kirchen von Charoúda (**68**), Érimos (**70**), Gardenítsa (**72**), Áno Bourlárii (**76**), Ágios Geórgios (**73**) und die Sergios- und Bacchos Kirche von Kítta (**74**) empfehlen. Diese sind durch die von Areópolis nach Gerolimín führende Asphaltstraße gut zu erreichen. Lediglich die kurzen Stichstraßen, meist Sand- und Schotterwege, sind manchmal etwas schwierig zu fahren. Natürlich sind auch die Dörfer mit ihren Türmen, die fast alle abseits der Hauptstraße liegen, sehenswert. Besonders gilt dies für Kítta (**74**) und Váthia (**79**). Reizvoll ist auch ein Abstecher zum kleinen Fischerhafen von Mézapo (**71**). – Eine Fahrt in die Südspitze der Halbinsel, wo die Straße in der Bucht von Pórto Káio endet, ist landschaftlich reizvoll, jedoch abgesehen von den schwer zugänglichen Resten altchristlicher Kirchen bei Kipárissos (**78**) ohne besondere Sehenswürdigkeiten. Schließlich kann man von Pórto Káio auf einer Schotterstraße nach Pórto Asomatós fahren und von da bis zum Kap Taínaron laufen.

62

Gíthion

Die lebendige Hafenstadt Gíthion in der Nordwestecke des lakonischen Golfes, 46 km südlich von Sparta, mit 7000 Einwohnern, ist die Hauptstadt der lakonischen Mani, obwohl sie an deren äußerem Rande gelegen ist. Es herrscht hier einiger Fremdenverkehr und am Kai gibt es gute Fischrestaurants. In Gíthion findet man einige wenige Reste aus römischer Zeit sowie ein kleines Museum.

Von Gíthion bestehen mehrfach wöchentlich Schiffsverbindungen mit Neápolis (**61**), der Insel Kíthera und Kastélli auf Kreta.

Sage und Geschichte

Gíthion soll durch die Phönikier gegründet worden sein. Diese legten auf der kleinen Insel Kranáë, die jetzt Marathonísi (= Fenchelinsel) heißt, einen Handels- und Stapelplatz an, um die in der Bucht vorhandenen Purpurmuscheln auszubeuten. Durch die Phönikier soll auch der Kult der Aphrodite hierhergekommen sein. Ihr wurde auf dem Festland das Heiligtum der Aphrodite Migonítes errichtet. Nach der Sage soll das Heiligtum von Paris begründet worden sein, der nach dem Raub der schönen Helena aus Sparta hierher flüchtete und mit ihr die erste Nacht auf der Insel Kranáë verbracht haben soll. Menelaos soll nach seiner Heimkehr aus Troja ein Bild der Thetis und der Rachegöttin errichtet haben. Die Gründung der Stadt wird auch Kastor und Polydeukes zugeschrieben; und Pausanias berichtet, sie sei von Apollon und Herakles nach Beilegung ihres Streites um den delphischen Dreifuß angelegt worden.

Gíthion wurde von den Spartanern als Nachfolgerin der älteren Hafenstadt Hélos gegründet. Hélos, das im homerischen Schiffskatalog erwähnt wird, lag weiter östlich im Sumpfland der Küstenebene, durch die die Straße von Gíthion nach Skála führt. Die Ebene heißt heute noch Hélos. Die Stadt Hélos wurde von den Spartiaten erobert, die die Einwohner zu Sklaven machten. Diese wurden danach Heloten genannt. Die Periöken-Stadt Gíthion gewann Bedeutung mit dem Ausbau der spartanischen Kriegs- und Handelsflotte und war stark befestigt. 455 v. Chr. wurde Gíthion von dem Athener Tolmídes verwüstet. Epameinondas belagerte Gíthion 369 v. Chr. vergeblich. 195 v. Chr. wurde die Stadt nach starkem Widerstand von dem Römer Titus Quinctius Flaminius erobert. In römischer Zeit gehörte Gíthion zum Städtebund der Eleuthero-Lakonen und erlebte eine beachtliche Blütezeit. In der Stadt wurden Purpurfischerei und Färberei betrieben, und sie war bekannt als Ausfuhrhafen für den südlich von Krokeae gewonnenen grünen und roten Porphyr, der in römischer Zeit und im Mittelalter ein geschätzter Architekturstein war, der Kaisern und Herrschern zustand. Im Mittelalter wurde Gíthion von Monemvasía als Hafenstadt Lakoniens abgelöst, verfiel und verschwand schließlich wohl ganz. So wurde die Stadt erst Ende des 18. Jh. neu gegründet – zunächst als Sitz des maniatischen Geschlechts Grigorákis. Zanetbey Grigorákis gehörte zu den bedeutendsten Persönlichkeiten des griechischen Widerstandes gegen die Türken.

Rundgang

Die flache Felseninsel Marathonísi, das alte Kranáë, war früher nur mit dem Boot zu erreichen. Heute führt ein befahrbarer Damm hinüber. In einem lichten Kiefernwäldchen steht ein mit Zinnen bekrönter Turm, der letzte Rest der Burg der Familie Grigorákis. – Von der breiten Hafen- und Uferstraße, wo es einige Andenkengeschäfte und Lokale gibt, steigt die Stadt den Hang des Larýsion-Hügels (186 m) hinauf. Dieser Hügel war dem Dionysos geweiht, zu dessen Ehre auf der Höhe im Frühjahr geheimnisvolle Feiern veranstaltet wurden. Heute liegen dort die Reste einer mittelalterlichen Burg. An der Stelle der heutigen Stadt am Hang, der im Altertum Migonion hieß, ist das Heiligtum der Aphrodite Migonites zu suchen. Spuren sind jedoch nicht erhalten.

Die antike Stadt erstreckte sich nördlich vom Larýsion-Hügel in einer kleinen Ebene nördlich des Baches Selenitsa. Die Örtlichkeit an dem Akropolishügel heißt heute Paleópolis. Wohlerhalten ist vor allem noch ein römisches Theater. Es liegt versteckt hinter einer Kasernenmauer im Osten der Stadt. Man frage sich zur Kaserne (Stratopedón) durch. Über der halbkreisförmigen Orchestra steigen 9 Sitzreihen an. Die untere Reihe ist mit Rückenlehnen als Prohedrie ausgebildet. In der Orchestra wurde in nachantiker Zeit ein Brunnen angelegt. An die rechte Parodos anschließend liegt neben dem Theater ein Heiligtum, das aus drei Räumen besteht. Der letzte Raum besitzt eine Apsis, vielleicht war es ein Heiligtum der Nymphen oder des Dionysos. Später wurde es in eine christliche Kirche verwandelt. – An der Ausfallstraße nach Sparta wurden neuerdings Gräber des römischen Friedhofs aufgedeckt.

Museum

Das Museum ist im Rathaus (Dimarchíon) eingerichtet, einem vernachlässigten Gebäude nahe dem Ufer in der Osthälfte der Stadt. Der Eingang zum Museum befindet sich rechts an der Seite. Die hier aufbewahrten Funde stammen hauptsächlich aus römischer Zeit. Im 1. Saal an der rechten Fensterwand eine Votivinschrift aus archaischer Zeit von einem Aphrodite-Heiligtum. Vorne links zwischen den Vitrinen eine römische Frauenbüste aus der späten Kaiserzeit. Links am Durchgang zum 2. Raum ein Kybele-Relief mit der Darstellung der phrygischen Gottheit als Herrin der Tiere auf einem Löwen sitzend. Im 2. Raum hinten links die römische Statue des Eurikles, Fürst von Sparta, der mit Augustus befreundet war. Hinten rechts ein Inschriftenstein, der den Kaiserkult in Gíthion 15 v. Chr. einführt. Diagonal gegenüber ein eindrucksvoller spätantiker Kaiserkopf. – Im Hof des Museums Bruchstücke von frühchristlichen Kirchen und ein spätrömischer Eroten-Sarkophag mit Girlanden sowie Herakles und Kerberos.

Einige Kilometer nordöstlich von Gíthion, an der Straße nach Skála, durchquert man eine Steilküstenstrecke aus weißem Dolomit, Kakiskála genannt. Dahinter ragen aus dem Meer vor einem Kalkfelsen drei Inselchen, Trínisi genannt. Sie schützen einen kleinen Ankerplatz für Schiffe. Im Altertum

wurden hier die Steine von Krokeaí verladen. Auf dem Festland lag das antike
Kastell Trínasos.

63

Burg Passavás und Skoútari

Rund 8 km südwestlich von Gíthion, an der Straße nach Areópolis, liegen auf
der linken Seite einer Schlucht, durch die die Straße führt, die Mauern des
fränkischen Schlosses Passavás. Einen Aufstieg beginnt man am besten hinter
der Schlucht, wo rechts eine Seitenstraße nach Skamnáki abzweigt. Obwohl
der Berg nicht sehr hoch ist, ist der Aufstieg etwas mühsam, da es keinen
eigentlichen Weg gibt.

Passavás wurde 1254 von Jean de Neuilly, Großmarschall der Morea, erbaut,
und zwar vermutlich an der Stelle der antiken Stadt Las, dem wichtigsten
Seeplatz dieses Landes vor der Blüte von Gíthion. Neuillys Tochter Marguerite gehörte zu den Geiseln, die der vom byzantinischen Kaiser gefangene
Guillaume de Villehardouin 1262 stellen mußte, um seine Freiheit wiederzuerlangen. Mitte des 14. Jh. wurde das Schloß von den Byzantinern erobert. 1481
fiel es in die Hände der Türken, und es geht die Sage, daß die Tochter des
letzten Burgherrn sich vor ihnen aus dem Fenster stürzte. Ihre Fußspuren
werden heute noch gezeigt. Von den Türken wurde die Burg im 17. Jh.
erneuert, von den Venezianern nach 1690 geschleift und von den Maniaten
unter Zanetbey den Türken um 1785 weggenommen. Die Herkunft des
Namens Passavás wird auf verschiedene Weise gedeutet. Er soll entweder
herrühren von »Pas-avant« (»nicht weiter voran«) oder von »Passe avanti«
(»vorwärts«).

Passavás gehört zu den wenigen erhaltenen mittelalterlichen Burganlagen in
der Mani. Die Mauern, die größtenteils mit Zinnen besetzt sind, haben einen
rechteckigen, leicht trapezförmigen Grundriß. Wenn man – wie empfohlen –
von Süden her aufsteigt, kommt man an eine breite Bresche der Südmauer. Auf
dem Wehrgang der Westmauer entlang gehend, erreicht man die Nordwestecke mit einem innen offenen, mit Zinnen besetzten Rundturm. Von hier geht
eine Zungenmauer ein Stück bergab, um die an sich ohnehin fast unzugängliche Nordseite an der Schlucht zu schützen. Die Nordmauer selbst ist verhältnismäßig schwach gebaut. In ihrer Mitte springt ein quadratischer Turm mit
Zinnen hervor. Ein weiterer quadratischer Turm schützt die Nordostecke. In
der Ostmauer findet man das schmale schmucklose Tor. An der Außenseite
besteht die Mauer zum Teil noch aus antikem Polygonalmauerwerk. Im

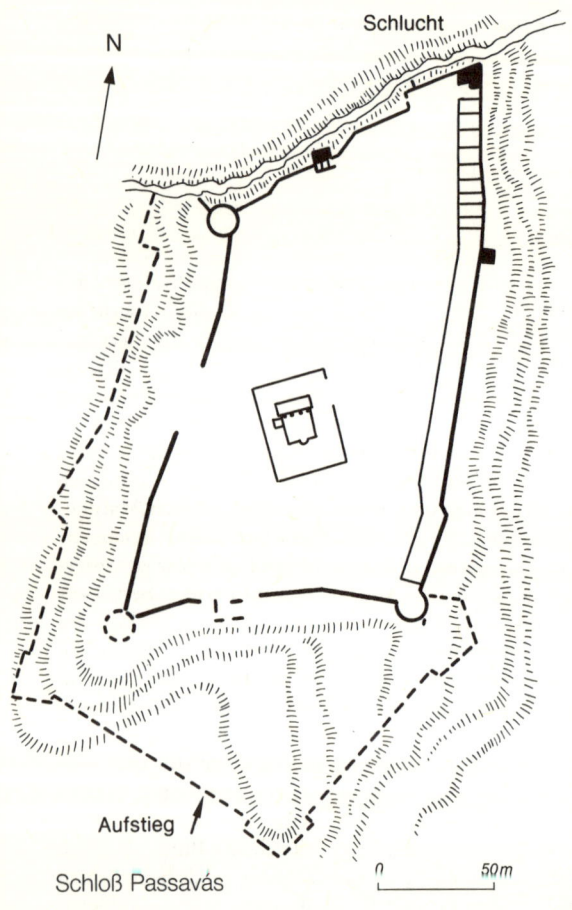

Schlucht

N

Aufstieg

Schloß Passavás

0   50 m

Burginneren, das von hohem Gestrüpp bewachsen ist, gibt es zahlreiche Mauern von Gebäuden und einer Zisterne. Gegen die Westmauer hin liegt ein großes quadratisches Gebäude mit spitzbogigen Fenstern. Es war ein fränkisches Gebäude, das später in eine türkische Moschee umgebaut wurde, wie man an der Gebetsnische im Süden und an dem Stumpf eines Minaretts an der Nordwestecke erkennt.

Gleich hinter Passavás kann man einen Abstecher vorbei am Hotel »Belle Helene« zu schönen Sandstränden und in die Bucht von Vathí machen. 3 km weiter auf der Hauptstraße führt links ab ein Seitenweg durch eine fruchtbare Ebene an den Strand von Skoútari, wo eine kleine Kreuzkuppelkirche der Agía Varvára steht. Oben am Hang liegt das ehemalige Geórgios-Kloster. Nur wenig weiter auf der Hauptstraße führt wiederum links eine Straße ab, von der ein Seitenweg hinaufführt nach Karioúpolis. Das Dorf wird überragt vom hohen Turm der Burg der Familie Kavallierákis. Es ist der typische Herrensitz eines Nikliers in der Mani.

64

Festung Kelefá

Die Festung Kelefá liegt hoch über der Bucht von Limení, die sich an der Westküste der Mani nördlich von Areópolis erstreckt. Sie beherrscht jene Schlucht, die die äußere von der inneren Mani trennt. Von Gíthion kommend, biegt man etwa 7 km vor Areópolis bei einer kleinen Taverne rechts ab zum Dorf Kelefá, das 4 km weiter liegt. Dort, wo nach etwa 2,5 km sich die Straße in einer Kurve nach rechts bergab wendet, hält man an und geht hinüber zu der links etwa 500 m entfernten Festung.

Die Anlage, die etwa 150 × 250 m mißt, wurde von den Türken in der 1. Hälfte des 17. Jh. erbaut. Die Mauer ist außer an zwei Abschnitten der Ostseite überall bis zur Höhe des Wehrganges gut erhalten. Die Anlage macht weniger den Eindruck einer Festung als den eines befestigten Truppenlagers. Nur an der Südseite gegen das Meer und die Mani gerichtet sind an den Ecken und in der Mitte der Südmauer drei runde Bastionen angebaut, deren einziger Schmuck einige an der Außenseite eingelassene Kanonenkugeln sind. In den Bastionen gibt es Räume, die ursprünglich mittels Holzböden in mehrere Stockwerke geteilt waren. Im Inneren der Festung findet man Spuren zahlreicher Gebäude. Ein quadratischer Bau nahe der Nordostecke war wahrscheinlich eine Moschee. Noch weiter zur Nordostecke hin liegt ein Gebäude mit einer Zisterne. – Von der Festung hat man einen weiten Blick, vor allem über die Schlucht hinweg, nach Ítilo (**81**). Zum Dorf Kelefá, ebenfalls am Rande der Schlucht, kommt man, wenn man 1,5 km weiter auf der oben erwähnten Straße fährt. Kaum einmal verirrt sich ein Reisender hierher. An der Platía des Dorfes liegt ein kleines Kafeníon, und die Kirche Ágios Vassílios hat noch gut erhaltene Fresken aus nachbyzantinischer Zeit. In der Schlucht in der Nähe des Dorfes befindet sich die Kirche Panagía Spiliótissa (Madonna der Höhle).

65

Areópolis

Areópolis, 26 km südwestlich von Gíthion und 79 km südöstlich von Kalamáta, an der Grenze zwischen der inneren und der äußeren Mani, oberhalb der Bucht von Liméni, ist die eigentliche Hauptstadt der Mani. Einst eine wehrhafte Stadt, die der Familie Mavromichális gehörte, ist sie heute ein stiller Ort mit rd. 800 Einwohnern, der trotz etwas Fremdenverkehrs noch seine Ursprünglichkeit bewahrt hat. Areópolis, d. h. Stadt des Ares, ist ein Name, der erst Anfang des 19. Jh. dem Ort gegeben wurde zur Erinnerung an die ruhmreichen Taten des Petrobey Mavromichális in den Freiheitskriegen. Vorher hieß die Stadt Tsimóva.

Sehenswert sind einige Kirchen. Wenn man von Norden her in den Ort kommt, steht an einer Straßenbiegung nach rechts auf der linken Seite eine Doppelkirche, deren linkes Schiff der Panagía und deren rechtes dem Ágios Charalámbos geweiht ist. Beide Schiffe sind mit Fresken geschmückt. In der Charalámbos-Kapelle erkennt man auf der gemauerten Ikonostase Christus als König, daneben Johannes den Täufer, links die Panagía, daneben Johannes den Evangelisten, an der Wand Ágios Charalámbos und Johannes Chrisóstomos.

Die Hauptkirche von Areópolis erreicht man an einem kleinen Platz, wenn man der Hauptstraße weiter nach rechts folgt. Es ist eine große einschiffige Kuppelkirche mit im Dach angedeuteten Querarmen. Daneben steht ein sechsgeschossiger Kampanile mit einer Laterne. Das Innere der Kirche ist modern. Die Fresken wurden 1978 hergestellt. Ungewöhnlich und in seiner Art einmalig ist jedoch das Äußere der Kirche, deren Wände aus nur grob bearbeiteten Feldsteinen aus weißem Marmor bestehen. Lediglich die Kanten der Wände sind aus sorgfältiger behauenen Quadern hergestellt. Im Gegensatz dazu stehen die fein gearbeiteten auf Pilastern und Kapitellchen ruhenden Blendbogen der fünfseitigen Apsis, der Tambours und der Turmlaterne. Von besonderem Interesse sind aber die Reliefs über den Eingängen im Norden und Süden. Sie wirken einerseits rustikal und einfältig, andererseits in der Fülle ihrer Formen und Motive kostbar. An der Nordseite sieht man im Mittelpunkt den byzantinischen Doppeladler mit einem Wappen unbekannter Herkunft auf der Brust, flankiert von zwei Sonnen und darunter zwei originellen Löwen. Unter dem Adler zwischen zwei Rosetten ein Schriftband mit der Jahreszahl 1798, dem Erbauungsjahr der Kirche. Kirchenstifter war die Familie Mavromichális. Flankiert wird die Darstellung von zwei Erzengeln, wahrscheinlich links Gabriel mit dem Kreuzstab, rechts Michael mit dem Schwert. Auf dem Sims darüber auf einer weiteren Platte ein Engelskopf zwischen zwei Vögeln. Besonders eigenartig sind rechts und links davon zwei archaisch wirkende Köpfe mit flächigen Gesichtern. – Über dem Südportal sind nochmals die beiden Erzengel dargestellt, flankiert von den Soldatenheiligen Theodor und Georg. Im Halbrund darüber die Taube als Zeichen des Heiligen Geistes und die Hand Gottes. – Über den von Pilastern gestützten Blendbogen der fünfseitigen Apsis sind Friese mit Sonnen, Blumen und den Tierkreiszeichen dargestellt. Früher waren alle Reliefs mit kräftigen Farben bemalt und wirkten dadurch besonders exotisch, heute sind sie wieder ohne Farbe wie bei Erbauung der Kirche und wirken nur durch ihre kräftigen Licht- und Schattenpartien.

Geht man von der Taxiárchen-Kirche zurück zur Panagía- und Charalámbos-

Kirche und weiter geradeaus, kommt man auf einen großen freien Platz, auf
dem eine Athanásios-Kirche steht, die einige Fresken auf der Ikonostasis
aufweist. – Von der Südwestecke des Platzes führt eine Straße 100 m abwärts
zu der Ágios Ioánnis Pródromos-Kirche. Es ist eine einschiffige Kirche mit
einem Glockenstuhl an der Westseite. Die Wände der Kirche sind noch fast
vollständig mit Fresken geschmückt, die vermutlich aus dem 15. Jh. stammen.
Über fast lebensgroßen Heiligen am Sockel sind in zwei Reihen Szenen aus
dem Leben Johannes des Täufers und Christi dargestellt. Ferner sieht man
andere Heilige, so den Heiligen Petrus, der auf der linken Seite der unteren
Reihe gekreuzigt auf dem Kopfe steht. – Geht man die Straße noch 100 m
weiter abwärts und dann 100 m nach rechts, so kommt man zu einer kleinen
Ágios Pétros-Kirche auf der linken Seite, die ebenfalls an der Ikonostase und
an den Wänden rechts und links mit Fresken geschmückt ist. Diese wurden
zum Teil wieder unter dem späteren Putz hervorgeholt.
Areópolis ist Ausgangspunkt für Fahrten in die südliche Mani. Von hier geht
vor allem die Hauptstraße an der Westseite der Halbinsel nach Süden. Eine
weitere Straße führt über die Berge und an der Ostseite der Halbinsel hinab, bis
sie bei Álika wieder auf die Hauptstraße stößt.

66

Kariá, Pírgos Diroú

4,5 km südlich von Areópolis erreicht man das Dorf Kariá mit einer Kímisis tís
Theotókou-Kirche rechts am Ortsrand. Sie wurde 1868 erbaut, wie das
griechische Wappen und die Jahreszahl an der Außenseite der Apsis zeigen. –
2 km weiter erreicht man Pírgos Diroú. Nahe dem Eingang des Dorfes liegt
100 m weiter rechts eine kleine einschiffige Theotókou-Kirche, deren Apsis
die ganze Breite des Schiffes einnimmt. Im Inneren ist sie mit zahlreichen
schönen Fresken geschmückt. Auf der Ikonostasis links Ioánnis Theológos
und die Panagía, rechts Christus und Ioánnis Pródromos. Am Fuße der
Ikonostasis marmorne Templon-Platten, ebenso eine Skulpturenkante oberhalb der Ikonostasis. In der Laibung des Durchganges Joachim und Anna, im
Allerheiligsten in einer Nische die Kreuzigung Christi und an den Seitenwänden Stifterinschriften. An der Nordwand des Naos das Thema der Kirche, der
Tod Mariens.
Im unteren Dorf links der Straße, die zu den Höhlen von Diroú führt (man
muß sich durchfragen), steht die Kirche des Ágios Ioánnis, eine einschiffige
Kirche, deren östlicher Teil aus dem 12. Jh. stammt und deren Wände aus

senkrecht und waagrecht angeordneten Marmorblöcken, teils antiken Spolien sowie Ziegelsteinen bestehen. Im Inneren ein marmornes Templon mit Skulpturen sowie einige Reste von Fresken. An der Südseite der Apsis außen ein bogenförmiges Nischengrab, ein sog. Arcosolium, das einem Bischof gehört. Auf dem Stein darüber eine Inschrift mit der byzantinischen Jahreszahl, die dem Jahr 1598 entspricht.

Südwestlich von Pírgos befindet sich die Taxiárchen-Kirche von Glésos. Es ist eine zweisäulige Kreuzkuppelkirche mit Narthex aus der 2. Hälfte des 11. Jh. Sie enthält einige Fresken sowie Reste einer Stifterinschrift. Die dreiseitige Apsis ist außen mit Keramiktellern geschmückt. Bei Pírgos Diroú wurden 1826 die ägyptischen Truppen unter Ibrahim Pascha von den Maniaten geschlagen, wobei sich besonders die Frauen ausgezeichnet haben sollen.

67

Höhlen von Diroú

In Pírgos Diroú zweigt rechts eine 4 km lange Straße ab, die hinunter an die Küste in eine Bucht führt, wo die berühmten Höhlen von Diroú liegen. Es sind die Glifáda- oder Vlicháda-Höhle, die Alepótripa-Höhle und die Katafigí-Höhle. Die Höhlen wurden erst in den letzten Jahren entdeckt.

Die Höhle Alepótripa (= Fuchsloch, so genannt, weil sie bei der Verfolgung eines Fuchses entdeckt wurde) ist vor allem wegen ihrer prähistorischen Funde bekanntgeworden. Es wurden menschliche Knochen und Schädel, Steinwerkzeug, Knochen von Säugetieren, aber auch Schmuck und eine Keramikwerkstatt aus neolithischer Zeit gefunden. In der Nähe der Höhle wurden auch Spuren einer neolithischen Siedlung entdeckt. Die Höhle ist 6500 qm groß und 600 m lang, sie hat 2 Seen und einen großen Saal von 100 m Länge, 60 m Breite und 30 m Höhe.

Nur die Vlicháda-Höhle, etwa 250 m unter der Erdoberfläche, ist bisher für Besucher zugänglich gemacht worden. Sie ist eine der bemerkenswertesten Höhlen in Griechenland und gilt als eine der schönsten mit dem Boot befahrbaren Höhlen der Welt.

Da die Höhle außerordentlich stark besucht ist, müssen besonders im Sommer längere Wartezeiten in Kauf genommen werden. Eine Besichtigung empfiehlt sich deshalb frühmorgens. – Vor der Höhle gibt es Parkplätze, ein Restaurant sowie eine Badeanlage mit Kabinen und Toiletten.

Die Besichtigung der Höhle erfolgt in kleinen Booten, zu denen man über einen künstlich angelegten Tunnel hinunter gelangt. Der natürliche Eingang liegt weiter südlich am Meer und ist sehr eng. Die Höhle ist ein aus zwei Armen bestehender unterirdischer Fluß, der leicht salziges Wasser führt und sich in der Nähe des natürlichen Einganges mit etwa 30 cbm pro Minute ins Meer ergießt. Die Fläche der Höhle beträgt rd. 17 000 qm. Die mit dem Boot befahrbare Strecke ist bei einer Fahrzeit von einer halben Stunde ungefähr 800 m lang. Die Wassertiefen reichen von 50 cm bis 30 m, und die Höhlenräume sind sehr niedrig. Die Formenvielfalt der Stalaktiten- und Stalagmitengruppen ist außerordentlich groß. In den verschiedenen Beleuchtungen rechtfertigen sie die phantastischen Namen, die man ihnen gegeben hat, wie »Kathedrale«, »Meer der Schiffbrüche«, »Großer Ozean«, »Drachenhöhle«, »Poseidons Palast«.

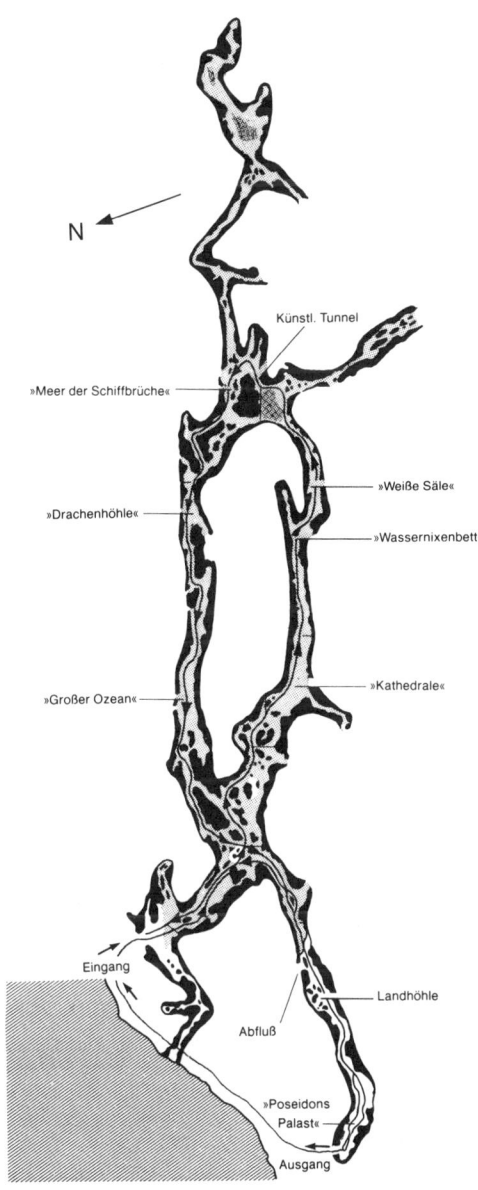

Vlicháda-Höhle, Pírgos Diroú

68

Charoúda

Die Ágios Taxiárchis-Kirche von Charoúda, dem Erzengel Michael geweiht,
gehört zu den schönsten Kirchen in der Mani. Man erreicht sie, indem man
2 km südlich Pírgos bei einigen Häusern rechts in einen Weg abbiegt, an dem
ein Wegweiser steht. Man folgt diesem Weg 2,4 km weit. – Die Taxiárchen-
Kirche liegt zwischen hohen Olivenbäumen inmitten eines Friedhofs. Es ist
eine Viersäulenkreuzkuppelkirche, die vom Ende des 11. oder Anfang des
12. Jh. stammt. Der hohe achteckige Tambour hat doppelbogige vermauerte
Fenster, die von zwei Ziegelreihen überwölbt und durch kleine Säulen mit
Kapitellen unterteilt sind. Auffällig sind an den Pilastern zwischen den Fenstern Wasserspeier, die darauf hinweisen, daß der Tambour ursprünglich eine
halbkugelförmige Kuppel trug, deren tiefste Spitzen auf den Wasserspeiern
ausliefen. Die Mauern der Kirche bestehen aus regelmäßigen Quadern mit
Ziegeleinfassung, an der West- und Südseite teilweise aus antiken Blöcken. Um
die Kirche herum läuft eine Zierkante im Zahnschnittmuster. Über der Westseite steht ein dreigeschossiger Glockenstuhl, der im 19. Jh. hinzugefügt
wurde. Über dem Eingang zum Narthex ein reichgeschmückter Türsturz, über
dem ein Entlastungsbogen angebracht ist. Im Inneren wird die Kuppel – wie
erwähnt – von vier Säulen, eigentlich achteckigen Pfeilern, getragen, auf denen
Kämpferkapitelle ruhen. Entsprechend den äußeren Fenstern im Tambour sind innen in der Kuppel 8 Nischen. Die Kirche ist reich mit Fresken geschmückt, die wahrscheinlich aus dem Jahre 1371 stammen, wie sich aus einer Inschrift an der Südseite des Narthex entnehmen läßt. Als Stifter ist der Byzantiner

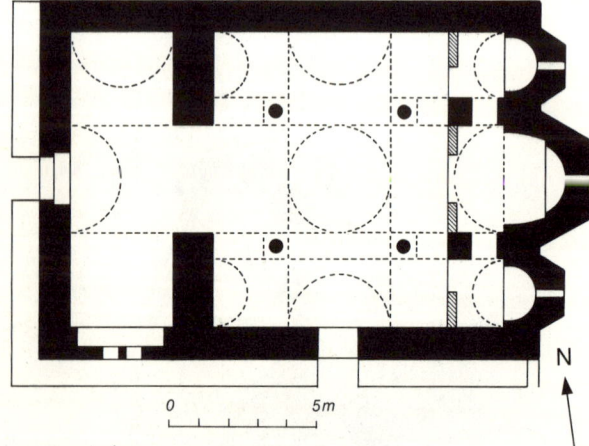

0   5m

N

Kirche Ágios Taxiarchis von Charoúda

Bourlárii, Ág. Panteléimon in der gleichnamigen Kirche ▷

Kapitell in der Kirche Ipapantí in Nomítsi

Michael Kardianos genannt. Ebenfalls bemalt ist die gemauerte
Ikonostase.

Kehrt man zur Hauptstraße zurück, sieht man jenseits am Hang
oberhalb der Straße inmitten von
Zypressen eine weitere Kirche. Es
ist eine Ágios Pétros-Kirche, entstanden um das Jahr 1000. Man
fährt, um sie zu erreichen, von der
Abzweigung nach Charoúda ein
kurzes Stück nach Süden. Vor einem Haus geht links ein breiter
Schotterweg bergauf. Weiter muß
man sich dann den Weg zur Zypres-
sengruppe suchen. Die Kirche hat

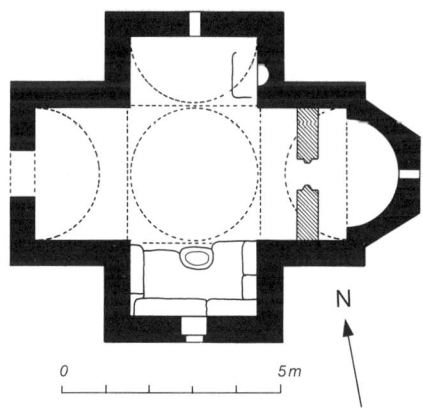

Kirche Agíos Pétros oberhalb Charoúda

die Form eines Kreuzes, das nicht einem Quadrat einbeschrieben ist. Die
Wände bestehen aus regelmäßigen Quadern mit Ziegelfassungen und einem
oktogonalen Tambour. Im Inneren ist die Kuppel oval. Gut erhalten sind die
Marmorschranken des Templon, die von einer älteren Kirche stammen,
schlecht erhalten dagegen die Fresken aus dem 14. Jh. In der Apsis die Panagía
und im Gewölbe des Bema die Himmelfahrt. Im Naos erkennt man u. a. die
Kreuzigung Christi, die Enthauptung des Ioánnis Pródromos, die Höllenfahrt
und das Fest des Herodes. – Neben der Kirche steht die Ruine einer weiteren
Kirche.

69

Vámvaka, Dríalos

Östlich der Hauptstraße gruppieren sich am Hang einige Dörfer, die man in
Form einer kleinen Rundfahrt aufsuchen kann, was sich vor allem wegen der
Ágii Theódori-Kirche in Vámvaka lohnt. 4 km südlich von Pírgos Diroú liegt
rechts der Straße das ehemalige Faneroméni-Kloster mit einer einschiffigen
Kirche, an deren Westende ein Turm angebaut ist. Im Inneren nur vereinzelt
Fresken, so an der Nordwand in einem Blendbogen der Tod Mariens und
hinter der Ikonostasis Christus zwischen Erzengeln. – Geht man von der
Kirche 400 m auf der Straße zurück nach Norden, dann führt rechts bergauf
ein Weg (2,2 km) zum Dorf Dríalos. Am jenseitigen südlichen Ortsrand steht

links des Weges eine Ágios Geórgios-Kirche aus dem 14. bis 15. Jh. mit einigen
Freskenresten. Genauer gesagt handelt es sich um die Vorhalle einer verschwundenen Kirche, die heute durch einen neuzeitlichen Bau ersetzt ist. Die
Halle hat Bogenfenster im Osten und Westen und einen Eingang mit doppel-
tem Bogen im Süden. Vorhallen im Süden einer Kirche sind selten. Es gibt aber
einige Beispiele in der Argolis (**17, 19, 23**).

Folgt man dem Weg 2 km weiter, erreicht man das Dorf Vámvaka. Oberhalb
des Ortes steht die Ágii Theódori-Kirche. Sie gehört zu den bedeutendsten in
der Mani, nicht zuletzt weil sie datiert ist: Sie wurde im Jahre 1075 von Nikitas
Marmaras (= Marmorbearbeiter) erbaut, wie einer Inschrift an der Unterseite
auf dem westlichen der Marmorbalken in der Vierung zu entnehmen ist. Eine
weitere Inschrift des Stifters Theodoros befindet sich am Eingang über der
linken Türstütze. Aus ihr geht hervor, daß die Kirche zu einem Kloster
gehörte, wie das wohl bei den meisten abseits stehenden Kirchen der Mani der
Fall war. Der Türsturz ist im übrigen anläßlich einer Reparatur von einem
zweiten Schmuckbalken unterzogen worden. Auf dem ersten Balken ist ein
Kreuz mit Tauben abgebildet, die an Weintrauben picken. die Ágii Theódori-
Kirche ist eine einem Quadrat einbeschriebene Kreuzkuppelkirche mit zwei
achtseitigen Säulen mit Kämpferkapitellen. Die Außenseite der Kirche ist im
unteren Teil aus Feldsteinen, in den oberen Partien aus regelmäßigen ziegeleingefaßten Quadern hergestellt und mit rhodischen Tellern geschmückt. An der
Westseite sind antike Spolien verwendet worden, darunter eine auf dem Kopf
stehende Inschriftenplatte und eine mit einem Kreuz »christianisierte« Skulp-
turenplatte. Der achteckige Tambour hatte ursprünglich vier heute zugemau-
erte Fensteröffnungen. Diese sind ebenso von Ziegelrahmen eingefaßt wie die
Fenster der Querarme und der Westwand. Eigenartig ist die Fortsetzung des
Gewölbes des Westarmes in den Narthex hinein, der dadurch stärker in den
Kirchenraum einbezogen wird. Von den Fresken ist nur noch in der Konche
der Apsis die Panagía zu erkennen.

Folgt man der Straße durch den Ort weiter nach Süden, erreicht man nach
1 km links des Weges den kleinen Friedhof von Bríki mit einer Kreuzkuppelkirche, die dem Ágios Nikólaos geweiht ist und einige Fresken aufweist. 100 m
weiter rechts liegt die Ruine einer Kirche, in der ebenfalls noch Reste von
Fresken und der schön geschmückten Ikonostasis vorhanden sind. Hinter der
Kirchenruine geht der Weg rechts abwärts zurück zur Hauptstraße. Auf
halbem Wege findet man rechts ein kleines noch bewohntes Kloster.

70

Érimos

Am Südrande des Dorfes Érimos steht eine sehenswerte Agía Varvára-Kirche.
Man erreicht sie von der Hauptstraße, indem man von Norden kommend noch
vor der Abzweigung nach Mézapo rechts abbiegt (Schild: ΟΔΟΣ ΑΓ ΒΑΡ-
ΒΑΡΑΣ, ΕΡΙΜΟΣ) und etwa 800 m weiter fährt. Man sieht die Kirche dann
links des Weges. Die Agía Varvára-Kirche ist eine zweisäulige Kreuzkuppelkirche aus der 2. Hälfte des 12. Jh. Sie gilt als eine der schönsten und
harmonischsten, aber auch am besten erhaltenen Kirchen der Mani. Sie ist aus
regelmäßigen Quadern mit Ziegeleinfassungen erbaut. Zwei Zahnschnittzie-
gelkanten umlaufen das Gebäude. Die eine auf halber Höhe zieht sich über die
halbkreisförmigen Entlastungsbögen über den Türen, die aus zwei Ziegelreihen bestehen; die andere verläuft unter den Dachkanten und folgt den Giebeldreiecken. Besonderes Schmuckelement an der Südseite sind Viertelkreiszie-
gelbogen, die das Fenster oberhalb der Tür flankieren. Sie waren einst von
Keramiktellern umgeben. Besonderes Architekturmerkmal ist hier wie bei der
Ágii Theódori-Kirche in Vámvaka (**69**) die Fortsetzung des Gewölbes des
Kreuzwestarmes über den Narthex. Der oktogonale Tambour hat je vier mit
durchbrochenen Marmorplatten geschlossene und je vier Blindfenster, zwischen denen Marmorpilaster stehen.

71

Mézapo und Kap Tigáni

1,5 km von der Hauptstraße entfernt liegt an der Küste an einer großen Bucht
der kleine Fischerort Mézapo mit einigen Tavernen, in denen man frisch
gefangene Fische essen kann. Es bestehen einfache Unterkunftsmöglichkeiten.
Die Bucht von Mézapo, die durch die südlich vorspringende Halbinsel des
Kaps Grosso gebildet wird, ist der beste Hafenplatz an der Westküste der
Mani. Im Inneren der Bucht betragen die Wassertiefen zwischen 35 und 55 m.
Man nimmt an, daß in der Antike an dieser Bucht die Stadt Mésse lag.
Südlich von Mézapo, 20 Minuten zu Fuß, steht an der Bucht bei dem Ort
Foukalotó an der Küste die Kirche der Panagía Vlachérna, d. h. der Gottesge-
bärerin aus dem 12. Jh. Mit dem Auto ist die Kirche nicht erreichbar. Sie ist
eine kleine Kreuzkuppelkirche, deren vier Säulen nicht mehr vorhanden sind.
Die Mauern sind aus Quadern hergestellt. Es fehlen jedoch die Ziegelzwi-

schenlagen. Nur eine Ziegelzahnschnittkante zieht sich um die Außenwände. Von den Fresken sind nur noch Reste zu sehen, so die Gottesmutter in der Apsis und die Himmelfahrt im Gewölbe des Bema. Die Kirche ist sehr verfallen und vernachlässigt.

Im Süden der Bucht springt vom Kap Grosso die schmale felsige Landzunge Tigáni (= Bratpfanne) nach Norden vor. Auf ihrem erhöhten Kap befinden sich die Ruinen einer venezianischen Festung, deren Ursprung aber älter ist. Vielleicht handelt es sich auch um die bisher nicht identifizierte Burg La Magna, d. h. die Burg Großmaina, die die Franken erbauten und die von Guillaume de Villehardouin den Byzantinern überlassen werden mußte. Vielleicht war es auch die Burg Maines, die in einem Buch des Kaisers Konstantin VII. Porphyro Gennetos erwähnt wurde und der Mani ihren Namen gab. Auf der Halbinsel Tigáni sind auch die Grundmauern einer großen frühchristlichen dreischiffigen Basilika mit Narthex vom Ende des 6. Jh. aufgedeckt worden.

72

Gardenítsa

Von Mézapo (**71**) auf die Hauptstraße zurückgekehrt, zweigt man 1,2 km weiter nach Süden rechts auf eine Straße nach Áno Gardenítsa ab, wo eine äußerlich modern wirkende Ágios Dimítrios-Kirche in einem Friedhof steht. Im Inneren eine gemauerte Ikonostasis mit Maria, Christus und Johannes Pródromos, und an der linken Seitenwand Ágios Dimítrios. – Wieder zurück zur Hauptstraße, biegt man 1,3 km weiter nochmals in eine Straße, nunmehr nach Káto Gardenítsa ein. Nach 1,1 km liegt rechts an einem Seitenweg die sehenswerte Kirche Ágios Sotíros, die Kirche des Erlösers. Es ist eine Kreuzkuppelkirche, die im Inneren anstatt zweier Säulen Pfeiler mit Kämpferkapitellen aufweist. Besonderes Merkmal dieser Kirche ist eine Vorhalle, ein sog. Prostoon, mit seitlichen

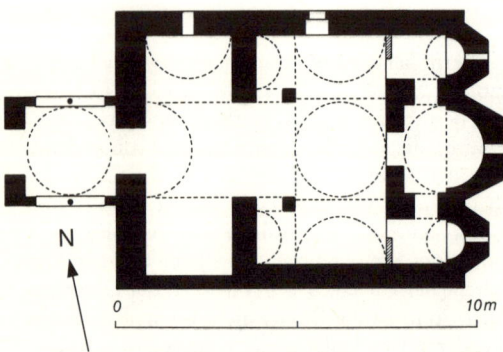

Kirche Ágios Sotíros, Gardenítsa

Arkaden und einem Glockenstuhl. Diese Vorhalle kommt sonst nur noch bei der Kirche in Áno Bourlárii (**76**) vor. Die Sotíros-Kirche wurde um 1050 erbaut. Ihre Außenwände bestehen im unteren Teil aus behauenen Feldsteinen, antiken Spolien und Kreuzen, wie man sie an einigen Kirchen der Argolis (**19**) sieht, im oberen Teil aus regelmäßigen Quadern mit Ziegelzwischenlagen. Eine Zahnschnittkante zieht sich unter den Dächern entlang und umfängt die Bögen der Vorhalle. Elegant und sehr harmonisch wirkt der achteckige Tambour mit vier Fenstern und vier Blindfenstern, fenstern, zwischen denen Pilaster stehen. Im Inneren sind noch einige Fresken, vor allem an der gemauerten Ikonostasis, erhalten. Neben der Tür zum Protheson volkstümliche Schmuckmotive, daneben an der Wand ein Ágios Geórgios.

73

Ágios Geórgios

Besuchenswert, aber etwas schwierig zu finden, ist die Kirche Episkopí bei Ágios Geórgios. Man biegt 500 m vor Kítta von der Hauptstraße rechts, also nach Westen, ab Richtung Stávri. Nach 1,3 km folgt man rechts der Straße nach Ágios Geórgios, durchfährt diesen Weiler und erreicht nach 1,1 km die beiden Türme von Kalóspita, zwischen denen ein Pfad, rot markiert, 100 m abwärts führt zur Kirche.

Die Episkopí stammt aus dem 12. Jh. Sie ist eine Zweisäulenkreuzkuppelkirche mit vorgelagertem Narthex. Ihr Äußeres wirkt bescheiden. Bedeutsam sind aber ihre Fresken aus der Gründungszeit. Kostbar wirken die verzierten Marmorbalken der Vierung, der runde Sims der Kuppel und der gewölbte Bogen über der Ikonostasentür, der in der Mani nur selten zu finden ist (z. B. in der Ipapantíkirche in Nomítsi (**82**)) und auf frühchristliche Vorbilder zurückgeht. Die beiden Säulen tragen ionische Kapitelle.

Von den Fresken fallen – wenn man die Kirche betritt – zunächst die dunklen Darstellungen des 18. Jh. auf, nämlich die Panagía Platitéra mit Christus Emmanuel in der Konche (1) sowie an der Ikonostase Christus als König (datiert 1771) umgeben von den Evangelistensymbolen (2) und die Panagía mit dem Kind (3), schließlich Ioánnis Pródromos an der Südwand. Alle anderen Fresken in lichten Farben mit leuchtend blauem Hintergrund gehören dem 12. Jh. an. Auf den beiden Pfeilern über der Ikonostase: rechts Christus als Fürsprecher und darüber sein Bild auf dem Ziegelstein und links auf dem Mandilion (5). In der Kuppel (6) Christus Pantokrator umgeben von Engeln und 8 Propheten. Auf dem südöstlichen Pendentif ist ein Evangelist erhalten.

358

Ágios Geórgios 73

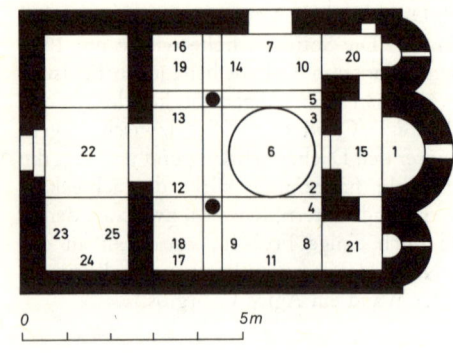

N

0   5m

Kirche Episkopí bei Ágios Geórgios

Die Kreuzgewölbe tragen Darstellungen des Festtagszyklus: Verkündigung (7), Christi Geburt (8), Darstellung im Tempel (9), Verklärung (10), Heilung des Blinden (11), Einzug in Jerusalem (12), Kreuzabnahme (13), Höllenfahrt (14), Christi Himmelfahrt im Angesicht der Apostel (15). – Die beiden Seitenapsiden sind ebenso wie die unteren Zonen der Wände mit Heiligen geschmückt. Im Westen der Nord- und Südwand die Erzengel Michael (16) und Gabriel (17). Die Wölbungen der Seitenarme (18–21) zeigen Szenen aus dem Leben des Äg. Geórgios. Man sieht im Protheson sein Martyrium (20), im Diakonikon (21) die seltenen Darstellungen der Theopistus-Legende, die von einem Landmann erzählt, der Georg um die Wiederbeschaffung verlorengegangenen Viehs bittet, ihm aber das versprochene Festmahl verweigert, bis dieses schließlich nach Drohungen des Heiligen doch zustandekommt. – Sehenswert sind schließlich noch die Darstellungen des Jüngsten Gerichts im Narthex mit der Wiederkunft Christi (22), den Höllenqualen, u. a. den zähneknirschenden Totenschädeln und den von Schlangen gequälten unkeuschen Frauen (23), schließlich an der Südseite (24) Hades auf einem Drachen über dem Feuer reitend, in dem falsche Priester und Könige brennen. Ruhender Pol in diesem Inferno sind im östlichsten Gewölbe (25) die thronenden Apostel Simon und Philippo.

Wenn man von der Westtür der Episkopí über das Tal schaut, liegt halbrechts auf dem Berg der kleine Ort Agía Kiriakí. Halblinks – gegen Stavri – sieht man bei scharfem Hinsehen in 500 m Entfernung im Feld die Ruine der kleinen Prokopius-Kirche. Sie ist stark zerstört und hat nur geringe Freskenreste. Aber die sind für den Kenner interessant. Es sind einfache unbeholfene Kreuze in roter Farbe aus der Zeit des Ikonoklasmus, als in der Ostkirche Bilder verboten waren. Nach den Fresken kann die Kirche in die 1. Hälfte des 9. Jh. datiert werden und gehört damit zu den ältesten der Mani. Aus späterer Zeit stammt eine Heiligendarstellung auf einer darüberliegenden Putzschicht.

74

Kítta

Kítta war einst ein bedeutender Ort in der südlichen Mani. Zahlreiche Türme und weit verstreute feste Häuser zeugen noch heute davon. Kurz bevor man –
von Norden kommend – Kítta erreicht, findet man links oberhalb der Straße am Hang die Kirche der heiligen Sergios und Bacchos. Den Weg von der Straße her muß man sich über Mauern kletternd suchen. Im Volksmund wird die Kirche Tourlóti oder Troulióti, d. h. die »Überkuppelte« genannt. Der Name kommt von dem italienischen Wort trullos, der Bezeichnung für die Kuppelhäuser Apuliens. Die Heiligen Sergios und Bakchos sind sonst in Grie-

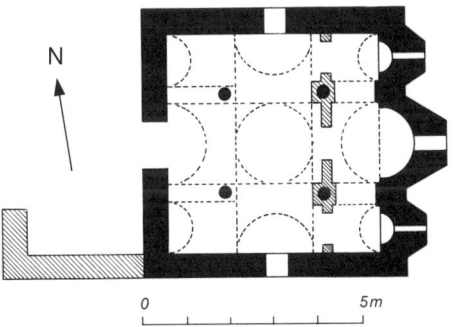

Sergios- und Bakchos-Kirche, Kítta

chenland fast unbekannt. Ihre Verehrung wurde offenbar durch Einwanderer aus dem mittleren Osten nach hier gebracht. Heute ist die Kirche dem Ágios Geórgios geweiht. Sie entstand wahrscheinlich in der 1. Hälfte des 12. Jh. und wurde einer Inschrift zufolge von einem Ehepaar namens Marassiotes gestiftet.

Auf quadratischem Grundriß erhebt sich die verhältnismäßig hohe Viersäulenkreuzkuppelkirche, wobei die »Säulen« aus achtseitigen Pfeilern bestehen. – Besonders reizvoll ist das Äußere der Kirche. Es besteht bis in Türhöhe zum großen Teil aus antiken Blöcken und Orthostaten mit Ziegelzwischenlagen. Eine Ziegelzahnschnittkante und zwei Reihen schmaler Ziegel bilden den Übergang zu einem breiten Fries von auf die Spitze gestellten quadratischen Ziegelplatten. Diese Verzierung wiederholt sich beiderseits der Giebelfenster, die von doppelten Ziegelreihen und Zahnschnittkanten eingefaßt sind und von Doppelbogen von Ziegeln flankiert werden. Der achteckige Tambour hat verhältnismäßig einfach gestaltete Fenster zwischen Pilastern, die ebenfalls von einer Ziegelwölbung und einer darüber liegenden Zahnschnittkante geschmückt sind.

Auf den achtseitigen Pfeilern im Inneren ruhen Kämpferkapitelle, die mit Sonnenblumen und Weintrauben verziert sind. Das Marmorgebälk in Höhe des Gewölbeansatzes ist noch verhältnismäßig gut erhalten und mit Blattranken geschmückt. Von den Fresken ist nur wenig erhalten. In der Konche der Apsis, wo meist Maria dargestellt ist, ist hier Christus als Pantokrator abgebildet. – Die Kirche gehört zu den schönsten der Mani und stellt den Höhepunkt des mittelalterlichen Kirchenbaues in dieser Gegend dar.

75

Kéria

Der Ort Kéria gehört zu einer Gruppe von Dörfern westlich von Kítta auf der Halbinsel des Kaps Grosso. Kéria erreicht man entweder von Kítta über die nach Koúnos führende Straße oder von Gerolimín (77) aus, indem man dort den am westlichen Hang emporziehenden Schotterweg nimmt und an einer Weggabelung auf der rechten Straße weiterfährt. Die Ágios Ioánnis-Kirche von Kéria wurde im 13. Jh. als Viersäulenkreuzkuppelkirche erbaut. Die Fresken im Inneren sind stark beschädigt. In der Konche der Apsis Maria und darunter das Abendmahl, wo Christus zweimal abgebildet ist, einmal wie er den Kelch, und einmal wie er das Brot den Jüngern reicht. Besonders interessant ist die Außenseite der Kirche, in die zahlreiche byzantinische und antike Spolien eingebaut sind. Vor allem ist ein Grabrelief an der Westseite der Kirche rechts des Einganges zu erwähnen.

76

Áno Bourlárii

In Áno Bourlárii gibt es eine der ältesten Kirchen der Mani. Die Kirche ist meist verschlossen. Den Schlüssel soll der Pfarrer in Nomía haben. Man erreicht das Dorf auf einer 2 km langen Asphaltstraße, die am nördlichen Ortseingang von Gerolimín (77) rechts bergauf führt. Eine andere schmale Asphaltstraße zweigt 1,7 km nördlich von Gerolimín von der Hauptstraße an einem kleinen Wartehäuschen ab. Man erreicht zuerst Káto Bourlárii, dann eine moderne große Kirche und schließlich Áno Bourlárii, an dessen oberen Ortsrand die *Kirche Ágios Strategós* steht.

Die Kirche ist eine Kreuzkuppelkirche, die dem »Heiligen General«, d. h. dem Erzengel Michael, geweiht ist. Mit ihren steinplattenbedeckten Dächern macht sie einen archaischen Eindruck. Sie wurde um das Jahr 1000 erbaut. Gleich der Kirche in Káto Gardenítsa (72) ist auch hier dem Narthex eine Vorhalle

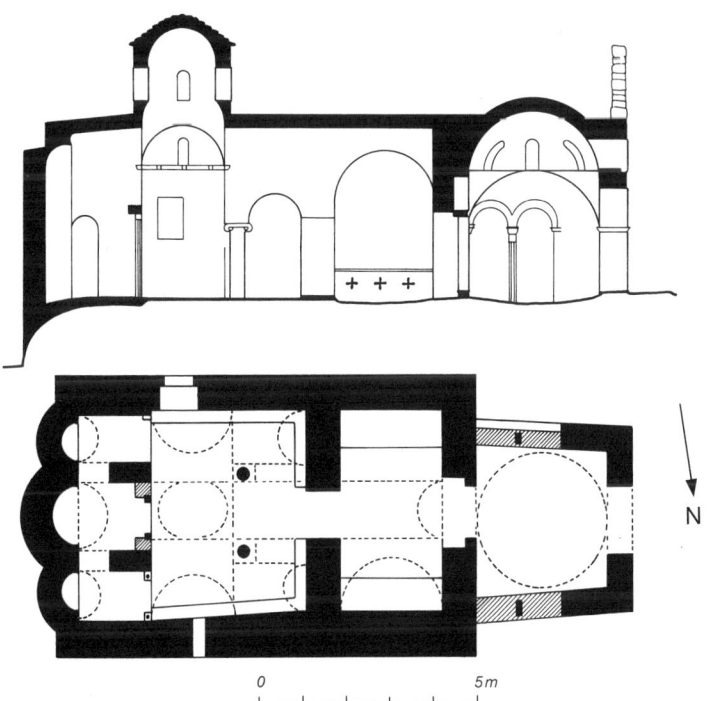

Kirche Ágios Strategós, Áno Bourlárii

(Prostoon) vorgebaut, die ebenfalls ursprünglich an den Seiten offene Arkaden hatte. Die Wände der Kirche sind zwar sorgfältig aus regelmäßigen Quadersteinen mit Ziegelzwischenlagen hergestellt. Trotzdem wirkt das Äußere der Kirche unscheinbar, da sonstige Verzierungen aus Ziegelsteinen fehlen, mit Ausnahme des doppelten Bogens der Vorhalle. Im Narthex sind 2 Sarkophage eingebaut. Das Innere der fast fensterlosen Kirche wirkt wie eine Höhle. Sehr unproportioniert erscheinen die beiden Säulen, auf denen der Westteil der Kuppel ruht. Viel zu schlanke klassische Säulen, die von einem älteren Bau stammen müssen, tragen zwei schöne römische ionische Kapitelle. Auch das Gebälk in der Vierung und über der Ikonostase ist erwähnenswert mit seinen Girlanden, Fabelwesen und Rundknoten. Die Kirche ist noch zu einem großen Teil mit Fresken geschmückt, die allerdings teilweise im schlechten Zustand sind. Sie gehören verschiedenen Perioden an. Der größte Teil stammt aus dem 12. Jh. In der Apsis die Panagía Odigítria flankiert von Engeln, darunter Ágios

Nikólaos und drei weitere Kirchenväter. Im Gewölbe davor die Himmelfahrt, in der Kuppel Christus Pantokrator umgeben von 8 Propheten. Der Erzengel Michael neben der Ikonostase an der Nordmauer und die benachbarten Fresken sind durch eine Inschrift mit dem Jahre 1275 datiert. Schließlich gibt es auch noch einige nachbyzantinische Fresken.

Es gibt noch eine andere Kirche zu besichtigen, die freilich nur noch Ruine ist, die jedoch bemerkenswerte Fresken hat. Es ist eine *Ágios Pantelèimon-Kirche*. Man findet sie, wenn man zur modernen Kirche zwischen Áno und Káto Bourlárii zurückgeht. Oberhalb der Kirche ist eine kleine Straßenbrücke und halblinks geht zwischen Mauern ein Pfad ab, der nach 500 m – unterwegs vorbei an einer einfachen Ágios Geórgios-Kirche – Ágios Panteléimon erreicht. Die einschiffige Kirche hat 2 Apsiden, was selten ist. Die Fresken gehören zu den ältesten der Mani. Sie stammen von 991. Außerordentlich eindrucksvoll schauen die heiligen Panteléimon (rechts) und Nikitas (links) aus den Apsiden. Der Malstil weist in frühchristliche Zeit. An den Seitenwänden links das Bad Christi nach der Geburt, rechts die Taufe. Die Agía Kiriakí an der Südwand ist eine Darstellung wohl erst aus dem 14. Jh.

77

Geroliménas

Gerolimín (gesprochen Jerolimín), auch Geroliménas genannt, ist ein kleiner Fischerhafen, 25 km südlich von Areópolis an einer Bucht, die von einer nach Süden vorspringenden Landzunge des Kaps Grosso gebildet wird. Er wurde erst Mitte des vorigen Jahrhunderts zur Versorgung der inneren Mani angelegt. Gelegentlich wird der Hafen von Schiffen angelaufen. Von hier kann man Boote mieten, um nach Kap Matapán, dem antiken Taínaron, zu fahren. Es gibt im Ort einige Tavernen sowie kleinere Hotels.

Obwohl ringsum von kahlen Bergen umgeben, wirkt der Ort recht idyllisch und kann als Ausgangspunkt für Wanderungen in die Südspitze der Mani benutzt werden.

Etwa 2 km südlich Geroliménas liegt der verlassene Küstenweiler Giáli, wo am Strand 2 Windmühlen stehen und ein alter Wohnturm der Familie Mantoúvali, die in Boulárii ansässig war. In seinen Ausmaßen entspricht er nicht den maniotischen Türmen, die einen relativ kleinen Grundriß haben, sondern den venezianischen Wohntürmen, wie sie etwa auf Naxos vorkommen.

78

Kipárisso

Der kleine Weiler Kipárisso liegt an der Straße, 5 km südlich von Gerolimín (**77**), etwa an der Stelle der antiken Stadt Kainépolis, die auch Taínaros nach dem weiter südlich gelegenen Kap Taínaron (**79**) genannt wurde.

Die Stadt wurde wohl zur Zeit des Kaisers Augustus gegründet und gehörte zum Bund der eleuthero-lakonischen Städte. Wahrscheinlich war sie Nachfolgerin der zu klein gewordenen Stadt am Asómatos-Hafen beim Apollon-Heiligtum am Kap Taínaron.

Wenn man von Gerolimín her nach Süden fährt, windet sich die Straße hinter dem Dorf Álika hinab in eine Küstenebene, die man an einer Stelle erreicht, wo die Straße zwischen zwei Türmen hindurchführt. Rund 400 m weiter liegen auf der linken Seite die Häuser von Kipárisso. Schaut man von hier zur Küste hin, sieht man halbrechts auf einem Berg einen Turm. Dort war wahrscheinlich die Akropolis der antiken Stadt, die sich nach links hin bis zu einem kleinen Bootshafen zog. Von der Stadt sind nur noch geringfügige Spuren übriggeblieben. Man fand aber hier die Reste von zwei frühchristlichen Basiliken, die darauf hindeuten, daß Kainépolis mindestens noch im 7. Jh. bewohnt und von einiger Bedeutung war. Die Basiliken hier ebenso wie die auf Kap Tigáni (**71**) widerlegen außerdem die Auffassung, daß die Mani erst gegen Ende des 9. Jh. unter Kaiser Basileios I. christianisiert wurde, wie dies von dem gelehrten Kaiser Konstantin VII. berichtet wird. Allerdings mag diese Christianisierung nur vorübergehenden Erfolg in der wilden Mani gehabt haben.

Wenn man von den erwähnten Häusern in Richtung auf den Hügel mit dem Turm geht, trifft man auf halbem Wege auf die Reste der Ágios Pétros-Basilika, die wahrscheinlich vom Ende des 7. Jh. stammt. Der Weg dorthin ist sehr mühsam, da scheinbar völlig willkürlich in den Gärten außerordentlich hohe Mauern aufgeschichtet sind, deren Überwindung einige Mühe kostet. Man hat den Eindruck, daß die Maniaten ihren Hang, hohe Türme zu bauen, auch auf diese Mauern übertragen haben. Sie sind im Laufe vieler Jahre dadurch entstanden, daß man die Felder und Gärten von Steinen gereinigt hat. Von der Pétros-Basilika ist vor allem noch der Chor in beachtlicher Höhe mit einem doppelten Rundbogenfenster erhalten, das von einer Marmorsäule gestützt wird. An der Hangseite sieht man zwei Pfeiler mit einem Türsturz. Die Pfeiler tragen antike Inschriften und stammen aus römischer Zeit.

Auf der Kuppe des Hügels neben dem Turm liegen die geringen Reste einer Ágios Sotíros-Kirche, deren einstige Türpfosten zwei Basen mit antiken Inschriften bilden.

Geht man vom Hügel mit dem Turm in südlicher Richtung zur kleinen
Hafenbucht, sieht man in einem Garten vier oder fünf Marmorsäulen. Man
muß unterwegs viele Mauern übersteigen. Bei einem Haus oberhalb der
Hafenbucht liegt eine mächtige Säule aus graurotem Stein. – Am Südrand der
kleinen Strandebene, auf einer »Monastiro« genannten Anhöhe, gibt es die
Kímisis tis Panagías-Kirche neben einem früheren Kloster sowie die Reste
einer anderen frühchristlichen Basilika, die aus dem späten 5. Jh. stammt.

79

Halbinsel Matapán, Kap Taínaron

Die Halbinsel Matapán stellt den südlichsten Teil der Mani dar. Wenn man von
Kipárisso die Straße weiter nach Süden nimmt. Erreicht man nach rd. 3 km das
Dorf Váthia, das malerisch auf einem Berg gelegen ist. Es soll einst, wie auch
andere Dörfer, von Flüchtlingen aus Kreta angelegt worden sein. Anders als
bei den Dörfern an den Hängen und in der Ebene, wo die Häuser und Türme
weit verstreut stehen, drängen sich die Gebäude hier dicht aneinander und der
Ort wirkt wie eine Burg. Das Dorf ist fast ganz von Menschen verlassen. Nur
einige alte Leute haben hier noch ausgeharrt. Einige der Türme werden
ausgebaut und sollen Reisenden als Unterkunft dienen.
Hinter Váthia führt die Straße weiter entlang der steilen Berglehne auf den
Landrücken, der sich bis zu 175 m hoch zwischen den Buchten von Porto
Marmári im Westen und Porto Káio im Osten erhebt. Die Halbinsel Matapán
erstreckt sich noch etwa 5 km nach Süden mit einer höchsten Erhebung von
317 m. Sie endet in der Spitze von Kap Taínaron. Während die Westküste
dieser Halbinsel verhältnismäßig wenig gegliedert ist, findet man an der
Ostküste mehrere tiefe Buchten. Im Norden auf der anderen Seite des Isthmos
liegt die erwähnte tiefe Bucht von Porto Kálio, auch Porto Káio genannt, ein
Name, der von Porto delle Quaglie kommt, was Wachtelhafen bedeutet, weil
hier zur Zeit des Vogelzuges besonders viel Wachteln gefangen werden. Die
Straße führt hinunter zur Bucht und endet dort. An der Bucht von Porto Káio,
die im Altertum Psamathus hieß, gibt es einige Häuser. An der Westseite der
nördlichen Einbuchtung steht hoch am Hang das verlassene Kloster Panagía
tou Portokaíou. Weiter östlich findet man die Ruinen einer mittelalterlichen
Festung, die ebenfalls die nicht genau identifizierte fränkische Burg Groß-
Maina gewesen sein könnte. Südlich der Bucht liegt auf der Höhe die Siedlung
Páliros. Die Bucht von Porto Káio war im Altertum, aber auch im Mittelalter
als Hafen von einiger Bedeutung. Im letzten Drittel des 4. Jh. v. Chr. gewann
Kap Taínaron eine merkwürdige Berühmtheit als Sammelplatz von Söldnern

aus der gesamten griechischen Welt. Könige und Heerführer, die Truppen für ihre Kriegszüge suchten, kamen nach hier und warben Söldner an. Aus den überlieferten Angaben über die getätigten »Umsätze« muß geschlossen werden, daß hier zeitweise mehr als 10 000 Mann versammelt waren. Dafür bot nur der Hafen von Porto Káio entsprechende Ufer und Schiffsliegemöglichkeiten. Taínaron gehörte zu Lakonien und stand unter der Herrschaft von Sparta, das diesen Söldnerhandel duldete, hieran verdiente und auch für eigene Zwecke nutzte. Offensichtlich war es ein idealer Platz, da er weit genug entfernt war, um die Söldner am Umherstreifen in Lakonien zu hindern.

Weiter nach Süden gelangt man, wenn man auf dem Isthmos von der Straße rechts ab den Weg nimmt, der hinunter nach Porto Marmári führt. Nach 500 m zweigt ein anderer Weg links aufwärts führend ab. Er erreicht entlang der Ostseite der Halbinsel, vorbei an der malerischen Bucht von Porto Váthi, nach 4 km die weite Bucht von Porto Asomatós, die ihren Namen nach einer alten Kapelle trägt. Sie wird auch Kisternes oder Sternes nach den Zisternen der ehemaligen antiken Siedlung an ihrer Küste genannt. Es war die Siedlung Taínaron, von der es noch einige wenige Spuren an der Nordküste gibt.

Dort wo die Straße endet, steht die Ruine der Kirche Asomáti. Sie besteht zu einem großen Teil aus antiken Blöcken, die zu einem Poseidon-Tempel gehörten, der einst an dieser Stelle stand. Östlich von dieser Kirche zieht sich ein flaches Tal herab zum Strand. An seiner Westseite zur Kirche hin und von Büschen verborgen öffnet sich eine Höhle oder besser Grotte, die heute den Fischern als Lager dient. Davor lag ein

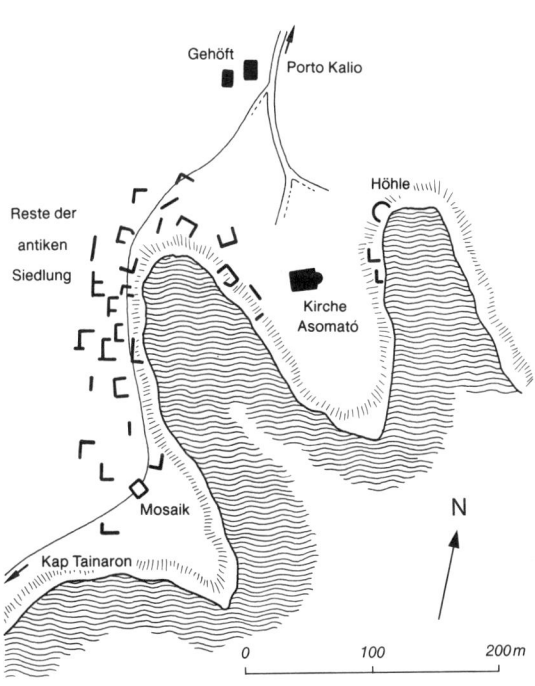

Porto Asomató am Kap Taínaron

größeres Gebäude in den Abmessungen von 16 × 20 m, dessen in den Felsen eingearbeitete Spuren man noch sieht. Dies war das in der Antike berühmte Heiligtum des Poseidon. In Büchern, z. B. bei Fermor, ist auch noch von einer anderen Höhle die Rede, die nur von See aus zugänglich ist und die der Eingang zur Unterwelt gewesen sein soll. Es mag sein, daß diese eindrucksvoller ist als die unsere. Aber daß hier in unmittelbarer Nachbarschaft des Tempels die Kultstätte des Poseidon lag, ist wesentlich wahrscheinlicher.

Der Poseidonkult ist wahrscheinlich von den Achäern begründet und von den Doriern übernommen worden. Darauf deutet auch hin, daß Poseidon hier trotz der Nähe der Kultstätte zum Meer nicht als Beherrscher dieses Elementes, sondern als Herr der Unterwelt verehrt wurde, ein Zug, der älteren Poseidonkulten eigen ist. Die Höhle galt demnach auch als Eingang zur Unterwelt, und Herakles soll hier den Hadeshund Kerberos aus der Unterwelt heraufgebracht haben, obwohl – wie schon Pausanias meint – »durch die Höhle kein Weg in die Erde führt und man nicht leicht glauben kann, daß es eine unterirdische Wohnung der Götter gibt, in der sich die Seelen versammeln« (III 25,5).

In der Bucht westlich der Kirche gibt es zahlreiche Spuren der alten Stadt Taínaron. Zwar sind die Mauern verschwunden, aber man findet viele in die Felsen gearbeitete Hausfundamente und Treppen. Geht man den Pfad entlang dem Westufer vom innersten Ende der Bucht etwa 120 m weit, trifft man auf ein schönes Fußbodenmosaik, wahrscheinlich aus hellenistischer Zeit, das aus Marmor- und Tonbruchstücken hergestellt ist und eine sechsblättrige Rosette zeigt, umgeben von einem Wellenband. Gleich daneben gibt es den Rest eines zweiten einfachen Bodenmosaiks.

Auf einem Pfad, im wesentlichen der Telefonleitung folgend, kommt man in einer halben Stunde bis zum Kap Taínaron. Der äußerste Punkt des Kaps Taínaron, der wie eine Nadelspitze in das Meer sticht, ist die südlichste Stelle des griechischen Festlandes. Das Kap bildet die Grenze zwischen dem lakonischen und dem messenischen Golf und auch die Grenze zwischen Ägäis und der Ionischen See. Den verbannten Athenern bezeichnete Taínaron die westliche Grenze des Gebietes, das sie meiden mußten.

80

Ostküste der Mani

Die Ostküste der inneren Mani ist der am wenigsten besuchte Teil dieser Landschaft. Von Areópolis führt eine Seitenstraße nach Osten über die Berge durch die Dörfer Pírichos und Chimárra an den Golf von Kótronas (13 km) mit dem gleichnamigen Fischerhafen, der über eine Abzweigung erreichbar ist. Hier gibt es Unterkünfte in einigen Pensionen und eine Ipapantí-Kirche mit einfachen, bäuerlichen, nachbyzantinischen Fresken, die primitiv restauriert sind. Die Hauptstraße nach Süden führt zum Teil hoch an den Bergen entlang über Argiliás, Drialí und Nímfi nach Lágia, von wo die Straße über die Berge zurück nach Westen führt und bei Álika (**78**) wieder auf die Hauptstraße trifft. Hinter Lágia, an der Abzweigung nach Pióntes, liegt rechts der Straße eine einfache einschiffige Kirche, vollkommen mit Fresken ausgemalt und mit einer merkwürdigen, von außen zugänglichen Kammer über der Apsis.

Die Ostküste der Mani ist verhältnismäßig gradlinig und nur durch wenige Buchten gegliedert. Der Gebirgshang ist steil und hat in etwa 100 m ü. d. M. einen flacheren terrassenartigen Anstieg, der mit Ölbäumen und Getreide kultiviert ist. An dieser Küste gibt es Brüche roten und grauen Marmors, die schon in der Antike ausgebeutet wurden, heute aber kaum von wirtschaftlichem Nutzen sind. »Im ganzen ist die Ostseite der südlichen Mani nach Natur und Sitten der Bevölkerung der wildeste Teil des ganzen Landes« (Philippson). Die Landschaft und die Dörfer wirken eindrucksvoller als an der Westseite.

Es gibt einen Ausflug an der Ostküste, den man machen sollte, wenn man einen halben Tag Zeit hat. Er führt zu den Resten zweier kleiner Tempel hoch in den Bergen über Nímfi. Der etwa anderthalbstündige Aufstieg im oberen Ortsteil von Nímfi bei dem am weitesten südlich stehenden Turm am Berg. Dort hinauf führt die südlichste Asphaltstraße, die von der Hauptstraße nach Nímfi abzweigt. Hinter dem Turm beginnt der Weg, den man nicht mehr verfehlen kann. Er windet sich ein steiles Tal hinauf auf einen Sattel, von wo man am Gegenhang oben schon das ehemalige Kloster Koúrno sieht, zu dem der Weg weiterführt. Heute wohnt hier ein Bauer. Die Klosterkirche enthält Fresken aus der Zeit um etwa 1500. Hinter dem Kloster führt der Weg auf einen Bergsattel, von dem aus man auf der nächsten Bergnase die Tempelreste sieht. Zwischen den hingeworfenen Steinen – die Tempel wurden wahrscheinlich durch Erdbeben zerstört – erkennt man die nahe beieinander liegenden Stylobaten eines kleinen Antentempels und eines fast quadratischen Peripteros. Zahlreiche Architekturteile liegen noch herum. Sie fügen sich dem Betrachter aber nicht mehr zu einem Ganzen zusammen. Die Tempel wurden nach einer neueren Untersuchung um 100 v. Chr. erbaut und gehörten zu einer

Stadt, die zur Zeit Pausanias schon zerstört war. Daß man in dieser rauhen Lage eine Stadt errichtet hatte, hing sicher mit den für die Mani seltenen Quellen zusammen, von denen eine heute noch das alte Kloster versorgt.

81

Ítilo

Ítilo, auch Vítilo genannt, ist ein großes Dorf nördlich von Areópolis über der Bucht von Liméni an der Stelle des antiken Oítylon. Ítilo war einst ein wohlhabender Ort, wovon noch wehrhafte Türme und stattliche Häuser künden. Grundlage des Wohlstandes waren Seefahrt und Handel, aber auch Piraterie und Beteiligung am nordafrikanischen Sklavenhandel. Der Hafen von Ítilo befindet sich in der tiefen Bucht von Liméni, und zwar an deren Nordende. Dieser Hafen heißt auch Nea Vítilo. An einem Weg zwischen Ítilo und dem Hafen liegt die Kirche Ágios Sotíros. Unterhalb davon, am Hang – ein schmaler Seitenpfad führt dorthin – erhebt sich über der Bucht das verfallene Dekoúlou-Kloster aus dem 18. Jh. Die Fresken des Katholikón und vermutlich auch die geschnitzte und vergoldete Ikonostase stammen von 1765.

Eines der wenigen bekannten geschichtlichen Ereignisse von Ítilo ist die 1671 unter türkischem Druck erfolgte Auswanderung von 700 Einwohnern aus dieser Stadt nach West-Korsika, wo sie mit genuesischer Hilfe angesiedelt wurden und ihre alte maniatische Kultur über Jahrhunderte erhalten konnten. Es wird berichtet, daß auch Napoleon maniatisches Blut in seinen Adern gehabt habe. (Ausführlich berichtet über diese Ereignisse P. Fermor, Mani.) 1769 landete in der Bucht von Liméni das russische Expeditionsheer unter den Brüdern Orloff, um mit Hilfe der Maniaten Krieg gegen die Türken zu führen. Der Orloff-Aufstand brach jedoch bald darauf wegen mangelnder Unterstützung durch die Griechen zusammen und endete mit der Niederlage von Tripolitsa (Trípolis).

Am Südufer der Bucht von Liméni befindet sich der Landeplatz von Areópolis. Dort steht auch das feste Haus nebst Turm von Petrobey Mavromichális. In der Bucht von Liméni endet die von Osten her kommende Quermulde von Karioúpolis, die die Éxo Mani von der Méssa Mani trennt. Über der Schlucht und gegenüber von Ítilo liegt an beherrschender Stelle die Festung Kelefá (**64**).

82

Langáda, Thalámä, Nomítsi, Plátsa

An der Westküste der Éxo Mani an der Strecke Areópolis – Kalamáta gibt es wenige Kilometer nördlich von Ítilo (**81**) eine Gruppe von Dörfern mit einer ganzen Anzahl alter Kirchen. Am südlichsten liegt Langáda mit einer Agía Sofía-Kirche aus dem 13. Jh. mit Fresken aus dieser Zeit. Ungewöhnlich ist der weit nach Osten vorgezogene Kreuzarm mit einer direkt anschließenden Apsis, die sich weit von den Seitenapsiden absetzt. Wenig weiter auf der Hauptstraße erreicht man Thalámä. An der Platia steht ein spitzbogiges Brunnenhaus mit zahlreichen antiken und kirchlichen Spolien. Etwa 300 m oberhalb des Ortes steht die Ágios Ilías-Kirche aus dem 11. Jh. mit sehr schmalen, in die Seitenwände eingelassenen Querarmen und einer ovalen Kuppel sowie wenigen Fresken.

Der nächste Ort ist Nomítsi. Am südlichen Ortsrand rechts der Straße stößt man auf die Ipapantí-Kirche aus dem 13. Jh., eine Viersäulenkreuzkuppelkirche. Bemerkenswert sind die einfachen aber phantasievollen Verzierungen der Kämpferkapitelle, u. a. ziehen zwei Füchse einen Pflug, der von einem Hahn geführt wird; eine Sphinx trägt ein Tier im Maul; ein Bogenschütze jagt ein anderes Tier. Selten ist auch der halbrunde Bogen über der Ikonostasentür. Gleiches sieht man nur noch in der Episkopí bei Ágios Geórgios (**73**). – Etwas weiter liegt auf der gleichen Seite eine Anárgiri-Kuppelkirche, deren vier Kreuzarme nur angedeutet sind. Das Bild der heiligen Ärzte Kosmas und Damian, denen die Kirche geweiht ist, befindet sich auf der linken Seite. Das Fresko ist jünger als die übrige, schlechter erhaltene Bemalung. Die Kirche hat keine Apsiden, sondern nur drei kleine Nischen. – Links folgt unterhalb der Straße eine einschiffige Panagía-Kirche mit angedeuteten Querarmen und bemalter Ikonostase. In der Apsis die Platitéra, am Triumphbogen darüber das Mandilion, links in der Sakramentsnische der Schmerzensmann. – Weiter auf der rechten Seite eine Kirche mit einem kleinen Glockenturm und am nördlichen Ortsende eine Kímisis tís Theotókou-Kirche mit Freskenschmuck nach dem üblichen Kanon: An den Seitenwänden Heilige, auf der Ikonostase Christus und Maria, über der Tür Christus mit den Aposteln, in der Laibung der Ikonostasentür Joachim und Anna, in der Konche Maria, darunter vier Kirchenväter.

Weiter nach Norden fahrend erreicht man gleich darauf Plátsa. Noch vor dem Ort, an einer Rechtskurve, erhebt sich auf einem Plateau die Ágios Nikólaos Kambinári-Kirche in der verhältnismäßig seltenen Form einer dreischiffigen Kuppelbasilika mit drei runden, gleich großen Apsiden, die aber unterschiedlich hoch sind. Auffälligerweise hat die Kirche keine Fenster. Die Schiffe sind

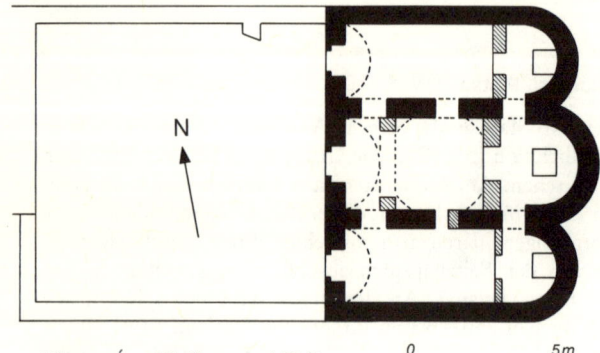

N

Kirche Ág. Nikólaos bei Plátsa

0   5m

im Inneren durch Mauern mit schmalen Durchgängen voneinander getrennt. Der Bau entstand wahrscheinlich schon im 9. Jh. als reine Basilika. Die Kuppel mit quadratischem Tambour ist jüngeren Datums. 1338 wurde die Kirche einer Inschrift zufolge von dem Tsaoussios (Gouverneur) Konstantin Spanes, der dem slawischen Stamm der Melinger angehörte, renoviert. Aus dieser Zeit stammen wahrscheinlich auch die Fresken.

In Plátsa gibt es noch mehrere andere Kirchen, so eine Agía Paraskeví-Kirche und eine Ágios Dimítrios-Kirche, beide aus dem 13. Jh. Von der Hauptstraße zweigt links abwärts eine Straße ab zur Ágios Ioánnis-Kirche. Es ist eine Zweisäulenkreuzkuppelkirche aus dem 15./16. Jh. Apsis und der auffällig hohe Tambour sind mit Blendbogen verziert. Im Inneren gibt es zahlreiche nachbyzantinische Fresken: in der Apsis die Panagía, im östlichen Hauptgewölbe Christus Pantokrator, umgeben von Tierkreiszeichen und Landschaften. Auch die gemauerte Ikonostase und die übrigen Gewölbe sind mit Fresken geschmückt, die Szenen aus dem Leben Christi und des Johannes zeigen.

Von Plátsa weiter nach Norden fahrend kommt man hinunter in die Ebene von Kistérna. Unmittelbar westlich der Straße liegt der nur etwa 30 m hohe tafelbergförmige Hügel von Léftron. Hier lag die spartanische Periökenstadt Leuktron. Von ihr hat sich aber nichts erhalten. Die geringen Mauerreste, die einen Aufstieg nicht lohnen, gehören zur um 1250 erbauten fränkischen Burg Beaufort.

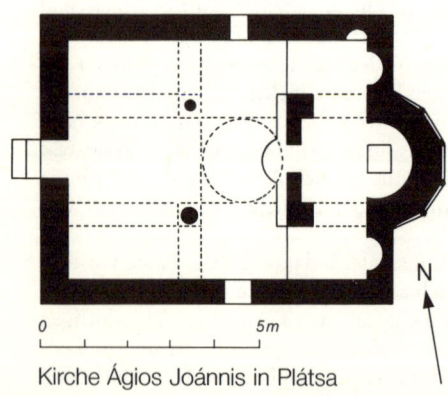

0   5m

N

Kirche Ágios Joánnis in Plátsa

83

Kardamíli

Kardamíli liegt 33 km südöstlich von Kalamáta an der Strecke nach Areópolis und ist der Hauptort der Éxo Mani. Es ist ein angenehmer kleiner Hafenplatz mit weit verstreuten Häusern an der großen Bucht, die durch die nördlich vorspringende Halbinsel Kap Kefáli gebildet wird. Vom Taýgetos herunter kommt das breite Trockenbett des Baches von Kardamíli. Es mündet in einer Bucht, aus der nahe der Küste eine kleine Insel mit venezianischen Befestigungen auftaucht. Nach der Lokalsage soll auf dieser Insel Neoptólemos gelandet sein auf seinem Weg nach Sparta, wo er um Hermione, die Tochter des Menelaos, geworben hat. Auf einer Insel weiter südlich sind angeblich die Dioskuren geboren.

Kardamíli ist ein Ort mit bescheidenem Fremdenverkehr, einfachen Hotels und Privatunterkünften.

Sehenswert ist die Ágios Spíridon-Kirche im alten Ortsteil oberhalb des Bachbettes in einer maniotischen Burganlage. Man erreicht sie am besten, wenn man im Norden des Ortes, wo die Hauptstraße über eine Brücke führt, vor der Brücke rechts den Weg entlang des Ufers nimmt und nach etwa 150 m rechts den Pfad aufwärts zur Burg steigt. Die Kirche stammt aus dem 18. Jh. Interessant sind die mit Blumen, Tauben und Doppeladlern geschmückten Fenster und vor allem der Kampanile, dessen Fenster von Schmuckkanten und Rosetten eingefaßt sind. Blüten ziehen sich auch über das ganze Dach. Überragt wird die Kirche von einem maniotischen Turm, über dessen Eingang man zwei volkstümliche Reliefs erkennt. Der Turm wurde 1808 von der Familie Mourtsínos, die ihre Herkunft von den Paläologen ableitete, errichtet. Michaelbey aus der Familie Mourtsínos war von 1779–1782 Bey der Mani und wurde von den Türken enthauptet. 150 m oberhalb der Spíridon-Kirche und hinter einer anderen kleinen Kirche liegen rechts des Pfades zwei in einen Felsen gearbeitete, wahrscheinlich römische Grabkammern, die als Gräber der Dioskuren bezeichnet werden. Der Weg führt weiter auf die Akropolis. Sie gehörte zum antiken Kardamýle, das schon in homerischer Zeit bekannt war und in römischer Zeit den Spartanern von Kaiser Augustus als Hafen zugewiesen wurde, nachdem die eleuthero-lakonischen Städte ihre Selbständigkeit erhielten. Der Verkehr über den Taýgetos muß für die Spartaner allerdings recht schwierig gewesen sein. – Auf dem Hügel hinter der Akropolis steht die Kreuzkuppelkirche der Agía Sofía.

84

Kámbos

Kámbos befindet sich 17 km südlich von Kalamáta an der Strecke nach Areópolis im Inneren der Halbinsel Kefáli. Der Ort ist Mittelpunkt einer größeren Gruppe von kleinen Dörfern und Siedlungen, die im Mittelalter Zarnáta genannt wurde. Diesen Namen trägt heute auch noch die fränkisch-byzantinische Burg auf dem Berg südwestlich des Ortes, die im folgenden beschrieben wird.

In Kámbos, das im Mittelalter Bischofssitz war, steht direkt an der Haupt-straße eine Kreuzkuppelkirche der Kímisis tís Theotókou aus dem 14. oder 15. Jh. mit einer reichgeschnitzten, aber nicht besonders gut erhaltenen Iko-nostase. Die Fresken stammen wahrscheinlich aus dem 16. oder 17. Jh. In der Konche der Mittelapsis die Panagía Platitéra, darunter die Darstellungen des Abendmahls, unten Kirchenväter, das Abendmahl in Form des Melismós zelebrierend. In der westlichen Wölbung die Himmelfahrt. Christus umgeben von Heiligen und Tierkreiszeichen. Im Südwestgewölbe eine Darstellung des himmlischen Jerusalem.

In Kámbos hat es schon in mittel- und spätmykenischer Zeit eine Siedlung gegeben, wie ein hier aufgefundenes Kuppelgrab mit 8,50 m Durchmesser, 9 m Höhe und einem 13 m langen Dromos bezeugt. Man findet das Grab, wenn man nach Süden fährt, 500 m vor dem Ort rechts der aufwärts führenden Straße, unterhalb der maniotischen Burg mit dem kleinen Denkmal davor.

Die Festung Zarnáta über dem Ort ersteigt man am besten von Stavropígi aus, das an der Straße nach Süden 2 km von Kámbos liegt. Die Mauern der Festung stehen auf denen der antiken eleuthero-lakonischen Stadt Geranía. Man sieht noch guterhaltenes polygonales und Quadermauerwerk vor allem an der Ostseite, wo man auch ein Stück auf der Mauer entlanggehen kann.

Die Burg Zarnáta war im Mittelalter sowohl unter den Türken wie unter den Venezianern die wichtigste Festung der Exo Mani. Die türkische Besatzung wurde hier 1667 von maniotischen Rebellen belagert und schließlich von türkischen Galeeren entsetzt. 1685 brachte Francesco Morosini Zarnáta in venezianischen Besitz. Bis 1715 war die Festung Standort eines größeren venezianischen Truppenkontingents und Sitz eines Rektors und eines Provedi-tore. Im 18. Jh. wurde die Burg von den Türken offenbar nicht mehr genutzt. Stattdessen siedelte sich hier der maniotische Kapitän Koumountourákis an, von dem die Burg auf dem Gipfel stammt. Der Turm hat an seinen Ecken originellerweise unter den einstigen Erkern Kanonenrohre aus Stein, als ob echte nicht mehr wichtig gewesen seien.

Wenig nördlich steht auf dem Gipfel die einschiffige Transeptkirche der

Panagía. Den Westarm beherrscht die Himmelfahrt: Christus umgeben von den Evangelistensymbolen, Engeln, Tierkreiszeichen, Heiligen, Menschen und Tieren. In der Querwölbung der Pantokrator umgeben von Heiligen. In der Apsis die Panagía Platitéra, darunter das Abendmahl, an der Wand 6 Hierarchen. In der Apsidiole links Melchesidek, in der Nische daneben Christus als Schmerzensmann. Das Gewölbe des Bema ist oben mit dem Leben Christi, unten mit der Erschaffung der Welt geschmückt. An der Südwand der heilige Michael, an der Nordwand Ágios Geórgios. Die Westwand zeigt ganz oben die Kreuzigung, darunter das Jüngste Gericht, darunter Adam und Eva.

In der Umgebung von Kámbos stehen auf isolierten Hügeln die burgartigen Häuser und Festen anderer maniotischer Kapitanéi. – Nördlich von Kámbos zwischen Straße und Küste liegen die Orte Megáli- und Mikrá-Mantínia, wo sich wahrscheinlich die von den Slawen geflüchteten Bewohner des arkadischen Mantíneia (**36**) angesiedelt haben.

Messenien

Überblick

Messenien, der südwestliche Teil der Peloponnes, ist von Natur aus deutlich vom übrigen Land abgegrenzt. Im Osten bildet die Grenze der mächtige Taýgetos, im Norden das tief eingeschnittene Tal der Néda. Im übrigen ist Messenien vom Meer umschlossen. Tief greift der messenische Golf in das Land ein. Er setzt sich nach Norden fort in den messenischen Niederungen, nämlich der weit nach Norden ausgedehnten unteren Ebene und der davon abgegrenzten oberen Ebene, nach der das Land auch seinen Namen Messéne (= Mittelland) haben soll. Hier treffen seit altersher die Hauptstraßen zusammen. Von Nordosten kommt die Straße von Trípolis und Megalópolis über den niedrigen Dervéni-Paß, von der Westküste eine andere Straße durch die Quermulde von Kókla. In der oberen Ebene sammelt auch der Hauptfluß Messeniens, der Pámisos, seine Gewässer aus mehreren Quellflüssen, die von den umgebenden Gebirgen herabkommen. Der bedeutendste ist der Mavrozúmenos, der im Altertum Balýra hieß. Die obere Ebene wird im Westen überragt von dem mächtigen Ithóme, hinter dem sich bis zur Westküste das Bergland von Kiparissía erstreckt. Dies setzt sich nach Süden fort in den verhältnismäßig niedrigen Gebirgen der Messenischen Halbinsel. An ihrem Ansatz wird diese von einer weiteren Quersenke durchschnitten, durch die die Straße von Kalamáta nach Pílos führt. Dort liegt an der Westküste die eindrucksvolle Bucht von Navaríno mit der vorgelagerten Insel Sphaktería. Nach Norden erstreckt sich von hier bis Kiparissía und auch nach Süden bis nach Methóni ein reich angebautes Küstenland, gelegentlich unterbrochen von Höhenrücken, die bis ans Meer reichen.

Die messenischen Niederungen und das westliche Küstenland gehören nach Bodengüte und Klima zu den gesegnetsten Landschaften der Peloponnes. Schon im Altertum waren sie bedeutende Kulturlandschaften. Vor allem gilt dies für mykenische Zeit. Erst die Forschungen der letzten Jahrzehnte haben erkennen lassen, daß das Land damals ebenso dicht besiedelt war wie die Argolis. Es war das Reich des Nestor. Sein Palast stand in Pylos und ist wahrscheinlich mit dem von Epáno Englianós (**94**) identisch. Von den mehr als hundert Kuppelgräbern, die man in Griechenland gefunden hat, liegt nahezu die Hälfte in Messenien, darunter auch die ältesten. Nestor führte – wie Homer

Messenien

berichtet – neben Mykene das größte Truppenkontingent nach Troja. Von den messenischen Küsten über die nach Süden vorstoßende Halbinsel der Peloponnes müssen damals intensive Kontakte nach Kreta bestanden haben. Freilich sind die Küsten Messeniens auf weite Strecken ohne gute Häfen, so daß in späterer Zeit das Land nicht zuletzt durch die gefahrvolle Umfahrung der Peloponnes an den Rand der griechischen Welt rückte. »Kein Teil des antiken Griechenland hat eine so glanzlose Geschichte gehabt wie Messenien!« (Philippson).

Das Schicksal Messeniens war es, in geschichtlicher Zeit lediglich die Begehrlichkeit des benachbarten Sparta wegen seiner fruchtbaren Niederungen zu wecken. So unterwarf Sparta das Land im ersten Messenischen Krieg (743 bis 724 v. Chr.), und auch weitere Kriege und Aufstände, deren Mittelpunkt stets die gewaltige Bergfeste Ithóme war, brachten statt Freiheit neue Unterwerfung. Im Laufe vieler Jahrhunderte wanderten die Messenier u. a. nach Zankle in Sizilien, das seitdem Messana genannt wurde, und nach Náfpaktos. Erst der große Thebaner Epameinondas befreite das Land 369 v. Chr., rief die verstreuten Messenier zurück und gründete die neue Hauptstadt Messéne (**90**) am Ithóme. Ohne besondere Höhepunkte verläuft dann die Geschichte von makedonischer über römische bis in byzantinische Zeit. Im Mittelalter wanderten Slawen ein und Albaner. Johanniter und Deutschritter hatten hier ausgedehnte Besitzungen. In Kalamáta (**85**) lag die Stammburg der Villehardouins, und an der Spitze der messenischen Halbinsel nannte man die beiden venezianischen Festungen Methóni (**93**) und Koróni (**91**) die »Augen Venedigs«. Bis heute ist Messenien bedeutsam wegen seiner landwirtschaftlichen Produkte: neben Getreide vor allem Korinthen, Feigen und die berühmten Oliven von Kalamáta. Es gibt im wesentlichen vier Zugänge nach Messenien. Der wichtigste ist die schon erwähnte Straße von Trípolis nach Kalámata. Wer an der Westküste von Pírgos und Olympia her kommt, hat die Möglichkeit, noch vor Kiparissía nach Osten durch die Quersenke von Kókla zu fahren. Dies ist der schnellste Weg ins Landesinnere. Die »langsamere« Straße führt weiter entlang der Küste bis nach Pílos und von dort nach Kalamáta. Sehr mühsam war früher die Straße, die von Sparta über den Taýgetos nach Kalamáta führt. Heute ist sie jedoch gut ausgebaut und besonders schön. Ein weiterer Anreiseweg führt von Areópolis aus der inneren durch die äußere Mani ebenfalls nach Kalamáta, das so im Verkehrsmittelpunkt von Messenien liegt.

Kalamáta, eine lebendige Stadt, eignet sich gut als Ausgangspunkt mindestens für die Bereisung des östlichen Messeniens. Dort sollte man vor allem das alte Messéne (**90**) besuchen. Die übrigen Orte in den messenischen Niederungen wie Thouría (**86**), Ágios Flóros (**87**) und Androússa (**88**) sind dagegen nur demjenigen zu empfehlen, der Zeit hat, um auch den kleineren Dingen am Wege nachzugehen. Dies gilt auch für die mykenische Akropolis von Málthi

(98), die in beherrschender Lage über der oberen Ebene an der Straße nach Kiparissía liegt. Bei Kiparissía sollte man sich aber die Kuppelgräber von Peristería (97) ansehen, die einen Begriff von der Bedeutung dieser Landschaft in mykenischer Zeit geben. Wenn man von Kiparissía (96) nach Süden fährt, um die bedeutendste Sehenswürdigkeit an der Westküste, nämlich den Palast von Epáno Englianós (94) anzusehen, empfehlen wir auf jeden Fall einen Abstecher nach Christianoú (95). Dort findet man eine bedeutende byzantinische Kirche, die den meisten Reisenden unbekannt bleibt. Im Süden der messenischen Halbinsel wird die hübsch gelegene kleine Hafenstadt Pílos (92) gerne besucht. Wenn man es nicht eilig hat, sollte man unbedingt von dort aus am Nordufer der Bucht das alte Koryphásion wegen seiner landschaftlichen Lage besuchen. Besuchenswert sind schließlich die venezianischen Festungen von Koróni (91) und Methóni (93), von denen letztere die eindrucksvollere ist.

85

Kalamáta

Kalamáta, amtlich auch Kalámä genannt, ist die Hauptstadt des Nomós Messenien. Sie liegt am gleichnamigen Golf, jedoch nicht unmittelbar an der Küste, sondern etwa 2 km landeinwärts, dort, wo der Nédon als breiter, im Sommer trockener Fluß in die Ebene tritt. Kalamáta ist eine sehr lebhafte Stadt. Der 2 km entfernte Hafen ist heute mit ihr zusammengewachsen. Er ist außer Pátras der einzige Hafen von einiger Bedeutung auf der Peloponnes. Der Wohlstand der Stadt beruht vor allem auf der bedeutenden landwirtschaftlichen Nutzung Messeniens. Kalamáta ist auch der Verkehrsmittelpunkt des Landes. Von hier führen die Hauptstraße nach Trípolis (89 km) sowie wichtige Nebenstraßen über den Taýgetos nach Sparta (60 km), entlang der Ostküste des Golfes nach Areópolis und in die Mani (82 km), in den westlichen Teil Messeniens nach Pílos (53 km). So ist Kalamáta auch gut als Standort für Reisen in Messenien geeignet. Kalamáta hat eine Station der Peloponnes-Eisenbahn und als einzige Stadt der Peloponnes tägliche Flugverbindung mit Athen. Der Flughafen befindet sich 8 km westlich der Stadt an der Straße nach Pílos.
Östlich vom Hafen an der Strecke nach Areópolis, wo es auch einige Hotels gibt, findet man einen verhältnismäßig guten Sandstrand und Bademöglichkeiten.
Im Jahre 1986 wurde Kalamáta durch ein schweres Erdbeben heimgesucht, das zwar wenige Menschenleben forderte, bei dem aber viele Gebäude zerstört

oder unbrauchbar und zahlreiche Menschen obdachlos wurden. Die Schäden waren zur Zeit der Drucklegung dieses Buches noch an vielen Stellen sichtbar.

Geschichte

Kalamáta liegt an der Stelle der antiken Stadt Pharai oder Pherai, die schon bei Homer (Ilias IX 151, 293) erwähnt wird, und zwar als Stadt des Menelaos, die dessen Bruder Agamemnon zusammen mit anderen Städten dem Achilleus zur Besänftigung seines Zornes verspricht. Mykenische Funde im Stadtgebiet belegen, daß Kalamáta schon in dieser Zeit besiedelt war. In historischer Zeit gehörte sie zu den spartanischen Perioken-Städten, war seit 338 messenisch und gehörte seit 182 v. Chr. als selbständiges Mitglied dem Achäischen Bund an. In der römischen Kaiserzeit war Pharai eine eleuthero-lakonische Stadt. Pausanias (IV, 30,1) erwähnt in der Stadt ein Heiligtum der Tyche sowie die Tatsache, daß die Stadt 6 Stadien (= 1 km) vom Meer entfernt sei. Da der heutige Hafen etwa doppelt so weit entfernt ist, muß das Ufer von Kalamáta inzwischen nach Süden vorgerückt sein.

Über das Schicksal der Stadt in der Völkerwanderungszeit ist nichts bekannt. Vermutlich wurde Kalamáta schon in byzantinischer Zeit befestigt. 1206 eroberten die Franken unter Guillaume de Champlitte und seinem Mitstreiter Geoffroy de Villehardouin die Stadt. Villehardouin baute hier 1208 den neuen Stammsitz seines Geschlechtes. Sein Sohn, der berühmte Guillaume de Villehardouin, der Mistrá gründete und Fürst von Achaia war, wurde in Kalamáta geboren und starb auch hier. Später kam die Burg in zahlreiche andere fränkische Hände. 1300 fiel die Stadt an das Herzogtum von Athen, 1425 an das Despotat von Mistrá und wurde bald darauf türkisch, nachdem die Burg vorher von den Venezianern zerstört worden war. Am 14. September 1685 eroberten braunschweigische Truppen in venezianischen Diensten Stadt und Festung Kalamáta erneut für die Markusrepublik. In der Zeit der zweiten venezianischen Herrschaft wurde die Burg Ende des 17. Jh. wieder aufgebaut und die Befestigungen verstärkt. Nach 1715 wieder türkisch geworden, war Kalamáta Waffenplatz gegen die unruhigen Maniaten, aber auch selbst Ort von Aufständen der Griechen gegen ihre Unterdrücker – so 1770 anläßlich des Orloff-Aufstandes und 1821, als Kalamáta einer der ersten Orte war, in denen die Befreiungskriege begannen.

Rundgang

Es gibt nicht allzuviel Sehenswertes in Kalamáta. Vor allem ist es die lebendige Stadt selbst mit ihren zahlreichen Geschäften, die zu einem Bummel einlädt. Im oberen Teil, in der Altstadt von Kalamáta, sollte man die Agorá besichtigen, wo die Produkte Messeniens angeboten werden, vor allem die Oliven und Feigen, für die Kalamáta berühmt ist.

Vor der Agora steht auf einem Platz die Kirche Ágii Apóstoli, deren westlicher Teil stark durch das Erdbeben gelitten hat. Ihr östlicher Teil, eine eigene kleine Kreuzkuppelkirche, bildet gleichsam die Apsis. Sie stammt aus dem 10. Jh. und ist aus regelmäßigen Quadern mit Ziegelzwischenlagen erbaut. Am Chor der Apsis überwölbt ein Ziegelrundbogen das Fenster, flankiert von Friesen mit pseudokufischen Mustern und Ziegelzackenkanten. Die große einschiffige Kuppelkirche, die das Hauptschiff bildet, wurde 1626 errichtet. Die Mauern sind ähnlich gebaut, haben aber keine Zwischenlagen aus Ziegeln. Die Türen sind mit schönen Einfassungen versehen, die Fenster von Pilastern flankiert.

Hinter der Agorá in einer Seitenstraße befand sich das archäologische Museum (Benaki-Museum), das zur Zeit der Drucklegung dieses Buches wegen Erdbebenschäden geschlossen war.

Etwa 100 m oberhalb des Benaki-Museums liegt in der Odos Ág. Ioánnou schräg gegenüber einer Kirche das Kiriakoú-Museum. In liebenswürdiger Unordnung sieht man hier Versteinerungen, alte Trachten, Hausrat des 19. Jh., Erinnerungen an die Freiheitskriege und landwirtschaftliche Geräte. Interessant sind Geräte und Webstühle zur Baumwollbearbeitung und Seidenherstellung sowie Werkzeuge für den Reisanbau.

An der Kathedrale oberhalb der Altstadt stößt man auf das große moderne Frauenkloster Moní Kalogreion. An beiden Gebäuden entstanden schwere Erdbebenschäden. Im Kloster wird noch in größerem Umfang Seidenraupenzucht betrieben und die Seide auf zahlreichen Webstühlen verarbeitet. Kalamáta war schon im Mittelalter ein Zentrum der Seidenfabrikation, die im übrigen auf der gesamten Peloponnes verbreitet war.

Die Burg, das sog. Kastro von Kalamáta, erreicht man oberhalb der Altstadt, indem man an der Kathedrale vorbei aufwärts steigt. Von der Burg, die heute als öffentliche Anlage eingerichtet ist, sind in der Hauptsache noch zwei Mauerringe erhalten. Der äußere Torturm wurde Anfang des 13. Jh. an der Stelle einer älteren byzantinischen Kirche errichtet. Über dem äußeren Tor ist ein kaum noch erkennbarer Markuslöwe vom Ende des 17. Jh. angebracht. Aus dieser Zeit stammt auch die von den Venezianern erneuerte Nordostbastion. Von den übrigen Gebäuden der Burg haben sich kaum noch Spuren erhalten. – Von der Ostmauer der Burg aus sieht man nicht sehr weit entfernt den Friedhof der heutigen Stadt. Die Friedhofskapelle ist modern. Als Chor dient ihr jedoch an der Ostseite der sehenswerte Rest einer Kreuzkuppelkirche aus dem 11. oder 12. Jh. mit einer dreiseitigen Mittelapsis und zwei merkwürdig kleinen schmalen Seitenapsiden. Das Gebäude weist einige schöne Ziegelornamente, darunter auch pseudokufische Ornamente, auf und muß seinerseits auch mehrfach umgebaut worden sein, wie an der Südseite die Über-

schneidung des Fensters mit dem darunterliegenden ehemaligen Türbogen
zeigt. Das Pultdach, das den Bau überdeckt, dürfte erst bei der Einbeziehung in
die moderne Kirche hinzugefügt worden sein. Auch dieser Bau hat stark durch
das Erdbeben gelitten.

3 bis 4 km westlich von Kalamáta, in Akovítika, zwischen der Straße nach Pílos
und dem Meer, wurden die Reste eines Megarons aus frühhelladischer Zeit
gefunden. 500 m südlich des Dorfes und 650 m von der Küste entfernt fand
man ein zu einem Poseidon-Heiligtum gehörendes Peristyl-Gebäude mit
dorischer Säulenhalle aus dem 6. Jh. v. Chr. Der Poseidon-Kult wurde hier
vom 7. bis zum 4. Jh. v. Chr. ausgeübt.

86

Thouría

Der heutige Ort Thouría liegt 11 km nördlich von Kalamáta an der Strecke
nach Trípolis. Sein Name erinnert an die antike Stadt gleichen Namens, die
einst die bedeutendste Stadt der messenischen Niederung gewesen ist. Die
Ruinen befinden sich 3 km nördlich von Thouría und 100 m über der Ebene
östlich des heutigen Dorfes Ántheia. Die Stätte wird heute Paleókastro genannt. Ein Besuch ist aber wenig ergiebig.

Thouría war eine spartanische Periöken-Stadt. Sie wurde im 3. Messenischen
Krieg, 464 v. Chr., zerstört, von Epameinondas wieder aufgebaut und war seit
182 v. Chr. Mitglied des Achäischen Bundes. Von Augustus wurde die Stadt
Sparta zugeschlagen. In der römischen Kaiserzeit war sie wieder selbständig
und blühte auf. Das Gebiet von Thouría reichte bis zur Küste, und der
Messenische Golf hieß damals »Golf von Thouría«. Im 2. Jh. n. Chr. verödete
die Stadt. In byzantinischer Zeit gab es jedoch auf der Akropolis wieder einen
Ort.

Unterhalb der Akropolis, wo sich vor allem in römischer Zeit die Siedlung
erstreckte, liegen noch verhältnismäßig gut erhaltene Ruinen eines römischen
Thermengebäudes, heute »Loutró« genannt. Auf demselben Höhenrücken
wie die Akropolis gab es weiter südlich eine kleinere Siedlung ab frühhelladischer und eine größere aus mykenischer Zeit mit Kammergräbern und einem
Kuppelgrab. Vom heutigen Dorf Thouría führt eine Seitenstraße über die
nordwestlichen Ausläufer des Taýgetos nach Leontárion (**47**) und Megalópolis
(**43**).

87

Ágios Flóros

Rund 20 km nördlich von Kalamáta, ebenfalls an der Straße nach Trípolis, liegt das Dorf Ágios Flóros. Im Westen des Ortes wurde bei den zahlreichen starken Quellen das Heiligtum des Flußgottes Pámisos entdeckt. Gefunden wurde ein kleiner dorischer Anten-Tempel aus dem 6. Jh. v. Chr. Das Heiligtum bestand bis zum 4. Jh. n. Chr.

88

Androússa

Das Dorf Androússa befindet sich westlich der Nebenstraße, die von der Hauptstraße Kalamáta – Pírgos bei Messíni nördlich nach Meligalás führt. Im Dorf Eva zweigt nach Westen die Straße nach Androússa (2 km) ab. Der Ort liegt auf einem Tafelberg, der auf drei Seiten von tiefen Tälern umgeben ist. Diese ziehen sich nach Osten zum Pámissos hinab. Auf dem Bergvorsprung erhebt sich die eindrucksvolle fränkische Festung Druges, deren Mauerring mit einer Reihe von Türmen noch in großen Teilen, vor allem gegen Norden und im Südosten erhalten ist. Zum Dorf hin steht ein weiterer Festungsturm. Auffällig ist die unterschiedliche Form der Türme trotz gleicher Erbauungszeit. Im Friedhof, der links vom Ortseingang liegt, steht eine Ágios Geórgios-Kirche. Ihr Unterbau ist mit Ausnahme der Apsis aus Feldsteinen gebaut. In der oberen Zone wechseln Quader mit Ziegelzwischenlagen ab; die waagrechten Lagen haben Zahnschnittkanten. Die vermauerte Tür mit Spitzbogen an der Nordseite verrät fränkischen Einfluß. Aus türkischer Zeit stammt ein großer Aquädukt.

Androússa wurde wohl erst Ende des 13. Jh. erbaut und war neben Kalamáta die bedeutendste fränkische Stadt Messeniens. 1417 wurde Androússa von dem byzantinischen Despoten von Mistrá erobert. 1460 wurde die Stadt türkisch, und von 1686 bis 1715 unterhielten die Venezianer hier Handelsniederlassungen.

89

Meligalá

Das wohlhabende Dorf liegt in der oberen messenischen Ebene, südöstlich der Abzweigung der Hauptstraße nach Pírgos von der Straße Kalamáta – Trípolis. 25 km nördlich von Kalamáta biegt links von der Hauptstraße nach Trípolis die Straße nach Ithóme, dem antiken Messéne (**90**), ab. 1 km weiter, in Skála, geht es rechts zum 3 km entfernten Meligalá. Dort biegt man links ab nach Pigáda, Neochóri, kommt nach gut einem Kilometer an einem großen griechischen Soldatenfriedhof vorbei und erreicht 500 m weiter den Ort Neochóri hinter der berühmten Mavrozoúmenos-Brücke. An dieser Stelle fließen die beiden Hauptzuflüsse, von denen der eine Mavrozoúmenos heißt, zum Pámissos zusammen. Über die Vereinigungsstelle führt eine dreischenklige antike Brücke. Heute wirkt diese recht unscheinbar.

Vom Dorf Neochóri führt eine 15 km lange Straße nach Messéne (Ithóme) (**90**).

90

Messéne (Ithómi)

Das antike Messéne war seit spätklassischer Zeit die bedeutendste Stadt Messeniens. Die Ausgrabungen der Stadt, ein kleines Museum und die Besteigung des Ithóme-Berges lohnen einen Besuch. Messéne ist nicht zu verwechseln mit dem Dorf Messíni, 25 km weiter südlich an der Strecke Kalamáta-Pílos. Auf Wegweisern steht Ithómi, der ältere Name von Messéne in der Antike. Das kleine Dorf, das heute im antiken Stadtgebiet unterhalb des Berges liegt, heißt Mavromáti (= schwarzes Auge). Messéne erreicht man, indem man von Kalamáta in Richtung Trípolis fährt und nach 25 km links abbiegt, wobei man unterwegs die Mavrozoúmenos-Brücke bei Meligalá (**89**) besichtigen kann. Man kann auch von Androússa (**88**) weiterfahren nach Messéne oder hat die Möglichkeit, die Nebenstraße zu benutzen, die bei dem heutigen Messíni von der Straße Kalamáta – Pílos nach Norden nach Meligalá führt. Von dieser zweigt in Valíra eine Straße ab, die vorbei am neuen Vourkáno-Kloster am Hang des Eva-Berges zum lakonischen Tor und nach Mavromáti führt.

Geschichte

Der Anfang der Geschichte von Messéne liegt ziemlich im dunkeln. Der Ithóme-Berg, der sich klar vom übrigen Gebirge abhebt und aus allen Richtungen schon von weitem erkennbar ist, war jedenfalls schon in frühen Zeiten die natürliche Akropolis von Messenien, eine Fluchtburg für die Bevölkerung des Landes. Der Besitz des Ithóme entschied über die Herrschaft in Messenien. Ithóme und Akrokorinth wurden die beiden Hörner genannt, an denen man den Stier Peloponnes halten müsse. – So hat der Ithóme wohl schon in den beiden ersten Messenischen Kriegen (743–724 und 645–628 v. Chr.) eine Rolle gespielt, als die Spartaner Messenien unterwarfen und ihr Herrschaftsgebiet auf die ganze Peloponnes auszuweiten versuchten. 490 v. Chr. fand ein Heloten-Aufstand statt, der von Sparta blutig niedergeschlagen wurde. Damals wanderten zahlreiche Messenier nach Zankle in Sizilien aus, das seitdem Messána (Messína) genannt wurde. Der 3. oder eigentlich 4. Messenische Krieg fand von 464–450 v. Chr. statt. Damals hatten die unterdrückten Messenier wiederum den Ithóme besetzt und lange Zeit gegen die Spartaner verteidigt. Nach ihrer Niederwerfung wurden die überlebenden Messenier in der Gegend von Naúpaktos, dem heutigen Náfpaktos, gegenüber der Meerenge des korinthischen Golfs angesiedelt.

Der große thebanische Feldherr und Staatsmann Epameinondas rief nach der Niederschlagung Spartas im Jahre 369 die weit verstreuten Messenier ins Land zurück und gründete mit ihnen und zahlreichen Nichtmesseniern die neue Hauptstadt am Fuße des Ithóme. Erst in dieser Zeit erhielt die Stadt den Namen des Landes Messana, nämlich Messéne. Zunächst noch unter thebanischem Truppenschutz wurden die starken und langen Stadtbefestigungen gebaut. Die Messenier kämpften in der Schlacht von Mantíneia auf der Seite Thebens und erhielten im nachfolgenden Friedensschluß ihre völlige Selbständigkeit, die freilich von Sparta nicht anerkannt wurde. Die neue Stadt Messéne entwickelte sich, anders als Megalópolis, recht gut, da es in der näheren und weiteren Umgebung keine vergleichbaren Städte gab. Mit der Zunahme des Einflusses Philipps II. von Makedonien wandte sich Messéne diesem zu und konnte so nach dem Sieg der Makedonier bei Chairóneia seine Herrschaft über die bisherigen spartanischen Periöken-Städte in der messenischen Mani ausdehnen. Aus den politischen Ereignissen der folgenden hundert Jahre hielt sich Messéne weitgehend heraus. Bestimmend war weiterhin der Gegensatz zu Sparta, der je nach politischer Lage zu Bündnissen mit dem Aetolischen und dem Achäischen Bund führte. 215/14 wurde der Ithóme von Truppen Philipps V. von Makedonien belagert, aber nicht eingenommen. In diese Zeit fallen auch Verfassungsänderungen. Die bisherige Oligarchie wurde durch eine Demokratie abgelöst. 201 v. Chr. gelang es Nabis von Sparta, durch einen

Überfall die Stadt, nicht aber die Burg zu besetzen. Er wurde jedoch bald wieder mit Hilfe des verbündeten Megalópolis vertrieben. Messéne war noch in römischer Zeit von einiger Bedeutung. Auch Pausanias beschreibt »die Stadt unter dem Ithóme«. Irgendwann zur Zeit der Völkerwanderung muß Messéne dann jedoch verlassen und aufgegeben worden sein.

Rundgang

Sehenswert in Messéne ist zunächst die Stadtmauer, vor allem im Bereich des arkadischen Tores, ferner das Stadtgebiet unterhalb der Straße. Zu empfehlen ist auch ein Aufstieg auf den Ithóme, und schließlich kann man das kleine Museum westlich des Dorfes an der Straße zum arkadischen Tor besichtigen.

Arkadisches Tor und Stadtmauer

1,5 km nordwestlich vom Dorf Mavromáti führt die Straße durch das arkadische Tor, das man als erstes erreicht, wenn man von Meligalá (**89**) herauf kommt. Das Tor und die anschließenden Mauern wie die gesamten Befestigungen stammen aus der Mitte des 4. Jh. aus der Zeit des Epameinondas. (Nach Kirsten sind die Mauern erst im 3. Jh. entstanden.) Das arkadische Tor ist das besterhaltene Festungstor in Griechenland. Es fällt besonders durch seinen großen Innenhof mit knapp 20 m Durchmesser auf. Das Außentor war von zwei in den Fundamenten noch erhaltenen Türmen flankiert. An den Innenseiten dieses Tores befinden sich zwei Nischen für torschützende Götter. Dazu gehörte wahrscheinlich das Bild des von Pausanias erwähnten Hermes Propýlaios. Die Mauern des Innenhofes aus großem, mörtellosen, isodomischen Mauerwerk stehen noch bis zu 7 m Höhe. Besonders imponierend ist der teilweise herabgefallene Türsturz des Innentores. Das arkadische Tor war das wichtigste der Stadt. Es führte in die obermessenische Ebene und in die übrige Peloponnes.

Beiderseits des arkadischen Tores kann man den Stadtmauern mit ihren zahlreichen Türmen folgen. Sie bestehen aus zwei Steinschalungen aus hervorragendem Quadermauerwerk mit Erd- und Steinfüllungen sowie Querbindern. Die Mauern sind vor allem in diesem Abschnitt z. T. noch bis zur Höhe des Wehrganges erhalten. Lediglich die Zinnen fehlen. Insgesamt war die Mauer etwa 8 km lang und umschloß etwa 290 ha. Sie verlief vom arkadischen Tor hinauf zum Ithóme, an dessen Nordostseite entlang, durch den Sattel zwischen Ithóme und dem südlich gelegenen Berg Éva, wo das lakonische Tor lag, hinunter ins Tal, von dort wieder nordwärts und dann zurück nach Osten zum arkadischen Tor.

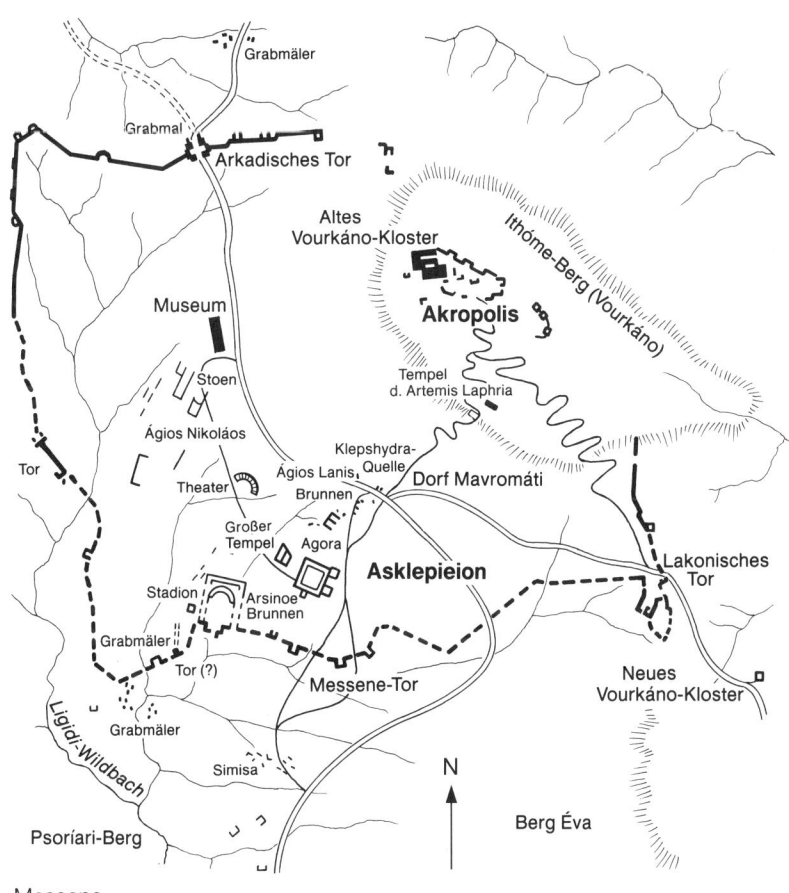

Messene

Asklepieion

Von der einstigen Stadt sind zwar im Bereich des Mauerrings hier und da noch Reste zu erkennen, die aber insgesamt verhältnismäßig gering sind und dem Besucher nur wenig sagen. Allein interessant ist der Komplex des Asklepieions.

Das Asklepieion liegt etwa 300 m südlich des Dorfes. Mehrere Pfade führen von der Straße dorthin. Nimmt man den Weg, der südlich vom Museum von

der Straße abwärts führt, kommt man vorbei an der Kirche Ágios Nikólaos mit
dem Friedhof des Dorfes. Dahinter lag unterhalb des Weges ein kleines
Theater mit nur 28 m Durchmesser, das vermutlich auch der Volksversammlung diente. Sodann wandert man an einem Gebäude links des Weges vorbei,
dessen Mauern sich teilweise auch über den Weg hinwegziehen. Man vermutet,
daß dies das von Pausanias (IV, 32,1) erwähnte Hierothysion war, in dem die
Statuen aller griechischen Götter, die Bronzestatue des Epameinondas sowie
Dreifüße aufgestellt waren. Wenig weiter erreicht man das Asklepieion, einen
von Gebäuden und Säulenhallen umgebenen nahezu quadratischen Hof von
56,50 × 48,50 m Seitenlänge. Früher hielt man diese Anlage für die Agorá von
Messéne. Kirsten sprach als erster die Vermutung aus, daß es sich um das von
Pausanias erwähnte Asklepieion handelt. Dies wurde bestätigt, als Orlandos
1969 den Tempel des Asklepios ausgrub. Zweifel blieben aber, weil keinerlei
Räume gefunden wurden, die – wie bei einem Asklepieion üblich – dem
Heilbetrieb dienten. Felten wies dann nach, daß Asklepios hier nicht als
Heilgott, sondern als messenischer »Staatsgott«, der mit dem Mythos Messeniens verbunden ist, verehrt wurde. Danach war das Asklepieion ein Staatsheiligtum. – Im Inneren des Hofes liegen die Fundamente des Asklepios-Tempels
(1) umgeben von Statuen, Basen und Exedren. Es ist ein Peristyl-Tempel mit
6 × 12 Säulen ohne Pronaos, aber mit Opisthodom. Er stammt – wie das
gesamte Asklepieion – aus späthellenistischer Zeit, wurde aber wahrscheinlich
mit Spolien eines Vorgängers aus dem 4. Jh. v. Chr. errichtet. Östlich vom
Tempel liegt ein 12,60 m langer und 2,25 m breiter Altar (2).
Den Hof umgab eine doppelte Säulenhalle. Die Porossäulen trugen korinthische Kompositkapitelle mit Nike-Figuren. Die äußere Säulenreihe hatte doppelt so viele Säulen wie die innere. Um den Hof herum läuft ein schön
gearbeiteter Regenkanal mit Gullis und einem Abfluß nach Süden.
Der Hauptzugang zum Asklepieion lag an der Ostseite. Von einer Straße (3)
her, die hier bergauf verlief, führte ein Propylon (4) zur Säulenhalle. Nördlich
davon befindet sich ein Raum mit einem kleinen Theater (5). Die Sitzreihen,
von denen die unteren noch gut erhalten sind, waren durch ein Diazoma in
zwei Ränge geteilt. Das Theater war sowohl vom Hof durch die Säulenhalle
wie auch von der Straße her durch eine abwärts führende Treppe zu erreichen.
– Südlich des Propylons liegt ein quadratischer, von vier Pfeilern gestützter
Raum (6). Er war zum Hof hin durch zwei dreigeteilte Zugänge erreichbar. An
drei Seiten gibt es zwei Sitzreihen. Man hielt den Raum bislang für das
Synedrion, den Raum für die messenische Volksversammlung. Kirsten hält
diesen Raum für die Bibliothek.
Die Rückwand der nördlichen Säulenhalle bildet eine Art Terrassenmauer, in
die an der östlichen Seite ein rechteckiger Raum (7) eingelassen ist. An seiner
Rückwand steht eine große Basis, die in der Kaiserzeit eine Statue trug. Etwas

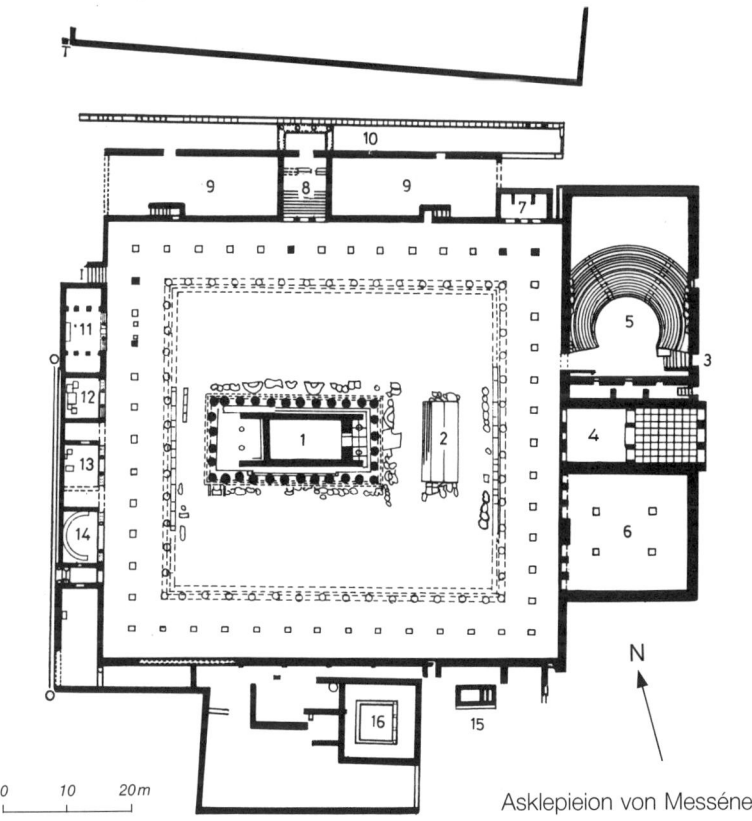

Asklepieion von Messéne

links von der Mitte der Terrassenmauer führt eine 7 m breite Treppe (8) zwischen Säulen aufwärts. Sie endet oben in einer Torhalle mit vorgebauten Säulen. Beiderseits der Treppenanlage gibt es auf der Terrasse rechts und links einige Räume (9), die durch schmale quergelegte Treppen von der Säulenhalle des Hofes aus erreicht werden. Diese Räume waren das sog. Sebasteion (= Augusteum). Sie dienten also dem Kaiserkult. In römischer Zeit wurde an der Nordseite entlang dem Sebasteion eine lange Säulenhalle (10) vorgebaut. Die Räume hinter der westlichen Säulenhalle waren Kulträume. Der erste Raum im Norden (11) war der Artemis geweiht. Man sieht noch an der Rückseite die Basis für eine Figurengruppe und davor einen Opfertisch sowie mehrere Basen der Statuen von Artemis-Priesterinnen. Der Raum links daneben (12) war Tyche, der Göttin des Stadtgeschicks, geweiht, der folgende Raum (13) dem Epameinondas. Der letzte Raum (14) vor einem schmalen Durchgang, der nach außen führt, fällt durch eine große halbrunde Basis auf, auf der ebenfalls Kultfiguren standen. Hier wurden die Musen verehrt.

Die Südseite des Säulenhofes wird von einem Bezirk eingenommen, in dessen östlichem Teil ein offener Peristyl-Hof (13) mit 4 × 4 Säulen lag. Östlich davon steht ein kleines einzelnes Gebäude (14), ein Heroon, mit zwei in den Boden versenkten Sarkophagen.

Südwestlich des Asklepieions war das Stadion, dessen halbrunder Nordabschluß 13 Sitzstufen und dessen Langseiten bis zu 8 Stufen besaßen. Pausanias berichtet, daß im Stadion eine Statue des Aristoménes gestanden habe, des sagenhaften Feldherrn der Messenier im zweiten Messenischen Krieg. – Nördlich des Asklepieions zum Dorf hin lag die Agorá, deren 90 m lange Südmauer wenige Schritte nördlich des Sebasteions zu erkennen ist, also im Gebiet des heutigen Dorfes.

Ithóme

Vom Dorf führt – in der Nähe der Mavromáti-Quelle beginnend – der vielfach gewundene Weg hinauf zum Ithóme. Etwa auf halber Höhe erreicht man zunächst eine Terrasse, in deren Rückwand eine Felsenkammer eingearbeitet ist, vor der eine Säulenhalle lag. Ob das heute trockene Brunnenhaus die Klepshydra-Quelle war, die den Arsinoe-Brunnen auf der Agorá mit Wasser versorgte, ist ungewiß. Wahrscheinlich war es die heute noch fließende Quelle im Dorf, über der eine kleine Kirche steht. – 20 m höher wurde auf einer anderen Terrasse ein ionischer Tempel der Artemis Limnatis in den Abmessungen 16,30 × 10,13 m ausgegraben. Er bestand aus Pronaos und einer Cella mit Kieselmosaik und einer Statuenbasis. Östlich vor dem Tempel sieht man Spuren des Altars.

Ein bequemerer Aufstieg auf den Ithóme von etwa einer Stunde beginnt am lakonischen Tor im Sattel zwischen Ithóme und Eva. Auf diesem Weg passiert man kurz unter dem Gipfel das Tor der Akropolis. Der Gipfel des Ithóme (798 m) ist vor allem an der Nordseite noch von einer teilweise erhaltenen polygonalen Mauer aus nur roh bearbeiteten Steinen umgeben mit einem von einem Turm gedeckten Tor. Diese Mauer wurde wahrscheinlich im 3. Messenischen Krieg 460 v. Chr. errichtet und später in die Stadtmauer des Epameinondas einbezogen. Auf dem Gipfel des Ithóme liegt das leerstehende alte Vourkáno-Kloster. Die Gebäude wurden wahrscheinlich im 14. oder 15. Jh. errichtet. Das Eingangstor wird von einem Turm mit Wappenschild überragt. Links des Tores steht die freskengeschmückte Kirche, dahinter das Refektorium (Trápeza). Rechts liegt ein Bau mit den Mönchszellen, eine davon mit

Kamin. Das Gebäude mit der Kuppel an der Rückseite des Hofes ist nicht etwa eine Kirche, sondern der Küchenbau mit einer um die Feuerstelle laufenden Bank.

Wahrscheinlich befindet sich das Kloster an der Stelle des antiken Heiligtums des Zeus Ithomatas. Das Heiligtum hatte keinen Tempel, sondern wohl nur einen Altar. Alljährlich fanden hier die musischen Wettstreite der Ithomäen statt. Aristodémos, der sagenhafte König der Messenier, der im ersten messenischen Krieg den Ithóme 20 Jahre gegen die Spartaner verteidigt haben soll, opferte an dieser Stelle auf Befehl eines Orakels seine Tochter den Unterweltsgöttern und soll sich später, als die Lage aussichtslos geworden war, das Leben genommen haben. – Vom Gipfel des Ithóme hat man einen eindrucksvollen Rundblick in die obere und untere messenische Ebene, hinüber zum Taýgetos und nach der anderen Seite bis nach Elis und zur Ionischen See, wo man bei gutem Wetter die Insel Zákinthos sehen kann.

91

Koróni

Koróni ist eine kleine Hafenstadt an der Ostseite der messenischen Halbinsel am westlichen Eingang des Golfs von Messéne. Sie ist 53 km von Kalamáta entfernt und von dort zu erreichen, indem man die Straße nach Pílos nimmt und in Risómilos links nach Süden abbiegt. Nach 6 km kommt man zu dem Marktflecken Petalídion, in dessen Nähe das antike Koróne lag. Weiter entlang der Küste fährt man durch eine liebliche Landschaft mit einigen schönen Stränden, an denen es hier und da Ferienhäuser und einige kleinere Hotels gibt. In der Landschaft bis nach Koróni hin wurden zahlreiche Reste aus römischer Zeit gefunden. In Charokopión zweigt rechts eine Seitenstraße ab, die über Finikoúnda, ein ehemaliges Fischerdorf mit kleinen Hotels und schönem Strand, nach Methóni (**93**) führt. Die Hauptstraße erreicht nach wenigen Kilometern die auf einem vorspringenden Kap liegende Stadt Koróni, deren alte Häuser sich den Hang hinauf zur Festung ziehen. Der Hafen, der nur von kleinen Booten und gelegentlich von einem Küstendampfer angelaufen wird, ist heute ohne besondere wirtschaftliche Bedeutung, da der Stadt das Hinterland fehlt. Trotzdem macht der Ort einen städtischen Eindruck. Einige schöne klassizistische Häuser säumen beiderseits die große Platía.

Geschichte

In altmessenischer Zeit lag an der Stelle von Koróni wahrscheinlich die Stadt Rhíon. Unter spartanischer Herrschaft wurden die aus der Argolis vertriebenen Dryoper angesiedelt. Sie nannten ihre Stadt nach ihrem Heimatort Asíne (**22**). Gegen Ende des Altertums, vielleicht aber auch erst im Mittelalter haben Einwohner aus dem antiken Koróne bei Petalídion (s. oben) die damals verlassene Stadt neu besiedelt und ihr den heutigen Namen gegeben. Die alte Stadt lag auf der Hochfläche des Kastro, oberhalb des jetzigen Ortes. Von den Byzantinern wurde die Stadt befestigt und 1205 von Guillaume de Champlitte und Geoffroy de Villehardouin erobert, 1209 aber den Venezianern überlassen. Diese nannten den Ort Kóron und bauten ihn neben Módon (Methóni) zum wichtigsten Versorgungshafen der Markusrepublik auf dem Weg in die Levante aus. Kóron und Módon führten den Beinamen »die Augen der Republik«. Hier landeten die Kriegs- und Handelsgaleeren der Serenissima. Sie brachten Pilgerheere ins Heilige Land, Siedler nach Candia (Kreta), Waren aus Konstantinopel, der Ägäis und der Levante. Koróni war damals eine reiche Stadt. Die Herrschaft der Venezianer dauerte fast drei Jahrhunderte. Im Jahre 1500 wurde die Stadt nach einem Aufstand der Griechen von den Türken eingenommen. 1532 vorübergehend von dem genuesischen Admiral Andrea Doria erobert, fiel sie bald wieder in die Hände der Türken. In der 2. Hälfte des 17. Jh. war Koróni vorübergehend spanisch und wurde am 11. August 1685 erneut von den Venezianern genommen, die hier bis 1715 herrschten. 1770 verteidigten die Türken die Festung erfolgreich gegen die russischen Truppen unter den Orloffs. 1828 wurde Koróni von französischen Truppen befreit. 1886 zerstörte ein schweres Erdbeben die Stadt. Im 19. Jh. blühte Koróni erneut auf durch die Herstellung von Tonwaren und den Handel mit Rosinen, Oliven und Öl.

Festung

Über eine Rampe (1) führt der Weg hinter den Häusern hinauf zum Tor in der Nordmauer der Burg. Der Turm mit dem hohen spitzbogigen Tor wurde von den Venezianern in der 1. Hälfte des 13. Jh. auf älteren byzantinischen Anlagen errichtet. Rechts des Turmes sind auch noch antike Steinlagen erkennbar. Antikes Material wurde auch in der niedrigeren der zwei runden Nordostbastionen (2) verwendet, die von den Venezianern über der Steilklippe zum Meer hin errichtet wurden. Im Inneren der Festung erreicht man zuerst die ältere Innenburg (3), die von den Byzantinern errichtet wurde. Von diesen stammt noch die nach Osten gerichtete Zwischenmauer mit einigen Türmen, die heute die Mauer des Nonnenklosters Ágios Ioánnis Pródromos darstellt, das vom

Tor aus gesehen
rechts des Weges
liegt. In der byzanti-
nischen Mauer sind
antike Spolien ver-
arbeitet. Das Non-
nenkloster liegt ver-
träumt inmitten von
Gärten. Auffällig
sind eine Reihe von
Kuppeln, besonders
die einer kleinen
Kapelle über dem
Tor mit 5 Tambour-
kuppeln. Auf dem

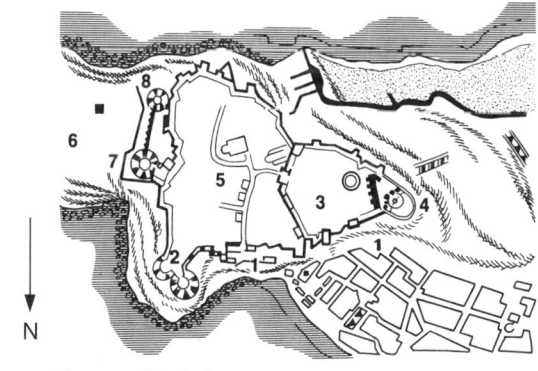

Festung Koróni

Weg zum Tor fällt links eine alte Kirche mit nachträglich aufgesetzter Kuppel
auf, die sich bei näherer Betrachtung als Rest, und zwar als Prothesis einer
frühchristlichen Basilika herausstellt. Die Grundmauern der Basilika wurden
wieder freigelegt. Das Diakonikon wurde von den Türken als Moschee
benutzt und davor steht der Sockel eines Minaretts mit Wendeltreppe. Neben
der Klosterkirche befinden sich unterirdische Zisternengewölbe aus venezianischer Zeit. Am Ende des Klostergartens liegt die venezianische Westbastion
(4), die 1463 errichtet und 1486 erneuert wurde.
Geht man gegenüber der Klosterpforte durch eine Gasse nach Osten, durchquert man die große äußere Festung (5), die von den Venezianern bis zum
Rande eines Steilfelsens angebaut wurde. Links liegt die schon erwähnte
doppelte Nordostbastion (2). Wenn man die Mauer durchquert und hinunter-
steigt auf die nicht befestigte Hochfläche (6) des äußeren Kaps, sieht man
zurückblickend in der Mitte der von hier aus imponierend wirkenden Fe-
stungswerke eine große Rundbastion (7) und weiter links über dem Kliff eine
weitere etwas kleinere Bastion (8). Beide sind durch eine gedeckte Traverse
miteinander verbunden. Diese Befestigungen, auf denen oben Batteriestellun-
gen angelegt sind, wurden nach der Schlacht von Lepanto 1571 von den Türken
errichtet. Die große Mittelbastion (7) wurde im letzten Weltkrieg durch eine
Explosion beschädigt.

92

Pílos

Pílos ist eine kleine Hafenstadt mit 3000 Einwohnern in reizvoller Lage an der Bucht von Navarino an der Westküste Messeniens. Die Stadt ist 53 km von Kalamáta und 133 km von Pírgos im Norden entfernt. Als Hafenstadt hat Pílos nur eine bescheidene Bedeutung trotz des großen Naturhafens der Bucht von Navarino. Pílos wird vor allem von Fischerbooten, Jachten und kleineren Küstendampfern angelaufen. Gelegentlich liegen größere Schiffe auf der Reede. An Sehenswürdigkeiten gibt es hier nur ein kleines Museum und die türkische Festung über der Stadt. Pílos ist jedoch mit seinen Hotels geeigneter Ausgangspunkt für einige Ausflüge in die Umgebung, vor allem nach Methóni (**93**) und zu dem sog. Nestor-Palast von Epáno Englianós (**94**).

Die Bucht von Pílos, meist mit ihrem mittelalterlichen Namen »Bucht von Navarino« genannt, ist zum Meer hin durch die lange schmale Insel Sfagía, im Altertum Sphaktería, abgegrenzt. Im Norden gibt es eine schmale, heute stark verlandete Durchfahrt. Die Haupteinfahrt liegt im Süden. In ihr liegen einige Felsenriffe, vor allem die charakteristische, etwa 35 m hohe, von einem Torbogen durchbrochene Insel Pílos. Die flache Insel Chelonáki (= kleine Schildkröte) liegt in der Mitte der Bucht. Im Norden schließt sich an die

Bucht von Pílos (Navarino)

Bucht von Navarino die große Lagune von Osmánaga an. Sie ist durch eine von einem schmalen Kanal durchbrochene Nehrung von der Bucht, zur See hin durch das Vorgebirge Korifásion mit seiner alten Festung abgegrenzt. Im Norden dieses Vorgebirges greift mit schmaler Einfahrt die Voidiokiliá-Bucht in das Land hinein. Diese Bucht ist ebenfalls durch eine Nehrung von der Osmánaga-Lagune getrennt.

Geschichte

Die heutige Stadt Pílos ist verhältnismäßig jung. Sie entstand erst 1573 durch den Bau einer türkischen Festung am Ágios Nikólaos-Berg. Sie trug damals den Namen Navarino oder Neó Kástro, im Gegensatz zu der alten Burg Paleó Kástro auf dem Vorgebirge Korifásion im Nordwesten der Bucht. Die neue Festung sollte die Südeinfahrt der Bucht gegen venezianische Angriffe sichern. 1686 fiel Navarino in die Hände der Venezianer und wurde 1715 wieder türkisch. Am 20. Oktober 1827 war die Bucht von Navarino Schauplatz eines weltgeschichtlichen Ereignisses, nämlich der berühmten Seeschlacht von Navarino. Aufgrund des sog. Petersburger Protokolls und des folgenden Londoner Abkommens im Jahre 1826 hatten die Großmächte England, Rußland und Frankreich die griechischen Freischärler als kriegsführende Partei anerkannt und sich verpflichtet, zwischen diesen und den Türken einen Waffenstillstand herbeizuführen und Friedensverhandlungen einzuleiten. Eine kombinierte englisch-französisch-russische Flotte unter den Admiralen Codrington, de Rigny und Heyden war beauftragt, diese Vereinbarungen durchzusetzen, wobei Gewalt nur im Notfall angewendet werden sollte. Eine türkisch-ägyptische Flotte löschte, aus Alexandria kommend, Versorgungsgüter in der Bucht von Navarino und sollte anschließend nach Patras weiterfahren. Als sie daran von den Alliierten gehindert wurde, begann Ibrahim Pascha entgegen dem Londoner Abkommen seinen Verwüstungszug in die Peloponnes. Die Flotte der Verbündeten sollte daraufhin in die Bucht von Navarino einlaufen, lediglich um Stärke zu demonstrieren. Die Flotten lagen sich in Schlachtreihe gegenüber. Während man versuchte, über Sprachrohre von Bord zu Bord zu verhandeln, wurden auf dem ägyptischen Admiralsschiff wahrscheinlich nur aus Nervosität die Kanonen gelöst, worauf der englische Admiral das Zeichen zum Angriff gab. Auf engem Raum brach eine gewaltige Seeschlacht los, die 4 Stunden dauerte und deren Geschützdonner bis zu den Inseln Zákinthos und Kíthira zu hören war. Der Kampf dauerte bis in die Nacht hinein. Am Morgen des 21. Oktober 1827 waren von den 82 Schiffen der türkisch-ägyptischen Flotte noch 27 übrig. Die Bucht war von Trümmern und Leichen bedeckt. Bei den Griechen, aber auch bei den Russen war der Jubel über dieses Ereignis groß, das die endgültige Befreiung Griechenlands einleitete und von fast ganz

Europa als Sieg des öffentlichen Gewissens gegenüber dem unverantwortlichen Hinschleppen der griechischen Frage durch die europäischen Großmächte empfunden wurde. In England dagegen wurde die Schlacht von Navarino als ein fatales Ereignis (untoward event) bezeichnet, was insofern zutraf, als daraus letztlich ein neuer Krieg, nämlich der russisch-türkische, entstand. Zur Erinnerung an die Schlacht von Navarino steht auf der Platía von Pílos ein Denkmal mit den Namen der drei Admirale und den Rohren einiger Schiffsgeschütze. Bei klarem und ruhigem Wasser soll man heute noch die Wracks der türkischen Schiffe auf dem Grund der Bucht erkennen können.

Museum

Das kleine Museum von Pílos liegt in einer von der Platía zur Festung hinaufführenden Straße. Es enthält im ersten und zum Teil in dem hinten links anschließenden Raum in der Hauptsache Funde aus mykenischen Tholosgräbern aus den Perioden SH II bis III B (1500–1230 v. Chr.). In Westmessenien wurden an zahlreichen Stellen solche Kuppelgräber gefunden. Die hier ausgestellten Ausgrabungen stammen aus Koukounára, Vlachópoulos und Tourlítsa sowie Kíssos Skinávion. Hervorzuheben sind einige große Vasen im mykenischen Palaststil sowie ein Eberzahnhelm und etwas Goldschmuck. – Im hinteren linken Raum sind außer einer Reihe von weniger wichtigen Fundstücken vom 6. Jh. v. Chr. bis in römische Zeit immerhin bemerkenswert einige schöne hellenistische Glasschalen und zwei primitive, aber eindrucksvolle spätrömische Knabenbronzen, die in Kiparissía gefunden wurden und vielleicht die beiden Dioskuren darstellen. Ein Stein in Form eines riesigen Knöchels war vielleicht eine Tumulusbekrönung. – Im vorderen linken Raum ist eine Sammlung von Erinnerungsstücken, vor allem Kupfer- und Stahlstiche mit Porträts, Veduten und Landkarten aus der Zeit der türkischen Besetzung und der Befreiungskriege zu sehen.

Festung

Die über der Stadt gelegene Festung Neó Kastró wurde von den Türken 1573 wohl deshalb errichtet, weil die Nordeinfahrt in die Bucht von Navarino verlandet war und die dort gelegene Festung Paleó Kástro damit ihren Sinn verloren hatte. Die Festung auf dem Berg über der Stadt hat 6 Bastionen und wird zur Küste hin von zwei kleineren Forts verstärkt, die durch eine unregelmäßige Mauer miteinander verbunden sind. Gut erhalten und restauriert ist die am oberen Ende gelegene Zitadelle. Ihr Verteidigungssystem ist an den verschieden ausgerichteten Schießscharten zu erkennen, von denen jede einen anderen Teil des Festungsvorfeldes und des trockenen Grabens beherrschte. In der Zitadelle und den Bastionen sind im Bodenpflaster noch die Geschützpositionen gekennzeichnet. In der Zitadelle wird künftig das Museum untergebracht sein. In der Mitte der Festung steht die türkische Moschee. Sie hat im Inneren eine Gebetsnische mit Stalaktitendekor. Außen sieht man den Stumpf des Minaretts.

Leitungen, deren Bogenstellungen heute noch am Ortsausgang Richtung Methóni und östlich von Pílos im Hügelland zu sehen sind, versorgten Festung und Stadt von weither mit Wasser. An der Straße nach Kalamáta sieht man 10 km von Pílos entfernt in einer Linkskurve auf der rechten Seite einen Aquädukt, der zu dieser Leitung gehört und das Wasser über ein kleines Tal führte.

Insel Sfaktería

Wer genug Zeit mitbringt, kann sich von Pílos aus ein kleines Boot mieten, das ihn hinüberbringt zur Insel Sfaktería, auch Sfagía genannt. Die Insel ist 4,5 km lang und an ihrem Nordende bis zu 1000 m breit. Zur Bucht hin fällt sie in verhältnismäßig gerader Küstenlinie steil ab. Gegen Westen neigt sie sich flacher zu einer Küstenlinie mit mehreren Buchten. Die höchste Erhebung ist der Ilías-Berg (157 m) im Norden. Die Insel ist bis auf einige Hirten, die dort ihre Ziegenherden weiden lassen, unbewohnt. Auf der Insel stehen mehrere Denkmäler an die Schlacht von Navarino. Etwa 1,7 km von der Nordspitze der Insel sieht man bei der kleinen Kirche Panagoúla das Denkmal für die gefallenen russischen Seeleute (1). Weiter südlich steht an der Ostküste das Denkmal für den piemontesischen Philhellenen Graf Santarosa (2) und an der Südspitze der Insel das Mallet-Denkmal (3). Darüber auf dem Berg erhebt sich das Denkmal für den Prinzen Paul-Marie Bonaparte, eines Neffen Napoleons I., der 1827 auf der Fregatte Hellas bei der Insel Spétsä fiel. Auf der kleinen Insel Pílos, die südlich von Sfaktería in der Einfahrt zur Bucht liegt, steht neben dem Leuchtturm das Denkmal für die französischen Matrosen (4). Das Denkmal für die englischen Seeleute befindet sich auf der kleinen Insel Chelonáki (5) in der Mitte der Bucht. Von dem Denkmal der Franzosen kann man den Nordteil der Insel besuchen, indem man zunächst zu einem Sattel aufsteigt, wo es Zisternen und eine Quelle (6) gibt. Von dort geht es nach Norden auf den Ilías-Berg (7), wo die Ruinen einer kleinen Festung aus klassischer Zeit liegen, die im 2. Weltkrieg beschädigt wurden. Diese Festung entstand wahrscheinlich im Peloponnesischen Krieg 425 v. Chr. Damals war Sfaktería Schauplatz einer Auseinandersetzung zwischen Athenern und Spartanern, die an und für sich keine größere Bedeutung hatte, von den Geschichtsschreibern aber doch aus mehreren Gründen als außerordentliches Ereignis angesehen wurde.

Im Jahre 425 v. Chr. besetzte ein kleines athenisches Flottenkontingent unter Demósthenes (nicht zu verwechseln mit dem späteren Redner und Staatsmann) die Bucht von Pílos an der damals entvölkerten und von spartanischen Truppen verwüsteten Westküste Messeniens und baute die verlassene Festung Koryphásion wieder auf. Spartanische Truppen vermochten nicht, die Athener zu vertreiben. Zur Belagerung von Koryphásion wurde auch Sfaktería besetzt. Die den Belagerten zu Hilfe kommende athenische Flotte konnte die spartanische Flotte vor Sfaktería schlagen und die Bucht besetzen. Dabei wurden 420 spartanische Männer auf Sfaktería vom Land abgeschnitten. Was als harmloser Vorfall begonnen hatte, wurde nun zum historischen Ereignis, denn die eingeschlossenen Spartaner gehörten zu der unersetzlichen kleinen Gruppe der herrschenden Oberschicht der Spartiaten. Ihr Verlust mußte die Existenz des spartanischen Staates in Frage stellen. Zwischen den kämpfenden Parteien wurde ein Waffenstillstand vereinbart. Die Eingeschlossenen wurden von den Athenern mit den notwendigsten Lebensmitteln versorgt, und Sparta machte Friedensvorschläge in Athen, die jedoch von den Athenern mehrfach abgelehnt wurden. Darauf flammten die Kämpfe wieder auf, ohne daß die Athener zunächst Sfaktería einnehmen konnten. Erst nach 72 Tagen gelang es ihnen, auf der Insel Fuß zu fassen, und zwar in der Senke bei der Kirche Panagoúla. Man schloß die Spartaner auf der von diesen wieder instandgesetzten Befestigung auf der Nordspitze ein. Als dann athenische Truppen auch von der Norddurchfahrt her den Felsen erkletterten, ergaben sich die noch übriggebliebenen 292 Spartaner, darunter 120 Spartiaten. Daß die Enkel des Leonidas mit den Waffen in der Hand sich ergeben konnten, demoralisierte die Spartaner und ihre Bundesgenossen für längere Zeit. Die Athener konnten Pílos noch 16 Jahre halten.

Koryphásion

Das mehrfach erwähnte Vorgebirge Koryphásion erstreckt sich an der Nordeinfahrt in die Bucht von Navarino, der sog. Skía-Enge gegenüber von Sfaktería. Auf diesem Vorgebirge lag die Stadt Pílos der klassischen Zeit. Man kann es mit dem Boot von der heutigen Stadt Pílos aus erreichen. Man hat auch die Möglichkeit, von Pílos aus die Straße nach Norden entlang der Bucht in Richtung Kiparissía zu nehmen und beim nächsten Ort Giálova einen Fußweg auf der Nehrung zwischen der Bucht von Navarino und der Osmánaga-Lagune zum Vorgebirge benutzen. Schließlich kann man mit dem Auto noch einige Kilometer weiter in Richtung Kiparissía fahren und bei der Straßenabzweigung links an einer Lagerhalle vorbei abbiegen bis zum Ortseingang von Romanoú. Von dort führt links entlang des Bergzuges ein schmaler Weg in Richtung Koryphásion. Zur Zeit der Drucklegung dieses Führers war die

Brücke wegen starker Niveauunterschiede zum Weg schwer befahrbar. Man sollte u. U. das Auto hier stehen lassen, da man auch sonst nur noch einige hundert Meter nach rechts weiterfahren kann, wo der Fahrweg endgültig endet. Hier zeigt sich eine reizvolle Dünenlandschaft. Vom Meer her greift die Voïdiokiliá-Bucht zwischen Felsen ins Land hinein und hat eine halbkreisförmige Sanddüne aufgespült, hinter der landeinwärts die Osmánaga-Lagune liegt. Auf dem Boden der Lagune und auf der Sandbank hat man Spuren von Häusern aus hellenistischer und römischer Zeit gefunden. Die Bucht von Voïdiokiliá (= Rinderbauch) war einst ein guter Hafen, auf den allerdings bei Westwind starke Brandung steht. Ursprünglich stand die Osmánaga-Lagune über diese Bucht mit dem Meer in Verbindung. Auf dem Felsrücken über der Nordseite der Voïdiokiliá-Bucht (8) liegen im Gebüsch die Mauern eines mykenischen Kuppelgrabes, das schon in der Antike bekannt war und als Heroengrab, und zwar als das Grab des Thrasymedes, eines Sohnes des Nestor, verehrt wurde. Es war offensichtlich das Grab eines Fürsten, wie die hier gemachten Funde zeigen. Weitere Kuppelgräber wurden nördlich der Osmánaga-Lagune, z. B. bei den heutigen Orten Koryphásion und Tragána gefunden. Eine zugehörige Siedlung oder ein Palast sind bisher nicht entdeckt worden. In der Nähe des Thrasymedes-Grabes fand man lediglich vereinzelte Siedlungsspuren vom Neolithikum bis in mittelhelladische Zeit.

Gegenüber, auf der Südseite der Voïdiokiliá-Bucht, am Nordostabhang des Koriphásion-Berges, gibt es eine Grotte (9), die in der Antike als »Höhle des Nestor« bezeichnet wurde. Sie war am Ende des Neolithikums und in spätmykenischer Zeit bewohnt, wie Scherbenfunde zeigten. Pausanias (IV, 36,5) berichtet, daß in der Höhle »die Rinder des Nestor und früher schon des Neleus gehaust haben«. Nach anderer Sage soll Hermes hier die dem Apollon gestohlenen Rinder geschlachtet haben. Die von der Decke herabhängenden Stalaktiten sollen die aufgehängten Felle gewesen sein.

Von der Höhle kann man auf steilem Pfad zur Burg hinaufsteigen. Ein anderer schmaler Pfad führt am Ostfuß des Felsens entlang der Osmánaga-Lagune bis hin zur Sikiá-Enge und an ihr entlang, bis er sich in dem von Büschen und Macchia bestandenen Hang verliert, so daß man sich den Weg aufwärts zur Festung suchen muß.

Das Vorgebirge Koryphásion war wohl zu allen Zeiten wegen seiner geschützten Lage und des Voïdiokiliá-Hafens besiedelt. An der Sikiá-Enge lag ein fränkischer Hafen namens Port de Jonc. Auf den nördlichen Ausläufern des 1400 m langen Vorgebirges fand man eine kleine mykenische Siedlung, ein kleines Kuppelgrab und Reste späterer Zeit bis zu frühchristlichen Gräbern. An der Südostecke des Kaps gab es eine protogeometrische Siedlung. – An der Stelle der heutigen Festung (10) lag in altmessenischer Zeit eine Akropolis. Während der spartanischen Herrschaft war Koryphásion unbesiedelt. Neu

besiedelt wurde es von zurückkehrenden Messeniern in der Zeit des Epamei-
nondas. Damals erhielt der Berg auch den altmessenischen Namen Pýlos. Es
gehörte als selbständige Stadt erst zum Messenischen, später zum Achäischen
Bund. Die Stadt bestand bis zum Slaweneinfall im 6. Jh. Nachdem sie von
Awaren besetzt wurde, hieß sie bei den Byzantinern »ton Avarino«, woraus
der Name Navarino entstand. 1278 baute der fränkische Baron Nicolas de St.
Omer auf den antiken Resten die heute noch sichtbare Festung, das Kastell
Port de Jonc. Danach teilte diese mit vielen anderen fränkischen Burgen das
Schicksal eines häufigen Besitzwechsels unter den fränkischen Herren. 1353
fand vor Koryphásion eine Seeschlacht zwischen Genuesen und Venezianern
statt, 1381 wurde die Burg vorübergehend von französischen Abenteurern aus
der Gascogne und Navarra, der sog. »Großen Kompagnie von Navarra«,
besetzt. 1423 wurde sie venezianisch und 1500 eroberte sie Sultan Bayezid II.
Mühsam ist nicht nur der Aufstieg, sondern auch das Begehen der stark
bewachsenen Festung, die im Inneren durch eine Sperrmauer geteilt war.
Herrlich ist jedoch der Blick auf die Bucht von Navarino, die Osmánaga-
Lagune und die Voïdiokiliá-Bucht. Die Burg ist etwa 200 m lang und 100 m
breit. Ihre Mauern ruhen auf antikem Unterbau, so z. B. die Nord- und
Westmauer und der quadratische Turm an der Südmauer, 50 m rechts vom
Eingang.

93

Methóni

Von der Stadt Pílos führt nach Süden eine Straße zum 13 km entfernten
Methóni, ein Abstecher, der sich wegen einer sehenswerten Festung lohnt.
Man erreicht zunächst das heutige Dorf, das 1828 entstand, als die Franzosen
die Bewohner aus der jetzt fast verschwundenen Stadt innerhalb der Festung
aussiedelten. Im Dorf gibt es einige Tavernen, Privatunterkünfte, Hotels und
Campingplätze.

Geschichte

Die Festung liegt auf einer Halbinsel, die nach Süden gegen die dem Festland
vorgelagerte Insel Sapiéntsa vorspringt. Hier war bereits in der Antike die
Stadt Methóne oder Mothóne. Ursprünglich soll die Stadt Pédasos genannt
worden sein und den Namen Methóne nach dem Móthon genannten Riff
erhalten haben, das sich unter Wasser an der Ostseite der Halbinsel entlang-

zieht und einen kleinen Naturhafen bildet. Methóne war eine Periöken-Stadt Spartas, das hier 628 v. Chr. die von den Argivern vertriebenen Bewohner von Nauplia ansiedelte. Zu Beginn des Peloponnesischen Krieges wurde Methóne von den Athenern erfolglos belagert. Seit 191 v. Chr. war die Stadt selbständiges Mitglied des Achäischen Bundes, in römischer Zeit wurde sie von Antonius stark befestigt und von Trajan als unabhängige Stadt anerkannt. 533 n. Chr. begann der oströmische Feldherr Belisar von hier seinen Zug nach Nordafrika. In byzantinischer Zeit war Methóni Bischofssitz. Im Mittelalter erlebte es seinen Niedergang und war zeitweise Schlupfwinkel von Seeräubern, so daß die Venezianer zur Sicherung ihres Seeweges in die Levante die Stadt 1124 zerstörten. Zu der Zeit, als nach dem Fall Konstantinopels 1204 Guillaume de Champlitte dabei war, die Peloponnes zu unterwerfen, landete in Methóni, das nun Módon hieß, der aus dem Heiligen Land zurückkehrende Geoffroy de Villehardouin und entschloß sich, nicht in die Heimat zurückzukehren, sondern sich Champlitte anzuschließen, von dem er später die Herrschaft über die Peloponnes übernahm. Bereits 1209 übergaben die Franken Módon ebenso wie Kóron (Koróni **91**) an die Venezianer, die die Festung zu einem ihrer wichtigsten Stützpunkte und Handelsplätze auf dem Weg in die Levante ausbauten. Nach einer Belagerung von angeblich 100 000 Türken unter Sultan Bajezid II. fiel die Festung, die nur von 7000 Venezianern verteidigt wurde, am 9. August 1500 in die Hände der Türken. Für Venedig war dies zusammen mit dem gleichzeitigen Fall von Kóron ein bedeutender Verlust im Hinblick auf die nun längeren Reiseetappen und die ungeschützten Schiffswege um die Peloponnes. Die Türken befestigten Módon erneut. Am 12. Juni 1685 eroberte Morosini nach 14tägiger Belagerung unter Beteiligung sächsischer und braunschweigischer Truppen erneut die Festung für Venedig. Diese wurde nun Hauptort einer größeren venezianischen Provinz, bis Módon 1715 als eine der letzten Festungen erneut in die Hände der Türken fiel. Dies wurde den Eroberern leicht gemacht, da die Griechen nicht gewillt waren, die venezianische Herrschaft länger zu unterstützen, und die Söldner in der Festung meuterten. Im Zuge der Freiheitskriege landete am 5. Februar 1825 Ibrahim Pascha mit seinen ägyptischen Truppen in Methóni und begann von hier aus die Unterwerfung der Peloponnes. In Módon unterhielten die Ägypter einen Markt mit griechischen Sklaven. Nachdem Miaoúlis die ägyptische Flotte im Hafen von Methóni angegriffen hatte, befreiten die Franzosen 1828 die Festung.

Rundgang

Man betritt die Festung über eine Brücke, die mit vielen Bogenstellungen über den Trockengraben führt. Sie wurde 1828 von den Franzosen errichtet. Unter der Brücke zieht sich im Trockengraben eine Brustwehr entlang. Rechts liegen die gewaltigen Mauern der Bembo-Bastion aus dem 15. Jh., links zum Meer hin die der 1714 errichteten Loredan-Bastion, an der noch ein Markus-Löwe angebracht ist. Das Tor am Ende der Brücke, das flankiert ist von Pilastern mit korinthischen Kapitellen, wurde in der 2. venezianischen Epoche gebaut. In der Mauer rechts und links davon sind antike Quader wieder verarbeitet worden. Hinter dem Tor wendet sich der Weg unterhalb der Hauptmauer nach links durch einen langgestreckten Zwinger, der in der Mitte von einem weiteren Tor mit Geschützstellungen untergliedert ist. Am Ende des Ganges führt nach rechts der Weg durch das Haupttor in das Innere der Festung. Hier fällt eine einzelne antike Granitsäule auf, die mit einem byzantinischen Kapitell gekrönt ist und Morosini-Säule genannt wird. Sie wurde 1403 aufgestellt und trug einen Markuslöwen. 1686 versah sie Morosini mit der Inschrift »Aliger hic leo super prospicit alta maris« (Geflügelt schaut hier der Löwe über das hohe Meer). Die lange Zwischenmauer auf der rechten Seite gehört der 1. venezianischen Befestigung des 13. Jh. an. In ihr sind nicht weit von der Säule zwei Platten mit dem Markus-Löwen eingelassen. Wendet man sich nach links, so kann man entweder entlang der Mauerzüge oder durch das Innere der Festung zum Kap gehen. Von der Stadt, die sich bis 1828 im Inneren der Festung ausdehnte, sind nur noch wenige Mauern erhalten. Einziges identifizierbares Gebäude ist ein kleines türkisches Bad, ein Hamam, das von Kuppeln mit eingelassenen Glasziegeln gedeckt ist. Die Ostmauer, die zur Bucht von Methóni weist, wurde von den Türken stark erneuert. Sie besitzt einen Turm mit einer Pforte, die zum alten Hafen führte und mit einem Markuslöwen verziert ist. Die Mauer der Westseite ist durch 5 Türme verstärkt und weist einige Breschen auf, die wohl nicht von Kampfhandlungen, sondern von den Naturgewalten herrühren, denn gegen diese Küste steht meist eine starke Brandung, die sich an den vorgelagerten Klippen bricht und manchmal das Spritzwasser bis weit über die Mauern trägt. Die Außenküste von Methóni ist berüchtigt wegen ihres starken Seeganges bei südlichen und südwestlichen Winden.

Am Südende der Festung stehen zwei hohe Türme, die im Kern vielleicht schon römisch oder byzantinisch sind. Durch ein Tor gelangt man auf eine Brücke und auf einen Damm, der zu dem auf einer Klippe liegenden achteckigen Burzi-Turm führt. Dieser wurde im 16. Jh. zum Schutz des Hafens errichtet. Der zweigeschossige Turm steht in einem gleichfalls achteckigen Hof und ist von hohen Zinnenkränzen umgeben und von einer Kuppel gekrönt. Von hier sieht man hinüber zum Hafen von Methóni mit einer Mole, die im Kern schon aus der Antike stammt. Gegenüber liegt die 1,5 km entfernte Insel Sapiéntsa, unter deren Küste sich das Hauptfahrwasser entlangzieht.

Geht man durch die Festung zurück bis zu der mit einigen Türmen besetzten Zwischenmauer, gelangt man durch einen Torturm aus türkischer Zeit in die obere, jüngere Festung. In ihr befindet sich rechts eine große Zisterne, in die man auf schmaler Treppe hinabsteigen kann. Im Hintergrund steht das venezianische Pulvermagazin. Nach Norden ist dieser Teil der Festung durch die gewaltige Bembo-Bastion geschützt, die von zahlreichen Kasematten, Magazinen und Geschützstellungen durchzogen ist. Sie wurde 1480 von den Venezianern errichtet und später von den Türken erneuert und umgebaut. Vor ihr liegt zum Dorf hin ein nicht ganz vollendeter Trockengraben, der die Landzunge durchtrennt.

Methóni ist von üppigen Wein-, Korinthen- und Olivenpflanzungen und bewässerten Hainen von Zitrusfrüchten umgeben, die auch schon Reisende des vorigen Jahrhunderts bewundernd erwähnen. Die Ebene war zu allen Zeiten besiedelt. In der Umgebung von Methóni wurden bei Ágios Onoúfrios dorische Säulentrommeln und eine große frühchristliche Nekropole des 4. und 5. Jh. gefunden. 2 km östlich der Stadt gibt es am Ufer geringe Reste der großen byzantinischen Kirche Ágios Ilías aus dem 6. Jh., die teilweise ins Meer abgestürzt ist und in der antike Werkstücke verbaut sind.

Von Methóni kann man nach Osten über den kleinen Fischerhafen Finikoús (14 km) nach Koróni (**91**) hinüberfahren.

94

Palast von Epáno Englianós

Der mykenische Palast von Epáno Englianós ist neben Olympia die bedeutendste Sehenswürdigkeit an der Westküste der Peloponnes. Der Palast liegt 17 km nördlich von Pílos und 43 km südlich von Kiparissía. In Chóra, 4 km nördlich von Epáno Englianós, gibt es ein kleines Museum, in dem ein Teil der Funde aus dem Palast ausgestellt ist.

Sage, Geschichte und die Frage des Nestor-Palastes

Der Palast wurde 1939 von C. W. Blegen von der Universität Cincinnati zusammen mit dem Griechischen Archäologischen Dienst entdeckt, nachdem vorher bereits eine Reihe mykenischer Kuppelgräber zwischen der Bucht von Navarino und Chóra bekanntgeworden waren. Die Ausgrabungen wurden nach dem 2. Weltkrieg fortgesetzt. Sie ergaben, daß das Plateau, auf dem sich der Palast erhebt, zuerst in der mittleren Bronzezeit besiedelt war. Es erhielt im

16. Jh. v. Chr. eine Befestigung, die spätestens zu Beginn des 14. Jh. v. Chr. beseitigt wurde, als der heute sichtbare ausgedehnte Palast angelegt wurde. Hierzu wurde vermutlich die Hügelkuppe eingeebnet. Die Wohnviertel einer Stadt erstreckten sich zu dieser Zeit an den Hängen im Nordwesten und im Süden des Plateaus. Um 1200 v. Chr. wurde der Palast, ähnlich denen in Böotien und in der Argolis, durch ein Erdbeben, nach anderer Meinung im Zuge der Dorischen Wanderung zerstört. Bemerkenswert ist, daß die Stelle danach nie wieder besiedelt wurde.

Das Auffinden eines so bedeutenden Palastes, der ohne weiteres mit denen von Mykene und Tíryns verglichen werden kann, legte den Schluß nahe, daß es sich hierbei nur um den Palast des Nestor handeln konnte. Nestor, der uns zuerst in Homers Ilias (11,690 ff.) begegnet, war der sagenhafte König von Pýlos. Sein Vater war der aus Iolkos in Nordgriechenland stammende Poseidon-Sohn Neléus, wonach das Geschlecht des Nestor auch das der Neleiden genannt wurde. Nestor nahm nach der Sage an den großen griechischen Abenteuern der Frühzeit teil, am Kampf der Lapithen gegen die Kentauren, an der Kalydonischen Eberjagd und am Argonautenzug. In hohem Alter beteiligte er sich mit 90 Schiffen, d. h. mit dem zweitgrößten Schiffskontingent überhaupt, am Zug gegen Troja, wo er sprichwörtlich wurde wegen seiner weisen Ratschläge, die er den Griechen gab. Als einer der wenigen Griechen kehrte er unversehrt in die Heimat zurück und empfing später in seinem Palast von Pýlos den Sohn des Odysseus, Telémachos, auf dessen Suche nach seinem verschollenen Vater.

Die Frage, wo das Pýlos des Nestor gelegen hat, haben schon römische Schriftsteller gestellt, und sie wird noch heute von den Wissenschaftlern immer wieder diskutiert. Wenn man davon ausgeht, daß Nestor der mächtigste König der westlichen Peloponnes war und man bisher keinen Palast kennt, der dem von Epáno Englianós gleichkommt, dann wird man der Meinung der Ausgräber zuneigen, daß tatsächlich hier der Sitz des Nestor gewesen ist. Die Wissenschaft ist sich darüber freilich durchaus noch nicht einig. Im Altertum nahm man an, daß Nestors Pýlos in Messenien gelegen habe. Deshalb wurde bei der Neubesiedlung der Stadt auf dem Vorgebirge Koryphásion, nördlich der Bucht von Navarino (92), diese Ansiedlung wieder Pýlos genannt. Von diesem Pýlos berichtet denn auch Pausanias (IV 36,5). In unserer Zeit ging der Name auf die heutige Stadt Pílos über, was zur weiteren Verwirrung beiträgt. Die Gegner der These, daß Epáno Englianós der Nestor-Palast ist (z. B. E. Meyer, R. L. Palmer und Sp. Marinatos), vertreten dagegen die Auffassung, daß das homerische Pýlos in Triphylien im Süden des heutigen Nomós Elis gesucht werden müsse, und zwar in Kakóvatos (108), wo schon Dörpfeld glaubte, den Nestor-Palast gefunden zu haben. Hauptargument für diese Auffassung ist die Wegbeschreibung, die Homer für die Reise des Telémachos nach Sparta gibt, daß dieser nämlich in einer Nacht von Ithaka nach Pýlos gesegelt sei. Das ist nur für Pýlos in Triphylien, nicht für Pýlos in Messenien denkbar. Ferner kann der Hinweis Homers auf das »sandige Pýlos« nach Auffassung Meyers sich nur auf den Dünenstreifen vor Triphylien bezogen haben. Die reichen Funde bei Peristería (**97**) haben auch zu der Überlegung geführt, ob dort der Palast des Nestor gelegen haben könnte. Schließlich muß der Vollständigkeit halber noch erwähnt werden, daß es auch noch ein Pýlos in Elis gab. Seine Reste liegen am Ostufer des Piniós-Stausees (**114**). Dieses Pýlos wurde allerdings nie für das des Nestor gehalten, da es auf keinen Fall der Wegbeschreibung Homers für Telémachos entspricht. Eine These, die versucht, allen Meinungen zu ihrem Recht zu verhelfen, ist die folgende: Neléus, der Vater des Nestor, siedelte sich Ende des 14. Jh. v. Chr. in Kakóvatos an, wo auch Nestor noch geboren wurde und seine Jugend verbrachte. Dieses erste Reich der Neleiden umfaßte nur Triphylien. In der 1. Hälfte des 13. Jh. dehnte dann Nestor seine Herrschaft auf Messenien aus und erbaute als neuen Palast Englianós in der Mitte seines größeren Reiches. Als Hafen diente der neuen Hauptstadt schon damals die Voïdiokiliá-Bucht bei Koryphásion. Gegen Ende des 13. Jh. – Nestor wurde immerhin fast 100 Jahre alt – wurde Englianós zerstört, und Nestor zog sich mit seinen Söhnen auf den gut zu verteidigenden Berg Koryphásion zurück. Dort lebten noch zwei Generationen der Neleiden, so daß für die Überlieferung des klassischen Altertums Koryphásion die Hauptstadt des Nestor blieb.

Rundgang

Der Palast liegt auf einem etwa 170 m langen und 90 m breiten Plateau, das nicht sehr hoch ist, aber nach allen Seiten, außer nach Osten, steil abfällt. Der erste Eindruck mag etwas enttäuschend sein, da hier die hohen Mauern, wie wir sie von Mykene und Tíryns kennen, fehlen. Außerdem ist der Palast mit einem wenig schönen Schutzdach versehen. Dies aber gerade ermöglicht die sehr informative Darstellung des Palastes in seinem ursprünglichen Ausgrabungszustand. – Die Anlage besteht im wesentlichen aus vier Teilen: das Hauptgebäude mit dem großen Thronsaal, links daneben das sog. Südwestgebäude, das ebenfalls Repräsentationszwecken diente, rechts, auf der anderen Seite vorne, ein Gebäude mit Werkstätten und dahinter ein Weinlager.

Man betritt das Ausgrabungsgelände über einen Hof, der mit einem Stuckpflaster versehen war (1). In das Hauptgebäude führt ein Propylon (2), das aus je einer von einer Säule gestützten Halle vor und hinter einer mit einer Tür versehenen Wand bestand. Die Steinbasen der hölzernen Säulen sind gut zu erkennen. Letztere waren kanneliert und hatten einen Stucküberzug, wie sich aus den Abdrücken im Stuckboden noch erkennen läßt. Vor dem linken Türpfosten gibt es eine kleine Plattform, die als Stand für eine Wache gedeutet wurde. An der linken Seite der Vorhalle führt eine Tür in zwei hintereinander liegende Räume (3, 4), von denen der hintere (4) an drei Seiten von einer Bank umgeben ist. Diese Räume gehörten zur Wirtschaftsverwaltung des Palastes. In ihnen wurden über 1000 Tontäfelchen gefunden, die in Linear B beschriftet waren. Diese Schrift konnte 1952 von Michael Ventris als frühes Griechisch entziffert werden. Die Texte der Täfelchen, von denen einige im Museum in Chóra zu sehen sind, beziehen sich auf Vorräte und Abgaben.

Durch das Propylon erreicht man den Innenhof (5). An diesem erstreckt sich rechts eine von zwei Säulen gestützte Halle, von der es in die später zu besichtigenden Privat- und Nebenräume des Palastes geht. Links vom Hof, durch einen kleinen Vorraum zugänglich, befindet sich ein Warteraum (7) für die Besucher des Königs. Er ist mit einer Eckbank und einem Ständer für zwei Weingefäße versehen. In dem Raum dahinter (8) lag eine Art Geschirrkammer, in der man hunderte von Trinkgefäßen fand.

Vom Hof gelangt man, geradeaus weitergehend, in das Megaron des Königs. Man betritt zunächst eine von zwei Säulen gestützte Vorhalle (Aithousa). Die Wände links und rechts von den Säulen springen in kurzen Anten vor. Durch eine Türöffnung geht der Weg weiter in einen Vorraum (10), von dem rechts und links Türen in die Seitenflügel des Palastes führen. Geradeaus betritt man durch eine weitere Tür den Thronsaal (11). Sowohl in der Vorhalle wie im Vorraum liegen rechts neben dem Durchgang zum nächsten Raum wiederum kleine Plattformen, auf denen Wachen gestanden haben könnten.

In der Mitte des Thronraumes (11) fällt vor allem ein großer runder Herd auf. Dieser ist mit einer Stuckschicht überzogen, die, wie man gut erkennen kann, mehrfach erneuert und immer mit denselben Mustern, Flammen und Spiralen verziert wurde. An der rechten Wandseite deutet eine Vertiefung den Standplatz des einstigen Thrones an, in gleicher Anordnung, wie wir dies von Tíryns und Mykene kennen. Links neben dem Thron fällt eine merkwürdige Anlage auf, die aus einer etwas höher und einer etwas tiefer gelegenen Mulde besteht, die durch eine leicht geschwungene Rille miteinander verbunden sind. Dies ist der sog. »Libations-Graben«, eine Vorrichtung, die dem auf dem Thron sitzenden Herrscher dazu diente, Trankopfer darzubringen, ohne seinen Platz zu verlassen. Solche Trankopfer waren in minoischer und mykenischer Zeit üblich. Zu ihrem Vollzug dienten die oft prächtig verzierten Trankopfergefäße (Rhyta).

Um den Herd stehen die Basen von vier Säulen, die ebenfalls kanneliert und mit Stuck überzogen waren. Zwischen ihnen befand sich in der Decke der Rauchabzug des Herdes, vielleicht eine Dachlaterne, möglicherweise auch ein Kamin, da man hierzu passende Tonrohre gefunden hat. Die Wände und Decken des Palastes bestanden aus einer Art Holzfachwerk, wie die Löcher in den Sockelmauern erkennen lassen. Wände, Decken und Fußboden waren

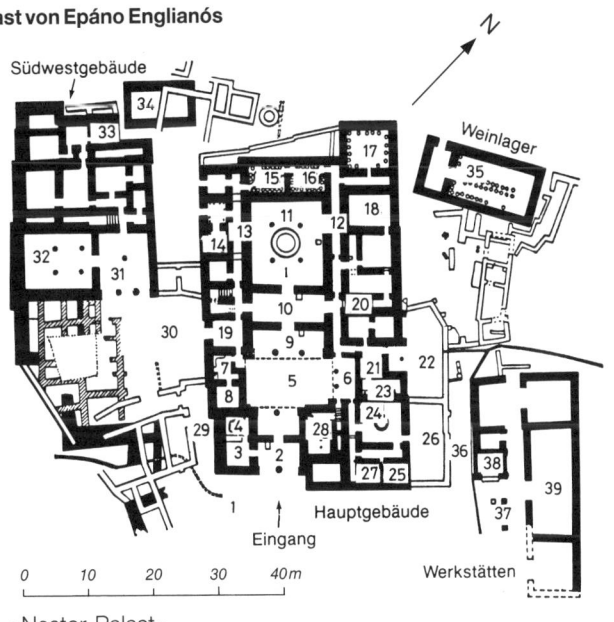

Südwestgebäude

Weinlager

Hauptgebäude

Eingang

0 10 20 30 40 m

Werkstätten

»Nestor-Palast«

hier, wie auch in vielen anderen Räumen des Palastes, mit Stuck überzogen und mit prächtigen Fresken geschmückt. Der Fußboden zeigte ein Netz von Quadraten, die mit linearen Mustern verziert waren. Lediglich zwischen Herd und Thron gab es in einem Quadrat die figürliche Darstellung eines Oktopus.

Zu beiden Seiten des Megarons, aber nicht vom Thronraum, sondern vom Vorraum (10) aus zugänglich, verliefen lange schmale Korridore (12, 13), die auch vom Hof aus zu betreten waren. In den Räumen hinter dem linken Korridor (14) fand man große Mengen von Trinkgefäßen, insbesondere sog. Kyliken, trichterförmige Gefäße, die für die spätmykenische Zeit typisch sind. Insgesamt wurden hier mehr als 6000 Gefäße gefunden. Hinter dem Thronraum liegen zwei Räume (15, 16), in denen auf Bänken in Vertiefungen Ölgefäße eingelassen sind. Hier fand man auch Tontäfelchen mit Inschriften, die sich auf die Vorratshaltung des Öles bezogen. Ein ähnliches Ölmagazin war ein quadratischer Raum weiter rechts (17). Die Räume rechts vom Megaron (18) dienten genau wie die gegenüberliegenden Räume der Aufbewahrung von Trinkgefäßen und Kannen der verschiedensten Art. Zu beiden Seiten der Vorhalle gab es Treppen, die ins Obergeschoß führten (19, 20).

Von Interesse sind vor allem die Räume rechts vom Hof an der Südostseite des Palastes. Am südlichen Ende des Ostkorridors (12) biegt links ein kurzer Gang in einen Vorraum (21) ab, von dem geradeaus eine Tür in eine von einer Säule gestützte Vorhalle und auf einen Hof (22) führt. Rechts geht eine Tür in ein Badezimmer (23), das wegen seiner guten Erhaltung besonders sehenswert ist. In einen Stucksockel ist eine Badewanne mit Spiralmustern eingelassen. Eine vorgelegte Stufe erleichtert den Einstieg. Rechts in der Ecke sind in einem Sockel zwei Wassergefäße eingelassen. Südlich liegt hinter dem Badezimmer der sog. Saal der Königin (24). Er ist vom Mittelhof (5) über die Vorhalle (6) und einen von dort rechts abbiegenden Gang erreichbar. In der Mitte dieses Saales sieht man eine etwas kleinere Feuerstelle der gleichen Art wie im Thronsaal und mit den gleichen Verzierungen. Die Wände des Saals der Königin waren mit Fresken geschmückt, die liegende Löwen und Greifen darstellten. Wegen starker Brandzerstörung konnten von diesen Fresken jedoch nur geringe Reste geborgen werden, ebenso wie von einem reichverzierten Fußboden in dem kleinen Eckraum (25) an der Südostecke des Flügels. Vom Saal der Königin führte eine Tür auf einen Hof (26), der ebenso von Mauern umgeben war wie der nördlich davon gelegene Hof (22). Ein anderer kleiner Raum in diesem Flügel (27), der einen Abfluß im Boden hat, diente entweder als Waschraum oder als Toilette. – Neben dem Gang, der zum Saal der Königin führt, liegt ein in sich geschlossener Baukomplex (28). Eine Treppe führte von der Vorhalle (6) in ein Obergeschoß, und man nimmt an, daß dies ein turmartiges Gebäude war, das vielleicht der Palastwache als Unterkunft diente.

Links vom Hauptgebäude befindet sich das sog. Südwestgebäude. Vom Hof (1) erreicht man über eine Rampe (29) einen anderen Hof (30). Links von diesem liegen zwei auffallend große Räume: Zunächst betritt man eine 7 m breite und 10 m tiefe Vorhalle (31), an deren Vorderfront zwei Säulen standen, deren Sockel erhalten sind und deren Kanneluren sich im Stuckboden der Halle abgedrückt haben. Gefundene Freskenreste zeigen, daß die Wände mit liegenden Greifen bemalt waren. Im Hintergrund der Halle stand eine weitere einzelne Säule genau im Schnittpunkt der Achsen zweier Türen. Die linke Tür führt in einen großen Saal, der von vier oder sechs Säulen gestützt war. Genau läßt sich dies nicht mehr feststellen. Vorhanden ist nur noch die Basis einer einzigen Säule. Man nimmt an, daß dies der ältere Thronsaal war, da das Südwestgebäude aus einer etwas früheren Periode (SH III A) stammte als das Hauptgebäude (SH III B). Die winklige Anordnung von Hof, Vorhalle und Thronraum im Gegensatz zu der axialen Anordnung dieser Räume im Hauptgebäude sieht man als die ältere Form der mykenischen Paläste an. – Von der Vorhalle (31) führt ein Gang geradeaus in ein Wohnquartier. Gleich links vom Eingang konnte man über eine Treppe, von der praktisch keine Spuren mehr vorhanden sind, in ein Obergeschoß gelangen. Im einzelnen sind die Räume nicht näher identifizierbar bis auf einen Eckraum im Norden (33), von dem ein Abflußkanal durch die Wand nach außen führt, was auf ein Badezimmer hindeutet. Nördlich davon liegt, vom Südwestgebäude getrennt, ein selbständiges Gebäude (34). Dies war – wie eine Reihe von großen Gefäßscherben zeigen – wahrscheinlich ein Weinkeller. – Ein ähnlicher, noch größerer Weinkeller, der auch einen Vorraum hat, befindet sich nordöstlich vom Hauptgebäude (35). In diesem Magazin stehen noch zahlreiche Weingefäße in mehreren Reihen. Auch fand man hier Siegelabdrücke, mit denen die Weingefäße verschlossen waren.

Im Osten des Hauptgebäudes liegt ein langgestrecktes Gebäude, in dem vor allem Werkstätten untergebracht waren. Vom Hauptgebäude ist es durch eine aufwärts führende Rampe (36) getrennt. Im Südwesten scheint das Gebäude eine überdachte Halle (37) gehabt zu haben. An ihrem Nordende gibt es einen kleinen Raum (38), der als heiliger Schrein angesehen wird. In ihm wurden zahlreiche Schrifttäfelchen gefunden. Eine rechteckige Steinbasis am Eingang dieses Schreins wird als Altar gedeutet. In dem sehr großen Raum gegenüber des Ganges (39) wurden ebenfalls zahlreiche Siegelabdrücke sowie Schrifttäfelchen in Linear B gefunden, deren Texte sich auf Leder- und Metallarbeiten und andere Reparaturen beziehen. – Der nordöstliche Teil des Palasthügels weist keine Siedlungsspuren auf.

In der Umgebung des Palastes hat man zahlreiche Gräber gefunden. Sehenswert ist vor allem ein Kuppelgrab 100 m nordöstlich des Palastes außerhalb des Ausgrabungsgeländes. Es hat einen Durchmesser von 9,5 m. Die eingestürzte Kuppel wurde wieder restauriert. Obwohl das Grab geplündert war, konnten noch zahlreiche wertvolle Grabbeigaben geborgen werden. Ein anderes Kuppelgrab, das nur noch in den Fundamenten erhalten war, wurde 100 m südwestlich des Palasthügels gefunden. Es ist heute aber nicht mehr zu sehen. Zahlreiche Kammergräber wurden am Hang eines Hügels, 500 m westlich des Palastes, gefunden. Dies waren die Gräber einfacherer Leute. – Ein weiteres Fürstengrab ist das von Káto Englianós. Man erreicht es, wenn man vom Palast die Straße 1,3 km abwärts in Richtung Pílos fährt. Das Grab liegt etwa 30 m oberhalb der Straße unterhalb eines kleinen Hauses. Es ist noch bis zur Höhe des Türsturzes erhalten, aber stark einsturzgefährdet. Auch in diesem Grab wurden trotz einer früheren Beraubung noch zahlreiche Funde gemacht.

Chóra

Fährt man die Straße 4 km weiter bergauf in Richtung Kiparissía, erreicht man das Dorf Chóra, wo es mehrere kleine Hotels gibt. Oberhalb des Ortes am Ortsausgang Richtung Kalamáta in der Odós Spyr. Marinátou liegt das *Museum*.

Die wichtigsten Funde aus dem Palast und aus den Gräbern von Epáno Englianós befinden sich im Nationalmuseum in Athen (Saal 4). Hier in Chóra sieht man in *Saal I* Funde aus zahlreichen anderen Gräbern. Vor allem sind die reichen Goldfunde zu erwähnen, die aus den Kuppelgräbern von Peristería (**97**) stammen, darunter zwei Becher, eine Schale mit Spiralmustern, ein Diadem und eine Perle mit herrlicher Granulation sowie eine Fülle von Goldapplikationen von Gewändern. Keramik und Waffen, darunter Pfeilspitzen aus Feuerstein, stammen zum Teil aus den zahlreichen Kuppel- und Kammergräbern von Volimidiá (s. unten). Zu erwähnen ist noch hinten links in einer kleinen Wandvitrine ein spätmykenisches Gefäß mit drei Stierköpfen. – Im *Saal II* sind in den Wandvitrinen zahlreiche Freskenbruchstücke aus dem Palast zu sehen mit Szenen aus dem mykenischen Alltag sowie von Fabelwesen, z. B. Greifen und Löwen aus dem Megaron der Königin. Zu bewundern ist die Kühnheit der Rekonstruktionsversuche mit den oft nur geringen Resten. In der Mitte des Saales links ein Opfertisch aus Stein und rechts am Pfeiler eine prächtige Steinlampe. In der vorderen Mittelvitrine mittel- und späthelladische Scherben, die unter dem Palast gefunden wurden und die frühere Besiedlung des Hügels beweisen. In der hinteren Mittelvitrine eine Anzahl Täfelchen mit Linear-B-Schrift, die 1952 von Michael Ventris entziffert werden konnte, und zwar als frühes Griechisch. Freilich enthielten die Täfelchen ausschließlich verwaltungsmäßige Aufzeichnungen. In den übrigen Wandvitrinen Teile der umfangreichen Keramikfunde, die in einigen der Räume des Palastes gemacht wurden, darunter trichterförmige Becher (Kyliken) und kugelförmige Gefäße mit Bügelgriffen und schmalen Ausgüssen (Bügelkännchen), beides Leitformen der spätmykenischen Zeit. *Saal III:* Links des Eingangs eine Vase im mykenischen Palaststil, rechts Teile eines Stierhorns, wie sie aus Knossos bekannt sind. In den Vitrinen sieht man viel mykenisches Gebrauchsgeschirr. In der Vitrine rechts hinten ein Goldknopf in Form eines Helms, oben rechts ein sehr eigenartiges, ovales, symmetrisches Gefäß. In der Mitte hinten ein großer Pithos mit Deckel. Links hinten 2 Kaminrohre aus Ton aus dem Megaron der Königin. Links vorne 2 Bronzegefäße. In der Vitrine links des Eingangs Waage und zum Teil verbogene Bronzeschwerter. In den beiden Mittelvitrinen sieht man zahlreiche Kleinfunde: Pfeilspitzen, Spinnwirtel, Perlen und Gewichte.

Geht man die Straße vom Museum aus 500 m weiter bis Volimidiá, liegen links in einer Wiese, etwa 40 m von der Straße entfernt, eine Reihe von Kammergräbern mit Dromoi, die Anfang der sechziger Jahre von Marinatos ausgegraben wurden. Auch sonst gibt es in der weiteren Umgebung von Chóra zahlreiche mykenische Gräber, die zeigen, daß Westmessenien zu jener Zeit stark besiedelt war.

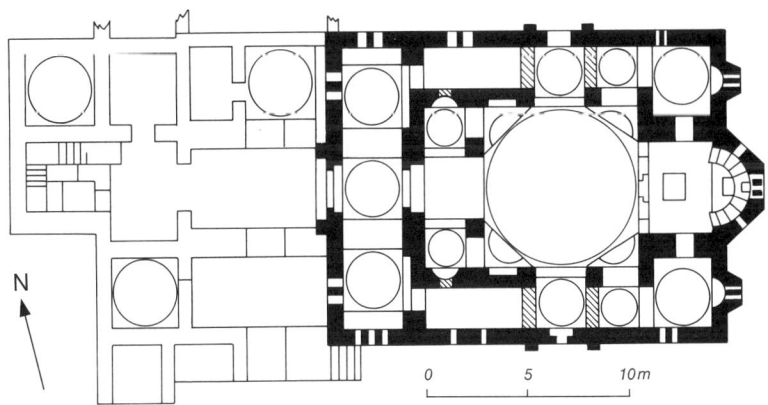

Kirche Metamórphosis toú Sotírou in Christianoú

95

Filiatrá, Christianoú

Filiatrá liegt an der Strecke zwischen Chóra (**94**) und Kiparissía (**96**). Südlich des Ortes, bei Agía Kiriakí, wurden die Reste einer fünfschiffigen Basilika vom Ende des 5./ Anfang des 6. Jh. aufgedeckt. Nach der Zerstörung durch ein Erdbeben wurde die Kirche im 6. Jh. wieder aufgebaut. Nach ihrer erneuten Zerstörung wurde innerhalb ihrer Mauern in mittelbyzantinischer Zeit die kleine Kirche Agía Kiriakí errichtet. – 100 m südlich der Kirche fanden sich Reste einer spätrömischen Badeanlage aus dem 4. oder 5. Jh. n. Chr.

Am Südende von Filiatrá zweigt eine Straße nach Osten zu dem 12,5 km entfernten Dorf Christianoú ab. Im Mittelalter hieß der Ort Christianoúpolis und war Sitz des Erzbischofs von Messenien. 1837 wurde der Bischofssitz nach Kiparissía verlegt.

Erhalten ist die sehenswerte Bischofskirche der Metamórfosis tou Sotírou (Verklärung Christi) aus dem Jahre 1070. Sie gehört zu dem in Griechenland seltenen Typ der Achtstützenkirche. Weitere Beispiele in der Peloponnes sind nur noch die Agía Sofía in Monemvasía (**60**) und die Ágii Theódori in Mistrá (**52**). Offensichtlich ist der Bau einmal unterbrochen worden, weil der Untergrund an der Südseite nachgab. Der untere Teil der Mauer, der etwa 3 m hoch aus senkrechten und waagrechten Monolithen zwischen Quadern mit Ziegellagen besteht, ist deutlich hangabwärts gesenkt. Die darüber stehende Mauer ist dagegen später waagrecht weitergebaut worden. – Die Zentralkuppel hat 16

Fenster mit säulenartigen Wölbungen an den Ecken. Sie ruht auf 8 Pfeilern, was dadurch erreicht wird, daß sich im Inneren vier Ecktrompen zwischen die vier Kreuztonnen einschieben. Dies ermöglicht eine weiträumige Kuppelwölbung ohne Unterbrechung durch tragende Säulen. Bemerkenswert sind im Inneren die flachen Kuppeln über den Seitenräumen und dem Narthex. Sie bestehen aus gekreuzten Stegen in Quaderwerk mit Ziegelfüllungen. Der Narthex ist durch 3 Türen mit der Kirche verbunden. In der Apsis des Bema sieht man einen Bischofsthron, zu dem beiderseits Treppen hinaufführen. Im Nordteil des Narthex zeigen Balkenlöcher einen ehemaligen Holzzwischenboden an, der von der Nordseite aus zugänglich war und von dem Türen in die Obergeschosse der Seitentüren führten. Im Westen schließt an den Narthex der Palast des Bischofs an, der aus Steinquadern mit Ziegelzwischenlagen erbaut ist. Einige Räume hatten ähnliche Kuppeln wie die Kirche.

96

Kiparissía

Kiparissía ist eine kleine Stadt mit etwa 5000 Einwohnern an der Westküste Messeniens, Hauptort der Eparchie Trifília und Bischofssitz. Die heutige Eparchie Trifília ist, obwohl sie den antiken Namen übernommen hat, nicht identisch mit der antiken Landschaft Triphylien, die nordöstlich der Néda lag. Die Stadt zieht sich malerisch an einem nördlichen Ausläufer des Gebirges von Kiparissía empor, überragt von einer mittelalterlichen Festung. Es ist eine lebhafte Handelsstadt und Mittelpunkt der landwirtschaftlich sehr intensiv genutzten Westküste Messeniens. Hier werden vor allem Korinthen, Vieh, Wolle und Öl gehandelt.

Kiparissía führt heute wieder seinen antiken Namen. Es ist eine altmessenische Stadt, die von Epameinondas als Hafen von Messéne wieder aufgebaut wurde. Seit dem frühen Mittelalter hieß die Stadt Arkadiá, wie sie auch heute noch gelegentlich genannt wird. Der Name soll daher stammen, daß sich die Arkader damals vor den eindringenden Slawen hierher gerettet hatten. Die Stadt liegt etwa 1 km von der Küste entfernt bei einem kleinen Hafen.

Die antike Stadt nahm die Stelle der heutigen ein und dehnte sich auch gegen den Hafen aus. Die Akropolis lag ursprünglich an der Stelle der späteren Burg. Der Burgberg war schon in mittelhelladischer Zeit besiedelt. Im Südwesten des Hafens, an der Quelle Agía Lougoúdis, befand sich ein Dionysos-Heiligtum.

1205 fiel Kiparissía in die Hände der Franken, die hier eine Feste als Mittelpunkt einer bedeutenden Baronie erbauten. 1391 wurde Kiparissía von den

Genuesen erobert, 1460 von den Türken, und auch später teilte die Stadt das Schicksal der übrigen Peloponnes. 1825 wurde Kiparissía von den ägyptischen Truppen Ibrahim Paschas zerstört.

Die Festung betritt man über eine lange Rampe und ein Tor im Südosten. Weiter links liegen die Ruinen eines großen Turmes, in dem antikes Material wieder verwendet wurde. Im Mittelpunkt der Festung befinden sich die Reste eines großen Turmes, der möglicherweise schon aus byzantinischer Zeit stammt. Im Westen gibt es eine große Bastion. Zusätzlich war die Anlage durch einen zweiten äußeren Wall geschützt. Schön ist vor allem der Blick von der Festung auf die Stadt, das Küstenland und die Ionische See.

97

Mouriatáda, Peristería

Östlich von Kiparissía liegen im Bergland zwei bedeutende mykenische Siedlungen. In Kiparissía zweigt nach Osten die Straße über Vrísses nach Mouriatáda (6 km) ab. Die mykenische Siedlung bedeckt den beherrschenden Hügel, der Ellinikó genannt wird, etwa 1,5 km östlich des Dorfes. Der Hügel war durch eine kyklopische Mauer befestigt, von der man noch einige Reste sieht. Im Inneren verschiedene Hausmauern, darunter die eines Megarons und eines großen Gebäudes, von dem der Ausgräber Marinatos vermutete, daß es ein Tempel sein könnte. 200 m nordöstlich, auf einem anderen Hügel, gibt es ein kleines gut erhaltenes spätmykenisches (SH III B–C) Kuppelgrab mit 4,60 m Durchmesser und 6 m Höhe.

Die andere Siedlung mit wichtigen Kuppelgräbern befindet sich weiter nördlich bei Peristería nahe dem Dorf Míra. Um dorthin zu gelangen, benutzt man von Kiparissía die Hauptstraße nach Norden und biegt nach 3,5 km rechts ab auf die Asphaltstraße (Wegweiser), nicht auf den kurz davor abzweigenden schlechten Weg nach Míra. Nach 6 km erreicht man die Ausgrabung. Peristería liegt 1 km nördlich von Míra auf einer nach Westen, Norden und Osten steil abfallenden Bergkuppe über dem Tal des Peristéri-Flusses. Dies ist eine wichtige Lage an der Verbindung von der Küste zu der oberen messenischen Ebene. Von der Siedlung sind Reste der kyklopischen Mauer, Häuser und vor allem drei Kuppelgräber erhalten.

Zunächst trifft man vom Eingang her auf das kleinere Grab B in einer halbkreisförmigen Mauer, die dem Plattenring von Mykene vergleichbar ist. Das Grabmal stammt aus dem 16. Jh. v. Chr. Der Dromos ist nur 5 m lang, der Durchmesser des Grabes beträgt 10,60 m. Hier wurden zahlreiche Goldfunde gemacht, darunter zwei Becher und eine Schale, die heute im Museum in Chóra

(**94**) zu sehen sind. Angesichts der reichen Funde von Peristería wurde auch die Meinung vertreten, der homerische Nestorpalast könne hier gestanden haben.

Ebenfalls in dem halbrunden Kreis liegt das kleinste Kuppelgrab C mit 6,90 m Durchmesser. Bemerkenswert ist, daß der Plattenring über den Dromos dieses Grabes verläuft, was zeigt, daß dieser Ring erst nach Errichtung des Grabes zur späteren kultischen Verehrung angelegt wurde. In diesem Grab wurden neben Scherben aus mittelhelladischer Zeit in einer Grube große Mengen von Goldbeigaben und Schmuck aus der Schachtgräberzeit (um 1550 v. Chr.) gefunden.

Das größte Kuppelgrab A befindet sich 80 m oberhalb des Grabes B. Es ist zum Teil wieder aufgebaut und stammt aus frühmykenischer Zeit (16. Jh. v. Chr.). Es hat einen 28 m langen Dromos, eine 5,10 m hohe Tür und einen Durchmesser von 12,10 m. Auf dem linken Türpfeiler sind oben unter Glas zwei Steinmetzzeichen in minoischer Linear-A-Schrift zu sehen, eine Doppelaxt und einen Zweig darstellend. Wie bei vielen minoischen Gräbern wurde von spätklassischer bis in hellenistische Zeit hier ein Heroen-Kult geübt, von dem man entsprechende Spuren fand. – Ein weiteres kleines Kuppelgrab fand man außerhalb der Einzäunung jenseits des Weges.

Auf einem Hügel westlich von Peristería wurde eine mittelhelladische Nekropole entdeckt.

98

Málthi und Burg Míla

In der sog. Senke von Kókla an der Querverbindung zwischen den Straßen Pírgos – Pílos und Trípolis – Kalamáta liegen in der Nähe von Vassilikó die mittelhelladisch-mykenische Siedlung Málthi und die fränkische Burg von Míla, beide benannt nach Dörfern in der Nachbarschaft.

Málthi

Die Ausgrabung findet man 1 km westlich des Ortes Vassilikó im Südosten der Ebene von Kókla auf einem in diese vorspringenden Hügelrücken etwa 150 m über der Ebene. Man biegt dort von der Hauptstraße nach Süden ab auf den Weg nach Málthi. Nach 1 km (Wegweiser) steigt man – sich links zum Gipfel haltend – auf den Berg. Der Aufstieg ist weglos und durch viele Büsche beschwerlich.

Málthi wurde 1926/34 von N. Valmin ausgegraben. Es handelt sich wahrscheinlich um einen Herrschersitz, um den sich rund um den Berg eine größere Siedlung erstreckte. Die Mauer, die das Plateau umzieht, umschließt eine Fläche von 80 × 180 m. Sie entstand in mittelhelladischer Zeit, in der auch die Hauptblüte des Ortes anzusetzen ist. Das Haupttor befand sich im Süden, drei weitere Eingänge im Norden, Nordosten und Nordwesten. Die gesamte Mauer war an der Innenseite mit Häusern bebaut. Davon ist heute nur noch wenig zu sehen. Am besten zu erkennen ist der Komplex am höchsten Punkt. Hier lagen – durch eine gesonderte Mauer geschützt – wahrscheinlich die Räume des Herrschers der Stadt. Dort, wo der moderne trigonometrische Punkt steht, dürfte die Halle des Palastes gelegen haben. Im Norden und Süden davon gab es unbebaute Flächen. – In mykenischer Zeit dürfte Málthi weiter größere Bedeutung gehabt haben, wie vor allem Kuppelgräber am Fuße des Hügels zeigen. Auf der Höhe entstanden dagegen nur einige neue Gebäude, darunter ein Megaron mit 4 Säulen. Es liegt 25 m westlich des trigonometrischen Punktes. Zu erkennen ist auch hier nicht mehr viel.

Ob die Siedlung – wie vom Ausgräber angenommen wurde – schon in neolithischer und frühhelladischer Zeit existierte, ist bisher nicht geklärt. In spätmykenischer Zeit um 1200 v. Chr. wurde die Stadt verlassen und später nicht mehr besiedelt. Valmins Gleichsetzung von Málthi mit der historischen griechischen Stadt Dorion wird heute nicht mehr aufrechterhalten. Vielmehr wird angenommen, daß Dorion mit der antiken Siedlung von Stilári am Westrand der Ebene von Kókla identisch ist, von deren hellenistischen Mauern besonders noch ein Turm erhalten ist.

Am Westfuß der Höhe von Málthi, 800 m von der Abzweigung von der Hauptstraße entfernt, liegen 2 Kuppelgräber etwa 80 m voneinander entfernt. Sie stammen aus spätmykenischer Zeit (SH III). Das größere Grab 1 hat 6,85 m Durchmesser und 5,80 m Höhe. Sein leicht geneigter Dromos ist 13,50 m lang. Der Eingang verengt sich nach innen auffällig. Das kleinere Grab 2 ist eingestürzt. Es hat 5,75 m Durchmesser und war etwa 5 m hoch.

Burg Míla

Südöstlich von Vassilikó liegt auf einem Hügel die fränkische Burg von Míla. Man sieht sie gut von der Höhe von Málthi aus. Fährt man von Vassilikó auf der Hauptstraße nach Osten, sieht man sie rechts der Straße liegen. Man erreicht sie, wenn man 800 m nach dem Ort rechts in einen roten Sandweg mit dem kleinen Wegweiser »ΒΡΑΧΟΠΑΝΑΓΙΤΣΑ« einbiegt. Man folgt ihm 700 m weit über die Eisenbahn bis zu einer Weggabel, wo man sich, dem gleichen Wegweiser folgend, rechts hält ins Tal bis zu einer Brücke. Etwa 40 Schritte hinter der Brücke führt links aufwärts vor drei dicht zusammenstehenden Olivenbäumen ein zunächst schlecht, später gut auszumachender Weg in 15 Minuten bis zur Burg.

Die Burg wurde wahrscheinlich Ende des 13. Jh. von den Franken erbaut zum Schutz der umliegenden Dörfer und des Weges durch die Senke von Kókla. Die in ihren Außenmauern noch gut erhaltene Anlage ist nicht sehr groß. Sie umschließt eine Fläche von etwa 25 × 45 m. Drei Mauern haben in ihrer Mitte je einen Turm. Der im Nordwesten hat im Inneren eine Zisterne. Das Tor an der Ostseite ist verschwunden. An dieser Seite lag eine Vorburg, deren schwache Mauern später zerfielen. Im Nordwesten finden sich 50 m hangabwärts Reste eines Tores, das möglicherweise zu einem größeren Außenwall gehörte.

Elis

Überblick

Das ähnlich Messenien fruchtbare Elis bildet den nordwestlichen Teil der Peloponnes. Sein südlicher Teil hieß in der Antike Triphylien, das sich von der Néda-Schlucht im Süden bis zum Alpheiós ausdehnte, und dessen beherrschender Bergstock der Mínthis (1255 m) ist. Am Meer erstreckt sich eine mehrere Kilometer breite, flache und sandige Küstenebene, in der im nördlichen Teil bis zum Alpheiós hin große Küstenseen eingebettet sind. Nördlich des Alpheiós schließt sich ein vielfältig gegliedertes Hügelland an. Diesem ist im Westen ein breites Flachland vorgelagert, von dem aus nach Westen die bergigere Halbinsel Killíni vorstößt. Durch diesen nördlichen Teil von Elis fließt der Piniós, dessen Wasser nahe der antiken Stadt Elis (**114**) zu einem großen Stausee aufgestaut wird.

Triphylien war ähnlich wie Messenien in mykenischer Zeit offenbar stark besiedelt. Ein mykenischer Palast lag in Kakóvatos (**108**), obwohl davon heute kaum noch etwas zu sehen ist. Sonst spielte Elis in der Geschichte immer nur eine untergeordnete Rolle. Es war ein Gebiet ländlicher Siedlungen und Landgüter. Erst spät wurde die Stadt Elis gegründet. Sie blieb mit Ausnahme der Akropolis dorfartig und war die einzige Stadt mit selbständiger Bedeutung in dem großen Land. In geschichtlicher Zeit war die politische Ruhe und Neutralität des Landes ein wichtiger Faktor für die Entwicklung Olympias zu einem panhellenischen Heiligtum und Versammlungsort. Elis war im Altertum die einzige griechische Landschaft, in der Baumwolle angebaut wurde. Seine bedeutendste Zeit erlebte Elis zweifellos in fränkischer Zeit, als diese Landschaft mit zahlreichen Burgen und Herrensitzen das Kernland des fränkischen Ritterstaates wurde. Dies lag begründet in der günstigen Lage gegenüber den Küsten des Abendlandes. Die Zeugen der großen Vergangenheit sind freilich im großen und ganzen nicht sehr bedeutend, obwohl man sich einige von ihnen unbedingt ansehen sollte, vor allem die gewaltige Festung Clemútsi, die einstige Burg Clermont, auf der Halbinsel Killíni (**116**), ferner die Ruine der Sofien-Kirche in Andravída (**115**), dem einstigen Sitz der Fürsten der Morea. Schließlich ist die kaum bekannte Kirchenruine des Klosters Isóva, beim heutigen Tripití (**103**), sehenswert, die man aufsuchen kann auf dem Wege zum Tempel des Apollon Epikourios von Bássai (**106**). Der Tempel ist

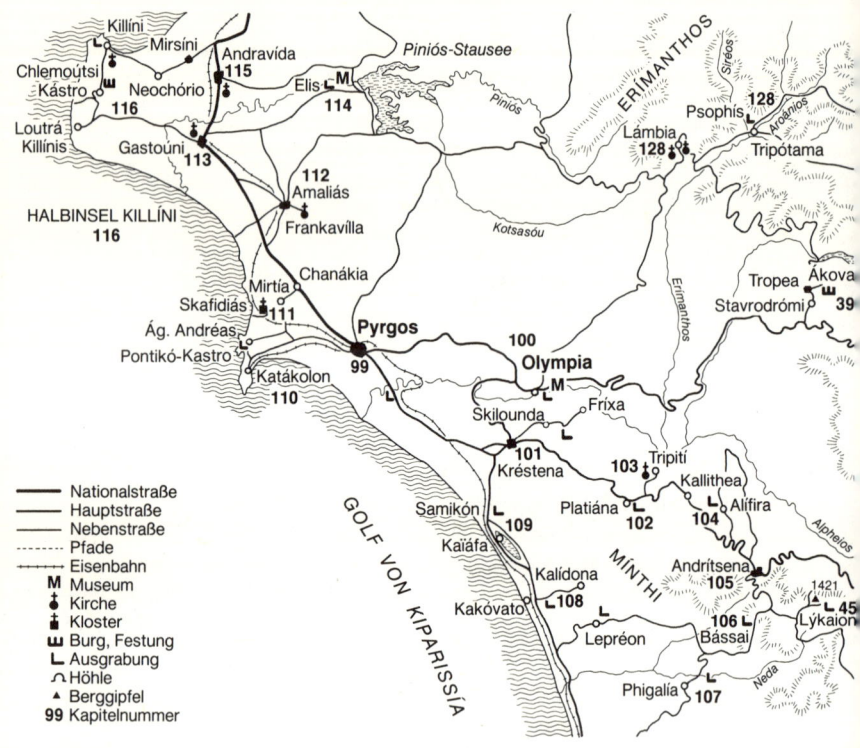

Elis

- Nationalstraße
- Hauptstraße
- Nebenstraße
- Pfade
- Eisenbahn
- **M** Museum
- **♦** Kirche
- **♠** Kloster
- **ш** Burg, Festung
- **L** Ausgrabung
- **∩** Höhle
- **▲** Berggipfel
- **99** Kapitelnummer

einer der beiden bedeutenden antiken Sehenswürdigkeiten in Elis. Die andere
ist natürlich Olympia (**100**), wozu an dieser Stelle nichts mehr gesagt zu
werden braucht. – Wer darüber hinaus Zeit hat, sich in Elis ein wenig mehr
umzusehen, findet im übrigen noch eine Reihe anderer Möglichkeiten. Beim
Tempel von Bássai liegt das antike Phigalía (**107**), und auf dem Wege von
Olympia nach Bássai kann man die antiken Städte bei Platiána (**102**) und
Alífira (**104**) besuchen. An der Küste befinden sich die eindrucksvollen
Mauern der Festung Samikón bei dem Küstensee mit dem kleinen Kurort
Kaïáfa (**109**). Übrigens gibt es an der Küste des nördlichen Elis und der
Halbinsel Killíni einige größere Ferienanlagen mit meist sehr guten Sandsträn-
den.

Pílos/Navarino, Moschee in der Festung, im Hintergrund Sfakteriá ▷

Die Verkehrswege nach und durch Elis sind sehr gut. Das Land wird vor allem erschlossen durch die gut ausgebaute Küstenstraße von Patras bis Kiparissía. Die Hauptverbindung von Osten her ist die Straße von Trípolis über Langádia und Olympia. Eine ebenfalls gute, aber kurvenreiche Straße ist die von Megalópolis nach Kréstena und Pírgos. Schließlich gibt es eine verhältnismäßig wenig benutzte Ostwestverbindung, die südlich des Erimánthos verläuft, an der Straße Kalávrita-Trípolis im Osten beginnend, und nach Amaliás führt. Auf sie trifft von Norden eine Nebenstraße von Patras kommend. Westlich Lámbia (**128**) zweigt schließlich eine landschaftlich empfehlenswerte, z. T. geschotterte, Seitenstraße ab, die über Lála nach Olympia führt.

99

Pírgos

Pírgos, eine lebhafte Stadt mit rund 26 000 Einwohnern, ist die Hauptstadt des Nomós Elis (Ilía). Sie ist die einzige Stadt von Bedeutung an der Westküste der Peloponnes und zugleich ein wichtiger Verkehrsmittelpunkt, da hier die Straßen aus Arkadien von Trípolis und Megalópolis her auf die Küstenstraße Patras-Pílos stoßen. Pírgos ist auch Haltestelle der Peloponnes-Eisenbahn mit Stichbahnen zum Hafen der Stadt, nach Katákolon (**110**) und nach Olympia (**100**). Der Reisende wird aber Pírgos in der Regel nur auf dem Wege von oder nach Olympia berühren. Die Stadt selbst bietet keine Sehenswürdigkeiten außer der Markthalle östlich der Platía Eparkíou, die im 19. Jh. von dem bekannten Architekten Ziller im klassizistischen Stil erbaut wurde. Pírgos (= Turm) hat seinen Namen nach einem Turm, der hier Anfang des 16. Jh. erbaut wurde.

Pírgos war zwar wahrscheinlich schon in der Antike besiedelt. Genauere Kenntnisse darüber fehlen jedoch. 3 km westlich von Pírgos bei Ágios Ioánnis konnte man aber die Stelle des antiken Letríni feststellen. Letríni soll von Letreus, dem Sohn des Pelops, gegründet worden sein. Die Stadt war aber schon zur Zeit des Pausanias verschwunden, der berichtet (VI 22,9), daß dort ein Heiligtum der Artemis stand, die den Beinamen Alpheiaia führte zur Erinnerung an die vergebliche Liebe des Flußgottes Alpheiós zu der Göttin.

7 km südlich von Pírgos an der Küstenstraße nach Kiparissía liegt Epitálion. Kurz vor dem Ort überquert man auf einer Brücke den Alfiós, den antiken Alpheios. 600 m hinter der Brücke liegen rechts unmittelbar an der Straße (Wegweiser) hellenistische und römische Reste der antiken Stadt Epitálion. Sie sind eingezäunt und waren zur Zeit der Drucklegung dieses Buches so überwachsen, daß nichts mehr zu sehen war.

◁ *Olympia, Ruinen des Heratempels*

100

Olympia

Olympia gehört zu den hervorragendsten Orten des antiken wie des modernen Griechenlands. Es war im Altertum die Stätte der bedeutendsten Spiele der griechischen Welt und ist heute mit seinen Ausgrabungen und seinem Museum eine der wichtigsten Sehenswürdigkeiten in der Peloponnes und Griechenlands überhaupt. Woher immer man sich dem Ort nähert, von Pírgos oder von Kréstena über den breiten Strom des Alfiós oder aber, wenn man von Trípolis aus dem kargen Bergland Hocharkadiens kommt, immer wird man die Lieblichkeit des grünen Hügellandes um Olympia mit seinen Kiefern- und Platanenhainen, seinen Zypressen, Eukalyptus-, Akazien- und Feigenbäumen als ersten Eindruck empfangen.

Dem heutigen Dorf Olympia hat der Tourismus seinen Stempel aufgedrückt. Fast in jedem Haus gibt es Hotels, Touristenläden, Restaurants oder Caféhäuser.

Sage und Geschichte

Im Altertum hieß die Landschaft, in der Olympia liegt, Pisatis nach einer Stadt Pisa, deren Standort bis heute noch nicht wiedergefunden worden ist. Dörpfeld vermutete Pisa auf einem auffallenden Hügel östlich von Olympia über dem Alpheiós-Tal. Nach neuerer Auffassung lag Pisa beim heutigen Dorf Miráka, ebenfalls östlich von Olympia. In Pisa herrschte der Sage nach König Oinómaos. Dieser wollte seine Tochter Hippodámeia nur dem Freier überlassen, der ihn selbst im Wagenrennen besiegte. Dies konnte jedoch keiner der Bewerber, da Oinómaos pfeilschnelle Pferde von seinem Vater Ares besaß. Schließlich gelang es jedoch Pelops, dem Sohn des lydischen Königs Tantalos, die Pferde des Oinómaos zu besiegen, da er selbst, so berichtet Pindar, ein Liebling des Poseidon war und von diesem ein Gespann geflügelter Pferde für den Wettkampf erhielt. Die ältere Version dieses Zweikampfes ist jedoch eine andere und irgendwie lebensnähere. Pelops bestach danach nämlich Myrtilos, den Wagenlenker des Oinómaos, am Wagen des Königs die Splinte, die die Räder an den Naben hielten, gegen Wachsstifte auszutauschen. Auf diese Weise verlor Oinómaos während des Rennens die Räder und wurde von seinen Pferden zu Tode geschleift. Darauf übernahm Pelops die Herrschaft über die

Pisatis und dehnte sie schließlich über die ganze Halbinsel aus, die von ihm ihren Namen Peloponnes (= Pelops Insel) erhielt. Myrtilos, den Zeugen seines Betruges, beseitigte Pelops. Noch im Sterben verfluchte Myrtilos den Pelops und sein Geschlecht. Es ist der gleiche Fluch, der das Schicksal der Pelops-Söhne Atreus und Thyestes bestimmte und der als Atriden-Fluch bekannt ist.

Der historische Ursprung Olympias liegt im dunkeln. Einige Apsiden-Häuser, die Dörpfeld in der nördlichen Altis, dem heiligen Hain von Olympia, aufdeckte, zeigen, daß diese Stelle schon in mittelhelladischer Zeit, in der 1. Hälfte des 2. Jt. v. Chr., besiedelt war. Das gleiche gilt für die späthelladische, also mykenische Zeit, wenn auch im Heiligtum nur vereinzelt Funde aus der letzten Periode dieser Zeit gemacht wurden. Reicher sind mykenische Funde aus der Umgebung etwa beim heutigen Dorf Droúva und nördlich vom Museum, wo Kammergräber aus dieser Zeit entdeckt wurden. – Nicht einig ist sich die Wissenschaft bis jetzt, wann Olympia zu einer heiligen Stätte wurde, und welchem Gott der erste Kult galt. Sagen, die zum Teil mit der Entstehung der Olympischen Spiele verknüpft sind (s. unten), weisen darauf hin, daß schon vor dem in historischer Zeit maßgeblichen Zeus-Kult andere Gottheiten hier verehrt wurden. So wird angenommen, daß schon in frühester Zeit Kronos auf der Spitze des gleichnamigen Hügels über der Altis gehuldigt wurde, obwohl es dort keinerlei archäologische Befunde gibt. Andere Gottheiten der Frühzeit Olympias sollen Ge (Gaia), Themis sowie die Fruchtbarkeitsgöttin Eileithyia gewesen sein. Es gibt jedenfalls in der kultischen Vorgeschichte Olympias Parallelen zu der Delphis und in gleicher Weise auch Bezüge zu Kreta. So wie die Übernahme des Heiligtums durch Apollon in Delphi wird die Übernahme durch Zeus in Olympia in Verbindung gebracht mit den ägäischen und dorischen Wanderungen. Damals wurden die Epeier, die achäischen Urbewohner, durch von Norden einwandernde Aitoler unter ihrem Führer Oxylos unterworfen und zum Teil aus ihren Wohnsitzen verdrängt, wobei eine ähnliche Gesellschaftsordnung wie die in Lakonien entstand, wo die Ureinwohner zu Periöken wurden. Im Zuge dieser im wesentlichen wohl friedlichen Einwanderungen, die um die Wende vom 2. zum 1. Jt. v. Chr. stattfanden, wurde auch der Zeus-Kult in Olympia aus dem Norden eingeführt.

Zum Zeus-Kult gehörte ein Orakel, das aus den Brandopfern des Zeus-Altars gedeutet wurde. Die Aufgabe der Deutung war zwei vornehmen Familien aus Elis, den Klytiaden und den Iamiden, vorbehalten. Es scheint daneben auch ein Orakel der Erdmutter Ge gegeben zu haben und wie in Delphi einen Erdschlund, ein Stomion. In geschichtlicher Zeit ging die Bedeutung dieser Orakel stark zurück.

Die Gründung der Olympischen Spiele wird nach der Überlieferung sowohl

Zeus selbst zugeschrieben, der diese aus Anlaß seines Sieges über Kronos
eingeführt habe, als auch seinem Sohn Herakles nach dessen Sieg über Augias,
den König von Elis. Der historische Beginn der Olympischen Spiele war
angeblich in einem Vertrag zwischen Iphitos, dem König von Pisa, und
Lykurg, dem sagenhaften Gesetzgeber von Sparta, niedergelegt. In ihm soll die
regelmäßige Abhaltung der Spiele alle vier Jahre und ein heiliger Friede, die
Akecheiria, vereinbart worden sein, der allen Griechen die ungefährdete
Teilnahme an den Spielen ermöglichen sollte. Seit 776 v. Chr., dem ersten
historischen Datum Olympias, wurden die Olympischen Spiele gezählt und
aufgezeichnet und die Zählung der Olympiaden, die Zeiträume zwischen den
Olympischen Spielen, wurde zur einzigen allgemein verbindlichen Zeitrech-
nung in Griechenland.

Olympia selbst war nie eine Stadt, sondern nur ein Heiligtum. Die Spiele
wurden im Auftrag der 16 eleischen Städte von der Stadt Pisa verwaltet. Diese
Verwaltung, die mit Ehren und materiellen Vorteilen verbunden war, wurde
Pisa aber von der Stadt Elis streitig gemacht, die 471 v. Chr. endgültig die
Verantwortung für Olympia übernahm. Dies fällt zusammen sowohl mit einer
staatlichen Neuorganisation in Elis wie auch einer Neuorganisation der Olympischen Spiele. Eine besondere Hegemonie über die Olympischen Spiele übte
im übrigen Sparta aus, das Elis vor allem vor Übergriffen seiner Nachbarn
schützte und häufig auch Versammlungen seiner Verbündeten in Olympia
einberief. 364 v. Chr. überfielen die Arkader Olympia und übten dort einige
Jahre die Herrschaft aus, bis Elis 360 v. Chr. wieder in seine alten Rechte
eingesetzt wurde.

Die Gestaltung des Heiligtums muß in ältester Zeit sehr einfach gewesen sein.
Es gab einen Aschenaltar des Zeus und natürlich eine Laufbahn. Erst im 6. Jh.
dürfte der erste Tempel am Fuß des Kronoshügels entstanden sein, der aber
nicht Zeus, sondern der Hera geweiht war. Zeus dagegen wurde am Heiligen
Hain verehrt. In der 1. Hälfte des 6. Jh. v. Chr. entstanden auch die ersten
Häuser auf der Schatzhausterrasse, nämlich die von Sybaris, Metapont und
Gela. Gegen Ende des Jahrhunderts wurden die meisten der anderen Schatzhäuser gebaut, die letzten in der ersten Hälfte des 5. Jh. Ebenfalls Ende des 6.
und Anfang des 5. Jh. wurden die beiden großen Apsiden-Häuser des Buleute-
rions am Südrand des Heiligtums errichtet. Der heilige Hain blieb frei von
Bauten, war jedoch mit zahlreichen Standbildern und anderen Weihegeschenken übersät.

Die schon erwähnte Neuordnung der Olympischen Spiele 472 v. Chr., die mit
dem vorübergehenden Rückgang der Macht Spartas und dem Erstarken von
Elis zusammenhing, ist auch der Zeitpunkt des Baubeginns des großen Zeus-
Tempels. Im Anschluß an seine Fertigstellung 457 v. Chr. wurde das Stadion
neu ausgebaut. Gleichzeitig entstanden am Kladéos Bäder, ein Schwimmbek-

ken und ein Schwitzbad für die Athleten. Das 5. Jh. stellte den Höhepunkt der politischen wie auch der religiösen Bedeutung Olympias dar. Im 4. Jh. geht diese dagegen stark zurück, wenn auch die Spiele selbst unveranderte Anziehungskraft besitzen. Dies drückt sich nicht zuletzt in einer erheblichen Bautätigkeit aus. So entsteht um 400 v. Chr. als neuer Tempel das Metroon am Fuße der Schatzhausterrasse. Kurz danach wird das Pelopion ausgebaut. Gegen Mitte des 4. Jh. erhält das Stadion eine neue Form und wird durch einen Wall von der Altis getrennt. Vor ihm entsteht die Echo-Halle, vielleicht eine Stiftung Philipps von Makedonien, nachdem einige Jahrzehnte früher bereits der südlich anschließende Südostbau und im Süden des Heiligtums die Südhalle errichtet wurden. Philipp von Makedonien ließ auch den Rundbau des Philippeions westlich vom Hera-Tempel errichten. Am Ende des 4. Jh. kam schließlich als größtes Gebäude von Olympia das Leonidaion als Herberge für vornehme Gäste hinzu.

Während des 3. Jh. v. Chr. gab es im heiligen Bezirk mit Ausnahme des Tunnels, der durch den Westwall des Stadions geführt wurde, keine wesentlichen neuen Bauten, wenn man von den zahlreichen Denkmälern absieht, die weiterhin in großer Zahl aufgestellt wurden. Dagegen befand sich im 3. Jh. nahe dem Ufer des Kladéos die Palästra als Übungsstätte der Athleten. Nördlich davon entstand in mehreren Bauabschnitten bis zum 1. Jh. v. Chr. das Gymnasion mit einer langen gedeckten Laufbahn.

Ein scharfer Einschnitt in die Geschichte Olympias war die Beraubung des Heiligtums durch Sulla 86 v. Chr., der auch 80 v. Chr. den Befehl gab, die Olympischen Spiele nach Rom zu verlegen, so daß in diesem Jahr nur ein Stadion-Lauf in Olympia stattfand. In der Folgezeit gab es nur bescheidene Bautätigkeiten in Olympia, verbunden mit zahlreichen Reparaturarbeiten, vor allem auch am Zeus-Tempel. Erst zur Zeit des Augustus erlebte Olympia eine neue Blüte, zumal Mitglieder des julisch-claudischen Kaiserhauses, nämlich Tiberius und Germanicus, an den Spielen teilnahmen. Nero blieb es vorbehalten, den altehrwürdigen Kalender der Olympiaden in Unordnung zu bringen, indem er die Spiele zwei Jahre vorverlegen ließ, um selbst an ihnen teilnehmen und natürlich siegen zu können. Er ließ auch Kunstwerke aus dem Heiligtum nach Rom bringen, baute das Südosthaus in eine römische Villa um und wahrscheinlich war auch er es, der einen Triumphbogen zwischen Südostbau und Bouleuterion errichtete. Im 2. Jh. n. Chr. erhielt die Altis im Westen und Süden eine Umfassungsmauer. Bedeutendstes Bauwerk des 2. Jh. n. Chr. ist das Nymphaeum, das der reiche Athener Herodes Atticus für seine Frau Regilla neben dem Heraion an der Schatzhausterrasse errichten ließ. Auch die römischen Kaiser statteten Olympia mit neuem Glanz aus. Trajan baute die Kladéos-Thermen über dem alten griechischen Schwimmbecken. Südlich davon entstanden im 2. bis 3. Jh. n. Chr. römische Gästehäuser und im 3. und

4. Jh. zwischen Leonidaion und Bouleuterion die Südthermen und andere Gebäude.

Mitte des 3. Jh. setzte der Verfall Olympias ein. In dieser Zeit enden die Aufzeichnungen über die diensttuenden Beamten und die Sieger in Olympia. Als die Heruler 267 in Griechenland einfielen, wurde im Heiligtum eine Festung errichtet, deren nördliche Bastion der Zeus-Tempel und deren südliche die Südhalle darstellten. Beide Gebäude wurden mit 3 m starken Mauern verbunden. Das Material der Mauern stammt von anderen abgerissenen Gebäuden, u. a. von der Echo-Halle. Nach dem Einfall der Heruler, die offenbar die Festung nicht eroberten, wurde Olympia noch einmal unter Diokletian restauriert, und auch die Spiele wurden fortgeführt. Olympia muß jedoch zu dieser Zeit, Anfang des 4. Jh., bereits halbwegs in Ruinen gelegen haben, die nur noch teilweise genutzt wurden. Trotzdem stellte man auch in dieser Zeit noch vereinzelt neue Denkmäler auf. Theodosius I. ließ 392 die heidnischen Spiele verbieten, und die letzten Olympischen Spiele fanden 393 statt. Kurz darauf drangen die Goten unter Alarich bis nach Olympia vor. Ende des 4. Jh. entstand wahrscheinlich die erste christliche Gemeinde in Olympia, und die ehemalige Werkstatt des Phidias wurde in eine Kirche umgewandelt. Aber nur noch eine bescheidene Siedlung kann sich damals auf den Trümmern von Olympia ausgebreitet haben. Erdbeben hatten schon im 4. Jh. an der weiteren Zerstörung mitgewirkt, und Überschwemmungen begruben bald darauf das Heiligtum unter meterhohen Ablagerungen von Sand und Ton. Die Niederungen von Kladéos und Alfiós mit ihrem ungesunden Klima ließen eine weitere Besiedlung Olympias nicht mehr zu.

Im 18. Jh. begann die Wiederentdeckung Olympias, von dem nur noch geringfügige Mauerreste über die hohe Schwemmlandschicht hinausragten. Zuerst wurde 1723 die Lage Olympias von dem französischen Reisenden Montfaucon festgestellt, später von anderen Reisenden, so von Richard Chandler in seinen »Travels in Greece« (1776) beschrieben. Es folgten Beschreibungen und erste Pläne von verschiedenen französischen und englischen Gelehrten. Die ersten Ausgrabungen wurden von der sog. Morea-Expedition durchgeführt im Gefolge der französischen Truppen, die die Griechen in ihrem Freiheitskampf unterstützten. Die Ergebnisse dieser ersten sechswöchigen Grabung noch während der Kämpfe im Mai 1829 sind in dem bekannten Werk »Expédition scientifique de Morée« veröffentlicht. Die entscheidenden Funde gelangen aber erst zwischen 1875 und 1881 unter Leitung der deutschen Archäologen Ernst Curtius und Friedrich Adler mit finanzieller Unterstützung des deutschen Reiches, wobei die 4 m hohe Schwemmlandschicht abgetragen wurde. Seitdem blieb Olympia bis heute im wesentlichen eine Grabung des Deutschen Archäologischen Institutes. 1887 wurde das alte Museum eröffnet. Wilhelm Dörpfeld grub von 1906 bis 1909 sowie in den zwanziger

Jahren, um der prähistorischen Vergangenheit Olympias nachzugehen. Aus Anlaß der Olympischen Spiele in Berlin wurden 1936 die Ausgrabungen wieder in größerem Umfang aufgenommen und nach dem Kriege von 1952 bis 1966 fortgesetzt, wobei vor allem das Stadion aufgedeckt und wieder hergestellt wurde. Anfang der siebziger Jahre wurde das neue große Museum gebaut.

Die Olympischen Spiele

Die ersten Spiele waren äußerst einfach. Sie bestanden über Jahrhunderte nur aus dem Stadion-Lauf, obwohl zu dieser Zeit bereits eine ganze Reihe von sportlichen und ritterlichen Wettkämpfen bekannt waren. Der erste uns bekannte Olympia-Sieger war Kóroibos aus Elis. Er siegte 776 v. Chr., in dem Jahr, in dem die Aufzeichnungen über die Olympischen Spiele beginnen. Ende des 8. Jh. wurden die Wettkämpfe auf den Doppelstadienlauf und einen Dauerlauf erweitert, 704 v. Chr. trat dann der Ringkampf und vor allem das Pentathlon, der Fünfkampf, hinzu, die vornehmste Sportart der Olympischen Spiele, die einen Wettbewerb im Laufen, Ringen, Springen, Speer- und Diskuswerfen vorsah. Im Laufe des 7. Jh. wurden noch der Faustkampf und das Pankration, ein Freistilkampf, sowie das Reiten und das Rennen von Vierergespannen hinzugenommen. In der 65. Olympiade, 520 v. Chr., wurde schließlich der Waffenlauf eingeführt. Finanziert wurden die Spiele, denn es gab keine Eintrittsgelder, aus einem Zehntel der Kriegsbeute aller beteiligten Städte. Daher auch die vielen Waffenfunde.

Die Olympischen Spiele fanden alle vier Jahre im August oder September statt. Die Spiele und gleichzeitig der Gottesfrieden wurden von Herolden in ganz Griechenland verkündet. Teilnehmen an den Spielen durften nur freigeborene Griechen, die keine Blutschuld auf sich geladen hatten. Außer für Männer gab es auch besondere Agone für Knaben. Nur Mädchen durften bei den Spielen zuschauen, nicht dagegen Frauen mit Ausnahme der Demeter-Priesterin.

Die Wettkämpfer mußten sich Wochen vor den Spielen in Olympia einfinden und hier und zeitweise wohl auch in Elis 30 Tage gemeinsam trainieren. Zum Abschluß ihrer Vorbereitungszeit hatten sie vor dem Standbild des Zeus Horkios, des Rächers falscher Eide, dessen Bild im Bouleuterion stand, ihren Olympioniken-Eid abzulegen. Das eigentliche Fest, das um den Vollmond stattfand, dauerte fünf Tage. Es begann am ersten Tag mit den Wettkämpfen der Knaben. Am zweiten Tag fanden vormittags die Pferderennen im Hippodrom, nachmittags der Fünfkampf im Stadion statt. Am Abend dieses Tages wurde dem Pelops ein schwarzer Widder im Pelopeion geopfert. Am dritten Tag, der auf den Vollmond fiel, brachte man dem Zeus Opfer, woran sich ein

großes Festmahl der Beamten, Gäste, Athleten und Festgesandtschaften an-
schloß. Am vierten Tage fanden vormittags die Laufwettbewerbe und am
Nachmittag die Ring- und Faustkämpfe statt. Die wichtigsten Beamten für die
Durchführung der Spiele waren die Hellanodiken, die Schiedsrichter, von
denen es in der Frühzeit nur zwei, später 9, 10 oder 12 gab. Die Hellanodiken
überwachten schon die Vorbereitung der Athleten und die Einhaltung der
Wettkampfregeln während der Spiele. Ihnen fiel auch die Aufgabe zu, am 5.
Tage der Spiele die Sieger mit einem Kranz aus Zweigen des heiligen Ölbaumes
zu bekränzen. Dieser Ölbaum hieß auch Kotinos oder Kallistéphanos, der
Schönbekränzende. Seit dem 4. Jh. v. Chr. überreichten die Kampfrichter
schon unmittelbar nach dem Sieg in der einzelnen Kampfart dem Sieger einen
Palmzweig. Nach der Bekränzung der Sieger wurden diese im Prytaneion
durch ein Festmahl geehrt.

Kranz und Festmahl waren die einzigen sichtbaren Ehren, die für den Sieg in
Olympia vergeben wurden. Für die Sieger waren die Ehrungen und materiellen
Vorteile damit jedoch durchaus nicht beendet. Ein Sieg in Olympia wurde in
der Frühzeit als Gnade des Zeus für den Sieger und seine Stadt angesehen, und
entsprechend wurde dieser in seiner Heimat geehrt mit Denkmälern, dem
Recht, lebenslänglich an den Mahlzeiten im Prytaneion seiner Stadt teilzunehmen, mit der Aussetzung von Geldpreisen und Renten. Die politische Bedeu-
tung eines Olympiasieges hatte auch Einfluß auf die Teilnehmer an den
Spielen. Bis zur archaischen Zeit waren es vor allem die Mitglieder der
Adelsgeschlechter, so die Alkmeoniden aus Athen, die Kypseliden aus Korinth
oder die Orthagoriden aus Sikyón, die sich an den Spielen beteiligten und
durch die Siege auch ihr Charisma und ihre Herrschaft begründeten. In der
Spätzeit waren es die Berufsathleten, die sich für Geld und mit ausgefeilten
Trainingsmethoden um den Sieg für ihre Stadt bewarben. Auch der Handel um
Siege und die Bestechung der Wettkämpfer dienten dazu, die Gnade des Zeus
zu steuern. Ein olympisches Ideal, wie wir es verstehen, hat es also nie
gegeben.

Olympia war auch ein vielbesuchter Treffpunkt des politischen und kulturellen Griechenlands. Hier bot sich die Gelegenheit zu politischen Gesprächen
und Verträgen, hier konnten Dichter und Philosophen ihre Werke und
Meinungen vortragen. Zahllose berühmte Männer besuchten die Spiele in
Olympia, ob sie nun Platon oder Herodot, Simonides oder Pindar, Themistokles oder Demosthenes, Kleisthenes oder Alkibiades hießen. Olympia ist
einer der Orte, in denen sich während weniger Tage und Wochen die geistige
Einheit der griechischen Welt manifestierte, die im sonstigen Alltag der Staaten
durchaus nicht immer erkennbar war.

Rundgang (s. Plan auf dem hinteren Vorsatzblatt)

Das Ausgrabungsgelände liegt im Südosten des heutigen Dorfes am Südfuß des Kronos-Hügels inmitten eines lichten Kiefernhaines, der hier nach den Ausgrabungen entstanden ist und ungefähr wieder das Bild vermittelt, das die Altis (= der von Bäumen bestandene heilige Hain) in der Antike bot.
Ausgrabungsgelände und Museum sind recht früh offen und schließen spät. Genaue Zeiten können allerdings wegen häufiger Änderungen nicht angegeben werden. Es lohnt sich, sich zu erkundigen und dann die »Tagesrandzeiten« für einen Besuch zu nutzen. Man entgeht so etwas dem starken Besucherandrang.
Der im folgenden beschriebene Rundgang verläuft im Uhrzeigersinn, so daß wir uns zunächst den Gebäuden links vom Eingang zuwenden:

Prytaneion (1)

Gleich links vom Eingang liegt ein römischer Atriumbau. Dahinter erreicht man das Prytaneion, in dem die Gastmähler für die Olympioniken abgehalten wurden. Der ursprüngliche Bau entstand Anfang des 5. Jh. v. Chr., vielleicht im Zusammenhang mit der Neuordnung der Spiele. Er wurde am Ende des 4. Jh. und nochmals in römischer Zeit umgebaut. Bei der Ausgrabung des Gebäudes wurden jüngere Mauern beseitigt. Aus dem noch Vorhandenen ist nur schwer ein genaues Bild dieses Gebäudes zu gewinnen. An der Westseite, also zum Weg hin, gibt es Räume, von denen einer wahrscheinlich die Küche war, im Süden einen Raum, von dem man annimmt, daß hier der Altar der Hestia stand, auf dem Tag und Nacht ein Feuer brannte. Im südwestlichen Teil des Komplexes wurde eine merkwürdige Steinsetzung von linsenförmigem Grundriß aus unbearbeiteten Sandsteinen ausgegraben, die älter als das Gebäude ist und die möglicherweise aus dem 2. Jt. v. Chr. stammt. Ihr Sinn ist ungeklärt.

Philippeion (2)

Der Rundbau südlich des Prytaneions, rechts des Weges, ist das Philippeion, das Philipp II. von Makedonien nach dem Sieg bei Chairóneia (338 v. Chr.) zu bauen begonnen hatte und das sein Sohn, Alexander der Große, vollendete. Im Inneren des Rundtempels standen fünf Goldelfenbeinfiguren, die der Bildhauer Leochares von Athen hergestellt hatte. Alexander, in der Mitte, wurde flankiert auf der einen Seite von seinen Eltern Philipp und Olympia und auf der anderen Seite von seinen Großeltern Amynthas und Eurydike. – Von dem Rundbau sind heute lediglich die beiden Fundamentringe erhalten, auf denen die Cellawand und die umlaufenden Säulen standen. Der Rundbau, dessen Architekt unbekannt ist und der etwa zeitgleich ist mit der Tholos von Epidauros, war von vollendeter Regelmäßigkeit. Auf einem dreistufigen Unterbau standen um die Cella, die mit einer Tür und zwei Fenstern versehen war, 18 ionische Säulen. Im Inneren der Cella waren die Wände mit 9 Halbsäulen geschmückt, die auf hohen Sockeln standen und von korinthischen Kapitellen gekrönt waren. Ein flaches Kegeldach mit Tonziegeln und einem Firstknauf in Form einer Mohnkapsel deckte den Tempel.

Heraion (3)

Das Heraion, der Tempel der Hera, ist der ehrwürdigste und älteste Tempel in Olympia. Er wurde um 600 v. Chr. erbaut. Die Meinung darüber, ob der Tempel einen nur aus Cella und Pronaos bestehenden Vorläufer aus der Mitte des 7. Jh. gehabt hat oder sogar noch einen älteren Vorläufer, wie Dörpfeld annahm, und der nach der elischen Überlieferung zur Zeit des Oxylos um 1000 v. Chr. erbaut wurde, ist nicht geklärt.
Der Grundriß des Tempels hat einige bemerkenswerte Eigenheiten. Von der Cella ist der Mauersockel noch etwa 1 m hoch erhalten. Er besteht an der Außenseite aus hochkant gestellten Stylobaten und an der Innenseite aus Kalksteinquadern. Auf dem Sockel erhoben sich Wände aus Lehmziegeln mit Balkenversteifungen. Der Grundriß mit Cella, Pronaos und Opisthodom entspricht bereits den Tempeln späterer Zeit; allerdings fällt eine kleine Unregelmäßigkeit auf: Der Pronaos ist gegenüber dem Opisthodom geringfügig kürzer, wodurch die Ringhalle an dieser Stelle etwas breiter ist als vor dem Opisthodom. Im Inneren war die Cella durch zwei Säulenreihen in drei Schiffe geteilt, wobei hinter jeder zweiten Säule ein Wandpfeiler hervorragte. Diese Wandpfeiler wurden in der römischen Kaiserzeit beseitigt und sind deshalb nur noch in Spuren am Boden zu sehen. Da sie nur hinter jeder zweiten Säule standen, wurde die Cella an den beiden Langseiten in 4½ Nischen geteilt. Diese Unregelmäßigkeit kam daher, daß die Innensäulen der Cella, was man

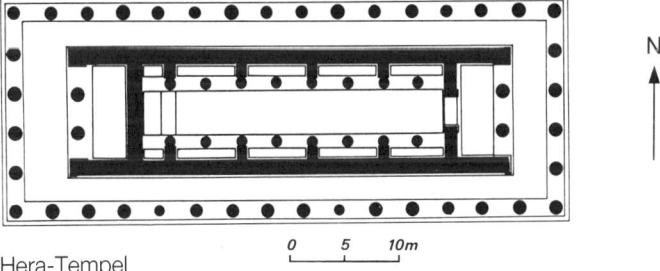

N

Hera-Tempel

0   5   10m

später nicht mehr machte, sich genau auf den Achsen der entsprechenden Außensäulen befanden. Man nimmt an, daß dies konstruktiv bedingt war, weil von den Außen- zu den Innensäulen Balken liefen.

Überhaupt gibt es zahlreiche Hinweise, daß ein Großteil der Tempelkonstruktion ursprünglich aus Holz bestand. Zum einen hat man keine Gebälkteile aus Stein gefunden. Zum anderen waren auch die heutigen Steinsäulen ursprünglich aus Holz. Wenn man sie genauer betrachtet, fällt auf, daß sie außerordentlich unterschiedlich gearbeitet sind. Die Säulenschäfte bestehen zum Teil aus wenigen, zum Teil aus bis zu 10 Trommeln. Die im Westen wieder aufrecht stehende Säule hat nur 16 anstatt der bei den übrigen Säulen vorhandenen 20 Kanneluren. Vor allem aber sind die Echini der Kapitelle sehr unterschiedlich gearbeitet. Bei einigen Säulen ist der Echinus weit ausladend und gewölbt, was auf eine frühe Herstellung deutet, andere Echini sind streng und gerade gearbeitet, wie es in der Spätzeit üblich war. Auch stehen die Säulen nicht alle in einer Linie, wie besonders an der Nordseite auffällt. All dies deutet darauf hin, daß die Säulen zu unterschiedlichen Zeiten aufgestellt wurden und je nach Verfall die alten Holzsäulen ersetzten. So sah selbst Pausanias noch eine Holzsäule am Tempel. Er berichtet: »Im Opisthodom ist die eine der Säulen aus Eichenholz.«

Das Dach war mit Ziegeln gedeckt, die am Traufrand mit kleinen scheibenförmigen Platten abgedeckt waren. Über den First lief ein tonnenförmiger Tonziegelabschluß, der an den Giebelseiten in riesigen, reich bemalten Scheibenakrotern endeten. Einer dieser Akroter ist im Museum rekonstruiert. – Im Inneren der Cella gab es Statuen einer sitzenden Hera und eines stehenden Zeus auf einem Sockel, der noch zwischen den westlichen Innensäulen zu sehen ist. Der Hera wurde – wie Pausanias berichtet – jedes 5. Jahr von 16 Frauen ein neues Gewand gewebt, und ihr zu Ehren fanden Wettläufe der Jungfrauen statt. Weiterhin standen im Tempel zahlreiche andere Götterbilder, so das der Themis, der Athena, der Kore, der Demeter, des Apollon und der Artemis. Schließlich befand sich im Heraion – wie Pausanias berichtet – als

Werk des Praxiteles ein Hermes aus Marmor, der den noch unmündigen
Dionysos trägt. Diese berühmte Figur, die im Gegensatz zu den meisten
anderen verlorengegangenen Werken wiedergefunden wurde, ist heute – als
besonderes Prunkstück – im Museum ausgestellt. Der Hermes stand auf einer
Basis an der Nordseite der Cella zwischen der zweiten und dritten Säule. Drei
Stücke des Tempelschatzes, von denen Pausanias berichtet, seien noch erwähnt: Das eine ist die Kypselos-Lade, die nach einer anderen Nachricht im
Opisthodom stand. Sie war in kostbarster Weise aus Zedernholz sowie Gold
und Elfenbein gearbeitet und mit zahllosen mythologischen Darstellungen
und Inschriften bedeckt, die Pausanias (V 17,3) auf das Ausführlichste beschreibt. In ihr soll Kypselos, der Tyrann von Korinth (614 bis 584 v. Chr.), als
Knabe von seiner Mutter vor den Nachstellungen der Bakchiaden verborgen
worden sein. Das andere wichtige Stück war eine bronzene Scheibe, der sog.
Diskos des Ephitos, auf der in spiralförmiger Schrift der Vertrag über den
Gottesfrieden von Olympia zwischen den Eleiern und den Spartanern aufgezeichnet war. Schließlich soll im Tempel auch der aus Gold und Elfenbein
gefertigte Tisch gestanden haben, auf dem die Siegerkränze vor ihrer Verlei-
hung ausgelegt wurden.

Pelopion (4)

Südlich des Heraions deutet ein flacher Hügel die Lage des Pelopions an. Dies
war das sagenhafte Grab des Pelops, zu dessen Ehren Herakles zuerst einen
schwarzen Widder über einer Grube geopfert haben soll, wie dies dann jedes
Jahr wiederholt wurde. Der Hügel war von einer sechseckigen Mauer umgeben. Die Unregelmäßigkeit der Einfriedigung wird auf die Beachtung von
umgebenden Bauten zurückgeführt. So dürfte die Nordmauer auf das Heraion
Rücksicht genommen haben, die Nordostmauer wahrscheinlich auf den Zeus-
Altar. Die erste Einfriedigung dürfte im 7. oder 6. Jh. v. Chr. entstanden sein.
Dörpfeld hatte versucht, an dieser Stelle auch schon die Existenz einer
vorgeschichtlichen Einfriedigung nachzuweisen. Im Südwesten hatte die Ein-
friedung ein Tor, das ursprünglich einfach gestaltet war und um 390 v. Chr. in
Form eines prostylen Torbaues mit vier dorischen Säulen und vier Innensäulen
umgestaltet wurde. Im Inneren des Heiligtums standen außer einem Altar und
der Opfergrube Bäume und Statuen.

Zeus-Altar und Apsiden-Häuser (5)

Die Lage des Zeus-Altars, des wahrscheinlich ältesten Kultmales in Olympia,
ist ungewiß. Man vermutet ihn auf der freien Fläche nordöstlich vom Pelopion
und südöstlich vom Heraion. Daß es von ihm keine Spuren gibt, ist damit zu

erklären, daß er ausschließlich aus Asche bestand, die mit Wasser verfestigt wurde und im Laufe der Jahrhunderte einen hohen Kegel bildete. Auf ihm wurden auch die Aschenreste anderer Altäre, etwa des Hestia-Altars im Drytaneion, einmal jährlich deponiert. Im Gegensatz zu anderen Altären, die nach dem Heruler-Sturm nicht wieder in Betrieb genommen wurden, war der Zeus-Altar bis zur Schließung des Heiligtums in Benutzung. Vielleicht wurde er von der christlichen Gemeinde beseitigt. Wenig nördlich des vermutlichen Platzes des Zeus-Altars sieht man in zwei Gruben die Fundamente von Apsiden-Häusern. Sie wurden von Dörpfeld zusammen mit einigen weiteren gleichartigen Häusern, die inzwischen wieder zugedeckt wurden, ausgegraben. Die Häuser, die eine Breite von 3,70 m und eine Länge von etwa 10,50 m haben, gehören in mittelhelladische Zeit und werden um 1700 v. Chr. datiert. Sie sind Zeugnis der frühen Besiedlung Olympias.

Nymphaeum (6)

Nördlich der Apsiden-Häuser und in der Längsachse des Hera-Tempels liegen die Fundamente des Hera-Altars. Dahinter erhebt sich am Hang der Rest eines einst etwa 12 m hohen halbrunden Baues, des Nymphaeums, das Regilla, die Gemahlin des Herodes Atticus, dem Zeus 150 n. Chr. weihte. Der Redner und Politiker Herodes Atticus war ein reicher Athener Bürger, auf den zahlreiche Stiftungen im damaligen Griechenland zurückgehen. Das Nymphaeum diente der Wasserversorgung des Heiligtums und gleichzeitig als Standplatz für zahlreiche Ehrendenkmäler. Das Wasser wurde von Osten her über einen gemauerten Kanal am Südfuß des Kronos-Hügels herangeführt. Es floß zunächst in ein halbrundes Becken und von dort über wasserspeiende Löwenköpfe in ein schmales langgestrecktes Becken, zu dessen beiden Seiten sich je ein kleiner Rundbau mit ionischem Gebälk in Form eines Monopteros erhob. Über dem halbrunden Becken gab es einen hohen Aufbau mit 13 Nischen, die von Doppelpilastern flankiert waren. Über ihnen erhoben sich vermutlich Giebel, auf denen nochmals Sockel für Standbilder angebracht waren. Auf ihnen standen wahrscheinlich die Bilder der Kaiser Hadrian, Marc Aurel und Antoninus Pius. In den 13 Nischen des Halbrunds befanden sich Figuren anderer Mitglieder der römischen Kaiserfamilie. In den beiden Nischen an den Stirnseiten des Halbrunds an besonders hervorragender Stelle waren die von der Stadt Elis gestifteten Figuren des Herodes Atticus und der Regilla aufgestellt. Die mit dem römischen Kaiserhaus verwandte Regilla war Priesterin der Deméter Chamyne, der es als einziger Frau erlaubt war, an den Olympischen Spielen teilzunehmen.

Metroon (7)

Östlich von den Apsiden-Häusern und unterhalb der Schatzhausterrasse liegen die Reste eines kleinen Tempels, dessen Name Metroon von Pausanias überliefert wird. Er war also der Göttermutter Rhea geweiht. Da das Material des Gebäudes in der spätantiken Festung verbaut wurde, ist seine ursprüngliche Gestaltung nur noch schwer nachvollziehbar. Es handelte sich um einen Peripteraltempel mit 6 × 11 Säulen. Die kleine Cella mit Pronaos und Opisthodom war wahrscheinlich noch durch zwei Reihen von Säulen in der Längsrichtung gegliedert. Der Tempel wurde um 400 bis 390 v. Chr. erbaut. In römischer Zeit war er dem Kaiserkult geweiht. In ihm stand eine Statue des Augustus als Zeus.

Schatzhausterrasse (8)

Vom Nymphaeum bis zum Westwall des Stadions zieht sich eine Terrasse, auf der mindestens 12 Schatzhäuser gestanden haben, die in der Zeit vom Anfang des 6. bis zur Mitte des 5. Jh. v. Chr. errichtet wurden. Es waren meist Antentempel, deren Fronten zur Altis zeigten. In ihrer Größe und Ausrichtung waren sie aber recht verschieden. Sie waren nach keinem bestimmten Plan auf der Terrasse aufgestellt. Die ersten Häuser befanden sich jedenfalls locker gestreut auf der Terrasse, so daß auch eine Seitenansicht möglich war. Erst durch die Errichtung weiterer Schatzhäuser in den Lücken entstand die endgültige enge Bebauung. Die Schatzhäuser sind ausschließlich Stiftungen von Städten. Dabei ist interessant, daß – was aus der Lage Olympias erklärlich ist – die westgriechischen Städte vorherrschen: Syrakus, Selinunt und Gela in Sizilien (Schatzhäuser II, IX und XII), Sybaris und Metapont in Unteritalien (V, X), Epidamnos in Nordgriechenland (III). Aus dem Osten war nur Byzanz (IV) und von der afrikanischen Küste Kyrene vertreten. Ob dieses das Gebäude VI, VII oder VIII war, ist ungeklärt. Vom griechischen Mutterland hatten lediglich Sikyón und Mégara Schatzhäuser geweiht. Bemerkenswert ist also, daß weder Athen noch Korinth oder Sparta an dieser Stelle vertreten waren. – Nur bei einigen Schatzhäusern weiß man, aus welchem Grunde sie geweiht wurden: Das Schatzhaus II von Syrakus anläßlich des Sieges von Gelon über die Karthager bei Himera im Jahre 480 und das Schatzhaus XI anläßlich eines Sieges der Stadt Mégara über Korinth. Vom Schatzhaus von Sikyón (I) berichtet zwar Pausanias, es sei von dem Tyrannen Myron anläßlich seines olympischen Wagensieges in der 33. Olympiade (648 v. Chr.) zur Unterbringung zweier von ihm gestifteter Bronzeschreine erbaut worden. Mit dieser Überlieferung stimmt aber nicht das Erbauungsdatum überein, das etwa bei 470 v. Chr. liegt. Das Schatzhaus von Sikyón ist im übrigen auch dasjenige, von dem die meisten architektonischen Einzelteile erhalten geblieben sind. Es war demnach aus Kalksandsteinquadern in den Abmessungen von 6,40 m × 11,80 m gebaut. Unter dem Dach trug es einen Fries aus Triglyphen und Metopen. Abweichend von anderen Schatzhäusern waren die Quader mit T-Klammern verankert und das Dach mit Marmorplatten bedeckt. – Trotz der geringen Überreste, die insgesamt von den Schatzhäusern erhalten sind, weiß man, daß fast alle eine Vorhalle hatten, die aus zwei Säulen zwischen Anten bestand. Zwei Schatzhäuser, nämlich die von Sybaris und Metapont (V und X), hatten geschlossene Vorhallen. Zwei weitere Gebäude schließlich ragen wegen ihres Grundrisses aus der Reihe der übrigen heraus. Das Gebäude VIII ist besonders klein und wurde deshalb von Dörpfeld als Altar der Rhea angesehen. Vielleicht war es aber das Schatzhaus von Kyrene. Das letzte Gebäude in der Reihe, das Schatzhaus von Gela (XII), fällt durch seine besondere Größe von 11 × 13,20 m auf. Als eines der ältesten Schatzhäuser wurde es 570 v. Chr. errichtet und Anfang des 5. Jh. v. Chr. im Süden mit einer von 8 Säulen gestützten Vorhalle versehen. Es trug ein besonders prächtiges Dach, das in den Farben Schwarz, Weiß und Rot verziert war.

Die Schatzhausterrasse war von der Altis her über eine breite Freitreppe zu erreichen. Vor dieser standen östlich des Metroons in zwei Gruppen die sog. Zanes-Basen mit Zeus-Statuen, die aus Strafgeldern der Athleten errichtet wurden. Diese Strafgelder waren seit dem Beginn des 4. Jh. v. Chr. für Betrugsversuche und Verabredungen unter den Athleten verhängt worden. Am Eingang des Stadions sollten sie die Athleten vor solchen Versuchen warnen.

Stadion (9)

Das Stadion, das in seiner heutigen Form 1960 wiederhergestellt wurde, entspricht dem Zustand des 4. Jh. v. Chr. Es hatte zwei Vorgänger, einen archaischen (Stadion I, um 550 v. Chr.) und einen klassischen (Stadion II, 450 v. Chr.). Die Laufbahnen dieser beiden Stadien reichten unter der später erbauten Echo-Halle hindurch bis in die Altis hinein. Von dem frühesten Stadion, das in vorarchaischer Zeit existiert haben muß, fehlen alle Spuren. Vermutlich lag es aber an der gleichen Stelle. Es gab allerdings auch eine Theorie, dieses Stadion könnte direkt in der Altis, südlich des Pelopions, an der Stelle des späteren Zeus-Tempels gelegen haben.

Die Verlegung des Stadions im 4. Jh. nach Osten und die Errichtung des Westwalles zur Altis hin waren notwendig, um die Laufbahn zu verbreitern und größere Zuschauerräume zu schaffen. Es handelte sich aber vielleicht auch um den Ausdruck einer Verweltlichung der Spiele, die eine unmittelbare Verknüpfung der Laufbahn mit dem heiligen Bezirk nicht mehr für notwendig erachtete. Der eindrucksvolle gewölbte Zugang, der von der Nordostecke der Altis in das Stadion führt, wurde allerdings nicht zusammen mit dem Westwall, sondern erst Ende des 3./Anfang des 2. Jh. v. Chr. erbaut. Wie im 4. Jh. der Zugang von der Altis zum Stadion verlief, ist nicht genau geklärt. Eine Meinung ist die, daß der Zugang zwischen den beiden Gruppen der Zanes-Basen auf die Schatzhausterrasse und von dort ins Stadion verlief.

Das wiederhergerichtete Stadion beeindruckt trotz seiner Schlichtheit, ist es doch das ehrwürdigste aller griechischen Stadien, wo die Olympischen Spiele ihren Anfang nahmen. Die Gesamtlänge der Laufbahn beträgt 212,54 m, die eigentliche Wettkampflänge zwischen den beiden Ablaufschwellen von Start und Ziel (der Start lag im Osten, das Ziel im Westen) beträgt 192,28 m. Dies ist die Länge eines Stadions, des bekanntesten griechischen Entfernungsmaßes, das aus 600 Fuß bestand. Man muß allerdings wissen, daß die Maße in den griechischen Städten und Staaten etwas voneinander abwichen. So betrug das Stadion in Athen 184,30 m, in Delos sogar nur 167 m. Die steinerne Schwelle an Start und Ziel, die sog. Balbis, weist zwei Rillen auf, die als Widerlager für die Füße der startenden Läufer dienten. Die Griechen bedienten sich aber nicht des heute üblichen Tiefstartes. Sie beugten sich vielmehr, wie zahlreiche überlieferte Abbildungen zeigen, in halb aufrechter Stellung mit vorgestreckten Armen nach vorn und schwangen diese beim Start zurück. Das Stadion diente in erster Linie dem einfachen Lauf über eine Stadie, dem Dauerlauf, daneben aber auch anderen Wettkampfarten wie Springen, Werfen, Ringen, Boxen, Pentathlon und Pankration.

Rund um die Laufbahnfläche zieht sich eine Wasserrinne mit je sieben Becken an den Langseiten und je einem Becken an den Schmalseiten. Diese Rinnen dienten der Ableitung des von den Hangflächen herabkommenden Regenwassers, das über einen in der Südostecke unter dem Wall durchführenden Kanal weitergeleitet wurde. Ob diese Rinnen auch der Trinkwasserversorgung dienten, wie manchmal behauptet wird, ist zu bezweifeln. Aufmerksam zu machen ist noch auf eine architektonische Besonderheit, die in Olympia erstmals beim Stadion III zu beobachten ist. Es ist eine leichte »Kurvatur« an den Langseiten der Laufbahn, d. h. die Laufbahn ist in der Mitte rund 3,50 m breiter als an den beiden Enden, wobei die Südseite etwas stärker geschwungen ist als die Nordseite. Der Zweck dieser Kurvaturen wird mit besseren Sichtmöglichkeiten für die Zuschauer, aber auch mit größerer Harmonie zwischen Laufbahn und Zuschauerraum erklärt.

Die Zuschauer saßen auf den sehr flach ansteigenden Wällen rund um das Stadion, wobei es – was überraschen mag – keine Sitzreihen gab. Man lagerte auf bloßer Erde. Lediglich an der Südseite mehr zur Altis hin gibt es eine Art Loge, wo auf einer zweistufigen Plattform die Sitze der Hellanodiken, der Kampfrichter, waren. In römischer Zeit wurde dieser Raum nach oben durch

Panagía-Kirche auf der Festung Zarnáta

weitere Sitzreihen vergrößert. Die Hellanodiken saßen verhältnismäßig weit
von der Zielschwelle entfernt, bildeten also nur eine Art oberstes Richterkolle-
gium, das durch »Linienrichter« unterstützt wurde. Gegenüber der Kampfrichtertribüne gibt es noch einen altarartig herausgehobenen Platz. Dies war
der Sitz der Deméter-Priesterin. Auf den Wällen war es vor allem auch in
vorklassischer Zeit üblich, Tropaia, Weihegeschenke, besonders in Form von
erbeuteten Waffen, aufzustellen. Die meisten der im Museum gezeigten Waffenfunde stammen von hier.
Das heute sichtbare Stadion des 4. Jh. wurde gegen Ende des 1. Jh. v. Chr. in
der frühen römischen Kaiserzeit ohne einschneidende Veränderungen erneuert und in der späteren Kaiserzeit um 150 n. Chr. nochmals mehrfach umgebaut, wobei vor allem die Wälle stärker aufgeschüttet wurden.

Echo-Halle (10)

Als östliche Begrenzung der Altis wurde in der 2. Hälfte des 4. Jh. eine 98 m
lange und 12,50 m tiefe Stoa errichtet. Sie wurde Echo-Halle genannt
wegen des siebenfachen Echos, das sie erzeugte. Ihr offizieller Name war wohl
Stoa Poikile (= bunte Halle) wegen der geweihten Tafelbilder, die an ihrer
Rückwand hingen. Der Zweck der Halle war, wie der vieler anderer Stoen,
dem Volke als Wandelhalle, als Schutzdach vor Regen und Sonne zu dienen.
Sie wurde von 44 dorischen Säulen gestützt. Ihre monumentale Wirkung kann
man sich heute nur schwer vorstellen, da nur noch das Fundament vollständig
erhalten ist. Wie bei so vielen anderen Bauten wurde auch das Material der
Echo-Halle zur Errichtung der spätantiken Festung verwendet. Hinter der
Echo-Halle lag ein etwa gleich großer Hof, der an die an dieser Stelle den
Stadion-Wall schneidenden Altis-Mauer grenzte. In diesem Hof wurden
vermutlich die Sportgeräte für die Spiele aufbewahrt. Der Bau der Echo-Halle
vollendete die schon mit dem Bau des Westwalles begonnene Abgrenzung des
Stadions von der Altis. Heiligtum und Spielstätte bildeten nun keine Einheit
mehr. – Vor der Echo-Halle standen eine große Anzahl von Denkmälern,
darunter vor allem auf hohen Säulen die Ehrendenkmäler für Ptolemaios und
Arsinoe.

Bauten im Südosten der Altis (11 bis 16)

Südlich im Anschluß an die Echo-Halle und östlich davon erstreckt sich ein
größerer Komplex von Bauten aus verschiedenen Zeiten, der für den Laien nur
schwer durchschaubar ist. Nahezu in gleicher Flucht vor der Echo-Halle
befindet sich der Südostbau, der aus vier Räumen bestand, – die beiden
mittleren wurden erst später eingebaut. Diese waren von einer dreiseitigen

◁ *Säulentrommeln des Zeustempels, Olympia*

Säulenhalle umgeben. Im Osten schloß sich ein Hof mit einem Altar an. Dieser Südostbau (11), wie er heute genannt wird, entstand um 370 v. Chr., also noch vor der Echo-Halle, und war wahrscheinlich ein Hestia-Heiligtum. Über dem Hof und östlich davon wurde etwa 100 Jahre später ein anderes Gebäude (12) errichtet, dessen Zweckbestimmung bisher nicht klar ist. In römischer Zeit wurden die Gebäude 11 und 12 bis auf die Grundmauern abgerissen, und es entstand hier eine nicht sehr große, aber luxuriöse römische Villa, die dem Kaiser Nero bei seinem Aufenthalt in Olympia als Unterkunft diente. Sie enthielt ein von vier Säulen gestütztes Atrium, das sich in der Südflucht der Echo-Halle befand. Nach Osten schloß, über Flure zugänglich, ein großer säulenumstandener Hof an, der von breiten Wassergräben eingefaßt war. Im Süden der Villa befand sich eine kleinere Badeanlage. Das Haus des Nero bestand bis zum Beginn des 3. Jh. n. Chr. Zur Zeit des Septimius Severus wurde es abgerissen und durch große Thermen ersetzt, die sich hinter der Echo-Halle bis zum Stadion-Hang (14) und auch weit nach Osten (13) ausdehnten. Der östlich gelegene Teil der Thermen ist besser erhalten. Sein Zentrum bildet ein achteckiges Tepidarium (Raum für lauwarme Bäder). Im Norden schließt sich ein kleineres Frigidarium (Kaltbad) mit drei Nischen an. Das Schwitzbad war ein kleiner runder Raum östlich des Tepidariums.

Das älteste Baudenkmal in diesem Quartier stand an der Südseite. Es ist ein kleiner Artemis-Altar (15) aus dem 5. Jh. v. Chr., der von Prellsteinen umgeben ist. Diese hatten den Sinn, vorbeifahrende Wagen abzuhalten, denn hier führte der Weg zum weiter östlich gelegenen Hippodrom, das die andere bedeutende Kampfstätte in Olympia war. Dort wurden die Pferde- und Wagenrennen ausgetragen. Das Hippodrom ist nicht mehr erhalten, es wurde vom Alfiós weggeschwemmt. – Westlich der Villa des Nero entstand etwas früher am Südrand der Altis in ungefährer Flucht der südlichen Altis-Mauer ein römischer Triumphbogen (16) mit drei Durchlässen. Er war aus älteren Spolien errichtet und diente dem Einzug der kaiserlichen Besucher in die Altis.

Zeus-Tempel (17)

Wenn man vom Triumphbogen (16) zum Zeus-Tempel geht, stößt man auf die Sockel zahlreicher Denkmäler, die vor allem vor der Ostseite des Tempels standen. Auffällig ist der Sockel eines einst 9 m hohen dreiseitigen Pfeilers, auf dem die Nike des Paionios stand. Die Nike und die zugehörige Weiheinschrift sind heute im Museum. Weiter nördlich befindet sich der Sockel des Stiers der Eretrier, von dem ebenfalls einige Teile im Museum zu sehen sind.

Der Zeus-Tempel war und ist auch heute noch in seinen Ruinen das vornehmste Bauwerk der Altis. Er wurde 457 v. Chr. fertiggestellt und bei Annahme einer etwa 15jährigen Bauzeit um 472 v. Chr. begonnen. Sein Architekt war

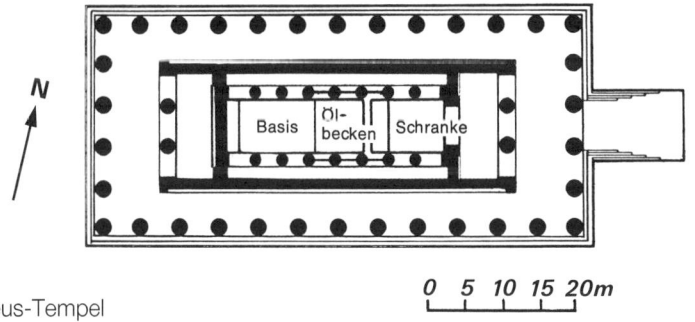

Zeus-Tempel

0 5 10 15 20m

Libon aus Elis. Der Tempel stand 1000 Jahre und wurde im 6. Jh. n. Chr. durch Erdbeben zerstört. Die Säulentrommeln und Kapitelle liegen vor allem an der Südseite heute teilweise noch so, wie sie umgestürzt waren. Obwohl zahlreiche Bauglieder erhalten sind, ist der Bauplan nicht mehr ohne weiteres erkennbar. Auf einem hohen Unterbau erhebt sich der Sockel mit drei hohen Stufen. Der Tempel hatte 6 × 13 dorische Außensäulen. Sie waren 10,42 m hoch und trugen Kapitelle mit einem Durchmesser von 2,61 m. Das Gebälk war 4,17 m hoch und zeigte in seinem oberen Teil einen Fries von Triglyphen und Metopen. Die Metopen aus Marmor, von denen einige heute im Museum zu sehen sind, zeigten die 12 Taten des Herakles. In den Giebeldreiecken standen überlebensgroße Figuren, die im Ostgiebel die Vorbereitung zur Wettfahrt des Pelops mit Oinómaos darstellten, im Westgiebel den Kampf der Lapithen gegen die Kentauren (s. Museum). Der Dachfirst war an den Giebelspitzen von Niken des Paionios gekrönt. An den Seitenecken des Daches standen bronzene Dreifüße. Die Metopen der Ringhalle waren schmucklos. Auf ihnen brachte der römische Feldherr Mumius 146 v. Chr. an der Ost- und Südseite 21 vergoldete Schilde an. Die Langseiten des Daches waren mit Traufleisten mit Löwenkopfwasserspeiern versehen.
Der grobe Muschelkalk der Säulen und Cellawände war verputzt, ebenso der Fußboden des Umganges. Den Zugang zum Tempel bildet eine lange Rampe, die an der Ostseite zwischen den Weihegaben zum Säulenumgang hinaufführt. Die Cella war durch zwei doppelgeschossige Reihen dorischer Säulen in drei Schiffe geteilt. Ihr Boden bestand aus Kalksteinplatten. An der Rückwand der Cella war auf einem Sockel aus blaugrauem Kalkstein die Statue des sitzenden Zeus errichtet, das berühmteste Bildwerk der Antike, hergestellt von Phidias. Von der Statue ist nichts erhalten. Wir kennen nur die Beschreibungen von Pausanias sowie Abbildungen auf Münzen. Zeus saß auf einem Thron, in der Linken das Zepter, in der Rechten eine Nike haltend. Die Statue bestand aus

einem Holzkern, der mit Goldblech und Elfenbeinplatten überzogen war. Die Figur nahm die ganze Breite des Mittelschiffs der Cella (6,65 m) ein und war mit Sockel etwa 12,50 m hoch. Um das Kultbild herum verlief eine Holzschranke. Vor ihm war der Boden etwas vertieft und mit schwarzen Kalksteinplatten ausgelegt. Hier sammelte sich das Öl, das nach Pausanias dazu verwendet wurde, um die Zeus-Figur zu reinigen. Die Zeus-Statue soll von Theodosius XI. nach Konstantinopel gebracht und dort 475 n. Chr. durch Brand zerstört worden sein.

Bouleuterion (18)

Südlich des Zeus-Tempels, schon außerhalb der Altis-Mauer, liegt ein merkwürdiges Gebäude, das aus zwei Apsiden-Häusern besteht, die einen quadratischen Bau flankieren. An der Ostseite waren alle drei Gebäude durch eine Vorhalle miteinander verbunden. Das Bouleuterion war der Sitz der Ratsversammlung, der Bulé, die in Olympia die Regierungsgeschäfte führte und die Beamten, z. B. Prytanen, Priester und Hellanodiken, einsetzte sowie die Aufstellung von Weihegeschenken genehmigte oder anordnete. – Die Baugeschichte des Bouleuterions ist nicht ganz sicher. Für den Laien scheinen die beiden Apsiden-Häuser an mittelhelladische Bauten zu erinnern, wie sie in der nördlichen Altis beim Heraion gefunden wurden. Insbesondere der südliche, besser erhaltene Bau scheint sehr altertümlich zu sein mit einer leichten Kurvatur seiner Seitenwände, dem unmerklichen Übergang in die Apsis und deren leicht ellipsenförmiger Grundriß. So wird er von einem Teil der Wissenschaft als der älteste Teil des Bouleuterions angesehen, der im frühen 6. Jh. v. Chr. entstand. Nach anderer Meinung ist der südliche Apsidenbau der jüngere, da die Kurvatur Spannung in die Linien bringt, was mehr dem Baugedanken des 5. Jh. entsprach. Demnach wäre der südliche Apsidenbau erst um 500 bis 480 v. Chr. entstanden. Ziemlich einig ist man sich, daß der nördliche Apsiden-Bau, der durch den spätantiken Festungsbau sehr gelitten hat, etwa um 520 v. Chr. errichtet wurde. Umstritten ist auch der Charakter des quadratischen Mittelraumes, in dem man zum Teil einen Hof mit einem Altar in der Mitte, zum Teil eine gedeckte Halle mit einer Mittelstütze eventuell für ein Zeltdach sieht. Die die drei Gebäude verbindende Vorhalle wurde erst nach 374 v. Chr. errichtet. In einem der Räume des Bouleuterions stand das Bild des Zeus Horkios. Zum Bouleuterion gehörte wahrscheinlich ein knapp 20 m weiter östlich gelegener Rundaltar. Später wurde dieser Platz von einem römischen Peristyl überbaut. Im 3. Jh. n. Chr. verlief zwischen Bouleuterion und Altar die spätantike Festungsmauer.

Südhalle (19)

Südlich des Bouleuterions erstreckt sich von Ost nach West die sog. Südhalle.
Sie entstand etwa zur gleichen Zeit wie die Echo-Halle, also um die Mitte des
4. Jh. v. Chr. Südlich von ihr verlief die ältere Feststraße, die östlich nach
Norden in die Altis bog und geradeaus weiter zum Hippodrom führte. Sinn
der Südhalle war es deshalb wahrscheinlich, als Tribüne für die Zuschauer der
Festzüge zu dienen. Der 80 m lange Bau muß besonders harmonisch dadurch
gewirkt haben, daß seine Schmalseiten nicht wie bei der Echo-Halle aus
durchgehenden Wänden bestanden, sondern ebenfalls von Säulen gestützt
wurden. Vor allem aber springt in der Mitte der Südhalle eine Vorhalle drei
Säulen weit vor. Es wird die Ansicht vertreten, daß dies der Ehrenplatz für
hohe Beamte, vielleicht für die Hellanodiken war, weil die Breite der Vorhalle
genau der Breite der Kampfrichtertribüne im Stadion entspricht. 267 n. Chr.
bildete die Halle die Südbastion der spätantiken Befestigung.

Bauten an der Südwestecke der Altis (20, 21, 22)

Westlich des Bouleuterions gibt es einige weniger interessante Bauten, die aber
doch erwähnt werden sollen. Unmittelbar westlich der beiden Apsiden-
Bauten standen zwei rechteckige Gebäude, die von den Archäologen Bau D
und Bau E genannt werden (20). Ihre Zweckbestimmung ist nicht bekannt.
Westlich von diesen Gebäuden liegt ein unbebauter Platz. Vielleicht war es das
Hippodameion (21), von dem Pausanias (VI, 20,7) berichtet, es habe sich
»beim Festeingang« befunden. Zu diesem Heiligtum könnte eine Stützmauer
aus dem 5. Jh. v. Chr. weiter westlich im Bereich der Südthermen (22) gehört
haben. Diese entstanden im 3. Jh. n. Chr. und wurden um die Wende zum
4. Jh. umgebaut. Sie sind wesentlich bescheidener als die Ostthermen. Im
Norden des Innenhofes liegen die überwölbten Baderäume, im Süden gibt es
eine Latrine.

Leonidaion (23)

Im Südwesten des Ausgrabungsgebietes außerhalb der Altis liegt ein großes
Gästehaus, das von einem Leonidas von Naxos in den Jahren 330 bis 320
v. Chr. gestiftet wurde. Dieses sog. Leonidaion mit einer Seitenlänge von
75 × 81 m gehört zu den größten Bauten in Olympia. Das Gebäude war außen
mit einer rundumlaufenden Säulenhalle umgeben. Eine ebensolche Säulenhalle
verlief innen um den quadratischen Hof. Eingänge gab es im Norden sowie im
Süden an der einstigen Feststraße. Die vier Flügel sind nach einem einheitlichen Rastermaß in meist quadratische Räume geteilt, wobei der Westflügel um

eine Rastereinheit verbreitert ist und sechs größere Räume nebst Vorräumen aufweist. Hier lagen offensichtlich die vornehmsten Unterkünfte.

In der Mitte des 2. Jh. n. Chr. wurde das Leonidaion gleich nach einem Brand im Inneren total umgestaltet. Im Nordflügel wurden zwei, im Ost- und Westflügel je ein Innenhof mit Impluvium eingerichtet, auf das sich die Räume mit weiteren Türen öffneten. Im Westflügel befand sich ein großer von Korridoren umgebener Saal, der sich mit fünf Türen auf die Säulenhalle des Innenhofes öffnete. Im Hof wurde eine kunstvolle Wasseranlage errichtet. Aus dem quadratischen Wasserbecken mit gerundeten Ecken erhob sich eine aus konvexen und konkaven Bögen gebildete Insel, in deren Mitte nochmals ein kreisrundes Becken mit einer ebensolchen Insel lag. Beete und Statuen schmückten diese Anlage, die an die Villa Adriana in Tivoli erinnert. Es wird auch die Vermutung geäußert, daß der Umbau des Leonidaions für Kaiser Hadrian erfolgte. In späterer Zeit war das Gebäude Sitz römischer Beamter und des Statthalters von Achaia. Im 4. Jh. wurde das Leonidaion durch Erdbeben zerstört, nachdem vorher schon Bestandteile in der Festungsmauer verbaut waren. Unmittelbar an die Südwestecke des Leonidaions anschließend wurden die sogn. Leonidaion-Thermen freigelegt. 35 m südlich davon liegen die Südwest-Thermen.

Werkstatt des Phidias (24)

Die Werkstatt des Phidias gehört zu den interessantesten Bauten in Olympia, zumal auch die Wände noch bis in erhebliche Höhe erhalten sind. In dieser Werkstatt stellte der Bildhauer Phidias die für den Tempel bestimmte Zeus-Statue her. Pausanias erwähnt die Werkstatt als in der Nähe des Leonidaions gelegen. Die endgültige Identifizierung des Gebäudes war möglich durch zahlreiche Werkstattabfälle aus Elfenbein und Obsidian, Tonformen für Goldbleche sowie Glasformen und Bleischablonen. Ferner fand man verschiedene Werkzeuge. Ein besonders wertvoller Fund war ein Becher mit dem Namen des Phidias (s. Museum, Saal △).

Das Gebäude wurde zwischen 430 und 400 v. Chr. errichtet, in Abmessungen, die genau denen der Cella des Zeus-Tempels entsprachen. Folglich wurde die Statue in der Werkstatt montiert und ihre Wirkung hier ausprobiert. Der Eingang lag genau wie bei der Tempel-Cella im Osten und bot so die gleiche Beleuchtung des Raumes. Dieser war durch zwei kurze Zungenmauern in zwei Abschnitte geteilt. Den hinteren Abschnitt trennten schmale Säulen ähnlich der Cella in drei Schiffe. Auf diesen Säulen ruhten wahrscheinlich Arbeitsbühnen in zwei Geschossen. In den beiden Langseiten des Gebäudes gab es offenbar drei übereinander liegende Reihen von je drei quadratischen Fenstern. Einige von ihnen sind noch erhalten. In der römischen Kaiserzeit wurde die Werkstatt, die später wohl als Magazin diente, umgebaut. Aus dieser Zeit stammen die Ziegelmauern. Pausanias erwähnt zu seiner Zeit in dem Gebäude einen »Altar für alle Götter«. Nach weiteren Veränderungen und Zerstörungen durch Erdbeben baute man die Werkstatt schließlich Anfang des 5. Jh. in eine christliche Kirche um. Der Eingang im Osten wurde durch eine Apsis geschlossen und das Gebäude in seinem östlichen Teil durch Säulen in drei Schiffe geteilt. Für die Teilung der Schiffe verwendete man römische Säulen. Der Sockel vor der Chorschranke auf der nördlichen Seite des Naos ist ein Ambon, ein Podest, zu dem Stufen hinaufführen und von dem das Evangelium verlesen wurde. Wesentliche Teile sind von der Chorschranke erhalten, die zwischen den östlichen Säulen Bema und Naos voneinander trennt. Der Eingang der Kirche wurde in die westliche Südwand gebrochen, wo man zunächst einen schmalen nach oben offenen Hof erreicht, an den sich links zwei Nebenräume und rechts der von vier Säulen gestützte Narthex anschlossen.

Theokoleon (25)

Nördlich der Phidias-Werkstatt erstreckt sich ein Gebäude, das in seinem westlichen Teil aus dem 5. Jh. v. Chr. stammt und vielleicht etwa zur gleichen Zeit wie die Werkstatt des Phidias errichtet wurde. Um einen quadratischen Innenhof gruppieren sich 8 Räume, von denen die mittleren sich mit je zwei Säulen zwischen Anten auf den Hof öffnen. Im Osten schließen sich drei weitere Räume an. In römischer Zeit wurde das Gebäude nach Osten durch einen großen säulenumstandenen Hof, an den sich nach allen vier Seiten Räume anschlossen, erweitert. Der Zweck dieses Gebäudes bleibt unklar. Es wird im allgemeinen als das von Pausanias erwähnte Theokoleon angesehen, in dem die drei obersten Priester von Olympia, die Theokoloi, residierten, die aus vornehmen eleischen Familien stammten. Es könnte aber auch sein, daß das Gebäude in irgendeinem Zusammenhang mit der Phidias-Werkstatt gestanden hat. Für eine frühe Palästra, wie manchmal vermutet, war das Gebäude sicher zu klein.

Heroon (26)

Unmittelbar westlich des Theokoleons und nördlich der Phidias-Werkstatt liegt ein Heroon genanntes Gebäude. Es bestand aus einer nach Westen geöffneten Vorhalle, hinter der es zwei Räume gab. Der nördliche besser erhaltene hat den runden Unterbau einer Tholos. In ihm fand sich ein kleiner hellenistischer Altar, auf dessen Verputz mehrfach das Wort Heros angebracht war. Man nimmt an, daß auf dem runden Unterbau ein Holzgerüst stand, das ein Zeltdach trug. Die Benutzung als Heroon dürfte aber erst der spätere Zweck des Gebäudes gewesen sein. Ursprünglich war es wahrscheinlich ein Badehaus, wobei die Tholos als Schwitzbad diente.

Badeanlagen (27, 28, 29)

Westlich des Heroons liegen verschiedene Badeanlagen aus griechischer und römischer Zeit. Zunächst trifft man auf ein griechisches Badehaus (27). Das Gebäude wurde im 5. Jh. v. Chr. errichtet und im Laufe von 400 Jahren mindestens dreimal vollständig umgebaut, so daß sich für den Besucher nur schwer der Grundriß und die einzelnen Bauphasen nachvollziehen lassen. Im Zentrum des Gebäudes gibt es Zisternen und Öfen aus verschiedener Zeit. Im Westen sieht man einen Raum, in dem 20 Sitzbadewannen standen. Man erkennt die Bänke in den Wannen und am Fußende runde Schalen, die zum Ausschöpfen der Wannen dienten. Dieses Sitzbad entstand um 350 v. Chr. Ein älteres Bad mit 11 Wannen befand sich weiter östlich. Es gehörte der zweiten Bauphase an. Aus der ersten Bauphase sind keine besonderen Badeeinrichtungen mehr erhalten. Um 100 v. Chr. wurde in einer vierten Bauphase über dem älteren Wannenbad und weiter nach Süden ein Hypokausten-Bad mit einer Apsis errichtet. An der Ostseite liegt vor diesem Bad ein Eingangs- und daneben ein Ankleideraum. Dieses Hypokausten-Bad, eines der ältesten, die bekannt sind, blieb bis etwa 100 n. Chr. in Betrieb. – Westlich des griechischen Badehauses wurde ebenfalls im 5. Jh. v. Chr. ein 16 m breites und 24 m langes Schwimmbecken (28) errichtet, das größtenteils in den Kladéos abgestürzt ist. Der Beckenrand mit einem Umgang war stufenförmig angelegt. Das Becken selbst hatte man mit Kieselestrich und Mörtelüberzug abgedichtet. Es ist das einzige bisher bekannte antike Freibad in Griechenland.

Über dem Südteil des Schwimmbeckens wurden um 100 n. Chr. die römischen Kladéos-Thermen (29) errichtet. Die Thermen sind verhältnismäßig klein. In der südlichen Reihe der Räume liegen von Ost nach West neben dem Eingangsflur Apodyterium, Laconicum, Tepidarium und Caldarium. Dahinter befindet sich in der Mitte die zentrale Halle mit einem besonders schönen Mosaik und nördlich davon die Räume eines kleinen Privatbades. Südlich der Kladéos-Thermen liegen zwei große römische Gästehäuser mit zahlreichen Räumen, die sich um zwei säulenumstandene Höfe gliedern (30). Auch nördlich des griechischen Bades gibt es einen Komplex, der wahrscheinlich Gästewohnungen enthielt (31).

Palästra (32)

Eine der schönsten Anlagen außerhalb der Altis ist die im 3. Jh. v. Chr. erbaute Palästra, in der die Ring-, Box- und Springübungen der Athleten stattfanden.

Die Bezeichnung Palästra kommt von Pále = Ringkampf. Das Pflaster des Hofes bestand aus gerillten Tonplatten, die man noch hier und da im Nordteil des Hofes findet. Sie dienten wahrscheinlich der besseren Standfestigkeit der Sportler. Der Hof ist von Säulenhallen umgeben. Die kannelierten dorischen Säulen weisen merkwürdigerweise im unteren Teil zur Halle hin keine Kanneluren auf. Die Palästra hatte zwei Eingänge an den Enden der Südseiten und einen Haupteingang in der Nordwestecke mit einer kleinen vorgebauten Säulenhalle. In der Mitte des Nordflügels liegt eine große Halle, die sich mit Säulen zum Hof hin öffnet und an ihren Wänden von einer Bank umgeben war. Dieser Raum diente vielleicht der Unterrichtung der Athleten. In späterer Zeit wurde in die Nordwand eine Tür eingearbeitet, die in das anschließende Gymnasion führte. Im Südflügel erstreckt sich zwischen den beiden erwähnten Eingängen eine lange Halle mit zahlreichen Säulen. Hier konnten wahrscheinlich die Athleten bei schlechtem Wetter üben. Die übrigen Räume der Palästra, die sich meist ebenfalls mit Säulenstellungen zum Hof hin öffnen, dürften als Umkleideräume, Wasch- und Übungsräume sowie zur Aufbewahrung von Geräten gedient haben. Ein Raum im südlichen Westflügel hat zwischen den mittleren Eingangssäulen eine Basis, die vielleicht ein Altar gewesen ist.

Gymnasion (33)

Nördlich der Palästra befand sich, gewissermaßen Wand an Wand mit dieser, das Gymnasion, die Übungsstätte für die leichtathletischen Wettbewerbe: Laufen, Springen, Diskus- und Speerwerfen. Es wurde ebenfalls im 3. Jh. v. Chr. erbaut, hatte aber sicher einen Vorgänger. Nur ein Teil des Gymnasions ist ausgegraben, der größte Teil erstreckt sich unter dem heutigen Parkplatz und der Straße hindurch etwa 220 m nach Norden. Das Gymnasion war an allen Seiten von Hallen umgeben, von denen die Westhalle vom Kladéos hinweggeschwemmt wurde. Erhalten ist nur noch die schmale Südhalle, die sich zum Teil an die Palästra anlehnt. Ferner sieht man einen kurzen Teil der ca. 200 m langen Osthalle mit einer zweiten inneren Säulenreihe, in der sich wahrscheinlich eine gedeckte Laufbahn (Xystos) befand. Die Außenwand der Osthalle war durch Pfeiler gestützt. Besonders prächtig muß der Torbau im Winkel zwischen Süd- und Osthalle gewesen sein. Er wurde im 1. Jh. v. Chr. in korinthischer Ordnung erbaut. Drei von Säulen geteilte Schiffe führen hinein. Die inneren Säulen der beiden Außenseiten waren in Form einer Wand zusammengefaßt, aus der – nicht mehr erkennbar – innen in der Mitte Halbsäulen hervortraten, an der Stelle, wo wahrscheinlich ein Gitter das eigentliche Tor bildete. Die Seitenschiffe liegen eine Stufe höher als das Mittelschiff, so daß auf diese Weise die Wegführung besonders betont wird.

Museum

Das neue Museum nördlich des Ausgrabungsgeländes hinter dem Parkplatz wurde erst in den letzten Jahren erbaut und eingerichtet, nachdem das alte Museum auf dem Hügel über dem Kladéos schon seit langem die Fülle der Funde in Olympia nicht mehr fassen konnte.

Wie schon beim Ausgrabungsgelände, so wird auch hier empfohlen, die »Tagesrandzeiten« für einen Besuch zu nutzen, wenn der Besucherandrang nicht so stark ist.

Eingangshalle

Hier sind vor allem zwei Modelle der Bauten von Olympia zu sehen. Das ältere wurde von Kaiser Wilhelm II. gestiftet. Ferner sind einige Basen von Siegerstatuen mit entsprechenden Inschriften aus dem 5. Jh. v. Chr. ausgestellt. – Der weitere Rundgang durch das Museum beginnt links. Die Beschreibung der einzelnen Räume erfolgt im Uhrzeigersinn.

Saal A

Hier gibt es Funde von neolithischer bis in geometrische Zeit, insbesondere auch solche aus mykenischen Gräbern in der Umgebung von Olympia und von anderen Orten in Elis. Besonders hinzuweisen ist auf folgende Einzelstücke: Gleich links vom Eingang ein Dreifußbein mit der Darstellung des Streits von Apollon und Herakles um den delphischen Dreifuß. Daneben ein vollständiger Dreifuß aus dem 8. Jh. v. Chr., der im Stadion gefunden wurde. In der Vitrine daneben sind die frühesten Funde aus der Altis von neolithischer bis in mittelhelladische Zeit ausgestellt. An der gegenüberliegenden Wand in der linken Vitrine ein mykenischer Eberzahnhelm aus einem Kammergrab aus Tripes. In der Vitrine rechts daneben der älteste erhaltene Bronzedreifuß aus dem 9. Jh. v. Chr. Daneben ein mächtiges Dreifußbein, spätes 8. Jh.

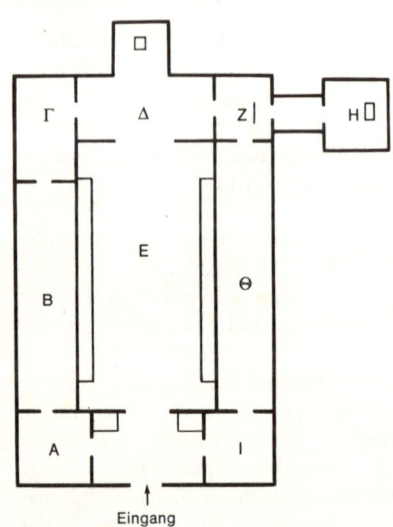

Archäologisches Museum Olympia

v. Chr. In dem Schaukasten rechts in der Ecke drei Kykladenidole aus dem 3. Jt. v. Chr. An der Wand zum nächsten Saal, rechts der Tür, im oberen Fach der Vitrine sieht man einige eigenartige frühe Zeus-Darstellungen aus dem 9. und 8. Jh. v. Chr. Zeus ist als Krieger dargestellt. Die erhobenen Arme deuten die göttliche Erscheinung an. Besonders interessant ist oben eine Gruppe von sechs tanzenden Figuren. Auffallend sind andere kleine geometrische Terrakottafiguren, teilweise mit Helm, deren Augen, Brustwarzen und Bauchnabel durch eingestanzte Kreise angedeutet sind. Sie stammen aus dem Bereich des Zeus-Altars in der Altis. In der Vitrine rechts ist eine interessante Sammlung chronologisch geordneter Dreifußbeine zu sehen. In der Mitte des Raumes ein monumentales spätgeometrisches Bronzepferd, das in dieser Art einmalig ist.

Saal B
Hier sind Funde aus spätgeometrischer und vor allem aus archaischer Zeit ausgestellt. – In der Vitrine links vom Eingang Bronze- und Tonvotive in Form von Stieren, Pferden, Gespannen und Menschen aus dem 8. Jh. v. Chr. – An der Längswand folgt eine Sammlung bedeutender Bronzearbeiten. Überhaupt fällt die Fülle der Bronzefunde in Olympia auf. Bronze war offenbar die angemessene Gabe für Zeus. Außer Helmen und Beinschienen aus geometrischer bis in frühklassische Zeit sind vor allem große Bronzebleche zu erwähnen mit Opferszenen und mythologischen Darstellungen. Auf einem kleinen Blech zwischen der ersten und zweiten Vitrine an der Längswand ist der unverwundbare Lapithenfürst Kaineus dargestellt, der gegen Kentauren kämpft und von diesen mit Bäumen in die Erde geschlagen wird. Hinter der dritten Vitrine eine säugende Greifenmutter mit ihrem Jungen und in der freistehenden Vitrine die Bronze einer Sphinx. Die Bleche stammen meist aus dem 7. Jh. v. Chr. Ihrer Größe wegen nimmt man an, daß sie zum Schmuck und zur Verkleidung von Gebäuden, etwa an den Metopen, dienten. Solche Verkleidungen waren schon in mykenischer Zeit üblich, und auch der Tempel der Athena Chalkioikos in Sparta war in dieser Art erbaut. In der hinteren Saalhälfte folgen ein großer Bronze-Löwenkopf aus dem 7. Jh. v. Chr. von einem Gebäude und ein marmorner Wasserspeier in Form eines Löwen sowie ein archaischer Jünglingstorso. An der Schmalwand neben der Tür zum nächsten Saal ein bemalter Scheibenakroter aus Terrakotta von einem unbekannten Bau des 6. Jh. v. Chr. – Vor allem ist davor in der Mitte des Saales ein riesiger Scheibenakroter vom Hera-Tempel sehenswert. Reich bemalt und profiliert, hat er einen Durchmesser von 2,30 m. Bewunderung erregt der rückwärtige Teil, der mit Kammern und Stegen der Scheibe Halt gibt und hohe Kunstfertigkeit der Töpfer voraussetzte. – Der Kuros rechts vor dem Durchgang stammt aus Phigaleía bei Bássai um 570 v. Chr. – Die andere Längswand

zurückgehend sieht man in drei Vitrinen Kleinbronzen von Kriegern und
Satyrn aus der 2. Hälfte des 6. Jh. v. Chr., die teilweise als Kesselschmuck
dienten, ferner Bronzebleche mit Tierdarstellungen. – Der große Frauenkopf
mit dem Polos als Kopfbedeckung um 560 v. Chr. wurde früher als Kopf der
Hera vom Kultbild im Hera-Tempel angesehen. Heute hält man ihn für den
Kopf einer Sphinx, der wegen seiner asymmetrischen Ausbildung vom Giebel-
relief des Hera-Tempels stammen könnte. – Neben weiteren Bronzeblechen
und darüber dem Sima-Stück eines Schatzhauses sind in der übernächsten
Vitrine ein Bronzeschild und ein Brustpanzer aus der Mitte des 6. Jh. v. Chr. in
bevorragender Ausführung zu erwähnen. – Zwei weitere Brustpanzer in der
freistehenden Vitrine zeigen Fabelwesen und mythologische Szenen: Auf der
einen Seite die Befreiung der von Theseus und Peirithoos geraubten Helena
durch die Dioskuren, auf der anderen Seite Zeus, Apollon und weitere Götter.
– In den beiden folgenden Vitrinen illyrische Bronzehelme vom Ende des 8. bis
zum Ende des 6. Jh. v. Chr., dann Schildzeichen aus Bronze und schließlich
eine bedeutende Sammlung korinthischer Helme vom Ende des 8. bis zur
Mitte des 5. Jh. v. Chr., wobei der älteste Helm links oben, der jüngste rechts
unten gezeigt wird. – In den letzten Vitrinen sind nochmals Beschläge von
hölzernen Dreifußbeinen, ein mächtiger Bronzekessel aus dem späten 8. Jh.
v. Chr. und verschiedene Greifen-Protomen von Bronzekesseln aufgestellt.

Saal Γ
Links vom Eingang eine Vitrine mit schwarzfiguriger Ware aus dem 6. Jh.
v. Chr. – An der linken Wand neben einer Vitrine mit archaischen Bronzefun-
den ein Dreifußbein mit der Darstellung des Odysseus unter dem Widder in
der Höhle des Polyphem. – Daneben ein Bronzekessel mit einer Inschrift und
ein Tonbecken mit Reliefschmuck. Darüber an der Wand der Terrakottagiebel
des Schatzhauses von Gela (570 v. Chr.). An der nächsten Wand ist der Giebel
des Schatzhauses von Mégara (um 500 v. Chr.) zu sehen, in dessen Giebelfeld
der Kampf der Götter und Giganten dargestellt ist. – Links vom Durchgang
zum nächsten Saal ein besonders interessantes Stück: ein Rammbock mit
einem Widderkopf aus dem 5. Jh. v. Chr., das einzige aus der Antike erhaltene
Belagerungsgerät. – Rechts der Tür gibt es in einigen Vitrinen Keramik,
bronzene Gefäße, darunter Omphalos-Schalen sowie Statuetten aus dem 6. Jh.
v. Chr., ferner eine Peplos-Kore und ein Löwe aus Marmor, der einst als
Ständer für ein Becken diente. Oben an der Wand Simen und Stirnziegel
archaischer Bauten aus der Altis.

Saal Δ
Rechts des Einganges in einer Vitrine befinden sich außer einigen Kleinbronzen das Ohr und das Horn eines Stiers. Das sind die einzigen übriggebliebenen

Teile des Standbilds, das die Eretrier um 100 v. Chr. aus Anlaß des Sieges über die Athener vor dem Zeus-Tempel aufstellten, wo heute noch der Sockel des Denkmals steht. – Weiter rechts ein argivisches Bronzepferd, das zu einem Vierergespann gehörte (460 v. Chr.). In der Vitrine daneben Funde aus der Werkstatt des Phidias, u. a. Formen für Goldbleche und Elfenbeinabfälle, vor allem aber oben in der Mitte ein Becher, der auf dem Boden die Inschrift trägt (»ich gehöre dem Phidias«). – Links des Eingangs sieht man die ausdrucksvolle Figur des Zeus (470 v. Chr.), der den Trojerprinzen Ganymédes wegen seiner Schönheit raubt und zum Mundschenk der Göttertafel macht. Dieses Motiv symbolisiert die Knabenliebe der Griechen. Die Figurengruppe stand wahrscheinlich auf einem der Schatzhäuser, wie der giebelförmige Sockel andeutet. – In der Nische die Nike des Paionios von Mende, der auch die Mittelakroter des Zeus-Tempels, ebenfalls Niken, schuf. Die hier ausgestellte Nike, eine der hervorragendsten hochklassischen Skulpturen, die wir kennen, stand vor dem Zeus-Tempel auf einer 9 m hohen Säule. Aus dieser Perspektive muß sie noch mehr als heute den Eindruck der aus der Höhe herabschwebenden Siegesgöttin gemacht haben. Die Nike wurde – wie Pausanias berichtet – von den Messeniern aus dem Erlös von Feindesbeute hergestellt, die sie entweder im Krieg gegen die Akarnanen oder im Kampf zusammen mit den Athenern gegen die Spartaner auf der Insel Sfakteria (**92**) erworben hatten. – In zwei kleinen Vitrinen je zwei Helme mit Weiheinschriften für Zeus, in der rechten Vitrine der korinthische mit größter Sicherheit von Miltiades, dem Sieger von Marathon, der andere ein Perserhelm, von den Athenern geweiht, ebenfalls aus der Zeit der Perserkriege. – Im anderen Teil des Saales der Torso eines Speerträgers aus pentelischem Marmor (4. Jh. v. Chr.), die römische Kopie eines Originals von Polyklet. Daneben ein Krieger aus Ton, wahrscheinlich aus einer Giebelgruppe (490 v. Chr.).

Saal E

Dieser Saal enthält die berühmten Skulpturen der beiden Giebelfelder des Zeus-Tempels aus parischem Marmor im sog. »strengen Stil«.

Am Ostgiebel, von der Eingangshalle aus linkerhand, ist jenes Ereignis dargestellt, das unmittelbar auf die Mythologie Olympias Bezug hat, nämlich die Vorbereitung zur Wettfahrt des Pelops mit Oinómaos. In der Mitte die mächtige Figur des Zeus als Herr des Heiligtums und Lenker des Wettkampfes. Ausdrucksvoll ist die Bewegung, mit der Zeus mit den Spitzen seiner Finger wie in Nervosität sein Gewand anhebt. Über die Aufstellung der Hauptfiguren zu seinen beiden Seiten besteht keine endgültige Sicherheit, da der Austausch ihrer Positionen denkbar ist. Auf der linken Seite der bärtige Oinómaos, auf der rechten Seite der bartlose Pelops. Auf der Seite des Pelops steht bereits Hippodameia, die dem Sieger zugesprochen ist, auf der Seite des

Oinómaos seine Gattin Sterópe mit verschränkten Armen. Welche der beiden
Figuren welche der beiden Frauen darstellt, ist ungewiß. Früher wurde die
Figur mit verschränkten Armen als Hippodameia angesehen. Heute jedoch
wird diejenige Figur als Hippodameia angesehen, die mit erhobenen Armen
ihren Brautschleier lüftet. Zu beiden Seiten folgen die Viererge spanne, vor
denen jeweils ein Diener kniet. Hinter einem der beiden Gespanne hockt ein
Wagenlenker. Das Gespann ohne Wagenlenker könnte das des Pelops sein, der
seinen Wagen selbst lenkte. Auf der rechten Seite kauert am Boden vor einem
Knaben ein greisenhafter Seher, der gedankenvoll sein Haupt aufstützt und
den Ausgang des Wettkampfes vorauszuahnen scheint. Auf der linken Seite
folgt dem Wagenlenker wieder ein Greis. In den Spitzen der Giebelfelder
liegen zwei Männer, deren Beine von Wellen umspült sind. Sie stellen die
Flüsse Alpheiós und Kladéos dar, zwischen denen sich der schicksalhafte
Wettkampf abspielt.
Das Thema des Westgiebels hat nicht unmittelbar etwas mit Olympia zu tun.
Gezeigt wird das beliebte Thema des Kampfes zwischen Lapithen und Kentauren. Letztere waren zur Hochzeit des Lapithenkönigs Peiríthoos eingeladen
und versuchten, als sie trunken waren, die Frauen zu rauben. Mit Hilfe seines
Freundes Theseus gelang es Períthoos und seinen Gefährten, die Kentauren zu
besiegen. Auch in dieser Szene lenkt ein Gott die Geschicke. Es ist Apollon,
der in gesammelter und hoheitsvoller Haltung mit gebieterischer Gebärde dem
Kampf Einhalt gebietet oder auch schon den Lapithen den Sieg verheißt. Zu
beiden Seiten des Gottes umklammern Kentauren die Mädchen – links die
Braut Hippodameia, die sich aus den Armen des Pferdemenschen zu befreien
versucht, während ihr Períthoos (sein Kopf unter dem Arm Apollons) zur
Hilfe kommt; rechts ist hinter dem Kentauren der Kopf des Theseus erhalten.
In je einer Zweiergruppe schließen zu beiden Seiten Kentauren an, die mit je
einem Lapithen ringen. Dann folgen auf beiden Seiten in kniender Stellung
kunstvoll verschlungene Dreiergruppen von je einem Kentauren, der mit
einem Lapithen ringt und gleichzeitig versucht, das von ihm geraubte Mädchen
zu halten. In der rechten Gruppe stößt ein Lapith seinen Dolch in die Brust des
Feindes. In den auslaufenden Spitzen der Giebel liegen ängstliche Dienerinnen
und sehen dem Kampf zu. Ähnlich dem Ostgiebel war auch im Westgiebel die
Anordnung der den Gott flankierenden Gruppen umstritten. Heute hat man
sich dafür entschieden, die Kentauren vor dem Gott fliehen zu lassen, Peiríthoos und Theseus ihm also unmittelbar an die Seite zu stellen.
»Die innere und die äußere Dimension der Bildwerke vom Zeus-Tempel ist so,
daß kein Bild und keine Beschreibung eine Vorstellung davon geben können.
Sie überraschen den Besucher als ein Riesengeschlecht aus einer höheren Welt.
– Dorische Eigenart ist es, die Körper fest von innen her auszubauen. Damit
verbindet sich eine ionisch-malerische Art, von der Oberfläche her zu gestal-

1 LÖWE

2 HYDRA

3 STYMPHALIDEN

4 STIER

5 HIRSCHKUH

6 AMAZONE

7 EBER

8 ROSS DES DIOMEDES

9 GERYONES

10 ATLAS

11 KERBEROS

12 AUGEIAS

Metopen vom Zeustempel mit den 12 Taten des Herakles

ten, zu einer eigenartigen Synthese, die erst die kompositionelle Verbindung so ungeheuer plastischer Massen ermöglicht hat. Diese Synthese ist die persönliche Leistung eines Meisters, der in Athen gelebt und das gewaltige Werk Polygnots erlebt hat. Seine Synthese verbindet sich in überraschender Weise mit dem Charakter der fruchtbaren, ja üppigen und zugleich strengen Landschaft um Olympia« (Karl Schefold).

Ebenfalls zum bedeutenden Schmuck des Zeus-Tempels gehören 12 Metopen, die zu je 6 an den Stirnseiten der Cella über Pronaos und Opisthodom angebracht waren. Sie stellen die 12 Taten des Herakles dar, die dieser im Dienste des Eurystheus vollbringen muß. Die Verbindung des Herakles mit Olympia ist offenkundig sowohl als Sohn des Zeus wie auch als sagenhafter Gründer der Spiele. Die Metopen sind teilweise nur noch in Fragmenten erhalten. Einige wurden von der Morea-Expedition nach Paris gebracht und sind heute im Louvre zu sehen. – Über dem Pronaos waren von links nach rechts dargestellt: Herakles bringt dem Eurystheus, der sich vor Angst in ein Faß verkriecht, den Erymanthischen Eber; Herakles bändigt die menschenfressenden Rosse des Diomedes; Herakles erschlägt den dreileibigen Riesen Geryon, um dessen Rinder zu rauben; Herakles trägt mit Hilfe der hinter ihm stehenden Athena das Himmelsgewölbe, während der Riese Atlas ihm die Äpfel der Hesperiden besorgt; Herakles schleift an einem Strick den Höllenhund Kerberos aus der Unterwelt heraus; Herakles mistet mit Hilfe der Athena den Stall des Augeias aus, indem er, nachdem die Schaufel nichts nützt, den Alpheiós-Fluß durch den Stall leitet. – An der Westseite waren über dem Opisthodom folgende Metopen von links nach rechts angebracht: Die Erlegung des unverwundbaren Löwen von Neméa; der Kampf mit der neunköpfigen Hydra von Lérna; die Erlegung der Stymphalischen Vögel; die Zähmung des Stiers von Márathon; das Einfangen der kyreneischen Hirschkuh; der Sieg über die Amazonenkönigin Hippolyte. – Die Reihenfolge der Taten ist zwar in der Überlieferung nicht immer die gleiche. Der Löwe von Neméa und die Schlange von Lérna stehen aber immer am Anfang der 12 Taten und zu den letzten gehören immer die Äpfel der Hesperiden, der Kerberos und der Augeias-Stall. Insofern fällt auf, daß der Beginn des Zyklus am Opisthodom und nicht am Eingang über dem Pronaos des Tempels steht. Dies hängt wahrscheinlich damit zusammen, daß die letzten Taten des Herakles für seine wichtigeren gehalten wurden und deshalb über dem Pronaos angebracht waren. Die Metopen des Zeus-Tempels sind die größten bekannten Metopen überhaupt. Sie wurden von verschiedenen Künstlern geschaffen und stellten auch zum erstenmal eine vollständige Folge der Taten des Herakles dar.

Saal Z

In diesem Saal sind vor allem Skulpturen aus hellenistischer und römischer Zeit zu sehen. – Gleich links vom Eingang der Torso eines Knaben, die Kopie eines Originals des 5. Jh. v. Chr. An der nächsten Wand links der Vitrine eine unvollendete hellenistische Nike und auf der anderen Seite der Vitrine, die Marmorköpfe und Keramik aus der gleichen Zeit enthält, ein spätklassischer Dionysos. Interessant an der Wand vor dem Durchgang zum nächsten Saal ist der zerquetschte hellenistische Bronzekopf eines Knaben, der im Stadion gefunden und nach einem besonderen Verfahren modern rekonstruiert wurde. – An der Rückwand ein hellenistischer Kopf, der möglicherweise Alexander darstellt. An der nächsten Wand ist ein korinthisches Kapitell zu sehen, das eine Halbsäule im Inneren der Cella des Philippeions schmückte. Daneben eine Statuenbasis mit dem Bonzefuß eines Athleten, der bei der Beraubung des Heiligtums »hängen blieb«.

Saal H

Eines der berühmtesten Werke des Museums ist der Hermes des Praxiteles aus parischem Marmor, der im Heraion gefunden wurde. Die Kenntnis, daß es sich um ein Werk des Praxiteles handelt, beruht allein auf der Darstellung des Pausanias. In den Verzeichnissen der von antiken Schriftstellern überlieferten mehr als 50 Werke des großen athenischen Bildhauers des 4. Jh. v. Chr. taucht der Hermes nicht auf. Deshalb und aufgrund stilistischer und technischer Eigentümlichkeiten vertraten schon der damalige Ausgräber Gustav Hirschfeld und in neuerer Zeit auch andere Wissenschaftler die Meinung, es handele sich nur um die spätere römische Kopie eines Werkes des Praxiteles. Die herrschende Meinung hat sich aber dafür entschieden, daß es ein Original ist. Dargestellt ist der Götterbote Hermes mit dem kleinen Dionysos auf dem Weg zu den Nymphen von Nysa, die den Knaben aufziehen sollen. Die Skulptur zeigt, wie sich Hermes unterwegs ausruht, indem er den Arm, auf dem er den Knaben trägt und in dem er auch noch seinen Heroldsstab hält, auf einen Baumstamm stützt. In der rechten Hand trägt er eine Weintraube, nach der der Knabe verlangend greift. »Hermes geht aber nicht in dem Spiel mit dem Knaben auf. Sein Blick geht an ihm vorüber in eine unbestimmte Ferne. Er faßt kein Ziel ins Auge; man könnte auch sagen, daß der Blick nach innen gewandt ist. Mit dem körperlichen Fürsichsein geht auch das geistige zusammen. Der Beschauer wird der Erscheinung des Gottes teilhaftig, ohne daß dieser ihn gewahrt« (Gerhart Rodenwaldt). Besonders ausdrucksvoll wirkt der im Spiel der Muskeln kräftig durchgebildete Körper, der dennoch kaum athletisch wirkt wegen seiner Gegenüberstellung mit dem wenig durchgearbeiteten Knabenkörper, dem Baumstamm und dem darauf ruhenden Gewand. Am Kopf und an den Sandalenriemen sind Farbspuren erhalten. Man weiß, daß der athenische Maler Nikias die späten Werke des Praxiteles bemalt hatte.

Die geschmacklichen Empfindungen des Betrachters können außerordentlich unterschiedlich sein, zumal im Vergleich mit den Giebelfiguren des Zeus-Tempels, mit denen der Hermes im alten Museum in einem Raum stand. Heute bringt die räumliche Trennung den notwendigen Abstand. Die zeitgebundenen Urteile über den Hermes reichten von der Verherrlichung als ideales Genrebild Ende des 19. Jh. bis hin zur totalen Ablehnung des Hermes, der den Eindruck eines »besseren, stark pomadisierten Zuhälters« mache (Barrès), oder dem Urteil, »daß man sich bei dieser wächsernen, enthaarten Materie eines peinlichen Gefühls erwehren müsse« (Emilio Cecchi). »Aus diesen Fehlurteilen über die spätklassische Kunst des Praxiteles spricht die ganze Ferne der Gegenwart vom Klassischen« (Karl Schefold).

Saal Θ

In diesem Saal werden vor allem Skulpturen aus der römischen Epoche Olympias gezeigt. Gleich links vom Eingang die römische Kopie einer klassischen Hermes-Statue, daneben an der Längswand der Kopf eines römischen Kaisers, wahrscheinlich vom Nymphaeum. Nach einer Vitrine mit einfacher Keramik folgen einige weibliche Statuen vornehmer Eleerinnen aus pentelischem Marmor aus dem 1. Jh. n. Chr., von denen die dritte und vierte Figur am unteren Mantelrand Signaturinschriften athenischer Künstler aufweisen. – Am Fenster eine Marmorplatte vom Dach des Zeus-Tempels mit den Namen der Beamten des Heiligtums in der 188. Olympiade (28–24 v. Chr.). – Nach dem Fenster folgen eine Reihe von Statuen, die vom Nymphaeum der Regilla, der Gemahlin des Herodes Atticus, stammen. Zuerst die obere Hälfte der Figur der Kaiserin Faustina, der älteren Gattin des Antoninus Pius, danach eine besonders schöne Skulptur, die wahrscheinlich Athenais, die Enkelin des Herodes Atticus darstellt; dann der Kopf des Antoninus Pius. Die übernächste Figur wahrscheinlich nochmal ein Bild der Athenais. Es folgen die Figur der Faustina, einer Tochter Marc Aurels, daneben rechts der Kopf des Kaisers Lucius Verus und in der Ecke die Gattin Marc Aurels, Faustina die Jüngere. Links vom Durchgang zum nächsten Saal stellt eine weibliche Statue – in der Hand eine Omphalos-Schale für ein Trankopfer – wahrscheinlich die Figur der Regilla, der Stifterin des Nymphaeums dar. – Auf der anderen Seite der Tür die Statue des Gatten der Regilla, Herodes Atticus. Daneben eine Kaiserfigur, Marc Aurel. Zu Beginn der Längswand die Darstellungen zweier Kinder des Herodes Atticus und nach zwei korinthischen Kapitellen, die vom Nymphaeum stammen, die Eltern der Regilla. Es folgen nochmals zwei Kapitelle und zwei nicht bestimmbare Kaiserstatuen mit Panzer. – In der Mitte des Saales die Figur eines großen Stiers, der auf dem Beckenrand des Nymphaeums stand und die Stiftungsinschrift der Regilla trägt. – Es folgt eine Jünglingsfigur. Rechts daneben die Figur einer römischen Kaiserin, vielleicht Agrippina die Jüngere, die Gattin des Claudius. Schließlich die Figuren mehrerer römischer Kaiser in Rüstung und Feldherrntracht sowie einer Kaiserin, vielleicht der Domitia, der Gattin des Domitian.

Saal I

In diesem Saal gibt es vor allem Gegenstände, die mit der Geschichte der Olympischen Spiele zusammenhängen. Rechts und links des Einganges Figuren der Týche. Sie war den Griechen die Göttin von Schicksal und Fügung, die besonders bei sportlichen Wettkämpfen eine Rolle spielt. Sie wird mit dem Steuerruder als Lenkerin des Schicksals und auf einem Rad zum Zeichen der Vergänglichkeit des Glücks dargestellt. – Neben der rechten Týche die Kopie einer Bronzetafel (Original im Nationalmuseum, Athen) mit einer Ehreninschrift der Stadt Elis für Demókrates von Tenedos. Daneben an der nächsten Wand die Marmorstele des Kámelos von Alexandria, der nach der Inschrift Sieger bei den Nemäischen Spielen gewesen war und im Alter von 35 Jahren in Olympia beim Faustkampf starb. Darunter die Startschwelle des Stadions II (5. Jh. v. Chr.). – In der Vitrine u. a. Sportgeräte, Sprunggewichte, zwei Bronzediskoí, von denen der rechte eine Weiheinschrift trägt, die wegen ihrer Datierung interessant ist. Sie stammt aus dem Jahre 241 n. Chr., das zum einen nach der offiziellen Zählung mit der 255., zum anderen nach einer mythischen Zählung mit der 456. Olympiade bezeichnet wird. – Neben der Vitrine eine Statuenbasis für einen Pankration-Sieger, die von Lysippos von Sikyón, einem der bedeutendsten Bildhauer der Peloponnes im 4. Jh. v. Chr., hergestellt wurde. – An der nächsten Wand folgen Kapitelle, die als Basen von Statuen dienten und mit Weiheinschriften versehen sind. Daneben der 140 kg schwere Stein des Gewichtshebers Bybon, den dieser nach einer auf dem Stein angebrachten Inschrift mit einer Hand über den Kopf gestemmt haben soll. Weiter sieht man zwei Sprunggewichte mit Weiheinschriften und eine Statuenbasis in Form eines Spielwürfels (Knöchel). – An der nächsten Wand sieht man zwei Statuenbasen, von denen die rechte die Figur der Kyniska trug, der Schwester des Königs Agésilaos II. von Sparta. Diese hatte einen Sieg im Wagenrennen errungen, wobei man aber wissen muß, daß der Sieg im Wagenrennen nicht dem Lenker, sondern dem Besitzer des Gespannes zugesprochen wurde. In der folgenden Vitrine sieht man Schabeisen und Diskoi sowie Weihegaben aus dem Heiligtum. – Auf der anderen Seite der Tür sind zwei Statuenbasen zu sehen. Interessant ist schließlich der Marmorsitz des Lakedaimoniers Gorgos. Er wurde im Stadion gefunden und war in den sonst sitzlosen Erdwall eingelassen. In schöner archaischer Schrift (2. Hälfte 6. Jh. v. Chr.) steht rund um die Sitzfläche geschrieben: Gorgos, der Lakedaimonier, Konsul (Próxenos) der

Eleier. Die aufgewölbten Ränder dienten wahrscheinlich dazu, ein Kissen zu halten.

Museum der Olympischen Spiele

Das Museum, das vom Internationalen Olympischen Komitee eingerichtet wurde, befindet sich am anderen Ende von Olympia an der Argerínou. Gezeigt wird die Entwicklung der modernen Olympischen Spiele von den wenig bekannten Vorläufern, die auf Betreiben von Zappas, dem Erbauer des Zappeions in Athen, seit 1856 viermal in Griechenland stattfanden. Es folgen Bilder der Präsidenten des Internationalen Olympischen Komitees, eine kurze Darstellung aller Spiele mit Bildern, Plakaten und Medaillen. Ferner ist eine Sammlung mit olympischen Briefmarken und die Darstellung der Entzündung des Olympischen Feuers mit den Fackeln und Transportgefäßen zu sehen. Am Eingang des Museums die Publikation über die Ausgrabungen in Olympia Ende des vorigen Jahrhunderts von Dörpfeld und Adler.

Internationale Olympische Akademie

An der Straße in Richtung Trípolis, einige 100 m hinter dem Ausgrabungsgelände, liegt auf der linken Seite die Internationale Olympische Akademie, die 1961 vom Griechischen Olympischen Komitee gegründet wurde. Sie enthält Unterkünfte und Sportanlagen und dient Kongressen und Tagungen für Sportler aus aller Welt. Noch vor der Akademie stößt man ebenfalls auf der linken Seite der Straße auf das Denkmal für Baron Pierre de Coubertin, den Begründer der Olympischen Spiele der Neuzeit, die 1896 zum erstenmal in Athen abgehalten wurden. Das Herz Coubertins ist in dem Denkmal beigesetzt. Auf dem Platz, auf dem es steht, wird heute zu Beginn der Olympischen Spiele die olympische Flamme entzündet. – Etwa 1,4 km hinter der Akademie liegt links der Straße nahe bei dem Frangoníssi genannten Ort in einer Einzäunung der römische Friedhof von Olympia, wo man Grabkammern mit verputzten Ziegelmauern sowie Schachtgräber findet.

»Grab des Kóroibos«

Eng mit der frühen Geschichte Olympias verbunden ist 25 km weiter östlich das angebliche Grab des Kóroibos, des Siegers im Stadionlauf bei den ersten Olympischen Spielen, die 776 v. Chr. aufgezeichnet wurden. Kóroibos ist der erste bekannte Name eines Olympiasiegers. – Der Grabhügel wurde 1845 auf Veranlassung des Königs von Preußen ohne besondere Ergebnisse untersucht. Man erreicht ihn, indem man von Olympia 17 km auf der Hauptstraße in

Richtung Trípolis fährt und dann rechts über eine kleine Brücke abbiegt nach
Áspra Spítia (4 km). Vor der Platía des Ortes biegt man scharf links ab. Gleich
nach dem Dorf wird der Weg in einer Senke schwierig, danach jedoch gut
befahrbar. Nach 3 km erreicht man den »Tímvos tou Kórivou«, wie er bei der
Bevölkerung heißt. Es ist ein großer mit Zypressen bewachsener Hügel an der
Stelle, wo der Erímanthos in den Alfiós mündet, und wo seit alter Zeit die
Grenze von Elis liegt. Der Ausflug ist landschaftlich außerordentlich reizvoll.

101

Kréstena

Kréstena ist eine kleine Landstadt 20 km südöstlich von Pírgos an der Straße
nach Andrítsena und Megalópolis, 12 km südlich von Olympia. Es ist von dort
über eine landschaftlich schöne Seitenstraße zu erreichen, die durch das Tal
und über den Staudamm des Alfiós (Alpheiós) führt. Der Damm (= Phragma)
dient der Bewässerung des unteren Alfiós-Tales. – In der Gegend von Kréstena
muß das antike Skillus gelegen haben, wo Xenophon sein Landgut besaß, das
die Spartaner ihm als Staatsgastfreund geschenkt hatten, nachdem er von den
Athenern verbannt worden war. In der Umgebung von Kréstena liegen einige
antike Fundorte, deren Besuch sich aber nur für den spezieller Interessierten
lohnt.
Nördlich von Kréstena an der Straße nach Olympia hat man beim Dorf
Makrísia auf den Hügeln Profítis Ilías und Arnokatárako die Grundmauern je
eines Tempels sowie Hausmauern gefunden. Der Tempel aus isodomischen
Porosquadern auf dem Arnokatárako aus dem frühen 5. Jh., war dem Zeus
geweiht. Er ist samt zweistufigem Unterbau noch bis zur dritten Steinlage
erhalten. Der Grundriß läßt einen kleinen Pronaos im Osten und eine Cella im
Westen erkennen.
Ein anderer antiker Ort lag bei dem heutigen Dorf Skilloundía östlich von
Kréstena. Man nimmt die Straße in Richtung Adrítsena und biegt nach 1,5 km
bei dem entsprechenden Wegweiser »Ancient Skilloundia« links ab. Nach
6 km passiert man die einförmige Siedlung Tráno Plái. Sie wurde nach einem
Erdbeben 1965 in völlig unorganischer Weise in die Landschaft gestellt zur
Aufnahme der Bewohner umliegender Dörfer. Beim Ort beiderseits der Straße
findet man Ausgrabungen eines spätklassischen Friedhofs mit Steinkistengrä-
bern und Grabmauern. Kurz darauf erhebt sich rechts ein beträchtlicher
Hügel. An seinem Fuße gleich rechts des Weges stößt man auf neuere
Ausgrabungen. Auf seiner Kuppe befindet sich ein dorischer Peripteraltempel

aus dem 4. Jh. v. Chr., der ein Artemis- oder ein Athena-Tempel gewesen sein könnte. Der Tempel ist 35 m lang und 15,50 m breit. Er war aus Muschelkalk hergestellt und verputzt. Von seinem Oberbau fand man Gebälkteile und Säulentrommeln (eine am Südfuß des Hügels), Marmorziegel sowie Reste der Giebelfiguren, die eine Gigantomachie darstellten und heute im Museum in Patras aufbewahrt werden. – Die antike Stadt erstreckte sich über den flach abfallenden Osthang des Hügels bis zum anschließenden Sattel. Dort und an den Abhängen sind an mehreren Stellen antike Quadermauern erhalten. Auf dem Sattel am Hang nach Osten hin wurden die Grundmauern einer frühbyzantinischen dreischiffigen Basilika mit drei Apsiden ausgegraben. In der Mittelapsis ist die halbrunde Priesterbank, das sog. Synthronon, mit dem steinernen Bischofssitz in der Mitte zu sehen.

102

Platiána

Das Dorf Platiána liegt etwas oberhalb der Straße an der Strecke Pírgos-Megalópolis, 19 km östlich von Kréstena (**101**) und 18 km westlich von Andrítsena (**105**). Auf dem langgestreckten steilen Berg oberhalb des Dorfes stand die antike Stadt Typanéai. Von ihr sind hauptsächlich Teile der Stadtmauer erhalten. Ein Besuch lohnt sich nur für den speziell Interessierten.
Ein Weg auf den Berg führt in östlicher Richtung vom Dorf über den Osthang auf den Ostsattel. Ein anderer schmaler, steiler, teilweise hohlwegartiger Pfad geht vom Dorf an der wellblechgedeckten alten und östlich der neuen Kirche am Nordhang aufwärts. Von dort erreicht man über weitere Pfade den nur 20 bis 30 m schmalen Gebirgsrücken, wo sich auf mehreren Terrassen die Stadt etwa 600 m hinaufzog bis zur Akropolis.
Vom Ostsattel aufwärts steigend kommt man noch vor der Stadtanlage an den großen Quadern eines einzeln stehenden Wachturmes vorbei. Bald darauf zieht sich nach links den Osthang entlang die Stadtmauer. Sie führt zu einer Eckbastion (1) aus gut bearbeitetem isodomischen Quaderwerk. Im übrigen besteht die Mauer meist aus roh gearbeitetem Polygonalmauerwerk. 40 m hinter der Eckbastion gelangt man an das Osttor (2) der Stadt. Dieses wurde von zwei Türmen gedeckt. Von hier aus setzt sich die Stadtmauer nach Süden dem Bergzug folgend fort. Sie wird von vorspringenden Türmen und Bastionen gedeckt. Beim dritten Vorsprung (3) findet man eine von innen verschüttete Schlupfpforte. Geht man von hier hinauf zum Bergrücken, trifft man auf Terrassenmauern, die verschiedene Durchgänge (4) aufweisen.
Diese führten zu den Wohnvierteln, die zwischen den Terrassenmauern und

der Südmauer lagen. Wenn man sich von hier links bergaufwärts wendet, kommt man zu den Mauern einer Profítis Ilías-Kirche (5), in deren Apsis Teile eines antiken Gebäudes verbaut sind. 60 m weiter liegen die Mauern einer anderen Kirche (6) mit ähnlichem Grundriß, die ebenfalls dem Profítis Ilías geweiht werden sollte. Von ihr berichtet Ernst Meyer, sie sei erst 1950 von den Einwohnern von Platiána erbaut, aber noch vor ihrer Einweihung von den Einwohnern des südlich gelegenen Dorfes Trípes zerstört worden, weil diese nicht den Kirchenbau auf dem zu ihrer Gemeinde gehörigen Gelände dulden wollten.

100 m weiter westlich kommt man auf einen künstlich eingeebneten Platz, an dessen Ostende eine Zisterne und südlich davon die Spuren eines Gebäudes sichtbar sind. Nach Süden ist dieser Platz durch eine Mauer mit einem vorspringenden Gebäude begrenzt. Hier lag die Agorá (7) von Typanéai. 40 m weiter trifft man auf die Reste des kleinen Theaters (8). Dieses hatte wohl nur wenige Sitzreihen, von denen nichts mehr erhalten ist. Die Cavea ist jedoch noch gut auszumachen. In ihr steht – nicht mehr am ursprünglichen Platz – ein aus einem Steinblock gearbeiter Ehrensitz. Hinter den geringen Resten des Skenengebäudes liegt die an dieser Stelle noch gut erhaltene Stadtmauer mit einer vorspringenden Bastion. – Westlich, oberhalb des Theaters, befindet sich die Akropolis (9), an deren Ost- und Südseite je ein Turmfundament vorspringt. Ebenfalls im Osten der Akropolis gibt es eine Zisterne, in der Nordwestecke ein Brunnen. Südlich der Akropolis, 50 m tiefer, war das Südwest-

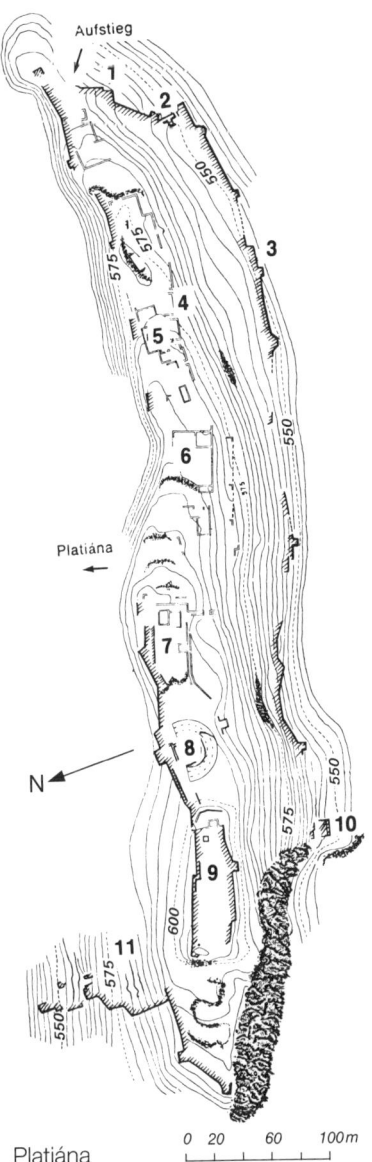

Platiána

0 20 60 100m

tor (19). 50 m von diesem Tor entfernt liegt am Südhang ein aus zwei Gebäuden bestehendes Vorwerk. Auch der West- und der Nordwesthang (11) unterhalb der Akropolis waren stark befestigt.

Wann Typanéai gegründet wurde, ist unbekannt. Einige wenige Mauern südlich und westlich des Theaters könnten aus dem 4. Jh. v. Chr. von einer älteren Befestigung stammen. Im übrigen wurde die Stadt in der heute sichtbaren Form Mitte des 3. Jh. v. Chr. als Grenzbefestigung zur Sicherung der nach Arkadien führenden Straße errichtet. Den gleichen Zweck hatte die in fränkischer Zeit errichtete Burg La Combe. Ihre wenigen Reste findet man 1 km östlich von Typanéai auf der zweiten Felskuppe hinter dem Ostsattel.

103

Tripití

Tripití liegt gegenüber von Platiána (**102**) an der Strecke Kréstena-Andrítsena. Von Kréstena her kommend biegt man 1,5 km hinter Platiána links ab und erreicht nach 4 km das Dorf, das früher Bitzibárdi genannt wurde. Sehenswert ist hier die Ruine einer gotischen Klosterkirche, eines der bedeutendsten Denkmäler, das aus fränkischer Zeit erhalten ist. Man findet das Kloster, wenn man den Ort durchfährt und dann 500 m weiter bis zu einem Brunnen im Tal. Das Kloster bei einer starken Quelle in einem fruchtbaren Tal gegenüber der Mündung der Doána in den Alfiós trug den Namen Isóva. Man nennt es heute noch Assóva, meist jedoch Paláti (= Palast). Es wurde bald nach Inbesitznahme der Peloponnes durch die Franken in der 1. Hälfte des 13. Jh. erbaut. Welcher Orden hier siedelte, ist unbekannt. Die Klosterkirche war eine Marienkirche, die schon 1263, als Wilhelm von Villehardouin den Byzantinern unterlag, von diesen zerstört wurde. Noch im 13. Jh. entstand neben der alten eine neue kleinere Kirche, die dem Ágios Nikólaos geweiht war und wohl ebenfalls noch dem katholischen Ritus diente. Wann diese zerstört wurde, ist nicht bekannt.

Wenn man vom Weg her kommt, trifft man zuerst auf eine »moderne« Kirche, die außen schmucklos ist, innen jedoch durch einfache bunte Teppiche und neue Ikonen ansprechend wirkt. Dahinter liegt der noch erhaltene Chor der byzantinischen Ágios Nikólaos-Kirche. Sie hatte einen fast quadratischen Grundriß (ca. 10 × 11 m) mit einem breiten Mittelschiff und zwei schmaleren Seitenschiffen. Nur das Mittelschiff hat eine nach Osten vorspringende Apsis. Von der Architektur her ist diese Kirche nicht mehr fränkisch, wenn auch Baumaterial und einige Stilelemente, z. B. die gotischen Fenster an den Ostwänden der Seitenschiffe, von der fränkischen Klosterkirche übernommen wurden. Wenig weiter befinden sich die mächtigen Mauern der fränkischen Kirche, von der im wesentlichen die Nord- und die Westwand mit den gotischen Fenstern erhalten sind. Der Chor mit einer polygonalen Apsis ist dagegen verhältnismäßig stark zerstört. An der östlichen Nordwand gab es in der Nähe des Chores eine niedrige Galerie. Die Kirche ist 41 m lang und hatte – wie man am Westgiebel sieht – ein weit heruntergezogenes Dach. Der Eingang der Kirche lag an der Südseite, wo heute im Inneren ein großer, schattenspendender Baum steht.

Der Bergzug, an dessen Nordostabhang das Dorf Tripití liegt, trägt auf seinem Rücken Reste einer ausgedehnten antiken Stadt, die allerdings nicht besonders sehenswert sind. Die höchste Erhebung war von einer Quadermauer umschlossen, von der vor allem an der Nordseite noch einige Reste zu sehen sind. Auch auf den Hügeln, die östlich und westlich davon liegen, hat man Gebäudemauern und andere Siedlungsspuren gefunden, von denen einige wenige bis in mykenische Zeit zurückreichen. Wahrscheinlich handelt es sich um die von Polybios (IV, 77ff.) erwähnte Stadt Stylangion (so E. Meyer).

Eine halbe Stunde südwestlich vom Kloster liegen auf einem kleinen Hügel am Zusammenfluß zweier von Platiána her kommenden Bäche zwei quadratische Gebäude aus Ziegelmauerwerk, wahrscheinlich Türben (Grabbauten) aus türkischer Zeit, von denen – wie E. Meyer berichtet – die Sage geht, daß hier zwei Brüder, die sich im Zweikampf gegenseitig erschlagen haben, begraben sind. Der Ort, an dem die Gebäude stehen, heißt heute Kivouría (= Gräber).

104

Alífira

Von der Straße von Pírgos nach Megalópolis biegt 8 km westlich Andrítsena (**105**) eine Seitenstraße ab nach Alífira. Kurz vor dem Dorf ist links auf einem Höhenrücken die Stelle der antiken Stadt Alípheira. Der Ort wird heute Kastro tis Nerovitsas genannt. Über die Stadt, die in der Antike zu Arkadien gehörte, wird von Pausanias (VIII 26,4) berichtet, daß sie nach Übersiedlung ihrer Bewohner nach Megalópolis (370 v. Chr.) verlassen wurde. 219 v. Chr. belagerte und eroberte Philipp V. von Makedonien im sog. Bundesgenossenkrieg, den der Hellenen-Bund gegen Sparta und Elis führte, die Stadt.

Etwa 2,5 km nach der erwähnten Straßenabzweigung befinden sich oberhalb des Weges zwei hellenistische Grabmale. Das erste besteht aus vier Grabkammern mit einer Front von 5 Pfeilern, die von einem Giebel gekrönt sind. Der

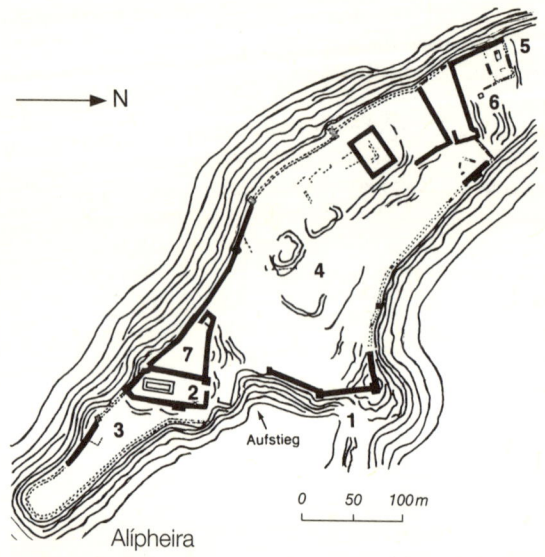

N

5
6
4
7
2
1
3

Aufstieg

0   50   100m

Alípheira

mittlere Pfeiler trägt ein Epigramm zum Gedenken an einen jungen Mann mit Namen Seteas. – Der Weg auf die Akropolis ist einige hundert Meter weiter durch ein Schild gekennzeichnet. Man benutze an dieser Stelle jedoch nicht den Weg, der sehr viel weiter ist, sondern steige etwa 100 m senkrecht den Hang hinauf zu einer schon vom Weg aus sichtbaren Kirchenruine. Von dort erkennt man halbrechts einen Bergsattel, zu dem man aufsteigt und dann die Stelle erreicht, wo auf dem Plan der Pfeil ist.

Man kommt an die Stadtmauer aus Polygonalwerk, die hauptsächlich an der Ostseite (1) an einer vorgeschobenen Bastion noch bis zu 3 m hoch erhalten und mit quadratischen Türmen besetzt ist. Über die Akropolis (7) kommt man zu einer tiefer gelegenen künstlich angeschütteten etwa 100 m breiten Terrasse (2) mit dem Heiligtum der Athena, die in Alípheira besondere Verehrung genoß und nach der örtlichen Überlieferung – wie Pausanias berichtet – hier sogar gezeugt und geboren worden sein soll. Die Grundmauern des Tempels, der Ende des 6. Jh. v. Chr. errichtet wurde, läßt einige typische archaische Baumerkmale erkennen. So ist der Grundriß besonders lang und schmal, was auch im Verhältnis der Säulen von 6 × 15 zum Ausdruck kam. Der Unterbau, die sog. Krepis, hatte nur zwei anstelle der sonst üblichen drei Stufen. Die Säulen waren aus Holz, die Kapitelle, von denen man noch geringe Reste sieht, aus dunklem versputzten Muschelkalk. Die Wände der Cella, die keinen besonderen Pronaos hatte, waren aus Ziegel gemauert und das Dach mit Marmorplatten bedeckt. Nördlich des Tempels etwas nach Westen versetzt sieht man den Sockel, der einst das bronzene Kultbild der Athena trug. Es war ein Werk, das – wie Pausanias berichtet – von Hypatodoros stammte und imposant war wegen seiner Größe und Ausführung. Schräg gegenüber in der Nordostecke der Terrasse stand der etwa 11 m lange Altar. – Von der

Tempelterrasse führt eine breite Treppe abwärts auf den sich nach Südosten ziehenden Höhenrücken (3), der einst ebenfalls von einer Mauer umgeben und wohl auch bebaut war. Die eigentliche Stadt zog sich jedoch auf dem rund 150 m breiten allmählich schmaler werdenden Höhenrücken (4) nach Nordwesten, wo am anderen Ende etwa 500 m weiter das ebenfalls von Pausanias erwähnte Asklepios-Heiligtum (5) innerhalb eines Temenos liegt. Hier stand ein kleiner zweisäuliger Antentempel vom Ende des 4. Jh. v. Chr. Nordöstlich des Tempels war in dessen Mittelachse ein kleiner Altar. Östlich vom Temenos liegen die Reste eines Peristylhauses (6), dessen Hof von 8 Säulen umgeben war und vielleicht den Priestern als Unterkunft diente.

105

Andrítsena

Andrítsena ist ein malerisches Bergdorf an der Strecke Pírgos (58 km) – Megalópolis (45 km). Der Ort hat noch zahlreiche teils wohlerhaltene alte Häuser, zum Teil in traditionellem byzantinischen, zum Teil in neoklassischem Stil. Ein hübsches Bauwerk ist der Brunnen Tráni Vrísi mit zwei Bogen und vier Wasserauslässen aus dem Jahre 1724.
12 Kilometer östlich von Andrítsena liegt an der Straße nach Megalópolis das Dorf Thissóa. Auf dem Berg über dem Dorf befinden sich die Reste der antiken arkadischen Stadt Theisoa, die nach Pausanias ihren Namen einer der drei Nymphen verdankte, die den Zeusknaben großgezogen haben. Auf dem Berg sind noch die Reste einiger Gebäude sowie Teile der Stadtmauer aus dem 4. Jh. mit trapezförmigem Mauerwerk und noch 4 bis 5 m hohen Türmen zu sehen.
Von Andrítsena kann man in 3 bis 4 Stunden den Lýkaion (1421 m) mit seinem Zeus-Heiligtum (**45**) ersteigen. Der Aufstieg ist auch von Ágios Sóstis aus möglich, zu dem ein Weg links von der Straße abbiegt, die zum Tempel von Bássai (**106**) führt. Der Ausflug nach Bássai ist der bei weitem wichtigste, den man von Andrítsena aus unternehmen sollte.

106

Apollon-Tempel von Bássai

Hoch im Gebirge über Andrítsena (**105**) liegt der berühmte Apollon-Tempel von Bássai (neugriechisch: Vassé), dessen Besuch sich unbedingt lohnt, da er

nicht nur außer dem Hephaistos-Tempel in Athen als der am besten erhaltene
Tempel in Griechenland gilt, sondern er ist auch architektonisch besonders
interessant, und seine landschaftliche Lage ist eindrucksvoll. Allerdings ist der
Tempel seit Jahren mit einem Gerüst umgeben, da er einzustürzen droht. Auch
darf das Innere nicht betreten werden. Das mag den Besucher enttäuschen. –
Während es noch vor nicht allzuvielen Jahren einiger Anstrengungen bedurfte,
Bássai wenigstens zu Fuß zu erreichen, gelangt man heute auf einer gut
ausgebauten Straße zum Tempel (13 km). Der Tempel, von einsamer Gebirgs-
landschaft umgeben in einer Mulde hoch über der Schlucht des Néda-Tales,
bleibt bis zum letzten Moment den Augen verborgen.

Geschichte

Der Name des Tempels stammt von dem Bergdorf Bássai (= Bergschluchten),
das in der Antike unterhalb des Tempels lag und zum Gebiet der arkadischen
Stadt Phigalía (**107**) gehörte. An Stelle eines älteren archaischen Tempels, von
dem Reste der Fundamente festgestellt werden konnten, errichteten die Einwohner von Phigalía um 420 v. Chr. den heute sichtbaren Tempel. Er war dem
Apollon Epikúrios, dem »Hilfebringenden«, geweiht, da er die Stadt vor der
Pest bewahrte, die schon 429 v. Chr. zu Beginn des Peloponnesischen Krieges
Athen heimgesucht hatte. Der Tempel wurde von Iktinos, dem berühmten
Baumeister des Parthenon, geschaffen. Pausanias besuchte ihn im 2. Jh. n. Chr.
und schrieb (VIII 41,7): »Von allen Tempeln in der Peloponnes muß man nach
dem in Tegéa wohl diesen am höchsten schätzen wegen der Schönheit des
Steins und seiner genauen Zusammenfügung.« Bald nach dem Besuch des
Pausanias wurde der Tempel durch ein Erdbeben zerstört. Wegen seiner
abgeschiedenen Lage blieb er jedoch unberührt und diente nicht wie so viele
andere antiken Bauten als Steinbruch. – Sein Wiederentdecker in der Neuzeit
war der französische Architekt Joachim Bocher, der 1765 den Tempel besuchte
und auf einer bald darauf unternommenen zweiten Reise dorthin verschollen
ist. Er fiel wahrscheinlich Räubern in die Hände. Zahlreiche weitere Reisende
und Topographen wie Dodwell und Leake besuchten in den folgenden Jahrzehnten das Heiligtum. 1811 unternahmen Cockerell, Foster und Haller, die
kurz zuvor auf Ägina die Figuren des Aphaia-Tempels geborgen hatten, die
erste Ausgrabung in Bássai. Die Grabungen wurden 1812 fortgesetzt, wobei
u. a. der berühmte Zeichner und Maler Otto Magnus von Stackelberg teilnahm. Bei den Ausgrabungen wurde der Fries aus der Cella gefunden, der von
den Archäologen zusammen mit einigen Metopen an das Britische Museum in
London verkauft wurde. Die Ausgräber fanden nicht die erhofften Giebelfiguren des Tempels, die wahrscheinlich schon in römischer Zeit geraubt wurden.

Die Griechische Archäologische Gesellschaft hat den Tempel in den letzten
Jahren zum Teil wieder aufgebaut.

Besichtigung

Von der Straße her kommend, erreicht man zuerst die Südseite des Tempels,
der nicht, wie sonst üblich, mit dem Eingang und Pronaos nach Osten, sondern
nach Norden orientiert ist. Dies kann nicht mit den Geländeverhältnissen
erklärt werden, die eine Ostwestorientierung erlaubt hätten wie auch beim
archaischen Tempel. Eine Erklärung für die Abweichung gibt Josef Ponten:
»Die Bergstufe steigt von Süden nach Norden ein wenig an, die drei Stufen des
Sockels mußten zum Annähern an die Waagrechte unterbaut werden, dadurch
hob sich das Gebäude den von Süden heraufkommenden Phigaleern kräftig
entgegen und wurde der allgemeinen Erde entrückt. So deutet sich am einfach-
sten die auffällige Achsendrehung. Der Baumeister ist ja Iktinos und man
braucht nicht mit den Entdeckern und ersten Beschreibern des Tempels die
kühlen Nordwinde zu bemühen, um die abweichende Richtung des Hauses
des pestabwehrenden Apollon zu erklären.« – Eine besondere Wirkung geht
von dem Tempel auch dadurch aus, daß er aus dem bläulichen Kalkstein der
Umgebung hergestellt ist und damit nicht aufgesetzt, sondern wie aus der
Landschaft herausgearbeitet wirkt.
Der Tempel erhebt sich auf dreistufigem Unterbau. Der Grundriß ist für
klassische Zeit ungewöhnlich langgestreckt. So hat er auch 6 × 15 anstatt der
klassischen 6 × 13 Säulen. Die lange Form kann von dem archaischen Vorgänger abgeleitet sein. Wahrscheinlich hängt sie aber mit der ungewöhnlichen
Aufteilung der Cella zusammen, in der das zusätzlich eingefügte Adyton, in

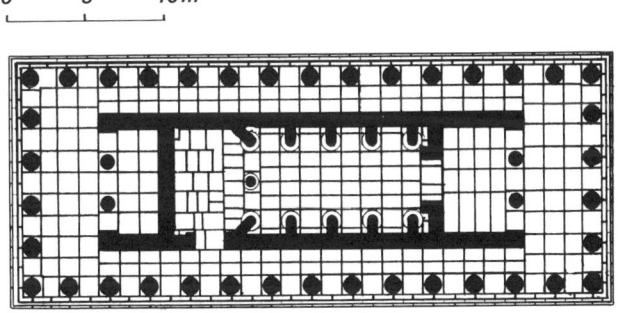

Apollon-Tempel von Bássai

dem das Götterbild stand, genau den beiden zusätzlichen Achsen der Langseite entspricht. Die Säulen sind knapp 6 m hoch mit Kapitellen, deren Echini in der klassischen Form steil aufsteigen. Von dem darüberliegenden Gebälk ist nur der Architrav erhalten, der Triglyphen-Metopen-Fries fehlt. Die äußeren Metopen hatten keinen Schmuck, dagegen waren je 6 Metopen mit Götterdarstellungen auf dem Gebälk der Cella über Pronaos und Opisthodom angebracht. Der Pronaos ist mit zwei Jochbreiten besonders tief. Eine architektonische Besonderheit sind die »Tropfenplatten« vom Geison, deren Tropfen (»guttae«) nicht aus dem Stein herausgearbeitet, sondern eingesetzt waren. Erhalten sind nur noch die Löcher in den Platten.

Ungewöhnlich wirkt das Innere des Tempels. Die Cella war nicht – wie bei anderen klassischen Tempeln – mit zweigeschossigen Säulenstellungen zur Abstützung des Daches in drei Schiffe geteilt. Vielmehr stehen an jeder Längswand der Cella fünf ionische Halbsäulen, die bis zur Decke durchgehen und mit Zungenmauern in die Seitenwände eingebunden sind. So wurde der Innenraum lichter und weiter als bei den üblichen klassischen Tempeln. Der neue Baugedanke, der hier zu erkennen ist, wurde später von Skopas beim Athena-Tempel von Tegéa (**48**) aufgenommen und ist auch beim Zeus-Tempel in Neméa (**10**) wiederzufinden. Die mächtig hervortretenden Basen der Halbsäulen stehen auf einem etwas erhöhten Stylobat. Der Cellaboden lag tiefer und hat sich heute zusätzlich gesenkt. Die ionischen Kapitelle sind leider nicht erhalten. Der Architrav über den Kapitellen war mit einem durchlaufenden Fries geschmückt. Er trug zusätzlich zur einheitlichen Raumwirkung bei. Auf dem Fries sind die Kämpfe zwischen Lapithen und Kentauren und zwischen Herakles und den Amazonen unter Mitwirkung von Apollon und Artemis dargestellt. Der Fries befindet sich heute – wie gesagt – im Britischen Museum.

Von besonderem Interesse ist der hintere Teil der Cella, wo die beiden letzten Zungenmauern diagonal in den vorderen Raum weisen und zusammen mit einer Mittelsäule dessen hinteren Abschluß bilden. Die beiden Halbsäulen an den Diagonalmauern und die Mittelsäule trugen nicht ionische, sondern korinthische Kapitelle, die hier zum erstenmal in der Architektur auftauchen. Man nimmt an, daß das korinthische Kapitell von Iktinos selbst entworfen wurde. Das Kapitell der Mittelsäule wurde bei den Ausgrabungen Anfang des 19. Jh. gefunden, ging aber beim Abtransport verloren, so daß nur Zeichnungen von ihm vorhanden sind. Hinter der Mittelsäule liegt das Adyton, der Raum, in dem die Kultstatue aufgestellt war. Man nimmt an, daß sie nicht etwa in der Mittelachse des Tempels, sondern an der Westwand des Adytons stand. Die andersartige Verlegung der Bodenplatten weist darauf hin. Gegenüber dem Kultbild ist in der Ostwand eine Tür angebracht, so daß die Statue in traditioneller Weise nach Osten blickte und von dorther beleuchtet wurde. Im

Osten des Tempels müßte demnach auch der Altar gestanden haben, von dem man aber keine Spuren fand.

Es wird im allgemeinen angenommen, daß der vordere Raum des Tempels Kranken zum Heilschlaf diente, denn Apollon wurde ja hier als Heilgott verehrt. Wenn dies so war, muß der Raum für die Kranken von unerhörter Wirkung gewesen sein, nicht nur wegen seiner Architektur und der ungewöhnlichen Anordnung des Frieses im Inneren des Tempels, der damit die Kranken umfing, sondern auch, weil sich dieser in einem Raum mit dem Bild des Gottes befand. Im übrigen ist die Baugeschichte des Tempels und die Bedeutung des hinteren Raums von der Wissenschaft durchaus umstritten, vor allem, seit man festgestellt hat, daß die Friesplatten, die über den ionischen und korinthischen Kapitellen verliefen, also nicht den hinteren Raum schmückten, verkürzt worden sind. Vielleicht sollten sie ursprünglich die gesamte Cella mit beiden Räumen umfassen. Die Wissenschaft hat zahlreiche Thesen zu dieser Bauplanänderung entwickelt, auf die hier nicht eingegangen werden kann. »Der kritische Punkt der rätselhaften Komposition liegt zweifellos in der fließenden Verbindung zweier zugleich für sich umgrenzter Innenräume, ein für die griechische Architektur bis dahin unerhörtes, völlig neues Experiment ... Im Tempel von Bássai, dem spannungsvollsten, vieldeutigsten, aber auch problematischsten Bau der Klassik, zeichnet sich für uns zum ersten Male der persönliche Geist seines Schöpfers ab, eines genialen Neuerers, der, obwohl er selbst fest und sicher im klassischen Kosmos stand, durch verwegene, weit vorausgreifende Wahl seiner Mittel einem neuen, dem hellenistischen Baustil den Weg bereitete« (Gottfried Gruben).

Neben dem Tempel wurden Mauern von Gebäuden ausgegraben, die wohl verschiedenen Zwecken des Heiligtums dienten.

Apollon-Tempel, Innenansicht

Unterhalb des Tempels hat man Spuren des antiken Dorfes Bássai gefunden. Nordwestlich des Apollon-Tempels, eine Viertelstunde entfernt, liegen in einer Mulde nahe dem Gipfel des Kotiléon-Berges die Fundamente eines Artemis- und eines Aphrodite-Tempels. Von hier hat man einen herrlichen Blick. Links sieht man auf die Gipfel des Lýkaion (**45**). Im Süden befindet sich jenseits des Néda-Tals der Eláion, dahinter Messenien mit der Ebene des Pámisos, mit dem Berg von Ithóme und dem Golf von Messene. Bei klarem Wetter sind auch halblinks die Gipfel des Taýgetos zu erkennen.

107

Phigalía

Zur antiken arkadischen Stadt Phigalía einige Kilometer südwestlich vom Tempel von Bássai (**106**) über dem Tal der Néda kommt man, indem man die Straße benutzt, die vom Tempel nach Westen zur Küste führt. Die Straße erreicht nach 11 km Perivólia. Dort geht es links ab zum 3 km entfernten Dorf Áno Figalía, innerhalb eines z. T. erhaltenen 4,5 km langen Mauerrings, der mit quadratischen und runden Türmen besetzt ist. Der Mauerring war so ausgedehnt, daß er wahrscheinlich der Zuflucht der Bewohner aus der weiteren Umgegend diente. Phigalía war vorgeschobener Handelsplatz für Arkadien, wohin man die von den äginetischen Kauffahrern an die Küste verfrachteten Waren brachte. Auf der Akropolis oberhalb des Dorfes befindet sich eine mittelalterliche Festung, die auf den Grundmauern antiker Befestigungen errichtet wurde. An einer Weggabel vor dem Dorf nimmt man den linken Weg. Er führt zum Friedhof. Die Grundmauern eines Artemis-Tempels liegen unter der Friedhofskir-

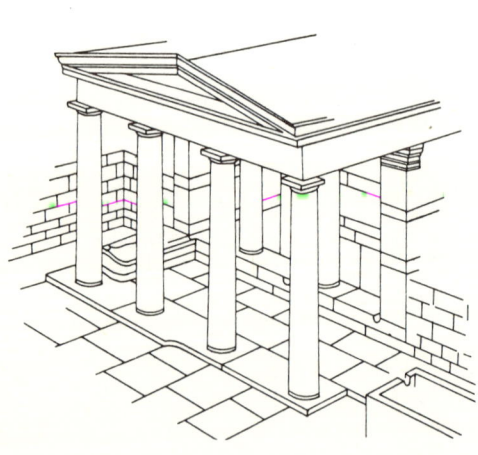

Rekonstruktion des Quellhauses von Phagalía

che, in die zahlreiche Spolien verbaut sind, vor allem Säulen des Tempels. Im Inneren der Kapelle einige schlecht erhaltene Fresken: links Ágios Geórgios und Ágios Dimítrios, darüber Heiligenmedaillons und Christi Höllenfahrt, rechts das Jüngste Gericht. – Geht man den Weg unterhalb des Friedhofs 150 m weiter, trifft man auf die Reste eines Quellhauses aus dem späten 4. Jh. v. Chr. mit pseudoisodomischem Mauerwerk. Das Becken war von einer Halle mit doppelten Säulenstellungen überdacht. Der Brunnen ist heute noch in Benutzung. Eine große Platane bietet im Sommer Schatten.

20 Minuten östlich des Dorfes entspringt eine Quelle und stürzt als Wasserfall Áspra Néra (= weiße Wasser) in mehreren Absätzen etwa 40 m hinab zur Néda, deren Tal sich hier zu einer tiefen Schlucht verengt. Etwa 2 km unterhalb des Dorfes verschwindet der Fluß, nachdem er sich durch eine gewundene Schlucht gezwängt hat, in einem natürlichen 100 m langen Tunnel, der sich aus herabgestürzten Blöcken und Erdreich gebildet hat. Am Eingang des Schlundes lag in der Antike das Heiligtum der schwarzen Demèter, einer pferdeköpfigen Gottheit, die hier um den Verlust ihrer von Hades entführten Tochter Kore trauerte. Jetzt steht hier eine kleine Kapelle, und die Stelle heißt Stómion tís Panagíes (= Schlund der Panagía). Etwas oberhalb des Schlundes führt eine Brücke über den Fluß. Man kommt auf einem Weg dorthin, der 3 km unterhalb Perivólia von der Straße abzweigt.

Fährt man zurück auf die Hauptstraße und von dort weiter abwärts, gelangt man nach Káto Figalía mit einer dreischiffigen byzantinischen Basilika, die um 1000 errichtet wurde und schöne Ziegelmuster an der Mittelapsis hat. – 6 km weiter westlich zweigt rechts von der Hauptstraße eine Straße nach Taxiárches ab. Rechts dieser Straße befindet sich die Akropolis von Lépreon mit einigen antiken Mauern, die im Mittelalter erneuert wurden. Hier liegen die Grundmauern eines kleinen dorischen Tempels, der der Demeter geweiht war, nach Pausanias kein Kultbild hatte und nur aus Lehmziegeln gemauert war. Lépreon war eine sehr alte Stadt, die nach der Sage von den Minyern gegründet wurde, nachdem diese die Kaukonen, eine Urbevölkerung, vertrieben hatten. Lépreon war die bedeutendste Stadt im südlichen Triphylien, nach der dieser Teil auch Lepreátis hieß. Die Stadt kämpfte wiederholt um ihre Unabhängigkeit gegen Sparta und Elis, schloß sich im 4. Jh. den Arkadern an, gelangte 245 in den Besitz von Elis und wurde 199 v. Chr. Mitglied des Achäischen Bundes.

108

Kakóvatos

Bei Kakóvatos in der Nähe der Küstenstraße, etwa in der Mitte zwischen Pírgos und Kiparissía, wurden die wenigen Reste einer mykenischen Siedlung gefunden, eines Palastes und zweier Kuppelgräber. Um die Fundstelle zu erreichen, fährt man von der Hauptstraße nicht nach Kakóvatos zum Meer hin, sondern man biegt in östlicher Richtung auf die Straße nach Kalídona ab, von der nach 300 m rechts ein Wegweiser zu den Ausgrabungen zeigt. Zu sehen ist praktisch nichts außer zwei großen Löchern zweier Kuppelgräber rechts der Straße vor dem Parkplatz an einer Kirche. Kakóvatos spielt aber in der wissenschaftlichen Diskussion eine Rolle. Wilhelm Dörpfeld, der hier in den Jahren 1909/10 die ersten Funde machte, vertrat die Auffassung, daß an dieser Stelle der Palast des Nestor gelegen habe. Auch heute, da der Palast von Epáno Englianós (**94**) ausgegraben ist, vertreten verschiedene Wissenschaftler weiterhin die Meinung, daß Kakóvatos durchaus noch als Palast des Nestor in Betracht kommen könnte (s. die Ausführungen in Kap. **94**). Die heute noch sichtbaren Spuren des Palastes wie der 1961 gefundenen Unterstadt sind sehr gering. Auch von den Kuppelgräbern ist eigentlich nur eins in seinen bescheidenen Grundmauern erhalten. Ein Besuch lohnt sich also nur für den besonders interessierten Reisenden. – Auf die Hauptstraße zurückgekehrt, zweigt etwas weiter südlich die Straße ab in das Dorf Anílio mit einer byzantinischen Kirche, die auf den Grundmauern einer frühchristlichen Basilika errichtet ist.

109

Kaïáfa, Samikón und Klidí

An der Straße nach Kiparissía erstreckt sich, 29 km südlich von Pírgos an der Küste, der See von Kaïáfa, der durch einen breiten Dünengürtel vom Meer getrennt ist. An der Meerseite gibt es kilometerlange Sandstrände, die gut zum Baden geeignet sind. Auf der von Pinien, Kiefern und Gebüsch bewachsenen Düne führt die Straße an der Eisenbahnstation Loutrá Kaïáfa vorbei. Malerisch liegt inmitten des Haffsees auf einer Insel, die durch eine Brücke mit der Nehrung verbunden ist, der kleine nur von Griechen besuchte Badeort Loutrá Kaïáfa mit einigen einfachen Hotels.

Die eigentlichen Badeeinrichtungen befinden sich in einer breiten, flachgewölbten Grotte jenseits des Sees an der Festlandseite am Fuße einer 150 m hohen, steil abstürzenden Felswand, die im Altertum Achäischer Felsen hieß. Die Grotte war den Anigriaden-Nymphen geweiht. In der Grotte treten warme Schwefelquellen (32° C) hervor, die schon im Altertum als Heilquellen benutzt wurden. Man erreicht die Grotte entweder mit einem Boot von der Insel aus oder über eine Straße, die an der Landseite um den See herumführt.

Nördlich der Lagune von Kaïáfa unterbricht ein Gebirgsvorsprung die breite Küstenebene. Hier gab es im Altertum, als die Küste noch nicht so stark verlandet war wie heute, einen Engpaß. Am Fuße des Berges, dort wo heute westlich der Straße versumpfte Teiche sind und die Eisenbahn nach Süden auf die Nehrung der Lagune von Kaïáfa führt, liegen drei kleine Hügel. Dieser Engpaß heißt Klidí (= Schlüssel). Am Südfuß des höchsten Hügels (32 m ü. M.) im Norden und in dem südlich anschließenden Sattel zur nächsten Kuppe, durch den die Eisenbahn führt, hat Dörpfeld 1908 eine mykenische Siedlung ausgegraben, die er für das homerische Aréne hielt. Von den Ausgrabungen ist nichts mehr zu sehen. 1825 errichtete Ibrahim Pascha auf den Hügeln die Festung Klidí. Von ihr stehen noch auf dem Südhügel die Reste eines Turms.

An der Nordseite des 200 bis 300 m hohen Gebirgsvorsprunges steht über steilem Abfall der Mauerring der antiken Feste Samikón, die diesen Engpaß beherrschte. Der ältere Name der Stadt soll Mákiston gewesen sein (was aber nicht sicher ist). Danach hieß der ganze nördliche Teil Triphyliens auch Makistía. Samikón dürfte im 6. Jh. v. Chr., nach anderer Meinung auch erst im 4. oder 3. Jh. v. Chr. von den Aitolern erbaut worden sein. Die Festung spielte 250 v. Chr. eine Rolle im Krieg der Eleer und Aitoler gegen die Triphylier und Arkader. Im 2. Jh. v. Chr. ist die Stadt offenbar aufgegeben worden. Die Mauern sind zum Teil gut erhalten. Sie bestehen aus isodomem und trapezförmigem Mauerwerk in waagrechten Schichten. Die Frontseiten sind nach Art von Rustikaquadern roh behauen. Erhalten ist hauptsächlich die Ost- und Südostmauer in einer Länge von fast 1 km. Sie ist in regelmäßigen Abständen mit rechteckigen Türmen besetzt. Auf der höchsten Stelle des Berges liegt eine Bastion. In der Ostmauer sieht man zwei Schlupfpforten. Der etwas mühsame Aufstieg nach Samikón lohnt sich im übrigen schon wegen der schönen Aussicht. Man beginnt ihn am besten beim Ortsschild »Káto Samikón« und an einer Bushaltestelle an der Nordseite des Berges. Der Weg führt steil bergan in den Wald. An einer Weggabel hält man sich rechts, bis der Weg sich im Wald verliert. Dort steigt man rechts eine Böschung hinauf und erreicht eine Wiese, auf der man rechtshaltend die Mauern von Samikón erreicht.

Samikón führte seinen Namen nach einem in der Antike bekannten Heiligtum des Poseidon Samios. Dieses Heiligtum muß irgendwo bei den drei Hügeln

von Klidí gelegen haben, möglicherweise zwischen dem Nordhügel und dem
Berg mit der Festung.

110

Katákolon

Der kleine Ort Katákolon, 13 km östlich von Pírgos, an der Westküste
gelegen, ist der wichtigste Hafenplatz von Elis. Die Hafenanlagen wurden in
den letzten Jahren großzügig ausgebaut. Neben der Ausfuhr landwirtschaftli-
cher Produkte dient Katákolon, das durch eine Stichbahn mit der Peloponnes-
Eisenbahn verbunden ist, auch Kreuzfahrtschiffen als Anlegeplatz zum Besuch Olympias.
Kurz bevor man den Ort über eine Nebenstraße erreicht, die wenig nördlich
von Pírgos links von der Straße nach Patras abzweigt, geht rechts eine kurze
Straße nach Ágios Andréas. In der Bucht von Ágios Andréas liegen unter
Wasser die Reste der antiken Stadt Pheia. Diese Stadt, am einst Ichthys
genannten Vorgebirge, war in der Antike der Hafen für Olympia. Pheia wurde
im 6. Jh. v. Chr. durch ein Erdbeben zerstört. Auf dem Vorgebirge, um das
heute die Straße in die Bucht führt, lag einst die Akropolis. Später bauten dort
die Byzantiner die Festung Pontikókastro (= Mäuseburg). Von den Franken
wurde die Burg als Kastell Belvedere oder Beauvoir erneuert. Die Mauern sind
heute noch zu sehen. – Südlich von Katákolon gibt es an einer weitgeschwun-
genen Bucht gute Sandstrände, auch stehen hier zahlreiche Sommerhäuser und
einige Tavernen.

111

Kloster Skafidiás

Das Kloster, einige Kilometer nördlich von Katákolon (**110**) in der Nähe der
Küste, ist über Seitenwege von Ágios Andréas aus zu erreichen. Besser fährt
man jedoch auf die Hauptstraße nach Patras zurück, wo man bei Chanákia
links abbiegt nach Mirtiá. Dort geht es geradeaus weiter zur Küste. In Mirtiá
links ab zur Platía und vorbei an der neuen Kirche kommt man über eine
Schotterstraße zum 3,5 km entfernten Kloster.
Die Klosterkirche ist eine einschiffige Basilika mit einem schönen Portikus.
Von der ursprünglichen byzantinischen Kirche stammt nur noch der Ostteil

des Gebäudes, wie das Quadermauerwerk mit Ziegelzwischenlagen zeigt, während der Westteil nach einer Zerstörung im 16. oder 17. Jh. errichtet wurde. Auf diese Zeit gehen auch die nachbyzantinischen Fresken im Narthex zurück. Einige Reste byzantinischer Fresken sind im Bema erhalten. In der Sakristei werden kirchliche Geräte und Gewänder aufbewahrt. Vor der Kirche steht ein schöner Glockenturm, der 1686 von den Venezianern errichtet wurde. Besonders bemerkenswert ist gegenüber der Kirche an der Westmauer des Klosters ein befestigter Pirgos (Turm) mit 4 Rundtürmen an den Ecken. Solche Pirgoi findet man vor allem bei den Klöstern auf der benachbarten Insel Zákinthos.

112

Amaliás

Amaliás liegt 20 km nördlich von Pírgos, einige Kilometer östlich der Hauptstraße nach Patras. Die Stadt, die selten von Reisenden besucht wird, ist ein nicht unwichtiger Handelsplatz der landwirtschaftlich intensiv genutzten Ebene von Elis. Sie trägt den Namen der Königin Amalia und wurde Mitte des 19. Jh. anstelle von mehreren Dörfern gegründet.
Einzige Sehenswürdigkeit ist die Kirche von Frankavilla einen Kilometer südöstlich der Stadt innerhalb der Anlage eines modernen kirchlichen Waisenhauses. Wenn man von Süden kommend Amaliás erreicht, wendet man sich vor einer großen modernen Kirche rechts aufwärts, folgt der Evangelistrías-Straße und biegt kurz vor dem Krankenhaus rechts ab nach Frankavilla (blauweißer Wegweiser). Die Zweisäulenkreuzkuppelkirche wurde wahrscheinlich im 14. Jh. erbaut. Ihr besonderes Kennzeichen ist eine schwere, sehr flache Trommel. Im Inneren sind nachbyzantinische Fresken erhalten. Sie sind jedoch durch Rauch geschwärzt nur schwer erkennbar. Das Gebäude steht auf den Resten einer älteren Kirche.

113

Gastoúni

Gastoúni, eine Landstadt mit 5000 Einwohnern, 27 km nördlich von Pírgos an der Hauptstraße nach Patras, ist neben Amaliás ein Mittelpunkt der fruchtbaren Ebene von Elis. Der Ort war schon in byzantinischer Zeit besiedelt. Der heutige Name leitet sich ab von dem fränkischen Gaston oder Gastogne. Es war ein fränkisches Lehen der Fürsten von Achaia. 1 km südwestlich des Ortes ist über die Straße Kímisis Theotókou bei einer Gruppe von 11 hohen Palmen die Kirche Panagía Kathóliki zu erreichen, eine schöne Zweisäulenkreuzkuppelkirche aus dem späten 12. Jh. Die Außenwände bestehen aus regelmäßigem Quaderwerk mit doppelten Ziegelzwischenlagen und Ziegelzahnschnittkanten, die am Sockel entlang und über die niedrigen Fenster verlaufen, sowie entlang der Simse und über die dreijochigen Fenster der Kreuzquerarme. Außerdem sind die Fassaden mit einigen Keramiktellern und der vorspringende Chor der Mittelapsis mit Ziegelrosetten geschmückt. Der Narthex im Westen wurde später zugefügt. Die Fresken im Inneren stammen nach einer Inschrift im Durchgang zum Narthex von 1702 und sind nahezu unkenntlich. Fränkisch ist wahrscheinlich der Bogen der Nordtür. In der Kirche sieht man eine Marienikone im Silbermantel aus dem 16. Jh., um die herum eine volkstümliche Ikone von 1880 in zahlreichen Bildern von einer wunderbaren Geschichte erzählt, bei der es um den vergeblichen Versuch der Zerstörung dieser Ikone durch die Türken geht; am Schluß liegt der Täter auf dem Boden und hält statt des Schwertes einen Blumenstrauß in der Hand. – Vor der Kirche steht ein Glockenturm aus venezianischer Zeit, verziert mit einem türkischen Grabstein.

114

Élis, Piniós-Stausee

In Gastoúni (**113**) biegt nach Osten eine Straße ab, die zum antiken Élis und zum Piniós-Stausee führt. Die Ausgrabungen von Élis erreicht man nach 14 km auf der linken Straßenseite hinter dem Dorf Kalívia.

Sage und Geschichte

Das fruchtbare und reichbewässerte Schwemmland am unteren Piniós, dem antiken Peneiós, hieß in der Antike das »hohle Élis« und war u. a. wegen des Reichtums seiner Herden berühmt. Hier besaß nach der Sage König Augeias unermeßliche Herden, so daß gewöhnliche Menschenkraft seinen riesigen Stall nicht mehr vom Mist reinigen konnte. Herakles gelang es, die Massen mit umgeleiteten Flüssen fortzuschwemmen. Auch berichtet Homer in der Ilias (11, 677), daß der jugendliche Nestor nach einem Überfall auf Élis als Beute nicht weniger als 150 Rinder-, Schaf- und Schweineherden sowie 150 Stuten nach Pylos trieb. – Ältester König des Landes soll Endymion, ursprünglich ein lelegischer Gott, gewesen sein. Nach ihm regierten seine Söhne Epéios – wonach die Bewohner des Landes auch Epeier hießen – und Aítolos. Zur Regierungszeit des Epéios verlor Oinómaos die Herrschaft von Pisa an Pelops. Die achaischen Epeier wurden einige Generationen später von den dorischen Aitolern unter deren König Oxylos unterworfen. Oxylos soll seinen Herrschersitz in Élis errichtet haben. Dies muß um die Wende vom 2. zum 1. Jt. v. Chr. stattgefunden haben. Die Aitoler brachten wahrscheinlich auch den Zeus-Kult nach Olympia, das Élis zunächst zusammen mit Pisa verwaltete. Im 6. Jh. v. Chr. übernahm Élis allein die Leitung der Olympischen Feste und erlangte Bedeutung bei der Vorbereitung der Athleten auf die Spiele. 471 v. Chr. wurde die bis dahin oligarchische Verfassung von Élis demokratisiert, und in diesem Zusammenhang wurde auch die eigentliche Stadt am Fuße der Burg am linken Ufer des Peneiós gebaut, die vorher nur ein Gemeinwesen aus weit verstreuten Siedlungen gewesen war. Auch die neue Stadt dehnte sich jedoch weitläufig in der Ebene aus und besaß keine Mauer. Ihre Bevölkerung wuchs stark an mit der Zusammensiedlung der Einwohner aus den verstreuten Orten. Die neue Stadt wurde mit großartigen Bauwerken geschmückt und erfreute sich jahrhundertelang eines blühenden Wohlstandes, der aber auch ihre Bewohner zu einem verrufenen Wohlleben verführte. Ein altes Epigramm sagt: »Élis ist weinberauscht und lügnerisch«. Noch Pausanias fand die Stadt wohlerhalten und reich bevölkert.

Die verhältnismäßig wenigen Reste, die bisher gefunden worden sind, wurden 1910 vom Österreichischen Archäologischen Institut ausgegraben und vor einiger Zeit restauriert. An der Straße hinter Kalívia liegt das kleine Museum. Unter den wenigen Funden, die hier gezeigt werden, sind erwähnenswert die liegende Figur eines Herakles, eine kleine Pan-Statue, Eintrittsmarken für das Theater, eine große Bronzehydria, einige Bronzewaffen und die Keule und das Löwenfell einer verlorenen Herakles-Figur aus Bronze. – Hinter dem Museum liegt das Theater, das ursprünglich aus dem 4. Jh. v. Chr. stammt und von dem man die Cavea, die keine Sitzreihen hatte, die Skene und die beiden Paradoi erkennt. An der Stelle des Theaters entdeckte man eine prähistorische Nekropole, von der einige Scherben aus mittelhelladischer Zeit ebenfalls im Museum zu finden sind. Südwestlich vom Theater liegt die Agorá mit einigen schlechterhaltenen Gebäuden. Im Südwesten der Agora hat man Spuren des Gymnasions gefunden, in dem sich die Athleten für die Olympischen Spiele vorbereiteten. 1 km weiter östlich befindet sich rechts neben der Straße neben einem modernen Wasserbehälter ein Teil der Stadtmauer, die 312 v. Chr. von Telesphoros, einem Admiral Antigonos I., zusammen mit einer Burg auf dem Hügel errichtet wurde.

Fährt man die Straße 6 km weiter, so erreicht man das imponierende Bauwerk des Piniós-Staudammes, der 1961 errichtet wurde. Von der Dammkrone, auf die man hinauffahren kann, hat man einen Blick über den weitverzweigten Stausee, der sich über dem einstigen Zusammenfluß von Piniós und dem eleischen Ládon (im Gegensatz zum arkadischen Ládon, der in den Alfiós fließt) erstreckt. Am Fuße der Berge, die sich am Ostrand des Stausees erstrecken, hat man beim Dorf Agrapidochóri die eleische Stadt Pylos gefunden, die jedoch nichts zu tun hat mit dem Pylos des Nestors (**94**). Im Hintergrund erhebt sich im Osten das Bergmassiv des Skóllis, die Montagne des Aventures (Berg der Abenteuer) der Franken (**118**).

115

Andravída

Andravída ist eine kleine Landstadt mit 3500 Einwohnern rd. 32 km nordwestlich von Pírgos an der Hauptstraße nach Patras. Seine große Zeit hatte das Städtchen unter den Franken, als hier das Zentrum der fränkischen Morea und der Sitz der Fürsten von Achaia war. Die Stadt gehörte zu den ersten Orten, die die Franken unter Guillaume de Champlitte in Besitz nahmen. Hier berief bald darauf Geoffroy de Villehardouin den Heerbann ein, um das eroberte Land zu verteilen. 1218 starb Geoffroy in dieser Stadt. Auch die anderen großen fränkischen Geschlechter, die Anjou, Savoyen, Valloi und Bourbon, residierten hier. So war Andréville, wie die Stadt damals hieß, der Mittelpunkt des höfischen Lebens der fränkischen Ritterschaft in der Morea.

Von allem Glanz dieser fränkischen Hauptstadt hat sich nur eine einzige, freilich immer noch recht eindrucksvolle, Ruine erhalten, die der Sofien-Kirche. Man erreicht sie, indem man von der Platía auf der Hauptstraße nach Norden geht und in die dritte Seitenstraße links einbiegt. Von der Kirche, die um 1220 in französisch-zisterziensischer Gotik erbaut wurde und bis zum 15. Jh. lateinische Bischofskirche war, ist der Chor mit Spitzbögen und schweren Gewölberippen stehengeblieben. Die Kirche war Grablege der Fürsten von Achaia. Hiervon gibt es jedoch keine Spuren.

Bei Andravída liegt ein Militärflughafen, der auch von Zivilmaschinen im Charterverkehr angeflogen wird.

116

Halbinsel Killíni

Die Halbinsel Killíni ist der am weitesten nach Westen vorgeschobene Teil der Peloponnes. Die Halbinsel stellt eine isolierte Landmasse dar, die sich bis zu 180 m aus der Ebene von Élis heraushebt und in Nordsüdrichtung 11 km mißt. Im Altertum hieß die Halbinsel Chelonátas (= Schildkrötenschale). Ihr slawischer Name ist Chlemútsi (= kleiner Berg). Kastro Chlemútsi wird heute auch die bedeutende fränkische Festung genannt, die auf der höchsten Erhebung der Halbinsel steht und sehr sehenswert ist. Im Süden der Halbinsel liegt das Heilbad Loutrá Killínis, an der Nordwestspitze der Hafen, der ebenfalls Killíni heißt. Nahe dieses Hafens kann man schließlich noch das ehemalige Kloster der Panagía Vlachérna besichtigen. Von der Straße Pírgos-Patras gelangt man auf die Halbinsel sowohl von Gastoúni (**113**) wie auch von Andravída (**115**) und weiter nördlich von Lechená aus.

Loutrá Killínis

Loutrá Killínis ist ein landschaftlich reizvoll gelegener Kurort inmitten von Eukalyptus- und Kiefernwälder mit einem schönen Dünenstrand. Die Thermalquellen werden bei Bade- und Inhalationskuren angewandt gegen Leiden der Atmungsorgane, Asthma und Hautkrankheiten. Es gibt mehrere Hotels und eine besonders schöne gepflegte Campinganlage.

Festung Chlemútsi

Von Loutrá Killínis führt nach Norden durch ein reizvolles Tal die Straße hinauf zum Dorf Kástro. Unterwegs zweigt links eine Straße ab zum sog. Golden Beach mit sehr gutem Sandstrand und einem Robinson-Club-Hotel.

Die Burg Chlemútsi über dem Dorf Kástro wurde zwischen 1220 und 1223 von Geoffroy II. de Villehardouin aus dem Erlös von ihm beschlagnahmter Kirchengüter errichtet, was ihm den Bann des Papstes einbrachte. Zahlreich sind die Ereignisse, die die Burg im Zusammenhang mit der wechselvollen Geschichte der Peloponnes sah. Guillaume de Villehardouin hielt in ihren Mauern Konstantin, den Bruder des byzantinischen Kaisers Michael, gefangen, als dieser einen unglücklichen Feldzug gegen die Franken unternahm. Marguerite, die Tochter Guillaumes, wurde später hier im Zusammenhang mit Erbauseinandersetzungen von fränkischen Baronen gefangengehalten und starb hier 1315. Die Burg hieß bei den Franken Clairmont. Die Venezianer nannten sie später Kastell Tornese, was angeblich zusammenhängen soll mit

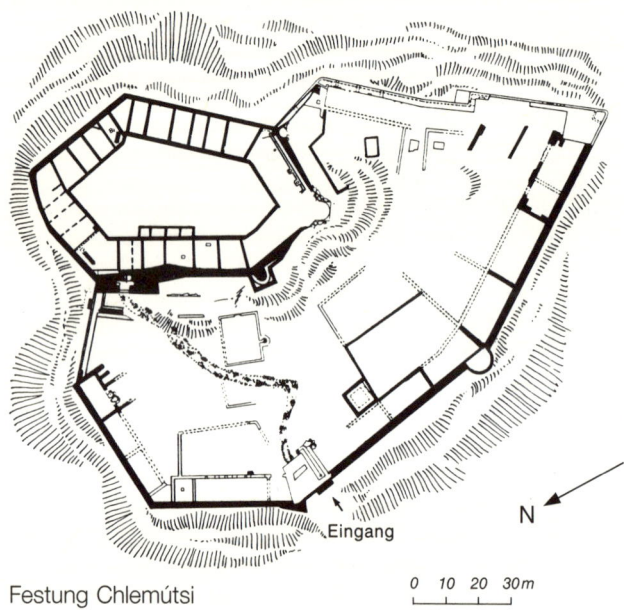

Eingang

N

Festung Chlemútsi

0 10 20 30m

den hier geprägten Geldstücken, die nach der französischen Stadt Tours
»Tournois« hießen. Nach den fränkischen Fürsten und Baronen residierten auf
Chlemútsi zum Teil die byzantinischen Despoten der Morea, so Konstantin
XII. Dragazes, der spätere letzte Kaiser von Byzanz. 1460 fiel die Festung in
die Hände der Türken. Von 1687 bis 1715 gehörte sie den Venezianern, die sie
jedoch im Gegensatz zu anderen Burgen nicht ausbauten, weil sie veraltet war
und zu weit vom Meer entfernt lag. 1825 wurde die Festung teilweise von
Ibrahim Pascha geschleift. In den letzten Jahren wird die sehenswerte Anlage
großzügig restauriert, litt allerdings durch ein Erdbeben im Oktober 1987.
Chlemútsi besteht aus einer sechseckigen Kernburg, wie sie die Franken in
dieser Form auch an anderen Stellen der Peloponnes, zum Beispiel in Árgos
und Lérna, gebaut haben. Nach Norden und Westen liegt davor eine weiträumige Vorburg. Zu dieser wurden in türkischer Zeit die Südwestbastion sowie
der Süd- und der Westturm gefügt, in denen Artilleriestellungen eingebaut
wurden. Wenn man von Norden her die Außenburg betritt und weitergeht
zum Tor der Kernburg, kommt man an den Grundmauern einer türkischen
Moschee vorbei. Im Eingang zur Innenburg sieht man links oben die Apsis der
einstigen Burgkapelle. Eindrucksvoll sind vor allem die hohen, einst zweistök-

kigen Gewölbebauten der Innenburg. Im Hof neben dem Eingang, der durch den Nordflügel führt, geht eine breite Freitreppe hinauf zum einstigen Saal, der mit sechs großen Fenstern zum Hof hin versehen war. Auch in den übrigen Flügeln der Burg befanden sich neben einer großen Zisterne und Lagerräumen zahlreiche Wohnräume, von denen freilich nur noch die Kaminzüge in den Wänden zu erkennen sind. Auffällig ist, daß die Burg offenbar ohne besonderen architektonischen Schmuck erbaut wurde. Trotzdem ist sie heute das bedeutendste Architekturdenkmal aus fränkischer Zeit.

Killíni

Einige Kilometer nördlich von Chlemútsi erreicht man den kleinen Hafen von Killíni, der außer für die Frachtschiffahrt als Fährhafen zur Insel Zákynthos (Zante) von Bedeutung ist.

Killíni war der Standort der antiken Hafenstadt Kyllene, die Pausanias als Ankerplatz und Hafen von Élis erwähnt (VI 26,4). Hier wurde der arkadische Hermes in Form eines männlichen Gliedes verehrt. Im Mittelalter war die Stadt unter dem Namen Clarence oder Glarentsa vor allem für die Franken der wichtigste Hafen im Seeverkehr mit Unteritalien, Venedig, Genua und Frankreich. Konstantin XII. Dragazes zerstörte die Stadt planmäßig, um so eine mögliche Bedrohung der Festung Chlemútsi durch die einfallenden Türken zu verhindern. Diese bauten die Stadt später kaum wieder auf, da kein Interesse für den Seeverkehr mit dem Westen bestand, so daß der Hafen versandete und verfiel. – Von der einst blühenden mittelalterlichen Handelsstadt sind nur sehr wenige Reste an der Nordwestspitze der Halbinsel auf einem flachen Hügel erhalten.

Kloster Panagía Vlachérna

Östlich vom Hafenort Killíni liegt das Dorf Káto Panagía. Hier weist ein Schild zum ehemaligen Nonnenkloster Vlachérna. Um dorthin zu gelangen, biegt man in die dritte Straße links ab und fährt 2 km weiter, wobei man sich an einer Weggabelung, wo ein Bildstock steht, nach rechts wendet. Die Klosterkirche wurde Ende des 12. Jh. errichtet und von den Franken vollendet, die das Kloster katholisierten. So entstand eine byzantinisch-fränkische Mischarchitektur.

Die Kirche ist eine dreischiffige Basilika mit je drei Bogenstellungen und zwei Säulen zwischen den Schiffen. Im Westen liegt ein zweigeschossiger Narthex und ein offener Exonarthex. Der Narthex ist besonders interessant. Er hat außen im Obergeschoß auf der Südseite ein gotisches Fenster und auf der Nordseite eine Tür in gleicher Form. Zu ihr führte eine freistehende Treppe

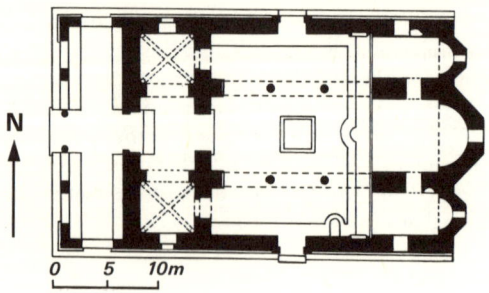

N

0   5   10m

Klosterkirche Panagía Vlachérna

hinauf. Das Oberge-
schoß diente offenbar als
Fürstenloge, von der man
durch zwei Fenster, die
ins Kircheninnere füh-
ren, dem Gottesdienst
folgen konnte. Im Unter-
geschoß hat der Narthex
zwei Kreuzrippengewöl-
be mit Pilastern. Die Ge-
wölbeschnittpunkte sind
mit Lamm und Taube
verziert. Der ganze Nar-
thex weist fränkische Ar-
chitektur auf. Die Seiten-
schiffe haben Halbgewölbe, das Mittelschiff hat eine Holzdecke. Der Fußboden besteht aus Marmormosaik und alten Keramikfliesen. Einige nachbyzantinische Fresken befinden sich im Diakonikon. An der Ikonostase links der
Mitteltür sieht man zwei bemerkenswert gute Ikonen, die der Panagía Odigítria (= Wegführerin) und ganz links die des Ágios Charalámbos. In der Mitte
der Kirche steht die wundertätige Ikone der Panagía Vlachérna (= Gottesgebärerin).

Achaia

Überblick

Achaia ist das schmale Küstenland zwischen den nördlichen Randgebirgen Arkadiens und dem korinthischen Golf. Es wurde in alter Zeit Aigialos (= Meeresküste) genannt. Im Westen grenzt das Gebiet nördlich an Elis und erstreckt sich bis zum Vorgebirge Áraxos. Im Westen berührt es das Gebiet von Sikyón in der Korinthía. Anders als Elis, wo sich die Gebirge Arkadiens allmählich verlaufen, ist Achaia mit Ausnahme des westlichen Teiles ein Gebirgsland, dessen Abhänge von den arkadischen Hochgebirgen in Stufen steil abfallen und zum Teil unmittelbar schroff an das Meer stoßen, zum Teil nur einen schmalen Küstensaum lassen. Der Erímanthos mit dem Lámbia bildet den mächtigen Eckpfeiler im Nordwesten. An seiner Nordseite entspringen zwei Flüsse. Der Pírros fließt nach Nordwesten und mündet bei Káto Acháia in den Golf von Patras. In seinem Tal führt die Straße von Patras über Chalandrítsa (**121**) nach Kalávrita (**125**). Nach Nordosten verläuft der Selinoús, der bei Ägion (**123**) in den korinthischen Golf mündet. Zwischen diesen beiden Flüssen schiebt sich nach Norden das Gebirge von Panachaikón, das dem Land hier seine größte Breite gibt und das westliche vom östlichen Achaia trennt; ebenso wird hier der korinthische Golf vom Golf von Patras geschieden durch die nördlichsten Landspitzen Ríon und Kap Drépanon. Die Gebirge Achaias, einst mit schönen Wäldern bedeckt, sind heute zum größten Teil nackt und kahl, vielfach zerklüftet und von engen Schluchten durchschnitten. Die zahlreichen Bäche sind kurz, führen nur im Winter Wasser und haben im Laufe der Zeit durch das mitgeführte Geröll an den schmalen Strandebenen dreieckige Landspitzen in das Meer vorgetrieben. Dies gilt vor allem für den schmalen Küstensaum des östlichen Achaia, der im übrigen außerordentlich fruchtbar ist. Neben Wein und Getreide gehören Korinthen zu den wichtigsten Produkten. Typisch für das Landschaftsbild des östlichen Achaia sind auch die Bergketten von Phokis und Ätolien auf dem gegenüberliegenden Festland. Das westliche Achaia ist flach und offen. Es gleicht im Charakter der nördlichen Ebene von Elis, in die es unmerklich übergeht.
In Westachaia sollen zuerst die aus Arkadien eingewanderten Kaukonen gelebt haben, die später von den aus Ätolien eingewanderten Epeern abgelöst wurden. Die Urbevölkerung des östlichen Achaias waren die »Strandbewohnen-

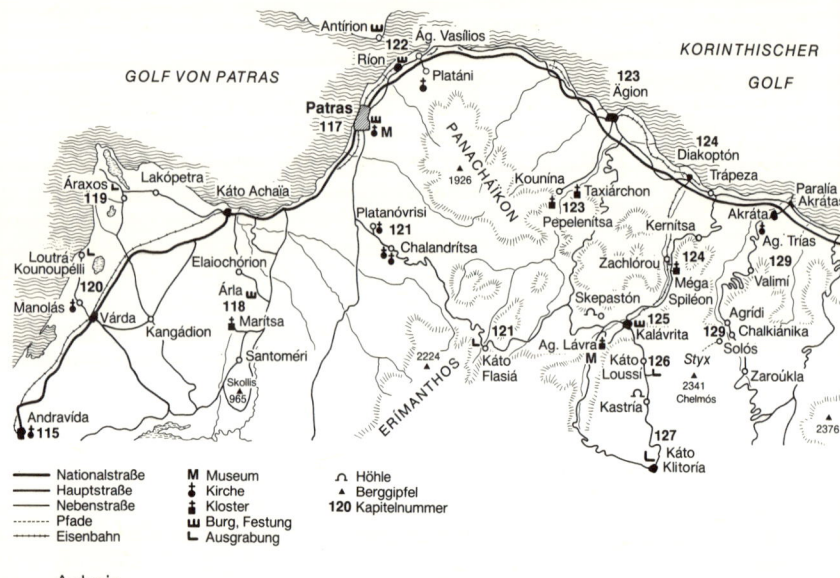

——— Nationalstraße	**M** Museum	⌒ Höhle
——— Hauptstraße	♦ Kirche	▲ Berggipfel
——— Nebenstraße	♦ Kloster	**120** Kapitelnummer
------- Pfade	⊔ Burg, Festung	
+++++ Eisenbahn	∟ Ausgrabung	

Achaia

den«, die Aigialeischen Pelasger, deren erster König angeblich Selinus gewesen
ist. Von Osten her wanderten in dieses Gebiet später Ionier ein, Stammver-
wandte der Bewohner von Attika und der Argolis. Sie bewohnten statt Städten
offene Siedlungen. Ihr Bundesheiligtum war Helike bei Ägion (**123**), das von
Ion, dem Schwiegersohn des Selinus, gegründet worden sein soll. Später
siedelten die Ionier auch in Westachaia. Als die Dorier in die Peloponnes
einfielen und die Achäer aus Lakonien und der Argolis vertrieben, wanderten
diese an die Nordküste der Peloponnes und vertrieben ihrerseits die Ionier aus
deren Land. Diese zogen zunächst zu ihren Stammverwandten nach Attika
und gründeten später in dem nach ihnen benannten Ionien an der kleinasiatischen Küste 12 Städte. Nach den Achäern erhielt das Land nun den Namen
Achaia. Festere Städte wurden gegründet, die aber nur lose zusammenhin-
gen.
Im 8. Jh. v. Chr. gingen von Achaia zahlreiche Städtegründungen in Unteritalien aus, dazu gehören Sybaris (721 v. Chr.) und Kroton (710 v. Chr.).
Gegenüber den Hegemonieansprüchen Spartas konnte sich Achaia lange Zeit
mit seiner Neutralität behaupten. Seit dem Ende des 4. Jh. v. Chr. war das

Land in den Händen der Makedonier. 281 v. Chr. wurde in Westachaia der Achäische Städtebund gegründet, um die eingerissene Gesetzlosigkeit zu steuern. Dieser Bund dehnte sich Mitte des 3. Jh. v. Chr. auf den größten Teil der Peloponnes aus und repräsentierte in dem zerfallenen Griechenland eine nicht zu verachtende Macht, die zunächst von den Römern unterstützt, zuletzt aber nach Zerstörung von Korinth im Jahre 146 v. Chr. aufgelöst wurde. Von nun an erhielt das ganze von den Römern unterworfene Griechenland den Namen Achaia.

Für den Reisenden ist Achaia ähnlich der Korinthía meist nur Durchgangsland in die mittlere und südliche Peloponnes, zumal in dieser Landschaft kaum Sehenswürdigkeiten von größerer Bedeutung sind. Gerade das kann aber für den individuellen Reisenden Grund sein, ungestört vom Touristenverkehr einige eindrucksreiche Ausflüge in das Land zu unternehmen. In Westachaia kann man einen Abstecher zur mykenischen Burg Áraxos (**119**) machen, zur fränkischen Burg Árla und zum Nonnenkloster Marítsa (**118**). Lohnenswert ist eine Rundfahrt durch den östlichen Teil von Achaia. Von Patras fährt man entlang der Küstenstraße (aber nicht auf der Autobahn) nach Ägion (**123**), von wo man einen landschaftlich schönen Abstecher zu den Klöstern Taxiárchis und Pepelinítsa im Tal des Selinous machen kann. Hinter Diakoptón fährt man hinauf in das Gebirge zu dem berühmten Kloster Méga Spíleon (**124**) und weiter nach Kalávrita (**125**), wobei man als besonderes Erlebnis für diese Strecke die Zahnradbahn von Diakoptón nach Kalávrita benutzt. Von Kalávrita aus sollte man auf jeden Fall das Kloster Agía Lávra besuchen. Die Rückfahrt nach Patras führt dann über eine schöne Gebirgsstrecke (**121**) zwischen Erímanthos und Panachaikón hindurch über das antike Leóntion, das fränkische Chalandrítsa und vorbei an der bemerkenswerten Kirche von Mentzéna bei Platanóvrisi. – Auch die östliche Küstenstrecke von Diakoptón bis Kiáton (**5**) und Korinth (**3**) ist landschaftlich reizvoll: Man sollte – wenn man Zeit hat – nicht die Autobahn benutzen, sondern auf der Landstraße durch die zahlreichen Küstenorte fahren. Zwei Abstecher seien noch erwähnt für denjenigen, der Zeit hat. Der eine geht bei Akráta an der Küste ab nach Zaroúchla (**129**), von wo aus man den berühmten Wasserfall der Styx erwandern kann. Ein anderer Abstecher führt von Xilókastron (**130**) nach Tríkala und auf den Killíni (2376 m).

117

Patras

Patras, neugriechisch Pátre, gelegentlich auch Pátra genannt, ist mit 120 000 Einwohnern die größte Stadt der Peloponnes und auch eine der größten Städte und Häfen Griechenlands. Die Stadt ist schließlich das größte Industriezentrum der Peloponnes. Durch den bedeutenden Fährschiffverkehr mit Italien ist Patras ein wichtiges Eingangstor für Griechenland. Für den Reisenden wird der Ort meist nur Durchgangsstation sein, da hier und in der Umgebung nur einige weniger bedeutende Sehenswürdigkeiten vorhanden sind.

Sage und Geschichte

Als ersten Herrscher von Patras nennt die Sage den Eumelos, den »herdenreichen« Hirten. Zu ihm kam aus Eleusis der Heros Triptólemos, der den Ackerbau über die Erde verbreitete und den König die Bearbeitung des Bodens lehrte. Eumelos gründet darauf die Stadt Aroe (Ackerstadt) mit einem Heiligtum der Deméter. Dann bauten beide in der Nähe eine zweite Stadt, Antheia (die Blumenstadt), genannt nach Antheias, einem Sohn des Königs, der während Triptólemos schlief, versucht hatte, dessen drachenbespannten Wagen zu fahren und dabei zu Tode gestürzt war. Zwischen beiden Städten wurde eine dritte gegründet, Mesatis, die »Mittelstadt«, wo Dionysos, der Gott des Weines, aufgewachsen sein und durch die Nachstellungen der Titanen mancherlei Gefahren bestanden haben soll. Die drei Gemeinden, deren Einwohner Ionier waren, verband der Kult der Artemis Triklaria, und ihre gemeinsame Burg lag in Aroe. Es muß die Stelle der heutigen Festung von Patras gewesen sein. – Als die Dorier in die Peloponnes einfielen und die Achäer aus Lakonien vertrieben wurden, zog ein Teil von ihnen unter Preugenes in den Westen der heutigen Peloponnes und gab Achaia seinen Namen. Petreus, der Sohn des Preugenes, baute die Burg Aroe aus, befestigte die umliegende Stadt und schuf so Patre, das sich bald darauf durch Zusammensiedlung mit den Bewohnern von Antheia und Mesatis vergrößerte.
In die Geschichte trat Patras spät und unauffällig ein. Es blieb lange Zeit eine Landstadt, die abseits des Meeres lag und trotz ihrer strategisch wichtigen Position auf dem Weg nach Großgriechenland nie die Stellung von Korinth erreichte. Patras nahm weder an den Perserkriegen noch am Peloponnesischen Krieg teil, stand jedoch in freundschaftlichen Beziehungen zu Athen. Auf Rat des Alkibiades bauten die Paträer lange Mauern gleich den athenischen von der Ringmauer ihrer Stadt nach dem Hafen. Patre gewann einen gewissen Einfluß, seit es mit den übrigen Städten Westachaias den ersten Grund zum

Säule der Echohalle, im Hintergrund Stadioneingang, Olympia ▷

Achäischen Bunde gelegt hatte. Die Mannschaft von Patre wurde jedoch 146 v. Chr. im Entscheidungskampf mit den Römern geschlagen, und die Bevölkerung der Städte zerstreute sich in die alten ländlichen Ortschaften. Erst nach der Schlacht bei Aktion (31 v. Chr.) belebte Augustus die Stadt neu, legte eine römische Militärkolonie hierher und machte den Ort zum Hauptplatz für den Verkehr des westlichen Griechenlands mit Italien. Patras hieß nun Colonia Augusta Aroe Patrensis. Es wurde eine der volkreichsten Städte Griechenlands und gelangte zu hoher Blüte, zumal die Rivalin Korinth 146 v. Chr. zerstört worden war und nur langsam wieder aufgebaut wurde. Ein besonderer Gönner der Stadt war auch Kaiser Hadrian.

Andreas, einer der 12 Apostel Christi, verbrachte seine letzten Lebensjahre in Achaia, bekehrte die Einwohner, baute zahlreiche Kirchen und wurde schließlich nach einem langen Disput über das Christentum von dem römischen Statthalter Egea an ein Gabelkreuz, das sog. »Andreas-Kreuz« gebunden, von dem herab er zwei Tage dem Volk predigte, bevor er starb. Maximila, die christliche Frau des Statthalters, bestattete den Heiligen, der noch heute besondere Verehrung in Patras genießt, mit großen Ehren.

In späterer römischer und der folgenden byzantinischen Zeit teilte Patras das Schicksal der Peloponnes ohne besondere Ereignisse. Im Jahre 805 wurde die Stadt vergeblich von den Slawen belagert. Ihren erfolgreichen Widerstand verdankten die Paträer, so glaubten sie, der Hilfe des Heiligen Andreas. Beeindruckt davon ließen sich die Slawen zum Christentum bekehren, und Patras erlebte eine neue Blüte als bedeutende Industrie- und Handelsstadt im byzantinischen Reich. Ende des 12. Jh. erwarben die Venezianer Handels- und Niederlassungsrechte in Patras. 1205 eroberten die Franken die Stadt und machten sie zum Sitz einer Baronie, die später in eine erzbischöfliche Baronie umgewandelt wurde. 1408 und 1417 begab sich der regierende Erzbischof jeweils für mehrere Jahre unter die Oberhoheit Venedigs, um die türkischen Einfälle besser abwehren zu können. 1460 fiel Patras endgültig in die Hände der Türken, und es begann die Zeit der dunklen Jahrhunderte, unterbrochen von zahlreichen vergeblichen Revolten der Griechen. Zwischen 1687 und 1714 war Patras venezianisch. Im 18. Jh. entwickelte es erneut einen bescheidenen Wohlstand als Handelsstadt, nur unterbrochen vom Orloff-Aufstand (1769–70), als die Albaner es heimsuchten. 1821 spielte Patras unter seinem Erzbischof Germanos eine entscheidende Rolle bei der Befreiung Griechenlands.

◁ *Olympia, Werkstätte des Phidias*

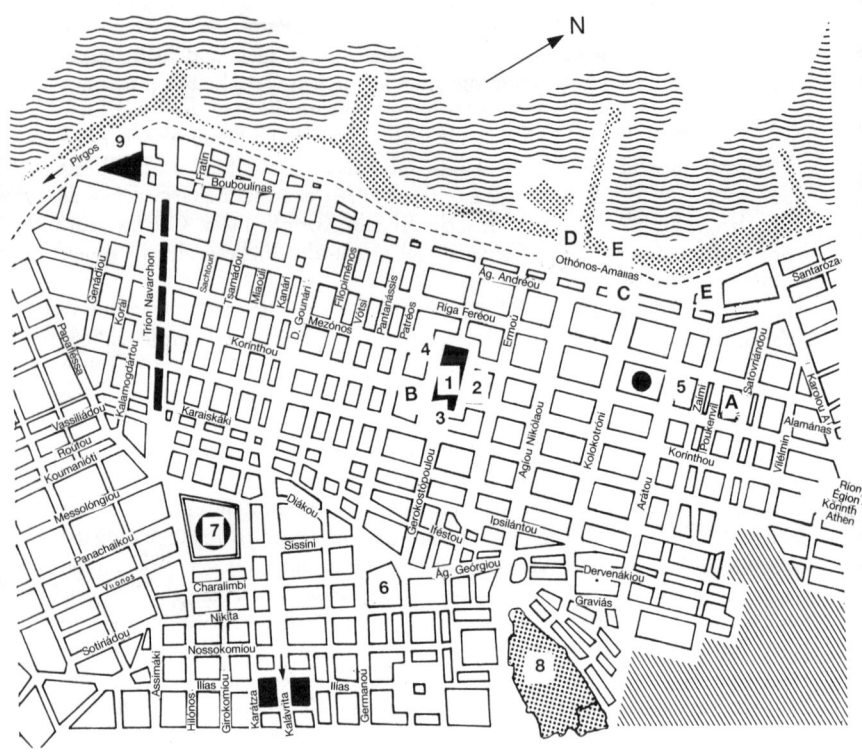

Patras

A Post
B OTE
C Touristenpolizei

D Bahnhof
E Busse Athen, Pirgos

Rundgang

Wie schon erwähnt, bietet Patras keine allzugroßen Sehenswürdigkeiten. Das wenige kann man sich aber auf einem Rundgang von 2 bis 3 Stunden ansehen. Mittelpunkt der Stadt ist die drei Straßenblöcke vom Hafen entfernte Platía Vassiléos Geórgiou toú Prótou (1) (König Georg I.). An der Ostseite des Platzes liegt als besonders schöner Bau das Stadttheater (2), das 1872 von Ernst Ziller im klassizistischen Stil erbaut wurde. Ein weiteres klassizistisches Gebäude ist das des Handelsverbandes von Patras am selben Platz. Auch das Deutsche Konsulat (3), das Büro der Telefongesellschaft OTE sowie das Büro des Touring-Klubs (4) gruppieren sich um die Platía, die am Karnevalssonntag Mittelpunkt des berühmten Karnevals von Patras mit Umzügen, Tänzen und Maskeraden ist.

Wendet man sich von der Platía Vassiléos Geórgiou über die Mezónos in östliche Richtung, so kommt man vorbei an der Metropolis von Patras und der katholischen Andreas-Kirche zur Platía Vassílisis Ólgas, an deren östlichem Ende das kleine archäologische Museum (5) liegt.

Museum

Im Erdgeschoß sind vor allem römische Skulpturen zu sehen. Erwähnenswert ist die römische Kopie eines Kopfes des Eubouleus von Praxiteles und eine große Replik der Athena Parthenos von Phidias mit Resten des Schildes, auf dem der Amazonenkampf dargestellt war. Ferner gibt es eine kopflose Athena-Statue, ein Weiherelief für Asklepios, einen archaischen Kopf sowie eine Reihe römischer Porträtstatuen meist aus Patras vom 1. Jh. v. bis zum 3. Jh. n. Chr. In der Eingangshalle Reste einer Kriegerfigur und zweier Giganten aus dem Giebelfeld des Tempels von Skilloundía (**101**). Ein römisches Mosaik zeigt trainierende Athleten in der Palästra und Theaterszenen. – Im 1. Stock eine bemerkenswerte Sammlung von Keramik sowie Waffen aus mykenischer Zeit, ferner einige neolithische und mittelhelladische Funde.

Odeion

An der Platía Agíou Geórgiou, fünf Straßenblöcke oberhalb der Platía Vassiléos Geórgiou befindet sich das römische Odeion (6). Es wurde um 160 n. Chr. erbaut mit insgesamt 28 Sitzreihen, die unterhalb des mittleren Umganges (Diazoma) in vier, oberhalb in sieben Keile geteilt sind. Drei Treppenaufgänge führen von hinten auf den Umgang. Der Skenenbau aus Ziegelsteinen war mit

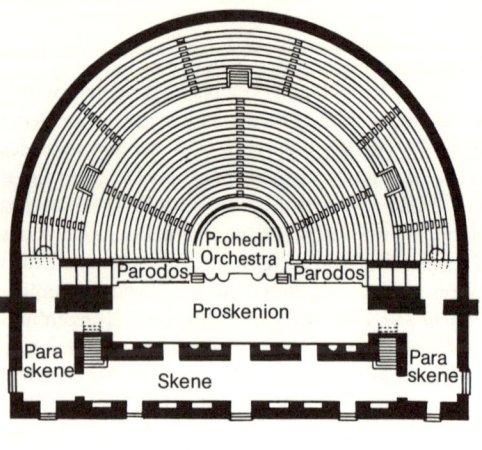

Odeion Patras

Marmorplatten verkleidet. Im östlichen Parodos sind Mosaikreste erhalten. Das Odeion ist restauriert und wird heute wieder zu Theaterzwekken benutzt. – Nordwestlich des Odeions wurden Gräber aufgedeckt. Einige schöne Sarkophage aus römischer Zeit, zwei davon mit Deckel, sind noch zu sehen, ebenso einige römische und frühchristliche Mosaiken, die zum Teil an anderen Stellen der Stadt geborgen wurden. – Drei Häuserblöcke westlich der Platía Agíou Geórgiou an der Platía Psíla Alonía (7) wurde die Stelle der antiken Agorá lokalisiert sowie die Mauern eines größeren Baues aus römischer Zeit, darunter auch Werkstätten von Handwerkern.

Über der sich den Hang hinaufziehenden Altstadt von Patras liegt die Burg (8) auf einem Ausläufer des Panachaïkón-Gebirges. Es ist die Stelle der antiken Akropolis. Die Burg ist heute als öffentlicher Garten eingerichtet und bietet eine schöne Aussicht auf Patras, den Golf und die umgebenden Gebirge. Die Nordseite der Außenburg, in der auch antikes Material verarbeitet ist, stammt aus byzantinischer Zeit. Der halbrunde Turm und eine Bastion, die für Artillerie eingerichtet sind, wurden in türkischer oder venezianischer Zeit hinzugefügt. In der Südostecke an der höchsten Stelle findet man die Zitadelle mit dem Bergfried. Dieser ist durch einen Graben mit Brücke vom Außenwall getrennt. Die Zitadelle weist fränkische Architekturmerkmale auf sowie Umbauten aus der Palaiologen-Zeit.

Im Westen der Stadt, am Ende des Hafens nahe dem Ufer, steht an der Stelle, wo der Heilige Andreas den Kreuzestod erlitten haben soll, die große Andreas-Kathedrale (97) mit einer riesigen Kuppel und zahlreichen Seitentürmen, die mehr durch ihre Größe als durch die Schönheit ihrer Architektur wirkt. Im Narthex gibt es eine große Ikone, die in zwölf Bildern das Leben und Leiden des Heiligen erzählt. Die Kirche wurde erst 1973 fertiggestellt. – Aus dem Jahre 1836 stammt die bescheidene Kirche mit dem Glockenturm daneben. In ihr wird die Schädelreliquie des Heiligen aufbewahrt. Die Kirche wurde nach dem Wiederaufbau von Patras nach den Befreiungskriegen anstelle einer byzantinischen Kirche errichtet, die wiederum auf einem Deméter-Heiligtum stand.

Am südlichen Stadtrand (6 km) von Patras an der Straße nach Saraváli liegen die Weinkellereien Achaia-Clauss. Das Weingut geht auf die Gründung des bayrischen Winzers Gustav Clauss zurück, der im vorigen Jahrhundert im Gefolge König Ottos einen nach deutschem Muster kultivierten Weinbau mit Riesling-, Sylvaner- und Muskatreben in Griechenland einführte. Seit 1920 gehört das Gut der Familie Antonópoulos. Eine Besichtigung der Kellereien ist möglich. Die Weine von Achaia-Clauss, die zum großen Teil in der Gegend südlich von Patras wachsen, gehören seit über hundert Jahren zu den griechischen Spitzenprodukten.

118

Árla, Kloster Marítsa

Fährt man von Patras auf der Hauptstraße nach Pírgos, kommt man wenige Kilometer westlich der Stadt vorbei an einigen guten Stränden und Orten mit zahlreichen Tavernen und Ausflugsrestaurants. 23 km von Patras erreicht man Káto Achäïa. Dies ist eine lebhafte Landstadt, Mittelpunkt des intensiv landwirtschaftlich genutzten Umlandes. Von hier kann man nach Südwesten einen Ausflug in eine wenig besuchte Gegend im Hügelland zwischen West-achaïa und Élis machen. Am östlichen Ortsrand von Káto Achäïa zweigt nach Süden eine Straße ab nach Elaiochórion (9 km). Hier biegt man scharf links ab, erreicht 1,5 km weiter eine Weggabel, wo man den rechten Weg nimmt und kommt nach weiteren 3 km nach Árla. Knapp 2 km hinter dem Dorf liegt im Tal beim Weiler Zisiméika auf einem kleinen isolierten Hügel die romantische Ruine der fränkischen Burg Árla, die im Volksmund wie viele ähnliche Anlagen auch Jiftó Kástro (= Judenburg) genannt wird. Der etwa rechteckige Mauerring von 20 × 45 m hat gerundete Ecken, ist an den beiden Längsseiten ausgebuchtet und hat an der einen Seite einen halbrund vorspringenden Turm, an der anderen Seite einen vorgelegten Stützpfeiler und eine Schießscharte. Am Eingang liegt rechts eine vorspringende Bastion. Im stark überwachsenen Inneren ist nur noch eine Zisterne erhalten.

Nach weiteren 4 km erreicht man den Weiler Pigádia. Man blickt in eine weite Tallandschaft, die beherrscht wird von dem 9 km langen Kalkberg von Santaméri (965 m). Er trägt heute wieder den antiken Namen Skóllis und gehört zu den »auffallendsten Berggestalten Griechenlands« (Philippson). Von Norden sieht man den Berg schon vom Golf von Patras her als spitze schmale Nadel. Von Westen erscheint er, z. B. von der Halbinsel Killíni aus, als langgezogener zackiger Berggrat. Der Berg ist rings von Tälern umgeben. In Nordsüdrichtung fließen auf beiden Seiten Bäche hinunter zum Piniós. Hinter Pigádia nimmt man an einer Weggabel den rechten Weg. Von ihm geht 2 km weiter ein schmaler Weg rechts ab zum Kloster Marítsa (3 km). Das Kloster Agía Marínis Marítsis, wie es vollständig heißt, ist der Agía Marína, der Panagía und dem Ágios Geórgios geweiht. Es ist wahrscheinlich schon im 12. oder 13. Jh. entstanden, obwohl die Gebäude zum großen Teil erst aus dem 18. Jh. stammen. Die Viersäulenkreuzkuppelkirche hat außer der Mittelkuppel vier kleinere Kuppeln über den Seitenkapellen, die durch das Quadrat gebildet werden, in das der Kreuzgrundriß einbeschrieben ist. Man betritt die Kirche über eine offene Vorhalle, die nach einer Inschrift von 1715 stammt. Die Gewölbe und die Kuppel sind im Inneren durch zahlreiche Holzbalken verspannt. Sehenswert ist die reichgeschnitzte und vergoldete Ikonostase mit einigen Ikonen aus dem 18. Jh. Ein Teil des Fußbodens besteht aus einem lebhaften, laienhaft zusammengesetzten Mosaik, das von einer älteren Kirche stammt.

Kehrt man zurück zum Hauptweg und wendet sich nach rechts, erreicht man kurz darauf am Hang des Skóllis das Dorf Santoméri. Es bewahrt in seinem Namen den des fränkischen Barons Nicolas III. de Saint-Omer, der auf dem Berg, den die Franken Montagne des Aventures (= Berg der Abenteuer) nannten, 1314 eine Burg erbaute, von der noch geringe Reste zu sehen sind. Saint-Omer war eine der bedeutendsten Baronien der fränkischen Morea. 1429 soll hier Theodora Tocco, die Frau des nachmaligen Konstantin XII. Dragazes, des letzten Kaisers von Byzanz, gestorben sein, der damals Despot der Morea war.

119

Áraxos

Ein weiterer Ausflug von Káto Acháïa (**118**) führt nach Westen entlang der Südküste des Golfs von Patras bis in die Gegend von Kap Áraxos und zum Ort Paralímni Áraxou (16,5 km). Bald hinter Káto Acháïa zweigt rechts eine Straße nach Alíki ab, eine ehemalige Saline, wo 1205 die ersten Franken unter Guillaume de Champlitte landeten und ihren Eroberungszug durch die Morea begannen. Einige Kilometer weiter liegt bei Lakópetra an der Küste das Bungalow-Hotel Ionian-Beach.

Bei dem Dorf Paralímni Áraxou liegt auf dem südlichen Ausläufer des kleinen Küstengebirges Mávra Voúna eine antike Festung, die heute Kástro tís Kalógrias heißt. Es ist der antike Teichos Dymaion (= Mauer der Dymaer). Er gehört zu Dyme, einer bedeutenden Stadt im westlichen Archaia, die zu Beginn der historischen Zeit durch den Zusammenschluß von 8 Landgemeinden entstand. Diese Stadt lag nicht am Ort der Festung, sondern 9 km weiter nordöstlich bei Karavostásion. Dort gibt es heute nur geringe Reste. Dyme spielte eine führende Rolle im Achäischen Bund. Die Stadt wurde von den Aitolern erobert und von Philipp V. von Makedonien 208 v. Chr. wieder befreit. Unter römischer Herrschaft schmolz die Bevölkerung stark zusammen, weshalb Pompeius hier ehemalige kilikische Seeräuber ansiedelte. Nicht lange danach sah sich aber Augustus veranlaßt, hier aus Mangel an Bewohnern eine neue Kolonie zu gründen unter dem Namen Colonia Julia Augusta Dymaeorum. Diese Siedlung wurde allerdings der Vorherrschaft von Patras unterstellt. Pausanias (VII 17,5) fand Dyme noch bewohnt und erwähnt innerhalb der Ringmauer einen Tempel der Athena.

Die Festung Teichos Dymaion am südlichen Ende der Mávra Voúna muß wegen ihrer strategischen Lage – wie Funde beweisen – schon in neolithischer Zeit ein sicherer Platz gewesen sein. Ein großer Teil der heute sichtbaren Mauern besteht aus 5 m dickem, mykenischem, kyklopischem Mauerwerk. Die Mauern wurden in klassischer Zeit restauriert und ergänzt. An der Südostseite befindet sich eine Toranlage deren breiter Durchgang durch teilweises Hineinsetzen eines Turmes in fränkischer Zeit auf die Hälfte verringert wurde. Der Turm hatte gerundete Ecken, wie sie auch bei der Burg Árla (**118**) zu beobachten sind. Ein weiterer Eingang, der in byzantinischer Zeit verschlossen wurde, lag an der etwa 170 m langem, gut erhaltenen Nordostmauer. Der Torschacht ist innen noch gut erkennbar. Hinter ihm wurden Gebäude von frühhelladischer bis in spätmykenische Zeit ausgegraben. Zuoberst liegen Gebäudemauern aus dem 2. Weltkrieg, als hier eine Flakstellung zum Schutz des nahen Flugplatzes lag. Vor dem Südosttor standen verschiedene Altäre aus klassischer Zeit, u. a. einer der Artemis. Pausanias berichtet, daß vor dem Tor das Grab des Sostratos, eines von Herakles geliebten Jünglings gewesen sei. Herakles wird einer einheimischen Sage zufolge auch der Bau der Burg zugeschrieben.

Von der Burg hat man nach Westen einen eindrucksvollen Blick auf die Sumpflandschaft im Mündungsgebiet des Lárissos und nach Norden zum langgestreckten fischreichen Haffsee Kalógria und zum Kap Áraxos. – Am Fuße des Felsens führt ein Fahrweg zum großen Bungalow-Hotel Kalógria-Beach. Unterwegs zweigt links über eine Brücke ein Fahrweg ab, der über

Metóchi nach Lápa an die Hauptstraße führt. Gleich hinter der Brücke liegt an der Seen- und Sumpflandschaft ein herrlicher zur Rast einladender Pinienwald.

120

Manolás, Loutrá Kounoupélli

Von der Hauptstraße nach Pírgos zweigt 45 km südlich von Patras in Várda eine Straße nach Nordwesten an die Küste ab. 2 km weiter liegt das Dorf Manolás, auch Paléa Manoláda genannt. Das Dorf war eine bedeutende Siedlung in fränkischer Zeit. Vor dem Ortseingang steht links in einem Friedhof eine bemerkenswerte Kirche, die wegen ihrer Architektur auffällt. Der Grundriß der Kirche, die aus dem 12. Jh. stammt, ist der eines reinen Kreuzes, das nicht einem Quadrat einbeschrieben ist, so daß also Protheson und Diakonikon fehlen. Allerdings sind dem Westarm seitlich Kapellen mit Kuppeln angefügt, die mit dem Narthex, der ebenfalls eine Kuppel hat, eine Einheit bilden und die durch kleine Türen mit dem Nord- und Südarm der Kirche verbunden sind. Die Kuppel stützt sich auf die vier Pfeiler, dort, wo die Kreuzarme aufeinandertreffen. Die Pendentifs, die von der Kuppel in das Quadrat überleiten, sind in breiten halbrunden Bahnen bis auf den Boden heruntergeführt. Die Außenwände der Kirchen bestehen aus regelmäßigem Quaderwerk, zum größten Teil mit Ziegelzwischenlagen. An der Westseite sind zwei große Kreuze mit Ziegeleinfassungen eingelassen sowie an den Ecken zwei antike Säulen. Die Außenwände der Apsis sind reich mit Ziegelornamenten und doppelten Blendbogen geschmückt.
Fährt man von Manoláda weiter, kommt man durch eine flache Landschaft, die dicht mit Kiefern und Pinien bewachsen ist, wie man sie sonst auf der Peloponnes kaum sieht. In der Nähe der Küste führt die Straße durch eine Dünenlandschaft und endet in einer schönen Bucht. Hier liegen mehrere Hausruinen des einstigen Thermalbades Loutrá Kounoupélli, die vielleicht irgendwann einmal wieder in Betrieb genommen werden. Auf dem Berg am Strand liegen einige mittelalterliche Ruinen. In der Nähe gibt es Reste kyklopischer Mauern der mykenischen Stadt Hyrmine oder Hormina (von Órmos = Ankerplatz), die von Aktor, einem Bruder des Königs Augeias, als Stadt der Epeer gegründet worden sein soll.

121

Strecke Patras-Kalávrita

Von Patras führt nach Süden und dann nach Osten eine gewundene Straße zwischen Panachaïkón und Erímanthos hindurch nach Kalávrita (78 km). 17 km von Patras entfernt zweigt von der Hauptstraße links bergauf eine Seitenstraße ab nach Platanóvrisi, dem mittelalterlichen Mentzena. Unterhalb des Dorfes mitten in den Weinbergen liegt eine bemerkenswerte Kirche. Man erreicht sie am besten von der Hauptstraße aus, indem man von der Abzweigung einen knappen Kilometer zurückfährt in Richtung Patras und bei einer Lagerhalle, wo auch eine Bushaltestelle ist, die Straße verläßt und durch die Felder 200 m in Richtung auf das Dorf zu geht. Es ist eine dreischiffige der Kímisis tís Theotókou geweihte Basilika aus dem 10. Jh. mit einem später angefügten Narthex. Die Säulen und die Palmettenkapitelle stammen von einer früheren Kirche, ebenso wie die Altarplatte, die zu einer frühchristlichen Chorschranke gehört. Der Marmorfußboden ist in Resten erhalten. Die Kirche steht zum Teil auf den Mauern einer römischen Therme, von der 3 Räume westlich der Kirche erhalten sind. Rund um die Kirche, zum großen Teil innerhalb der Therme, wurde ein Friedhof ausgegraben mit Bestattungen vom 5. Jh. bis in türkische Zeit.

Rund 7 km weiter östlich erreicht man Chalandrítsa, einen Ort, der in fränkischer Zeit Sitz einer Baronie war. Einige mittelalterliche Gebäude, die man freilich von der Straße aus nicht ohne weiteres wahrnimmt, sind noch erhalten, ebenso wie die Reste eines quadratischen Turmes aus dem 13. Jh. Mehrere einschiffige Kirchen stammen ebenfalls aus dieser Zeit und weisen stellenweise westliche Architekturmerkmale auf, so die Ágios Athanásios-Kirche mit zum Teil wieder aufgebauten

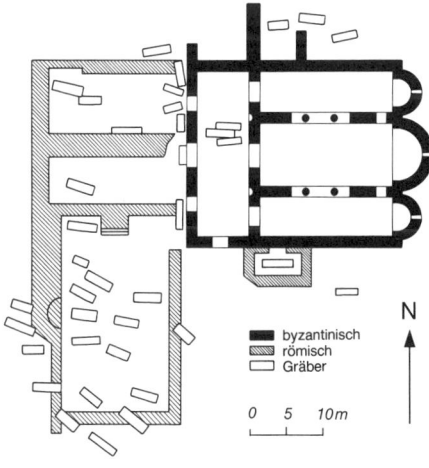

■ byzantinisch
▨ römisch
▢ Gräber

0 5 10m

N

Panagía-Kirche von Mentzena

gotischen Bogenstellungen. Weitere Kirchen sind die Ágios Theodóros, die Ágios Ioánnis und die Kímisis tís Theotókou. Bei Chalandrítsa wurden eine späthelladische (mykenische) Nekropole sowie Gräber aus archaischer Zeit gefunden. Auf dem Hügel Kastrítsi bei Káto Flasiá liegen die Reste des antiken Leóntion, einer Stadt, die zum Achäischen Bund gehörte und von Philipp V. von Makedonien zerstört wurde. Ausgegraben wurden das Nordosttor und die Reste eines Theaters aus dem 4. Jh., von dem sich die unteren Stufenreihen, die Parodoi und Mauern des Skenengebäudes wiedergefunden haben.

122

Ríon, Platáni

Ríon liegt 10 km nordöstlich von Patras an der engsten Stelle zwischen der Peloponnes und dem Festland. Man erreicht es, indem man in Patras die Straße nach Athen nimmt, vor der Schranke, wo die gebührenpflichtige National-straße beginnt, rechts abbiegt und über die Brücke hinweg zur Küste fährt. In Ríon gibt es einen ständigen Fährverkehr zum gegenüberliegenden, nur 2,2 km entfernten Antírrion. Es gibt hier mehrere Hotels und zahlreiche, z. T. in dichtem Grün versteckte Wohn- und Ferienhäuser.

Die engste Stelle zwischen der Peloponnes und dem Festland war seit alters her neben dem Isthmós von Korinth die wichtigste Nordsüdverbindung. In der Antike wurde an dieser Meeresenge zwischen den Golfen von Korinth und Patras Poseidon verehrt, dessen Statue in Ríon und dessen Tempel in Antírrion stand. Ríon bedeutet Vorgebirge. Die Türken nannten die Meeresenge »die kleinen Dardanellen« und bauten unter Sultan Bayazid II. um 1500 an beiden Ufern Festungen, die 1603 von den Malteserrittern zerstört und 1713 von den Venezianern in der heutigen Form wieder aufgebaut wurden. Letztere nannten die Festung auf der Peloponnesseite Kastell der Morea und die gegenüberlie-gende Festung Kastell Roúmeli, wie damals das ganze Festland hieß. Die Festung Ríon war der letzte Stützpunkt, den die Türken in den Freiheitskrie-gen in der Peloponnes aufgaben. Sie spielte selbst im 2. Weltkrieg noch eine Rolle, als von hier aus deutsche Truppen die Meerenge kontrollierten. Die weiträumige Festung wird zur Landseite hin durch Wassergräben, Bastionen und vorgeschobene Forts geschützt. Ein Zwillingsturm schützt den Hauptein-gang, an dem innen rechts ein kleines türkisches Badehaus, ein Hamam, liegt. Im Inneren überragt ein weiterer Zwillingsturm die Außenmauern zur Aufnahme weittragender Artillerie. Vor ihm liegt ein achteckiger Turm, der noch aus der türkischen Gründungszeit stammen dürfte.

Fährt man auf der Landstraße (nicht auf der Nationalstraße) von Ríon ein Stück weiter in Richtung Athen bis Ágios Vasílios, dann kann man dort rechts abbiegen nach Platáni. Von dort hat man nicht nur einen Blick auf die Meerenge von Ríon, sondern sieht auch am oberen Ortsende eine schöne Kreuzkuppelkirche aus dem 12. Jh. stehen, die dem Ágios Nikólaos geweiht ist. Das kleine Gotteshaus ist in Form eines Kreuzes gebaut, wobei die seitlichen Kreuzarme gleich der Apsis in der Form eines halben Sechseckes hervortreten. Die Kuppel hat einen runden Tambour. An der Westseite ist über die ganze Kirchenbreite ein Narthex vorgelegt. Die Außenwände bestehen aus regelmäßigem Quaderwerk mit Ziegelzwischenlagen und Zahnschnittkanten.

123

Ägion

Ägion ist eine lebhafte Land- und Hafenstadt mit rd. 20 000 Einwohnern an der Nordküste der Peloponnes, 33 km östlich von Patras, 100 km westlich von Korinth. Die Stadt hat eine gewisse Bedeutung als Handelsplatz und Industriestandort (Papier- und Möbelindustrie). Es bestehen regelmäßige Schiffsverbindungen mit Itéa, dem Hafen von Delphi, an der gegenüberliegenden Küste des Golfes.

Die Stadt Ägion erstreckt sich zum einen auf einem Landstreifen entlang des Meeres. Darüber erhebt sich ein Kliff. Auf dem dahinterliegenden Plateau gruppiert sich der Hauptteil der Stadt. Über das Kliff führen eine Treppe mit 170 Stufen sowie eine Straße bergauf. Es gab früher auch einen unterirdischen Gang mit Kammern und Warenlagern, der den Berg hinaufführte. Berühmt ist die Platía toú Plátanou (= Platanenplatz) in der Unterstadt in der Nähe des Meeres mit 12 Brunnen, die sich schon in der Antike an dieser Stelle befanden. Im vorigen Jahrhundert wurde die Kathedrale in der Oberstadt nach einem Entwurf von Ernst Ziller errichtet. Im übrigen gibt es in der Stadt keine Sehenswürdigkeiten. Am Hafen sind noch unbedeutende Mauerreste aus der Antike, in der Sólomou nahe der Platía Dexaménes die Mauern zweier Gebäude aus dem 5. und 4. Jh. v. Chr. zu sehen.

Ägion war schon in mittelhelladischer und in mykenischer Zeit besiedelt. Die Stadt, die auch im homerischen Schiffskatalog aufgeführt ist, entstand aus dem Zusammenschluß acht kleinerer Ortschaften. Sie gehörte später einem ioni-

schen Zwölf-Städte-Bund an. Ägion war anschließend Mitglied des Achäischen Bundes und wurde nach der Zerstörung des einige Kilometer östlich der
Stadt gelegenen Ortes Helike durch ein Erdbeben das religiöse Zentrum der
Achäer. Hier stand ein Tempel des Zeus Homagyrios. Pausanias berichtet, daß
Zeus den Beinamen erhielt, »weil Agamemnon an dieser Stelle die Vornehmsten in Griechenland sammelte, die an der gemeinsamen Beratung teilnehmen
sollten, auf welche Weise man gegen das Reich des Priamos ziehen solle«. Seit
276 v. Chr. war Ägion die Hauptstadt des Achäischen Bundes. In römischer
Zeit wurde sie von den anderen peloponnesischen Städten überflügelt, blieb
aber aufgrund ihrer zahlreichen Heiligtümer, die Pausanias aufzählt, weiter
von einiger Bedeutung. Im frühen Mittelalter war die Stadt bedeutungslos.
Erst unter den Franken kam sie wieder zu Ansehen und wurde 1209 Sitz einer
Baronie unter dem Namen Vostitsa. Sie wechselte häufig ihre Herren unter den
Navaresen, Franken und Florentinern, bis sie 1422 byzantinisch und schließlich 1458 türkisch wurde. Ägion gehörte zu den ersten Orten, die beim
Aufstand der Griechen gegen die Türken 1821 befreit werden konnten.
Am Stadtrand von Ägion in der Nähe des Hafens findet man in Tripití
oberhalb der Straße die Kirche der Panagía Zoodóchos Pigí aus dem 17. Jh. auf
zwei Ebenen. Sie ist zum Teil in den Felsen gehauen und enthält eine
wundertätige Georgs-Ikone aus dem 14. Jh. sowie Reliquien des Ágios Lukás,
der Agía Paraskeví u. a. Im äußeren Kirchenraum gibt es eine schöne Kassettendecke und ein prächtiges Taufbecken auf einer Empore.
9 km östlich von Ägion liegt an der Straße bei den Dörfern Risómilos und Elikí
der Ort, an dem die antike Stadt Helike stand. Diese war vor Aigion der
Hauptort an dieser Küste. Hier stand ein ionisches Heiligtum des Poseidon
Helikonios. Als die Ionier von den Achäern nach Athen vertrieben wurden, so
berichtet Pausanias, nahmen sie den Poseidon-Kult nach dort und später zur
Insel Milos mit. Schon Homer erwähnt ihn. Das Poseidon-Heiligtum gewährte den Bedrängten Schutz. Als die Achäer die Schutzsuchenden aus dem
Heiligtum vertrieben, soll der Meeresgott nach Pausanias (VII 24,6) die Stadt
mit einem Erdbeben zerstört und im Meer haben verschwinden lassen. Pausanias erzählt in diesem Zusammenhang ausführlich, mit welchen Vorzeichen
und Erscheinungen das Erdbeben verbunden war.

Klöster Taxiárchon und Pepelenítsa

Über Melíssa und Kounína im Gebirge südlich von Ägion kann man zu zwei
Klöstern auf den Höhen beiderseits des Sélinous-Flusses fahren. 5 km südlich
von Ägion geht es an einer Straßengabelung links durch das wilde Tal des
Sélinous zum 9 km entfernten Kloster Pammegíston Taxiárchon. Das malerisch zwischen Zypressen gelegene Kloster wurde im 18. Jh. errichtet. Um den

quadratischen Hof ziehen sich die teilweise zweigeschossigen Gebäude mit Galerien und den Zellen der Mönche. In der Mitte steht neben einem alten Glockenturm eine Viersäulenkreuzkuppelkirche mit einem modernen Exonarthex und zwei Glockenstühlen. Die Wände der Kirche bestehen aus regelmäßigen Quader- und Ziegelreihen. Im Inneren sieht man eine schöngeschnitzte Ikonostase. – Vor Erbauung dieses Klosters gab es ein älteres Kloster, das von dem Heiligen Leóntios aus Monemvasía zur Zeit des letzten Palaiologen Anfang des 15. Jh. weiter oben am Berg an der Felswand östlich des neuen Klosters errichtet und nach mehrmaliger Zerstörung im 17. Jh. aufgegeben wurde. Von ihm sind noch die Ruinen der Michaelskirche und eine große Zisterne zu sehen sowie das Rundbogentor nebst Turm, das den Eingang des Klosters bildet. Ein Weg führt in 30 Minuten hinauf.

Wenn man sich an der zuvor beschriebenen Straßengabel nach rechts wendet in Richtung Kounína, erreicht man 5 km hinter diesem Ort auf der anderen Seite des Sélinous-Flusses das Kloster von Pepelenítsa. Es ist ein Nonnenkloster, das Ende des 18. Jh. hier an Stelle des älteren Klosters gebaut wurde, das unten im Tal lag. Einige Reste, die heute Paleó Monastírio genannt werden, sind erhalten. Das alte Kloster wurde 1772 von den Albanern zerstört.

124

Diakoptón, Kloster Méga Spíleon

An der Küstenstraße nach Korinth, 47 km östlich von Patras, liegt die kleine Stadt Diakoptón (Diakoftóu) mit 4000 Einwohnern.

Von hier führt eine teilweise als Zahnradbahn geführte Schmalspurbahn mit einer Spurweite von 75 cm nach Kalávrita (**125**) (22 km) mit Zwischenstation in Zakloroú (12 km), von wo man über einen Weg (1 km) das Kloster Méga Spíleon erreicht. Die Bahn wurde 1890 von französischen Ingenieuren zu dem einzigen Zweck erbaut, das Kloster Agía Lávra besser zu erreichen, das eine Art Nationalheiligtum ist, weil dort 1821 das Signal für den griechischen Freiheitskampf gesetzt wurde. Eine Fahrt mit der Zahnradbahn durch das wilde Tal des Vouráikos ist ein großes Erlebnis. Die Trasse überwindet in zahlreichen Kurven, auf schmalen Steigen und durch Tunnel führend einen Höhenunterschied von 700 m.

Die Straße nach Kalávrita führt nicht durch dieses Tal, das dafür keinen Platz bietet, sondern einige Kilometer weiter östlich über einen 1050 m hohen Paß und vorbei am Kloster Méga Spíleon.

Das bekannte Kloster liegt 23 km südlich der Stelle, wo einige Kilometer

östlich von Diakoptón eine Straße von der Küstenstraße abzweigt nach
Kalávrita (**125**). Die schmale Asphaltstraße verläuft zunächst durch ein üppig
bewachsenes Tal und windet sich dann in zahlreichen Kurven hinauf in die
Berge. Man kommt u. a. durch Kernítsa, in dessen Nähe sich die Klöster Agía
Triás, Ágios Nikólaos und Kímisis tís Theotókou, auch Agía Moní genannt,
befinden.

Das Kloster Méga Spíleon etwas oberhalb der Straße ist ein bis zu 8 Stockwerken hoher Bau, der sich eng an eine über 100 m hohe Felswand schmiegt. Es
wurde um 840 gegründet. Die Legende berichtet, daß zwei Mönche namens
Symeon und Theodor von ihren Träumen geleitet hierher kamen und mit Hilfe
einer Hirtin namens Euphrosyne in der Höhle, um die das Kloster gebaut ist
und nach der es seinen Namen trägt (Méga Spíleon = große Höhle), eine
wundertätige Marienikone fanden. Sie bauten darauf das Kloster, das in der
Zeit der Palaiologen eines der bedeutendsten der Peloponnes war und riesigen
Grundbesitz, selbst in Thessaloniki, Konstantinopel und Smyrna, besaß. Von
den alten, größtenteils hölzernen Klostergebäuden ist nichts mehr erhalten, da
sie mehrfach abgebrannt sind – so in den Jahren 1400, 1640 und 1934. 1943
wurde das Kloster als ein Zentrum des Widerstandes von deutschen Truppen
zerstört. Durch die Klosterpforte, die mit einer Inschrift auf den Wiederaufbau
im Jahre 1641 hinweist, gelangt man in das Stockwerk, von dem aus die Kirche
in der Höhle erreichbar ist. Sie hat die Form eines in ein Quadrat einbeschriebenen Kreuzes mit Narthex und Exonarthex und ist teilweise aus dem Felsen
herausgearbeitet. Die Kirche ist der Panagía Chrisospiliótissa (der Jungfrau
von der goldenen Höhle) geweiht. Der Mosaikfußboden mit dem byzantinischen Doppeladler, Sonne, Mond und Sternen stammt aus dem 17. Jh., ebenso
wie die schlechterhaltenen und verräucherten Fresken (1653). Die Fresken des
Narthex wurden im 19. Jh. gefertigt. Das größte Heiligtum der Kirche ist die
Ikone der Panagía, eine einfache Arbeit, die aus dem 8. oder 9. Jh. stammen
soll. Sie ist aus Wachs und Harz hergestellt und mit einem feinen Stucküberzug
versehen, der im 11. Jh. bemalt wurde. Zwei Silbermäntel, einer aus dem 14.,
der andere aus dem 18. Jh. schützen das Bild, das nach der Legende von Lukas
gemalt worden sein soll. Dieser hat nach mittelalterlicher Überlieferung nicht
nur das Evangelium geschrieben, sondern auch das erste Bild der heiligen
Jungfrau gemalt. Auf ihn werden deshalb viele Ikonen der Panagía zurückgeführt. Hinter dem Altar ist der Fels abgeplattet – wahrscheinlich der Rest einer
einstigen Einsiedelei. Die Legende behauptet, daß Lukas die Ikone hier gemalt
habe. Die versilberte Bronzetür, die 1805 gefertigt wurde und in die Kirche
führt, zeigt in Reliefs Lukas bei der Herstellung der Ikone und die Wiederauf-
findung durch die beiden Mönche. Über einige Stufen erreicht man neben der
Kirche die Grotte der heiligen Jungfrau mit einer Quelle und einer kleinen
Kapelle, wo die Ikone einst gefunden worden sein soll. – Von Interesse ist auch

das Museum des Klosters, wo zahlreiche kirchliche Gewänder, Ikonen sowie einige wenige Bücher und Manuskripte der einst berühmten Klosterbibliothek gezeigt werden, die größtenteils durch einen Brand vernichtet wurde. Ferner sind ein Evangeliar aus dem 12. Jh. mit einem Deckel in Emaillezellenschmelz, Reliquiare mit dem Schädel und der Hand der Heiligen Euphrosyne sowie Reliquien der Heiligen Theodoren und anderer Heiliger zu sehen. Das Refektorium, die Bäckerei und im untersten Geschoß des Klosters einige riesige Weinfässer sind ebenfalls zu besichtigen. In einem Seitengebäude des Klosters, im sog. Xénon, dürfen Männer übernachten. Auf einem Weg kann man auf den Steilfelsen hinaufsteigen, wo u. a. ein mittelalterlicher Wachtturm steht.

125

Kalávrita

Die kleine Stadt Kalávrita ist trotz nur rund 2000 Einwohnern der Mittelpunkt der Bergregion der nordwestlichen Peloponnes und Hauptort der gleichnamigen Eparchie. Der Ort, 88 km südöstlich von Patras, ist entweder auf der quer durch das Gebirge über Chalandrítsa und Leóntion (**121**) führenden Straße erreichbar oder über die Küstenstraße in Richtung Korinth und östlich von Trápeza nach Süden vorbei am Kloster Méga Spíleon (**124**). Von Diakoptón an der Küste führt auch eine Zahnradbahn über eine eindrucksvolle Gebirgsstrecke nach Kalávrita. Die Strecke ist 23 km lang.
Kalávrita liegt in 700 m Höhe am Rand eines sumpfigen Talbodens, der vom Fluß von Kalávrita durchflossen wird, am Ausgang eines Seitentales, dessen südliche Flanke der Berg Vélia (1366 m) bildet. Der Ort ist im Sommer ein angenehmer Aufenthalt und wegen seines guten Wassers bekannt – daher auch sein Name (káles vrísses = gute Quellen).
Im Altertum lag hier die Stadt Kynaitha, von der Pausanias berichtet, daß es ein Dionysos-Heiligtum gab, zu dem in der Winterzeit kräftig gesalbte Männer einen lebenden Stier trugen. Damit wurden die Kynaithaer ihrem Ruf gerecht, den sie auch sonst als wilde und ungebärdige Gebirgsbewohner hatten. Berühmt war eine Quelle, zwei Stadien von der Stadt entfernt, von der man berichtete, daß sie von der Tollwut heile. Sie hieß Alyssos (= gegen die Tollwut). Man nimmt an, daß die Quelle identisch ist mit der heutigen Quelle Kalavritiní im Südwesten der Stadt. Das antike Kynaitha, das zum Achäischen Bund gehörte, wurde 220 v. Chr. von den Aitolern zerstört. 1205 wurde die Stadt Sitz der fränkischen Baronie Kalovrate, fiel aber bereits 1263 wieder an die Byzantiner. 1440 verkaufen die Despoten von Mistrá die Stadt an die

Johanniterritter von Rhodos, die sie aber nur vier Jahre in Besitz behielten. Kalávrita gehörte zu den ersten Orten, die sich zur Befreiung Griechenlands erhoben. Der dunkelste Tag der Stadt in der neueren Geschichte war der 13. Dezember 1943, als deutsche Truppen die Stadt als Repressalie gegen Guerillatätigkeit niederbrannten und 551 männliche Einwohner erschossen. Vorher hatten die Partisanen 81 deutsche Gefangene getötet, als die Deutschen sich geweigert hatten, diese gegen gefangene Partisanen auszutauschen.

In Kalávrita selbst gibt es keine Sehenswürdigkeiten. An die Geiselerschießungen von 1943 erinnert ein großes Denkmal am Hang am Nordostrand der Stadt. Aus fränkischer Zeit gibt es Reste der einst mächtigen Burg Tremouille auf dem Berg Trémola (1190 m). Ein anderes Kastell liegt an der Straße nach Loússi, die man 6 km weit fährt und man dann von der Kirche Ágios Athanásios aus in 15 Minuten Aufstieg erreicht. Dort war auch die Akropolis der antiken Stadt, deren Nekropole man am Fuß des Trémola an der Salména genannten Stelle entdeckte. Die Funde aus der Nekropole sind im Museum von Patras.

Kalávrita dient auch als Ausgangspunkt für Bergwanderungen zum Erímanthos (2224 m) im Westen sowie zum Chelmós (Aroánia Ori) im Osten. Der Weg dorthin führt über Xirókambos (14 km) und dann in zwei Stunden zur Quelle Poúliou Vríssi, wo auch die Berghütte Leondópoulos mit Übernachtungsmöglichkeiten steht (Schlüssel beim griechischen Alpenclub in Athen oder Patras). Von der Hütte aus sind die beiden Gipfel des Chelmós, der Aetorrakhi (2341 m) und der Neraidorrakhi (2137 m) in jeweils 1 bis 1½ Stunden zu erreichen. Vom Chelmós kann man gegen Osten nach Sólos und zum Wasserfall Styx absteigen (**129**).

Einige Kilometer westlich von Kalávrita zweigt von der Straße nach Patras eine Stichstraße nach Skepastón ab. In der Nähe des Dorfes wurde 1971 eine große Tropfsteinhöhle entdeckt.

Kloster Agía Lávra

Am Westrand von Kalávrita zweigt von der Straße nach Trípolis links eine Seitenstraße zum 7 km entfernten Kloster Agía Lávra ab. Das Kloster gehört zu den berühmtesten in der Peloponnes. Es wurde im Jahre 961 von Athos-Mönchen gegründet, zur gleichen Zeit, als auf dem Athos der heilige Athanásios das Kloster Megíste Lávra, die große Lavra, gründete. Beide Klöster tragen den Namen Lávra. Damit bezeichnete man ursprünglich Eremitengemeinschaften, die in labyrinthartigen Höhlen hausten. Das erste Kloster wurde an der Paliomonastíro genannten Stelle gebaut, etwa 300 m oberhalb des heutigen Klosters am Berghang (Wegweiser). An der Stelle des alten Klosters gibt es an der Felswand vor einer Höhle noch eine zweischiffige Kirche, die mit Fresken

Olympia, Museum, Hermes des Praxíteles ▷

in zwei Schichten übereinander geschmückt ist. Das Kloster wurde 1689 an die heutige Stelle verlegt, wobei zuerst die Kreuzkuppelkirche entstand, die heute vor dem Kloster etwas tiefer liegt. Die Kirche war nicht nur innen, sondern auch außen mit Fresken geschmückt. Einige sind an der äußeren Westwand erhalten. Die Kirche war von Klostergebäuden umgeben, die 1826 von Ibrahim Pascha zerstört wurden. Die Anlage war in den Freiheitskriegen ein Zentrum der Aufständischen. Am 25. März 1821 trafen sich hier angeblich unter der Führung des Bischofs Germanos von Patras – was aber nicht verbürgt ist – die Aufständischen bei der großen Platane vor dem Kloster und hißten in der alten Kirche die Fahne des Aufstandes. Ähnliche Erhebungen fanden zur gleichen Zeit jedoch auch an anderen Stellen der Peloponnes statt, wobei zahllose Türken, so auch in Kalávrita, getötet wurden und die Peloponnes in kurzer Zeit – wenn auch nur vorübergehend – befreit war. Das heutige Kloster wurde im letzten Weltkrieg von den Deutschen als ein Zentrum des Widerstandes zusammen mit Kalávrita erneut zerstört. Die Klosterkirche im Inneren, die ebenfalls vom Ende des 17. Jh. stammt, ist der Kímisis tís Theotókou, dem Tod Mariens, geweiht.

Sehenswert ist ein kleines Museum, das sich im Westflügel des Klosters befindet und von den Mönchen gerne aufgeschlossen wird. An der Rückseite des Raumes wird die Revolutionsfahne gezeigt, eine schön gestickte, kirchliche Standarte, auf der der Tod Mariens dargestellt ist. Sie soll im 16. Jh. in Smyrna entstanden sein. Eine weitere bemerkenswerte Stickerei aus dem Jahre 1756 aus Konstantinopel sieht man an der linken Seite des Raumes. In den Vitrinen in der Mitte sind eine Rolle mit einer Heiligen Messe sowie eine illuminierte Handschrift, beide aus dem 11. Jh. von besonderer Bedeutung. Weitere wertvolle illuminierte Handschriften stammen aus dem 14. Jh. Ein Evangelium aus dem 18. Jh. wurde dem Kloster von der Kaiserin Katharina von Rußland geschenkt; auch sieht man einige Ikonen aus dem 16. Jh., die aus dem alten Kloster stammen, ein Gewand des Bischofs Germanos von Patras, einige Firmane des türkischen Sultans, die die Rechte des Klosters bestätigen. Schließlich hängt hier ein Bild mit der Darstellung der Führer der Revolution von 1821, wie sie vor Germanos auf die Kirchenfahne schwören.

Von der Terrasse vor dem Kloster sieht man etwa 2 km entfernt auf einem Berg ein großes Denkmal für die Befreiung Griechenlands. Man kann auf einer Straße (2,5 km) dorthin fahren. Das Denkmal wurde 1930 erbaut und stellt in allegorischen Figuren das befreite Griechenland zwischen Kirche und Volk dar. Auf der Rückseite ist die Fahne des Aufstandes abgebildet.

126

Loussí

Am Westhang des Chelmós liegt südlich von Kalávrita (**125**) die Stelle des antiken Loussí, wo ein Artemis-Heiligtum ausgegraben worden ist. Um dorthin zu gelangen, nimmt man von Kalávrita die Straße, die am Denkmal der Geiselerschießungen vorbeiführt. Nach 7 km, die Hauptstraße führt hinauf zum Skigebiet am Chelmós, biegt man rechts ab und fährt bis Káto Loussí, wo man rechts einen Weg nimmt Richtung Sighoúni. Nach 4 km zweigt links ein unbeschilderter Weg nach Loussikón ab, und 2 km weiter erreicht man unterhalb des Dorfes Loussikón bei einem Bildstock das Heiligtum an den Abhängen des Ágios Ilías. Die antike Stadt Lusoi erstreckte sich unterhalb des Heiligtums nach Südwesten bis in die Ebene von Soudéna. Neuere Ausgrabungen der Stadt sieht man links auf dem Weg zum Heiligtum. Die Stadt hatte ihre Blüte in archaischer Zeit, war später von Kleitor (**127**) abhängig und bestand bis in hellenistische Zeit, wo sie dem Achäischen Bund angehörte. Pausanias fand die Stadt nicht mehr. Im Heiligtum der Artemis Hemera soll der Seher Melampus die Töchter des Königs Proitos von Tíryns, die Hera beleidigt hatten (**127, 16**), entsühnt haben.

Das Heiligtum wurde 1898 ausgegraben. Der Tempel (1), der im 4. Jh. v. Chr. erbaut wurde, hat einen eigenartigen aus drei Schiffen bestehenden Grundriß. Die Mauern des Mittelschiffes weisen je 7

Artemis-Heiligtum Loussí

nach beiden Seiten hervorspringende Pfeiler auf, eine Konstruktion, die an die Tempel von Tegéa und Bássai erinnert. An den Fronten von Pronaos und Opisthodom standen je vier Säulen. Innerhalb des Tempels stehen die Ruinen einer Panagía-Kapelle, die aus antikem Material errichtet worden war. Unterhalb des Tempels liegt ein Propylon (2) und daneben der quadratische Bau eines Bouleuterions (3), in dem auf einer halbkreisförmigen Exedra die Sitze der Ratsmitglieder waren. Ferner sind die Reste einer Zisterne (4) sowie mehrere Stützmauern aus Polygonalmauerwerk (5) erhalten.

Nicht weit vom antiken Loussí findet man am Fuß des Kamakeikón-Berges die etwa 100 m lange Tropfsteinhöhle Kaliakoudótroupa.

Auf dem Weg im Talgrund, von dem man abgebogen ist, kann man außerdem von Káto Loussí nach Kastrí und Káto Klitoría (**127**) gelangen.

127

Káto Klitoría

Káto Klitoría ist ein Dorf 36 km südlich von Kalávrita (**125**) an der Straße nach Trípolis im Tal des Aroánios. 2 km von der Stadt entfernt in Richtung Kalávrita befinden sich die Reste der antiken Stadt Kleitor, eine der mächtigeren Städte Arkadiens, deren Bürger von Polybios als tapfer und freiheitsliebend gerühmt wurden. Kleitor unterwarf zahlreiche Nachbarstädte und unterstützte im Gegensatz zum benachbarten Orchomenós die Idee der Gründung von Megalópolis. Erhalten sind von der antiken Stadt im wesentlichen nur einige halbrunde Türme der Stadtmauern. Man erreicht sie, indem man von der Straße nach Kalávrita links abbiegt auf einen bezeichneten Pfad durch eine etwas sumpfige, baumbestandene Landschaft.

Bei dem Dorf Kastría 8 km nördlich von Káto Klitoría gibt es die 2 km lange Höhle Spiléo tón Límnon, die aus Seen und einem unterirdischen Fluß besteht. Man hält sie für die von Pausanias erwähnte Höhle der Proitiden, der Töchter des Königs Proitos von Tiryns, die sich gerühmt hatten, schöner als Hera zu sein und die dafür von der Göttin in Kühe verwandelt und wahnsinnig gemacht wurden. In diese Höhle sollen sie geflüchtet und später von dem Seher Melampus im Artemis-Heiligtum von Lusoi (**126**) geheilt worden sein.

128

Psophís, Lámbia

An einer wenig bekannten Nebenstrecke, die durch das südliche Achaia und Élis führt und die Straße Trípolis-Kalávrita mit Amaliás sowie mit Olympia und Patras verbindet, befindet sich bei dem Dorf Tripótama die Stelle der antiken Stadt Psophís. Der Name des Weilers Tripótama deutet darauf hin, daß hier drei Flüsse zusammenfließen, nämlich der Erímanthos, der Aroánios und der Siréos. Der Erímanthos fließt weiter nach Süden in den Alfiós. An dieser Stelle berühren sich auch die Nomi Achaia, Elis und Arkadien. Auf dem Hang oberhalb des Ortes und bis zum Gipfel des Berges erstreckte sich die antike Stadt Psophís. Sie trug den Namen nach einer Enkelin des Flußgottes Erymanthos. Es gibt noch Strecken der über den Berggrat ziehenden Nordmauer, die am besten im Nordosten mit einer Reihe von Turmfundamenten (1) erhalten ist. Oberhalb der Häuser sieht man am Weg die mächtigen Fundamente eines großen Tempels, vielleicht der Aphrodite, den Pausanias erwähnt (2). Dahinter steht das von Mauern umgebene, verlassene Kloster Kímisis tís Theotókou (3), das 1817 errichtet wurde. In der Umgebung finden sich eine Reihe antiker Mauern und Architekturteile. Am Westhang nahe der einstigen Mauer stößt man auf die Cavea des alten Theaters (4). – Die Stadt spielte eine Rolle im Krieg zwischen den Eleern und dem Arkadischen Bund und wurde 219 von Philipp V. von Makedonien zerstört. Im Mittelalter erhob sich auf dem Gipfel eine Burg.

Zum Bergdorf Lámbia gelangt man auf derselben Straße 13 km westlich von Tripótama an den Hängen eines Einschnittes in das Lámbia-Gebirge, das zum Erímanthos-Massiv gehört.

Im Dorf gibt es zwei bemerkenswerte Kirchen, die man vom westlichen Ortsende aus erreicht. Von dort führt bergauf eine Schotterstraße zur Kirche Agía Triás in einem kleinen Friedhof. Es ist eine Kreuzkuppelkirche aus dem 14. Jh., deren Tambour qua-

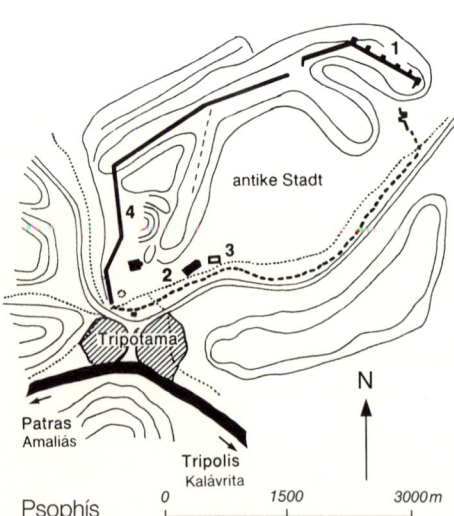

antike Stadt

Tripótama

N

Patras
Amaliás

Tripolis
Kalávrita

Psophís

0   1500   3000 m

dratischen Grundriß hat. Die schönen Fresken im Inneren stammen aus der Erbauungszeit der Kirche. Bemerkenswert ist eine Darstellung der sich umarmenden Apostel Petrus und Paulus. – Das ehemalige Kloster Káto Moní unterhalb der Straße ist heute ein kirchliches Kinderheim. Die Klosterkirche, ein einschiffiger Bau, dessen Gewölbe Holzbalken verspannen, ist noch fast vollständig mit Fresken ausgemalt. Sie sind nachbyzantinisch und wurden 1786 von Antonios von Nezera hergestellt. Die Fresken sind in volkstümlicher, zum Teil naiver Art in lebhaften Farben gemalt. Vor dem Kloster gibt es eine weitere einschiffige Kapelle mit Freskenresten, die etwas älter sind. – 2 km oberhalb des Ortes liegt in einer Schlucht das Kloster Chrissopigí, auch Áno Moní genannt.

129

Akráta, Zaroúchla, Styx

An der nördlichen Küstenstraße liegt 65 km östlich von Patras in Richtung Korinth der Ort Paralía Akrátas. Von hier führt eine Straße nach Süden entlang dem Osthang des Chelmós. Eine eindrucksvolle Landschaft, eine Anzahl alter Kirchen und der aus der Antike bekannte Wasserfall Styx mögen Anlaß für diesen Abstecher sein, der allerdings einige Zeit erfordert.

Die Straße führt zunächst hinauf auf eine Geländeterrasse, nach Akráta. 3 km weiter liegt links oberhalb der Straße (Wegweiser) das Kloster Agía Triás, 100 m weiter an einer Felswand die kleine Kirche Ágii Pántes, beide mit Fresken von 1751 geschmückt. Die Klosterkirche hat keine Apsis. An der Ostwand ist die Geburt Christi in mehreren Szenen dargestellt, im Gewölbe davor die Dreifaltigkeit, vor der Ikonostase Christus umgeben von Engeln und die Szenen seines Lebens. Die Kirche bewahrt Reliquien der heiligen Dionysos und Alexios. – Weitere Kirchen sieht man in den Dörfern Valimí, wo eine nachbyzantinische Kirche der Kímisis tís Theotókou steht, Agrídi mit einer kreuzförmigen Ágios Nikólaos-Kirche mit Fresken aus dem 13. Jh. und Chalkiánika, wo es ebenfalls mehrere Kirchen mit Fresken gibt. Bald danach zweigt rechts eine Straße zum kleinen Dorf Sólos ab. Von dort gelangt man in 2½ Stunden am rechten Ufer des Wildbaches aufwärts zum Wasserfall Mavronéri.

Mavronéri, das »schwarze Wasser«, sog. nach den schwarzen Felsen, die die Schlucht bilden, ist der berühmte und berüchtigte Styx-Fall der Antike. Ernst Curtius beschreibt die Styx so: »Ein Vorsprung des Hochgebirges fällt ganz senkrecht ab, das Schneewasser stürzt darin in zwei Armen herunter, um sich durch ein Labyrinth von Felsblöcken hindurch mit den anderen Bächen zu vereinigen. Man kann sich keine wüstere Gegend denken, alles Leben ist erstorben zwischen dem zackigen Gestein, über welches man nicht ohne Gefahr bis an den Felssturz klettern kann, und der Wanderer erbebt inmitten der schaurigen Öde.« Die Styx fällt aus einer Höhe von etwa 2000 m ü. d. M. als Staubbach rund 200 m herab. Die dünnen Wasserfäden lösen sich unterwegs in Tropfen auf und kommen als feiner Regen unten an, wo sie 140 m über der Talsohle in einem Schuttkegel versickern, der sich aus mitgenommenem Geröll im Laufe der Zeit gebildet hat.

Die Wasser der Styx galten im Altertum als todbringend. So hieß es, daß Antipatros Alexander den Großen mit Styxwasser vergiftet habe, das Aristoteles in einem ausgehöhlten Eselshuf aufgefangen habe, da nur ein solches Gefäß die Schärfe und Kälte des Wassers aushalten könne. Außerordentlich kalt ist das Wasser tatsächlich auch im Sommer. Bei dem Wasser der Styx legten im Altertum nicht nur die Menschen Schwüre ab, sondern auch die Götter, denen Iris in goldener Schale das Wasser zum unverbrüchlichen Eid brachte. Eine Höhle in der Felswand bei dem Schuttkegel vermittelt den Eindruck, als ob die Wasser hier in die Unterwelt stürzen, so wie Homer dies schildert (Ilias 8,369; 15,37). Der Ort gehörte deshalb auch zu den Eingängen in die Unterwelt und die Styx zu den Gewässern, die die Unterwelt umgaben und über die Charon die Seelen übersetzte. Hesiod personifizierte die Styx als die älteste Tochter des Okeanos, welche fern von den Göttern in einem von gewaltigen Felsen überwölbten, rings von silbernen Säulen gestützten Hause wohnt.

Kehrt man auf die Hauptstraße zurück, erreicht man einige Kilometer südlich von der Abzweigung nach Sólos das Dorf Zaroúchla inmitten von Kastanien- und Kiefernwaldungen. Am Ortseingang steht in einem Friedhof eine Ágios Geórgios-Kirche mit einem achteckigen Tambour. In der Nähe der Schule, die rechte Seitenstraße bergaufwärts, steht die einschiffige Panagía-Kirche mit volkstümlichen Fresken aus dem 14. Jh. Weiter oben am Berg liegt ein Herrenhaus mit drei Geschossen und Rundbogenfenstern. Es wird Pírgos Assimákis Fotílas genannt. – Von Zaroúchla gibt es einen Weg hinüber in die Ebene von Feneós (**8**).

130

Xilókastron, Tríkala

Xilókastron, ein freundliches Seebad mit 4000 Einwohnern an der Nordküste der Peloponnes, 34 km westlich von Korinth, ist der einzige in größerem Umfang touristisch erschlossene Ort an der Nordküste. Parkartige Kiefernwaldungen ziehen sich an einem kilometerlangen Strand entlang. Es gibt gute Bademöglichkeiten und eine Anzahl Hotels.

Xilókastron bedeckt die Stätte des antiken Hafenortes Aigeira, eines Landungsplatzes der Argonauten und Hafen der Stadt Pellene, die sich ursprünglich weiter westlich befunden hatte und später in das Gebirge verlegt wurde.

Von Xilókastron führt nach Süden eine Straße am Osthang des Zíria- oder Killíni-Gebirges entlang nach Tríkala (31 km), einem Gebirgsort in 1000 m Höhe. Mehrere Hotels gibt es im Ortsteil Áno Tríkala.

12 km vor Xilókastron kommt man an der Stelle der antiken Stadt Pellene vorbei, von der nur noch wenige Reste zu sehen sind. Über dem Ort Skoupa liegt das Kloster Ágios Konstantínos, dessen Kirche mit Fresken aus dem 18. Jh. geschmückt ist. An der Ikonostasis sieht man einige Ikonen des 16. und frühen 17. Jh. Im Gebiet von Tríkala kann man im Winter Ski laufen. Die touristische Erschließung dieses Gebiets steht bevor. Außerdem ist der Ort Ausgangspunkt für die Besteigung des Killíni.

Praktische Reisehinweise

Informationsmöglichkeiten

Vor der Reise

Büros der Griechischen Zentrale für Fremdenverkehr (GZF bzw. EOT):
Neue Mainzer Str. 22, 6000 Frankfurt/M., Tel. 069/236562, Telex 412034
Pacellistr. 2, 8000 München, Tel. 089/222035, Telex 520126
Neuer Wall 35, 2000 Hamburg 36, Tel. 040/366910 Kärntner Ring 5, Wien,
Tel. 525317, Telex 111816
Gottfried Keller Str. 7, Zürich, Tel. 2518487, Telex 57720
Zahlreiche deutsche Reisebüros. Einige sind auf Griechenland spezialisiert,
z. B. Hellas-Orient-Reisen, Kaiserstr. 11, 6000 Frankfurt/M., Tel. 069/
298090, Telex 412615, und Sonnenstr. 27, 8000 München 2, Tel. 089/
555053.
Olympic Airways, Neue Mainzer Str. 22, 6000 Frankfurt/M.

Informationsschriften

»Griechenland«, hrsg. von der Griechischen Zentrale für Fremdenverkehr,
erscheint jährlich (Fotos der verschiedenen Reisegebiete und Reiseinformationen).
»Key Travel Guide«, erscheint monatlich (aktuelle Fahrpläne, Preise und
Informationen), erhältlich bei Hellas-Orient-Reisen, Frankfurt/M., (s. oben).
»Greek Travel Pages«, erscheint monatlich (Hotels, Fahrpläne, Preise und
Informationen).

In Griechenland

Griechische Zentrale für Fremdenverkehr
Zentralbüro: Amerikís 2, Athen, Tel. 01/3223111, Telex 5832.
Auskunftsbüros: Karageórgis-Servías 2, Athen, Tel. 01/3222545, und Flughafen Ellenikón, Ost-Terminal, Tel. 01/9795900. – Glifada Patron, Patras,
Tel. 061/420304.
E.L.P.A. Automobil- und Touring-Club von Griechenland, Mesogíon 2,
Athen, Tel. 01/7791615.

Touristenpolizei: Síngrou 7, Athen, Tel. 01/9239224.
Touristenpolizei gibt es auch in vielen anderen Orten, die stärker vom
Fremdenverkehr besucht sind. Sonst geben immer auch die allgemeinen
Polizeistationen Auskunft, Tel. 100.

Wichtige Adressen

Botschaft der Bundesrepublik Deutschland, Athen, Loukiánou 3, Tel. 01/
36941.
Deutsches Konsulat, Patras, Platía Geórgiou A Nr. 50, P.O.B. 35, Tel. 061/
277448, Honorarkonsul Andreas Autonópoulos, Tel. priv. 276297.
Österreichische Botschaft, Athen, Alexándras 26, Tel. 01/811036, 816800.
Schweizer Botschaft, Athen, Iásion 2, Tel. 01/7303 6456.
Deutsch-Griechische Handelskammer, Athen 601, Doriléou 10–12, Tel. 01/
6444502.
Goethe-Institut, Athen, Phídiou 14–16, Tel. 01/608111.
Deutsches Archäologisches Institut, Athen, Phídiou 1, Tel. 01/614762.
Österreichisches Archäologisches Institut, Athen, Alexándras 26.
ADAC-Notrufstation, Athen, Mesogíon 2–4, Tel. 01/7775644.
ADAC-Notrufzentrale, München, Tel. von Griechenland aus 0049/89/
222222.
Griechischer Automobilklub ELPA, Athen, Mesogíon 2, Tel. 01/7791615,
mit Zweigstellen in Patras und Trípolis. Pannenhilfe kann dort telefonisch
unter den Nummern (Patras) 061/104 und (Tripolis) 071/104 angefordert
werden.

Landkarten

Für die Bereisung der Peloponnes empfehlen wir die folgenden Karten,
obwohl bemerkt werden muß, daß keine dieser Karten allen Ansprüchen
gerecht wird. Als Autokarte kommt vor allem die RV-Karte Nr. 84 (identisch
mit ADAC-Reisekarte), Griechenland, 1:800000 in Betracht. Bei dem verhältnismäßig kleinen Maßstab fehlen allerdings viele Einzelheiten. Einen
größeren Maßstab hat die Europa-Karte Nr. 31, Griechenland, des Touring
Club Italiano, 1:500000, bei der auch das Kartenbild besser ist. Es fehlen
jedoch neuere sowie manche Seitenstraßen. Verhältnismäßig gut bewährt sich
das Kartenwerk der Griechischen Statistischen Gesellschaft (Étniki Statistikí
Iperisía tís Elládos). Es besteht für die Peloponnes aus sieben Blättern jeweils
für einen Nomós im Maßstab 1:200000 und ist verhältnismäßig teuer. Auch
hier ist jedoch die Darstellung der Straßen nicht auf neuem Stand. Die
Beschriftung ist nur Griechisch. Auf diesem Kartenwerk baut auch ein kleiner

Straßenatlas mit dem Titel »Odikoí Chártai Elládos« auf, der vom Verlag Al-Ma herausgegeben ist. Kein Maßstab. Beschriftung und Beitexte nur Griechisch. Recht gut ist die blaue Peloponnes-Karte der Efstathiadis Group 1 : 300 000 mit einigen Stadt- und Ausgrabungsplänen; viele kleinere Orte fehlen allerdings. – Für die Mani gibt es im örtlichen Handel in Gíthion zwei Spezialkarten, die zwar genauer sind als die bisher erwähnten, aber auch nur begrenzten Wert haben.

Seekarten der Gewässer um die Peloponnes, zu beziehen bei Baade und Hornig, Hamburg, sind die folgenden: D 659 Golf von Korinth und Patras, D 658 Westküste Peloponnes und Ionische Inseln, E 207 Westküste Peloponnes, E 1685 Südliche Peloponnes, E 682 Golf von Messenien, E 1684 Küsten von Lakonien, D 672 Golf von Árgos und Saronischer Golf.

Sprache

Auch wer *Neugriechisch* nicht beherrscht, kann sich ohne größere Schwierigkeiten im Lande bewegen. An allen Orten, wo einiger Fremdenverkehr herrscht, aber auch in fast jedem Dorf findet man immer irgend jemand, der *Englisch* beherrscht, wie überhaupt Englisch immer mehr zur Hilfssprache in Griechenland wird. *Französisch,* aber auch *Deutsch* kann man ebenfalls häufiger gebrauchen. – Natürlich schadet es nichts, sich wenigstens einige Kenntnisse der neugriechischen Sprache anzueignen. Man wird sie gut gebrauchen können, wenn man in einsamere Gegenden kommt oder auf die Verständigung mit einem bestimmten Partner angewiesen ist, zumal sich fast jeder Grieche freut, wenn man versucht, sich in seiner Sprache auszudrücken. – Auf jeden Fall nützlich ist es aber, die *Schrift,* und zwar sowohl die großen wie auch die kleinen Buchstaben, lesen zu können, und sei es nur, um Orts-, Straßen- und Personennamen zu verstehen. Freilich ist in den letzten Jahren bei der Ortsnamenbeschriftung die lateinische neben die griechische Schreibweise getreten, so daß hier einige Schwierigkeiten entfallen. Bei Straßennamen und manchen anderen Beschilderungen, die für den Reisenden wichtig werden können, ist dies aber durchaus noch nicht der Fall.

Zwei Dinge sollte auch der Anfänger wissen: Die richtige *Betonung* der Worte spielt eine große Rolle. Ein Wort, auf der falschen Silbe betont, wird häufig nicht verstanden. Ferner gibt es neben der *Volkssprache (Dimotikí)* eine mehr oder weniger künstliche *Hochsprache (Katarévousa),* die von der Wissenschaft verwendet wird, sonst aber aus dem öffentlichen Leben immer mehr verschwindet. Begriffe aus dieser Sprache tauchen häufig in Wörterbüchern auf, werden aber vom Mann auf der Straße nicht immer verstanden.

Einreise- und Zollformalitäten

Für Staatsbürger der Bundesrepublik, West-Berlins, Österreichs und der Schweiz ist für einen Aufenthalt bis zu 3 Monaten kein Visum, sondern nur ein *Reisepaß* oder *Personalausweis* zur Einreise notwendig. Eine Verlängerung der Aufenthaltsdauer ist 20 Tage vor Ablauf der Frist beim Ausländeramt (Astinomía Allodapoú, Athen, Chalkokondíli 9) oder bei der Polizei zu beantragen.

Zollfrei eingeführt werden dürfen alle Gegenstände zum täglichen Gebrauch, je ein Fotoapparat, Filmkamera und die dazu gehörigen Filme, Fernglas, Schreibmaschine, Radio, Plattenspieler und 20 Schallplatten. Fernseher gegen Zollhinterlegung, Tauchgeräte gegen Eintragung im Paß.

Kraftfahrzeuge werden im Reisepaß eingetragen und können dann zoll- und steuerfrei eingeführt werden. Das gleiche gilt bei Vorliegen eines Carnets oder Triptiks. Die Einfuhrfrist beträgt 4 Monate. Sie kann auf 8 Monate verlängert werden gegen Zollbürgschaft einer dritten Person und gegen Entrichtung der Kfz-Steuer. Die internationale grüne Versicherungskarte ist nicht zwingend vorgeschrieben. Wenn diese Karte jedoch für Griechenland gilt, bietet sie Versicherungsschutz über Motor Insurers, Xenofóntos 10, Athen. – Die Einfuhr kleiner Sportboote, Schlauch- und Segelboote (kleine Jachten) wird in gleicher Weise wie die Einfuhr von Kraftfahrzeugen behandelt.

Kleine *Haustiere* können eingeführt werden bei Vorliegen eines behördlichen Gesundheitszeugnisses des Herkunftslandes, wonach Hunde längstens vor einem Jahr gegen Tollwut geimpft, Katzen frei von ansteckenden Krankheiten sind.

Die Einfuhr ausländischer *Devisen* sowie von Gold und Goldmünzen ist unbeschränkt frei. Die Wiederausfuhr von Devisen im Wert von mehr als 500 $ ist nur erlaubt, wenn sie bei der Einfuhr deklariert wurden. Gold und Goldmünzen bedürfen zur Wiederausfuhr der Genehmigung der Währungskommission. Frei ein- und ausgeführt werden dürfen Reiseschecks, Kreditbriefe und nicht indossierte Orderschecks. Drachmen dürfen nur bis zur Höhe von 3000 Dr in Banknoten ein- und ausgeführt werden.

Verkehr

Weitaus am besten erschließt man sich das Land mit dem eigenen oder mit einem gemieteten Wagen. Steht beides nicht zur Verfügung, kann man das dichte Autobusnetz benutzen. Dies ist zeitaufwendig, freilich auch wesentlich »volksnaher«. Für einige Hauptrouten kann man auch die Eisenbahn benutzen. Für den Verkehr an der Ostküste der Peloponnes kommen schließlich auch einige Schiffsverbindungen in Betracht. Wer sorglos und schnell die wichtigsten Sehenswürdigkeiten aufsuchen will, schließt sich am besten den vor allem von Athen aus organisierten ein- und mehrtägigen Rundfahrten an.

Führerschein, Versicherungskarte

Für deutsche und österreichische Staatsangehörige genügt der nationale Führerschein. Für Schweizer Staatsangehörige ist ein internationaler Führerschein erforderlich. Dieser ist erhältlich beim Griechischen Automobil-Klub ELPA, Mesogíon 2, Athen, gegen Vorlage des Reisepasses, des Führerscheins und von zwei Lichtbildern.

Benzin

Normal- und Superbenzin sind fast überall erhältlich. Die Preise sind z. T. höher als in Deutschland. Benzingutscheine gibt es nicht. Bleifreies Benzin gibt es nicht überall.

Straßen

Das Straßennetz ist gut ausgebaut und oft bis in entlegene Dörfer asphaltiert. Als Schnellstraße gibt es in der Peloponnes die Nationalstraße zwischen Korinth und Patras (geringe Gebühr), die unseren Bundesstraßen entspricht, jedoch keine Ortsdurchfahrten hat und auf Teilstrecken autobahnmäßig ausgebaut ist. Die Diagonalverbindung durch die Peloponnes von Korinth über Árgos-Trípolis-Megalópolis nach Kalamáta soll ebenfalls als Nationalstraße ausgebaut werden. In ähnlich gutem Zustand ist die Nationalstraße an der Westküste von Patras über Pírgos bis Kiparissía sowie die Querverbindung von dort zur Straße Megalópolis – Kalamáta. Alle anderen Straßen sind zwar häufig in gutem Zustand, jedoch wegen der zahlreichen Kurven und der geringen Breite nicht mit den uns gewohnten Geschwindigkeiten befahrbar. Dies sollte man für eine Reiseplanung in Betracht ziehen.

Verkehrsregeln

Es gelten im wesentlichen die gleichen Regeln wie in Deutschland. Vorsicht an meist unbeschränkten Bahnübergängen. In unübersichtlichen Kurven ist Hupen üblich, in Orten verboten. Höchstgeschwindigkeiten: Nationalstraßen 100 km/h, Landstraßen 80 km/h, in Ortschaften 50 km/h soweit nicht weniger angezeigt ist. Gurtpflicht soweit Gurte vorhanden. Promillegrenze 0,5, Ahndung bei Trunkenheit: Geldstrafe oder Haft bis zu 6 Monaten. Parken im Park- oder Halteverbot wird vor allem in Patras mit Abschrauben der Kennzeichen geahndet, die nur gegen ein höhers Bußgeld wieder ausgehändigt werden.

Pannen- und Unfallhilfe

Straßenhilfsdienst des Griechischen Automobilklubs ELPA kann angerufen werden unter der Nummer *Athen 104* und leistet Hilfe 60 km rund um Athen gegen geringe Gebühr. Auf der Nationalstraße Athen-Korinth patrouillieren gelbe Straßenwachtwagen der ELPA. Der ADAC unterhält ganzjährig in Athen, Mesogíon 2, Tel. 7775644, eine Notrufstation.
Die ELPA vermittelt Adressen von Anwälten, die Rechtshilfe leisten und kostenlos Rechtsauskünfte geben.

Taxen

gibt es nur in einigen Städten wie Patras, Korinth, Nauplia, Árgos, Trípolis, Sparta, Kalamáta und Pírgos. Nur für Stadtfahrten und einige Ziele in der Umgebung werden sie in Betracht kommen. Daneben gibt es Wagen mit der Bezeichnung »ΑΓΟΡΑΙΩΝ«. Das sind Mietwagen, die vor allem für längere Fahrten außerhalb der Stadt zur Verfügung stehen. Man vereinbare in jedem Fall den Preis vor Fahrtantritt.

Leihwagen

Diese gibt es nur in Patras, z. B. Hellascar, Othónos-Amaliás 25, Tel. 272984. Wer mit dem Flugzeug über Athen anreist, sollte sich schon dort bei einer der zahlreichen Agenturen einen Wagen besorgen. Die Preise richten sich nach Typ, Jahreszeit und Mietdauer. Empfehlenswert ist eine Haftpflicht- und Vollkaskoversicherung.

Busverkehr

Die Peloponnes ist durch ein dichtes Busnetz verkehrsmäßig erschlossen. Der Bus ist das wichtigste und zugleich preiswerteste Verkehrsmittel des Landes. Die Linien laufen meist sternförmig in den großen Orten zusammen. Bei längeren Fahrten empfiehlt es sich, rechtzeitig vorher in den Büros an den Endstationen Plätze zu buchen.

Eisenbahn

Es gibt in der Peloponnes ein eigenes Schmalspurbahnnetz. Es besteht im wesentlichen aus einer Ringlinie, die von Korinth entlang der Nordküste über Diakoptón (Abzweigung der Zahnradbahn nach Kalávrita) nach Patras führt und von dort weiter über Pírgos nach Kiparissía mit Abzweigungen nach Katákolon und Olympia. Von dort führt die Bahn zurück über Trípolis und

Árgos mit Abzweigungen nach Kalamáta und Megalópolis. Lakonien ist nicht durch die Eisenbahn erschlossen. Von Korinth führt die Bahn über den Kanal bis nach Athen, wo die Linie in einer eigenen Station im Peloponnes-Bahnhof endet. Die Strecken werden im wesentlichen mit Triebwagen befahren, deren Geschwindigkeit gering ist, z. B. Korinth-Patras 2½, Korinth-Trípolis-Kalamáta 6½ Stunden. Die Preise liegen auch höher als auf den vergleichbaren Busstrecken. Es gibt aber ermäßigte Zeit- und Gruppenkarten.

Schiffslinien

Nur die Ostküste der Peloponnes ist durch mehrere Schiffsverbindungen erschlossen, die alle von Piräus ausgehen. Die Inseln des Saronischen Golfs mit Ägina, Póros und Méthana sind mehrfach täglich durch Fährschiffe, die auch eine Mitnahme von Autos gestatten, untereinander verbunden. Diese Linien eignen sich also auch von Athen aus für eine Anreise mit dem Auto. Daneben bestehen dichte Passagierschiffsverbindungen auch mit den Inseln Hydra und Spétsä. – Schließlich gibt es eine schnelle Verbindung mit Tragflächenbooten vom Zea-Hafen in Piräus aus. Eine Fahrt mit den Tragflächenbooten ist bequem, aber nur bei ruhiger See zu empfehlen. Bei Seegang schlagen die Gleitboote hart auf den Wellenkämmen auf. Mehrfach täglich werden angelaufen: Ägina, Méthana, Póros, Hydra, Ermióni, Spétsä, Kósta, Portochéli und Nauplia, gelegentlich auch die lakonischen Häfen Leonídion, Jérakos und Monemvasía. – Zwei- bis dreimal wöchentlich gibt es eine Schiffsverbindung von Piräus ebenfalls nach Leonídion und Monemvasía sowie nach Gíthion, Neápolis und Portokájo (Mani) im lakonischen Golf sowie zu den Inseln Kíthira, Antikíthira und nach Kastélli in Westkreta. – Fahrpreise und Abfahrtszeiten, die sich häufig ändern, muß man in den jeweiligen Häfen erfragen.

Fahrplanauskünfte

Fahrpläne aller Verkehrsmittel werden monatlich veröffentlicht in folgenden beiden Broschüren:
»Key Travel Guide«, zu beziehen bei Key Travel Guide, Athen 134, Kriezótou 6, und »Greek Travel Pages«, zu beziehen bei Greek Travel Pages, Athen 133, Voukouréstiou 4. Beide Broschüren bekommt man bei einigen deutschen Reisebüros, z. B. bei Hellas-Orient-Reisen, Kaiserstraße 11, Frankfurt/M., Telefon 20736, Telex 41 26 15. – In jedem Falle empfiehlt es sich jedoch, die Fahrzeiten und Preise vor Ort nochmals zu prüfen.

Post, Telefon, Telegramme

Die *Brief- und Paketpost* sowie der *Postzahlungsverkehr* werden von den Postämtern, der *Telefon- und Telegrammverkehr* dagegen von besonderen Büros der Telefongesellschaft OTE abgewickelt.

Briefmarken erhält man außer bei den Postämtern auch an vielen Kiosken. *Telefonieren* kann man außer in OTE-Büros auch in blauen (Inland) und orangen (Ausland) Telefonzellen. Die Automaten nehmen allerdings nicht alle Münzsorten und die Auslandsverbindungen klappen meist nicht. Ortsgespräche kann man in Städten auch von Kiosken führen. Der Telefonverkehr mit dem Ausland ist vollautomatisch. Man wählt zuerst die Landesvorwahl (Bundesrepublik 0049, Österreich 0043, Schweiz 0041), danach die Ortskennziffer unter Weglassung der ersten 0, danach die Apparatnummer.

Hotels, Unterkünfte

Es gibt in der Peloponnes zahlreiche Möglichkeiten in den verschiedensten Hotelklassen unterzukommen. Man unterscheidet – abgesehen von der Klasse L (Luxus), die es in der Peloponnes bisher nicht gibt – die Hotelkategorien A (1. Klasse), B (2. Klasse), C (3. Klasse) sowie die Kategorien D und E. Die Einteilung in die Klassen, die von der Nationalen Touristenorganisation vorgenommen worden ist, folgt der Ausstattung der einzelnen Hotels. So haben Zimmer der Klassen A bis C in der Regel Bad bzw. Dusche und WC. Bei den bescheidenen Klassen D und E ist dies nicht der Fall. Man wird jedoch feststellen, daß die offizielle Einteilung nicht immer der Wirklichkeit entspricht. Es kann immer wieder vorkommen, daß C-Hotels in Ausstattung, Service und Pflege besser sind als B- oder gar A-Hotels. Eine Neugliederung nach dem Sterne-System, wie in anderen Reiseländern üblich, ist geplant.

Buchungen kann man nicht nur direkt beim Hotel oder über Reisebüros vornehmen, sondern auch über die Fremdenverkehrszentrale Karageórgis Servías 2, Athen, Telefon 3237193, notfalls auch bei der Griechischen Hotelkammer (Xenodochiákon Epimelitírion), Mitropoléos 1, Athen, Telefon 3236962, Telex 214269 XEPE GR. Diese Organisation gibt jährlich einen aktuellen Hotelführer heraus, der bei den Büros der Griechischen Zentrale für Fremdenverkehr – wenn man Glück hat – zu haben ist. Rechtzeitige Reservierungen empfehlen sich zum mindesten in der Hochsaison Juli / August und zur Zeit des griechischen Osterfestes.

In zahlreichen, auch kleineren Orten gibt es Privatquartiere. Auskünfte gibt die Touristenpolizei oder auch die normale Polizei des jeweiligen Ortes. – Ferienwohnungen und Ferienhäuser gibt es auf der Peloponnes bisher nur in geringem Maße. Vereinzelt werden solche Häuser von deutschen Reisebüros

angeboten, z. B. von ADAC-Reise GmbH., Baumgartnerstr. 53, München 70,
Tel. 089/76761, und Attika-Reisen, Sonnenstr. 3, München 2, Tel. 089/
555114, Telex 22377. Ein umfassendes Angebot hat Argel Travel Ltd., Vass.
Sofías 65, Athen, Tel. 712766, Telex 219869.

Restaurants, Tavernen, Lokale

Möglichkeiten, Essen zu gehen, gibt es überall in vielfältiger Form. Praktisch
nur in Athen und seiner Umgebung findet man erstklassige Restaurants. Sonst
wird man im Lande meist mittlere und einfachere Lokale mit einem häufig nur
begrenzten Angebot vorfinden. Freilich ißt man gerade dort typisch griechisch
und wird schnell und aufmerksam bedient, was man nicht immer von solchen
Lokalen und Hotelrestaurants sagen kann, die auf den Massentourismus
eingestellt sind.

Die *Taverne (tavérna)* ist das einfache griechische Lokal, wo man nach
»Hausmacherart« ißt und trinkt. Tavernen, die vor allem abends besucht
werden, haben manchmal Musik und sind dann auch nicht immer billig. – Das
Restaurant (estiatórion) ist das reine Speiselokal mit größerer Auswahl. Es
reicht von sehr einfachen Kategorien bis in die Spitzenklasse. – Spezialitäten
vom Holzkohlengrill bekommt man in der *psistariá,* was etwa der *Rotisserie*
entspricht. – *Bierlokale (birería)* und *Weinschänken (inopolíon)* bieten vor
allem diese Getränke, daneben aber auch Speisen in begrenzter Auswahl an. –
Kéntron ist das *Gasthaus* in kleineren Orten, meist eine einfache Mischung
zwischen Taverne und *kafeníon.* Letzteres, das *Kaffeehaus,* ist der typische
Treffpunkt der griechischen Männer, wo man nicht nur Kaffee in seinen vielen
Arten, sondern auch Limonade, Oúso, Rakí oder auch nur Wasser trinkt, wo
man Távli spielt und vor allem redet. – Oúso, Mezédes und andere Kleinigkei-
ten bekommt man auch in der *ouserie.* Mit der »Europäisierung« Griechenlands hat auch die Pizzeria Einzug gehalten.

Eine wichtige Rolle spielen Süßigkeiten und Kuchen. Man bekommt sie und
viele Getränke im *zacharoplastíon,* was eigentlich Zuckerformerei heißt. Milch
und Milchgetränke und ebenfalls Kuchen gibt es in der *Milchbar (bar galakterá
potá)* und im *galaktopolíon,* dem *Milchgeschäft,* wo man vor allem auch den
typischen Milchreis und vorzüglichen Joghurt bekommt.

Griechische Küche

Nimmt man griechische Kochbücher zur Hand, so staunt man über die Vielfalt
der kulinarischen Möglichkeiten. In der Praxis bekommt man davon jedoch
nicht allzuviel zu sehen. In den meisten Restaurants und Tavernen ist die
Speisekarte nicht besonders abwechslungsreich. Trotzdem ist die griechische

Küche besser als der Ruf, mit dem manche sie belegen. Wie in allen Mittelmeerländern spielt das Olivenöl eine große Rolle und wird reichlich verwendet. Nicht jedermanns Geschmack ist es, daß die Gerichte oft lauwarm serviert werden. Das hängt damit zusammen, daß es keine festen Tischzeiten gibt, die Speisen deshalb frühzeitig zubereitet werden und dann stundenlang auf dem verlöschenden Herdfeuer stehen.

In den meisten Restaurants und Tavernen gibt es Speisekarten, oft auch in englisch und französisch. Wer mit der Schrift oder den Namen nicht zurechtkommt, kann insbesondere in kleineren Lokalen in die Küche gehen und die Speisen auf dem Herd ansehen und aussuchen. Ebenfalls ist es üblich, sich frisches Fleisch sowie Fische zeigen zu lassen, die man zubereitet haben möchte. Fisch und Fleisch werden häufig auf dem Holzkohlenfeuer gegrillt.

Als *Aperitif* trinkt man gewöhnlich *oúso* (Anisschnaps), den man mit Wasser mischen kann und der dann milchig wird. Zu einem *oúso* wird häufig ein Tellerchen mit *mezedákia* (Appetithappen) serviert. Die mezedákia sind sehr vielseitig, z. B. grüne und schwarze Oliven, Sardellen, *taramosaláta* (Fischrogensalat), *melitsánosaláta* (Auberginenpüree), *fassóliasaláta* (Weiße-Bohnen-Salat), *dolmadákia* (Weinblätter, gefüllt mit Hackfleisch und Reis), *kalamarákia* (gebratene kleine Tintenfische).

Beliebt ist die *fassoláda* (Weiße-Bohnen-Suppe), die *soúpa avgolémono* (Zitronensuppe mit Ei) und im Hafen die *kakávia* (Fischsuppe). Zu Ostern ißt man die *magirítsa* (eine aus den Füßen und Innereien des Osterlammes zubereitete Suppe).

Fische ißt man am besten am Hafen, denn dort hat man die Gewähr, daß sie frisch sind. In Griechenland ist Fisch meist teurer als Fleisch. Spezialitäten: *barboúnia* (Rotbarbe), *kalamarákia* (Tintenfisch), *oktapódi* (Polypen), *palamída* (großer Fisch mit festem Fleisch, der als Filet mit Zwiebeln, Tomaten und Zitronen zubereitet, gut schmeckt), *astakós* (Langusten), *garídes* (Krabben).

In Griechenland erhält man meist Lammfleisch *(arnáki)* und Rindfleisch *(moschári),* das entsprechend zubereitet gut schmeckt und meist auch recht zart ist. Spezialitäten: *stifádo* (Rindfleischragout, Zwiebeln und Tomaten zu gleichen Teilen geschmort und mit *kymíno* gewürzt), *souvlákia* (mit Oregano) *rígani,* gewürzte kleine Fleischstückchen, die auf Spieße gesteckt und über Holzkohlenfeuer gegrillt werden), *keftédes* (Hackfleischklößchen). In den Tavernen mit Holzkohlenfeuer werden ganze Spanferkel, Lämmer und Hühner *(kotópoulo)* am Spieß gebraten. Hier kann man auch *kokorétsi* (mit Innereien gefüllte, stark gewürzte Därme, die auf Spieße gewickelt und dann gegrillt werden) bekommen.

Zu den Fleischgerichten werden meist Pommes frites, Makkaroni *(makarónia)* oder Reis *(piláfi)* serviert.

Gemüse ist ein wichtiger Bestandteil in der griechischen Küche, zumal die

Auswahl hier sehr gut ist. Artischocken *(angináres)* werden in einer Zitronensauce mit Dill serviert, grüne Bohnen und Okra mit Tomatensauce. Häufig angeboten wird *moussaká*, ein Auflauf aus Auberginen oder Kartoffeln mit Hackfleisch, vor dem Backen übergossen mit einer Béchamelsauce.

Sehr gut schmeckt der *choriátiki saláta*, Salat aus Tomaten, Gurken, Paprika, Oliven, Zwiebeln und *féta*, (weißer, stark gesalzener Schafskäse). Eine Spezialität ist *pantsária* mit *skordaliá* (Salat aus Roten Beten mit Knoblauchsauce). Diese Sauce wird im übrigen auch zu gebackenem Stockfisch *(bakaliáros tighanitós)* gegessen. Erfrischend ist *tsatsíki* (Gurkenjoghurt mit Knoblauch und Dill).

Die beliebtesten *Käsesorten* sind *féta* (weißer Schafskäse), *kasséri* (Hartkäse), *graviéra* (Gruyere) sowie *misíthra* (quarkähnlicher Käse im Topf aus Schafs- oder Ziegenmilch). *tirópita* (Blätterteigstückchen mit Käsefüllung) bekommt man warm in kleinen Läden.

In Griechenland schließt man die Mahlzeit im allgemeinen nicht mit einer Süßspeise ab. Als *Nachtisch* wird meistens frisches Obst gegessen.

Das *Gebäck* ist oft sehr fett und süß. Es wird häufig noch mit Sirup übergossen. Spezialitäten: *loukoumádes* (Hefeteigkringel in Öl ausgebacken, ähnlich unseren Spritzkuchen, mit Honig übergossen und Zimt bestreut), *baklavá* (Nußgebäck, hergestellt aus *fílo*, einer Art Blätterteig, und mit Sirup übergossen), *kataífi* (spaghettiähnliche Teigsträhnen mit Nüssen, Butter und Honig gebacken). Von ausgezeichneter Qualität ist der *jaúrti* (Joghurt), den man in Milchläden aus einem großen Faß oder auch in Restaurants und Geschäften abgepackt bekommen kann.

Es gibt sehr viele Arten den *Kaffee* zuzubereiten, der in den kleinen Kupferkännchen gekocht wird. Wer den Kaffee mittelsüß und mittelstark haben möchte, bestelle *métrio*, wer ihn sehr süß liebt *varígliko*, ohne Zucker *skéto*. Zu dem Täßchen Kaffee wird immer ein Glas frisches Wasser serviert. In Privathäusern und Klöstern bekommt man meistens noch ein Tellerchen mit glyká (Süßes: kandierte Früchte, z. B. kleine bittere Orangen, Quitten, Kirschen) angeboten. Getrunken wird zum Essen meistens retsína (geharzter Weißwein) oder Bier. Der hellrote geharzte Wein heißt *kokkinélli*. Man sollte natürlich vor allem die örtlichen Weine probieren. In kleinen Tavernen werden häufig eigene Produkte serviert. Fast die ganze Peloponnes ist Weinbaugebiet. Drei Gebiete sind aber von überörtlicher Bedeutung: Patras mit der Rebsorte Roditis und dem Süßwein »Mavrodaphne«. Wichtigste Kellereien sind dort Achaia Claus und die Genossenschaft Patraiki. Bei Rion wird der Moskátos, ein gehaltvoll herber Süßwein angebaut. Bei Nemea wird ein sehr guter Rotwein aus der Agiortiko-Traube gewonnen. Das dritte bedeutende Anbaugebiet liegt bei Mantíneia nördlich Trípolis, wo aus der Moskophilero- und der Asprudes-Traube der Weißwein »Mantinía« gekeltert wird.

Wissenswertes von A bis Z

Antiquitäten

Die Ausfuhr von antiken Gegenständen, die in Griechenland gefunden wurden, ist untersagt. Geringwertige Gegenstände können mit Erlaubnis des Archäologischen Dienstes, Athen, Polygnótou 13, ausgeführt werden gegen Hinterlegung des Ausfuhrzolles. Die Erteilung der Genehmigung kann allerdings mehrere Monate dauern. Gegenstände, deren Ausfuhr verboten wird, muß der Staat zum halben Wert ankaufen. Wer Gegenstände ohne Erlaubnis ausführt, muß mit hohen Strafen rechnen.

Feiertage

Gesetzliche Feiertage sind Neujahr, Epiphanias am 6. Januar, Karnevalsmontag, der besonders in Patras gefeiert wird, ebenso Aschermittwoch (Kathára Déftera), Mariä Verkündigung, gleichzeitig der Nationalfeiertag am 25. März. Größtes Fest ist Ostern mit der Karfreitagsprozession, Gottesdiensten am Karfreitag, in der Osternacht und am Ostersonntag. Besonderen Charakter hat das Fest in Trípolis, auf Hydra und im Dorf Trápeza bei Patras. Weitere Feiertage sind der 1. Mai nicht nur als Tag der Arbeit, sondern auch als Frühlingsfest, Mariä Himmelfahrt am 15. August und der »Ochi«-Tag am 28. Oktober, an dem Griechenland 1940 »Nein« zum Ultimatum Italiens sagte. Zur Erinnerung an die Schlacht von Navarino findet am 20. Oktober ein Fest in Pílos statt. Andere Feste zur Erinnerung an die Befreiung Griechenlands sind das Miaoulis-Fest im Juni auf Hydra und ein ähnliches Fest Anfang September auf Spétsä.
Zahllose Feste werden an den jeweiligen Namenstagen der Heiligen bei den ihnen geweihten Kirchen gefeiert. Zu den wichtigsten gehören: 23. April (Ágios Geórgios), 29. Juni (Ágii Pétros und Pávlos), 28. Juli (Ágios Panteléimon), 30. November (Andreasfest in Patras), 6. Dezember (Ágios Nikólaos).

Fotografieren

Das Fotografieren mit einer leichten Kamera ohne Stativ ist in Museen und an einigen archäologischen Stätten gegen eine zusätzliche Eintrittskarte erlaubt. Der Gebrauch einer größeren Kamera mit Stativ erfordert eine besondere Erlaubnis, die bei der Direktion für Altertümer u. Restauration, Athen, Aristidou 14, zu erhalten ist. Die Erlaubnis ist kostenlos, wenn es sich um wissenschaftliche Arbeiten handelt, dagegen kostenpflichtig für kommerzielle Zwecke. Verboten sind Reklamefotos und Gruppenaufnahmen mit Stativ.

Geldwechsel

Geld kann man bei fast allen Banken wechseln. Man tauscht DM gegen Dr in

Griechenland günstiger als in Deutschland. Banken sind geöffnet von 8 bis 14 Uhr, freitags 8 bis 13 Uhr, samstags und sonntags geschlossen.

Geschäftszeiten

Die Geschäfte sind werktags von Mitte Mai bis Mitte Oktober montags, mittwochs und samstags von 8 bis 14 Uhr, dienstags, donnerstags und freitags von 8 bis 13 Uhr und nachmittags von 17 bis 20 Uhr geöffnet. Änderungen sind möglich. – Ab Mitte Oktober bis Mitte Mai sind die Öffnungszeiten etwas kürzer.

Kirchen

Daß man Kirchen nur in angemessener Kleidung betritt, ist eigentlich selbstverständlich. An stärker besuchten Kirchen und in Klöstern findet man auch entsprechende Hinweise. Frauen sollten sie nicht in Shorts, nicht einmal in langen Hosen betreten. Freilich nehmen Touristen hierauf kaum noch Rücksicht. – In zunehmendem Maße sind leider viele sehenswerte Kirchen abgeschlossen. Manchmal findet man, sofern es sich nicht um Sicherheitsschlösser handelt, den Schlüssel in einem Versteck in der Nähe der Tür. Innerhalb von Orten bekommt man die Schlüssel meist, wenn man in der Nachbarschaft – am besten im nächsten Kafeníon – fragt. Nicht immer, aber häufig, hat der Priester, der Papás, den Schlüssel. Liegen die Kirchen weit von Orten entfernt, braucht es Zeit, an die Schlüssel zu kommen. Nur vereinzelt können wir in diesem Buch hierzu Hinweise geben, da der Schlüsselbesitzer häufig wechselt. Hier muß der interessierte Reisende Eigeninitiative entwickeln.

Museen und archäologische Stätten

Museen und archäologische Stätten haben unterschiedliche Öffnungszeiten im Sommer (1. 4. bis 15. 10.) und Winter (16. 10. bis 31. 3.). Sie sind häufig Änderungen unterworfen, deshalb muß in diesem Buch auf Zeitangaben verzichtet werden.

Studenten, Wissenschaftler, Künstler und Architekten, die sich studienhalber in Griechenland aufhalten, bekommen einen kostenlosen Dauerausweis für alle Museen und archäologische Stätten. Paßbild und Bescheinigung von Schule oder Universität sind erforderlich. Ebenfalls freien Eintritt erhalten Schülergruppen humanistischer Gymnasien und Studenten jeweils in Begleitung eines Lehrers oder Professors. Schriftlicher Antrag, Einsendung der Namensliste und zwei Paßbilder des Lehrers an die Direktion für Altertümer, Aristidou 14, Athen, montags bis freitags von 11 bis 13 Uhr. Studenten mit Ausweis erhalten 50% Ermäßigung.

Nachrichten

Im 1. Programm des griechischen Rundfunks E.R.T., MW 728 kHz, gibt es werktags um 7.15 und 20.30 Uhr, sonntags um 7.15 Uhr Nachrichten in englischer, französischer und deutscher Sprache. – Das Fernsehen der Streitkräfte Y.E.N.E.D. sendet Nachrichten in englischer Sprache täglich um 18.15 Uhr. – Die Deutsche Welle ist täglich in Griechenland von 7 bis 10 Uhr und von 15 bis 18 Uhr MEZ zu empfangen auf Kurzwelle 6075 kHz (49-m-Band) und 9545 kHz (31-m-Band).

Ostern

Das griechische Osterfest ist das bedeutendste religiöse Fest der griechisch-orthodoxen Kirche. Man sollte das Fest insbesondere auf dem Land unbedingt einmal miterleben. Der Termin des griechischen Osterfestes fällt aber nicht immer mit unserem Osterfest zusammen. Die unterschiedliche Berechnung des Ostertermins geht auf frühchristliche Meinungsverschiedenheiten und auf das Konzil von Nikäa im Jahre 325 zurück. Will man das griechische Osterfest erleben, erkundige man sich also nach dem Termin.

Reisekleidung

Im allgemeinen genügt von Mai bis September leichte Kleidung. In den übrigen Monaten ist ein Regenschutz notwendig, von Dezember bis März auch wärmere Kleidung, denn »richtig frieren lernt man erst in südlichen Ländern«. Für Wanderungen ist festes Schuhwerk mit Gummi-, besser Profilsohlen wichtig. Bei Bergtouren können auch robuste Handschuhe nützlich sein, insbesondere, um sich nicht an dem stacheligen Buschwerk zu verletzen. Im Sommer ist eine Kopfbedeckung zu empfehlen. Badeschuhe sind an den oft steinigen und felsigen Stränden und als Schutz gegen Seeigel von Vorteil.

Strom

In Griechenland ist die Stromspannung 220 V. In Steckdosen passen häufig nur flache Europastecker. Deshalb sollte man Zwischenstecker mitnehmen.

Trinkgeld

Das richtige Trinkgeld zu geben, ist die hohe Kunst des Reisens. Feste Regeln gibt es da nicht. In Restaurants und Tavernen rundet man den Betrag auf. 5 bis 10% von der Rechnungssumme sollten es aber im allgemeinen sein. Wichtig ist, auch dem Gehilfen des Kellners, der Wasser, Getränke, Brot und Bestecke bringt, einen kleinen Betrag zu geben. In Hotels sollte man Trinkgelder nur den Personen geben, die sich wirklich dienstbar gemacht haben. Führer, die man sich zu Sehenswürdigkeiten nimmt, sollte man vorher nach dem Preis fragen, wenn sie sich zur Führung anbieten. Sie haben in der Regel konkrete Vorstellungen. Bittet man jemanden von sich aus um Begleitung, tun es häufig Zigaretten oder ein Kaffee im nächsten Kafeníon. Bei Kindern sind Bonbons (Karamelle), besonders ausländische, sehr begehrt. Man sollte sie immer bei sich haben. In Kirchen und Klöstern sollte man den Mönchen oder Priestern einen kleinen Betrag für die Kirche in die Hand drücken oder in den Opferstock stecken, wenn sie einen geführt, Räume aufgeschlossen oder auch bewirtet haben. In Nonnenklöstern kann man als Dank eine oft angebotene Handarbeit erwerben.

Volta

Volta nennt der Grieche den abendlichen Spaziergang, besonders an Sonn- und Feiertagen, bei dem er oft stundenlang die Hauptstraße des Ortes hinauf- und hinuntergeht, wobei die Straße oder der Platz für den übrigen Verkehr gesperrt ist.

Währung

Währungseinheit ist die Drachme (Dr). Es gibt Münzen zu 1, 2, 5, 10, 20 und 50 Drachmen und Scheine zu 50, 100, 500 und 1000 Drachmen. Die Einteilung der Drachme, die heute noch etwa 1,5 Pfennig wert ist, in 100 Lepta ist durch den Währungsverfall praktisch ohne Bedeutung geworden. Entsprechende Münzen gibt es nicht mehr.

Wetterberichte

Der griechische Rundfunk sendet im 1. Programm, 728 kHz, täglich um 6.30 Uhr Wetterberichte mit Wetterlage und Vorausschau für die einzelnen Seegebiete in Griechisch und anschließend in Englisch. Ferner Wetterberichte nach den Nachrichten werktags von 7.30 bis 7.45 Uhr und um 19.10 Uhr, sonntags um 7.15 und 19.10 Uhr in Englisch, Französisch und Deutsch.

Zeit

In Griechenland gilt die osteuropäische Zeit, die der mitteleuropäischen Zeit um 1 Stunde, der Zeit von Greenwich um 2 Stunden voraus ist. Im Sommer (April bis Oktober) wird die Uhr eine weitere Stunde vorgestellt.

Literatur

Aus der nahezu unübersehbaren Fülle der Griechenland-Literatur sei hier eine – naturgemäß unvollständige und subjektive – Auswahl gegeben. Der Abschnitt Reiseliteratur weist auf Bücher hin, die besonders geeignet sind, den vorliegenden Führer vor, während und nach der Reise zu ergänzen.

Abkürzungen

AJA   American Journal of Archeology
AM   Athenische Mitteilungen des Deutschen Archäologischen Instituts
BCH   Bulletin de Correspondence Hellenique
BSA   Annual of the British School in Athens
JDAI   Jahrbuch des Deutschen Archäologischen Instituts
JHS   Journal of Hellenistic Studies
RE   Pauly-Wissowa, Realencyclopädie der klassischen Altertumswissenschaften

Reiseliteratur

S. Bach, Wir gehen Essen in Griechenland, ADAC-Reiseratgeber München 1977. – John Chadwick, Die mykenische Welt, Reclam 1979. – H. M. Denham, Die Ägäis. Ein Führer für Sportschiffer, Busse, Herford. – H. M. Denham, Ionische Inseln, Kreta und Rhodos. Ein Führer für Sportschiffer, Busse, Herford. – W. Ekschmitt, Fahrten auf dem Peloponnes, Ullstein, Berlin 1979. – P. Fermor, Mani, Salzburg 1974. – H. Fink/K. D. Francke/T. David, Peloponnes (Bildband), Pinguin, Innsbruck 1984. – J. Gaitanides, Griechenland ohne Säulen, 2. Aufl., List, München 1978. – P. Greenhalgh/E. Eliopoulos, Deep into the Mani, Faber and Faber, London 1985. – H. Haller v. Hallerstein, Streifzüge auf dem Peloponnes, Otto Müller, Salzburg 1986. – W. Hautumm, Peloponnesische Wanderungen, Fulda 1980. – Brian de Jongh, Griechenland, Prestel, München 1974. – E. Kästner, Ölberge, Weinberge, Insel (TB 55), Frankfurt 1974. – E. Kirsten/ W. Kraiker, Griechenlandkunde, 5. Aufl., Winter, Heidelberg 1967. – Kitto, Die Griechen, Prestel, München 1978. – R. Knoll, Griechischer Wein, Meininger, Neustadt 1985. – R. Lidell, The Morea, London 1958. – Wolfgang Frhr. v. Löhneysen, Mistra, Prestel, München 1977. – Mittelmeerhandbuch des Deutschen Hydrograf. Instituts, Hamburg, IV. Teil. – E. Nack/W. Wägner, Land und Volk der alten Griechen, Ueberreuter, Wien/ Heidelberg 1975. – Pausanias, Beschreibung Griechenlands, hrsg. v. E. Meyer, 2 Bde., dtv 6008/9. – E. Peterich/J. Rast, Griechenland, Walter, Olten/Freiburg 1973. – Clodwig Plehn, Kreuzritterburgen auf dem Peloponnes, Schnell + Steiner, München. – J. Poethen, Der Atem Griechenlands, Classen, Düsseldorf, 1977. – R. V. Schoder, Das antike Griechenland aus der Luft, Lübbe, Bergisch Gladbach 1975. – W. Weiß/K. Kerenyi, Griechenland, Bucher, Luzern/Frankfurt 1977. – C. W. Weber, Die Spartaner, Econ 1977. – W. Grandjot, Reiseführer durch das Pflanzenreich der Mittelmeerländer, Bonn 1965. – O. Polunin/A. Huxley, Blumen am Mittelmeer 2. Aufl., München 1970. – H. Reisigl/E. + O. Danesch, Mittelmeerflora, Hallwag-Verlagsges. (TB 112), Ostfildern. – P. u. J. Schönfelder, Das blüht am Mittelmeer, Stuttgart 1975.

Allgemeines

Baedeker, Griechenland, 1908. – A. Bon, La Péloponnes byzantine jusqu'en 1204, Bibliotheque byzantine, Paris 1951. – A. Bon, La Morée franque, Bd. I Texte, Bd. II Planches, Bibliotheque d'Ecole française, Paris 1969. – E. Curtius, Peloponnes, 2 Bde., Gotha 1851/52. – O. Dapper, Naukeurige Beschryving van Morea, Amsterdam 1688. – E. Dodwell, A classical and topographical Tour through Greece, London 1819, übersetzt von Sichler, Meiningen 1821/22, 2 Bde. – K. G. Fiedler, Reise durch alle Teile des Königreichs Griechenland, Leipzig 1840/41. – W. M. Leake, Travels in the Morea, 3 Bde., London 1830. W. M. Leake, Peloponesiaca (London 1846), Amsterdam 1967. – E. Meyer, Peloponnesische Wanderungen, Zürich 1939. – E. Meyer, Neue Peloponnesische Wanderungen, Bern 1957. – Pausanias, Beschreibung Griechenlands, hrsg. v. E. Meyer, dtv 6008/9. – A. Philippson, Die Griechischen Landschaften, Band III Der Peloponnes, Teil I, II, Frankfurt 1959. – A. Philippson, Das Klima Griechenlands, Bonn 1948. – J. Ponten, Griechische Landschaften, 2 Bde., Stuttgart 1914. – H. Schaal, Die Insel des Pelops, Bremen 1943.

Mythologie, Religion

Hans v. Campenhausen, Griechische Kirchenväter, Kohlhammer, Stuttgart, Urban-Bücher, 1977. – H. Hunger, Lexikon der griechischen und römischen Mythologie, Rowohlt, TB 6178, Reinbek 1974. – Marie Luise Kaschnitz, Griechische Mythen, dtv 1079. – M. P. Nilsson, Geschichte der griechischen Religion, 2 Bde., Beck, München 1974/76. – R. Ranke-Graves, Griechische Mythologie I/II, Rowohlt, TB 113, 115, Reinbek 1974. – Herbert Jennings Rose, Griechische Mythologie, Beck, München 1974. – W. Schadewaldt, Sternsagen der Griechen, Insel, TB 234, Frankfurt 1976. – E. Simon, Die Götter der Griechen, Hirmer, München 1969.

Geschichte

E. Bayer, Griechische Geschichte, Kröner, Stuttgart 1968. – H. Bengtson, Griechische Geschichte, Beck, München 1976. – H. Berve, Spätzeit des Griechentums, Herder, Freiburg 1965. – H. Berve, Die Tyrannis bei den Griechen, 2 Bde., Beck, München 1967. – J. P. Fallmerayer, Geschichte der Halbinsel Morea im Mittelalter, Stuttgart 1830 (Hildesheim 1965). – G. Finlay, A History of Greece, 7 Bde., London 1877. E. Gerland, Geschichte der Frankenherrschaft in Griechenland, 2 Bände, Bad Homburg, 1905. – F. Gregorovius, Geschichte der Stadt Athen im Mittelalter (1889), dtv 6114. – V. Grönbech, Hellas, Bd. 1, Die Adelszeit, Rowohlt, Reinbek 1965. – H.-W. Haussig, Byzantinische Geschichte, Kohlhammer, Stuttgart, Urban-Bücher 117, 1969. – W. A. Heurtley / H. C. Darby / C. W. Crawley, Griechenland, Kohlhammer, Stuttgart 1965. – M. Nikolinakos, Widerstand und Opposition in Griechenland (1967–1974), Luchterhand, Neuwied 1974. – Propyläen-Weltgeschichte, Bd. 3 Griechenland, Berlin 1967. – Leopold v. Ranke, Die Venezianer in Morea, Hist.-pol. Ztschr., Berlin 1835. – H. Richter, Griechenland zwischen Revolution und Konterrevolution (1936–1946), Europ. Verlagsanst., Köln 1972.

Kulturgeschichte

Bibliothek der griechischen Literatur, 5 Bde., von Anton Hiersemann, Stuttgart 1971/
74. – J. Burckhardt, Griechische Kulturgeschichte, 4 Bde., dtv 5957, München 1977. –
W. Elliger. Die Darstellung der Landschaft in der griechischen Dichtung, de Gruyter,
Berlin 1975. – M. I. Finley, Die Griechen, Beck, München 1976. – R. Flacelière,
Griechenland, Reclam, 1978. – E. Friedell, Kulturgeschichte Griechenlands, Beck,
München 1970. – Griechische Volksmärchen, Diederichs, Düsseldorf 1965. – A. Lesky,
Die griechische Tragödie, Kröner, Stuttgart 1968. – A. Lesky, Geschichte der griechi-
schen Literatur, Francke, Bern/München 1971. – F. Schachermeyr, Geistesgeschichte
der perikleischen Zeit, Kohlhammer, Stuttgart 1971. – M. Vitti, Einführung in die
Geschichte der neugriechischen Literatur, Hueber, Ismaning 1975.

Archäologie, Kunst

Boardman/Dörig/Fuchs, Die griechische Kunst, Hirmer, München 1976. – E. Buschor,
Griechische Vasen, Piper, München 1969. – J. Charbonneaux/R. Martin/F. Villard,
Die griechische Kunst, Bd. II Das archaische Griechenland, Bd. III Das klassische
Griechenland, Bd. IV Das hellenistische Griechenland, Beck, München 1977. – P. De-
margne, Die griechische Kunst, Bd. I Die Geburt der griechischen Kunst, Beck, Mün-
chen 1977. – P. R. Frank/M. Hirmer, Die griechische Münze, Hirmer, München 1972. –
Greek Traditional Architecture, Peloponnes, Melissa, Athen. – G. Gruben, Die Tempel
der Griechen, Hirmer, München, 2. Aufl. 1976. – E. Homann-Wedekind, Das Archai-
sche Griechenland, Holle, Baden-Baden 1975. – G. Kantorovicz, Vom Wesen der
griechischen Kunst, Lambert/Schneider, Heidelberg 1961. – J. Kromayer, Antike
Schlachtfelder, 4 Bde., Berlin 1903. – E. Langlotz, Griechische Kunst in heutiger Sicht,
Klostermann, Frankfurt 1973. – K. Lehmann-Hartleben, Die antiken Hafenanlagen des
Mittelmeeres, Klio, Beiheft 14, 1923. – Sp. Marinatos/M. Hirmer, Kreta, Thera und das
Mykenische Hellas, Hirmer, München, 3. Aufl. 1976. – F. Matz, Geschichte der griechi-
schen Kunst, Klostermann, Frankfurt o. J. – F. Matz, Kreta und frühes Griechenland,
Holle, Baden-Baden 1975. – E. Melas, Alte Kirchen und Klöster Griechenlands, Du-
Mont Schauberg, Köln 1972. – Propyläen Kunstgeschichte, Bd. 1 K. Schefold, Die
Griechen und ihre Nachbarn, Berlin 1967. – K. Schefold, Griechische Plastik, Birkhäu-
ser, Basel 1949. – K. Schefold, Klassisches Griechenland, Holle, Baden-Baden 1975. –
E. Simon, Die griechischen Vasen, Hirmer, München.

Landschaften und Orte

Korinthia: Corinth, Results of Excavation by the American School of Classical-Studies
at Athens, Princeton, 1929 ff. – B. H. Hill, The Temple of Zeus at Nemea, Princeton
1966. – H. Payne u. a., Perachóra, The Sanctuaries of Hera Ákraia and Limenaia, 2 Bde.,
Oxford 1940, 1962.
Argolis: C. W. Blegen, Excavations at the Argive Heraeum, 1925, AJA 29 (1925)/413 ff. –
J. L. Caskey, Excavations at Lerna, Hesperia 1954, 55, 56, 57, 58. – M. Deffner,
Altertümer von Methana, AM 34 (1909), 341 ff. – A. Frickenhaus, Aus der Argolis, AM
36 (1911), 23 ff. – A. v. Gerkan/W. Müller-Wiener, Das Theater von Epidauros, Stutt-
gart 1961. – Th. W. Jacobson, Ausgrabungen d. Fránchthi-Höhle, Scientific American,
Juni 1976, S. 76. – T. Jacobson, Halieis, Archailogikon Deltion 23 (1968), 144 ff. –
M. Jameson, Excavation at Porto Cheli: Halieis, Hesperia 38 (1969), 311 ff. – U. Jantzen,

Führer durch Tiryns, Athen 1975. – P. Kavvadias, Fouilles d'Epidaure, Athen 1891. – H. Lechat/A. Defrasse, Epidaure, Paris 1895. – H. Lehmann, Landeskunde der Ebenen von Argos und ihrer Randgebiete, Athen 1937. – G. Mylonas, Mycenae and the Mycenaen Age, Princeton 1966. – H. Schliemann, Mykenae, Leipzig 1878, Neudruck Darmstadt 1964. – H. Schliemann, Der prähistorische Palast der Könige von Tiryns, Leipzig 1886. – W. Vollgraff u. a., Argos, Excavation reports, BCH 1904, 1906, 1907, 1920 und 1954 ff. – S. Wide/L. Kjellberg, Ausgrabungen auf Kalaureia, AM 20, 1895, S. 267 ff. – G. Welter, Troezen und Kalaureia, Berlin 1941.

Arkadien: C. Dugas u. a., Le Sanctuaire d'Aléa Athèna à Tegée, Paris 1914. – E. A. Gardner u. a., Excavations at Megalopolis, London 1890–92. – F. Hiller von Gaertringen, Arkadien in Wahrheit und Dichtung, Westermann Monatsh. 1920/635 ff.

Lakonien: J. J. E. Hondins, Laconia, Topography, BSA 24 (1919/21), 144 ff. – Wolfgang Frhr. v. Löhneysen, Mistra, Prestel, München 1977. – W. Miller, Monemvasia, JHS 1907, 27/229 ff. – A. Struck, Mistra, eine mittelalterliche Ruinenstadt, Wien/Leipzig 1910. – A. J. B. Wace/F. W. Hasluck, The Menelaion, BSA 15 (1908/9), 108 ff. – A. J. B. Wace, Sparta, BSA 12 (1905) – 30 (1928).

Mani: P. Fermor, Mani, Salzburg 1979. – F. Megaw, Byzantine Architecture in Mani, BSA 33 (1933), 137 ff. – S. Oppermann, Die Mani und ihre byzantinischen Kirchen, Gießener Universitätsblätter 1970/65 ff. – R. Traquair, The Churches of Western Mani, BSA 15 (1908/9), S. 177–213. – N. Zias, Mani, in: E. Melas, Alte Kirchen und Klöster Griechenlands, S. 226, DuMont Schauberg, Köln 1972.

Messenien: C. Blegen/M. Rawson/M. Lang, The Palace of Nestor at Pylos in Western Messenia, 2 Bde., Princeton 1960, 1969. – F. Felten, Heiligtümer oder Märkte, Ant. Kunst 1983/2, 84 ff. – Messene, Excavation reports, To Ergon tis Archaiologikos Etairios 1958–1971 und AJA 75 (1971), 309. – E. Meyer, Messene, Messenien, RE Suppl. Bd. 15, Sp. 136–289. – M. N. Valmin, Études topographiques sur la Messénie ancienne, Lund 1930. – M. N. Valmin, zu Malthi, Bull. Lund 1934/35, 2. Messen. Exp.

Elis: Berichte über die Ausgrabungen in Olympia, Olympische Forschungen, jeweils zahlreiche Bände. – F. A. Cooper, The Temple of Apollo at Bassai, AJA 72 (1968), 103 ff. – E. Curtius, F. Adler, Olympia, die Ergebnisse der von dem Deutschen Reich veranstalteten Ausgrabung, Berlin 1897. – W. Dörpfeld, Alt-Olympia, 2 Bde., Berlin 1935. – W. Dörpfeld, Alt-Pylos (Kakóvatos), AM 33 (1908), 295 ff., AM 38 (1913), 97 ff. mit Karte von Triphylien von Gräfinghoff. – W. Hahland, Der Iktinische Entwurf des Apollontempels in Bassai, JDAI 63/64 (1948/49), 14 ff. – A. Mallwitz, Olympia und seine Bauten, Prestel 1972. – R. Traquair, Medieval Fortresses of the Northwestern Peloponnesos, BSA 13/1906/7, S. 268–284.

Achaia: Anderson, A topographical and historical study of Achaea, BSA 1954/72 ff.

Fremdwörter

Adyton	Allerheiligstes des Tempels (»nicht zu Betretendes«)
Agorá	Marktplatz und Mittelpunkt des öffentlichen Lebens griechischer Städte
Akroter	Figurales oder ornamentales Zierglied auf der Spitze oder an den Giebelecken des Tempels
Amphiktyonie	Verband von Staaten zur Erhaltung eines Heiligtums
Anárgiri	Die heiligen Ärzte Kosmás und Damián
Ante	Mauervorsprung bei Tempeln und Häusern
Anthemion	(griechisch: anthos = Blume) Ornament aus Palmetten und Lotosblüten
Apsis	Halbkreisförmiger Raumabschluß mit Halbkuppel
Aquädukt	Brücke für Wasserleitung
Architrav	Querbalken unmittelbar auf den Säulen, der den Oberbau des Daches trägt
Atrium	Innenhof, von Räumen, teils auch Säulenhallen umgeben
Baptisterium	Taufkapelle
Basilika	(= Königshalle) mehrschiffige Halle mit breiterem und höherem Mittelschiff; zunächst römische Markthalle, dann Kirchenform seit frühchristlicher Zeit
Bema	Dem Priester vorbehaltener Altarraum vor der Mittelapsis der Kirchen. Rednerbühne in der Antike.
Bouleuterion	Rathaus
Caldarium	Warmbad
Cavea	Muschelförmiger Zuschauerraum des offenen antiken Theaters
Cella	Hauptraum im Tempel, Standort des Kultbildes
chthonisch	Zur Erde, zum Totenreich gehörig
Diakonikon	Südlicher Nebenraum der byzantinischen Kirche, zum Aufenthalt der Diakone und als Archiv, Kleiderkammer, Bibliothek dienend
Diazoma	Waagerechter Rundgang im Zuschauerraum (Cavea) des griechischen Theaters
Dromos	Korridor unter freiem Himmel
Elkómenos	Christus auf dem Wege zum Kreuz
Emmanuel, Immanuel	(= Gott mit uns), so heißt nach Jesaja 7,14 der von Maria zu gebährende Gottessohn; Bild des präsistenten Gottessohnes
Ephebe	Jüngling, meist zwischen dem 15. und 18. bzw. 20. Lebensjahr
Exedra	Halbrunder oder rechteckiger Raum mit Sitzen in antiken Bauten
Exonarthex	Äußere Vorhalle (vor dem Narthex) der Kirche
fortifikatorisch	der Befestigung dienend
Frigidarium	Kaltbad
Gymnasion	(gymnos = nackt) Übungsplatz für sportliche Ausbildung und Spiele
Hamam	türkisches Bad

Heroon	Grabheiligtum eines Heros
Hippodrom	stadionähnliche Pferderennbahn
Hoplit	schwerbewaffneter Soldat
Hypokaustum	antike Heizanlage, bei der von einer zentralen Feuerstelle aus Heißluft unter dem auf Säulen liegenden Fußboden hindurchstreicht und in Hohlziegeln oder Röhren die Wände emporsteigt
Hypostyl	Säulenhalle, Säulengang
Ikonoklasmus	Bilderstürmerei, das kaiserliche Verbot von Ikonen im 8./9. Jh.
in antis	Bezeichnung für Säulen, die zwischen Anten stehen.
in situ	Fundverhältnisse in ursprünglicher Lagerung
Ipapantí	Darbringung Christi im Tempel, Mariä Lichtmeß
isodomisch	Mauerverband aus gleich großen Steinen mit gleichem Fugenschnitt innen und außen
Kämpfer	Steinlage, auf der ein Bogen oder Gewölbe aufsetzt
Kanneluren	senkrechte, konkav eingeschnittene Vertiefungen an Säulen und Pfeilern
Kantharos	Trinkbecher mit zwei geschweiften und hochgezogenen Henkeln
Kapitell	Kopfstück von Säule, Pfeiler oder Pilaster
Karyatiden	bekleidete Mädchenstatuen, die anstelle von Säulen das Gebälk tragen
Katavothre	unterirdischer Abfluß von Gewässern
Katholikon	Klosterkirche
Kímisis tís Theotókou	Schlaf (Tod) Mariä
Kouros	Jünglingsfigur
Krater	Mischgefäß für Wein und Wasser
Krepís	dreistufiger Unterbau des griechischen Tempels
Kurtine	Mauer zwischen Türmen oder Bastionen
Kurvatur	sehr geringe, für den Gesamteindruck jedoch bedeutsame Krümmung der Horizontalen von Stylobat und Gebälk bei griechischen Bauten
Kyklopische Mauer	Mauern aus riesigen, mehr oder weniger roh behauenen Steinblöcken, meist unregelmäßigen Umrisses. Kleinere Steine füllen die Lücken
Kylix	flache Trinkschale mit Horizontalhenkeln
Kymation	wellenförmiges Abschlußprofil, zum Teil mit vertikalen Unterteilungen (Eierform, Blätter)
Lekythos	kugelige oder langgestreckte Ölflasche mit ganz engem Hals und breiterem Rand
Mäander	endloses geometrisches Bandornament
Megaron	mykenisches Herrenhaus
Melismós	Opferung des Gotteslammes (als Symbol Christi) beim Abendmahl. Bei den Fresken in der Kirche wird häufig Christus selbst dargestellt.
Metamórfosis	Verwandlung (Christi)
Metope	viereckige Platte mit oder ohne Relief unter der Traufrinne dorischer Tempel. Sie bedeckt den Raum zwischen zwei Triglyphen
Metropolis	Bischofskirche
Mihrab	Nische in einer Moschee, die die Richtung nach Mekka angibt und Standort des Vorbeters (Imam) ist

monolithisch	aus einem Stein bestehend
Monopteros	kleiner Rundtempel mit Säulen ohne Cella
Naos	Kernbau von Tempel und Kirche
Narthex	geschlossene Vorhalle der griechischen Kirche
Nekropole	Friedhof
Nereiden	Meeresnymphen im Gefolge Poseidons
Nomós	Regierungsbezirk
Nymphaeum	Wasserschloß, monumentale Brunnenanlage
Odeion	Gebäude für musikalische und deklamatorische Darbietungen
Opisthodom	Raum hinter der Cella eines Tempels, dem Pronaos entsprechend, jedoch meist ohne Verbindung mit der Cella
Orchestra	halbrunder Raum für den Chor zwischen Bühne und Zuschauerreihen im Theater
Orthostat	aufrecht stehende, im Mauersockel verwendete Steinplatte
Palästra	mit Sand bedecktes, rechteckiges, oft mit Säulenhallen umgebenes Feld zum Training der Athleten
Panagía	Jungfrau Maria (»Allheilige«)
	Beinamen: Eloúsa – Barmherzige
	Faneroméni – die sich Offenbarende
	Galaktotrofoúsa – Milchnährende
	Glikofiloúsa – Liebkosende
	Gorgoepíkoos – Schnellerhörende
	Kosmosotíra – Weltretterin
	Mirtidiótissa – Myrtenbekränzte
	Odigítria – Wegbereiterin
	Panakáristos – Allerseeligste
	Pantánassa – Allbeherrscherin
	Paragorítissa – Trostreiche
	Platitéra – Allumfassende
	Theotókos – Gottesgebärerin
	Zoodóchos Pigí – Quelle des Lebens
Paraskene	vorspringende Seitenflügel der Bühne
Parodos	Seiteneingang zur Orchestra
Pendentif	sphärisches Dreieck, das die Verbindung zwischen einem eckigen Raum und einer (runden) Kuppel herstellt
Peribolos	Mauer um den heiligen Bezirk am Tempel
Peripteros	ringsum mit Säulen umgebener Tempel
Peristasis	Ringhalle um Naos des Tempels
Peristyl	Säulenhof im Inneren des griechischen Hauses; auch Säulenumgang am griechischen Tempel
Pilaster	flache Wandvorlage, die durch Basis, Schaft und Kapitell gegliedert ist und zur Verstärkung der Wand dient
Plinthe	rechteckige Standplatte
polygonal	vieleckig
Portikus	Säulenhalle als Vorbau an der Eingangsseite eines Gebäudes
Prohedrie	Ehrenplätze für prominente Zuschauer
Pronaos	Vorhalle des griechischen Tempels
Propyläen	Torbau einer größeren architektonischen Anlage
Proskenion	Platz vor der Skene im griechischen Theater
Prostoon, Prostoion	Laubengang bei Kirchen
Prostylos	Tempel mit einer Säulenvorhalle

Prothesis, Protheson	nördlicher Nebenraum der byzantinischen Kirche, wo die Gaben des Abendmahles zubereitet und aufbewahrt werden
Protome	Darstellungen der Oberteile von Menschen und Tieren als Aufsatz von Geräten oder selbständig als Opfergaben
pseudokufisch	als ornamentale Muster stilisierte arabische Schrift, genannt nach der Stadt Kufa
Pyxis	zylindrisches Gefäß mit Deckel
Rhevma	Bachbett
Rhyton	Trink- oder Trankopfergefäß, meist in Form eines Tierkopfes oder Horns
Sebasteion	Raum für Kaiserkult
Skene	Bühnengebäude des griechischen Theaters
Skyphos	Trinkgefäß mit zwei kleinen waagerechten Henkeln am Rand
Sotíros	Erlöser
Spolien	Wiederverwendete Bauteile älterer Bauten, häufig dekorativ und symbolisch genutzt
Stele	Steinplatte oder Säule, meist als Grabdenkmal
Synoikismos	Zusammensiedlung; typische Form griechischer Stadtstaatenbildung
Stoá	Gedeckte, an einer Längsseite offene Säulenhalle
Stylobat	Oberster Teil eines Säulenunterbaues
Synedrion	beratendes Kollegium von Staatsorganen
Synthronon	halbrunde Bänke in der Kirchenapsis für die Priesterschaft
Syrinx	Flöte
Tabernakel	Gehäuse zur Aufbewahrung geweihter Hostien
Tambour	zylindrischer Unterbau einer Kuppel
Taxiárchen	Erzengel
Templon	marmorne Chorschranken zwischen Bema und Kirchenraum
tektonisch	konstruktionsmäßig aufgebaut
Temenos	Heiliger Bezirk
Thema	byzantinischer Verwaltungsbezirk
Thermen	Warmbäder
Tholos	Rundbau
Transept	Querschiff
Triglyphos	(= Dreischlitz); tektonische Ornamentform der dorischen Ordnung, die über dem auf Säulen liegenden Architrav in einer Reihe mit Metopen abwechselt und ursprünglich den Balkenkopf abdeckte
Tritonen	Fabelwesen, halb Mensch, halb Fisch, im Gefolge Poseidons
Trompe	trichterförmige Gewölbenische über den Ecken eines quadratischen Raumes, die in ein Oktogon (Achteck) überleitet, auf dem die Kuppel aufliegt
Tympanon	Giebelfeld des Tempels
Vedute	Landschaftsansicht
Xoánon	primitiv geschnitzte baumstammähnliche Götterfigur

Stichwortverzeichnis

Die Ziffern verweisen auf die Seitenzahlen. Nicht im Verzeichnis enthalten sind die im Fremdwort-verzeichnis aufgeführten Begriffe.

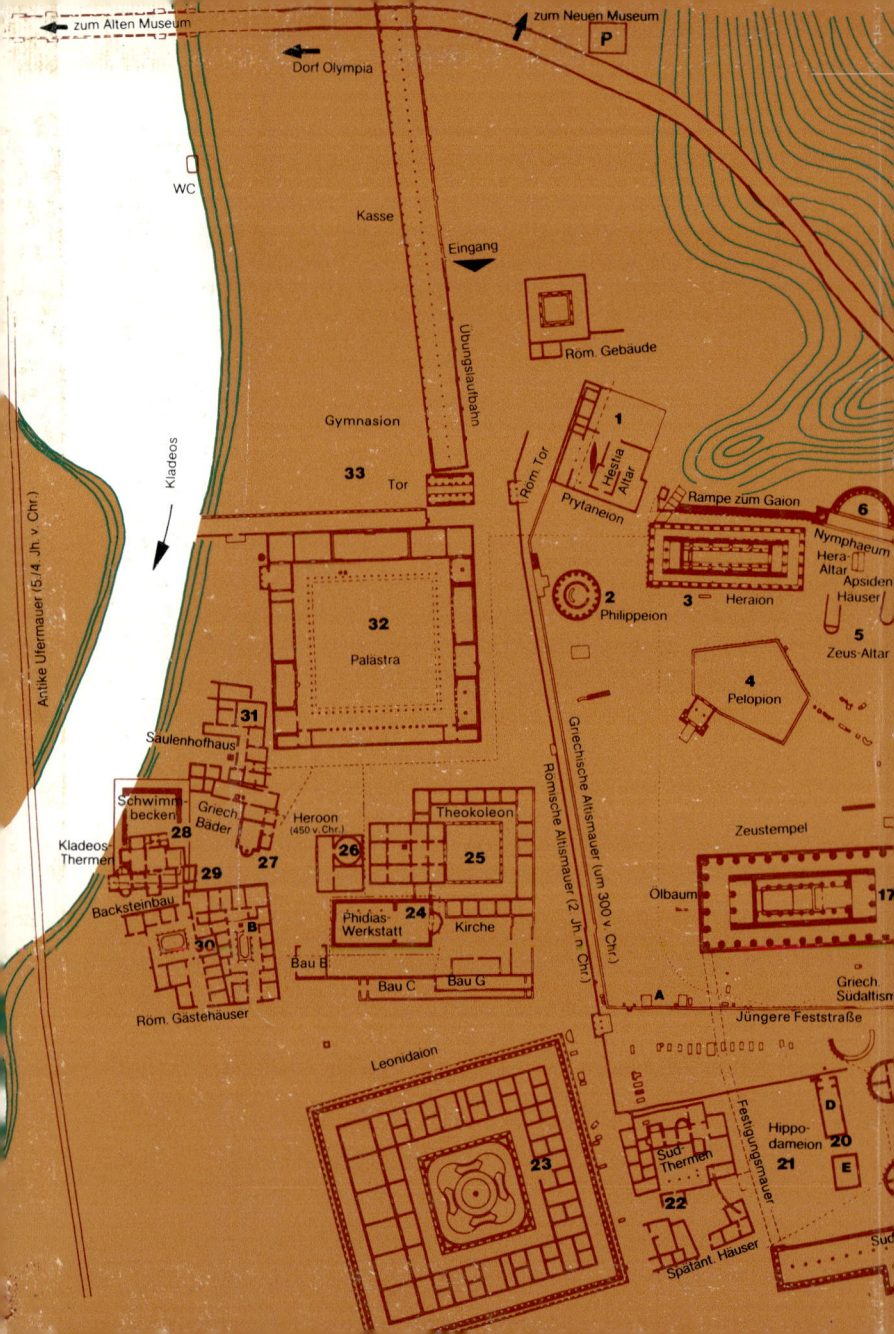